ARMIN KREINER

GOTT IM LEID

D1922104

QUAESTIONES DISPUTATAE

Begründet von
KARL RAHNER UND HEINRICH SCHLIER

Herausgegeben von
PETER HÜNERMANN UND THOMAS SÖDING

168

GOTT IM LEID

Internationaler Marken- und Titelschutz: Editiones Herder, Basel

ARMIN KREINER

GOTT IM LEID

ZUR STICHHALTIGKEIT DER THEODIZEE-ARGUMENTE

HERDER

FREIBURG · BASEL · WIEN

Die Deutsche Bibliothek – CIP-Einheitsaufnahme
Kreiner, Armin :
Gott im Leid : zur Stichhaltigkeit der Theodizee-Argumente / Armin Kreiner. – Freiburg im Breisgau ; Basel ; Wien : Herder, 1997
(Quaestiones disputatae ; 168)
ISBN 3-451-02168-4
NE: GT

Texterfassung und Druckvorlage durch den Autor

Alle Rechte vorbehalten – Printed in Germany
© Verlag Herder Freiburg im Breisgau 1997
Druck und Bindung: Difo-Druck Bamberg 1997
Gedruckt auf umweltfreundlichem, chlorfrei gebleichtem Papier
ISBN 3-451-02168-4

Inhalt

Einleitung

Ein Buch mit dem Titel "Gott im Leid" erweckt vermutlich sehr unterschiedliche Erwartungen. Es ist daher angebracht, den Leser mit meiner Zielsetzung vertraut zu machen und gewissermaßen die "Karten" auf den Tisch zu legen. Kurz gesagt, geht es um die Frage, ob und inwiefern man "im Leid", d.h. in einer Welt voller Übel und Leid, vernünftigerweise an Gott glauben kann. Es geht also um das Theodizee-Problem. Nun läßt sich "Gott im Leid" noch in einem ganz anderen - vielleicht sogar naheliegenderen - Sinn verstehen, nämlich als Frage, ob Gott selbst leidet. Da beide Fragestellungen einander aufs engste berühren, ist die Doppeldeutigkeit durchaus angemessen, auch wenn die Frage nach dem Leiden Gottes eine vergleichsweise eher untergeordnete Rolle spielen wird.

Ich habe weder versucht, ein Buch über die großen Gestalten der Geistesgeschichte zu schreiben, die sich mit dieser Thematik befaßten, noch war es mein Ziel, eine ideengeschichtlich orientierte Studie zu verfassen. Beide Zielsetzungen sind durchaus sinnvoll, ich empfinde jedoch beide Aufgaben als nicht besonders reizvoll, und - was noch wichtiger ist - es liegen bereits zahlreiche Studien vor, die sich diesen Fragen kompetenter und geistreicher widmen, als ich dies je könnte. Mein vorrangiges Interesse gilt dem Problem, das sich aus dem Bekenntnis zu einem allmächtigen und sittlich vollkommenen Gott in einer Welt voller Leid ergibt, und insbesondere natürlich den Argumenten, die entwickelt wurden, um Antworten auf dieses Problem zu finden. Zur Sichtung dieser Argumente ist der Blick auf die herausragenden Vordenker der Tradition unerläßlich. Von primärem Interesse ist dabei aber nicht eine möglichst detaillierte Rekonstruktion dessen, was etwa Augustinus, Thomas von Aquin, Leibniz, John Hick oder andere dachten, sondern der Gehalt und die Stringenz jener Prämissen und Argumente, die uns in ihren Schriften vorliegen. Zu fragen ist, ob die Antworten, die sie und andere teils vorgefunden, teils weiterentwickelt haben, überzeugend sind. Im Vergleich dazu erscheinen mir Fragen nach den ideengeschichtlichen Abhängigkeiten, biographischen Hintergründen und soziokulturellen Bedingtheiten zwar nicht uninteressant, aber insgesamt doch eher marginal und die Antworten darauf häufig noch dazu sehr spekulativ zu sein. Außerdem kommt es unterm Strich nicht darauf an herauszufinden, was irgendwer gedacht haben mag, sondern wie sich die Sache selbst verhält[1]. Diese hermeneutische Maxime verträgt sich nicht mit einem ideengeschichtlichen Eskapismus, der sich nur mehr dafür interessiert, was wohl wer wann und aus welchen Gründen gedacht haben mag. Selbst wenn Zwerge auf den Schultern von Riesen stehen, bekommen sie nicht allzuviel zu Gesicht, wenn sie ihren Blick stets nur nach unten richten.

In einer Zeit, in der auch viele Theisten die grundsätzliche Unlösbarkeit des Theodizee-Problems mit großer Selbstverständlichkeit behaupten, interessieren mich primär jene Argumente, mit denen eine Lösung des Problems angestrebt wurde und wird. Im Gegensatz zu denen, die das Problem für definitiv unlösbar erachten, muß ich einräumen, daß ich andere Konsequenzen ziehen würde, wenn ich zu dieser Überzeugung gelangte. Mir ist völlig unbegreiflich, wie man dieses Problem für definitiv unlösbar erklären und desungeachtet weiterhin die Botschaft von einem gütigen und allmächtigen Gott verkündigen kann.

Mit dem Theodizee-Problem werden gewöhnlich Fragen verbunden wie etwa folgende: Warum hat Gott eine Welt erschaffen, in der das Dasein für unzählige Lebewesen oft äußerst leid- und schmerzvoll ist? Hätte Gott eine bessere Welt mit weniger Leid und Übel erschaffen können? Wenn dies der Fall ist, warum hat er nicht die bessere, weil leidfreiere Alternative gewählt? Wenn dies nicht der Fall ist, kann er dann weiterhin als allmächtig und gütig bezeichnet werden? Dienen Leid und Übel einem Sinn bzw. einem Zweck, der ohne ihre Existenz nicht realisierbar wäre? Warum greift Gott nicht oder nicht häufiger in die Welt ein, um Leid zu verhindern? – Einige halten diese und ähnliche Fragen offenbar für so skurril, daß sie die Theodizee-Thematik nur mehr im Sinne eines Meta-Diskurses über die möglichen Gründe behandeln, die Menschen zu bestimmten Zeiten und unter bestimmten soziokulturellen Bedingungen dazu veranlaßten, sie überhaupt zu formulieren. Die Fragen und Antwortversuche werden dabei als solche gar nicht mehr ernst genommen. Sie fungieren nur noch als Aufhänger für die Konstruktion teilweise

---

1 Vgl. *Thomas von Aquin*, *In libros Aristotelis de caelo et mundo*, L. I, l. XXII, 228: "... quia studium philosophiae non est ad hoc quod sciatur quid homines senserint sed qualiter se habeat veritas rerum."

brillanter, teilweise aber auch haarsträubender und teilweise einfach nichtssagender ideengeschichtlicher Abhängigkeiten und Zusammenhänge. Mir scheinen diese Fragen so selbstverständlich zu sein, daß ich nicht verstehen kann, wie man sie nicht mehr stellt, zumindest solange man die Gottesidee nicht ein für allemal *ad acta* gelegt hat.

Angesichts dieser Fragestellungen stehen dem Gläubigen grundsätzlich zwei Optionen offen: Die erste Option geht davon aus, daß diese Fragen weitgehend sinnvoll gestellt sind und daß man daher auch versuchen kann und sollte, Antworten zu finden, auch wenn diese Antworten niemals definitiv oder endgültig sein mögen. Meine Ausführungen sind dieser Option uneingeschränkt verpflichtet.

Die zweite Option geht davon aus, daß diese Fragen irgendwie falsch gestellt sind. Aus diesem Grund könne man sie entweder als unbeantwortbar zurückweisen oder einfach auf sich beruhen lassen. Begründet wird diese Auffassung unter anderem durch die Behauptung, man dürfe sich Gott nicht als ein Wesen vorstellen, dessen Handeln durch irgendwelche Gründe oder Motive bestimmt werde. Ein derartiger Anthropomorphismus sei völlig primitiv und ohnehin längst überholt. Gott transzendiere alle menschlichen Vorstellungen. Ich muß gestehen, daß mich diese Begründung vor allem aus zwei Gründen nicht zu überzeugen vermag: Zum einen verhalten sich ihre Verteidiger äußerst selten sehr konsequent. In anderen weniger brisanten Zusammenhängen verwenden sie unbekümmert die gleichen angeblich anthropomorphen Ausdrücke, die sie im Kontext der Theodizee-Thematik entschieden zurückweisen. Zum anderen dürfte sich ein wirklich konsequentes Durchhalten dieser Position letzten Endes kaum mehr von einer atheistischen Ontologie unterscheiden[2].

---

2 Vgl. dazu die glänzende Bemerkung des Cleanthes in *D. Hume, Dialoge über natürliche Religion,* 45: "Es erscheint mir als seltsam, daß du, Demea, dem die Sache der Religion so sehr am Herzen liegt, trotzdem die geheimnisvolle, unbegreifliche Natur der Gottheit vertrittst und so nachdrücklich darauf bestehst, daß diese keinerlei Gleichheit oder Ähnlichkeit mit menschlichen Geschöpfen aufweist. Die Gottheit besitzt, das gebe ich gern zu, viele Fähigkeiten und Eigenschaften, von denen wir uns keinen Begriff machen können. Wenn aber unsere Vorstellungen, soweit sie gehen, nicht zutreffend und angemessen sein sollten und wenn sie dem wirklichen Wesen Gottes nicht entsprechen, dann weiß ich nicht, warum man in dieser Angelegenheit überhaupt für irgend etwas Partei ergreifen sollte. Ist der Name, auch ohne jeden Bedeutungsgehalt, von so enormer Wichtigkeit? Oder wie unterscheidet ihr Mystiker, die ihr die absolute Unbegreiflichkeit der Gottheit behauptet, euch von Skeptikern und Atheisten, die

Eine Zurückweisung der angedeuteten Fragen läßt sich außerdem durch das Eingeständnis begründen, daß wir schlicht und ergreifend keine Antworten darauf haben. Wir können nicht wissen, aus welchen Gründen Gott eine Welt voller Übel und Leid erschaffen hat, und sollten deshalb auch endlich damit aufhören, nach Antworten zu suchen. Auch diese Lösung ist wenig überzeugend, denn genaugenommen "wissen" wir auch nicht, ob Gott existiert, sich geoffenbart hat oder uns aus Unheil und Tod erretten wird. Dennoch lassen sich die diesbezüglichen Fragen sinnvoll stellen und beantworten, auch wenn wir natürlich nicht *wissen* können, ob unsere Antworten richtig sind. Wir können nur hoffen und glauben, daß sie es sind. Warum sollte dies im Hinblick auf die Existenz von Übel und Leid anders sein? Vielleicht deshalb, weil Gott es uns verbietet, bestimmte Fragen zu stellen? Doch welches Gottesverständnis steht hinter einem solchen Frageverbot! Und an wen sollten wir uns wenden, um definitiv herauszufinden, welche Fragen wir legitimerweise stellen dürfen und welche nicht?

Dieses Buch wurde in der Überzeugung geschrieben, daß Gott keine Instanz ist, die irgendwelche Fragestellungen oder Zweifel verbietet. Überdies gehe ich davon aus, daß er unseren Irrtümern gegenüber toleranter ist, als wir Menschen dies gewöhnlich untereinander sind. Wenn Gott uns Menschen erschaffen hat, wollte er uns offenbar nicht von Beginn an alle Antworten auf unsere Fragen klar und eindeutig mitteilen. Allem Anschein nach hat er uns als Wesen erschaffen, denen die Erkenntnis der Wahrheit nicht angeboren ist, sondern als Wesen, die die Wahrheit in gemeinsamer und vielfach mühevoller Anstrengung allererst suchen müssen. Auch wenn Gläubige zu Recht davon ausgehen, bei dieser Suche nicht auf sich allein gestellt zu sein, dürfte sich nichts an der prinzipiellen Richtigkeit dieser Sichtweise ändern. Vielleicht liegt sogar der Schlüssel zur Lösung des Theodizee-Problems im Umfeld dieser Einsicht.

Im folgenden möchte ich einen möglichst breiten, wenn auch bei weitem nicht vollständigen Überblick über die vorgeschlagenen Lösungsmöglichkeiten geben. In einem anderen Zusammenhang wurden mir meine Präferenzen für angloamerikanische Autoren als wissenschaftspragmatische bzw. -politische Interessen vorgeworfen, die zu

---

erklären, daß die erste Ursache aller Dinge unbekannt und unerkennbar sei?" (Übersetzung N. Hoerster)

gewissen Einseitigkeiten und Auslassungen in der Darstellung anderer Positionen führen[3]. Was diese Präferenzen betrifft, so hängen sie mit meinen Ideal- bzw. Zielvorstellungen von theologischer und religionsphilosophischer Reflexion zusammen, also mit dem Bemühen um begriffliche Klarheit, argumentative Transparenz, logische Kohärenz, unprätentiöse Sprache, allgemeine Verständlichkeit und objektive Sachlichkeit. Selbstverständlich findet sich dieses Bemühen auch andernorts. Allerdings habe ich den Eindruck, daß die genannten Standards gegenwärtig nicht überall den gleichen Stellenwert einnehmen wie in der – im weitesten Sinn – sprachanalytisch beeinflußten Tradition. Diese Standards bilden für mich keine Werte an sich, sondern die optimalen Voraussetzungen für die Erreichung dessen, worum es theologisch-religionsphilosophischer Reflexion vorrangig gehen sollte, nämlich um die dialogisch-kritische Klärung und Überprüfung von Wahrheitsansprüchen. Allein aus diesem Grund bemühe ich mich darum, diesen Standards gerecht zu werden, so notdürftig mir das auch gelingen mag. Was nun etwaige Einseitigkeiten und Auslassungen betrifft, so sind diese natürlich unentschuldbar. Dahinter steht aber kein wissenschaftspolitisches Programm, weil ich keinerlei Interesse daran habe, eine Strömung zugunsten einer anderen zu verdrängen. Mit inhaltlichen Optionen hängen diese weitgehend methodischen Präferenzen ohnehin nicht zusammen.

Zuweilen wird mir vorgeworfen, meine Auseinandersetzung mit der Theodizee-Thematik sowie das zugrundeliegende Theologieverständnis seien "rationalistisch". Ich kann in der Regel höchstens nur vage ahnen, was sich hinter diesem Vorwurf verbirgt. Sollte er irgendwie mit den genannten Standards zusammenhängen, so bin ich eben ein "Rationalist", und ich bin dies aus Überzeugung. Könnte Religiosität nur mit semantischem Obskurantismus und argumentativem Anarchismus einhergehen, so wäre daran meines Erachtens etwas faul. Gerade die angloamerikanische sprachanalytisch orientierte Religionsphilosophie hat mir gezeigt, daß dies nicht der Fall ist. Ich habe auch nicht den Eindruck, daß dieser Art von "Rationalismus" Entscheidendes zum Opfer fällt. Im übrigen scheint mir die abendländische Theologie diesen – oder jedenfalls ähnlichen – Standards ihre mittelalterliche Glanzzeit zu verdanken.

---

[3] So Gerd Neuhaus in seiner Rezension meines Buches "Gott und das Leid". Vgl. Theologische Revue 92 (1996) 132.

Gelegentlich scheint der Rationalismus-Vorwurf auf etwas anderes abzuzielen, und zwar auf den Versuch, gleichsam einen Standpunkt außerhalb des Glaubens zu beziehen, um ihn von hier aus dann kritisch-distanziert zu beleuchten. Derartiges widerspreche dem Proprium theologischer Reflexion, weil darunter der Bekenntnischarakter des Glaubens leide. Außerdem sei dies aufgrund der Unausweichlichkeit des hermeneutischen Zirkels bzw. irgendwelcher Vorentscheidungen entweder überflüssig oder unmöglich, in jedem Fall aber höchst suspekt. Daß mit dem gleichen Argument und Recht beispielsweise auch Zeugen Jehovas und andere ihren Standpunkt begründen könnten, hindert die Befürworter dieser Position im allgemeinen nicht daran, sich ansonsten in jeder Hinsicht überlegen zu fühlen. Fragt sich nur: aus welchem Grund? Um nicht mißverstanden zu werden: Ich habe nichts gegen die Zeugen Jehovas, ich möchte nur keiner sein; und zwar unter anderem deshalb nicht, weil ich in ihrem Bekenntnis eben jene nüchtern kritische Distanz vermisse. Dieses Manko läßt sich auch durch eine noch so engagierte und mutige Bekenntnisfreudigkeit nicht kompensieren.

Es ist eine gute Sitte, nach der Fertigstellung eines Buchs denjenigen zu danken, die an seinem Zustandekommen beteiligt waren. Im weiteren Sinn gehören dazu alle, mit denen ich während der vergangenen Jahre über die Thematik diskutiert und korrespondiert habe. Besonderen Dank schulde ich meinen Mitarbeitern in Mainz, allen voran Herrn Dipl.-Theol. Martin Splett. Er hat nicht nur das Manuskript korrigiert, sondern mich durch seine engagierte und geistreiche Kritik auf Schwachstellen aufmerksam gemacht, die ich, so gut es ging, "auszubügeln" versucht habe.

Armin Kreiner

1 Der Charakter des Theodizee-Problems

> *"Wie lange noch, Herr, vergißt du mich ganz? Wie lange noch verbirgst du dein Gesicht vor mir? Wie lange noch muß ich Schmerzen ertragen in meiner Seele, in meinem Herzen Kummer Tag für Tag?"* (Ps 13,2f.)

Die Erfahrung von Übel und Leid stellt eine der ältesten und tiefgreifendsten Herausforderungen für den Glauben an einen allmächtigen und sittlich vollkommenen Gott dar. Auch wenn Autoren, die sich mit der Leidthematik auseinandersetzen, vielfach dazu neigen, die Schattenseiten des menschlichen Daseins übertrieben hervorzuheben, allein schon um die Gewichtigkeit ihres Themas zu unterstreichen, dürfte die Brisanz dieser Herausforderung relativ unumstritten sein[1]. Gläubigen wird sie nicht nur in Situationen unmittelbarer Leiderfahrung schmerzlich bewußt. In mittelbarer Weise ist sie im Zeitalter globaler Kommunikation und Information geradezu allgegenwärtig. Die Medien überschütten jeden täglich mit Bildern und Berichten von unfaßbarem Leid. Gläubigen, denen angesichts dieser Erfahrungen nicht von selbst deren Brisanz für ihr Bekenntnis bewußt wird, muß sie spätestens in der Konfrontation mit Skeptikern und Atheisten klarwerden. Jeder einzelne, der seinen Glauben an Gott aufgrund der

---

[1] Vgl. dagegen *H. Lübbe, Theodizee und Lebenssinn*, 416. Lübbe vertritt die erstaunliche Auffassung, das Theodizee-Problem sei "exklusiv ein Seminar-Problem, ein Problem nämlich der Vereinbarkeit gewisser Prädikatoren in der Gottesbegriffsbildung". Wenn es sich denn um ein Seminarproblem handelt, dann vermutlich um eines der wenigen theologischen Probleme, das über die Grenzen des akademischen Bereichs hinaus viele Gläubige, Ungläubige und Unentschlossene interessiert und bedrängt, was wiederum dafür spricht, daß die religiöse Praxis der Kontingenzbewältigung offensichtlich doch nicht ganz so hirnlos abläuft, wie Lübbe dies unterstellt. Vgl. dazu zutreffend auch *T. Pröpper, Fragende und Gefragte zugleich,* 66: "Die Theodizeefrage gibt es, weil Menchen, die glauben wollen, in der Bedrängnis von Leid und Unrecht sie stellen". – Hansjürgen Verweyen vertritt die Auffassung, die "große Zeit des Disputs um die Theodizee" sei "wohl vorbei". Vgl. *H. Verweyen, Kants Gottespostulat und das Problem sinnlosen Leidens*, 580. Anhand der thematisch einschlägigen Neuerscheinungen läßt sich diese These kaum belegen.

Erfahrung eigenen oder fremden Leids aufgegeben hat oder sich aus diesem Grund niemals zu diesem Glauben bekennen konnte, selbst wenn er ansonsten eigentlich durchaus bereit dazu wäre, stellt eine Herausforderung für all diejenigen dar, die sich nach wie vor dazu bekennen.

Dennoch ist der präzise Charakter dieser Herausforderung vage und umstritten[2], und zwar sowohl auf seiten der Gläubigen als auch auf seiten der Skeptiker. Sobald die zunächst vielleicht eher empfundene und erahnte Brisanz artikuliert wird, sieht man sich in der Regel nicht mit einem eindeutig abgrenzbaren und klar formulierbaren Problem konfrontiert, sondern mit einem ganzen Bündel von Fragestellungen. Die unumstrittene Herausforderung, die - im Anschluß an Leibniz - seit dem 18. Jahrhundert mit dem Ausdruck "Theodizee"[3] bezeichnet wird, entfaltet sich zu einem breitgefächerten Spektrum verschiedener Fragestellungen, die irgendwie zusammenzuhängen scheinen, ohne aber auf ein einziges klar umrissenes Problem reduziert werden zu können. Bisweilen gewinnt man sogar den Eindruck, daß dieses Problembündel einen hydraköpfigen Charakter besitzt, weil sich mit jeder Beantwortung einer einzelnen Problemstellung sogleich eine ganze Fülle neuer Probleme eröffnet. So vielfältig wie die Problemstellungen sind auch die Lösungsvorschläge, die in den theistischen Traditionen entwickelt, diskutiert, modifiziert und wieder verworfen wurden. Bevor im folgenden einige der wichtigsten Lösungsvorschläge dargestellt und diskutiert werden, soll zunächst der Charakter der Problemstellung geklärt und gerechtfertigt werden.

---

2 Vgl. dazu z.B. *W. Sparn, Mit dem Bösen leben. Zur Aktualität des Theodizeeproblems*, 207: "Längst vorbei die Zeiten, in denen klar schien, um welche Gegenstände es sich dabei (d.h. beim Theodizee-Problem, A.K.) handle, und mit welcher Absicht sie aufgenommen würden." Der Beitrag von Sparn stellt im übrigen den besten Beleg für diese These dar.

3 Die aus der Leiderfahrung resultierenden Infragestellungen des theistischen Bekenntnisses werden im folgenden als "Theodizee-Problem" bezeichnet. Der Ausdruck "Theodizee" bezieht sich in der Regel auf die entsprechenden Antwortversuche. Unberücksichtigt, weil sachlich irrelevant und terminologisch irreführend, bleibt hier die seit dem 19. Jahrhundert zeitweise gebräuchliche Verwendung des Ausdrucks "Theodizee" zur Bezeichnung der *theologia naturalis*. Vgl. dazu *W. Kern, Art.: Theodizee,* 26.

1.1 DAS THEODIZEE-PROBLEM ALS WIDERSPRUCHSPROBLEM

Üblicher- und sinnvollerweise wird das Theodizee-Problem als offenkundiges Widerspruchsproblem interpretiert, und zwar als Widerspruch zwischen der Erfahrung von Übel und Leid einerseits und dem Bekenntnis zu einem allmächtigen und sittlich vollkommenen Gott andererseits[4]. Klassisch ist die Formulierung von Epikur, wonach Gott das Übel (1) entweder abschaffen will, aber nicht kann, oder (2) kann, aber nicht will, oder (3) weder kann noch will, oder (4) sowohl kann als auch will[5]. Im ersten Fall wäre Gott nicht allmächtig, im zweiten Fall nicht gütig bzw. sittlich vollkommen, im dritten Fall träfe beides zu und im vierten Fall stellt sich die Frage, woher die Übel denn kommen und warum Gott sie nicht beseitigt. Epikurs Formulierung wurde in zahllosen Varianten und Präzisierungen tradiert, die immer wieder darauf hinauslaufen, Gottes Allmacht angesichts von Übel und Leid gegen seine Güte, Liebe, Gerechtigkeit oder sittliche Vollkommenheit auszuspielen, um daraus einen Widerspruch zwischen dem theistischen Bekenntnis und der Leiderfahrung abzuleiten[6]. Der aus der Leiderfahrung resultierende Einwand gegen den Glauben an Gott läßt sich auf zweifache Weise formulieren, als deduktives und als induktives Argument:

(1) Deduktives Argument: Die Erfahrung von Übel und Leid stellt einen Widerspruch zum Glauben an die Existenz Gottes dar. Daraus würde folgen, daß der Glaube an Gott als widerlegt zu betrachten ist[7].

---

4 Vgl. z.B. *R.M. Green, Art.: Theodicy*, 431; *R. Pargetter, Evil as Evidence Against the Existence of God*, 242-245; *N. Hoerster, Zur Unlösbarkeit des Theodizee-Problems*, 400. – Wenig brauchbar, weil zu unspezifisch sind Definitionsvorschläge wie etwa der von Harvey Cox: "'Theodizee' ist nichts anderes als der Versuch von seiten der Menschen, ihrem Leben als Individuen und Völker einen Sinn zu verleihen, der einen Bezug zu einem für sie akzeptablen größeren und dauerhafteren Sinnhorizont besitzt." Vgl. *H. Cox, Complaining to God*, 312f. (Übersetzung A.K.)

5 Vgl. dazu die Erwähnung bei *Lactantius, De ira Dei*, 13,9.

6 D. und R. Basinger bezeichnen dies als das "generic problem", das unterschiedliche Gestalten annimmt, die unter anderem davon abhängen, wie die Gottesprädikate expliziert werden. Vgl. *D. und R. Basinger, The Problem with the "Problem of Evil"*, 89-97.

7 Vgl. dazu z.B. *H.J. McCloskey, God and Evil (1960)*, 97; *ders., God and Evil (1974); W. Kaufmann, The Faith of a Heretic*, 151f.; *J.L. Mackie, Evil and Omnipotence; H.D. Aiken, God and Evil*, 79; *H. Albert, Wissenschaftliche Erkenntnis und religiöse Weltauffassung*, 129f.

(2) Induktives Argument: Die Erfahrung von Übel und Leid macht die Annahme der Existenz Gottes unwahrscheinlich, so daß es vernünftiger erscheint, nicht an Gott zu glauben, obwohl man die Existenz Gottes durch den Hinweis auf das Übel/Leid nicht definitiv widerlegen kann[8].

Im deduktiven Argument wird eingewendet, daß der Glaube an Gott durch die Tatsache des Leids widerlegt werde. Im einzelnen läßt sich dieses Argument folgendermaßen rekapitulieren:

> [A] Gott ist *per definitionem* sittlich vollkommen und allmächtig/allwissend[9].
>
> [B] Ein allmächtiges/allwissendes Wesen könnte jedes Übel/Leid verhindern, wenn es dies wollte.
>
> [C] Ein sittlich vollkommenes Wesen würde versuchen wollen, alles Übel/Leid zu verhindern.
>
> [D] Es gibt Übel/Leid.
>
> ---
>
> Aus [A] - [D] folgt: Gott existiert nicht.

Da die Tatsache des Leids [D] der Behauptung eines sittlich vollkommenen und allmächtigen Wesens [A] aufgrund von [B] und [C] widerspricht, ist der traditionelle theistische Gottesbegriff zwar nicht in sich bzw. logisch inkonsistent, er scheint aber einer unbestreitbaren Erfahrungstatsache zu widersprechen. Folglich erweist sich das theistische Bekenntnis als inkohärent.

Im induktiven Argument wird eingeräumt, daß man die Existenz Gottes mit der Tatsache des Leids irgendwie in Einklang bringen kann, indem man eine oder mehrere der drei Prämissen [A]-[C] modifiziert oder ergänzt. Insofern diese Versuche allerdings bislang nicht sehr überzeugend sind, wird gefolgert, daß die Wahrheit der

---

8 Vgl. dazu z.B. *H.J. McCloskey, God and Evil (1974)*, 128; *J. Cornman/K. Lehrer/G.S. Pappas, Philosophical Problems and Arguments*, 340f.; *W. Rowe, Philosophy of Religion*, 89; *ders., The Problem of Evil and Some Varieties of Atheism*, 337f.; *M. Martin, Is Evil Evidence against the Existence of God?*, 429ff.

9 Das traditionelle Gottesprädikat der Allwissenheit hängt eng mit der Allmacht zusammen: Die sittliche Verpflichtung, Übel abzuschaffen oder zu verhindern, erstreckt sich logischerweise nur auf solche Übel, von deren Existenz oder Möglichkeit man weiß. Da nun aber die Allmacht Gottes seine Allwissenheit impliziert, weil ein allmächtiges Wesen definitionsgemäß alles wissen kann, was es zu wissen wünscht, wird auf die Allwissenheit im folgenden nicht mehr explizit hingewiesen.

Aussage "Gott existiert" sehr unwahrscheinlich ist - oder anders formuliert - daß diese Aussage wahrscheinlich[10] falsch ist.

In beiden Fällen wird also behauptet, daß es sich beim Theodizee-Problem um die Spannung zwischen zwei Aussagenreihen handelt, einerseits die Aussagen über Gott und andererseits die Aussagen über die Erfahrung von Übel und Leid. Atheisten ziehen daraus den Schluß, daß die beiden Aussagenreihen entweder definitiv nicht - wie bei (1) - oder sehr wahrscheinlich nicht - wie bei (2) - gleichzeitig wahr sein können. Da die Erfahrung von Leid unbezweifelbar ist, muß der Glaube an Gott als widersprüchlich oder als sehr unwahrscheinlich aufgegeben werden[11].

Unter der Voraussetzung, daß Allmacht und sittliche Vollkommenheit Prädikate sind, die notwendig mit dem Gottesbegriff mitgesetzt sind, weil ein nicht allmächtiges und sittlich unvollkommenes Wesen definitionsgemäß nicht Gott sein kann, resultiert aus diesem Widerspruch nicht nur die Infragestellung eines ganz spezifischen Gottesverständnisses[12], sondern die Infragestellung des theistischen Bekenntnisses[13]. Wer sich dennoch weiterhin dazu bekennt, muß sich dieser Herausforderung auf irgendeine Weise stellen.

Si Deus est, unde malum? Eine kurzangebundene Weise, sich dieser Anfrage zu stellen, besteht darin, den Einwand einfach an den

---

10 Zu den gewaltigen Schwierigkeiten, den Wahrscheinlichkeitsbegriff in diesem Zusammenhang zu präzisieren vgl. *A. Plantinga, The Probabilistic Argument from Evil; ders., Epistemic Probability and Evil.*

11 S. McFague spricht vom Leidproblem zutreffend als "the most constant and serious anomaly to Christian belief". Ebenfalls zutreffend ist m.E. die Behauptung, daß "Anomalien" im Hinblick auf die kritische Beurteilung von Aussagensystemen eine entscheidende Rolle spielen, denn kein Glaubenssystem kann dauerhaft Bestand haben, wenn es ihm nicht gelingt, mit derartigen "Anomalien" umzugehen. Vgl. dazu *S. McFague, Metaphorical Theology*, 140f.

12 Vgl. dazu *T. Penelhum, Divine Goodness and the Problem of Evil*, 99: "Bisweilen wird behauptet, Gott sei allgütig, aber nicht allmächtig oder allmächtig, aber nicht allgütig. Derartige Vorschläge umgehen klarerweise das Problem des Übels; aber sie sind eigentlich nur langweilig. Stillschweigend beschränken sich die Alternativen immer auf zwei: Entweder gibt es einen allmächtigen und allgütigen Gott oder es gibt überhaupt keinen Gott. Das Christentum mag nicht jeden überzeugt haben, aber es hat uns alle sicherlich wählerisch gemacht." (Übersetzung A.K.)

13 Nicht alle einschlägigen Auseinandersetzungen mit dem Leidproblem lassen sich eindeutig als entweder theistische oder atheistische kennzeichnen. Eine diesbezügliche Ambivalenz zeigt sich erwartungsgemäß vor allem im literarischen Bereich. Vgl. dazu z.B. die Hinweise von *H. Zirker, Beschuldigungen Gottes in der Literatur*, 765f.

Fragesteller zurückzureichen und damit das Problem auf sich beruhen zu lassen. In diesem Sinne wird dann etwa behauptet, auch der Atheist verfüge über keine Erklärung des Übels: *Si Deus non est, unde malum?* Und - was noch schwerer wiege - der Atheist habe auch keine Antwort auf die Frage nach dem Ursprung des Guten: *Si Deus non est, unde bonum?*[14] Insofern befinde sich der Atheist dem Gläubigen gegenüber keinesfalls im Vorteil. Dieses Gegenargument, wenn es sich denn überhaupt um ein solches handelt, ist wenig überzeugend. Im Hinblick auf beide Fragen ist der Atheist nämlich sehr wohl in der Lage, die Existenz sowohl des Übels als auch des Guten[15] als natürliche Gegebenheiten dieser Welt zu erklären - im Prinzip sogar restlos[16]. In diesem Kontext ist noch wesentlich wichtiger, daß die Leugnung Gottes zu keinem Widerspruch mit der Erfahrung von Übel und Leid führt. Darüber hinaus ist der Atheist nicht dazu verpflichtet, die Frage nach der metaphysischen Letzterklärung dieser Gegebenheiten zu beantworten[17]. Im Gegensatz dazu befindet

---

14 *Boethius, De consolatione philosophiae*, I,4.P. Vgl. dazu z.B. *A.-D. Sertillanges, Le problème du mal*, II, 33. Vgl. ähnlich auch *J. Splett, Und zu Lösungsversuchen durch Unterbietung*, 414f.

15 A.-D. Sertillanges versucht, die Überlegenheit der theistischen Position folgendermaßen zu begründen: Es sei gewiß, daß das Gute "ohne Gott" unbegreiflich bleibe; es sei aber nicht gewiß, daß das Übel "mit Gott" unbegreiflich sei. Vgl. dazu z.B. *A.-D. Sertillanges, Le problème du mal*, II, 33. Die erste Behauptung läßt sich jedoch überhaupt nicht und die zweite nur durch eine plausible Theodizee begründen.

16 Vgl. dazu den interessanten Versuch von Timothy Anders, der zeigen will, daß das Leid im Prinzip restlos erfahrungswissenschaftlich (unter Rekurs auf die Evolutionstheorie) erklärbar ist und daß sich folglich alle metaphysischen und religiösen Deutungen erübrigen. Vgl. *T. Anders, The Evolution of Evil*, 2f. Anders' Zusammenfassung (ebd. 334) lautet: "Obwohl nicht alles Leid im menschlichen Leben ein Übel darstellt, trifft dies für einen Großteil zu. Die letzte Ursache allen Übels ist die biologische Fähigkeit, leiden zu können. Diese biologische Fähigkeit, leiden zu können, existiert ihrerseits, weil sie sich entwickelt hat. Sie hat sich entwickelt, weil sie häufig eine adaptive Funktion ausübte oder untrennbar mit Merkmalen verbunden war, die auf irgendeine Weise adaptiv waren. Sie war adaptiv, weil sie zum Reproduktionserfolg ihres Trägers beisteuerte. Weil sie dazu beisteuerte, wurde sie durch die natürliche Selektion begünstigt. Und die Selektion begünstigt stets den Reproduktionserfolg, weil die im Hinblick auf die Reproduktion erfolgreichsten Organismen definitionsgemäß die größte Nachkommenschaft hinterlassen und von Generation zu Generation zahlreicher werden, während die weniger fruchtbaren Mitbewerber die Tendenz zeigen, an Anzahl abzunehmen, und so allmählich von der Bildfläche verschwinden." (Übersetzung A.K.)

17 Vgl. dazu *T. Anders, The Evolution of Evil*, 327-335. Anders reduziert die metaphysische Frage nach dem "Warum" des Übels auf die wissenschaftliche Er-

sich der Theist in einer völlig anderen Ausgangslage, denn er vertritt die Behauptung, daß die Welt sich einem transzendenten Grund verdankt, und er verwickelt sich angesichts der Erfahrung zahlloser Übel sowie aufgrund der Attribute, die er diesem Grund üblicherweise beimißt, in einen offenkundigen Widerspruch[18].

Die Aufgabe des theistischen Apologeten besteht dementsprechend in dem Nachweis, daß es sich bei diesem Widerspruch nur um einen anscheinenden bzw. vordergründigen handelt, was etwa durch den Aufweis gezeigt werden kann, daß Gott aus bestimmten Gründen Übel/Leid nicht verhindern kann und/oder bestimmte Motive haben könnte bzw. hat, die die Zulassung oder Verursachung von Übel/Leid rechtfertigen. Der Aufweis nur möglicher - im Sinne von widerspruchsfrei vorstellbarer - Motive[19] dürfte allerdings nicht ausreichen, den Vorwurf der Widersprüchlichkeit in einer zufriedenstellenden Weise auszuräumen. Dies gelingt nur in dem Maße, in dem diese möglichen Motive als wahre plausibel gemacht werden können[20].

---

klärbarkeit des "Wie". Folglich bestehe kein Grund zu der Annahme, daß sich hinter der wissenschaftlichen Erklärung des Übels noch ein irgendwie "tieferes" Geheimnis verberge.

18 Vgl. dazu auch *J. Hick, Evil and the God of Love*, 11.

19 Dies ist eine der zentralen Thesen in Alvin Plantingas weitgehend logisch-formaler Auseinandersetzung mit der Theodizee-Thematik und seiner Unterscheidung zwischen einer bloßen *defense* und einer *theodicy*. Die Aufgabe einer *defense* bestehe in dem Aufweis einer Theorie, die zeigen soll, daß zwischen den Behauptungen der Existenz Gottes und der des Übels kein Widerspruch besteht. Diese Theorie müsse nur im weitesten Sinn möglich, nicht aber wahr, wahrscheinlich, plausibel oder für irgendwen akzeptabel sein. Demgegenüber bestehe die Aufgabe einer *theodicy* darin, die Frage zu beantworten, warum Gott die Übel tatsächlich zulasse. Diese Frage sei aber unbeantwortbar. Vgl. dazu z.B. *A. Plantinga, Epistemic Probability and Evil*, 561. Plantinga geht noch einen Schritt weiter und behauptet, daß aufgrund des Übels von atheistischer Seite nicht einmal der Nachweis für die Unwahrscheinlichkeit der Existenz Gottes erbracht werde könne. Vgl. dazu z.B. *A. Plantinga, God, Freedom and Evil*, 63. Eine knappe Zusammenfassung seiner Unterscheidung zwischen *defense* und *theodicy* findet sich in *A. Plantinga, Self-Profile*, 42. Zur Kritik vgl. u.a. *B. Reichenbach, Evil and a Good God*, 20; *J. Wetzel, Can Theodicy be Avoided?*, 354-357; *G.B. Wall, A New Solution to the Problem of Evil*, 529f.; *J.L. Walls, Why Plantinga Must Move from Defense to Theodicy*, 331-334. Zur Erwiderung auf die Kritik von Walls vgl. *A. Plantinga, Ad Walls*, 335-338.

20 Vgl. z.B. *R. Puccetti, The Loving God - Observations on John Hick's "Evil and the God of Love"*, 267. Vgl. dazu auch *O. Wiertz, Das Problem des Übels in Richard Swinburnes Religionsphilosophie*, 241f.: "Es geht in der theoretischen Behandlung des Problems des Übels nur um die Ermittlung einsichtiger Gründe, warum die Wirklichkeit, so wie sie ist, nicht dem christlichen Glauben wider-

Auf der Basis der Unterscheidung zwischen einem deduktiven und induktiven Einwand gegen den Glauben an Gott ergibt sich folgende Ausgangslage: Der deduktive Einwand wäre dann entkräftet, wenn sich zeigen ließe, welche möglichen bzw. widerspruchsfrei denkbaren Gründe die Zulassung des Leids rechtfertigen könnten. Wenn solche Gründe gefunden werden, ist der Widerspruch zwischen theistischem Bekenntnis und Leiderfahrung nicht mehr logisch zwingend. Damit wäre der deduktive Einwand widerlegt. Der induktive Einwand läßt sich dagegen nur in dem Maße entkräften, in dem es gelingt, plausible Gründe zu finden, d.h. Gründe, die einen möglichst hohen Wahrscheinlichkeitsgrad besitzen. Je wahrscheinlicher und überzeugender diese Gründe erscheinen, desto mehr verliert der induktive Einwand an Überzeugungskraft.

Angesichts der Suche nach solchen Gründen entstand der verständliche, aber höchst ambivalente Eindruck, in der Theodizee gehe es primär um die Rechtfertigung Gottes vor dem Gerichtshof der menschlichen Vernunft. Verständlich ist dieser Eindruck, weil in der Tat nach Gründen gesucht wird, die Gottes Zulassung oder Verursa-

---

spricht. Es geht um die Frage, ob dieser Glaube mit der Wirklichkeit vereinbar ist, ob es ihm gelingt, die Wirklichkeit auch angesichts des Leids als Werk eines guten Schöpfers zu interpretieren." Wiertz schließt sich dann Plantingas Unterscheidung zwischen *defense* und *theodicy* an. Die Intention der *defense* grenzt er eindeutig davon ab, "sich in die Position Gottes" zu versetzen oder "die Gedanken Gottes nachzudenken". In dieser Formulierung ist Wiertz' Unterscheidung akzeptabel, weil die Karten entsprechend verteilt wurden. Wenn es in der theologischen Reflexion letzten Endes aber nicht nur um Kohärenz, sondern um Wahrheit geht, dann zielt sie nicht nur auf die möglichen, sondern auf die wirklichen Gründe Gottes. Diese können allerdings immer nur als hypothetische - und nicht als definitive - behauptet werden. So formuliert, halte ich die Unterscheidung zwischen *theodicy* und *defense* für nicht plausibel. Es geht um die wirklichen Gründe Gottes, nicht um logisch mögliche Gründe. Diese Gründe werden aber nicht gefunden, indem man sich auf Gottes Standpunkt stellt oder diesen für sich beansprucht, sondern indem man Vermutungen anstellt und diese kritisch überprüft. - Für völlig inakzeptabel halte ich die Formulierung von Robert M. Adams, der im Anschluß an die Darstellung von Plantingas Position behauptet, es sei "keineswegs außergewöhnlich, wenn jemand an einer Überzeugung festhält und gleichzeitig einräumt, er habe keine Ahnung, wie gegenteilige Evidenzen zu erklären oder diesbezügliche Probleme zu lösen seien." (Übersetzung A.K.) Vgl. *R.M. Adams, Plantinga on the Problem of Evil*, 244. Diese Strategie kann allenfalls kurzfristig sinnvoll sein, insofern man eine Theorie nicht bei jeder Anomalie sofort über Bord werfen soll, auch wenn eine Anomalie stets als Alarmzeichen fungieren sollte. Langfristig ließe sich mit einer solchen Strategie allerdings jeder Unfug rechtfertigen. Sofern Adams mit seiner Behauptung lediglich beschreiben wollte, wie sich Menschen faktisch verhalten, hätte er natürlich recht.

chung des Leids rechtfertigen sollen. Die Theodizee scheint somit die Sache Gottes vor den Ungläubigen und Skeptikern vertreten zu wollen. Ambivalent ist dieser Eindruck, weil der theistische Gottesbegriff so konzipiert ist, daß Gott, wenn er existiert, *per definitionem* keiner Rechtfertigung seitens des Menschen bedarf. Ein in jeder wertrelevanten Hinsicht vollkommenes Wesen[21] kann nicht durch ein in nahezu jeder Hinsicht unvollkommenes Wesen gerechtfertigt werden. So betrachtet, spräche in der Tat einiges für die Vorbehalte, mit denen die als Rechtfertigungsversuch gedeutete Theodizee in den theistischen Traditionen häufig beargwöhnt wurde. Der Versuch einer menschlichen Rechtfertigung Gottes wurde - ganz abgesehen davon, daß gar nicht hinreichend deutlich wird, was "Rechtfertigung" in diesem Zusammenhang eigentlich bedeuten soll[22], - nicht selten als ungebührliche Anmaßung oder als Indiz eines latenten Unglaubens kritisiert und dementsprechend abgelehnt. Als in jeder wertrelevanten Hinsicht vollkommenes Wesen hat Gott unzweifelhaft Gründe für die Zulassung oder Verursachung von Übel und Leid, so daß es auf seiten des Menschen einzig und allein darum gehen kann, diese Gründe zur Kenntnis zu nehmen und zu akzeptieren, aber nicht darum, sie kritisch-distanziert in Frage zu stellen und zu beurteilen.

Diese Vorbehalte wären ernst zu nehmen, wenn im Hinblick auf die Existenz und das Wesen Gottes eine über jeden vernünftigen Zweifel erhabene Gewißheit bestünde. Spätestens seit Humes und Kants Kritik der Gottesbeweise kann von einer solchen Gewißheit jedoch nicht mehr die Rede sein. Insbesondere die Erfahrungen von Übel und Leid stellen diese Gewißheit und damit auch die rationale Verantwortbarkeit des theistischen Bekenntnisses nachhaltig in Frage. Aufgrund der Kritik der Gottesbeweise erhält auch die Leidthematik einen veränderten Stellenwert. Es geht jetzt nicht mehr nur darum, nach möglichen Gründen für die Zulassung des Leids durch einen Gott zu suchen, dessen Existenz zweifelsfrei feststeht. Es geht

---

21 Vgl. dazu ausführlicher *T. V. Morris, Our Idea of God*, 35-40.

22 John Hick betont, daß sich die religiösen Aversionen gegen den Begriff "Rechtfertigung" vermeiden ließen, wenn man statt dessen den Begriff "Verstehen" verwenden würde. In der Theodizee gehe es um nichts anderes als um ein Verstehen Gottes und seines Handelns. Der Wunsch nach einem solchen Verstehen sei nun aber keinesfalls irreligiöser Natur. Vgl. dazu *J. Hick, Evil and the God of Love*, 7.

statt dessen darum, den Glauben an diesen Gott angesichts offenkundiger Widersprüche als rational verantwortbar auszuweisen.

Wenn die Existenz Gottes nicht über jeden vernünftigen Zweifel erhaben feststeht, so trifft gleiches natürlich auch für die in der Theodizee gemutmaßten Gründe für die göttliche Zulassung oder Verursachung des Übels zu. Diese Gründe sind nicht *a priori* die Gründe Gottes, sondern von Menschen vermutete oder geglaubte Gründe, die - wie alles von Menschen Vermutete oder Geglaubte - möglicherweise falsch sein könnten. Einige der traditionell genannten Gründe sind sogar mit an Sicherheit grenzender Wahrscheinlichkeit falsch, und zwar allein schon deshalb, weil sie einander widersprechen.

Insofern geht es beim Theodizee-Problem nicht um die Rechtfertigung Gottes seitens des Menschen, wie es die abgekürzte Redeweise und die Etymologie des Ausdrucks *theo-dizee* nahelegen[23]. Statt dessen geht es um die Rechtfertigung des Glaubens an Gott angesichts des Einwands seiner offenkundigen Widersprüchlichkeit bzw. Irrationalität. Diese Rechtfertigungspflicht läßt sich weder durch den Hinweis auf die menschliche Verpflichtung zum unbedingten Gehorsam gegenüber Gott noch durch die Glorifizierung unerschütterlicher Glaubensgewißheit noch durch die Kontrastierung von Gottes Souveränität und menschlicher Begrenztheit unterminieren. Denn diese Pflicht besteht nicht gegenüber Gott, sondern gegenüber den epistemologischen Normen, denen jede bewußt und rational gewählte Überzeugung unterliegt, zumal im Fall zu Recht umstrittener Überzeugungen. Nun könnte man entgegnen, daß das Bekenntnis zu Gott den Gläubigen ungleich stärker verpflichte als irgendwelche epistemologische Normen, über deren konkrete Beschaffenheit ohnehin kein Konsens zu erzielen ist. Diese Entgegnung beruht aber auf einem problematischen Schluß: Denn zum einen basiert natürlich auch

---

[23] Vgl. z.B. unter Hinweis auf Hegel *H. Zahrnt, Luther deutet Geschichte*, 187: "Theodizee bedeutet den Versuch der Rechtfertigung Gottes durch den Menschen. Hier unternimmt es der Mensch, das Walten Gottes rational zu bewältigen." Vgl. ähnlich auch *G. Theobald, Hiobs Botschaft*, 321: "Definitionsgemäß zielt Theodizee ab auf eine Rechtfertigung Gottes angesichts der Übel der Welt." Jedenfalls gelte dies für die klassisch-metaphysische Theodizee. Theobalds Studie versucht, einen Pradigmenwechsel von der metaphysischen zur poetischen Theodizee herauszuarbeiten. Dieser bestehe darin, "von einer Rechtfertigung Gottes überzuleiten zu einer Rechtfertigung der Schöpfung aus sich selbst" (ebd. 323). Was sich dahinter verbirgt, entzieht sich meinen Verstehensmöglichkeiten.

das Bekenntnis zu Gott auf bestimmten Entscheidungen, die entweder willkürlich, d.h. völlig unbegründet, oder aber reflektiert, d.h. rational verantwortbar, sind. Soll letzteres der Fall sein, dann sind epistemologische Normen unverzichtbar. Zum anderen unterliegt auch die konkrete Explikation des theistischen Bekenntnisses epistemologischen Normen, wie etwa dem Widerspruchsverbot. Andernfalls fiele dieses Bekenntnis nicht nur der Beliebigkeit anheim, sondern es käme gar kein intelligibles Bekenntnis zustande. Aus dem gleichen Grund führt auch der Rekurs auf die Autorität Gottes oder seiner Offenbarung an dieser Stelle nicht weiter. Die Entscheidung, einer Autorität zu vertrauen, unterliegt nämlich den gleichen Kriterien, zumal angesichts einer Vielzahl von konkurrierenden und divergierenden Geltungsansprüchen, die allesamt auf göttliche Autorität zurückgeführt werden. Anders als die Behauptung, daß die Theodizee auf eine direkte Rechtfertigung Gottes vor dem Forum menschlicher Vernunft hinauslaufe, steht die These, daß es dabei primär um die rationale Rechtfertigung des theistischen Bekenntnisses geht, nicht in einer logischen Spannung zu diesem Bekenntnis selbst, sondern allenfalls in einer psychologischen.

In einem nächsten Schritt gilt es zu klären, was denn nun im Kontext der Leidthematik einer Rechtfertigung bzw. Erklärung bedarf. Als mögliche Kandidaten bieten sich die folgenden Sachverhalte an[24]:

1. die Tatsache einzelner konkreter Leiderfahrungen;
2. die Tatsache der willkürlichen Verteilung von Leid;
3. die Tatsache von Übel und Leid als solche;
4. die Tatsache des enormen Ausmaßes von Übel und Leid.

Häufig werden die vier Fragestellungen nicht hinreichend deutlich unterschieden, obwohl sie unterschiedliche Anforderungen an eine Theodizee stellen. Im ersten Fall müßte theologischerseits beispielsweise erklärt werden, warum ein bestimmter Mensch an einer unheilbaren Krankheit leidet, warum bei einem Flugzeugunglück gerade diese Passagiere und nicht alle ums Leben kamen oder warum gerade all jene, die an Bord waren, ihr Leben verloren, warum ausgerechnet dieses Kind von einem Auto überfahren wurde, warum sich nur in dieser bestimmten Region eine Naturkatastrophe ereignet

[24] Vgl. dazu ähnlich *W.L. Rowe, Evil and Theodicy*, 131.

usw. Im zweiten Fall müßte geklärt werden, warum Unglück und Leid häufig in keinem erkennbaren Zusammenhang zur sittlichen Beschaffenheit der Opfer stehen, warum also teilweise sowohl Gerechte als auch Sünder leiden oder warum es teilweise Sündern gut ergeht, während Gerechte von Unglücksfällen getroffen werden.

Fragen wie diese haben nur unter der Voraussetzung eines bestimmten Gottesbegriffs eine theologische Relevanz, und zwar dann, wenn davon ausgegangen wird, daß Gott bzw. Gottes Vorsehung der bestimmende Grund bzw. die direkte Ursache für schlechthin alle Ereignisse ist. Diese Überzeugung gehört zum mehr oder minder latenten Bestandteil des traditionellen prämodernen Theismus und ist auch gegenwärtig immer noch verbreitet[25]. Da sie aber keinen unverzichtbaren Bestandteil des theistischen Bekenntnisses darstellt, sollte sie nicht im Zentrum des Theodizee-Problems stehen. Auf ihrer Basis läßt sich vermutlich auch keine plausible Lösung des Theodizee-Problems erreichen, denn sie macht Gott in direkter und eindeutiger Weise für alle Ereignisse, einschließlich der leidvollen, verantwortlich. Gerade im Hinblick auf diese Prämisse drängt sich in der Tat der Eindruck vom "Mißlingen aller (philosophischen) Versuche in der Theodicee"[26] auf. Die in diesem Kontext entwickelten Argumentationsweisen werden im weiteren Verlauf zwar noch eingehender thematisiert. Dennoch läßt sich ihre Überzeugungskraft vorausgreifend als äußerst problematisch beurteilen. Der entscheidende Einwand basiert auf der neuzeitlichen Erkenntnis, daß der leiderzeugende Ereignisverlauf weitgehend durch innerweltliche Faktoren bestimmt wird, die entweder natürlichen Gesetzmäßigkeiten unterliegen oder durch menschliche Handlungen verursacht werden, die ihrerseits entweder wiederum natürlichen Kausalzusammenhängen unterliegen oder freien Entscheidungen entspringen. Alle Übel lassen sich prinzipiell vollständig durch diese Faktoren erklären. Der Rekurs auf eine theologische Erklärung wäre in diesem Zusammenhang nicht nur überflüssig, sondern kontraproduktiv. Von theologischer Relevanz sind daher nicht Fragen wie die, warum ein bestimmter Mensch

---

[25] Zu den absurden Konsequenzen, die aus der Lehre von Gottes Allwirksamkeit folgen, vgl. kritisch *H. Mulert, Gott im Schicksal*, 9-17. Diese Lehre – so Mulert – habe "immer nur auf dem geduldigen Papier dogmatischer Systeme gestanden; kein Christ hat je mit ihr vollen Ernst gemacht" (ebd. 12).

[26] So der Titel von Kants Schrift aus dem Jahre 1791. Vgl. dazu u.a. *W. Oelmüller, Kant und die nicht erledigte Theodizeefrage*, 64-68.

erkrankt, sondern Fragen wie die, warum Gott überhaupt eine Welt erschaffen hat, in der Menschen erkranken können. Allgemeiner formuliert: Warum hat der allmächtige und sittlich vollkommene Gott eine Welt erschaffen, in der leiderzeugende Faktoren wirksam sind, und warum verhindert Gott nicht - häufiger oder durchgängig - die autonome Wirksamkeit dieser leiderzeugenden Faktoren? Beim Theodizee-Problem geht es also nicht notwendig um die Erklärung der Tatsache einzelner konkreter Leiderfahrungen, sondern um die Erklärung der allgemeinen Tatsache von Übel und Leid. Die ersten beiden Fragestellungen setzen Prämissen voraus, die kein notwendiger Bestandteil des theistischen Bekenntnisses sind.

Der dritte Vorschlag trifft nun allerdings das Zentrum des Theismus, nämlich den Schöpfungsbegriff, und somit auch das Zentrum des Theodizee-Problems. Während es im Rahmen des theistischen Bekenntnisses durchaus vorstellbar ist, daß Gott nicht direkt für alle Ereignisse verantwortlich ist und daß den leidverursachenden Faktoren "Sünder" und "Gerechte" gleichermaßen ausgesetzt sind, ist es kaum vorstellbar, daß Gott als allmächtiger Schöpfer dieser Welt nicht verantwortlich ist für deren Strukturen, unter denen empfindungsfähige Lebewesen unsäglich zu leiden haben. Leid mag Menschen auf eine sehr unterschiedliche und auf eine offenkundig ungerechte Weise treffen. Und dieser Sachverhalt mag sich auch aufgrund natürlicher Gegebenheiten restlos erklären lassen. Daß aber die Welt überhaupt so beschaffen ist, daß Leid und Unglück den Menschen und andere Lebewesen treffen, schreit - angesichts der Behauptung, die Welt sei von einem allmächtigen, gütigen und gerechten Gott erschaffen, - förmlich nach einer Erklärung. Die Dringlichkeit einer solchen Erklärung wächst mit dem Ausmaß des faktisch vorhandenen Leids. Die vierte Fragestellung stellt insofern keine Alternative zur dritten dar, sondern deren Konkretisierung und Verschärfung. Als solche ist das faktische Ausmaß an Leiderfahrungen in seiner Relevanz für das Theodizee-Problem kaum zu überschätzen.

1.2 Leid – Übel – Böses

Die traditionelle Unterscheidung zwischen *malum morale* und *malum physicum* dient üblicherweise als Ausgangspunkt für eine definitorische Einteilung des Übels, dessen Erklärung in der Theodizee zur Debatte steht. Leibniz verstand unter dem *moralischen* Übel die Sünde, unter dem *physischen* das Leiden und fügte dann noch das *metaphysische* Übel im Sinne der ontologischen Unvollkommenheit alles Geschaffenen im Vergleich zur Vollkommenheit Gottes hinzu[27]. Leibniz' Differenzierungsvorschlag basiert auf einer Vermischung von phänomenalen (d.h. leidhaften) und kausalen (d.h. leidverursachenden) Unterscheidungskriterien.

Die Unterscheidung zwischen moralischem und natürlichem Übel fällt eindeutiger aus, wenn man sich konsequent an den jeweiligen leiderzeugenden Ursachen orientiert: Danach besteht das *malum morale* in den leidvollen Auswirkungen (verkehrter) willentlicher Entscheidungen freier Wesen, während das *malum physicum* in den leidvollen Auswirkungen natürlich verursachter Prozesse besteht. Diese ursachenorientierte[28] Differenzierung verdient zwar den Vorzug, angesichts der Vielfalt möglicher Leiderfahrungen erweist jedoch auch sie sich als zu sperrig.

Zunächst erfolgt die Definition des Übels und des Bösen aufgrund seines leidvollen Charakters; d.h. als Übel im eigentlichen Sinn gilt das Empfinden von Leid in seinen vielfältigen Formen und Graden. Im abgeleiteten Sinn ist dann etwas deshalb ein - entweder natürliches oder moralisches - Übel, weil es Leid verursacht. In einem Universum, in dem keine empfindungsfähigen Wesen existierten, gäbe es diesem Definitionsvorschlag zufolge auch keinerlei Übel, wie unvollkommen und langweilig dieses Universum in "metaphy-

---

27 Vgl. dazu *G.W. Leibniz, Die Theodizee*, I,21.

28 Vgl. dazu auch die Einteilung von *R. Swinburne, Das Problem des Übels*, 112: "Unter dem 'natürlichen Übel' verstehe ich alle Übel, die nicht von Menschen absichtlich hervorgebracht werden und sich auch nicht aufgrund menschlicher Fahrlässigkeit ereignen. Das natürliche Übel umfaßt sowohl körperliches als auch seelisches Leid, und zwar sowohl von Tieren als auch von Menschen; also das gesamte Ausmaß an Leid, das Krankheiten, Naturkatastrophen und menschlicherseits unvorhersehbare Unfälle mit sich bringen. Unter dem 'moralischen Übel' verstehe ich die Summe aller Übel, die Menschen absichtlich verursachen, indem sie etwas tun, was sie nicht tun sollten (oder etwas zulassen, weil sie aus Fahrlässigkeit nicht das tun, was sie tun sollten), *und* auch das Übel, das durch solch absichtliche Handlungen oder fahrlässige Unterlassungen entsteht. Es umfaßt die Schmerzen, die ich dir absichtlich zufüge, die Schmerzen einer Krankheit, die du dir aufgrund meiner Fahrlässigkeit zugezogen hast (weil ich es z.B. nicht verhindert habe, daß du mit meinem Haustier in Kontakt kamst, das an dieser Krankheit leidet), und das Übel, das meine absichtliche Zufügung oder fahrlässige Unterlassung selbst darstellt."

sischer" Hinsicht auch immer sein mag. Leid ist somit kein Sachverhalt der physikalischen Umwelt, sondern eine Empfindungs- oder Erfahrungsqualität. So wie die Unterscheidung zwischen "schön" und "häßlich" nicht durch die bloße Existenz entsprechender Gegenstände konstituiert wird, sondern erst durch deren Betrachter, so wird auch der Leidbegriff erst durch die Existenz Leid erfahrender Lebewesen anwendbar. Damit ist natürlich nicht behauptet, daß Leiderfahrungen weniger real sind als physikalische Gegenstände. Für das betroffene Subjekt sind sie mit Sicherheit "realer" als die Existenz äußerer Gegenstände.

Die definitorische Priorität und Zentralität des Leidbegriffs - in Relation zum Begriff des Übels - läßt sich folgendermaßen veranschaulichen: Eine Naturkatastrophe ist nur dadurch ein "Übel", daß sie Lebewesen Leid oder Schaden zufügt. Eine Flutwelle, die das Leben auch nur eines Menschen oder eines anderen empfindungsfähigen Lebewesen kostet, ist ein leiderzeugendes Ereignis, während die Explosion eines Sterns in einem unbelebten Sonnensystem kaum als Übel zu bezeichnen ist. Diese Explosion mag zwar physikalische Strukturen von gigantischem und mit einer Flutwelle unvergleichlichem Ausmaß zerstören. Sie fügt aber keinem empfindungsfähigen Lebewesen Leid zu und ist insofern auch kein theodizee-relevantes Übel.

Die Zentralität des Leidbegriffs dürfte im Hinblick auf das natürliche Übel weniger umstritten sein als im Hinblick auf das moralische Übel, das Leibniz - im Unterschied zum Leiden und im Einklang mit der Tradition - als "Sünde" bezeichnete. Dennoch erweist sich der Leidbegriff auch hier als zentral, insofern der Begriff der Sünde bzw. des Bösen definitionsgemäß die moralisch zurechenbare, aber ungerechtfertigte Verursachung von Leid impliziert[29]. Somit manifestiert sich auch die Realität des Bösen in der Zufügung von Leid. Dem scheint zu widersprechen, daß man erstens Gott gegenüber sündigen kann, ohne ihm - in einem nicht-analogen Sinn - Leid zufügen zu können, und daß man zweitens auch Absichten oder Gedanken als sündhaft bezeichnet, die als solche noch keinen leiderzeugenden Charakter besitzen.

---

[29] Vgl. dazu auch *P. Ricœur, Evil, a Challenge to Philosophy and Theology*, 346f. "In fact, to do evil in this sense is always, either directly or indirectly, to make another person suffer. In its relational or dialogical structure ... evil committed by someone finds its other half in the evil suffered by someone else."

Der erste Einwand basiert auf einer ebenso strikten wie problematischen Trennung zwischen der Sünde gegenüber den Mitgeschöpfen und gegenüber Gott. Wenn der Sündenbegriff auf diese Weise differenziert wird, scheint er äquivok verwendet zu werden, weil man sich Gott gegenüber nicht in der gleichen Weise versündigen kann wie gegenüber den Mitgeschöpfen; d.h. man kann ihm unmittelbar kein Leid zufügen. Zumindest gilt dies im Rahmen des traditionellen Theismus[30]. Eher scheint hier umgekehrt der Fall zu sein, daß man sich Gott gegenüber "versündigt", indem man sich den Mitgeschöpfen gegenüber versündigt, wobei aber auszuschließen ist, daß dadurch gleichzeitig auch indirekt Gott wirklich ein Leid zugefügt wird.

Im Hinblick auf den zweiten Einwand wäre zu fragen, ob eine Welt, in der aus bösen Absichten niemals entsprechende Handlungen resultieren würden, weil irgendein "Mechanismus" das Handlungssubjekt davon abhält, seine üblen Absichten in die Tat umzusetzen, Übel enthält. Die Beantwortung dieser Frage hängt teilweise sicherlich vom definitorischen Belieben ab. Aller Wahrscheinlichkeit nach würde sich in dieser Welt jedoch nicht das Theodizee-Problem stellen, d.h. wenn man die bösen Absichten als Übel definieren würde, dann vermutlich nicht als theodizee-relevante Übel. Die bloße Absicht, jemanden zu betrügen, zu bestehlen, zu belügen, zu verletzen oder zu töten, ist als solche weder notwendig eine Sünde noch ein Übel im theodizee-relevanten Sinn. Aufgrund der Spontaneität und Unkontrollierbarkeit der Bewußtwerdung solcher Absichten ist das betreffende Subjekt häufig nicht einmal für deren Vorhandensein verantwortlich. Absichten kommen häufig wie Gedanken zu Bewußtsein und unterliegen in diesem Fall nicht, zumindest nicht durchgängig, der sittlich relevanten Kontrolle des Menschen. Für die Ausführung derartiger Absichten trifft dies in der Regel nicht zu. Wenn X der Gedanke kommt, daß Y in einer bestimmten Situation einen völlig lächerlichen Eindruck macht, ist X für die Existenz dieses Gedankens in seinem Bewußtsein nicht unmittelbar verantwortlich. Geht X jedoch anschließend zu Y hin, um ihm wortreich deutlich zu machen, wie lächerlich er wirkte, unterliegt diese Mitteilung in der

---

[30] Im nicht-traditionellen Theismus, wie z.B. dem prozeßtheologischem, wird dies durchaus eingeräumt. Zur allgemeinen Frage nach der Leidensfähigkeit Gottes vgl. die Ausführungen im 7. Kapitel.

Regel seiner Kontrolle und damit seiner Verantwortlichkeit. Ähnliches gilt für das Verhältnis zwischen bösen Absichten und ihren Ausführungen: Wenn X das Verlangen überkommt, Y zu diffamieren, weil er beispielsweise seiner Karriere im Wege steht, so ist dieser Wunsch sicherlich kein begrüßenswerter Sachverhalt, aber als solcher auch noch kein Übel im eigentlichen Sinn. In einer imaginären Welt, in der es nur böse Wünsche oder Absichten gäbe, die aber aufgrund irgendwelcher Kontrollmechanismen niemals in die Tat umgesetzt werden könnten, entstünde daraus kein theodizeerelevantes Leid. Leidvolle Zustände in einer solchen Welt bestünden allenfalls für denjenigen, der die böse Absicht hegt, und zwar einzig und allein in der Tatsache, daß er sie entgegen anderweitiger Intentionen oder besserem Wissen hegt. Er könnte sich jedoch mit der Gewißheit trösten, daß daraus niemals für ein anderes Lebewesen Schaden resultieren wird, was natürlich für einen Menschen mit ausschließlich bösen Absichten ein merkwürdiger Trost wäre. Jedenfalls würde sich in einer imaginären Welt, in der aus "bösen" Absichten niemals böse Taten resultieren, das Theodizee-Problem nicht stellen. Schlimme Absichten erscheinen nur in einer Welt als Übel, in der ihnen meistens auch böse Taten auf dem Fuß folgen.

Im Gegensatz zur bösen Absicht ist deren Ausführung in dem Maße ein Übel im engeren und eigentlichen Sinn, in dem sie anderen Lebewesen tatsächlich Leid zufügt. Aus diesem Grund ist der Begriff des Leids in Relation zum Übel konstitutiv. Anders formuliert: Etwas ist deshalb ein Übel, weil es entweder in sich leidvoll ist oder Leid verursacht; um ein moralisches Übel handelt es sich, wenn die Ursache eine freie Entscheidung ist, um ein natürliches Übel handelt es sich, wenn es naturgesetzlich verursacht wird. Vor dem Hintergrund dieses Definitionsvorschlags erweist sich die traditionelle Differenzierung zwischen *malum physicum* und *malum morale* zwar nicht als hinfällig, wohl aber immer noch als zu sperrig. Leid wird nämlich nicht eindeutig nur entweder durch natürliche Prozesse oder durch freie bzw. sittlich relevante Handlungen verursacht. Sofern z.B. die natürliche Umwelt durch menschliche Entscheidungen geprägt und beeinflußt wurde, sind auch Naturkatastrophen und Krankheiten teilweise Auswirkungen menschlicher Handlungen, und keine rein natürlich verursachten Übel. Sofern diese Auswirkungen zum Zeitpunkt der Entscheidungen auch beim besten Willen nicht absehbar waren, bleiben diese Auswirkungen zwar immer noch menschlich verursacht, sie lassen sich aber nicht als willentlich herbeigeführte (moralische) Übel interpretieren. Die Konsequenzen dieser Entscheidungen sind leiderzeugend, daher stellen sie ein Übel dar, aber weder ein ausschließlich natürliches noch ein eindeutig moralisches. Ähnliches gilt auch für das Leid, das durch ökonomische, politische oder soziale Entscheidungen verursacht wird, deren Auswirkungen Strukturen schaffen, unter denen Lebewesen zu leiden haben. Selbstverständlich ist es möglich, daß die Entscheidungsträger das Leid bewußt um ihres eigenen Vorteils willen in Kauf nehmen oder gar gezielt anstreben. In diesem Fall handelt es sich bei den Entscheidungen und den daraus gegebenenfalls resultierenden Strukturen eindeutig um moralische Übel. Daneben gibt es aber auch politische oder anderweitige Entscheidungen, die gleichsam in bester Absicht gefällt wurden, deren ungewollte und ursprünglich vielleicht gar nicht absehbare Konsequenzen leiderzeugende Strukturen schaffen, die weder eindeutig als *malum physicum* noch als *malum morale* interpretiert werden können[31]. Der Einwand, daß diese Entscheidungen als menschliche in jedem Fall frei und daher moralisch relevant waren, übersieht folgende Möglichkeit: Der entscheidende Punkt ist hier nicht die Frage nach der formalen Freiheit der betreffenden Entscheidungen, sondern die nach ihrer sittlichen Relevanz. Nicht jede formal freie[32] Handlung ist als solche auch schon sittlich signifikant. Eine Entscheidung erfolgte dann in formal freier Weise, wenn sie auch unterbleiben oder anders ausfallen hätte können. Sie ist nur dann sittlich signifikant, wenn die Konsequenzen prinzipiell absehbar waren. Insofern ist das Entscheidungssubjekt nur für diejenigen Konsequenzen seiner Entscheidung sittlich verantwortlich, die es zum relevanten Zeitpunkt nach bestem Wissen und Gewissen absehen konnte oder nach – den Umständen entsprechend – gründlicher Prüfung absehen hätte können. In der Regel sind dies niemals alle Konsequenzen, so daß ein möglicherweise aus der Entscheidung resultierendes Übel nicht notwendig als moralisches bezeichnet werden

[31] Man kann sich hier damit behelfen, daß man jedes menschlicherseits zugefügte, aber moralisch nicht zurechenbare Leid ebenfalls als *malum physicum* bezeichnet. So z.B. *B. Reichenbach, Evil and a Good God*, XI. Insofern wäre die Klassifizierung in moralisches und natürliches Übel "mutually exclusive and totally exhaustive" (ebd. XII).

[32] Zur Freiheitsproblematik vgl. ausführlicher die Ausführungen zur *free will defense* im 9. und 10. Kapitel.

kann, selbst wenn die zugrundeliegende Entscheidung in einem formalen Sinn durchaus frei war.

Die genannten Beispiele sollen nicht die traditionelle Terminologie *ad absurdum* führen. Sie sollen allenfalls verdeutlichen, daß diese zu undifferenziert ist, um dem gesamten Spektrum leiderzeugender Faktoren gerecht zu werden. Als grobe Annäherung trifft die traditionelle Differenzierung durchaus einen richtigen Aspekt, nämlich die Tatsache, daß als leidverursachende Faktoren entweder menschliche Handlungen oder natürliche Prozesse in Frage kommen. Beide Faktoren hängen jedoch wohl enger miteinander zusammen, als es die traditionelle Terminologie erkennen läßt, denn menschliche Handlungen sind als leidverursachende weder durchgängig formal frei noch als formal freie *eo ipso* sittlich signifikant.

Unabhängig von der Komplexität der Ursachenfrage hängt Leid untrennbar mit der Empfindungs- und Erfahrungsqualität von Wesen zusammen, die über Bewußtsein bzw. über eine mentale "Innenwelt" verfügen. Unter anderem resultiert daraus, daß derjenige, der Leid empfindet, zu seiner Empfindung einen privilegierten Zugang hat[33]. Jemand kann zwar mit dem Leid eines anderen mitfühlen oder mitleiden. Er kann aber nicht das Leid des anderen als das des anderen wahrnehmen oder erleiden. Als leidvoll im weiteren Sinn läßt sich jeder Zustand verstehen, dessen Überwindung dem Betroffenen wünschenswert erscheint, wobei mit zunehmender Intensität der Leiderfahrung der Wunsch nach Überwindung mächtiger und bestimmender wird. Die Leiderfahrung *par excellence* ist vermutlich der körperliche Schmerz[34]. Eine bestimmte Klasse von Zuständen bzw. Situationen muß nicht von jedem Menschen als gleichermaßen leidvoll erfahren werden. Einige Zustände scheinen sogar von manchen als extrem leidvoll, von anderen hingegen als lustvoll empfunden zu werden. Diese Differenzen ändern wohl aber nichts an der Universalität von Leiderfahrungen.

Einiges spricht dafür, daß nicht nur die Schmerzempfindlichkeit im besonderen, sondern auch die allgemeine Leidempfänglichkeit mit

---

33 Zum Begriff des Mentalen vgl. *R. Swinburne, The Evolution of the Soul*, 17-141. Zur Kritik an dieser Definition vgl. u.a. *R. Rorty, Der Spiegel der Natur*, 27-145.

34 Schmerzempfindungen sind nicht durchgängig leidhaft, weil sie nicht immer von dem Wunsch nach ihrer Überwindung begleitet werden. Vgl. dazu ausführlicher *J. Hick, Evil and the God of Love*, 294ff.

der Komplexität des zentralen Nervensystems zunimmt. Trifft dies zu, dann resultieren daraus unter anderem folgende Konsequenzen: Zum einen ist der Übergang zwischen leidensunfähigen und -fähigen Wesen fließend, weil nicht exakt bestimmbar ist, ab welcher Entwicklungsstufe ein Lebewesen Leid empfinden kann. Ein Stein gilt normalerweise als leidensunfähig, ein Schimpanse als leidensfähig. Bei einem Regenwurm gehen die Meinungen wahrscheinlich auseinander. Zum anderen spricht alles dafür, daß der Mensch unter den bislang bekannten Lebewesen dasjenige ist, das ein Höchstmaß an Leid erfahren – und allem Anschein nach auch verursachen – kann[35]. Beim Menschen und auch bei höheren Säugetieren umfaßt das Spektrum an Leiderfahrungen nicht nur physische Schmerz- und Mangelempfindungen, sondern auch komplexere Erfahrungen wie Angst, Panik und Trauer. Vermutlich nur von Menschen erfahrbar sind Leiden wie Verzweiflung, Langeweile, Sinnlosigkeit, Ekel, moralische Abscheu, Schuldgefühle usw.

Eine besondere Rolle spielt in diesem Zusammenhang der traditionell häufig als das Übel schlechthin bezeichnete Tod. Läßt sich der Tod sinnvollerweise als leidvoll bzw. leiderzeugend und insofern als Übel bezeichnen? Der Tod geliebter Menschen zählt ebenso wie die Angst vor deren und vor dem eigenen Tod zu den bedrückendsten Leiderfahrungen. Insofern stellt der Tod zweifellos ein Übel dar, wenn auch aus begreiflichen Gründen nicht für denjenigen, der tot ist. Denn wenn der Tod – im Gegensatz zum Sterben – verstanden wird als definitives Zuendekommen aller Empfindungen, stellt er natürlich auch kein Übel dar, denn der Tote erlebt als Toter definitionsgemäß nichts mehr, also auch nicht den Verlust seines Lebens.

---

[35] Vgl. dazu auch die Bemerkungen von *A. Schopenhauer, Die Welt als Wille und Vorstellung*, IV. Buch, § 56: "Denn wie die Erscheinung des Willens vollkommener wird, so wird auch das Leiden mehr und mehr offenbar. In der Pflanze ist noch keine Sensibilität, also kein Schmerz: ein geringer Grad von beiden wohnt den untersten Tieren, den Infusorien und Radiarien ein: sogar in den Insekten ist die Fähigkeit zu empfinden und zu leiden noch beschränkt: erst mit dem vollkommenen Nervensystem der Wirbeltiere tritt sie in hohem Grade ein, und in immer höherem, je mehr die Intelligenz sich entwickelt. In gleichem Maße also, wie die Erkenntnis zur Deutlichkeit gelangt, das Bewußtsein sich steigert, wächst auch die Qual, welche folglich ihren höchsten Grad im Menschen erreicht..." Bei Schopenhauers weiterer Schlußfolgerung, daß mit der Intelligenz auch die menschliche Leidensfähigkeit zunimmt, dürfte es sich wohl um einen für Intellektuelle nicht ganz untypischen Trugschluß handeln.

Wenn der Tod das Durchgangsstadium zu einem postmortalen Dasein ist, hängt die Beantwortung dieser Frage von dessen Qualität ab.

Ein anderes Problem wird durch die Frage aufgeworfen, ob die Sterblichkeit bzw. die Endlichkeit des irdischen Lebens als solche ein Übel darstellt, und zwar unabhängig davon, daß der Tod anderer in unzähligen Fällen entsetzliche Trauer hervorruft. Unter den Bedingungen des gegenwärtigen Daseins scheint die Endlichkeit der menschlichen Lebensspanne dem Leben bzw. seinen einzelnen Phasen überhaupt erst einen Wert zu verleihen, so daß sich dessen Endlichkeit kaum pauschal als Übel bezeichnen läßt. Wenn der Tod allerdings die endgültige Grenze nicht nur des irdischen Lebens, sondern des individuellen Daseins überhaupt darstellen würde, dann dürfte er in der Tat ein Übel, vielleicht sogar tatsächlich das Übel schlechthin darstellen. In diesem Fall würde der Tod nämlich all jene Versprechen, Erwartungen und Sehnsüchte zunichte machen, die im gegenwärtigen Leben unerfüllt bleiben[36]. Für die Toten selbst würde daraus selbstverständlich kein Leid mehr resultieren, weil sie nicht mehr sind. Aber für alle Lebenden würde daraus die nüchterne Schlußfolgerung resultieren, daß das Leben - trotz seiner intrinsischen Werthaftigkeit - eine mehr oder minder unvollständige und eine alles in allem zutiefst ungerechte Angelegenheit darstellt. Insofern der Tod - im Sinne der Sterblichkeit - ein leiderzeugendes Übel darstellt, scheint er dies also für die Lebenden zu sein, nicht aber für die Toten. Der Charakter dieses Übels hängt aber entscheidend von der jeweiligen Deutung des Todes ab, d.h. von den Überzeugungen hinsichtlich eines postmortalen Weiterlebens.

1.3 Theodizee – praktisch oder theoretisch?

Die bisherigen Überlegungen gingen davon aus, daß das Theodizee-Problem ein im weiteren Sinn "theoretisches" Problem darstellt, das sich im wesentlichen aus der offenkundigen Widersprüchlichkeit zwischen theistischem Bekenntnis und Leiderfahrung ergibt. Kenneth Surin hat zwischen theoretisch und praktisch orientierten Theodizee-Ansätzen unterschieden und für eine praktisch orientierte Option vo-

---

[36] Vgl. dazu auch *T. Anders, The Evolution of Evil*, 196f.

tiert[37]. Surins Position ist symptomatisch für eine breite theologische Strömung, die sich vehement und teilweise auch sehr polemisch gegen alle nur theoretischen Auseinandersetzungen mit dem Theodizee-Problem wendet[38]. Wie gezeigt, besteht dieses Problem in dem anscheinenden Widerspruch zwischen der Erfahrung des konkreten Ausmaßes von Übel und Leid einerseits und dem theistischen Bekenntnis zu einem allmächtigen, gütigen und gerechten Gott andererseits. Im Vergleich dazu fällt die Deutung des "praktischen" Theodizee-Problems in der Regel weit weniger eindeutig aus. Existentielle, pragmatische, politische, spirituelle und pastorale Konnotationen und entsprechende Desiderate laufen hier häufig zusammen und überschneiden einander. Vielfach wird die Auffassung vertreten, das Leiden stelle kein theoretisches Problem dar, Leiden könne niemals "verstanden", sondern allenfalls "bestanden" werden, und zwar "durch menschliche, christliche, glaubende Praxis"[39]. "Das Böse läßt sich nicht erklären, es läßt sich nur bekämpfen."[40]

Ziel der praxis-orientierten Kritik sind all jene Ansätze, die das Theodizee-Problem primär als logisches Widerspruchsproblem interpretieren und infolgedessen nach einer begrifflichen Versöhnung fragen[41]. Diese Kritik zielt nicht nur auf die klassischen Vertreter der Theodizee, wie Leibniz, sondern auch auf alle neueren Versuche,

---

[37] Vgl. *K. Surin, Theology and the Problem of Evil*, 70-141. Die Rede von einer Alternative zwischen theoretischer und praktischer Orientierung ist mißverständlich, insofern natürlich auch die Vertreter der praktischen Option nicht für eine reflexionslose Praxis votieren. Surin bringt seine Position (ebd. 149) folgendermaßen zum Ausdruck: "Unsere Diskussion tendierte zu der Einsicht, daß Theodizee am besten als theologischer Diskurs zweiter Ordnung verstanden wird, der sich über einen praxis-erzeugenden Diskurs erster Ordnung erstreckt. Dieser Diskurs muß seine Unfähigkeit eingestehen, das 'Problem des Übels' von einer kosmischen Perspektive aus anzugehen, die es uns ermöglicht, Gott zu rechtfertigen." (Übersetzung A.K.)

[38] Vgl. dazu auch *J. Wetzel, Can Theodicy be Avoided?*, 351-354. Wetzel umschreibt das Proprium praktisch orientierter Theodizee-Versuche durch folgende vier Merkmale: (i) Konzentration auf spezifische, historisch situierte Übel, (ii) Ersetzung eines abstrakten Gottesbegriffs durch den Glauben an einen leidenden Gott, (iii) Betonung der Überwindung des Übels statt seiner Erklärung, (iv) Bewertung des "Erfolgs" von Theodizeen anhand ihrer politischen und gesellschaftlichen Konsequenzen.

[39] *E. Zenger, Die Botschaft des Buches Hiob*, 14.

[40] *J. Cardonnel, Gott in Zukunft*, 44.

[41] Vgl. dazu auch *P. Ricœur, Evil, a Challenge to Philosophy and Theology*, 345. Ricœur bezeichnet die traditionelle Theodizee - mit einem despektierlichen Unterton - als "battle in favor of coherence".

das Theodizee-Problem argumentativ lösen zu wollen. Die spekulative Weise, in der die theoretischen Ansätze auf die Erfahrung von Leid und Übel reagieren, gilt dieser Kritik als völlig unangemessen, als deplaziert, teilweise sogar als geradezu zynisch[42]. Theodizee selbst wird schließlich zu einem Übel *sui generis* erklärt[43]. Kritisiert werden dabei nicht primär die argumentativen Schwächen und Lükken der theoretischen Theodizeen, sondern die viel grundlegendere Tatsache, daß sie überhaupt in einer argumentativ-spekulativen Weise mit der Leidthematik umgehen. Vielfach wird dies als Ausdruck eines lebens- und praxisfernen Intellektualismus kritisiert[44]. Letzten Endes laufe dies häufig darauf hinaus, das Leid als sinnvoll zu rechtfertigen und zu legitimieren oder eine adäquate Reaktion - wie etwa Klage[45] oder Protest - zu unterbinden. Bisweilen versteigt sich diese

---

[42] Vgl. dazu z.B. *R. Ammicht-Quinn, Von Lissabon bis Auschwitz*, 230.

[43] Vgl. *T.W. Tilley, The Evils of Theodicy*, 3: "... the usual practice of academic theodicy has marginalized, homogenized, supplanted, 'purified', and ultimately silenced those expressing grief, cursing God, consoling the sorrowful, and trying practically to understand and counteract evil events, evil actions, and evil practices. I have come to see theodicy as a discourse practice which disguises real evils while those evils continue to afflict people. In short, engaging in the discourse practice of theodicy *creates* evils, not the least of which is the radical disjunction of 'academic' philosophical theology from 'pastoral' counsel." Zu weiterer Kritik vgl. ebd. 221-251.

[44] Vgl. im Hinblick auf Leibniz *R. Ammicht-Quinn, Von Lissabon bis Auschwitz*, 282: "Die gelungene Theodizee vollendet sich auf Kosten der Dimension authentischer Erfahrung. So wird die Leibniz'sche *Theodizee* zum Muster der traditionellen spekulativ-theoretischen Theodizee: der Logik mehr verpflichtet als dem Leben."

[45] Vgl. z.B. *K. Berger, Wie kann Gott Leid und Katastrophen zulassen?*, 168: "Hier wird nicht gefragt: Warum all das Leid? Oder: Wie konnte Gott das zulassen? So fragen Philosophen oder Leute, die nach rückwärts blicken. So fragen Leute, die vom Leiden Abstand gewonnen haben und die eine Theorie interessiert. Die eine Theorie ersinnen möchten, ob Gott gut dabei wegkommt oder nicht, manchmal vielleicht auch, um sich immun zu machen mit einer Theorie. Das Denken aber schaltet die Klage aus, und viele flüchten dann aus dem Herzen in die Herrschaft der Vernunft. Und dann dürfen wir nicht mehr klagen. Alle Theorien sind Klageverbote. Aber wir brauchen doch - wenn es wirklich ernst wird - keine erklärte Welt, keine Theorie, wie alles gekommen ist. Sondern wir sehen Menschen, die schreien vor Schmerz oder schreien wie wir selbst, und wir wollen wissen, wie lange das noch dauern soll." Bei genauerem Hinsehen lassen sich auch in Bergers Überlegungen "theoretische" Elemente ausmachen, so vor allem im Hinblick auf seine Deutung des Übels als etwas Unerschaffenem. Die anti-theoretische Polemik ist also wohl nicht ganz wörtlich zu nehmen. Eher dient sie dazu, die theoretischen bzw. argumentativen Lücken und Ungereimtheiten zu kaschieren, was umso besser gelingt, wenn man das Ganze dann noch als

Kritik – offenbar in Ermangelung besserer Argumente – zu haarsträubenden Gehässigkeiten und unterstellt einzelnen Protagonisten einer theoretischen Theodizee sogar Unmenschlichkeit oder Amoralität[46]. Das rhetorische Strickmuster dieser Kritik setzt sich in der Regel aus folgenden Elementen zusammen: ideengeschichtliche Platitüden über den aufklärerischen Rationalismus, der für das Theodizee-Problem verantwortlich, aber inzwischen längst überholt sei; theologische Unverständlichkeiten über den angeblich ganz anderen christlichen Gott, der von diesem Problem völlig unberührt bleibe; persönliche Unterstellungen, die Aufschluß über die verkorkste Seelenlage des "Theoretikers" liefern sollen; massive Schuldzuweisungen an die akademische Theologie und ihre Praxisferne, die offenbar nur dazu dienen, die Augen vor dem konkreten Übel zu verschließen.

Befürworter einer eher praktisch orientierten Theodizee betonen, theologischerseits komme es zunächst einmal darauf an, Leiderfahrungen aus der Perspektive der Opfer wahrzunehmen. Die Theologie müsse dazu beitragen, konkrete Leiderfahrungen spirituell zu bewältigen und das faktische Leid praktisch zu reduzieren. Die theoretische Theodizee spekuliere demgegenüber nur über die möglichen Gründe, warum ein gütiger und allmächtiger Gott Leiden zuläßt. Aus der Perspektive der Kritiker wirkt dieser Umgang mit dem Leidproblem ideologieverdächtig, anachronistisch, abstrakt, unsensibel und zu alldem noch völlig ineffektiv.

Hinter der Kontroverse zwischen den theoretischen und praktischen Optionen verbergen sich grundlegende Differenzen im Hinblick auf das Selbstverständnis theologischer und religionsphilosophischer Reflexion. Diese Differenzen wirken sich natürlich auch auf das Verständnis und die Deutung der Theodizee-Thematik aus. Die Anliegen einer vorwiegend oder ausschließlich praktisch orientierten "Theodizee"[47] sind von eminenter Wichtigkeit und Dringlichkeit.

---

die biblische Sichtweise ausgibt. Die Bibel mag von Leuten gelesen werden, die vom "Denken" nichts halten; geschrieben wurde sie von ihnen nicht.

46 Vgl. dazu als besonders markantes und abstoßendes Beispiel die maßlose Kritik an Swinburnes Theodizee von *K. Surin, Theology and the Problem of Evil*, 83f. Eine vorbildlich sachliche Auseinandersetzung mit Surin findet sich bei *D. O'Connor, In Defense of Theoretical Theodicy*, 61-74.

47 Gelegentlich wird dafür der Ausdruck "Theodizee" ausdrücklich zurückgewiesen. Vgl. z.B. *T.W. Tilley, The Evils of Theodicy*, 1. Sofern er beibehalten wird, steht er natürlich für eine erheblich modifizierte Aufgabenstellung.

Versuche, die praktischen Belange von Leidbewältigung und Leidreduktion gegen die theoretischen Belange von Leiderklärung auszuspielen, überzeugen allerdings nicht.

Zweifellos richtig ist die Behauptung, daß Leid keine theoretische Angelegenheit ist, obwohl diese an sich triviale Behauptung von keinem Vertreter einer theoretischen Theodizee ernsthaft bestritten wurde. Richtig ist auch, daß wer unmittelbar oder indirekt von leidvollen Erfahrungen betroffen ist, meistens nicht nach theoretischen Argumenten oder spekulativen Deutungen verlangt. Wenn irgendwie möglich, verlangt er nach einer Aufhebung der leiderzeugenden Ursachen[48]. Die unmittelbare Reaktion auf Leiderfahrungen sollte deshalb im Protest und Engagement gegen die leiderzeugenden Ursachen bestehen. Auch wo dieser Einsatz aussichtslos erscheinen mag, besteht die unmittelbare Reaktion nicht in spekulativer Leiderklärung, vor allem dort nicht, wo kein diesbezüglicher Bedarf laut wird, sondern in der Solidarität mit den Leidenden. Aus all dem läßt sich jedoch nicht folgern, daß die Opfer von Leiderfahrungen automatisch den Verstand verlieren und daß ihnen folglich mit theologischen Unverständlichkeiten besser gedient wäre.

Aus der Tatsache, daß Leiderfahrungen keine primär theoretische Angelegenheit sind, läßt sich nicht der Schluß ziehen, daß auch das Theodizee-Problem kein theoretisches darstellen kann[49]. Zunächst setzt nämlich die praktische Maxime, daß die Ursachen von Leid nach Möglichkeit zu bekämpfen sind, eine bestimmte, zumindest rudimentär theoretische Deutung des Leids voraus. Selbst wenn diese Deutung nur darin besteht, im Leid ein Phänomen zu sehen, das nicht existieren sollte, impliziert dies bereits eine Deutung, die sich von anderen unterscheidet. Allgemein formuliert, impliziert jede nicht-willkürliche Praxis gewisse theoretisch formulierbare Überzeugungen, die den praktischen Entscheidungen zugrunde liegen, auch wenn letztere daraus sicherlich nicht einfach deduziert werden können. Sofern dies zutrifft, wirkt ein Rekurs auf die praktische Option,

48 Vgl. dazu z.B. *B. Grom, Im Leid an Gott glauben?*, 707.

49 Vgl. z.B. *G.A. Buttrick, God, Pain and Evil*, 229: "Schmerz und Tod sind Ereignisse (*events*). Daher können sie weder durch eine wissenschaftliche Formel noch durch eine philosophische Theorie, sondern nur durch ein Ereignis beantwortet werden." (Übersetzung A.K.) Formulierungen wie diese basieren auf einem Kategorienfehler: Ereignisse können überhaupt nicht beantwortet werden, schon gar nicht durch ein anderes Ereignis.

der mit einer radikalen Kritik theoretischer Deutungen einhergeht, inkonsequent.

Des weiteren erweckt dieser Rekurs nicht selten den Eindruck, daß jener Problemstellung, die für die theoretischen Ansätze im Zentrum der Theodizee-Frage steht, ausgewichen werden soll. Die ausschließliche oder vorwiegende Betonung praktischer Belange suggeriert das Eingeständnis einer intellektuellen Kapitulation, die durch das Ausweichmanöver auf ausschließlich praktische Belange kaschiert werden soll. Zur Vermeidung dieses Eindrucks muß der theoretische Aspekt des Theodizee-Problems als irgendwie irrelevant oder ideologieanfällig diffamiert werden. In der Regel kann diese Strategie jedoch nur notdürftig kaschieren, daß man damit auch den Kontext des eigentlichen Theodizee-Problems verlassen hat. Selbstverständlich hängt das Theodizee-Problem mit dem Leid-Problem zusammen. Das Theodizee-Problem ist aber nicht mit dem Leid-Problem identisch! Der konsequente Verzicht auf theoretisch-spekulative Antworten zugunsten praktisch relevanter Lösungen für den Umgang mit Leid bildet keine alternative Lösung des Theodizee-Problems, sondern dessen Verabschiedung bei gleichzeitiger Beibehaltung der Nomenklatur. Insofern ist weniger das Theodizee-Problem interessen-relativ[50], sondern wohl eher der Versuch, es durch willkürliche Redefinitionsvorschläge zu verabschieden. Derartige Bemühungen hinterlassen im übrigen den gleichen Eindruck wie unplausible theoretische Antworten: den Eindruck einer argumentativen und intellektuellen Bankrotterklärung des theistischen Bekenntnisses[51]. Dieser Eindruck folgt unweigerlich aus der atheistischen Argumentation.

---

50 Vgl. *K. Surin, Theology and the Problem of Evil*, 144f.

51 Nicht minder bedenklich wäre es allerdings, wollte man das praktische Anliegen von Leidbewältigung und Leidverminderung aus dem Kontext der Theodizee-Problematik ausklammern. Vgl. z.B. die allzu krasse Unterscheidung bei *A. Farrer, Love Almighty and Ills Unlimited*, 229: "Das praktische Problem ist pastoral, medizinisch oder psychologisch. Es unterscheidet sich von Fall zu Fall zu sehr, um eine sinnvolle Verallgemeinerung zuzulassen. Wir befassen uns ausschließlich mit dem theoretischen Problem. Wenn das, was wir dazu sagen, weder tröstend noch taktvoll ist, brauchen wir uns darum nicht zu kümmern. Unsere Aufgabe besteht darin zu sagen, was wahr ist, sofern wir das können." (Übersetzung A.K.) Eine theologische Beantwortung des Leidproblems kann nur in dem Maße als gelungen gelten, in dem sie beiden Anliegen - dem theoretischen und dem praktischen - gerecht wird. Die Zuordnung beider Anliegen könnte und

Gelegentlich wird heute die These vertreten, das Theodizee-Problem sei ein typisch neuzeitliches Phänomen[52]. Vielleicht verbirgt sich hinter dieser These die Hoffnung, daß sich mit dem Ende der Neuzeit auch das Theodizee-Problem gewissermaßen von selbst erledigt[53]. Diese Hoffnung ist sehr wahrscheinlich trügerisch. Unabhängig davon dürfte diese These aufgrund ihrer Einseitigkeit falsch sein. Zutreffender ist die Bemerkung Walter Kerns, wonach "das Problemwort Theodizee relativ modern, das Sachproblem ... uralt" ist[54]. Typisch neuzeitlich ist nicht das Theodizee-Problem selbst. Es ergibt sich zwangsläufig, sobald man die Semantik der Rede von Gott versteht. Typisch neuzeitlich ist eher die zunehmende Bereitschaft, die Erfahrung von Übel und Leid als gewichtiges Argument für die Unhaltbarkeit des theistischen Bekenntnisses in Anspruch zu nehmen. Hinter dieser Entwicklung stehen mehrere Ursachen: Eine Ursache ist der lebensweltliche Plausibilitätsverlust des christlichen Bekenntnisses. Eine weitere Ursache bildet die Kritik der traditionellen Gottesbeweise. Aufgrund dieser Kritik erhielt die Leiderfahrung einen völlig anderen Stellenwert. Solange man nämlich davon ausgehen konnte, daß die Existenz Gottes durch die menschliche Vernunft beweisbar ist, konnte aus der Leiderfahrung kein radikaler Einwand gegen den Glauben an Gott abgeleitet werden. Leid und Übel stellten zwar ein Problem für das theistische Bekenntnis dar, aber eben keinen stichhaltigen Einwand[55]. Nach der

---

sollte davon ausgehen, daß die praktische Relevanz ein entscheidendes Kriterium zur Beurteilung theoretischer Theodizee-Lösungen darstellt.

52 Vgl. dazu z.B. *H. Lübbe, Religion nach der Aufklärung*, 204; *O. Marquard, Schwierigkeiten mit der Geschichtsphilosophie*, 70f.; *C.F. Geyer, Die Theodizee*, 48-56; *ders., Das Jahrhundert der Theodizee*, 393-405; *W. Sparn, Mit dem Bösen leben*, 207ff.; *T.W. Tilley, The Evils of Theodicy*, 222-229.

53 So geht etwa Carl-Friedrich Geyer davon aus, daß die "emphatischen Theodizeeversuche wie ihre umstrittenen Weiterentwicklungen nur noch historische Episoden sind". Vgl. *C.-F. Geyer, Das Theodizeeproblem – ein historischer und systematischer Überblick*, 32.

54 *W. Kern, Theodizee: Kosmodizee durch Christus*, 113.

55 Vgl. dazu z.B. *G. Mavrodes, Keith Yandell and the Problem of Evil*, 45-48. Yandell geht von der These aus: Wenn Gott existiert, dann hat er moralisch ausreichende Gründe, Übel zuzulassen. Daher stellen Übel keinen Einwand gegen die Existenz Gottes dar. Vgl. *K. Yandell, The Problem of Evil and the Content of Morality*, 140f. Mavrodes weist demgegenüber mit Recht darauf hin, daß dieses Argument in einem Kontext nicht überzeugen kann, "in which the theist cannot already appeal to the existence of God". Wie Yandell selbst einräume, könne der Theist in der Diskussion des Theodizee-Problems die Existenz Gottes nicht einfach voraussetzen. Daher sei Yandells Argument hier nutzlos. Vgl. ebd. 48.

Kritik der Gottesbeweise hatte sich die Situation völlig verändert. Oberflächlich betrachtet schien sich zwar nicht allzu viel geändert zu haben: Zunächst stand nur fest, daß der Glaube an Gott nicht mehr positiv durch die Vernunft begründbar ist. Im Anschluß daran stellte sich jedoch die Frage, ob nicht das Ausmaß an Leid einen gewichtigen Einwand gegen den Glauben an Gott darstellt. Der neuzeitliche Atheismus bejahte diese Frage mit zunehmender Radikalität[56]. Im Leid sah er einen signifikanten Widerspruch zur Behauptung eines allmächtigen und gütigen Gottes; einen Widerspruch, der natürlich konkret erfahren wurde, der aber zugleich das theistische Bekenntnis vor scheinbar unüberwindliche theoretische Probleme stellte. Zu einer dramatischen Verschärfung dieser Probleme trug dann noch der rapide Plausibilitätsverlust der traditionellen christlichen Antwort bei, also die Entdeckung des mythologischen Charakters der biblischen Erzählung von Paradies und Ursünde. Aus atheistischer Sicht erschien der Glaube an Gott jetzt nicht mehr nur rational unbegründbar. Damit hätte man sich vielleicht abfinden können. Er geriet jetzt auch in den Verdacht, widersprüchlich und damit irrational zu sein.

Man macht es sich entschieden zu leicht, diesen Verdacht dadurch zu neutralisieren, daß man ihn einem spezifischen Rationalitätsverständnis zuordnet, um ihn dann zusammen mit diesem von der Hand zu weisen. Der Widerspruchsvorwurf ist so tiefgreifend, daß er sich nicht durch den Rekurs auf ein anders geartetes Konzept von Rationalität ausräumen läßt. Die Überführung evidenter Widersprüche macht denjenigen, der sie vertritt, unter allen Umständen unglaubwürdig. Genau auf diesen Punkt läuft die atheistische Argumentation hinaus: Die Leiderfahrung erweist das theistische Bekenntnis als widersprüchlich oder zumindest als sehr unwahrscheinlich und somit den Glauben an Gott als irrational. Damit wird die Leiderfahrung zum schlagenden Argument des Atheismus. In diesem Sinn plädieren zahlreiche Atheisten gegen die Rationalität des Glaubens an Gott und für die argumentative Überlegenheit des Atheismus.

Die Vertreter einer theoretisch orientierten Theodizee versuchen, den Vorwurf der Widersprüchlichkeit bzw. Inkohärenz argumentativ auszuräumen, um auf diese Weise die Rationalität des Glaubens aufzuweisen. Ihr Anliegen wird nur dann verständlich, wenn die athei-

---

[56] Vgl. z.B. *H. Albert, Wissenschaftliche Erkenntnis und religiöse Weltauffassung*, 130.

stische Kritik in ihrer vollen Brisanz und Tragweite ernst genommen wird. Diese Kritik verfährt argumentativ und bedarf daher auch einer argumentativen Auseinandersetzung. In dem Maße, in dem die theologische Reflexion nicht mehr dazu bereit oder nicht mehr dazu fähig ist, eine solche Auseinandersetzung zu bestehen, verdient die atheistische Option zumindest für diejenigen den Vorzug, die redlich darum bemüht sind, mit ihren Überzeugungen auf eine irgendwie noch rationale Weise umzugehen. Wenn diese Betrachtung des Theodizee-Problems legitim ist, dann stellt die Betonung von Leidbewältigung und Leidreduktion - so wichtig beide zweifellos sind - keine befriedigende Antwort auf das Theodizee-Problem dar, denn die Frage, warum Gott uns leiden läßt, kann nicht dadurch beantwortet werden, daß man sich nur noch auf die Suche nach Strategien der Leidbewältigung und -verminderung konzentriert.

Auf keinen Fall läßt sich die atheistische Herausforderung dadurch beantworten, daß man jede argumentative Auseinandersetzung von vornherein als zynisch diffamiert. Es mag zwar in der Tat schwerfallen, angesichts des vielfach horrenden Ausmaßes an Leid in einer nüchtern distanzierten Haltung theoretische Erwägungen anzustellen und den sachlichen Argumenten statt den Emotionen zu folgen. Argumentative Auseinandersetzung darf und muß existentielle Betroffenheit jedoch nicht zwangsläufig ausschließen[57]. Wer allerdings für "Betroffenheit statt Argumentation" plädiert, erweckt unweigerlich den Eindruck, er habe vor dem Leidproblem intellektuell kapituliert. Ist nicht jene Haltung zynisch im eigentlichen Sinn, die nur mehr auf die emotionalen Auswirkungen religiöser Rede abzielt und nicht

---

[57] Vgl. dazu die glänzenden Bemerkungen von *D.R. Griffin, God, Power, and Evil*, 16: "Ein Großteil des sogenannten existentialistischen Denkens dieses Jahrhunderts hat behauptet, es sei unangemessen, leidenschaftliche Themen von unbedingtem Interesse, wie etwa die Beziehung zwischen Gott und Übel, in einer distanzierten philosophischen Art und Weise zu diskutieren. Ich behaupte genau das Gegenteil. Vor allem im Hinblick auf solche Themen von unbedingtem Interesse - Themen, in denen wir uns als konkrete, lebende, liebende und hassende menschliche Wesen auf leidenschaftlichste Weise engagieren - müssen wir uns aufs äußerste anstrengen, eine echt philosophische Einstellung zu gewinnen, mit der wir jede denkbare Position aufgrund ihrer Verdienste so unvoreingenommen wie möglich prüfen". (Übersetzung A.K.) Anders jedoch *R. Ammicht-Quinn, Von Lissabon bis Auschwitz*, 254: "Eine traditionell-spekulative Theodizee läßt den empirisch-praktischen Anstoß des Denkens - Leiderfahrung, Erfahrung des Bösen - hinter sich, indem sie sich in einen Gedankenkonflikt, ein Kohärenzgefecht verwandelt. Die praktische Fragestellung wird dabei ausgeblendet."

mehr auf ihre logisch-argumentative Stringenz; zynisch – nicht nur gegenüber dem "theoretischen" Kontrahenten innerhalb des Theodizee-Diskurses, sondern gerade auch gegenüber den Opfern, in deren Namen die theoretischen Ansätze diffamiert werden?

Ein letzter Einwand gegen eine ausschließlich praktisch orientierte "Theodizee" zielt auf deren Unterschlagung der Tatsache, daß der leidhafte Charakter bestimmter Erfahrungen durch die Annahme ihrer vermeintlichen Unerklärbarkeit bzw. Sinnlosigkeit teilweise dramatisch verstärkt wird. Wie Schmerzen und Entbehrungen von den Betroffenen bekanntlich besser zu bewältigen sind, wenn sich ihnen ein Sinn abgewinnen läßt, so werden auch Schicksalsschläge, wie Krankheiten, leichter ertragbar, wenn sie als sinnvoll erfahren werden, d.h. als eingebettet in einen umfassenderen Kontext, innerhalb dessen das jeweilige Ereignis einem bestimmten Zweck dient oder zur Erreichung eines Ziels beiträgt. Umgekehrt wird Leid dort häufig als besonders erdrückend und vernichtend erfahren, wo ihm keinerlei Sinn abgewonnen werden kann. Der so verstandene Sinn macht das Leid nicht ungeschehen, er kann dem Betreffenden aber helfen, es besser zu bewältigen. Diese Sinnstiftung erfolgt nun aber auf der Basis einer begrifflich-deutenden Integration der Leiderfahrung, die den theoretischen Rahmen für die Sinnzuweisung bildet. Auch aus diesem Grund läßt sich eine theoretische Theodizee nicht als radikale Alternative zu einer auf Leidbewältigung zielenden praktischen "Theodizee" verstehen. Sofern aber Versuchen zur Leidbewältigung notwendigerweise auch ein – im weiteren Sinn – theoretisches Element zugrunde liegt, wirkt die Kontrastierung von theoretischen und praktischen Belangen nicht nur inkonsequent und unbefriedigend, sondern darüber hinaus auch kontraproduktiv, weil sie nämlich selbst das Anliegen praktisch orientierter Theodizeen durchkreuzt. David Griffin betont in seiner Theodizee deshalb zu Recht, daß die theoretische Seite des Leidproblems einen signifikanten Aspekt des zu lösenden existentiellen Problems darstelle, daß das theoretische Problem aber nur durch eine argumentativ überzeugende Lösung beantwortet werden könne[58]. Andernfalls droht der Theodizee-Diskurs zu einem Unterfangen zu degenerieren, in dem der Glaubende nur noch wortreich kaschieren kann, daß er eigentlich nichts Entscheidendes mehr zu sagen hat.

---

[58] Vgl. dazu *D.R. Griffin, God, Power, and Evil*, 16.

1.4 LÖSUNGSVERSUCHE UND KRITERIEN IHRER BEURTEILUNG

Die Aufgabenstellung des Theodizee-Problems besteht nicht notwendigerweise darin, für jedes einzelne faktische Leid eine Erklärung zu finden. Zur Entkräftung der atheistischen Einwände muß man also nicht erklären können, wie es sich mit dem Glauben an Gott vereinbaren läßt, daß eine bestimmte Person krank wurde, daß es in einem bestimmten Land Armut und Hunger gibt, daß es Konzentrationslager und Völkermord gibt usw. All diese Übel könnten zwar direkt von Gott bewirkt worden sein. Einem bestimmten Verständnis der göttlichen Allmacht zufolge, wonach diese eine Allwirksamkeit Gottes bedeutet, sind sie es auch. Nach einer anderen Überzeugung bewirkt Gott diese Übel allerdings nicht direkt. Seine Allmacht impliziert jedoch auch hier die Fähigkeit, die Übel verhindern zu können. Da Gott dies offensichtlich nicht will, läßt er sie aus bestimmten Gründen zu. Mit diesem Verständnis läßt sich die Annahme vereinbaren, daß die einzelnen Übel durch entsprechende natürliche (einschließlich personaler) Ursachen vollständig erklärt werden können. Die Aufgabe der Theodizee besteht dann darin zu zeigen, aus welchem Grund es in einer Welt, die ein vollkommen guter und allmächtiger Gott erschaffen hat und im Dasein erhält, überhaupt zu Übeln kommen kann: Warum hat Gott nicht eine Welt erschaffen, in der Übel gar nicht auftreten können? Warum läßt Gott Übel zu? Warum verhindert er sie nicht[59]?

Aufgrund der Struktur des Theodizee-Problems können "Lösungswege" auf folgende Weisen angestrebt werden:

(1) Zum ersten läßt sich das Problem durch eine Modifikation der theistischen Aussagenreihe beheben. In diesem Fall wird z.B. die Behauptung der Einzigkeit, Allmacht oder Güte Gottes aufgegeben oder entsprechend modifiziert.

(2) Zum zweiten läßt sich, wenn schon nicht die Realität, so doch zumindest das Ausmaß des Leids und Übels herunterspielen. In diesem Fall versucht man also bei der zweiten Aussagenreihe anzusetzen.

---

[59] Sofern einige Übel als göttliche Strafe für menschliche Sünden verstanden werden, ist allerdings davon auszugehen, daß sie nicht nur zugelassen, sondern auch direkt von Gott verursacht werden. Diese Möglichkeit macht aber nicht die prinzipielle Unterscheidung zwischen Zulassung und Bewirkung hinfällig.

(3) Zum dritten läßt sich nach einem plausiblen Grund dafür suchen, warum Gott Übel und Leid zuläßt oder bewirkt. In diesem Fall werden beide Aussagenreihen aufrechterhalten. Der anscheinende Widerspruch soll durch entsprechende Zusatzannahmen aufgehoben werden.
(4) Zum vierten läßt sich jede Forderung nach einer theoretisch-spekulativen Auflösung des Widerspruchs grundsätzlich zurückweisen. Es mag zwar eine zukünftige bzw. eschatologische Auflösung geben, diese ist aber gegenwärtig bzw. vorläufig nicht erkennbar. In diesem Fall muß allerdings plausibel gemacht werden, aus welchem Grund und mit welchem Recht gegenwärtig widersprüchliche Aussagen unversöhnt aufrechterhalten werden. Teilweise werden grundsätzlich alle deskriptiven Aussagen über Gott aufgrund seiner Unbegreiflichkeit als unangemessen zurückgewiesen, so daß sich das Theodizee-Problem gar nicht mehr stellen kann.
(5) Zum fünften läßt sich bestreiten, daß hier überhaupt ein theoretisches (Widerspruchs-)Problem vorliegt. In diesem Fall konzentriert man sich ausschließlich auf die existentiellen und praktischen Probleme, die Leid und Übel bzw. deren Überwindung bereiten.

Die genannten "Lösungswege" schließen einander nicht grundsätzlich aus. Sie lassen sich auf verschiedene Weisen kombinieren. In der Tradition wurden meistens auch mehrere Strategien miteinander verknüpft. So kann man z.B. die Zulassung des Leids durch Gott zu einem gewissen Grad zu erklären versuchen und gleichzeitig eine vollständige Erklärung des Übels als gegenwärtig unerreichbar behaupten. In den folgenden Kapiteln werden die wichtigsten traditionellen und aktuellen Lösungsversuche vorgestellt und kritisch diskutiert.

Die Beurteilung einzelner Theodizee-Lösungen hängt natürlich primär davon ab, was man von ihnen erwartet: Der Erwartung einer theoretisch-spekulativen Auflösung von Widersprüchen liegen andere Kriterien zugrunde als der Erwartung von Hilfestellungen für eine existentielle Bewältigung von Leiderfahrungen oder der Erwartung von praktischen Strategien zur Leidreduzierung. Wenn die obigen Überlegungen zutreffen, dann stellt das Theodizee-Problem primär ein theoretisch-spekulatives Problem dar. Dies schließt weder seine existentielle Relevanz aus, noch erübrigt sich dadurch notwendigerweise die Suche nach Leidreduzierung. Wer aber nicht bereit ist, die dem Theodizee-Problem zugrundeliegenden Widersprüche wahrzunehmen und nach einem argumentativen Weg zu ihrer Auflösung zu suchen, kann auch nicht beanspruchen, sich mit dem zu befassen, was hier als Theodizee-Problem bezeichnet wird. Sofern für diese Weigerung, sich theoretisch mit dem Theodizee-Problem auseinanderzusetzen, noch irgendwelche Gründe angeführt werden, stellt auch sie im weiteren Sinn noch eine "Lösungsmöglichkeit" dar. Da in diesem Fall immerhin noch Gründe genannt werden, handelt es sich hier sogar noch um eine indirekte theoretische Lösungsmöglichkeit. Sofern dafür allerdings keine Gründe mehr angegeben werden, wird der Sachverhalt einfach ignoriert oder verdrängt.

Wenn das Theodizee-Problem - anders als das Problem des Leids - primär ein theoretisch-spekulatives Problem darstellt, unterliegen alle Lösungsvorschläge unter anderem den allgemeinen Kriterien der logischen Konsistenz und Kohärenz; d.h. sie müssen die einschlägigen Widersprüche entweder ausräumen oder durch entsprechende Zusatzannahmen auflösen, ohne sie dabei nur an eine andere Stelle zu verschieben.

Lösungsvorschläge werden üblicherweise im Kontext einer bestimmten religiösen Tradition entwickelt, diskutiert und modifiziert. Im vorliegenden Fall handelt es sich dabei um die christliche Tradition. Die Wahl dieses Kontextes als Ausgangspunkt der Reflexion schließt nicht die Gültigkeit der genannten Kriterien aus. Sie verwehrt auch nicht den Blick auf Lösungsvorschläge, die außerhalb dieser Tradition oder an ihren Rändern entstanden, denn die Qualität von Argumenten hängt nicht von ihrer Herkunft, sondern von ihrer Stringenz ab. Diese Wahl verpflichtet schließlich auch nicht dazu, einen bestimmten Bestand an Überzeugungen von vornherein gegenüber jeder zukünftigen Kritik zu immunisieren. Wohl aber verpflichtet diese Wahl dazu, an dieser Tradition so lange festzuhalten, wie keine stichhaltigen und unabweislichen Gründe dagegen sprechen. Das Projekt der Theodizee soll nun gerade zeigen, daß keine solchen Gründe vorliegen. Selbst wenn dies gelingt, läßt sich nicht im vorhinein garantieren, daß diese Tradition im Prozeß der Theodizee unverändert bleiben wird. Die Vorstellung eines durch die Zeiten hindurch unveränderten doktrinalen Maximalbestands erweist sich bei etwas genauerem Hinsehen ohnehin als Mythos. Dieser Mythos hält nicht nur der historischen Überprüfung nicht stand. Er erweist sich zudem als Irrtum mit bedenklichen Folgen. Denn er verleitet dazu, zeitbedingte Erscheinungsweisen einer Tradition zu ihrem unveränderlichen Wesenskern hochzustilisieren und die für das Überleben unverzichtbare Assimilationsfähigkeit zu untergraben.

2 Reductio in mysterium

> *"O Tiefe des Reichtums, der Weisheit und der Erkenntnis Gottes! Wie unergründlich sind seine Entscheidungen, wie unerforschlich seine Wege! Denn wer hat die Gedanken des Herrn erkannt? Oder wer ist sein Ratgeber gewesen?"* (Röm 11,33f.)

Unter der Bezeichnung *reductio in mysterium* werden im folgenden all jene Positionen verstanden, die zumindest die vorläufige theoretische Unlösbarkeit des Theodizee-Problems und damit auch das Scheitern aller bisherigen Theodizee-Versuche behaupten, dabei aber weiterhin am theistischen Bekenntnis festhalten. Die theoretisch-spekulative Unlösbarkeit des Widerspruchs zwischen Leiderfahrung und theistischem Bekenntnis wird hier unumwunden eingeräumt, ohne allerdings daraus die von atheistischer Seite aus geforderten Konsequenzen zu ziehen[1]. Karl Rahner, in dessen gesamter Theologie der Begriff des Geheimnisses eine zentrale Rolle spielt[2], hat die hier als *reductio in mysterium* apostrophierte Position auf folgende knappe Formel gebracht: "Die Unbegreiflichkeit des Leides ist ein Stück der Unbegreiflichkeit Gottes."[3] Hans Küng bezieht – ähnlich wie Hans Urs von Balthasar[4] – eine in diesem Punkt übereinstimmende Position, wenn er behauptet: "Eine *theoretische Antwort* auf das *Theodi-*

---

[1] Das Eingeständnis der theoretischen Unlösbarkeit des Theodizee-Problems scheint inzwischen zum festen und unhinterfragbaren Inventar eines Großteils des deutschsprachigen Theodizee-Diskurses zu zählen. Vgl. dazu beispielsweise *W. Oelmüller (Hg.), Theodizee - Gott vor Gericht?* (1990); *ders. (Hg.), Worüber man nicht schweigen kann* (1992); *R. Ammicht-Quinn, Von Lissabon bis Auschwitz* (1992); *G. Neuhaus, Theodizee - Abbruch oder Anstoß des Glaubens* (1993) sowie mehrere Beiträge in dem gleichermaßen voluminösen wie repräsentativen Band von *M.M. Olivetti (Hg.), Teodicea Oggi?* (1988).

[2] Vgl. z.B. *K. Rahner, Grundkurs des Glaubens*, 54-96.

[3] *K. Rahner, Warum läßt uns Gott leiden?*, 463.

[4] Vgl. *H.U. von Balthasar, Gott und das Leid*, 14: "Eine theoretische Lösung der Frage, wie das Weltleid mit Gottes Güte vereinbar sei, haben wir ausgeschlossen."

zee-Problem, scheint mir, *gibt es nicht*!"[5] Weniger prosaisch, aber der Sache nach identisch resümiert Kenneth Surin: "Theodicy, in the final analysis, has to be silence qualified by the stammering utterance of broken words."[6] Marilyn McCord Adams bezeichnet die Tatsache des Übels als Geheimnis, dessen Antwort ein noch wunderbareres Geheimnis sei - Gott selbst[7]. Ironisch, aber nicht ganz unzutreffend kommentieren Peter Hare und Edward Madden derartige Positionen als "taking a holiday from theodicy"[8].

2.1 Die These von der Geheimnishaftigkeit des Übels

Die Behauptung der theoretischen Unlösbarkeit des Theodizee-Problems ist eine gegenwärtig weitverbreitete Weise, auf die aus der Leiderfahrung resultierende Infragestellung des Glaubens an Gott zu reagieren. Vertreter dieser Position können durchaus einräumen, daß ein offenkundiger Widerspruch zwischen dem Glauben an Gott und der Tatsache des Leids zu bestehen scheint. Gleichzeitig leugnen sie jedoch sowohl die Möglichkeit als auch die Notwendigkeit, diesen anscheinenden Widerspruch in einer intellektuell befriedigenden Weise auflösen zu können bzw. zu müssen. Zumindest im gegenwärtigen Dasein gibt es ihrer Meinung nach keine plausible Erklärung dafür, warum wir leiden müssen. Die Tatsache des Leidens stellt daher für das theistische Bekenntnis ein Geheimnis dar, dessen Sinn sich vom menschlichen Standpunkt aus nicht ergründen läßt. Weil sich diese Position auf die Geheimnishaftigkeit und Unerklärbarkeit des Leids zurückzieht, wird sie im folgenden als *reductio in mysterium* bezeichnet.

Gewöhnlich geht die *reductio in mysterium* mit der Hoffnung einher, daß sich das Geheimnis des Leids in Zukunft bzw. im Eschaton

---

5 *H. Küng, Credo*, 121. Ebd. 123 räumt Küng explizit das Scheitern aller bisherigen Lösungsversuche ein: "Ja, Atheisten und Skeptiker haben recht: Keiner der großen Geister der Menschheit - weder Augustin noch Thomas noch Calvin, weder Leibniz noch Hegel - haben das Urproblem gelöst." Vgl. ähnlich auch *L. Dupré, Theodicy*, 223: "Theodicy today enjoys the dubious reputation of a failed experiment ... Evil invites philosophical speculation, yet it is the cliff on which philosophy suffers shipwreck."

6 *K. Surin, Theodicy?*, 247.

7 *M. McCord Adams, Redemptive Suffering*, 187.

8 *P.H. Hare/E.H. Madden, Evil and Inconclusiveness*, 11.

dem menschlichen Begreifen erhellen wird[9]. In diesem Fall existiert der Widerspruch also nicht nur als scheinbarer, sondern darüber hinaus auch als nur vorläufiger. Folglich wird vorausgesetzt, daß es zwar grundsätzlich eine Erklärung des Leids und damit eine Auflösung des Widerspruchs gibt. Die Einsicht in diese Erklärung bleibt dem Menschen aber *in statu viae* aus bestimmten Gründen verwehrt.

Zur Erläuterung der *conditio humana* wird bisweilen folgendes Bild bemüht: Das menschliche Dasein wird mit einem geknüpften Wandteppich verglichen. Auf der Rückseite dieses Teppichs sind die Fäden chaotisch angeordnet. In dem Wirrwarr läßt sich kein Muster erkennen. Auf der Vorderseite kann man jedoch ein geordnetes, schönes und sinnvolles Bild erkennen. Genauso verhält es sich angeblich mit dem menschlichen Leben. Aus der vorläufigen Perspektive kann man nur die Rückseite des Bildes erkennen. Sie ergibt aufgrund von Übel und Leid kein sinnvolles Bild. Gott blickt jedoch auf die Vorderseite. Aus seiner Perspektive ergibt sich ein sinnvoller Gesamteindruck, in dem auch das Leid seinen Ort hat. Den Menschen bleibt diese Perspektive zu ihren Lebzeiten verwehrt. Erst nach dem Tode gewährt Gott ihnen bzw. den Seligen den Blick auf die Vorderseite, so daß die Frage nach dem Sinn des Leids eine Antwort erhalten wird[10]. Der vorläufigen "Theologie des Schweigens"[11] entspricht die eschatologische Hoffnung auf Gottes eigene Beantwortung der Leidfrage, so daß nicht der Mensch Gott zu rechtfertigen braucht, weil sich nämlich Gott selbst dereinst vor den Menschen rechtfertigen wird[12].

Die *reductio in mysterium* läßt sich auf mehrere Weisen begründen. Zum einen durch den bloßen Hinweis auf das Scheitern aller bisherigen Theodizeen bzw. durch den Aufweis des "Mißlingens aller philosophischen (und anderweitigen) Versuche in der Theodicee".

---

9 Vgl. dazu *D. Hume, Dialoge über natürliche Religion*, X,101. Hume läßt hier Demea eine Theodizee der vorläufigen Unbegreiflichkeit andeuten.

10 Vgl. z.B. *C. Journet, Vom Geheimnis des Übels*, 332f. Journet vertritt allerdings nicht die Auffassung von einer durchgängigen Geheimnishaftigkeit des Übels. Er entwickelt eine Theodizee, die unerschütterlich in der augustinisch-thomistischen Tradition verwurzelt ist, und verwendet die *reductio in mysterium* gleichsam als "Notbremse", um an besonders heiklen Stellen den Erklärungsversuch abzubrechen.

11 Vgl. *H. Küng, Credo*, 123.

12 Vgl. *J.B. Brantschen, Leiden*, 47: "Wir können und brauchen Gott nicht zu rechtfertigen. Gott wird sich selber rechtfertigen."

Diese Begründung ist in dem Maße überzeugend, in dem es gelingt, die Brüchigkeit der bislang entwickelten Argumente aufzuzeigen. Auf diese Weise kann jedoch weder garantiert werden, daß wirklich alle einschlägigen Argumente überprüft wurden, noch daß es unmöglich ist, in Zukunft überzeugendere Argumente zu finden[13]. Offen bleibt in diesem Fall insbesondere die Frage, warum derjenige, der vom Mißlingen aller Theodizee-Versuche überzeugt ist, weiterhin am theistischen Bekenntnis festhält, woraus zumindest eine gewisse Verlegenheit für dieses Bekenntnis resultieren müßte. In der Regel geht die *reductio in mysterium* denn auch mit Erklärungen und Rechtfertigungen einher, die zeigen sollen, daß diese Reaktion auf das Leidproblem durchaus legitim, sinnvoll, adäquat, konsequent, naheliegend oder sogar unausweichlich ist.

Ein solcher Rechtfertigungsversuch besagt, daß nur das menschliche Schweigen Raum für Gottes eigene Antwort eröffnen kann. Jeder von seiten des Menschen aus entwickelte Antwortversuch steht demzufolge unter dem Verdacht, Gottes Selbstrechtfertigung vorzugreifen und statt dessen nur "rationale" Pseudo-Antworten hervorzubringen[14].

---

[13] Diesen Nachweis hat Kant in seiner Schrift "Über das Mißlingen aller philosophischen Versuche in der Theodicee" versucht. Für Kant resultiert die prinzipielle Unlösbarkeit des Theodizee-Problems aus der Unvereinbarkeit von Begriffen, die wir zwar "zusammen denken müssen", deren Vereinbarkeit wir aber nicht einsehen können. Den Zusammenhang, um den es hier geht, beschreibt Kant folgendermaßen: "Denn ein Geschöpf zu sein und als Naturwesen bloß dem Willen seines Urhebers zu folgen, dennoch aber als freihandelndes Wesen (welches seinen vom äußern Einfluß unabhängigen Willen hat, der dem erstern vielfältig zuwider sein kann), der Zurechnung fähig zu sein und seine eigne Tat doch auch zugleich als die Wirkung eines höhern Wesens anzusehen". Vgl. Immanuel Kants Werke (hg. von E. Cassirer), Bd. VI, 130.

[14] Vgl. *W. Groß/K.-J. Kuschel, "Ich schaffe Finsternis und Unheil",* 211: Der Verzicht auf eine Lösung besteht dann "in der nüchternen *Hoffnung auf eine Selbstrechtfertigung Gottes* angesichts des Übels, der Hoffnung also darauf, daß Gott selbst eines Tages die verbliebenen Rätsel seiner Schöpfung auflösen wird. Diese Freiheit Gottes zur Selbstrechtfertigung muß jede Theologie der Theodizee ermöglichen, oder sie hört auf, wahre Theologie zu sein; Rede vom unbegreiflichen, unverfügbaren, unverrechenbaren Gott. Im Sinne Elie Wiesels kann man vom *Warten auf Theodizee* sprechen, Warten darauf, daß Gott selbst sich gerecht spricht. Die Kategorie der Selbstrechtfertigung ist also eine dem Gottesbegriff entsprechende Kategorie, die verhindert, daß der lebendige Gott mit den Produkten unserer rationalen Theodizee verwechselt oder zum Wunschgötzen unserer religiösen Sehnsuchtsphantasien wird."

Eine weitere Begründung der *reductio in mysterium* argumentiert nicht so sehr von den möglichen Fallstricken und Gefahren rationaler Lösungsversuche und den Vorteilen eines Verzichts darauf, sondern von deren prinzipieller Unangemessenheit her. Geht man von der Voraussetzung aus, daß die Beantwortung des Leidproblems nur Gott zusteht, dann erscheinen Fragen nach dem Sinn des Leids zum gegenwärtigen Zeitpunkt unangemessen oder sogar anmaßend. Wer nach dem Sinn des Leids fragt, sucht nach einer Erklärung, die dem Menschen von Gott her vorerst versagt bleibt. Versuche, das Theodizee-Problem dennoch beantworten zu wollen, geraten dann schnell in den Verdacht, menschlicher Neugierde und menschlichem Hochmut zu entspringen bzw. in irgendwie sündhaften Bestrebungen zu gründen, die von Gott gesetzten Erkenntnisgrenzen zu überschreiten. Ergänzend kann folgendermaßen argumentiert werden: Der Mensch lebt in vollkommener Abhängigkeit von Gott. Er hat daher kein Recht, von seinem Schöpfer eine Rechtfertigung für die Situation zu verlangen, in die hinein er erschaffen wurde. Die Aufgabe des Menschen besteht vielmehr darin, sein Dasein und seine Welt in Dankbarkeit, Demut und Gehorsam von Gott her zu empfangen. Gott schuldet dem Menschen darüber hinaus keine Erklärung oder Rechtfertigung. Er verlangt vom Menschen gehorsamen Glauben, keine kritischen Infragestellungen[15]. Diese Position kann sich auf einzelne biblische Texte berufen, in denen die Unhinterfragbarkeit und Unergründbarkeit der göttlichen Ratschlüsse behauptet wird[16].

---

[15] Vgl. z.B. *M. Luther, De servo arbitrio* (WA 18, 712): "A cur non simul mutat voluntates malas, quas movet? Hoc pertinet ad secreta maiestatis, ubi incomprehensibilia sunt iudicia eius. Nec nostrum hoc est quaerere, sed adorare mysteria haec." Zur Auseinandersetzung zwischen Luther und Erasmus vgl. auch den Kommentar von *H. Zahrnt, Luther deutet Geschichte*, 197f.: "Wie ein Schuster oder Schneider wird Gott vor Gericht gefordert und muß es sich gefallen lassen, daß sein Handeln am Codex Iustiniani oder am 5. Buch der Aristotelischen Ethik gemessen wird. Stellt der Mensch dann fest, daß es seiner Idee von Gerechtigkeit nicht entspricht, so hört Gott eben auf, für ihn Gott zu sein. Hier setzt sich der Mensch nicht dem Geheimnis der göttlichen Majestät aus, sondern sucht es zu enthüllen, indem er es seinem rationalen Urteil unterwirft. Das bedeutet, daß sich hier nicht das Geschöpf nach seinem Schöpfer wandelt (!), sondern der Schöpfer nach seinem Geschöpf".

[16] Vgl. dazu z.B. Jes 55,8f.: "Meine Gedanken sind nicht eure Gedanken, und eure Wege sind nicht meine Wege - ...So hoch der Himmel über der Erde ist, so hoch erhaben sind meine Wege über eure Wege und meine Gedanken über eure Gedanken"; Röm 11,33-35: "O Tiefe des Reichtums, der Weisheit und der Erkenntnis Gottes! Wie unergründlich sind seine Entscheidungen, wie unerforsch-

Diese zweite Begründungsvariante versucht, die (vorläufige) Unbeantwortbarkeit des Leidproblems gewissermaßen moralisch zu sanktionieren, indem sie die Theodizee-Frage diskreditiert. Die Fragen nach den Ursachen und dem Sinn des Leids gelten jetzt nicht einfach nur als (vorläufig) unbeantwortbar, sie entspringen darüber hinaus einer höchst bedenklichen Einstellung, die sich mit einer authentischen Glaubenshaltung nicht vereinbaren läßt[17] oder ihr sogar direkt widerspricht[18].

Im Hintergrund dieser Kritik steht in der Regel das unausrottbare Mißverständnis, in der Theodizee-Frage gehe es buchstäblich um die

---

lich seine Wege! Denn *wer hat die Gedanken des Herrn erkannt? Oder wer ist sein Ratgeber gewesen? Wer hat ihm etwas gegeben, so daß Gott ihm etwas zurückgeben müßte?"* Paulus zitiert hier aus dem Buch Ijob, dessen Aussageintention letztlich auch darin besteht, die Majestät Gottes und die Unerforschlichkeit seiner Entscheidungen zu behaupten (vgl. Ijob 38,2-7) und alle "rationalen" Erklärungen zurückzuweisen.

[17] Vgl. z.B. *R. Michiels, Jesus and Suffering - The Suffering of Jesus*, 43: "Wenn wir aus Leid und Tod ein *Problem* machen, werden wir niemals mit diesem bitteren Rätsel, das unsere sogenannte gute Schöpfung heimsucht, zu Rande kommen können. Ein Problem verlangt immer nach einer Lösung. Tatsache ist jedoch, daß die Menschheit keine Lösung auf das Problem von Leid und Tod hat ..." (Übersetzung A.K.) Michiels spricht demzufolge vom Leid als einem Mysterium. Offenbar will er es aber nicht bei einem völlig unbegreifbaren Mysterium belassen. Denn gleichzeitig behauptet er, dessen Bedeutung bzw. Sinn wurde uns durch Gott in der Geschichte des Lebens und Leidens Jesu Christi erschlossen. Darin werde nämlich deutlich, daß ein Leben ohne Tod und eine Verherrlichung ohne das Kreuz unmöglich sei (vgl. ebd. 44). Alles weitere scheint nun aber in der Tat mysteriös zu bleiben.

[18] Vgl. dazu z.B. *E. Brunner, Dogmatik*, Bd.2, 201-221. Brunner behauptet zunächst, das Theodizee-Problem sei zwar "das brennendste aller im Bereich des Glaubens überhaupt auftauchenden Probleme". Trotzdem handle es sich dabei um eine "falsch gestellte Frage" (ebd. 210). Im weiteren Verlauf kommt Brunner dann zu der These, daß die eigentliche Lösung dieses Problems die Erlösung darstelle. Dies sei keine theoretische, sondern eine existentiell-praktische Lösung (ebd. 217). Außerhalb des Glaubens - so Brunner weiter - existiere keine Lösung. Daß der Mensch mit der Theodizee-Frage nicht fertig werde, hänge mit dem "unerlöst sündigen Zustand des Menschen" zusammen und sei als Sündenstrafe zu verstehen: "Ja, das Theodizeeproblem erweist sich letztlich als eine Form des Unglaubens, insofern, als der Mensch sich eine objektiv neutrale Zuschauerrolle erlaubt, insofern, als von einem Punkt ausserhalb der eigenen Verantwortlichkeit aus nach dem Zusammenhang von Gotteswille und Weltübel gefragt wird, und insofern, als, eben damit, der Mensch gleichsam Gott auf die Anklagebank setzt und sich als den Richter (Theodizee) aufspielt, wo doch er, der Mensch, auf der Anklagebank sitzt vor dem himmlischen Richter. Gott hat nicht sich zu rechtfertigen, sondern er richtet und rechtfertigt uns durch Jesus Christus, den Gekreuzigten, durch den er uns unsere Schuld und seine allmächtige Barmherzigkeit offenbart" (ebd. 219).

Rechtfertigung Gottes, der gleichsam vor das Forum der menschlichen Vernunft gezerrt und gerichtet werde. Diese Formulierung des Problems widerspricht zwar jedem auch nur einigermaßen entwickelten Gottesbegriff. Sie läßt sich aber hervorragend dazu verwenden, die Theodizee-Frage als ungebührliche Anmaßung der Kreatur gegenüber ihrem Schöpfer zu deuten oder als Indiz einer bereits latent ungläubigen Haltung[19] oder gar als Unterstützung des Teufels in seinem fortwährenden Bestreben, die Menschen von Gott zu entfremden[20].

Demgegenüber scheint die Aussageintention des Ijob-Buches[21] nicht dahin zu gehen, Ijobs Anklage gegenüber Gott zu diskreditieren. Zwar erhält auch Ijob keine plausible Antwort auf seine Fragen nach der Gerechtigkeit und Güte Gottes und insofern keine Lösung des Theodizee-Problems, aber er wird auch nicht dafür bestraft, vor Gott auf sein Recht auf eine solche Lösung bestanden zu haben, auch

---

19 Vgl. dazu z.B. *J.S. Weiland, La théodicée, c'est l'athéisme,* 37ff. im Anschluß an *G. Marcel, Journal Métaphysique*, 65. Weilands Beitrag erweckt den Eindruck einer Höchstleistung in semantischer Akrobatik. Zunächst wird behauptet, der jeder Theodizee zugrundeliegende Gottesbegriff sei völlig obsolet: Ein Gott, der, wenn er will, in den irdischen Ereignisablauf eingreifen kann, existiere ebensowenig wie ein Gott, der spricht, will, entscheidet, Wunder wirkt usw. (ebd. 47). Diese Entdeckung gehe im wesentlichen auf Spinoza zurück, der völlig zu Unrecht als Atheist verdächtigt worden sei. In Wirklichkeit liege der Theodizee-Frage eine atheistische Einstellung zugrunde, weil hier nämlich versucht werde, über Gott zu urteilen. Bei Jesus ließen sich keinerlei Ansätze einer Theodizee finden. - Hier wird das Kunststück versucht, die üblicherweise theistische Position als latent atheistische und eine latent atheistische Position als genuin christliche zu verkaufen. Zur Diffamierung der Theodizee beruft man sich dann auf Jesus: Daß Jesus das Theodizee-Problem nicht thematisierte, gilt als stichhaltiger Grund, ebenfalls darauf zu verzichten. Daß aber Jesus ein offenkundig anderes Gottesverständnis hatte, scheint nicht weiter ins Gewicht zu fallen. Diesbezüglich müsse man eben entmythologisieren. Die Ausführungen kulminieren schließlich in der Behauptung, daß das Theodizee-Problem in Wirklichkeit ein Problem der Anthropodizee sei, also der Rechtfertigung des Menschen angesichts all dessen, was Gott nicht wollte, was er ausdrücklich verboten hat (ebd. 50). Kurz zuvor wurde jedoch eine Gottesvorstellung, wonach Gott überhaupt etwas wolle, als Fiktion zurückgewiesen (ebd. 47).

20 Vgl. dazu die etwas abstrusen Bemerkungen bei *D.I. Lloyd, Theodicies: An Aid to the Devil*, 620f.

21 Zur umstrittenen Theodizee-Relevanz des Ijob-Buches vgl. u.a. *H.-P. Müller, Theodizee? Anschlußerörterungen zum Buch Hiob*, 249-279; *W. Brändle, Hiob – ein tragischer Held?*, 282-292; *O. Leaman, Evil and Suffering in Jewish Philosophy*, 19-32; *C.-F. Geyer, Die Theodizee*, 109-135. Zur Entstehungs- und Traditionsgeschichte vgl. *H.-P. Müller, Hiob und seine Freunde; ders., Das Hiobproblem.*

wenn die "Antwort", die Ijob letztlich zuteil wird, eher darin besteht, seine Fragen zurückzuweisen als sie wirklich zu beantworten. Wie keine andere biblische Gestalt wurde Ijob zum paradigmatischen Inbegriff des Leidenden, der sowohl die Unausweichlichkeit der Theodizee-Frage als auch ihre spekulative Unlösbarkeit vor Augen führt.

Unter der *reductio in mysterium* lassen sich auch noch Versuche subsumieren, den Glauben in der Weise gegen die Vernunft auszuspielen, daß man behauptet, auch die anscheinend sinnlosesten Übel würden sich eines Tages als Mittel zur Erreichung eines würdigen Zweckes erweisen. Diese Einsicht sei nun aber nicht mittels der Vernunft, sondern allein durch den Glauben erreichbar[22]. So wird beispielsweise behauptet, mit den "Augen der Vernunft" könne man nicht einmal in Ansätzen erkennen, wie z.B. die Qualen, die einem unschuldigen Kind zugefügt werden, einem höheren Zweck dienen können. Die "Augen des Glaubens" könnten jedoch wesentlich weiter reichen, auch wenn dies gegenwärtig nur erhofft werden kann[23].

2.2 VARIANTEN DER "REDUCTIO IN MYSTERIUM"

Eine Variante der *reductio in mysterium* besagt, daß die Begriffe, mit denen wir Gott bezeichnen, ihre gewöhnliche Bedeutung verlieren. Wenn wir demnach von Gott behaupten, er sei vollkommen gut und gerecht, so bedeuten die Ausdrücke "gut" und "gerecht" im Hinblick auf Gott etwas anderes als im Hinblick auf menschliche Handlungen. Derartige Begriffe sind ungeeignet, die unendliche Transzendenz Gottes zu beschreiben. Wenn dies zutrifft, dann entsteht das Theodizee-Problem nur unter der Voraussetzung, daß man bestimmte Be-

---

22 Vgl. dazu auch *K. Schwarzwäller, Vom Übel der Rationalisierung der Güte Gottes*, 202. Bei diesem Beitrag handelt es sich um eine Rezension von G. Stremingers "Gottes Güte und die Übel der Welt". Schwarzwäller kommt dabei zu folgendem Resümee: "Das von St(reminger) an den Theodizeen pars pro toto vollzogene Scherbengericht unterstreicht Ungenügen und Fragwürdigkeit metaphysischer und rationalistischer Theologie; es gilt, sich erneut - dem Fingerzeig Luthers folgend - an Kreuz und Auferstehung abzuarbeiten, und zwar nicht länger rationalistisch, sondern geistlich" (ebd. 202). Was darunter näherhin zu verstehen ist, bleibt im Dunkeln. Sollte der Argumentationsstil, in dem die Rezension verfaßt ist, schon ein Vorgeschmack jener "geistlichen Abarbeitung" sein, so läßt dies allerdings wenig Gutes erwarten.

23 Vg. dazu *C.A. Campbell, Reason and the Problem of Suffering*, 167.

griffe, sofern sie auf Gott angewendet werden, falsch, d.h. nach menschlichem Vorbild, versteht. Insofern dieses Argument darauf hinausläuft, daß wir letztlich nicht wissen, was die Begriffe "gut" und "gerecht"[24] im Hinblick auf Gott genau bedeuten[25], zieht sich dieses Argument ebenfalls auf die Geheimnishaftigkeit Gottes zurück[26].

Als radikale, aber immerhin konsequente Version dieser Variante läßt sich die These verstehen, wonach die göttliche Wirklichkeit grundsätzlich alles menschliche Begreifen transzendiert. Unter dieser Voraussetzung erübrigt sich selbstverständlich auch die Frage nach den möglichen Motiven und Intentionen, die Gott zu einer Zulassung oder Bewirkung von Übel und Leid bewegen könnten. Aufgrund der Unaussprechlichkeit und Unbegreiflichkeit Gottes wird nämlich die Prämisse, Gottes Handeln orientiere sich an für Menschen nachvollziehbaren und einsehbaren Gründen oder verfolge menschlichem Handeln vergleichbare Intentionen, hinfällig. Eine solchermaßen anthropomorphe Redeweise von göttlichen Absichten oder Zielen läßt sich als Relikt eines theistischen Gottesverständnisses kritisieren, dem angesichts der unbegreiflichen Transzendenz Gottes vielleicht noch eine gewisse spirituelle Funktion beizumessen ist, dem aber keine ontologisch und kognitiv relevante Geltung mehr zukommt.

In diesem Sinn hat beispielsweise John Hick die von ihm selbst entwickelte Theodizee als "mythologische" qualifiziert, weil die Art und Weise, in der dort von der transzendenten Realität als einem personalen Wesen, das bestimmte Intentionen verfolgt, die Rede war, nicht auf die transzendente Realität selbst zutreffen könne. Nur die praktischen Haltungen, die ein derartiger Mythos gegenüber dem Übel zu evozieren vermag, rechtfertigen die Rede von einem "wahren", weil soteriologisch effizienten Mythos[27].

---

24 Vgl. z.B. die Luther-Deutung von *H. Zahrnt, Luther deutet Geschichte*, 199: "Wenn Gott Gott ist, dann muß er für uns unbegreiflich sein - oder er ist eben nicht Gott. Ihm seine Unbegreiflichkeit nehmen, hieße ihm seine Gottheit rauben. Gott hört also nicht auf, Gott zu sein, wenn sein Wirken unseren menschlichen Vorstellungen von Gerechtigkeit widerspricht, sondern gerade wenn er ihnen entspräche, würde er aufhören, Gott zu sein. Und Gott ist auch dann gerecht, wenn er uns ungerecht erscheint."

25 Vgl. dazu z.B. *J. Calvin, Institutio*, III, 24,17.

26 Vgl. z.B. *M. McCord Adams, Redemptive Suffering*, 171: "God's goodness remains at bottom a mystery."

27 Vgl. dazu *J. Hick, An Interpretation of Religion*, 359f.; *ders., Response to Mesle*, 133f.

Wenn tatsächlich zutrifft, daß menschlichen Begriffen prinzipiell keine deskriptive Relevanz im Hinblick auf die Realität Gottes zukommt, werden von theistischer Seite aus die Grundlagen für die Artikulation des Theodizee-Problems aufgehoben. Die Frage nach den möglichen Gründen Gottes für die Zulassung oder Bewirkung von Leid und Übel setzt dann nämlich theologische Prämissen voraus, die einer kritischen Überprüfung nicht standzuhalten vermögen. Versteht man im Anschluß an die Ausführungen des 1. Kapitels das Theodizee-Problem primär als Widerspruchsproblem, so läuft diese Lösung darauf hinaus, eine Seite der Problemstellung drastisch zu modifizieren, nämlich das theistische Bekenntnis zu einem personalen Gott[28]. Im Unterschied zur weiter oben vorgestellten *reductio in mysterium* besagt diese Variante nicht, daß Gott seine Gründe erst in der Zukunft offenbaren wird. Sie legt eher die Überzeugung nahe, daß die Erwartung einer solchen Offenbarung auf einem Trugschluß beruht, eben weil Gott nicht als Wesen gedacht werden kann, von dem Eigenschaften wie Intentionen, Gründe usw. sinnvollerweise prädizierbar sind. Die Frage, ob sich auf dieser Basis noch ein theistisches Bekenntnis im traditionellen Sinn halten läßt, ist wohl eher zu verneinen, auch wenn einzuräumen ist, daß die These der schlechthinnigen Unbegreiflichkeit des Wesens Gottes dieser Tradition keineswegs völlig fremd ist.

Eine andere Variante der *reductio in mysterium* begegnete bereits im vorausgehenden Kapitel. Sie versteht das Leidproblem nicht als theoretisches, sondern ausschließlich als existentiell-praktisches: Nach dieser Variante besteht die Funktion des Glaubens grundsätzlich nicht darin, eine plausible Erklärung für Leiderfahrungen zu liefern. Statt dessen wird dem Glauben die Aufgabe beigemessen, gegen die Ursachen des Leids anzukämpfen und/oder Leiderfahrungen existentiell zu bewältigen helfen, d.h. z.B. Zuversicht und Kraft

---

[28] Vgl. dazu *J. Hick, An Interpretation of Religion*, 246: "Aus der Unterscheidung zwischen dem Realen, wie es in sich selbst ist und wie es aufgrund unserer religiösen Begrifflichkeit gedacht und erfahren wird, folgt, daß wir auf das Reale *an sich* nicht jene Charakteristika anwenden können, denen wir in den *personae* und *impersonae* begegnen. Daher kann nicht behauptet werden, es sei eines oder viele, Person oder Ding, Substanz oder Prozeß, gut oder böse, absichtsvoll oder absichtslos. Keine der konkreten Beschreibungen, die innerhalb des Bereichs menschlicher Erfahrung anwendbar sind, können in einem wörtlichen Sinn auf den unerfahrbaren Grund der Wirklichkeit Anwendung finden." (Übersetzung A.K.)

zum Bestehen leidvoller Situationen zu ermöglichen sowie Angst und Verzweiflung zu überwinden.

Als *reductio in mysterium* ließe sich schließlich auch noch eine Position verstehen, die Gott als die Ursache von schlechthin allem, also auch des Leids, begreift und mit dieser Behauptung das Problem als theoretisches gelöst sieht. Wenn Gott "als der definiert wird, der genau das zuläßt und will, was wirklich geschieht"[29], aber keinerlei Gründe mehr für die Existenz des Leids angeführt werden, zieht man sich letztlich auf die Unbegreiflichkeit Gottes zurück und verdrängt alle theologischen Probleme der Leidthematik, wie z.B. die Fragen: Warum wirkt Gott das Leid? Warum läßt er es zu? Die Fragen nach dem Warum des Leids sind natürlich mit dem Hinweis darauf, daß Gott es eben zuläßt oder will, nicht beantwortet, ebensowenig wie mit rätselhaften Hinweisen, wie etwa dem, daß in der Tatsache des Leidens "etwas von der Transzendenz des wirklichen Seins gegenüber dem Verstehbaren" aufleuchte[30].

2.3 KRITISCHE DISKUSSION

Eine grundsätzliche Kritik der *reductio in mysterium* impliziert nicht den Anspruch, alle mit der Leidthematik zusammenhängenden Fragen beantworten zu können. Bestünde die einzige Alternative zur These von der Geheimnishaftigkeit des Übels in dem Anspruch, hieb- und stichfeste Antworten auf alle einschlägigen Fragen zu besitzen, dann wären die Weichen natürlich zugunsten der *reductio in mysterium* gestellt. Die Überzeugung, daß die Existenz von Übel/ Leid in einer von Gott erschaffenen Welt niemals vollständig und definitiv geklärt werden kann, ist jedoch nicht der Kern der *reductio in mysterium*, sondern nichts anderes als eine Trivialität. Dieser Kern besagt vielmehr, daß alle Klärungsversuche ein von vornherein aussichtsloses Unterfangen darstellen und zum Scheitern verurteilt sind. Um die Kritik genau dieser Behauptung und ihrer verschiedenen Begründungen geht es im folgenden. Im Anschluß an die Einzelkritik der erwähnten Versionen und ihrer Begründungen ist daher im nachfolgenden Absatz (2.4) noch einmal systematischer nach der

---

29 *P. Knauer, Der Glaube kommt vom Hören*, 69.

30 *P. Henrici, Von der Ungereimtheit, Gott zu rechtfertigen*, 679.

grundsätzlichen Zuordnung von Theodizee und Mysterium zu fragen.

Eine der vorgestellten Versionen der *reductio in mysterium* behauptet einerseits, daß Übel und Leid durchaus einen Sinn haben, und andererseits, daß dieser Sinn vorläufig verborgen bleibt. Infolgedessen könne man zum gegenwärtigen Zeitpunkt nicht wissen, welchen Sinn das Leid im Kontext von Schöpfung und Geschichte hat. Aus irgendwelchen Gründen habe sich Gott dazu entschlossen, sich im Hinblick auf diese Frage vorläufig in Schweigen zu hüllen. Daraus resultiert nun folgendes: Solange man Gottes Gründe nicht erkennen, vermuten oder wenigstens erahnen kann, bleibt die Haltung dem Leid gegenüber in der Schwebe, so daß aus der theoretischen Geheimnishaftigkeit des Leids eine praktische Orientierungslosigkeit gegenüber dem Leid resultiert. Anders formuliert: Wenn man nicht wissen[31] kann, welchen Sinn das Leid hat, kann man auch nicht wissen, wie man sich dem Leid gegenüber verhalten soll. Man kann nicht einmal wissen, ob man dazu verpflichtet ist, das Leid zu mindern, es geduldig zu ertragen oder es sogar bewußt zu suchen, denn es läßt sich nicht ausschließen, daß dem Leid eine von Gott positiv gewollte Funktion innerhalb der Heilsgeschichte zukommt. Solange diese Funktion aber unbekannt bleibt, bleibt ebenso unklar, wie man angesichts des Übels in der Welt handeln soll[32]. Die *re-*

---

[31] Der Ausdruck "wissen" wird hier nicht im epistemologischen Sinn von "begründeterweise wissen" verwendet. Wenn die Existenz Gottes nicht bewiesen werden kann, dann können selbstverständlich auch nicht die möglichen Gründe für Gottes Bewirkung oder Zulassung von Übel und Leid bewiesen und in diesem Sinne "gewußt" werden.

[32] Vgl. dazu z.B. *F.J. Fitzpatrick, The Onus of Proof in Arguments about the Problem of Evil*, 27: "Nach allem, was wir wissen, könnte eine große Anzahl von Übeln verschiedenster Art und unterschiedlicher Intensitätsgrade für die Realisierung der Absicht, die Gott mit dieser Welt vorgesehen hat, absolut notwendig sein. Die Tatsache, daß eine Art, ein Grad, eine Verbreitung oder eine Verteilung des Übels uns in unserer Situation völlig sinnlos erscheint, ist kein Grund zu der Annahme, daß dies auch völlig sinnlos *ist*. Aufgrund unserer tiefgreifenden Unkenntnis von Gottes Natur und seinen Absichten mit den Menschen befinden wir uns nicht in der Lage dazu, ein endgültiges Urteil darüber abzugeben, ob ein bestimmtes Übel oder eine mögliche Gruppe von Übeln absolut notwendig sind, um Gottes Plan zu erfüllen, oder nicht." (Übersetzung A.K.) Zunächst ist die Tatsache, daß etwas sinnlos erscheint, sehr wohl ein guter Grund für die Annahme, daß es auch sinnlos ist. Des weiteren ließe sich unter Berufung auf unsere Unkenntnis auch nahezu jeder theologische Unsinn rechtfertigen. Und schließlich könnten wir nicht wissen, wie wir uns zu verhalten haben, wenn wir nicht wissen, welche Absichten Gott für uns vorgesehen hat.

ductio in mysterium ist folglich mit einer existentiellen und praktischen Ambivalenz behaftet[33].

Aus dem gleichen Grund überzeugt auch die Differenzierung zwischen rationalen bzw. theoretischen und existentiellen bzw. praktischen Lösungen nicht. Auch existentielle "Strategien" zur Leidbewältigung bewegen sich nicht in einem theoriefreien Raum. Ihnen liegen vielmehr bestimmte Überzeugungen hinsichtlich der Bedeutung der jeweiligen Situation zugrunde, die vielleicht nicht in jedem Fall bewußt, aber dennoch vorhanden sind. "We cannot live the Christian life without having the belief to back it."[34] Aus diesem Grund erweckt der Versuch, die existentiellen Aspekte gegen die rationalen auszuspielen, den naheliegenden Eindruck der Problemverdrängung[35]. Problematisch sind ferner die existentiellen Konsequenzen, die aus der Aufrechterhaltung offenkundig widersprüchlicher Behauptungen resultieren. Es läßt sich zwar nicht bestreiten, daß widersprüchliche Überzeugungen zeitweise in ein und demselben Subjekt koexistieren können. Dieser Sachverhalt erzeugt allerdings mit zunehmender Bewußtwerdung der betreffenden Inkonsistenzen eine existentiell instabile Lage.

---

33 In mehreren Gesprächen hat Martin Splett mich mit folgendem Argument von der Fehlerhaftigkeit dieses Einwands zu überzeugen versucht: Die Tatsache, daß man den Grund für Gottes Zulassung des Leids nicht kenne, impliziere keineswegs, daß einige der bislang genannten Gründe sehr wohl ausgeschlossen werden können, so z.B. alle Gründe, die auf eine passive Akzeptanz des Leids hinauslaufen. Deshalb folge aus der *reductio in mysterium* keineswegs eine praktische Ambivalenz dem Leid gegenüber, zumal die Negativität von Leiderfahrungen auch unabhängig vom theistischen Bekenntnis evident sei und die Rede von einer "Zulassung" schon voraussetze, daß Gott das Leid nicht will. – Die Stichhaltigkeit dieses Arguments hängt davon ab, ob man sinnvollerweise bestimmte Gründe ausschließen kann, ohne zumindest eine Ahnung vom wahren Grund zu haben. Wenn dies möglich ist, wäre mein Einwand in der Tat hinfällig. Es wäre dann aber immer noch zu fragen, inwiefern es sich bei dieser Position noch um eine *reductio in mysterium* im eigentlichen Sinn handelt.

34 *R. Swinburne, Faith and Reason*, 96.

35 Völlig irreführend ist die Rede von einer "Dekonstruktion der Theodizee", wenn darunter tatsächlich ihre Verabschiedung gemeint ist. Vgl. z.B. *J. Greisch, Faut-il déconstruire la théodicée?* Greisch möchte das Theodizee-Problem "dekonstruieren", indem er es auf die ursprünglichen Erfahrungen zurückführt, aus denen heraus es entstand (ebd. 656). Im Anschluß an Kants Andeutungen plädiert Greisch dann für eine "authentische Theodizee", deren Kern in einem *prière originelle* (E. Levinas) liege, dessen Ausdrucksformen jedoch keinesfalls durchgängig auf diejenigen des religiösen Gebets reduzierbar sein müssen.

Dem expliziten Verbot, die Frage nach dem Sinn des Leids zu stellen und statt dessen die Antwort Gott zu überlassen, liegt ein Gottesbild zugrunde, das ein merkwürdiges Licht auf Gott und ein noch weit merkwürdigeres Licht auf den Glaubenden wirft. Gott erscheint als despotischer Tyrann, der vom Menschen blinden Gehorsam fordert und kritische Fragen verbietet. Der Vorwurf an die traditionellen Theodizee-Versuche, wonach diese gleichsam von Gott eine Rechtfertigung seiner selbst einklagen und damit die Stellung des Menschen gegenüber Gott ungebührlich aufwerten, verfehlt den eigentlichen Punkt. Nicht die Rechtfertigung Gottes steht zur Debatte, sondern die rationale Rechtfertigung des Glaubens an Gott. Theodizee-Versuche argumentieren nicht gegen Gott, sondern gegen den Atheismus oder anderweitige Alternativen zum monotheistischen Bekenntnis. Ein religiös sanktioniertes Verbot der Theodizee-Frage spielt daher dem Atheismus in die Hände, ebenso wie ein Gottesverständnis, das Versuche der rationalen Rechtfertigung und Kritik von Glaubensüberzeugungen kategorisch ausschließt. Vor dem Tribunal der Vernunft steht im "Prozeß" der Theodizee natürlich nicht Gott selbst, sondern Glaubensüberzeugungen von Menschen, die die angesichts des Ausmaßes von Übel und Leid doch nicht gerade evidente Behauptung vertreten, es existiere ein allmächtiger und gütiger Gott. Der Versuch, die epistemologischen Verpflichtungen gegenüber Glaubensüberzeugungen angesichts der Souveränität und Autorität Gottes außer Kraft zu setzen, ist im übrigen kein Indiz für eine unerschütterliche Glaubensgewißheit, sondern eher das Eingeständnis latenter Ängste, mit diesen Überzeugungen könnte tatsächlich irgend etwas nicht stimmen. Schließlich rechtfertigt auch der Hinweis auf die existentielle Relevanz der Gottesfrage es nicht, ihr gegenüber jene Kriterien nüchterner kritisch-rationaler Überprüfung vermissen zu lassen, die man in anderen Bereichen vielleicht durchaus als angemessen erachtet. Angesichts der gravierenden Einwände wirkt es bisweilen einfach nur noch zutiefst peinlich, das "Leben" gegen die "Logik", die "Erfahrung" gegen die "Kohärenz" oder das "Denken" gegen "Betroffenheit" auszuspielen.

Die Behauptung eines letztgültigen Sinns trotz Leid und Übel, der gegenwärtig jedoch nicht zu erkennen sei, erweckt den Eindruck einer typischen Immunisierungsstrategie, weil sie den kritischen Hinweis auf offenkundige Widersprüche nicht ernst nimmt, sondern weiterhin am theistischen Bekenntnis festhält, ohne auch nur die geringsten Anstrengungen erkennen zu lassen, diesen Widerspruch argumentativ auszuräumen. Wer derartige Strategien als taugliches Argument für seine eigene Position in Anspruch nimmt, begibt sich damit der Möglichkeit, andere Positionen aufgrund etwaiger Widersprüchlichkeiten kritisieren zu dürfen – es sei denn, er votiert für eine Sonderstellung seiner eigenen Position. Letzteres wirkt in der Regel nicht nur ausgesprochen prekär, sondern zieht auch noch gravierendere Konsequenzen nach sich. Da der Nachweis von Widersprüchen ein wesentliches Element jeder kritisch-rationalen Diskussion von Geltungsansprüchen darstellt, gerät er dadurch unweigerlich in Gefahr, als rationaler Diskursteilnehmer nicht mehr ernst genommen zu werden – und dies mit vollem Recht. Darüber hinaus ließe sich mit derartigen Argumenten fast jede Behauptung gegenüber unliebsamen Einwänden absichern. Sofern *special pleadings* dieser Art bei anderen berechtigterweise mit Argwohn und Mißtrauen begegnet wird, sollte man davon absehen, sie für die eigene Position in Anspruch zu nehmen. Sofern man jedoch großzügigerweise bereit ist, sie auch bei anderen durchgehen zu lassen, um sich dadurch den eigenen Frieden zu sichern, sollte man sich ernsthaft die Frage stellen, ob einem an der Wahrheit seiner Überzeugungen noch gelegen ist oder ob man überhaupt noch halbwegs identifizierbare Überzeugungen besitzt.

Die Variante der *reductio in mysterium*, wonach Ausdrücke wie "Liebe", "Güte" und "Gerechtigkeit" im Hinblick auf Gott eine andere Bedeutung haben als im menschlichen Bereich, bedarf einer gesonderten Auseinandersetzung. Wenn damit gemeint ist, daß ein bestimmtes Prädikat ϕ im Hinblick auf Gott zwar nicht identisch ist mit dem, was im menschlichen Bereich ϕ bedeutet, aber dennoch eine gewisse Ähnlichkeit damit hat, so wird ein analoges Verständnis von ϕ behauptet. In diesem Fall bedeutet "Gott ist ϕ" zwar nicht das gleiche wie "Dieser Mensch ist ϕ", aber auch nicht etwas davon völlig Verschiedenes. Wird dies eingeräumt, so muß man angeben, worin denn die intendierte Ähnlichkeit besteht, denn solange dies nicht gelingt, bleibt die Bedeutung von ϕ unverständlich. Zu diesem Zweck kann man nicht erneut auf analog verstandene Ausdrücke rekurrieren, denn die Analogizität von Ausdrücken läßt sich nur auf der Basis letztlich univoker Ausdrücke aufrechterhalten. Andernfalls kommt die intendierte Ähnlichkeit nicht in den Blick, und die Aussage geht ins Leere. Sobald aber die Ähnlichkeiten greifbar werden, stellt sich das Theodizee-Problem erneut, es sei denn, man mißbraucht die Analogie-Lehre, um mit ihrer Hilfe unbekümmert Behauptungen aufstellen zu können, ohne für deren semantischen Gehalt geradezustehen.

Wenn jedoch gesagt werden soll, daß ein Prädikat μ im Hinblick auf Gott etwas ganz anderes bedeutet als im Hinblick auf den Menschen, dann wird dieses Prädikat in äquivoker Weise verwendet. In diesem Fall bedeutet "Gott ist μ" etwas völlig anderes als "Dieser Mensch ist μ". Dieses Verfahren ist jedoch nicht befriedigend: Soll z.B. Gottes Güte etwas völlig anderes bedeuten als menschliche Güte, dann ist die Rede von der Güte Gottes nicht nur irreführend, sondern letztlich nichtssagend und unverständlich[36].

Im Anschluß an die Erzählung seiner Version der Gärtnerparabel macht Antony Flew auf eine weitere Konsequenz aufmerksam, die aus einer exzessiven Reinterpretation religiöser Ausdrücke folgt[37]. Die Pointe von Flews Kritik besteht in der These, daß sich der propositionale Gehalt eines Bekenntnisses, das Aussagen wie z.B. "Gott liebt die Menschen" beinhaltet, dem aber kein Erfahrungsdatum mehr zu widersprechen vermag, allmählich in nichts auflöst. Der Preis, den die radikale Immunisierung einer Behauptung fordert, besteht darin, daß letztlich auch nichts mehr behauptet wird. Mit dem Widerspruch des Theodizee-Problems lösen sich dann natürlich auch die traditionellen Prädikate Gottes und mit ihnen der Gottesbegriff

---

36 Vgl. dazu den treffenden Hinweis von *G. Streminger, Gottes Güte und die Übel der Welt* (1992), 292: "Denn eine 'Güte', die mit dem, was wir gewöhnlich darunter verstehen, nichts zu tun hat, ist ein leeres Wort, bestenfalls ein Ehrentitel ohne beschreibende Bedeutung. Wir sollten Gott nicht 'gut' nennen, wenn ER nach menschlichem Ermessen nicht gut ist, *denn wir kennen allein einen menschlichen Maßstab*... Ebensowenig sollte man die Ausdrücke 'Gerechtigkeit' oder 'Liebe' gebrauchen, wenn Gott nicht im üblichen Sinn gerecht ist oder seine Geschöpfe nicht im üblichen Sinn liebt. Wird ernsthaft behauptet, Gott sei gut, aber seine Güte sei nicht die unsere, so könnten wir ebensogut behaupten, ER sei purpurfarben mit gelben Tupfen oder kreisförmig oder ganz Frau - vorausgesetzt nur, diese Begriffe werden nicht im üblichen, sondern im übertragenen Sinn verwendet." Vgl. dazu auch *D. Gordon, Is the Argument from Evil Decisive?*, 409: "Wenn man im Hinblick auf die Frage, welche Handlungen mit Gottes Natur vereinbar sind, eine völlig agnostische Position bezieht, kann das leicht darauf hinauslaufen, die Bedeutung der Aussage 'Gott ist gut' völlig auszuhöhlen. Wenn Gottes Handeln keine Ähnlichkeit mit dem aufzuweisen braucht, was *wir* meinen, wenn wir etwas als gut bezeichnen, was genau soll damit gemeint sein, wenn wir ihn als gut bezeichnen?" (Übersetzung A.K.)

37 Vgl. *A. Flew, Theology and Falsification*, 89f.

gleichsam in Luft auf. Unter diesen Bedingungen ist es natürlich nur eine Frage der Zeit, bis sich im Anschluß daran auch die existentiellen, spirituellen und praktischen Implikationen des theistischen Bekenntnisses aufzulösen beginnen.

Die These von der radikalen Geheimnishaftigkeit und Unaussprechlichkeit Gottes scheint aus der von Flew in kritischer Absicht monierten Not eine theologische Tugend machen zu wollen. Dabei bleiben allerdings mehrere schwerwiegende Fragen offen: Wenn diese These konsequent durchgehalten würde, stellt sich die berechtigte Frage, inwiefern sich eine solche Position noch von einer atheistischen unterscheiden läßt[38]. Sobald diese These modifiziert bzw. abgeschwächt wird, indem man z.B. vom "liebenden" Geheimnis Gottes spricht, stellt sich die Frage, was der Ausdruck "liebend" in diesem Kontext bedeuten soll und wie man über ein zuvor als radikal unaussprechlich bezeichnetes Geheimnis überhaupt irgendwelche Aussagen machen kann. Noch entscheidender ist freilich, daß sich in diesem Fall natürlich erneut das Theodizee-Problem einstellt. Somit konfrontiert die These von der radikalen Geheimnishaftigkeit Gottes mit der mißlichen Alternative, sie entweder konsequent durchzuhalten, wodurch sich zwar das Theodizee-Problem erledigt, dafür aber der Unterschied zur atheistischen Position verschwimmt, oder aber einige Inkonsequenzen in Kauf zu nehmen, wodurch zwar ein Unterschied zwischen Theismus und Atheismus deutlich gewahrt bleibt, dafür aber stellt sich nun das Theodizee-Problem von neuem. Eine Kritik des Verfahrens, immer nur dann auf die "negative" Theologie zu rekurrieren, wenn die Argumente auszugehen drohen, ansonsten aber unbeeindruckt handfeste Aussagen über Gott und seine Absichten oder Heilspläne zu vertreten, erübrigt sich von selbst.

---

[38] Vgl. dazu z.B. *G.D. Chryssides, Evil and the Problem of God*, 467-469. Chryssides plädiert für einen "revisionistischen" Gottesbegriff, wonach Gott keine Person oder Entität sei, die unabhängig vom Universum existiert, sondern "the source, guide and goal of all that is" (ebd. 468). Im Anschluß daran reinterpretiert er dann die traditionellen Gottesprädikate Liebe, Allmacht und Allwissenheit in einer Weise, die das Theodizee-Problem nicht löst, sondern seine Prämissen auflöst. Dieser revisionistische Gottesbegriff ist kaum von einer atheistischen Position zu unterscheiden. Es ist daher keinesfalls überraschend, daß seine Akzeptanz das Theodizee-Problem verschwinden läßt.

2.4 THEODIZEE UND MYSTERIUM

Keine Theodizee muß beanspruchen, das Mysterium Gottes restlos aufklären und ergründen zu können. Die einzige Alternative zur Ablehnung der *reductio in mysterium* ist nicht der hybride Anspruch, alle einschlägigen Fragen detailliert und definitiv beantworten zu können. Das Theodizee-Problem gehört zu jenen Fragen, mit denen man - so Jörg Splett - "niemals fertig" wird; "niemand wird es"[39]. Wer jedoch sein Bekenntnis zu Gott satzhaft artikuliert, verpflichtet sich dazu, die zu diesem Zweck gebrauchten sprachlichen Ausdrücke in einer intelligiblen Weise zu verwenden und die entsprechenden Implikationen und Konsequenzen seiner Behauptungen zu klären. Gelingt ihm dies nicht einmal in Ansätzen, so kommt keine verständliche Rede zustande, sondern eine bloße Aneinanderreihung unverständlicher Äußerungen. Letztere mögen zwar sowohl im Sprecher als auch im Hörer noch gewisse emotionale Reaktionen evozieren, sie besitzen jedoch keinen intelligiblen Bedeutungsgehalt mehr, mit dem sich eine sachliche Auseinandersetzung lohnen würde[40]. Sie geben Aufschluß über die seelische Verfaßtheit des Bekenners, aber ein Bekenntnis kommt dadurch nicht zustande.

Menschen haben ihr Dasein mitsamt seinen Sehnsüchten und Hoffnungen aus recht unterschiedlichen Motiven auf das monotheistische Bekenntnis gegründet. Die zentralen Motive bestehen vermutlich in der Erwartung sinnvoller Antworten auf die Rätsel sowohl des individuellen Daseins wie auch der Existenz des Universums sowie im Bedürfnis nach praktikablen Orientierungen für den Umgang mit sich selbst, den Mitmenschen und der Welt. Über lange Zeit bildete der Glaube an Gott für viele die einzig einleuchtende und zufriedenstellende Antwort und Orientierung. Daran konnte auch die Tatsache des immensen Leids nichts ändern, zumindest so lange nicht, wie aus anderen Gründen zweifelsfrei festzustehen schien, daß Gott existiert und daß er seine Gründe hat, unschuldiges Leid über

---

[39] *J. Splett, Gotteserfahrung im Denken*, 207.

[40] Vgl. dazu auch die treffenden Ausführungen von *O. Wiertz, Das Problem des Übels in Richard Swinburnes Religionsphilosophie*, 240: "Wer Gott einseitig transzendent denkt, beraubt Religion jeder Funktion und Relevanz für das Leben der Gläubigen und verunmöglicht ein Verständnis des Inhalts des Glaubens, kann weder der praktischen noch der kognitiven Dimension des christlichen Glaubens gerecht werden."

einen begrenzten Zeitraum hinweg zuzulassen. Beide Voraussetzungen haben ihre ehemalige Selbstverständlichkeit weitgehend verloren[41]. Viele der in der Tradition genannten Gründe haben an Überzeugungskraft eingebüßt. Nicht nur hinsichtlich der möglichen Gründe Gottes für die Zulassung des Leids, sondern hinsichtlich sämtlicher Konzeptualisierungen des göttlichen Seins besann man sich immer wieder von neuem auf die niemals ganz vergessene, aber phasenweise immer wieder verdrängte Einsicht, daß Gottes unendliches Sein alles endliche Verstehen überragt. Auf diesem Hintergrund dürfte sich auch die gegenwärtige Tendenz erklären lassen, sich in der Beantwortung des Theodizee-Problems zurückhaltender und skeptischer zu verhalten.

Diese theologisch wohl fundierte Skepsis zeichnet sich vor allem durch eine hohe Sensibilität für die Transzendenz und Geheimnishaftigkeit Gottes aus. Diese Sensibilität kann sich grundsätzlich auf zweifache Weise auswirken: zum einen dadurch, daß man alle deskriptiven Geltungsansprüche über Gottes Realität mit Vorbehalten betrachtet, weil man über das Mysterium Gottes eben genaugenommen nichts wissen kann; zum anderen dadurch, daß man mit den jeweiligen Geltungsansprüchen vorsichtiger, zurückhaltender und bescheidener umgeht, weil man eben nicht weiß, sondern nur glaubend hofft. Die beiden Alternativen stellen zweifellos grobe Vereinfachungen dar. Aber selbst wenn es vielfältige Überschneidungen geben mag, so begünstigen sie doch gegenläufige Tendenzen, nicht zuletzt auch im Hinblick auf den Umgang mit dem Theodizee-Problem.

Die erste Option besitzt im Kontext der Theodizee-Thematik eine starke Affinität zur *reductio in mysterium*, d.h. zu einer skeptischen Einstellung gegenüber der Suche nach möglichen Erklärungsgründen für die Existenz von Übel/Leid in einer von Gott erschaffenen Welt. Die Existenz der leidvollen Schattenseiten wird hier als Aspekt jener umfassenden Geheimnishaftigkeit Gottes gedeutet, die sich dem erklärenden Zugriff menschlicher Reflexion entzieht. Die zweite Option scheut dagegen weniger satzhaft formulierte Antwortversuche als deren Hochstilisierung zu endgültigen und unhinterfragbaren Lösungen. Für diese Option beginnen sich das Bewußtsein vom Mysterium Gottes und das Wissen um die Anfälligkeit theologischer Vernunft

---

41 Vgl. z.B. *D. O'Connor, In Defense of Theoretical Theodicy, 72f.*

nicht schon vor der Suche nach intelligiblen Antworten auszuwirken, sondern erst dann, wenn es darum geht, die vorliegenden Antwortversuche kritisch zu beurteilen. Dieser zweiten Option zufolge stellt nicht schon die Suche nach Antworten auf das Theodizee-Problem ein irriges, sinnloses, hybrides oder anderweitig defizitäres Unterfangen dar, sondern erst der Ausschluß jeden Zweifels, daß die gefundenen Antworten auch wirklich endgültig und erschöpfend sind. Das Bewußtsein um die Brüchigkeit, Unzureichendheit und Vorläufigkeit aller Anworten unterminiert in diesem Fall nicht die Suche nach Erkenntnis, sondern macht allenfalls deren bleibende Unabgeschlossenheit und Vorläufigkeit deutlich.

Wie immer man letztlich die Vor- und Nachteile beider Optionen bewerten mag, für die zweite Option spricht ihr Festhalten an dem traditionellen Anspruch, wonach das theistische Bekenntnis intelligible Antwortmöglichkeiten auf die Rätsel des menschlichen Daseins geben kann. Sofern dieser Anspruch aufrechterhalten werden soll, kann die *reductio in mysterium* (unabhängig von den anderen bereits diskutierten Einwänden) letztlich nicht als zukunftsweisende Reaktion auf das Theodizee-Problem oder irgendein anderes zentrales theologisches Problem akzeptiert werden. Die Beantwortung von weder falsch noch anmaßend gestellten Fragen läßt sich auf Dauer nicht glaubwürdig durch die Berufung auf die Geheimnishaftigkeit Gottes verweigern. Im übrigen läßt sich auch theologisches Kauderwelsch nicht durch den Hinweis entschuldigen, man wolle und müsse die Unverfügbarkeit Gottes wahren, als ob der Streit um die adäquate Rede von Gott durch den direkten Rekurs auf ihren Gegenstand entschieden und normiert werden könnte. Nicht Gott selbst, sondern der religiöse Sprecher hat die Verantwortung für seine Behauptungen zu übernehmen.

Die theodizee-relevanten Fragen lassen sich konkretisieren als Frage nach der Existenz von möglichen Gründen, Absichten, Motiven oder Intentionen Gottes für die Zulassung von Übel und Leid und im Anschluß daran als Frage nach der prinzipiellen Verstehbarkeit, Erkennbarkeit, Bewertbarkeit und Zugänglichkeit dieser Gründe. Vertreter der *reductio in mysterium* können sich dieser Fragenreihe vermutlich nur dadurch entziehen, daß sie deren Prämisse in Frage stellen, nämlich die Auffassung, daß das Bekenntnis zum allmächtigen und sittlich vollkommenen Gott keine unverständliche Aneinanderreihung von sprachlichen Ausdrücken darstellt, sondern eine begrifflich hinreichend klare und wahrheitsfähige Behauptung. Wird diese Prämisse eingeräumt, so fällt es äußerst schwer, aus der sich daran anschließenden Sequenz von Fragestellungen an irgendeiner Stelle unter Berufung auf die Geheimnishaftigkeit auszusteigen. Dem Nachweis dieser These dienen die folgenden Überlegungen.

Aus dem Bekenntnis zum allmächtigen Gott, dem Schöpfer des Himmels und der Erde, folgt unter anderem, daß Gott die Macht hat, die Übel dieser Welt zu verhindern. Das Bekenntnis zur Allmacht impliziert nicht notwendigerweise, daß Gott die Wirkursache dieser Übel ist, aber es impliziert, daß er sie zumindest zuläßt. Aus dieser Implikation des Allmachtsbegriffs resultiert die erste Frage: (1) Welche Gründe könnten Gott davon abhalten, die Übel dieser Welt zu verhindern? Auf diese Frage kann es grundsätzlich nur zwei Antworten geben: Entweder existieren derartige Gründe, oder sie existieren nicht! Die strikte Leugnung solcher Gründe dürfte den Begriff eines personalen Gottes aufheben, weil sie in Gott etwas dem personalen Willen und Verstand Analoges negiert.

Die Postulierung solcher Gründe sieht sich vor eine zweite Frage gestellt: (2) Sind diese Gründe prinzipiell verstehbar oder unverstehbar? Die Negation der prinzipiellen Verstehbarkeit dieser Gründe unterscheidet sich von der Behauptung ihrer nur vorläufigen Geheimnishaftigkeit. Bei Gründen, die prinzipiell unverstehbar sind, kann es sich schwerlich um Gründe, sondern allenfalls um die Behauptung von Gründen handeln. Gründe, über deren Beschaffenheit man sich keinerlei Vorstellung machen kann, sind keine Gründe[42]. Wer Gott solche Pseudo-Gründe unterstellt, negiert damit einen der zentralen Ansprüche der theistischen Tradition, nämlich ihren Anspruch, das menschliche Dasein intelligibler zu machen[43].

---

[42] Vgl. z.B. *P. van Inwagen, The Magnitude, Duration, and Distribution of Evil: A Theodicy*, 161: "Soweit ich weiß, hat Gott Gründe für die Zulassung des Übels, die kein menschliches Wesen verstehen könnte; vielleicht hat er sogar Hunderte von vollkommen guten Gründen, die kein mögliches Geschöpf verstehen könnte." (Übersetzung A.K.) Ähnlich auch *W.P. Alston, The Inductive Argument from Evil*, 53; *A. Plantinga, Self-Profile*, 35f. Der Anspruch, von Gründen zu wissen, die man nicht verstehen kann, bewegt sich haarscharf an der Grenze zum Unsinn. Die Behauptung von vollkommen guten, aber unverständlichen Gründen dürfte diese Grenze jedoch klar überschritten haben. Ein unverständlicher "Grund" kann schwerlich ein Grund sein, auf keinen Fall ein guter Grund - eher wohl eine billige Vertröstung.

[43] D. Lugenbehl bringt noch einen weiteren Einwand, wonach die Behauptung, Gott könne uns seine Gründe nicht verständlich machen, seiner Allmacht wider-

Bisweilen wird in diesem Kontext auch auf die Begrenztheit der menschlichen Vernunft[44] und die Signifikanz des religiösen Glaubens rekurriert, z.B. mit der These, die Verstehbarkeit dieser Gründe übersteige die Grenzen der menschlichen Vernunft und erschließe sich nur dem religiösen Glauben[45]. Diese These läßt sich auf zweifache Weise verstehen, von der aber nur eine Sinn ergibt. Die Behauptung, die menschliche Vernunft könne derartige Gründe nicht entdecken bzw. aus sich heraus erkennen, sondern sei auf ihre Offenbarung durch Gott angewiesen, mag durchaus plausibel sein. Von dieser Aussage unterscheidet sich jedoch die völlig andere Behauptung, diese Gründe seien ausschließlich für den Glauben, nicht aber für die "bloße" Vernunft verstehbar bzw. intelligibel. Hinter dieser Deutung steht die absurde Vorstellung, daß der Glaube die Reichweite der menschlichen Vernunft auch im Hinblick auf die Intelligibilität bestimmter Sachverhalte transzendiere und auch dann noch "verstehen" könne, nachdem die natürliche Vernunft bereits an ihre Grenzen gestoßen ist. Dabei wird übersehen, daß die Intelligibilität einer Aussage eine unabdingbare Grundvoraussetzung der glaubenden Zustimmung darstellt. Bezogen auf die möglichen Gründe für die Zulassung von Übel und Leid bedeutet dies, daß diese Gründe zunächst allgemein verstehbar sein müssen, um an sie (im religiösen Sinn) glauben zu können. Andernfalls könnte man nicht verstehen, was man glaubt, und somit auch nicht glauben, "denn man kann selbstverständlich nicht etwas glauben, wenn man nicht versteht, was man glaubt"[46]. Eine an sich unverständliche Aneinanderreihung von Worten kann nicht dadurch verständlich werden, daß man an sie glaubt. Als Hoffnung darauf, daß Gott in der Zukunft seine Gründe für die Zulassung des Übels zu verstehen gibt, stellt die *reductio in mysterium* eine logisch durchaus konsistente Position dar. Von dieser Hoffnung unterscheidet sich allerdings die völlig absurde Behauptung, daß diese Gründe bereits jetzt schon dem Glauben zugänglich sind, und zwar nur für den Glauben, während sie für die bloße Vernunft unver-

---

spräche. Vgl. dazu *D. Lugenbehl, Can the Argument from Evil Be Decisive After All?*, 32f.

44 Vgl. z.B. *F.J. Fitzpatrick, The Onus of Proof in Arguments about the Problem of Evil*, 25ff.; *M.B. Ahern, The Problem of Evil*, 50.

45 Vgl. z.B. *C.A. Campbell, Reason and the Problem of Suffering*, 167; sowie im Anschluß daran *J. Collins, C.A. Campbell and the Problem of Suffering*, 315f.

46 *R. Swinburne, Faith and Reason*, 98.

ständlich bleiben[47]. Bei dieser Behauptung handelt es sich nicht um eine *reductio in mysterium*, sondern allenfalls um eine solche *ad absurdum*, und zwar deshalb, weil buchstäblich nichts verbleibt, worauf sich der Glaube beziehen könnte.

Da prinzipiell verstehbare Gründe nicht automatisch auch erkennbar sein müssen, schließt sich die dritte Frage an: (3) Sind diese Gründe menschlicherseits erkennbar oder nicht? Während die These von der prinzipiellen Unverstehbarkeit gleichsam eine logische Sackgasse darstellt, bildet die These von der (vorläufigen) Unerkennbarkeit so etwas wie den letzten Ausweg in der Theodizee-Problematik[48], gleichsam eine "Notbremse", mit deren Hilfe sich der Apologet jederzeit aus der Affäre ziehen kann, indem er etwa folgendermaßen argumentiert: Gott hat zweifellos seine Gründe für die Zulassung des Übels, seine Gründe mögen auch grundsätzlich verstehbar sein, aber vorläufig entziehen sie sich menschlicher Erkenntnis. Bei diesem Argument dürfte es sich um die geläufigste Version der *reductio in mysterium* handeln. Nun folgt aber aus der prinzipiellen Verstehbarkeit der Gründe unweigerlich ihre prinzipielle Erkennbarkeit. Die These ihrer Unerkennbarkeit wäre nur dann einigermaßen überzeugend, wenn der Nachweis gelänge, daß alle bisher diskutierten Gründe falsch sind. Außerdem müßte diese These plausibel machen, warum uns Gott seine Gründe nicht zugänglich macht und dadurch das Leid nur noch vergrößert. Die kritische Diskussion der *reductio in mysterium* hat gezeigt, daß zumindest der zweite Nachweis noch aussteht. Und auch aus der Falschheit aller bisher diskutierten Gründe würde nicht folgen, daß sich adäquate Gründe nicht finden bzw. erkennen lassen. Auf keinen Fall resultiert daraus, daß die Suche nach solchen Gründen grundsätzlich verkehrt oder von vornherein aussichtslos ist. Die pauschale Weigerung, nach etwas prinzipiell Erkennbarem zu fragen, dürfte sich angesichts der praktischen und existentiellen Relevanz der Leidthematik nur schwerlich rechtfertigen lassen. Die prinzipielle Erkennbarkeit nötigt

---

[47] Es ist absurd, wenn jemand behauptet, er habe keine Ahnung, was der Satz p bedeute, er glaube aber fest daran, daß er nicht nur irgend etwas Wichtiges bedeute, sondern auch wahr sei. Ebenso ist es absurd, wenn jemand behauptet, er glaube, Gott lasse das Übel aufgrund seiner Weisheit und Güte zu einem bestimmten Zweck zu. Er verstehe allerdings nicht, was die Ausdrücke "Weisheit", "Güte" und "Zweck" in diesem Zusammenhang bedeuten.

[48] Vgl. *D. Lugenbehl, Can the Argument from Evil Be Decisive After All?*, 29. Lugenbehl bezeichnet dieses Argument als "last line of defense".

eher zu dem Schluß, daß es nicht nur sinnvoll, sondern auch eminent wichtig ist, die bislang diskutierten Gründe zur Kenntnis zu nehmen, zu überprüfen und nötigenfalls zu korrigieren.

Verschiedentlich wird von theologischer Seite aus behauptet, zur Lösung des Theodizee-Problems sei es keineswegs notwendig, Gottes Gründe für die Zulassung von Übel und Leid auch faktisch kennen zu müssen. Es reiche aus, wenn begründeterweise davon ausgegangen werden kann, daß Gott moralisch gute Gründe habe. Nach theistischer Überzeugung hat Gott *per definitionem* gute Gründe, ob diese nun im einzelnen bekannt sind oder nicht[49]. Unabhängig von der prinzipiellen Erkennbarkeit müsse der Theist also nicht darauf bestehen, diese Gründe auch fakisch zu kennen. Robert J. Richman hat diese Position mit folgender Kritik konfrontiert: Die Rationalität des theistischen Bekenntnisses lasse sich nur aufrechterhalten, wenn die einschlägigen Gründe auch hinreichend spezifiziert werden. Die bloße Behauptung, daß Gott überzeugende, aber uns unbekannte Gründe habe, reiche zu diesem Zweck nicht aus. Auch im zwischenmenschlichen Bereich könne sich jemand, der eine moralisch *prima facie* verwerfliche Tat begangen hat, nicht auf unspezifizierbare Gründe berufen, um seine Tat zu rechtfertigen. Er müsse statt dessen seine Gründe offenlegen. Nur so könne man entscheiden, ob die Tat zu entschuldigen ist oder nicht. "Die Alternative dazu ist der moralische Skeptizismus, die Unmöglichkeit moralischer Urteile."[50] Diese Kritik besagt, daß eine *prima facie* verbotene Handlung oder die Unterlassung einer *prima facie* gebotenen Handlung nur dann moralisch gerechtfertigt werden kann, wenn die entsprechenden Gründe dafür spezifizierbar bzw. erkennbar sind. Aus diesem Grund

---

49 Diese Position vertritt z.B. *N. Pike, Hume on Evil*, 98. Sofern das Theodizee-Problem in der Frage nach moralisch ausreichenden Gründen für die Zulassung des Übels bestehe, stellt es nach Pikes Überzeugung kein größeres Problem dar. Der Theist könne durchaus einräumen, daß alle bislang genannten Gründe falsch seien und daß sich vermutlich auch in Zukunft keine überzeugenden Gründe finden lassen. Das Schlimmste, was er sich einhandeln kann, sei der Vorwurf der Unvollständigkeit seines Weltbildes. Eine ähnliche Position vertritt *A. Plantinga, Epistemic Probability and Evil*, 561. Aus theistischer Perspektive bestehe kaum oder kein Anlaß zu der Vermutung, daß Gott nur dann einen Grund habe, ein Übel zuzulassen, wenn auch wir uns eine Vorstellung von diesem Grund machen können.

50 *R.J. Richman, The Argument from Evil*, 209.

könne sich auch der Theist nicht auf die bloße Möglichkeit solcher Gründe berufen. Er muß sie vielmehr spezifizieren[51]!

Demgegenüber hat Douglas Langton versucht, Richmans Kritik durch Beispiele zurückzuweisen, die den gegenteiligen Schluß nahelegen: Vielfach sei es durchaus rational, die Existenz hinreichender Gründe zu unterstellen, auch wenn diese unbekannt bleiben, so z.B. im Hinblick auf jemanden, der in einer bestimmten Notsituation keine Hilfe leistete, sich ansonsten aber stets hilfsbereit verhalten hatte[52]. In diesem Fall sei die Postulierung von rechtfertigenden Gründen durchaus vernünftig, auch wenn diese Gründe unbekannt sind und bleiben. Im Hinblick auf Gottes Gründe sei dies erst recht der Fall, denn der Gläubige weiß, daß Gott sittlich vollkommen ist und daher moralisch hinreichende Gründe haben muß, auch wenn er diese nicht kennt[53]. Dieses Argument überzeugt jedoch nur teilweise. Zunächst folgt aus der prinzipiellen Erkennbarkeit der Gründe auch ihre faktische Erkennbarkeit. Außerdem bleibt unklar, warum Gott, wenn er Gründe hat, diese uns nicht zu erkennen gibt. Überdies lassen sich durch derartige Strategien nahezu alle beliebigen Positionen verteidigen, was sie nicht gerade als besonders attraktiv auszeichnet. Schließlich ist das Argument zirkulär, weil es voraussetzt, was die kritischen Anfragen gerade in Zweifel ziehen, nämlich die Existenz eines sittlich vollkommenen Gottes. Daß Übel und Leid kein gravierendes Problem darstellen, wenn man in unerschütterlicher Überzeugtheit oder aufgrund eines apriorischen Arguments[54] an der Existenz Gottes festhält, komme was da wolle, ist keinesfalls überraschend, sondern eher trivial. In diesem Fall bringt man sich freilich endgültig um die Chance, herausfinden zu können, ob man sich eventuell täuscht, und zwar sowohl im Hinblick darauf, was man unerschütterlich festhält, als auch im Hinblick darauf, was man als vermeintlich *a priori* gültig akzeptiert.

---

51 Vgl. dazu den herausragenden Beitrag von *G.S. Kane, The Concept of Divine Goodness and the Problem of Evil*, v.a. 56f., 68, 71.

52 Vgl. dazu *D. Langton, The Argument from Evil: Reply to Professor Richman*, 103-113.

53 Vgl. *D. Langton, The Argument from Evil: Reply to Professor Richman*, 113.

54 So *N. Pike, Hume on Evil*, 102. Pike behauptet, daß sich das traditionelle Problem des Übels auf eine "noncrucial perplexity of relatively minor importance" reduziere, wenn die Existenz Gottes aufgrund apriorischer Argumente oder als Glaubensinhalt akzeptiert werde.

Die Behauptung einer prinzipiellen Erkennbarkeit der Gründe führt zu der vierten Frage: (4) Muß es sich bei diesen Gründen um – nach menschlichem Ermessen – gute oder schlechte Gründe handeln? Die Behauptung schlechter Gründe wäre absurd, denn Gottes Handeln können definitionsgemäß keine schlechten Gründe zugrunde liegen. Erscheinen seine Gründe nach menschlichem Ermessen dennoch als "schlechte", so kann etwas entweder mit diesen Gründen oder mit dem menschlichem Ermessen nicht in Ordnung sein[55]. Die Behauptung, Gott habe seine eigenen Gründe, die zwar aus menschlicher Perspektive als problematisch erscheinen mögen, aber dennoch zu akzeptieren sind, hat fatale Konsequenzen[56]. Versucht man, Gott dadurch zu rechtfertigen, daß er Leid aus einem solchen *prima facie* schlechten Grund zuläßt, so fällt es schwer, Menschen zu kritisieren, die das Leid ihrer Mitmenschen aus einem ähnlichen Grund zulassen oder nicht zu verhindern versuchen. Letzten Endes wird es jetzt schwierig, auch im zwischenmenschlichen Bereich zwischen guten und schlechten Gründen zu unterscheiden. Gleiches trifft auch für Gründe zu, von denen eine vorläufige Unbegreiflichkeit behauptet wird: Wenn Gott aus einem solchen nur postulierten, aber nicht konkretisierten Grund legitimerweise Leid zulassen darf, dann kann sich eigentlich auch jeder Mensch auf derartige angeblich unbegreifliche Gründe berufen. Die Folge davon wäre wiederum, daß auch im zwischenmenschlichen Bereich eine kritische Unterscheidung zwischen legitimen und illegitimen Gründen gefährdet würde[57].

---

[55] Vgl. dazu auch *T. Penelhum, Divine Goodness and the Problem of Evil*, 100-103. Penelhum weist mit plausiblen Argumenten auf, daß die moralischen Prinzipien, die der Theist anerkennt, zwangsläufig mit denen identisch sein müssen, die er auch Gott zuschreibt. Wenn sich diese moralischen Prinzipien verändern, ändert sich folglich auch das jeweilige Gottesverständnis.

[56] Peter Geach hält die Auffassung, man dürfe Gott nicht verehren, wenn er nicht die seinen Geschöpfen geziemenden moralischen Vollkommenheiten besitzt, für eine reine Unverschämtheit. Unsere Kriterien zu entscheiden, ob Gott zu lieben und zu bewundern ist, sollten folglich nicht mit den Kriterien identisch sein, aufgrund derer wir entscheiden, ob bestimmte Menschen liebens- und bewundernswert sind. Vgl. *P. Geach, Providence and Evil*, 80f. Oben soll gezeigt werden, daß diese Kriterien sich auch nicht schlechthin unterscheiden können.

[57] Vgl. zu diesem Argument ausführlicher *C. Dore, Do Theists Need to Solve the Problem of Evil?*, 384-386. Dore kritisiert die Behauptung, daß es rational sei zu glauben, Gott besitze einen Grund, der menschlicherseits nicht genau spezifizierbar sei, der aber trotzdem Gottes Zulassung des Leids moralisch rechtfertige. Nach Dore resultiert daraus die Konsequenz, daß auch Menschen niemals

Folglich kann es sich bei diesen Gründen nur um gute Gründe handeln, woraus sich die fünfte und letzte Frage ergibt: (5) Sind diese Gründe durch göttliche Offenbarung, durch vernünftige Reflexion oder durch beides zugänglich? Die biblische bezeugte Offenbarung enthält keine schlechthin eindeutige Antwort auf das Theodizee-Problem[58]. Sie enthält statt dessen eine Vielfalt verschiedener nicht-harmonisierbarer Antwortmöglichkeiten[59], von denen sich keine als die biblische Antwort schlechthin aufdrängt, was aufgrund der Entwicklungsgeschichte der biblischen Schriften auch gar nicht anders zu erwarten ist. In den biblischen Schriften findet sich die Deutung von Übel und Leid als Strafe für die Sünden einzelner[60], des Volkes[61] oder der Vorfahren[62], ebenso wie eine radikale Kritik dieser Vorstellungen[63]. Es findet sich die Deutung des Leids als Mahnung zur Umkehr des Sünders[64], als Mittel zur Erprobung des Glaubens[65], als Zeichen der besonderen Erwählung Gottes[66] und als stellvertretende Sühne[67]. Die Verursachung des Leids fällt vereinzelt in die Verantwortung Gottes[68], vereinzelt aber auch in die Verantwortung

---

sinnvollerweise vorgeworfen werden könnte, sie hätten Leid aus moralisch illegitimen Gründen nicht verhindert.

58 Auch das Ijob-Buch enthält nicht die schlechthin biblische Antwort auf das Leidproblem. Vertreter der *reductio in mysterium* berufen sich häufig darauf, um die Unlösbarkeit der Theodizee-Frage als die biblische Position schlechthin zu rechtfertigen. N. Hoerster wendet dagegen kritisch ein: "Ein Hiob, der, von der Macht Gottes überwältigt, diesem Gott schon deshalb auch Güte zuzusprechen und Verehrung entgegenzubringen bereit ist, kann einem Menschen, der intellektuelle Redlichkeit und Konsequenz schätzt, kein Vorbild sein. Dieser Mensch wird einem Gott, der sich auf solche Weise wie der biblische Gott gegenüber Hiob der Zustimmung seiner Geschöpfe versichert, vielmehr mit besonderer Skepsis und besonderer moralischer Reserve gegenüberstehen." Vgl. *N. Hoerster, Zur Unlösbarkeit des Theodizee-Problems*, 409.

59 Vgl. dazu u.a. *J. Scharbert, Der Schmerz im Alten Testament; J. Luyten, Perspectives on Human Suffering in the Old Testament*, 1-29; *E. Kutsch, Von Grund und Sinn des Leidens nach dem Alten Testament*, 73-84; *H.D. Preuss, Die Frage nach dem Leid des Menschen - ein Versuch biblischer Theologie*, 52-80; *W. Groß/K.-J. Kuschel, "Ich schaffe Finsternis und Unheil"*, 15-59; *E. Zenger, Leiden - Biblische Perspektiven*, 31-36.

60 Vgl. z.B. Ps 62,13; Röm 2,6-10.

61 Vgl. z.B. Hebr 2,17.

62 Vgl. z.B. Dtn 28,46.

63 Vgl. z.B. Ijob 13,7; Joh 9,3.

64 Vgl. z.B. Dtn 8,5.

65 Vgl. z.B. Spr 3,11.

66 Vgl. z.B. Hebr 2,10.

67 Vgl. z.B. Jes 53,1-12; 1 Kor 15,3.

68 Vgl. z.B. Jes 45,7.

menschlicher Freiheit[69]. Das biblische Zeugnis hat jedoch eine religiöse Tradition initiiert, in deren Verlauf in Auseinandersetzung mit außerbiblischen Quellen die Antwortansätze weiterentwickelt, ergänzt, modifiziert und korrigiert wurden. Auch in der daraus entstandenen christlichen Tradition gibt es keine durchgängig akzeptierte Lösung des Theodizee-Problems, sondern eine Vielfalt von unterschiedlichen Antwortversuchen. Es ist weder möglich noch nötig, einen dieser Ansätze als den biblischen, den christlichen oder den geoffenbarten zu deklarieren.

Im Kontext der Theodizee-Problematik bildet der Offenbarungsbegriff keine Kategorie, auf die man immer dann rekurrieren kann, wenn man den Eindruck gewonnen hat, das vernünftige Fragen sei an seine "natürlichen" Grenzen gestoßen und könne nur mehr durch den Rekurs auf die "übernatürliche" Autorität einer göttlichen Offenbarung weiterkommen. Der Rekurs auf Offenbarung ist immer auch ein Appell an die menschliche Vernunft, kein Weg an der Vernunft vorbei, d.h. ein Appell, alle Offenbarungsansprüche daraufhin vernünftig zu überprüfen, ob sie logisch konsistente, epistemisch kohärente, praktisch effiziente und ethisch überzeugende Antworten auf die Grundfragen des menschlichen Daseins geben. Nur wenn diese Bedingungen erfüllt sind, kann es sich auch um – nach menschlichem Ermessen – gute Gründe handeln.

Was in der Vergangenheit nach menschlichem Ermessen als gute Antwort auf das Theodizee-Problem galt, hat sich im nachhinein häufig als Irrtum, bisweilen sogar als tragischer Irrtum erwiesen. Die Einsicht in die historisch bedingte Relativität der zu diesem Zweck verwendeten Begriffe und Kriterien ist unwiderrufbar[70]. Das Bewußtsein dieser Relativität kann jedoch weder intellektuelle Trägheit entschuldigen noch von der Verpflichtung zur Wahrheitssuche suspendieren. Auch wäre es voreilig und trügerisch, aus der Irrtumsanfälligkeit der menschlichen Vernunft den Schluß zu ziehen, dem, was nach menschlichem Ermessen vernünftig erscheint, keinerlei Relevanz mehr beizumessen. Denn auch manches von dem, was in der Christentums- und Religionsgeschichte als Ausdruck authentischer Offenbarung verkündigt wurde, hat sich im nachhinein als zeitbedingt und irrig erwiesen. Menschen haben sich keinesfalls nur

---

[69] Vgl. z.B. Sir 15,14f.

[70] Vgl. dazu *L. Gilkey, Theodicy and Plurality*, 710-716.

hinsichtlich der mit Hilfe ihrer "natürlichen" Vernunft gewonnenen Erkenntnisansprüche getäuscht. Sie haben sich auch im Hinblick darauf getäuscht, was sie als vermeintlich geoffenbarte Wahrheit akzeptiert und verkündigt haben. Was nach menschlichem Ermessen als guter Grund gelten kann, ist fehlbar. Es wäre jedoch völlig abwegig, daraus zu folgern, daß es besser wäre, auf rationale Kontrolle zu verzichten und sein Vertrauen statt dessen ausschließlich auf die göttliche Offenbarung zu setzen. Denn auch die Akzeptanz eines Offenbarungsanspruchs als Ausdruck authentischer und eben nicht nur beanspruchter Offenbarung ist ein Akt des Glaubenssubjekts – ein Akt, den es, soweit es in seiner Macht steht, vor sich selbst und vor anderen zu verantworten hat. Der bewußte Verzicht auf vernünftige Kriterien der Verantwortbarkeit heiligt nicht den Glaubensgehorsam, sondern entehrt ihn zum blinden Obskurantismus. Es dürfte zweifelhaft sein, ob dies Gott wirklich zur größeren Ehre gereicht.

Die Frage nach guten Gründen für Gottes Zulassung der Übel läßt sich aus den gezeigten Gründen nicht durch den ausschließlichen Rekurs auf Offenbarung definitiv beantworten. Die Suche nach Lösungen des Theodizee-Problems geht von dem Glauben an die Existenz Gottes aus. Die Rationalität dieses Glaubens steht aufgrund der Erfahrung von Übel und Leid auf dem Spiel. Der Fragende muß nicht auf jedes einzelne Problem eine Antwort parat haben. Von seinen Antworten kann auch nicht erwartet werden, daß sie schlechthin alles restlos erklären können. Die Alternative, entweder alle Fragen restlos aufzuklären oder alle Fragen im Dunkel der Geheimnishaftigkeit zu belassen, ist nicht die einzig mögliche und wohl auch nicht die einzig sinnvolle Wahl. Die Rationalität des theistischen Bekenntnisses hängt sicherlich nicht davon ab, ob eine detaillierte und erschöpfende Lösung des Theodizee-Problems gefunden werden kann oder nicht[71]. Andererseits läßt sich jedoch schwerlich ein Bekenntnis dadurch als rational vertreten, daß alle kritischen und brisanten Rückfragen durch den monotonen Hinweis auf die Geheimnishaftigkeit Gottes beantwortet bzw. zurückgewiesen werden. Wenn Gründe für die Zulassung des Übels existieren, dann ist die Suche nach ihnen und die Auseinandersetzung mit vorhandenen Antwortvorschlägen nicht nur ein sinnvolles Unterfangen, sondern für jeden, dem an der

---

[71] Vgl. *F.J. Fitzpatrick, The Onus of Proof in Arguments about the Problem of Evil*, 38.

Rationalität und Wahrheit seines Bekenntnisses gelegen ist, auch ein unerläßliches.

Bisweilen stellt die Unbegreiflichkeit Gottes weniger ein "Verbotsschild" dar, das ihn an der Suche hindert, als vielmehr ein "Netz", das dazu dient, ihn auch dann noch sicher aufzufangen, wenn er den Eindruck bekommt, daß seine Suche zu scheitern droht[72]. Unter solchen Bedingungen ist es zweifelhaft, wie ernst die Suche nach der Wahrheit wirklich gemeint ist.

Jede Zeit wird ihre Erwartungen und Antworten anders gewichten und bewerten. Vielleicht läßt sich auch so etwas wie ein "roter Faden" erkennen, der sich trotz aller Unterschiede durch die jeweils dominanten Lösungsansätze hindurchzieht. Desungeachtet sollten die immer nur hypothetischen Antworten zumindest soweit reichen, daß die "verbleibende Geheimnishaftigkeit" dem "Glauben nicht entscheidend widerspricht"[73]. In diesem Sinn umschreibt L. Stafford Betty die Aufgabe einer Theodizee präzise und umfassend:

> "Let me state in advance that what we must demand of a 'solution' is not a complete account of the coexistence of God and evil - that we must be quite satisfied to leave a mystery. What a solution must do is remove or neutralize the contradiction, the *antinomy* (such as Epicurus outlines) between our conception of God and of evil - nothing more. It must present God in such a way that He can be conceived without intellectual betrayal as the ground of our being and the ultimate object of our hope and love, and it must resist the temptation (common to certain philosophers) of taking evil as illusionary or non-existent. Then it must demonstrate how it is that this God and this evil could *conceivably coexist* as defined. If it does this, it has done enough."[74]

---

[72] Für diese Position scheint auch Fitzpatrick zu plädieren. Vgl. *F.J. Fitzpatrick, The Onus of Proof in Arguments about the Problem of Evil*, 38.

[73] Vgl. dazu *J. Hick, Response to Mesle*, 118.

[74] *L.S. Betty, Aurobindo's Concept of Lila and the Problem of Evil*, 322.

3 Dualistische Lösungsversuche: Mythologische Versionen

"Da führte ihn der Teufel auf einen Berg hinauf und zeigte ihm in einem einzigen Augenblick alle Reiche der Erde. Und er sagte zu ihm: All die Macht und Herrlichkeit dieser Reiche will ich dir geben; denn sie sind mir überlassen, und ich gebe sie, wem ich will. Wenn du dich vor mir niederwirfst und mich anbetest, wird dir alles gehören." (Lk 4,5-7)

Dualistische Lösungen des Theodizee-Problems wurden in der Christentumsgeschichte durchweg als häretisch abgelehnt[1]. Das monotheistische Bekenntnis zum einen Gott, dem Schöpfer des Himmels und der Erde, alles Sichtbaren und Unsichtbaren, ließ zwar ausreichend Raum für den Glauben an böse, leidverursachende Mächte und Gewalten, aber keinen Raum für den Glauben an die Existenz eines mit diesem Gott gleichursprünglichen und gleichmächtigen transzendenten Wesens[2]. Die Existenz dualistischer Strömungen an den Rändern der christlichen Orthodoxie[3] verdankt sich im wesentlichen der Integration außerbiblischer und außerchristlicher Motive.

Trotz dieses Befunds stellte der Dualismus stets eine Alternative zum monotheistischen Bekenntnis dar, dessen kaum zu unterschätzende Attraktivität insbesondere mit der Leidproblematik zusammenhängt. Durch die Annahme zweier transzendenter Prinzipien kann der Dualismus[4] das Theodizee-Problem dadurch lösen, daß er die

---

1 Vgl. z.B. DH 199, 325, 1336, 3624.

2 Vgl. dazu prägnant *K. Lehmann, Der Teufel - ein personales Wesen?*, 84: Das dualistische "Modell scheidet für den christlichen Glauben als Erklärungsmöglichkeit aus."

3 Vgl. dazu z.B. den informativen Überblick von *G. Rottenwöhrer, Unde malum?*.

4 Der hier verwendete religionshistorische Dualismusbegriff unterscheidet sich von einem ethischen Dualismus durch die konstitutive Annahme eines ontologischen Dualismus. Vgl. dazu *U. Bianchi, Art.: Dualism*, 506: "Dies bedeutet, daß der Begriff eines nur ethischen Dualismus, der den moralischen Gegensatz zwischen gut und schlecht und ihren entsprechenden Protagonisten (wie in den

Ursprünge von Gut und Böse jeweils einem dieser beiden Prinzipien zuweist und das Leid als Folge einer meist in kosmischen Dimensionen vorgestellten Auseinandersetzung zwischen diesen beiden Mächten deutet. Die Behauptung der Güte eines dieser beiden Prinzipien läßt sich dadurch rechtfertigen, daß die Übel dem jeweils anderen angelastet werden. Derartige Lösungen des Theodizee-Problems können freilich nur in dem Maß überzeugen, in dem sie die Allmacht des guten Prinzips preisgeben. Insofern basiert jede dualistische Lösung des Theodizee-Problems letzten Endes auf der Preisgabe der Allmacht Gottes. Folglich wird der Widerspruch zwischen Leiderfahrung und Gottesglaube durch eine entsprechend drastische Modifikation des letzteren aufgelöst.

Die theologiegeschichtlich einflußreichsten Dualismen bilden verschiedene gnostische Systeme, vor allem aber die Lehren Marcions und Manis. Auch wenn der Dualismus im reflektierten Glaubensbewußtsein kaum eine Rolle spielen mag, stellt er keineswegs nur eine religions- und dogmengeschichtliche Kuriosität dar. In ungebrochener Weise wirken dualistische Motive sowohl in modernen esoterischen - wie z.B. Anthroposophie[5] und Spiritismus[6] - als auch in säkularen Mythen weiter. Das Motiv der Auseinandersetzung zwischen guten und bösen Mächten, des fortwährenden Kampfes zwischen Gut und Böse bildet eines der nach wie vor gängigsten und attraktivsten Erklärungsmuster für leidvolle Ereignisse aller Art. Als solches konnte es sich auch in traditionell monotheistisch geprägten Kulturen behaupten, wenn auch meistens in einer dogmatisch entschärften und in seinen Konsequenzen wenig reflektierten Form.

christlichen Begriffen von Gott und Teufel) betont, nicht im religionsgeschichtlichen und phänomenologischen Sinn wirklich dualistisch ist, wenn gut und schlecht nicht mit gegensätzlichen ontologischen Prinzipien verknüpft werden, wie im Zoroastrianismus und im Manichäismus. Die einfache Entgegensetzung von gut und böse, Leben und Tod, Licht und Finsternis usw. ist in der Tat koextensiv mit der Religion an sich und kann nicht mit dem wesentlich spezifischeren Phänomen des Dualismus gleichgesetzt werden." (Übersetzung A.K.)

5 Vgl. z.B. *M. Kriele, Anthroposophie und Kirche*, 47-53.

6 Vgl. z.B. *W. Schiebeler, Der Mensch und seine Bindung an Gott*, 108-150.

3.1 TERMINOLOGISCHE KLÄRUNGEN

Die Möglichkeiten der Zuordnung beider transzendenter Prinzipien eröffnen ein breitgefächertes Spektrum, das an seinen Rändern nicht mehr eindeutig vom exklusiven Monotheismus zu unterscheiden ist[7], so daß zumindest die gemäßigten Formen des Dualismus nicht so sehr als Gegenposition zum Monotheismus erscheinen, sondern eher als seine "notwendige und logische Konsequenz"[8], obwohl sie mit zunehmender Radikalität die Grundlagen des Monotheismus aufheben. Für die systematische Einteilung und kritische Diskussion des Dualismus ist entscheidend, ob die beiden Prinzipien oder Gottheiten als gleichursprünglich behauptet werden, oder ob das zweite negative Prinzip selbst als Geschöpf bzw. als Emanation des ersten Prinzips verstanden wird. Für eine Klärung empfiehlt sich folgende Einteilung[9]:

(1) Im "radikalen" Dualismus stehen einander zwei in etwa gleichmächtige und gleichursprüngliche Prinzipien als "gute" und "böse" Mächte gegenüber. Keines dieser Prinzipien kann in seiner Genese auf das andere zurückgeführt werden, und keines von beiden verfügt - zumindest über einen bestimmten Zeitraum hinweg - über die Macht, das andere vollständig unter seine Kontrolle zu bringen.

(2) Der "gemäßigte" Dualismus setzt ein einziges oberstes Prinzip voraus, aus dem aufgrund eines sich in mythischer Urzeit ereignenden Vorfalls ein zweites Prinzip (Demiurg oder Satan) hervorging, das dann üblicherweise bei der Entstehung der sichtbaren Welt eine wichtige oder gar die entscheidende Rolle spielte[10].

---

7 Mehrfach betont dies etwa J.B. Russell in seinen Studien zur Geschichte der Vorstellungen vom Teufel. Russell charakterisiert das Christentum wiederholt als *semi-dualistische* Religion. Vgl. z.B. *J.B. Russell, The Devil,* 228.

8 Vgl. z.B. *G. Gnoli, Art.: Zoroastrianism*, 581: "Monotheism and dualism are closely linked in the *Gâthâs*. They are not in conflict with each other, for monotheism is in opposition to polytheism, not to dualism (...). In fact, dualism, far from being a 'protest against monotheism' (...), is a necessary and logical consequence thereof; its purpose is to explain the origins of evil."

9 Vgl. dazu ausführlicher *U. Bianchi, Art.: Dualism*, 506-512.

10 Vgl. dazu auch die Charakterisierung von *H. Jonas, Gnosis und spätantiker Geist*, Bd.1, 267: "In Wirklichkeit aber bezeichnet das plötzliche Auftreten dieser 'Finsternis' als einer eigenen Gegebenheit ein Problem - und zwar den kritischen Punkt, an dem sich die Ableitungsmöglichkeiten der Gnosis überhaupt in die verschiedenen Typen gabeln: einerseits z.B. in die valentinianische Lösung, die noch das tiefste Dunkel der außergöttlichen Substanz aus dem innergöttlichen Abfall selbst hervorgehen läßt; andrerseits in die manichäisch-iranische, die um-

(3) Als im weiteren Sinn dualistisch lassen sich auch noch solche Positionen bezeichnen, die zwar kein zweites widergöttliches Prinzip annehmen, aber davon ausgehen, daß Gottes Allmacht durch andere als logisch bedingte Notwendigkeiten eingeschränkt ist: Diese Notwendigkeiten können entweder außerhalb Gottes in der "Schöpfung" gegeben sein. Hinweise auf solche Notwendigkeiten finden sich von Platon[11] über Mill[12] bis zu Whitehead[13]. Sie können aber auch im Wesen Gottes selbst ihren Ursprung haben, etwa in einer letztlich unerklärbaren Begrenzung der göttlichen Macht[14] bzw. einem in der Natur Gottes[15] vorhandenen und ihn einschränkenden Faktor[16].

---

gekehrt alle weltwärtige Bewegung des Göttlichen erst durch einen drohenden Angriff der Finsternismacht, die von Anfang unabhängig ihm gegenüber bestand, erzwungen sein läßt. Die eine setzt den Dualismus ans Ende göttlicher Selbsttranszendierung und -entfremdung als Ergebnis, die andere an den Anfang schon als Ursache der großen Störung. Für die eine ist alles innere Schuld und Seelengeschichte, für die andere Kampf gegen ein Fremdes und heroische Notwendigkeit. Dies sind nicht nur Unterschiede theoretischer Problemlösungen, sondern ... solche der gnostischen Substanz."

11 Vgl. *Platon, Timaios*, 30a.

12 Vgl. dazu z.B. *J.S. Mill, Drei Essays über Religion*, 155f.: "Die Begrenztheit der Macht des Schöpfers ist mit größerer Wahrscheinlichkeit das Ergebnis entweder der Eigenschaften des Materials - indem die Substanzen und Kräfte, aus denen das Universum zusammengesetzt ist, keine Anordnung zuließen, durch die seine Zwecke hätten vollständiger erreicht werden können -, oder die Zwecke *hätten* vollständiger erreicht werden können: das schöpferische Geschick, wie bewunderungswürdig auch immer, war nicht vollkommen genug, seine Zwecke vollständiger zu erreichen." Der Versuch, die Allmacht mit der Güte Gottes zu vereinbaren, "enthält nicht nur einen absoluten Widerspruch im intellektuellen Sinne, sondern bietet zugleich im schlimmsten Maße das abstoßende Schauspiel einer jesuitischen Verteidigung moralischer Ungeheuerlichkeiten" (ebd. 156).

13 Vgl. dazu die Ausführungen zur prozeßtheologischen Theodizee in Kap. 4.

14 Vgl. z.B. *S.P. Schilling, God and Human Anguish*, 245-248.

15 Ein solcher Dualismus zwischen "Grund" und "Existenz" liegt Schellings Überlegungen zur Theodizee in seiner "Freiheitsschrift" von 1809 zugrunde. Vgl. dazu *H. Rosenau, Theogonie*, 49: "Es gibt etwas in Gott, was nicht er selbst im eigentlichen Sinne ist, und das ist der Nährboden für die Möglichkeit des Bösen."

16 Vgl. z.B. *E.S. Brightman, Philosophy of Religion,* 337. Brightman bezeichnet diesen Faktor als "The Given". "The Given consists of the eternal, uncreated laws of reason and also of equally eternal and uncreated processes of nonrational consciousness which exhibit all the ultimate qualities of sense objects, disorderly impulses and desires, such experiences as pain and suffering, the forms of space and time, and whatever in God is the source of surd evil." – Zu dualistischen Motiven in der neueren Theologie vgl. *G. Graf, Gott dennoch Recht geben*, 67-79.

3.2 BEISPIELE DUALISTISCHER THEODIZEE

Alle religionsgeschichtlich bedeutenden Dualismen[17] zeichnen sich durch eine tiefgreifende Betroffenheit durch die leidvollen Unzulänglichkeiten der Welt im allgemeinen und des menschlichen Daseins im besonderen aus. Die Erfahrung von Sünde, Bosheit und Leid untergräbt hier zwar nicht den Glauben an einen gütigen Gott, wohl aber die Überzeugung, daß dieser Gott der alleinige Schöpfer und souveräne Herr des Kosmos ist. Neben ihm muß eine Macht existieren, die für all die negativen Aspekte des Daseins verantwortlich ist und die gleichzeitig die Macht der gütigen Gottheit auf irgendeine Weise einschränkt. In den verschiedenen dualistischen Systemen artikuliert sich nicht nur das Gefühl einer mehr oder minder radikalen Fremdheit gegenüber den Unzulänglichkeiten der Welt. In ihnen scheint auch eine eigentümliche Fremdheit gegenüber dem in unheilvoller Weise in diese Welt verstrickten Selbst durch. Der kosmische Widerstreit zwischen den transzendenten Mächten spiegelt sich im einzelnen Menschen als Antagonismus zwischen verschiedenen Seelenteilen oder zwischen dem Seelischen und dem Leiblichen wider. Dieser Fremdheit entspricht die tiefe Sehnsucht nach einer Erlösung oder Befreiung aus den leidvollen irdischen Verstrickungen. Beides findet seinen mythologischen Ausdruck in der Dualität zwischen Welt/Kosmos einerseits und Gott/Transzendenz andererseits. Die Welt bzw. der einzelne Mensch wird gleichsam als Bühne betrachtet, auf dem sich das Erlösungsdrama als Kampf zwischen den bösen und guten Mächten abspielt.

---

[17] Die religionsgeschichtlich vorfindlichen Dualismen lassen sich häufig nicht eindeutig entweder dem radikalen oder dem gemäßigten Typus zuordnen: So findet sich im frühesten Dualismus, dem Zoroastrismus, zwar auch die Auffassung von der Gleichursprünglichkeit beider Prinzipien bzw. Götter. Sie dürfte aber weder der Intention des Stifters entsprochen haben, noch prägte sie durchgängig die spätere Entwicklung. Vgl. dazu *J.B. Russell, The Devil,* 98-121. Zur Lehre Zarathustras vgl. *G. Widengren, Die Religionen Irans,* 60-93; *G. Gnoli, Art.: Zoroastrianism,* 579-591. Auch in den mandäischen Quellen finden sich beide Typen nebeneinander, ebenso wie im mittelalterlichen Katharertum. Vgl. dazu ausführlicher: *H. Jonas, Gnosis und spätantiker Geist,* Bd.1, 267-283; *G. Rottenwöhrer, Unde malum?,* 362-428; *A. Borst, Die Katharer,* 74-88, 110-132. Unter anderem ist dieser Sachverhalt wohl auch darauf zurückzuführen, daß die mythologische Fabulierlust das Verlangen nach systematischer Geschlossenheit häufig in den Hintergrund drängte.

Der (sichtbare) Kosmos gilt teilweise als das ausschließliche Produkt eines von Anfang an negativen Prinzips, in welchem der Mensch bzw. der erlösungsfähige Teil des Menschen (z.B. der Nous oder die Seele) gefangengehalten wird, teilweise aber auch als ein Geschöpf des positiven Prinzips, das bei der Erschaffung der Welt allerdings zu gewissen Zugeständnissen an die Mächte der Finsternis genötigt war. Entscheidend scheint zu sein, daß die erfahrene Ambivalenz dieser Welt einen religiösen Dualismus nahelegt[18]. Gott kann nicht ausschließlich für den Zustand einer mehr oder minder mißratenen und leidvollen Schöpfung verantwortlich gemacht werden. In diese Erklärungslücke rückt im radikalen Dualismus ein widergöttliches transzendentes Prinzip bzw. ein Gegengott, im gemäßigten Dualismus ein Weltschöpfer bzw. Demiurg, der zwar eine Emanation des einen und einzigen Gottes darstellt, aber aus irgendwelchen Gründen außer Kontrolle geriet. Gott von der Verantwortung für das Übel in der Schöpfung freizusprechen, fällt aus ersichtlichen Gründen im radikalen Dualismus leichter als im gemäßigten, wenngleich ersterer eine Fülle anderer nicht minder brisanter Probleme aufwirft.

Einer der kirchengeschichtlich einflußreichsten Dualismen geht auf Marcion zurück. An seinem Ausgangspunkt stand eindeutig die Theodizee-Frage: *Unde malum*? Auf eben diese Frage konnte Marcion im Kontext des damaligen christlichen Bekenntnisses keine überzeugende Antwort finden. Wenn der Schöpfer dieser Welt tatsächlich gut wäre, die Zukunft vorherwüßte und das Böse abwenden könnte, dann - so Marcion - hätte er es unmöglich zugelassen, daß der Mensch vom Teufel versucht wurde, sündigte und dem göttlichen Strafgericht verfiel. Die Erklärung von Übel und Leid im Rahmen der alttestamentlichen Straflogik widerspricht den genannten Eigenschaften Gottes. Mehr noch, die gesamte Welterfahrung legt den Schluß nahe, daß der Schöpfer und Herr der Welt nicht der gütige, allwissende und allmächtige Gott sein kann[19]. Marcion konnte diese Aporie nur dadurch lösen, daß er dem Schöpfer dieser Welt die

---

[18] Etwas mißverständlich formuliert *A. Borst, Die Katharer*, 110: "Das Problem, das man seit Tertullian für die Kernfrage aller Ketzer hält, die Frage *Unde malum?*, ist für den Dualisten zweitrangig. Er fragt sich zuerst: Woher kommt das Gute, wie kam es in die Welt, in die Gewalt des Bösen?" Was hier erst- oder zweitrangig ist, hängt einzig und allein vom Ausgangspunkt der Fragestellung ab: dem Glauben an Gott oder der Erfahrung der Welt.

[19] Vgl. *Tertullian, Adversus Marcion*, II,5.

genannten Eigenschaften absprach. Er erklärte ihn damit jedoch nicht zu einem mythischen Hirngespinst, sondern identifizierte ihn statt dessen mit dem alttestamentlichen Gott, dem Schöpfer dieser Welt und des Menschen. Die alttestamentlichen Überlieferungen enthalten nach Marcions Überzeugung also keineswegs - wie offenbar für seinen ehemaligen Schüler Apelles - Fabeln und Lügen[20]. Sie sind durchaus glaubwürdig und verläßlich. Inhaltlich stehen sie allerdings durchwegs antithetisch zum Evangelium Jesu Christi.

Der Schöpfer-Gott des AT ist für die Übel und sonstigen Unvollkommenheiten dieser Welt verantwortlich. Er ist es, der die Welt und "die Übel schafft" (Jes 45,7). Aus diesem Grund kann er ganz offensichtlich weder gut noch allwissend oder gar allmächtig sein. In seiner Schöpfung spiegeln sich vielmehr seine eigenen negativen Eigenschaften wider: seine Bosheit, sein Zorn, seine Eifersucht, seine Grausamkeit, seine Rachsucht, seine Parteilichkeit und sein Wankelmut. Der Schöpfer-Gott wird zum *conditor malorum*, zum Urheber aller Übel. Auch seine legalistische Gerechtigkeit erweist sich nur als ein weiterer letztlich unheilvoller Aspekt. Denn aus ihr resultieren für die Menschen unausweichlich das Strafgericht und der Untergang[21]. Diesem Schöpfer-Gott stellt Marcion den "fremden" Erlöser-Gott des Evangeliums gegenüber, der sich erst in Christus geoffenbart hat. Aufgrund seiner Barmherzigkeit, Liebe und Güte erlöst er die Menschen bzw. die Seelen, die an ihn glauben, aus jener Welt, die nicht sein Werk ist: "Die verfehlte Schöpfung eines widerwärtigen Gottes, die jämmerliche Menschheit, und in ihr die Elendsten, will er aus purer Liebe retten!"[22] Diese Erlösung geschieht primär durch den Kreuzestod Christi, durch den die Seelen der Erlösten dem Schöpfer-Gott "abgekauft" werden.

Durch die Annahme zweier Prinzipien bzw. Götter wird das Theodizee-Problem dadurch gelöst, daß man die Übel und Unzulänglichkeiten der Welt - einschließlich des Sündenfalls Adams - dem Schöpfer-Gott anlastet. Darüber hinaus wird auch noch eine weitere zentrale Frage beantwortet, die der frühen Christenheit Kopfzerbrechen bereitete: Aus welchem Grund sollte Gott den Menschen aus einer Welt erretten wollen, die er selbst erschaffen hatte?

---

20 Vgl. dazu *A. von Harnack, Marcion,* 189.

21 Zum Verhältnis zwischen Gerechtigkeit und Schlechtigkeit des Schöpfer-Gottes vgl. *G. Rottenwöhrer, Unde malum?,* 35-37.

22 *A. von Harnack, Marcion*, 126.

Wenn Erlöser-Gott und Schöpfer-Gott nicht identisch sind, löst sich dieser Widerspruch von selbst auf: Der Schöpfer dieser Welt ist nicht mit dem Erlöser identisch, der den Menschen aus eben dieser Welt befreien will. Hinter der Schöpfungs- und Erlösungsordnung stehen somit zwei antagonistische Gottheiten.

Umstritten ist, ob Marcion tatsächlich einen im obigen Sinn "radikalen" Dualismus gelehrt hat[23]. Für diese Annahme spricht, daß Marcions Schöpfer-Gott unerschaffen, also anscheinend gleichursprünglich mit dem Erlöser-Gott ist; dagegen spricht, daß der Schöpfer-Gott nicht ewig existieren, sondern sich selbst und sein Reich endgültig zerstören wird[24]. Aufgrund der Quellenlage bleiben viele Fragen nach der systematischen Geschlossenheit der Lehre Marcions offen. Unklar ist insbesondere, inwiefern die Macht des Erlöser-Gottes durch die Existenz des Schöpfers tatsächlich eingeschränkt wird. Eine vollständige Gleichmächtigkeit hat Marcion vermutlich nicht angenommen. Adolf von Harnack vertritt die Auffassung, nach Marcion hätte Christus durchaus die Macht gehabt, die gesamte Menschheit "ihrem natürlichen Vater zu entreißen und an sich zu ziehen"[25]. Allerdings hätte es nicht seiner wahren Gerechtigkeit entsprochen, sich "fremdes" Eigentum durch Raub und Diebstahl anzueignen. Somit blieb nur die Möglichkeit, dem Weltschöpfer das ihm rechtmäßig zustehende Eigentum durch den Tod Christi "abzukaufen". Dieser Deutung zufolge würde der marcionitische Antagonismus eher auf juridisch-moralischen Prinzipien beruhen als auf einer ausgeglichenen ontologischen Machtverteilung.

Im Vergleich dazu scheint der Manichäismus[26], das zweite kirchen- und religionsgeschichtlich äußerst einflußreiche dualistische System, einen eindeutigeren Dualismus vertreten zu haben. Der Manichäismus bildet im wesentlichen eine Synthese aus altiranischen und mandäischen Wurzeln. Sein Gründer verstand sich zwar auch als Apostel Jesu Christi und integrierte demzufolge christliche Elemente in sein Lehrsystem. Es ist jedoch fraglich, ob dahinter viel mehr als

---

[23] Vgl. dazu vor allem *E.U. Schüle, Der Ursprung des Bösen bei Marcion*, 23-42.

[24] Es ist fraglich, ob es sich dabei um eine Überzeugung Marcions oder späterer Marcioniten handelt. Vgl. dazu *G. Rottenwöhrer, Unde malum?,* 34f.

[25] Vgl. *A. von Harnack, Marcion*, 131.

[26] Vgl. dazu ausführlicher *G. Gnoli, Art.: Manichaeism*, 161-170; *G. Widengren, Mani und der Manichäismus*, 48-76.

die Intention steckt, seine Botschaft auch für christliche Hörer interessant und akzeptabel erscheinen zu lassen[27]. Aufgrund der adaptierten christlichen Elemente konnten die Kirchenväter den Manichäismus als christliche Häresie deuten und bekämpfen. In der christlichen Tradition fungierte die Bezeichnung "Manichäismus" über Jahrhunderte hinweg auch dort als Synonym für dualistische Häresien, wo keine ideengeschichtlichen Abhängigkeiten nachweisbar sind.

Der manichäische Mythos geht von zwei grundverschiedenen, aber gleichursprünglichen Prinzipien (*Licht* = *Gott* und *Finsternis* = *Satan, das Böse*, *die Hyle bzw. Materie*[28]) und drei Phasen ihrer Geschichte aus: In der ersten Phase waren Licht und Finsternis geschieden, in der gegenwärtigen zweiten Phase sind sie miteinander vermischt und in der dritten Phase, nach der Zerstörung des sichtbaren Kosmos, werden sie wieder voneinander getrennt sein, jetzt aber endgültig. Die Phase der Vermischung wird als mythischer Kampf zwischen den Mächten der Finsternis und des Lichts dargestellt. Unter den Bedingungen der gegenwärtigen Phase, in der die Seelen[29] (Lichtpartikel) mit der Materie (Finsternis) verbunden sind, ist das Dasein unausweichlich und durchgängig leidvoll. Seine Verstrickung in die Finsternis bildet die Quelle von Sünde und Bosheit sowie aller daraus erwachsenden Übel und Leiden. Die Erlösung geschieht durch eine Befreiung der Seelen aus ihrer leidvollen Verstrickung in die Materie und durch ihre Wiedervereinigung mit dem Licht auf dem Wege der Erkenntnis (*gnosis*) der Wahrheit.

Anders als bei Marcion findet die gerettete Seele ihr Heil nicht in der "Fremde" des Erlöser-Gottes, sondern in der "Heimat" der Lichtwelt, aus der sie ursprünglich stammt und zu der sie wieder zurückkehrt. Das beiden Mythen gemeinsame Anliegen besteht darin, "Gott von einer auch nur irgendwie gearteten Beteiligung am Bösen" zu entlasten[30]. Wie bei Marcion entspricht auch dem ontologischen Dualismus des Manichäismus ein radikaler anthropologischer Dualismus zwischen Seele und Körper.

---

27 Vgl. dazu *G. Widengren, Die Religionen Irans*, 299f. Vgl. dazu auch *G. Rottenwöhrer, Unde malum?*, 83-86.

28 Zum manichäistischen Verständnis des Begriffs "Materie" bzw. *hyle* vgl. *H. Jonas, Gnosis und spätantiker Geist*, Bd.1, 289ff.

29 Zur Lehre von zwei Seelen vgl. auch *G. Rottenwöhrer, Unde malum?*, 138-142.

30 *G. Rottenwöhrer, Unde malum?*, 132.

In "gemäßigten" dualistischen Systemen stehen einander keine gleichursprünglichen bzw. gleichrangigen Prinzipien gegenüber. Der Kosmos geht - mitsamt dem Übel - letztlich aus einem einzigen göttlichen Ursprung hervor. Diverse gnostische Systeme schildern diesen Hervorgang durch die Einführung mehrerer Zwischenwesen und Emanationsstufen. Das Übel entsteht dabei im wesentlichen aus einer zunehmenden "Entfernung" vom ersten Ursprung, die Erlösung dementsprechend aus der "Rückkehr" zum Ursprung. Vereinzelt - so bereits im ursprünglichen Zoroastrismus[31] und wesentlich später im Bogomilismus[32] - wird das böse Prinzip als einer von zwei Söhnen Gottes gedeutet, dessen Handeln irgendwie außer Kontrolle geriet. Wie auch immer das ontologische Gefälle zwischen der uranfänglichen Gottheit und den von ihr erschaffenen Mittlerwesen bestimmt wird, aus irgendeinem Grund scheint dem ersten Prinzip die Macht zu fehlen, das leiderzeugende Treiben seiner Abkömmlinge zu unterbinden. Unabhängig davon, ob nun ein Sohn, ein Geschöpf oder eine Emanation der obersten Gottheit für die Entstehung des gegenwärtigen sichtbaren Kosmos verantwortlich ist, in jedem Fall trägt die oberste Gottheit mit an der Verantwortung für das daraus entstandene Übel und Leid, denn durch die Erschaffung bzw. Emanation des Demiurgen hat sie allererst den Grundstein für dessen unheilvolles Werk gelegt.

Angesichts dieses Problems stößt die theodizee-relevante Erklärungskraft jedes gemäßigten Dualismus sehr schnell an ihre Grenzen. Die Annahme eines nicht gleichursprünglichen, sondern geschaffenen bösen Prinzips tendiert zu einem unterm Strich doch wiederum monistischen System. Sofern der Demiurg für die Existenz des leidvollen Kosmos und die oberste Gottheit für die Existenz des Demiurgen verantwortlich ist, wird das eigentliche theodizee-relevante

---

[31] Im zoroastrischen Weltbild begann der Dualismus ursprünglich wohl erst auf dieser zweiten Ebene im Gegenüber der beiden Söhne von Ahura Mazda, Angra Mainyu und Spenta Mainyu. Vgl. dazu *G. Gnoli, Art.: Zoroastrianism*, 582-584.

[32] Die Vorstellungen, daß der Satan der erstgeborene Sohn Gottes sei, der nach seinem Fall bestraft wurde, die sichtbare Welt erschaffen habe und mit Jehova identisch sei, finden sich beispielsweise in Teilen des Paulikianismus und, vermutlich in Abhängigkeit davon, im Bogomilismus, von wo aus sie das Katharertum beeinflußten. Vom Manichäismus unterscheiden sich diese Ideen durch die Ablehnung eines - im obigen Sinne - radikalen Dualismus. Die entstehungsgeschichtlichen Zusammenhänge mit dem Manichäismus und/oder Marcionismus sind umstritten. Vgl. dazu ausführlicher *M. Lambert, Ketzerei im Mittelalter*, 22-46.

Problem nicht gelöst, sondern nur verschoben. Mit etwas Glück erhält man darüber Auskunft, wodurch die Macht der obersten Gottheit eingeschränkt wird. Man erfährt aber in der Regel nicht, welche Torheit die Gottheit dazu veranlaßt hat, überhaupt eine Situation hervorzurufen, in der sie dazu gezwungen ist, ihre Macht mit einem anderem Wesen zu teilen. Der Hinweis, daß der Emanationsprozeß gar nicht auf einer freien Entscheidung basierte, sondern einer wie auch immer gearteten inneren Notwendigkeit folgte, führt an dieser Stelle auch nicht entscheidend weiter. Die Einschränkung der Allmacht erfolgt dann eben nicht durch ein leichtsinnigerweise ins Dasein gerufenes widergöttliches Prinzip, sondern aufgrund von Notwendigkeiten, die bereits mit dem Sein der Gottheit selbst gegeben sind.

Dem obigen Einteilungsvorschlag zufolge würde es sich dabei um einen im weiteren Sinn dualistischen Ansatz handeln, der besagt, daß Gottes Wesen selbst gewissen immanenten Beschränkungen unterliegt, die es ihm unmöglich machen, eine in jeder Hinsicht vollkommene und leidfreie Welt zu erschaffen. Auch diese These schränkt natürlich die Macht und damit die Vollkommenheit Gottes ein. Da sie dies auf rein definitorischem Wege erreicht, läßt sie sich als "interner Dualismus" bezeichnen[33], d.h. als Theorie, die den für die Existnz des Übels verantwortlichen Antagonismus in das Wesen der Gottheit selbst hinein verlagert.

3.3 Der Mythos vom Fall Satans

In der Religionsgeschichte ist der Glaube an böse und gute personale Mächte - Dämonen, Geister und Teufel - ein universales Phänomen[34]. Diese Mächte beeinflussen sowohl das menschliche Schicksal als auch natürliche Ereignisse. Die bösen Mächte verursachen natürliche Übel, wie Krankheiten und Naturkatastrophen, erscheinen aber vielfach auch als Verführer der Menschen, die sie zu bösem Handeln verleiten.

---

33 Vgl. dazu *J. Hick, Evil and the God of Love*, 30ff.

34 Vgl. dazu u.a. *J.B. Long, Art.: Demons*, 282-288; *T.O. Ling, Buddhism and the Mythology of Evil*, 15-29.

In der jüdisch-christlich-islamischen Frömmigkeits- und Theologiegeschichte begegnen mehrfach Versuche, das Böse mit seinen leidhaften Folgen dem Teufel bzw. Satan als dem eigentlichen Verursacher anzulasten[35]. Als häretisch verurteilt wurde in der christlichen Tradition wiederholt die Auffassung, Satan sei eine Gott ebenbürtige Macht[36]. Nach traditioneller Lehre wurde der Teufel ursprünglich als Engel von Gott erschaffen, um seinem Schöpfer zu dienen. Aus Stolz oder Neid fiel er allerdings mit seinem Gefolge von Gott ab und wurde daher aus der himmlischen Welt verbannt. Seither treibt er sein unheilvolles Unwesen im irdischen und unterirdischen Bereich.

Der Mythos vom Satanssturz konnte an die alttestamentlich bezeugte Vorstellung von einem himmlischen Hofstaat Jahwes anknüpfen. Im Buch Genesis ist von Gottessöhnen die Rede, die sich mit Menschentöchtern eingelassen haben (Gen 6,1-4). Psalm 82 erwähnt eine Versammlung der Götter bzw. Söhne des Höchsten, in deren Kreis Jahwe Gericht hält, weil jene ungerecht richten und die Frevler begünstigen. Aufgrund des Richtspruchs Gottes sollen sie nun "sterben wie Menschen" und "stürzen wie jeder der Fürsten" (Ps 82,7). Diese und weitere Stellen setzen nicht nur die Existenz eines himmlischen Hofstaates voraus, sondern auch die Sünde einiger seiner Mitglieder. In der apokalyptischen Literatur werden diese vagen Andeutungen zu Erzählungen vom Sturz der Engel bzw. Satans ausgeweitet[37]. Im äthiopischen Henochbuch erscheinen die ehemaligen Söhne Gottes (*bene elohim*) als Engel. Einige von ihnen steigen auf

---

[35] Zur Entstehung der biblischen Teufelsvorstellungen vgl. vor allem *J.B. Russell, The Devil*, 174-249. - Herbert Haag hat nachzuweisen versucht, daß in den Schriften des Neuen Testaments zwar die Bedeutung Satans im Vergleich zum alttestamentlichen Schrifttum aufgewertet werde, daß aber im NT "weder das ethisch Böse noch das materiell Böse, das Unheil, auf Satan zurückgeführt" werde. Bei derartigen Erklärungsversuchen handle es sich im wesentlichen um nachbiblische Entwicklungen, deren Ursprünge in der apokalyptischen Literatur liegen. Vgl. *H. Haag, Vor dem Bösen ratlos?*, 73-105; hier v.a. 104f.

[36] Vgl. dazu den Brief Papst Leos I. an Turribius von Astorga (447), wonach auch der Teufel ein Geschöpf Gottes ist, das als solches mit einer ursprünglich guten Natur versehen worden war und aufgrund eigener Entscheidung vom Guten abfiel und deshalb gerechterweise bestraft wurde. Vgl. DH 286. - Das 4. Laterankonzil (1215) stellt gegen Albigenser und Katharer fest, daß der Teufel und die anderen Dämonen von Gott mit einer guten Natur erschaffen und durch sich selbst böse wurden. Der Mensch hingegen sündigte aufgrund der Eingebung des Teufels (*diaboli suggestione*). Vgl. DH 800.

[37] Vgl. zu dieser Entwicklung *H. Haag u.a., Teufelsglaube*, 218-246.

die Erde herab, um mit Menschentöchtern Unzucht zu treiben. Gegen den Willen Jahwes vermitteln sie den Menschen unter anderem auch magische Kenntnisse, woraufhin sie von Gott aus dem himmlischen Hofstaat verbannt werden[38]. Die Akkomodation weiterer Motive führte schließlich zu einem - trotz einzelner Unterschiede - relativ homogenen Mythos, der in der christlichen Tradition überliefert wurde und dort über Jahrhunderte hinweg eine kaum zu unterschätzende Rolle innerhalb der Leidproblematik spielte[39].

Anfänglich war der Sturz Satans nach der Erschaffung des Menschen datiert worden. Seit Origenes setzte sich eine andere Chronologie durch. Danach hatte sich der Sturz vor der Erschaffung der Menschheit ereignet. Als Motive für den Fall der Engel kamen jetzt natürlich nicht mehr ihre Lüsternheit oder ihr Neid in Frage, sondern primär ihr Hochmut und Stolz[40]. Aufgrund dieser Chronologie war es auch möglich geworden, den Sturz Satans sowohl mit der Erschaffung als auch mit dem Fall der Menschheit in Verbindung zu bringen: Mit der Erschaffung des Menschen beabsichtigte Gott, die Lükken in den Reihen der himmlischen Heerscharen bzw. die "Zahl der Heiligen"[41] aufzufüllen, die durch den Fall Satans und seines abtrünnigen Gefolges entstanden waren.

Durch den Mythos vom Fall Satans wird folgende Erklärung des Übels möglich: Nicht Gott, sondern Satan und seine Dämonen[42] bewirken das Böse und Übel in der Welt. Vor allem durch die Versuchung der Menschen zum Bösen ist der Teufel ständig darauf aus, seinen Herrschaftsbereich auszuweiten und Gottes Absichten zu durchkreuzen[43]. Sofern er als ein Geschöpf Gottes gilt, handelt es sich hier jedoch nicht um eine dualistische Hypothese im eigentlichen Sinn. Sie kann sich aber in dem Maße einer dualistischen Position annähern, in dem die Macht Satans ausgeweitet wird und sich immer

38 Vgl. dazu ausführlicher *J.B. Russell, The Devil*, 184-212.

39 Den literarischen Höhepunkt erreichte diese Entwicklung mit John Miltons Epos "Paradise Lost" (1667).

40 Vgl. dazu *J.B. Russell, Satan*, 130.

41 Vgl. z.B. *Augustinus, De civitate Dei*, XIV,23. Vgl. dazu auch *Anselm von Canterbury, Cur Deus homo?*, I,16.

42 Die in der neutestamentlichen Überlieferung gewahrte Unterscheidung zwischen Satan und den Dämonen wurde bereits bei den Kirchenvätern verwischt. So jedenfalls *H. Haag, Vor dem Bösen ratlos?*, 167.

43 Haag betont, die Rolle Satans als Versucher des Menschen zum Bösen stelle eine nachbiblische Entwicklung dar. Vgl. *H. Haag, Vor dem Bösen ratlos?*, 87, 101. Als einzige Ausnahme erwähnt er 1 Kor 7,5.

mehr verselbständigt. Insgesamt überwog jedoch die Überzeugung, daß Satan der Allmacht Gottes grundsätzlich unterstellt bleibt, auch wenn er vorläufig als Widersacher Gottes und Verführer der Menschen agieren kann. Letztlich blieb aber der Sieg Gottes über Satan und somit das Ende seiner Herrschaft garantiert[44]. In der christlichen Tradition dominierte die Vorstellung, daß über die endgültige Vernichtung Satans durch das Erlösungswerk Christi bereits entschieden ist, obwohl Satan in der noch verbleibenden Zwischenzeit eine begrenzte Macht ausüben kann.

Die Grenzen zum gemäßigten Dualismus verlaufen fließend[45]. Auffällig ist eine charakteristische Spannung im traditionellen Verständnis des Teufels: Zum einen repräsentiert er die widergöttliche und zerstörerische Macht des Bösen schlechthin. Er versucht, die Menschen Gott gegenüber zu entfremden, indem er Zwietracht und Haß unter den Menschen sät und zahllose Übel bewirkt. Mit seinem dämonischen Heer befindet sich der Teufel gewissermaßen im Kriegszustand mit Gott. Zum anderen scheint er aber sein unheilvolles Werk im prinzipiellen Einverständnis mit Gottes Willen auszuüben. Die vielfältigen Versuchungen des Teufels, mit denen er die Menschen zum Bösen bzw. zur Sünde überreden will, werden von Gott offensichtlich zugelassen, denn grundsätzlich hätte er die Macht, dem üblen Treiben des Teufels Einhalt zu gebieten. Sofern Gott für das Gewährenlassen des Teufels seine Gründe hat, erscheint der Teufel alles in allem eher als ein Instrument Gottes, mit dessen Hilfe die Menschen geprüft und ihrer gerechten Strafe zugeführt werden. Je nachdem, welcher dieser einzelnen Aspekte betont wird, erscheint der Teufel teilweise eher in der Rolle des Widersachers Gottes, teilweise eher als sein Instrument[46].

---

44 Vgl. dazu z.B. *J. Milton, Paradise Lost,* 1. Buch, Z. 242-256: "So längelang lag Satan, ungeschlacht, / Mit Ketten auf den Feuersee gefesselt, / Und hätte nie auch nur den Kopf noch sich / Daraus erhoben, hätt's der Himmel nicht / Der allgewaltige, gewollt und ihm / Erlaubt, nur frei zu walten seiner Ränke, / Auf daß in stets erneutem Frevel er / Verdammnis auf sein eigen Haupt sich häufe, / Indem er andern Arges zubemißt, / Damit er schließlich wutentbrannt erkenne, / Wie alle seine Bosheit nur gedient, / Unendlich Gutes, Gnade und Vergebung / Hervorzubringen für den Menschen, den / Er einst verführte, während auf ihn selbst / Sich dreifach Schande, Zorn und Rache goß." (Übersetzung H.H. Meier)

45 Vgl. dazu nochmals *J.B. Russell, The Devil,* 228, 248.

46 Letzteres trifft eindeutig auf seine Rolle in der Einleitung des Ijobbuchs zu. Vgl. Ijob 1,6-2,10.

Im Kontext des Theodizee-Problems bleiben beide Aspekte, ob nun für sich oder zusammen genommen, unbefriedigend. Die gleichen Schwächen, die sich bereits im Hinblick auf den gemäßigten Dualismus andeuteten, tauchen hier erneut auf. Aus diesem Grund ist zu erwarten, daß wenn überhaupt, dann nur der radikale Dualismus eine einigermaßen plausible und konsistente Lösung des Theodizee-Problems bieten kann.

3.4 Kritische Diskussion

In jeder Version widerspricht der radikale Dualismus dem biblischen Zeugnis sowie der dogmatischen Tradition und kann daher nicht als biblisch-christliche Position in Anspruch genommen werden. Weder die alt- noch die neutestamentlichen Überlieferungen kennen ein böses Prinzip, das gleichursprünglich neben und gegen Gott existiert und wirkt. Diese Feststellung kann freilich keine argumentative Auseinandersetzung mit dem Dualismus ersetzen, d.h. sie allein garantiert weder die Richtigkeit des christlichen Bekenntnisses noch die Falschheit radikaler Dualismen. Im folgenden soll nicht versucht werden, von christlich-biblischen Prämissen aus die Inadäquatheit des Dualismus aufzuzeigen, sondern seine immanente Stringenz zu überprüfen.

Die im radikalen Sinn dualistischen Lösungsversuche haben nur dann Aussicht auf Erfolg, wenn sie eine der Prämissen des Theodizee-Problems aufgeben, nämlich das monotheistische Bekenntnis zu dem einen, allmächtigen, gütigen und gerechten Gott, der alles ins Dasein gerufen hat und bleibend im Dasein erhält. Statt dieses Bekenntnisses ist im Dualismus von zwei gleichursprünglichen Prinzipien die Rede, wodurch es möglich wird, die negativen Aspekte dem bösen Prinzip, die positiven dagegen dem guten Prinzip anzulasten. Der dem Theodizee-Problem zugrundeliegende Widerspruch scheint sich dadurch aufgelöst zu haben. Genaugenommen wird das Theodizee-Problem durch die Preisgabe der monotheistischen Prämisse jedoch nicht gelöst, sondern eliminiert. Wenn dieses Problem aufgrund des anscheinenden Widerspruchs zwischen zwei Aussagenreihen entsteht, so wird in den radikal dualistischen Systemen eine der beiden Aussagenreihen aufgegeben, nämlich die Behauptung, daß Gott der alleinige Schöpfer und Herr des Kosmos ist. Sofern man also überhaupt von einer dualistischen Lösung des Theodizee-Problems sprechen kann, besteht diese in einer gravierenden Korrektur der Problemstellung selbst, nämlich in der Einschränkung der göttlichen Machtfülle.

Desungeachtet gibt der radikale Dualismus eine in sich plausibel erscheinende Antwort auf die Frage nach dem Woher von Übel und Leid. Er wirft aber gleichzeitig eine andere Frage auf, nämlich die nach dem Woher der beiden antagonistischen Prinzipien. Diese Frage läßt sich freilich im Kontext des radikalen Dualismus gar nicht mehr stellen. Gilt im Monotheismus Gott als der letzte und einzige Existenz- und Erklärungsgrund der Weltwirklichkeit, so fungiert im Dualismus eine bipolare Dualität als nicht mehr weiter hinterfragbares *factum brutum*, mit dessen Hilfe die menschlichen Wirklichkeits- und insbesondere Leiderfahrungen gedeutet werden. Auf diese Weise scheint der Dualismus der Ambivalenz der Weltwirklichkeit besser gerecht werden zu können, als dies der Monotheismus mit nur einem einzigen göttlichen Prinzip vermag. Somit stellt sich die Frage, ob der Dualismus – unter Hinweis auf die Erfahrung der Gegensätze zwischen Gut und Böse, zwischen Heil und Unheil, Wohl und Leid usw. – tatsächlich eine höhere Erklärungskraft besitzt, auch wenn sich diese dem neuzeitlichen Bewußtsein vielleicht auch erst nach diversen Entmythologisierungen erschließen mag. Aus der bisweilen haarsträubenden mythologischen Einkleidung dualistischer Systeme allein läßt sich jedenfalls kein Strick gegen den Dualismus drehen. Eine ausschließlich auf dem Mythologie-Vorwurf basierende Kritik des Dualismus würde die mythologischen Einkleidungen unterschlagen, in denen das monotheistische Bekenntnis über einen langen Zeitraum hinweg tradiert wurde und – nach Ansicht mehrerer Kritiker – auch gegenwärtig noch tradiert wird.

Erfolgversprechender ist möglicherweise der Hinweis auf die prinzipielle Überlegenheit "einfacher" Erklärungen. Bei genauerem Hinsehen überzeugt auch er nicht völlig. Im Vergleich zum Dualismus stellt der Monotheismus sicherlich die einfachere Hypothese dar, weil er eben nur einen einzigen letzten Erklärungsgrund postuliert, um die Vielfalt der Erscheinungen zu erklären[47]. Da sich aber

[47] In einem etwas anderen Kontext spielt dieses Argument in Swinburnes Argumentation eine entscheidende Rolle. Vgl. dazu *R. Swinburne, Die Existenz Gottes*, 60, 119f., vor allem 186f.

der Erklärungswert einer Hypothese nicht nur anhand der Einfachheit der von ihr postulierten Entitäten und Gesetzmäßigkeiten bemessen läßt, sondern gleichzeitig auch anhand des Ausmaßes, in dem diese den Erfahrungsdaten gerecht zu werden vermögen, scheint für die monotheistische Position zwar das Prinzip der formalen Einfachheit, für die dualistische hingegen die bessere Angemessenheit hinsichtlich der Erfahrungsdaten zu sprechen, so daß sich auf diesem Weg keine eindeutige Gewichtung erzielen läßt, es sei denn, man entscheidet sich *a priori* gegen Dualismen jeglicher Art. Dadurch würde aber das Gewicht der Erfahrungsdaten empfindlich eingeschränkt.

Als weiterer Weg bietet sich die Überprüfung der Konsistenz der dualistischen Prämissen an, insbesondere die Konsistenz der Annahme zweier in etwa gleichermaßen mächtiger Prinzipien, die jedoch angeblich gegensätzliche Intentionen verfolgen[48]. Während die Annahme zweier gleichursprünglicher Wesen einigermaßen konsistent zu sein scheint, wirkt die Annahme zweier gleichermaßen mächtiger oder gar allmächtiger Wesen inkonsistent. Die Annahme zweier allmächtiger Wesen mit definitionsgemäß gegenläufigen Intentionen ist offensichtlich widersprüchlich[49]. Wären die beiden Prinzipien bzw.

[48] Das Problem ist auch innerhalb der christlichen Trinitätslehre relevant, insofern sich hier die Frage stellt, ob mehrere göttliche Personen mit gleichen Eigenschaften (wie z.B. Allmacht) sinnvollerweise denkbar sind. Vgl. dazu *R. Swinburne, The Christian God*, 170-180. Swinburne bejaht dies mit dem Hinweis, daß hier keine gegensätzlichen Intentionen angenommen werden können.

[49] Vgl. dazu das folgende Argument bei *W.A. Anglin, Free Will and Christian Faith*, 70f.: "Nehmen wir an, es gäbe (mindestens) zwei allmächtige göttliche Wesen. Da beide freien Willen besitzen, ist es logisch möglich, daß das erste Wesen sich dazu entschließt, den Mars bestehen zu lassen, während das zweite Wesen sich dazu entschließt, ihn durch einen Asteroidengürtel zu ersetzen. Da jeder allmächtig ist, kann jeder seine Macht unabhängig vom anderen ausüben. Folglich ist es möglich, daß der Mars bestehen bleibt und gleichzeitig durch einen Asteroidengürtel ersetzt wird. Die Behauptung, daß die göttlichen Wesen darüber einen Kompromiß aushandeln müssen, würde besagen, daß sie einander behindern können und daher nicht (in dem oben definierten Sinn) allmächtig sind. Wenn beide wirklich allmächtig sind, wäre es möglich, daß der Mars sowohl existiert als auch gleichzeitig nicht existiert. Die anfängliche Annahme, daß es (mindestens) zwei allmächtige Wesen gibt, hat zu einem Widerspruch geführt. Sie muß daher verworfen werden. Wir können daraus folgern, daß höchstens ein allmächtiges Wesen existiert." (Übersetzung A.K.) Das Beispiel mag etwas merkwürdig wirken, die Konklusion ist hingegen folgerichtig, sofern man die Möglichkeit gegensätzlicher Intentionen nicht ausräumt, wie dies in der christlichen Trinitätslehre der Fall ist. Vgl. dazu nochmals *R. Swinburne, The Christian God*, 170ff.

Wesen nicht allmächtig, so wären sie nach dem traditionellen Verständnis auch nicht vollkommen und somit auch nicht göttlich, was nicht ausschließt, daß sie auf einem entsprechend hohen Niveau zumindest gleich mächtig sein könnten. Die Annahme zweier nicht allmächtiger, aber in etwa gleich mächtiger Wesen, die definitionsgemäß konkurrierende Absichten verfolgen, ist nicht selbstwidersprüchlich. Ihr widerspricht aber eindeutig die Erfahrung relativ konstanter natürlicher Ereignisabfolgen[50]. Natürliche Übel, wie z.B. eine Krebserkrankung, lassen sich durchgängig aufgrund konstanter Naturgesetze erklären, wie z.B. durch langjähriges Tabakrauchen. Was den Rekurs auf widerstreitende personale Mächte bzw. das Gefühl eines Ausgeliefertseins an eine lebens- oder menschenfeindliche Macht nahelegte, war die weitgehende Unkenntnis der natürlichen Ursachen[51]. Stünden hinter den Ereignissen tatsächlich widerstreitende transzendente Prinzipien, so wäre kein relativ homogener natürlicher Ereignisverlauf zu erwarten[52]. Da der natürliche Ereignisverlauf aber relativ homogen ist, bildet er ein gewichtiges Argument gegen den radikalen Dualismus.

Auch das moralische Übel verlangt nicht nach einer dualistischen Ontologie. Unbestreitbar ist zwar, daß leidverursachende Handlungen wahrhaft dämonische Züge annehmen können, deren unfaßbare Brutalität sich häufig jeder vernünftigen Erklärung zu entziehen scheint. Daraus folgt jedoch nicht, daß es plausibler ist, dahinter ein transzendentes böses Prinzip zu postulieren, statt Ursachen und Motive[53], die im Handlungssubjekt selbst oder seiner Mit- und Umwelt

[50] Vgl. dazu auch *J.S. Mill, Drei Essays über Religion*, 154: "Wie ich jedoch bereits bemerkt habe, sind alle Formen des Polytheismus ... nur schwer vereinbar mit einem von allgemeinen Gesetzen beherrschten Universum. Gehorsam gegen das Gesetz ist das Kennzeichen einer geordneten Regierung und nicht das eines andauernden Konflikts." Vgl. dazu ähnlich die Hume-Kritik von *R. Swinburne, Die Existenz Gottes*, 186-188.

[51] Auch wenn die Annahme gegenwärtig äußerst umstritten sein mag, spricht doch einiges dafür, daß die Unkenntnis der natürlichen Ursachen die wichtigste Quelle für den Glauben an übernatürliche Ursachen bildet.

[52] Vgl. dazu *R. Swinburne, Die Existenz Gottes*, 187f.: "Denn der Theismus läßt uns in der gesamten Natur nur ein einziges Ordnungssystem erwarten. Wären aber mehrere Götter für die Ordnung im Universum verantwortlich, so würden wir charakteristische Merkmale der Schöpfungstätigkeit der verschiedenen Götter in verschiedenen Teilen des Universums erwarten..."

[53] Gründe für eine Handlung, die nicht der bewußten Kontrolle des Subjekts unterliegen, gelten in diesem Sinn als "Ursachen"; Gründe, die aufgrund einer bewußten Wahl der Handlung zugrunde liegen, gelten dagegen als "Motive".

liegen. Im Hinblick auf die Erklärung des moralischen Übels führt der Dualismus zwar nicht, wie im Fall der natürlichen Übel, zu Inkohärenzen. Er bringt jedoch auch keinen signifikanten Vorteil. Eher erweist er sich in diesem Zusammenhang als überflüssig. Daß sich die Genese dualistischer Ontologien der Projektion psychischer Konflikte in Gestalt kosmischer Antagonismen verdankt, mag zwar zutreffen, dürfte aber als Ausgangsbasis einer Kritik zu schwach sein, denn vergleichbare Entstehungstheorien liegen bekanntlich auch für das monotheistische Bekenntnis vor.

Der religionsgeschichtliche Befund läßt es als höchst zweifelhaft erscheinen, ob die These von der Gleichmächtigkeit der Prinzipien selbst in den radikalen Dualismen konsequent durchgehalten wurde. Im Zoroastrismus und Manichäismus scheint der endgültige Sieg des positiven Prinzips vorausgesetzt zu sein[54]. Das marcionitische Bekenntnis erwartet sogar die Selbstzerstörung des Schöpfer-Gottes. Die Kosmologie mag zwar jeweils konsequent dualistisch angelegt sein. Die Eschatologie tendierte aber insofern zu einem "optimistischen Monismus", als erwartet wurde, daß "der Kampf zwischen Gut und Böse mit dem Sieg aller guten Mächte endet"[55]. Die Gegenmacht des Bösen kann demnach nicht völlig gleichrangig sein. Im Vergleich zur positiven Macht wird sie sich letzten Endes als unterlegen erweisen. Das gute Prinzip scheint zwar nicht allmächtig, wohl aber auf lange Sicht mächtiger zu sein als sein negativer Widerpart. Die Hoffnung auf den eschatologischen Sieg der guten Mächte läßt sich nicht mit der Annahme einer schlechthinnigen Gleichmächtigkeit vereinbaren.

Dualistische Varianten, denen zufolge sich das "gute" Prinzip vorübergehend aus der Welt zurückgezogen hat, um sie dem Herrschaftsbereich seines "bösen" Gegenspielers zu überlassen, können ebenfalls kaum überzeugen. Da das Dasein in der Welt nicht durchgängig leidvoll und die menschlichen Handlungen nicht allesamt böse sind, wäre es zwar möglich, die negativen Aspekte einem finsteren Prinzip anzulasten. Die positiven Aspekte blieben in diesem Fall aufgrund der Abwesenheit des "guten" Prinzips jedoch unerklärlich, was zu offenkundigen Inkonsequenzen führt. Außerdem würde die

---

[54] Vgl. dazu *J.B. Russell, The Devil*, 119f.

[55] *G. Widengren, Die Religionen Irans*, 355. Die Rettung aller Lichtelemente scheint im Manichäismus nicht durchgängig gelehrt worden zu sein. Vgl. dazu *G. Widengren, Mani und der Manichäismus*, 71f.

Annahme eines "guten" Wesens, das den Menschen zwar beistehen könnte, es aber aus irgendwelchen Gründen vorzieht, dies vorläufig nicht zu tun, entweder radikale Zweifel am "guten" Charakter dieses Wesens wecken oder die gesamte Theodizee-Problematik erneut auf den Plan rufen, so daß diesbezüglich nichts gewonnen wäre.

Man muß den radikalen Dualismus somit nicht aufgrund seiner mythologischen Einkleidungen ins Lächerliche ziehen oder ihn aufgrund der Unverträglichkeiten mit der biblisch-christlichen Tradition dogmatisch verketzern. Auch aus anderen Gründen erweist er sich kaum in der Lage dazu, das Leidproblem in einer logisch konsistenten und kohärenten Weise zu lösen.

Die Auflösung des Monotheismus läßt sich verhindern, wenn man das Übel einem Wesen anlastet, das zwar von Gott erschaffen wurde, sich aber gegenüber Gott in einem gewissen Maß verselbständigt hat. Als ein solches Wesen kommt beispielsweise der Demiurg in Frage, der seinerseits vom vollkommenen Gott erschaffen wurde, aufgrund seiner eigenen Unvollkommenheiten aber eine ebenfalls nur unvollkommene Welt zustande brachte. Auch der Satan wurde in dieser Funktion gesehen, sowohl als Schöpfer der sichtbaren Welt wie auch als negatives Prinzip in einer von Gott erschaffenen "guten" Welt. In beiden Fällen bleibt zwar der Monotheismus aufrechterhalten, statt dessen bleibt aber das Theodizee-Problem ungelöst. Denn jetzt stellen sich natürlich erneut die Fragen: Warum hat Gott den Demiurgen oder Satan erschaffen, wenn er doch aufgrund seiner Allwissenheit voraussehen konnte, welch fatale Konsequenzen dies nach sich ziehen wird? Warum unterbindet Gott aufgrund seiner Allmacht nicht das üble, leidverursachende Treiben Satans? Warum vervollkommnet er aufgrund seiner eigenen Vollkommenheit nicht die mißratene Schöpfung des Demiurgen? Die Überzeugung, Satan sei für Übel und Leid verantwortlich, mag zwar den Menschen teilweise von seiner eigenen Verantwortlichkeit entlasten, im Hinblick auf Gott gelingt dies jedoch nur sehr bedingt. Sofern Satan als Geschöpf Gottes verstanden wird, stellt sich das Theodizee-Problem mit unverminderter Brisanz. Es wird jetzt zudem noch durch Spekulationen über das komplizierte Rechtsverhältnis zwischen Gott und Satan belastet.

Die in diesem Vorstellungskontext entwickelten Mythen wirken phantastisch und grotesk, wie etwa die einflußreiche Deutung, wonach Satan einen rechtmäßigen Besitzanspruch auf die Menschen hat und die Erlösung primär in einem Rechtsgeschäft zwischen Gott und Satan besteht, in dessen Verlauf Jesus Christus die fällige Schuld beglich, indem er die Menschheit kraft seines unschuldigen Leidens aus der Herrschaft Satans freikaufte[56], oder Satan hinters Licht führte, weil dieser nicht wußte, daß er sich hier an einem Unschuldigen vergriffen hatte und folglich seine Rechte verlor. In der Tradition wurde häufig versucht, an dieser Stelle durch den Rekurs auf die Willensfreiheit weiterzukommen. Der freie Wille Satans sei letztlich verantwortlich für seinen Ungehorsam und somit für die Macht des Bösen in der Welt. Die traditionellen christlichen Theodizee-Lösungen sind vermutlich insgesamt zu komplex und zu inhomogen, um einen einzigen logischen Kern ausmachen zu können. Als aussichtsreichster Kandidat hierfür käme wahrscheinlich das Argument der Willensfreiheit in Frage[57]. Im Hinblick auf die Aporien, in die sich die Erklärung mit Hilfe des Teufels verwickelte, blieb jedenfalls kaum ein anderer Ausweg offen. Sein Fall ließ sich nur einigermaßen überzeugend erklären, wenn man davon ausging, daß Gott den freien Willen der rebellischen Engel respektierte. Im Kontext des Theodizee-Problems hatte dies allerdings zur Folge, daß der Rekurs auf den Teufel eigentlich überflüssig wurde. Denn prinzipiell ließ sich das gleiche Argument auch auf die Sünde des Menschen anwenden, so daß die Satanshypothese nur zu einem Anwachsen des Kompliziertheitsgrades der theistischen Theodizee beiträgt, ohne aber gleichzeitig ihren Erklärungswert signifikant zu erhöhen[58]. Die Auskunft, dem menschlichen Sündenfall sei der Sturz Satans vorausgegangen, trägt nämlich genau dann so gut wie nichts zur Erklärung

---

[56] Der Lösegeld-Metapher liegt eine juridisch verstandene Abmachung zwischen Gott und Teufel zugrunde. Auf diesem Hintergrund besitzt der Teufel aufgrund der Ursünde einen rechtmäßigen Anspruch auf den Menschen, der ihm erst durch den Kreuzestod Christi entrissen wurde. Die Satisfaktionstheorie Anselms von Canterbury brach mit dieser soteriologischen Konzeption. Vgl. *Cur Deus homo,* I,7: "Nihil igitur erat in diabolo, cur deus contra illum ad liberandum hominem sua uti fortitudine non deberet." Vgl. dazu auch die Hinweise in *J.B. Russell, Satan,* 82-86, 116-121, 138-143, 192-194, 215-218; *ders., Lucifer*, 168-171.

[57] Vgl. dazu die Ausführungen im 9. und 10. Kapitel.

[58] Vgl. dazu den bissigen, aber nicht ganz unzutreffenden Kommentar von *G. Streminger, Gottes Güte und die Übel der Welt* (1992), 146: "*Ein* Mysterium (der Allgütige und die Existenz des Bösen) wird hier durch ein anderes (der Erbsündenfall), und dieses durch ein drittes (der Fall Satans) erklärt. *Ein* Hokuspokus wird somit auf einen anderen Hokuspokus, und dieser auf Abrakadabra zurückgeführt."

des Ursprungs von Übel/Leid bei, wenn beide Katastrophen von Gott aufgrund der Werthaftigkeit der Willensfreiheit zugelassen wurden. Unabhängig davon, ob man den Satan als reale Personifizierung oder als mythisches Symbol des Bösen versteht[59], führt er im Kontext der Theodizee-Problematik zu keiner plausiblen Lösung. Es mag anderweitige Gründe geben, die für die Existenz einer schlechthin bösen Macht sprechen, wie etwa das Schriftzeugnis[60] oder das häufig unfaßbare Ausmaß des Bösen in der Welt[61]; das Theodizee-Problem im eigentlichen Sinn gehört aber definitiv nicht dazu.

Zusammenfassend ergibt sich somit folgendes Resultat: Das Theodizee-Problem wird durch einen radikalen Dualismus eliminiert und durch einen gemäßigten Dualismus nicht gelöst. Der radikale Dualismus gibt den Glauben an die Einzigkeit und Allmacht Gottes auf und eliminiert damit die Basis, von der aus sich das Theodizee-Problem stellt. Aufgrund dieser Preisgabe entstehen jedoch neue Probleme und im Hinblick auf optimistische Eschatologien sogar gravierende Inkonsistenzen. Der gemäßigte Dualismus zwingt zwar nicht zu einer Preisgabe der Allmacht. Er gerät aber genau in dem Maße in theodizee-relevante Erklärungsnöte, in dem er daran festhält. Mit der Zurückweisung dualistischer Ontologien handelte sich der Mainstream der christlichen Tradition das Theodizee-Problem als seinen ständigen Begleiter ein.

---

[59] Vgl. dazu vor allem *K. Lehmann, Der Teufel - ein personales Wesen?*, 88-98.

[60] Vgl. dazu z.B. *W. Kasper, Das theologische Problem des Bösen*, 55-64.

[61] Vgl. dazu auch *K. Vardy, The Puzzle of Evil*, 168-183. Vardy kommt zu dem Schluß, daß es zwar für einen Christen nicht unbedingt notwendig sei, die Existenz einer von der menschlichen Psyche ontologisch unterschiedenen bösen Macht anzunehmen, daß diese Annahme allerdings dennoch wahrscheinlich sei.

4 Dualistische Lösungsversuche: Die prozesstheologische Version

"Die Erde aber war wüst und wirr, Finsternis lag über der Urflut und Gottes Geist schwebte über dem Wasser." (Gen 1,2)

Die prozeßtheologische Theodizee läßt sich nur mit erheblichen Vorbehalten und Einschränkungen als "dualistisch" charakterisieren. Von grundlegender Bedeutung ist hier nicht der Antagonismus zwischen einem guten und bösen Prinzip, sondern die ontologische Dualität zwischen Gott und Welt[1]. Die systembildenden Impulse verdanken sich Alfred N. Whiteheads Kritik an der *creatio ex nihilo*[2] und der damit verbundenen Annahme einer zeitlich-ewigen Koextension zwischen Gott und Welt bzw. Schöpfer und Geschöpf[3]. Aus beidem resultiert, daß weder die allgemeine metaphysische Struktur noch die kontingenten Ereignisse der Welt einseitig von Gott her determiniert bzw. kontrolliert werden können[4].

---

1 David R. Griffin bezeichnet seine prozeßtheologische Theodizee als *kosmologischen Semi-Dualismus*. Vgl. *D.R. Griffin, Evil Revisited*, 24. - Die Bezeichnung "Dualismus" scheint der Tatsache zu widersprechen, daß der prozeßphilosophische Theismus häufig als "Panentheismus" beschrieben wird, was eher auf eine monistische Grundstruktur schließen läßt. Vgl. dazu zutreffend *H.P. Owen, Concepts of Deity*, 76: "Whitehead und Hartshorne sind keine Monisten. Sie behaupten zwar, daß Gott die Welt in sich einschließt und durchdringt, aber sie behaupten auch, daß er und die Welt substantiell verschieden sind." (Übersetzung A.K.) Zur Klärung des Begriffs "Panentheismus" vgl. *D.A. Pailin, God and the Processes of Reality*, 76-95.

2 Zur bipolaren Natur Gottes ("primordial" - "consequent") vgl. *A.N. Whitehead, Prozeß und Realität*, 174, 611-627; sowie *C. Hartshorne, Das metaphysische System Whiteheads*, 39-42.

3 Vgl. dazu ausführlicher *D.A. Pailin, God and the Processes of Reality,* 118-132.

4 Vgl. dazu z.B. *A.N. Whitehead, Prozeß und Realität*, 611: Der westliche Theismus sei vor allem durch die Vorstellungen von Gott als unbewegtem Beweger und als *ens realissimum* bestimmt. "Die Kombination der beiden zu der Lehre von einem ursprünglichen, höchst realen, transzendenten Schöpfer, nach dessen *fiat* die Welt zu sein begann und dessen aufgezwungenem Willen sie gehorcht, ist der Irrglaube, der die Geschichte des Christentums und des Islam mit Tragödien erfüllt hat."

Die Kritik der klassischen Schöpfungslehre rekurriert im wesentlichen auf die Alternative der platonischen Kosmogonie[5]: Im *Timaios* schildert Platon bzw. Timaios[6] die Schöpfung als Ordnung eines Materials, das selbst nicht erschaffen wurde, sondern bereits von Ewigkeit her existierte. Die "Erschaffung" des Kosmos erfolgt demnach nicht *ex nihilo*, sondern als ordnende Strukturierung eines anfanglosen Materials[7]. Aufgrund der Vorgegebenheit dieses Materials ist der Weltschöpfer bzw. Demiurg nicht frei, sondern an bestimmte Vorgaben gebunden. Nicht "Vernunft" (*logos/nous*) allein, sondern "Vernunft" und "Notwendigkeit" (*ananke*) wirken bei der Entstehung der Weltordnung zusammen, wobei die göttliche Vernunft die Notwendigkeiten nicht nach Belieben strukturieren, sondern nur durch "Überredung" lenken kann[8]. Die prozeßtheologische Ontologie stellt eine moderne Variante des platonischen Dualismus dar[9]. In der originellen Formulierung Whiteheads schafft Gott die Welt nicht *ex nihilo*,

---

[5] Vgl. z.B. *A.N. Whitehead, Prozeß und Realität*, 182-189.

[6] Obwohl dies umstritten ist, so ist es in sachlicher Hinsicht völlig irrelevant, ob die von Timaios vertretene Auffassung auch die Platons war. Vgl. dazu z.B. *A.O. Lovejoy*, *The Great Chain of Being*, 32f.

[7] Vgl. *Platon, Timaios*, 30a: "Indem nämlich der Gott wollte, daß alles gut und nach Möglichkeit nichts schlecht sei, so nahm er also alles, was sichtbar war und keine Ruhe hielt, sondern in ungehöriger und ordnungsloser Bewegung war, und führte es aus der Unordnung zur Ordnung, da ihm dieser Zustand in jeder Beziehung besser schien als jener." Ein Dualismus ganz anderer Art deutet sich bei Platon durch den Hinweis auf zwei Weltseelen an. Vgl. dazu *Nomoi*, 896e. Zur Theodizee-Thematik bei Platon und im Platonismus vgl. *F. Billicsich, Das Problem der Theodizee in der Philosophie des Abendlandes*, Bd. 1, 15-31; *F.-P. Hager, Gott und das Böse im antiken Platonismus*.

[8] Vgl. *Timaios*, 47b-48a: "Denn das Werden dieser Weltordnung entstand als aus einer Vereinigung von Notwendigkeit und Vernunft gemischt. Indem aber die Vernunft über die Notwendigkeit dadurch herrschte, daß sie sie überredete, das meiste des im Entstehen Begriffenen dem Besten entgegenzuführen, so bildete sich auf diese Weise und indem die Notwendigkeit durch besonnene Überredung besiegt wurde, am Anfang dieses All."

[9] Im übrigen scheint auch der alttestamentliche Schöpfungsbericht (Gen 1,1-2,4a) vorauszusetzen, daß Gott nicht schlechthin alles erschaffen hat, insbesondere nicht die "Finsternis" als negative Macht. Erst in späteren Texten des AT wird Jahwe als der Schöpfer von schlechthin allem, einschließlich des Übels und Unheils, bezeichnet (vgl. z.B. Jes 45,7). Vgl. dazu im Kontext der Leidthematik *W. Groß/K.-J. Kuschel, "Ich schaffe Finsternis und Unheil"*, 34-38; *K. Berger, Wie kann Gott Leid und Katastrophen zulassen?*, 36-55. Zum altorientalischen Mythosmotiv des Chaoskampfes vgl. auch *G. Fuchs, Mythos und Hiobdichtung*, 29-64. Fuchs will nachweisen, daß dieses Motiv trotz verschiedener Anklänge im Alten Testament ein Fremdkörper bleibe.

"er rettet sie; oder, genauer: Er ist der Poet der Welt, leitet sie mit zärtlicher Geduld durch seine Vision von der Wahrheit, Schönheit und Güte."[10]

Diese Grundgedanken lassen sich folgendermaßen auf das Theodizee-Problem anwenden: Die leidvollen Unvollkommenheiten der Welt gehen auf das Konto jener ontologischen Vorgaben, die nicht der durchgängigen Kontrolle des Schöpfers unterstehen. Aus diesem Grund ist Gott nicht - oder zumindest nicht unmittelbar - für das Übel verantwortlich: Er ist weder dessen direkter Urheber[11], noch besitzt er die Macht zu seiner Überwindung. Wie bei allen Dualismen steht auch hier das Problem der Allmacht im Mittelpunkt.

4.1 Die metaphysischen und theologischen Prämissen

In engem Anschluß an Whiteheads verstreute Kritik des traditionellen Theismus haben Theologen[12] ein spezifisch prozeßtheologisches Gottesverständnis entwickelt, dessen Überlegenheit sich unter anderem auch im Rahmen der Theodizee-Thematik bewähren soll. Kritisiert werden vor allem die traditionellen Gottesprädikate der Allmacht, Einfachheit und Unveränderlichkeit bzw. Ewigkeit[13]. Ihre Kombination im klassischen Theismus widerspreche nicht nur dem Begriff der kreatürlichen Freiheit, sondern mache Gott faktisch, auch wenn dies nicht unbedingt so intendiert sei, in direkter Weise für Übel und Leid verantwortlich[14], so daß sich jeder Theodizee-Versuch

10 *A.N. Whitehead, Prozeß und Realität*, 618.

11 Vgl. *C. Hartshorne, Das metaphysische System Whiteheads*, 44: "Die Spontaneität alles Erlebens und Werdens ist schuld an diesen Konflikten, nicht aber der Wille Gottes."

12 Zur Einführung in die Prozeßtheologie vgl. vor allem *J.C. Cobb/D.R. Griffin, Prozess-Theologie*.

13 Vgl. dazu *D.A. Pailin, God and the Processes of Reality*, 57-75.

14 Vgl. *A.N. Whitehead, Wissenschaft und moderne Welt*, 209: "Unter den mittelalterlichen und modernen Philosophen ... hat sich die Unsitte breit gemacht, ihm (Gott) mit metaphysischen Komplimenten zu schmeicheln. Er wurde aufgefaßt als die Grundlegung der metaphysischen Situation mit ihrer elementaren Aktivität. Bekennt man sich zu dieser Konzeption, dann bleibt keine andere Wahl, als in ihm den Ursprung alles Bösen wie auch alles Guten zu sehen. Damit ist er der überlegene Spielgestalter, dem man somit nicht nur den Erfolg sondern auch die Mängel des Spiels zuzuschreiben hat."

letztlich vor unlösbare Probleme gestellt sieht. Diese Probleme lassen sich nicht durch eine marginale Korrektur des traditionellen Gottesbegriffs lösen, sondern erfordern ein gewandeltes Gottes- und Schöpfungsverständnis[15].

Im Gegensatz zur traditionellen Schöpfungslehre plädieren Prozeßtheologen für ein Verständnis von "Schöpfung" als kreativer Gestaltung eines anfanglos vorhandenen "Materials", das allmählich aus einem chaotischen Ausgangszustand in den Zustand immer komplexerer Ordnung überführt wird[16]. Innerhalb dieses Prozesses bildet Gott zwar den mächtigsten, aber nicht den einzig mächtigen Faktor: "God creates by persuading the world to create itself."[17] Gott kann über kein Machtmonopol verfügen, weil ein solches Machtmonopol die Wirklichkeit einer von Gott unterschiedenen Welt ausschließen bzw. aufheben würde. Wirklichsein impliziert - so David Griffin - eine dem Geschaffenen inhärente Kreativität und Spontaneität bzw. eine immanente Mächtigkeit. Diese Spontaneität hat Gott den Geschöpfen nicht freiwillig eingeräumt oder zugestanden. Es steht auch nicht in seiner Macht, sie nach Belieben zurückzunehmen oder aufzuheben. Wirklichsein impliziert grundsätzlich die eigene Macht, sich fremder Macht widersetzen zu können, wie begrenzt das Ausmaß dieses Widerstandes auch sein mag, d.h. Macht ist ein relationaler Begriff.

Anders als die traditionelle Eingrenzung der Allmacht Gottes aufgrund ausschließlich logischer Kategorien ist die prozeßtheologische Einschränkung eine solche metaphysischer Natur, d.h. nicht nur durch logische Widersprüchlichkeiten begrenzt, aber trotzdem mit

---

15 Vgl. *D.R. Griffin, God, Power, and Evil*, 95.

16 Vgl. dazu *D.R. Griffin, Evil Revisited*, 23. Griffin charakterisiert den prozeßtheologischen Ansatz hier als pluralistisch, insofern er davon ausgeht, "daß es immer eine Pluralität von Individuen gegeben habe und immer geben werde. Unsere Welt wurde nicht aus einem *absoluten Nichts* erschaffen - so als ob Gott einmal allein oder 'vor aller Zeit' existierte -, sondern aus einem Chaos von endlichen Ereignissen. Man kann dieses Chaos (um die Formulierung Berdjajews zu verwenden) als *relatives Nichts* bezeichnen, in dem keine dauerhaften Dinge existierten, nicht einmal solch einfachen dauerhaften Dinge wie Elektronen oder Quarks. Dieses relative Nichts existierte nicht vor Gottes kreativem Handeln, sondern war selbst das Ergebnis einer vorhergehenden göttlichen Aktivität. Es gab keinen Anfang. Das Chaos, aus dem heraus unsere Welt begann, läßt sich als Endzustand einer früheren Welt begreifen. Schöpfung ist die schrittweise Ordnung des Chaos." (Übersetzung A.K.)

17 *L. Ford, Divine Persuasion and the Triumph of God*, 249. Vgl. auch *A.N. Whitehead, Prozeß und Realität*, 169f.

den Eigenschaften jeder möglichen Welt notwendigerweise gegeben. Dies besagt unter anderem, daß Gott die Welt nicht direkt und durchgängig kontrollieren kann. Er kann den innerweltlichen Ereignisverlauf bzw. die ihn konstituierenden *actual entities* oder *actual occasions* nur dazu überreden, ihr immanentes Potential auf optimale Weise zu realisieren, indem er ihnen die entsprechenden Ziele zeigt[18]. Bei der Verwirklichung dieser Ziele kann Gott aber nicht durch Zwang (*coercive*) wirken, sondern nur durch Überredung (*persuasive*): "Die Macht Gottes ist die durch ihn inspirierte Anbetung (*worship*)."[19] Diese Inspiration appelliert an unsere Gefühle und an unser Unterbewußtsein durch die Präsentation idealer Ziele[20].

Im Gegensatz zum traditionellen Theismus, der den Gedanken einer göttlichen Wirkung durch Überredung nicht unbedingt ausschließen muß, könnte Gott - dem prozeßtheologischen Theismus zufolge - gar nicht anders als durch Überredung wirken, selbst wenn er dies wollte. Da es sich bei der geschöpflichen Autonomie um eine metaphysische Notwendigkeit handelt und nicht um eine freiwillige Selbsteinschränkung der göttlichen Allmacht[21], erscheint diese im Vergleich zum traditionellen Theismus drastisch reduziert. Aus prozeßtheologischer Sicht handelt es sich dabei jedoch nicht um eine Einschränkung, zu der erst die Aporetik des Theodizee-Problems nötigt, sondern um die längst fällige Korrektur eines in sich inkohärenten Verständnisses von Allmacht, denn göttliche Macht läßt sich eben gar nicht stimmig als monopolistische Machtkonzentration denken[22].

---

18 Vgl. dazu z.B. *A.N. Whitehead, Prozeß und Realität*, 169f.

19 *A.N. Whitehead, Wissenschaft und moderne Welt*, 223. Vgl. dazu auch *C. Hartshorne, Das metaphysische System Whiteheads*, 44: "Gott kann uns nur anziehen, er kann uns nicht zwingen oder gänzlich bestimmen, denn Erleben ist eben nicht etwas Erzwingbares."

20 Vgl. *C. Hartshorne, Das metaphysische System Whiteheads*, 43: "Ob religiös gesonnen oder nicht, wir leben alle vom unbewußten gefühlsmäßigen Erfassen von Idealen und Zwecken, die im Gottesbewußtsein da sind." Vgl. dazu ausführlicher *J.B. Cobb, Spiritual Discernment in a Whiteheadian Perspective*, 349-368.

21 Vgl. *C. Hartshorne, Das metaphysische System Whiteheads*, 44: "Daß es freie Geschöpfe überhaupt geben sollte, war keine Entscheidung Gottes, sondern liegt im ewigen Wesen des Seins und Werdens, ist von der Urnatur Gottes untrennbar."

22 So im Anschluß an Hartshorne *D.R. Griffin, God, Power, and Evil,* 268. Vgl. *C. Hartshorne, The Divine Relativity. A Social Conception of God*, 138: "Es ist üblich geworden zu sagen, daß wir die göttliche Macht eingrenzen müssen, um die menschliche Freiheit zu retten und um zu vermeiden, die Gottheit für

Nun scheint die Vorstellung einer partiellen Autonomie der Welt nicht unbedingt mit dem klassischen Theismus unvereinbar zu sein: Gottes Allmacht wurde auch in der Tradition nicht durchgängig als All- oder Alleinwirksamkeit verstanden, jedenfalls nicht *expressis verbis*. Im Rahmen des klassischen Theismus mußte die kreatürliche Autonomie gleichsam als Zugeständnis seitens der göttlichen Allmacht interpretiert werden[23]. Sie wurde dem Geschöpf von Gott eingeräumt, wobei Gott aber die Macht behielt, dieses Privileg jederzeit wieder rückgängig zu machen[24]. Aus diesem Grund war es jedoch unausweichlich, Gott wenn auch nicht unbedingt die direkte Verursachung, so doch zumindest die Zulassung von Übeln anzulasten.

Die traditionelle Annahme einer von Gott her ermöglichten, aber prinzipiell durchgängig kontrollierbaren, wenn auch *de facto* nicht durchgängig kontrollierten kreatürlichen Freiheit führt - aus prozeßtheologischer Perspektive - nicht nur zu theodizee-relevanten Aporien, sondern auch zu internen Inkonsistenzen, und zwar dann, wenn die Prädikate der Allwissenheit und Unveränderlichkeit Gottes mitberücksichtigt werden. Denn die Annahme eines allmächtigen, all-

---

das Übel verantwortlich zu machen. Aber die Rede von einer Eingrenzung eines Begriffs scheint vorauszusetzen, daß der Begriff auch ohne die Eingrenzung Sinn ergibt. Die Vorstellung von einer kosmischen Macht, die alle Entscheidungen determiniert, ergibt jedoch keinen Sinn. Denn ihre Entscheidungen könnten sich nur auf sich selbst beziehen. Sie könnten keine Welt hervorbringen; denn eine Welt muß aus räumlich begrenzten Handlungssubjekten (local agents) bestehen, die ihre eigenen Entscheidungen treffen. Statt zu sagen, die göttliche Macht sei begrenzt, und damit zu suggerieren, sie sei geringer als irgendeine denkbare Macht, sollten wir besser sagen: seine Macht ist absolut maximal, die größtmögliche Macht; aber sogar die größtmögliche Macht ist immer noch eine Macht unter anderen, sie ist nicht die einzige Macht." (Übersetzung A.K.)

23 Vgl. dazu *N. Pike, Process Theodicy and the Concept of Power,* 154.

24 Vgl. dazu *B. Reichenbach, Evil and a Good God*, 179: "Der traditionelle christliche Theismus behauptet, daß es eine mögliche Welt gibt, die Gott hätte erschaffen können, in der alle Wirklichkeit und alle Ereignisse erzwungen, bestimmt oder kausal verursacht werden. Daß unsere Welt nicht so beschaffen ist, verdankt sich einer Selbsteinschränkung Gottes. Gott hat seine Macht aus freien Stücken begrenzt, um (allein) menschlichen Personen die Fähigkeit zu verleihen, frei zu handeln. Die restliche Schöpfung ist dazu bestimmt, sich aufgrund von vorausgehenden Ursachen gemäß den Naturgesetzen zu verhalten, die Gott in seine Schöpfung gelegt hat, und aufgrund göttlichen Eingreifens. Die Prozeßtheologie dagegen behauptet, daß die Welt aus *actual entities* oder *actual occasions* besteht, die wesentlich und notwendig selbstbestimmend und selbstverursachend sind. Diese Entitäten werden von Gott nicht kontrolliert, und zwar nicht aufgrund göttlichen Willens oder Selbsteinschränkung, sondern aufgrund metaphysischer Notwendigkeit." (Übersetzung A.K.)

wissenden und unveränderlichen Wesens schließe zwar nicht *verbaliter*, wohl aber *de facto* die Annahme einer begrenzten kreatürlichen Autonomie bzw. Freiheit aus. Auf diesem Hintergrund sei die traditionell behauptete Vereinbarkeit zwischen göttlicher Allmacht und kreatürlicher Autonomie inkonsistent.

Griffin unterscheidet zwischen K-Allmacht und I-Allmacht, wobei K für "kohärent" und "kreationistisch"[25] steht und I für "inkohärent" und "idealistisch"[26]. Ein gewichtiges Argument für den Ausschluß von Zwang besagt, daß dieser die Realität des Gegenübers aufheben würde. Wenn die Welt eine autonome Wirklichkeit und nicht nur eine komplexe Idee im Bewußtsein Gottes darstellt, könne Allmacht nicht den ausschließlichen Besitz aller Macht implizieren[27]. Insofern schließe K-Allmacht die Annahme aus, daß Gott einseitig jeden widerspruchsfrei beschreibbaren Zustand in der Welt aktualisieren könnte. Genau dies besage aber der traditionelle Begriff der I-Allmacht. Im einzelnen resultieren aus dem traditionellen Allmachtsbegriff - in Verbindung mit den Prädikaten der Allwissenheit und Unveränderlichkeit - drei gravierende Probleme: Erstens widerspreche er grundsätzlich der kreatürlichen Autonomie und somit dem Begriff einer nicht-göttlichen Wirklichkeit, zweitens mache er das Theodizee-Problem unlösbar und drittens unterminiere er die traditionell stärkste Lösung des Theodizee-Problems, nämlich das Argument der Willensfreiheit.

Die Unterscheidung zwischen "Zwang" und "Überredung" darf nicht mit der derjenigen zwischen Kausal- und Finalursache verwechselt werden. Auch in prozeßtheologischer Perspektive läßt sich Gottes Macht weiterhin als *causa efficiens* verstehen[28]. Jede *causa efficiens* wirkt entweder durch Zwang oder durch Überredung. Zwang liegt dann vor, wenn die Wirkung vollständig durch die Ursache determiniert wird. Sofern dies nicht der Fall ist, handelt es sich um eine überredende Verursachung. Die Relation einer Verursachung durch Zwang kann ausschließlich zwischen Aggregaten[29]

---

25 "Kreationistisch" bezeichnet hier die Auffassung, daß die Schöpfung wirklich i.S. von autonom ist, und eben nicht nur eine komplexe Idee im Geist Gottes oder ein Modus des göttlichen Seins.

26 Vgl. dazu *D.R. Griffin, God, Power, and Evil*, 269f.

27 Vgl. dazu auch *L. Ford, Divine Persuasion and the Triumph of God*, 249f.

28 Vgl. dazu ausführlicher *D.R. Griffin, Evil Revisited*, 96-119.

29 Unter "Aggregaten" sind hier Verbände von Individuen zu verstehen, also Körper.

bestehen, nicht aber zwischen Relationen, an denen Individuen beteiligt sind. Ein Individuum kann weder durch ein Aggregat noch durch ein anderes Individuum gezwungen werden, und es kann seinerseits keinen Zwang auf andere Individuen oder Aggregate ausüben. Insofern Gott ein Individuum ist, kann er dieser Differenzierung zufolge keinen Zwang ausüben. Dieser Auffassung scheint zu widersprechen, daß Menschen offenbar Zwang ausüben können, obwohl sie dieser Terminologie entsprechend Individuen sind. Griffin löst dieses Problem folgendermaßen: Als Individuen können Menschen nur "Zwang" ausüben, indem sie sich zu diesem Zweck ihres Körpers bedienen, also eines Aggregats. Nur mit Hilfe ihres Körpers können Menschen andere Körper zwingen, z.B. ihren Ort zu verändern. Entscheidend ist hier, daß dieser Zwang körperlich vermittelt ist, d.h. das Individuum kann nur dadurch Zwang ausüben, daß es sich seines Körpers bedient. In der Relation zwischen dem menschlichen Individuum und seinem Körper herrscht nun aber kein Zwang, sondern nur Überredung. Aus diesem Grund können Menschen nur dann durch Zwang auf andere Körper einwirken, wenn sie zunächst ihren eigenen Körper dazu überreden, ihren Wünschen entsprechend zu handeln. Da Gott keinen räumlich begrenzten Körper besitzt, kann er auch auf diesem indirekten Weg keinen Zwang ausüben. In einem analogen Sinn bildet zwar das gesamte Universum mit allen endlichen Dingen den einen universalen Körper Gottes. Aber entsprechend dieser Analogie kann Gott auf das Universum als seinen "Körper" nur überredend einwirken, ähnlich wie Menschen auf ihre Körper.

4.2 DIE KONSEQUENZEN FÜR DIE THEODIZEE

Die bislang angedeuteten Prämissen bilden den Ausgangspunkt, an dem die eigentliche prozeßtheologische Theodizee[30] ansetzt. Deren Quintessenz ergibt sich aus dem bereits Gesagten: Wenn Gott keine absolute und exklusive Macht über die Welt besitzt, widerspricht die Erfahrung von Übel und Leid nicht notwendig dem Glauben an einen gütigen und vollkommen mächtigen (d.h. K-allmächtigen) Gott. Damit sind aber nur die groben Umrisse der prozeßtheologischen

[30] Die folgenden Ausführungen konzentrieren sich im wesentlichen auf die Theodizee von David R. Griffin. Die Prozeßtheologie ist keineswegs so homogen, wie es die Ausführungen dieses Kapitels möglicherweise nahelegen.

Theodizee skizziert. Hinzu kommt die weitere These, daß mit zunehmendem Komplexitätsgrad der Schöpfungswirklichkeit auch das Potential von Leiderfahrung und -verursachung wächst.

Im Anschluß daran stellt sich die Frage, welchen Stellenwert die Übel in einer durch Gottes liebende "Überredung"[31] geschaffenen Welt einnehmen. Aus welchen Gründen nehmen mit dem Komplexitätsgrad der Schöpfung auch die Möglichkeiten der Leiderfahrungen zu? Und falls dieser Zusammenhang tatsächlich unausweichlich ist, wäre es dann nicht besser, weil weniger leidvoll gewesen, wenn Gott darauf verzichtet hätte, das Chaos zur Bildung immer komplexerer Strukturen zu überreden? Zumindest dafür ist Gott auch aus prozeßtheologischer Sicht verantwortlich.

Die prozeßtheologische Beantwortung dieser Fragen läßt sich als eine Entfaltung der These Whiteheads interpretieren, wonach die "Zweckbestimmung Gottes ... das Erreichen von Wert in der zeitlichen Welt" ist[32]. Im einzelnen besagt dies,

> "daß die Entwicklung von Wesen mit der Fähigkeit, signifikante Werte zu genießen und signifikante Werte an andere, über sich selbst hinaus, weiterzugeben, notwendigerweise gleichbedeutend war mit der Entwicklung von Wesen mit der Fähigkeit, signifikantes Leiden zu ertragen und signifikant zum Leiden anderer, über sich selbst hinaus, beizutragen. Man kann das Gute nicht haben ohne die Möglichkeit des Übels. Die Befreiung von der Trivialität birgt das Risiko der Dissonanz in sich."[33]

Übel/Leid erscheinen somit als unausweichliche Konsequenzen des göttlichen Ordnungsprozesses, die nur vermeidbar gewesen wären, wenn Gott überhaupt darauf verzichtet hätte, aus dem ursprünglichen

---

[31] Vgl. dazu *A.N. Whitehead, Prozeß und Realität*, 612f.: "Die Geschichte der theistischen Philosophie weist verschiedene Phasen der Kombination dieser drei unterschiedlichen Weisen des Umgangs mit dem Problem auf. Es gibt jedoch im galiläischen Ursprung des Christentums noch eine andere Anregung, die zu keinem der drei Hauptstränge des Denkens so richtig paßt. Sie legt das Schwergewicht weder auf den herrschenden Kaiser, noch auf den erbarmungslosen Moralisten oder den unbewegten Beweger. Sie hält fest an den zarten Elementen der Welt, die langsam und in aller Stille durch Liebe wirken; und sie findet ihren Zweck in der gegenwärtigen Unmittelbarkeit eines Reichs, das nicht von dieser Welt ist. Liebe herrscht weder, noch ist sie unbewegt; auch ist sie ein wenig nachlässig gegenüber der Moral."

[32] *A.N. Whitehead, Wie entsteht Religion?*, 76.

[33] *J.C. Cobb/D.R. Griffin, Prozess-Theologie*, 72.

Chaos eine immer komplexere Ordnung zu schaffen. Der als Strukturierungsprozeß begriffenen "Schöpfung" sind Gesetzmäßigkeiten seitens der Welt vorgegeben, die nach der prozeßtheologischen Terminologie "metaphysischer" Natur, also in jeder möglichen Welt unausweichlich und in diesem Sinne notwendig sind. Gott hat sich nicht in Freiheit für diese metaphysischen Prinzipien entschieden[34].

Ein genaueres Verständnis dieser Prinzipien hat bei der Gegenüberstellung von "intrinsisch gut" und "schlecht" anzusetzen: Als in sich wertvoll bzw. gut gelten die Erfahrungen von Harmonie und Intensität[35], als intrinsisch schlecht die Erfahrungen von Dissonanz (Leid und Schmerz) und (an sich vermeidbarer) Trivialität[36]. Beide Erfahrungsmodi hängen so miteinander zusammen, daß sie sich wechselseitig bedingen: Eine Maximierung der Erfahrungsintensität aufgrund komplexerer Wahrnehmungselemente zieht unweigerlich eine höhere Möglichkeit der Dissonanzerfahrung nach sich. Eine Maximierung der Erfahrungsharmonie unter Ausschluß der Intensitätssteigerung birgt hingegen die Gefahr der Trivialität in sich. Aus diesem Grund impliziert jede evolutive Intensitätssteigerung notwendigerweise auch das Risiko von größerer Dissonanz bzw. größerem Leid[37]. Beispielsweise verfügt der Mensch im Unterschied zu anderen Lebewesen über die Fähigkeit, an der Erfahrung des Glücks und der Freude seiner Mitmenschen zu partizipieren bzw. die positiven Erfahrungen anderer in seine eigene Erfahrung zu integrieren. Dem Fortschritt, den diese Steigerung des Erfahrungspotentials darstellt, entspricht auf der anderen Seite die Maximierung der Fähigkeit, auch an den Leiderfahrungen anderer zu partizipieren. Beide Fähigkeiten stellen die zwei Seiten ein und desselben Sachverhalts dar. Anders formuliert: Die Korrelation zwischen der Fähigkeit, wertvolle Erfahrungen zu genießen, und der Fähigkeit, Leidvolles zu

---

34 In diesem Punkt scheinen sich die Ansätze von Whitehead und Hartshorne zu unterscheiden. Vgl. dazu *D.R. Griffin, God, Power, and Evil*, 297-300.

35 Vgl. *A.N. Whitehead, Prozeß und Realität*, 205: "Daher ist Gottes Zweckbestimmung im kreativen Fortschreiten das Hervorrufen von Intensitäten."

36 Vgl. *C. Hartshorne, Das metaphysische System Whiteheads*, 43: "Die zwei großen Übel sind Langeweile, aus Mangel an Kontrast verursacht, und schmerzlicher Konflikt, der einen Mangel an Gleichheit und Einheit bedeutet und wodurch das Erleben in unerträglichen Gegensätzen und Verworrenheiten zugrunde zu gehen droht."

37 Vgl. *D.R. Griffin, God, Power, and Evil*, 293. Vgl. dazu auch *C. Hartshorne, Das metaphysische System Whiteheads*, 43.

erfahren, ist eine metaphysische Korrelation, d.h. sie ist notwendigerweise mit der Natur jeder Welt gegeben. Die Antwort auf die Frage, warum Gott den Menschen als ein Wesen erschuf, das so anfällig für physische und psychische Leiderfahrungen ist, besagt: Gott hätte nicht anders handeln können[38].

Gleichermaßen resultiert aus der Zunahme des positiven Erfahrungspotentials eine Maximierung der Selbstbestimmung bzw. ein größerer Freiheitsspielraum. Mit dem Freiheitsspielraum wiederum wächst die Fähigkeit zur Beeinflussung anderer, und zwar sowohl zum Guten als auch zum Schlechten[39]. Die Fähigkeit zur Selbstbestimmung erweist sich somit als notwendige Variable des Erfahrungspotentials und impliziert die Möglichkeit, auf andere einwirken zu können[40]; d.h. der Grad der Werterfahrung wächst unausweichlich mit dem Grad der Selbst- und Fremdbestimmung[41]. Die Zusammenhänge zwischen den einzelnen Variablen sind so beschaffen, daß es unmöglich ist, relativ freie, autonome Wesen zu erschaffen, ohne gleichzeitig das Risiko der Leiderfahrung und -verursachung einzugehen: "To have the good is necessarily to risk the chance of the bad."[42]

Insofern Gott für den evolutiven Prozeß der zunehmenden Komplexitätssteigerung verantwortlich ist, ist er natürlich auch für die daraus resultierenden Möglichkeiten von Leiderfahrungen, wenn auch nicht für deren konkrete Vorkommnisse, verantwortlich. Mit der Überführung des Chaos in Ordnung geht Gott somit ein Risiko ein: "In process theism the future is an open risk."[43] Die einzige Alternative hätte aber darin bestanden, das Chaos als solches bestehen

---

38 Vgl. *D.R. Griffin, Creation out of Chaos and the Problem of Evil*, 107.

39 Vgl. *J.C. Cobb/D.R. Griffin, Prozess-Theologie*, 72.

40 Vgl. dazu *D.R. Griffin, Creation out of Chaos and the Problem of Evil*, 106-109.

41 Fremdbestimmung meint hier die Fähigkeit, die Erfahrung anderer Individuen zu beeinflussen.

42 Vgl. *D.R. Griffin, Creation out of Chaos and the Problem of Evil*, 107.

43 *L. Ford, Divine Persuasion and the Triumph of God*, 257. Vgl. dazu auch *L. Ford, The Lure of God*, 119: "Entweder hat Gott die Macht, das Übel von sich aus zu überwinden, dann hätte er dies bereits tun sollen. Oder er hat diese Macht nicht, dann haben wir keine Garantie, daß er dies jemals vermag. Die Prozeßtheologie hat sich für diese zweite Alternative des Dilemmas entschieden." (Übersetzung A.K.)

zu lassen[44]. Dadurch hätte Gott aber das Übel der an sich vermeidbaren Trivialität in Kauf nehmen müssen. Der Zustand des absoluten Chaos schließt die Existenz auch einfachster beständiger Individuen aus. Er hätte zwar durchaus einen gewissen minimalen Wert, insofern er "actual occasions" enthält und insofern auch "Erfahrungen" in einem spezifischen Sinn[45]. Diese Erfahrungen wären aufgrund der Proportionalität von Chaos und Trivialität jedoch äußerst trivial[46] und als vermeidbar triviale eben auch ein Übel. Auf jeder neuen Komplexitäts- bzw. Evolutionsstufe treten neue Werte bzw. Erfahrungsmöglichkeiten und - damit verbunden - neue Risiken der Leiderfahrung und -verursachung auf. Gott ist folglich nicht für die faktischen Übel verantwortlich, die Geschöpfe einander in Freiheit zufügen. Wohl aber ist er für die Existenz von Geschöpfen verantwortlich, die die Möglichkeit zur Aktualisierung von Werten und insofern auch von Übeln haben. Wenn die Alternative zwischen der Vermeidung von Leid einerseits und der Realisierung von Werten andererseits unausweichlich ist, hat Gott sich allem Anschein nach für das zweite entschieden, d.h sein vorrangiges Ziel besteht primär darin, Gutes hervorzubringen, und nicht darin, Leid zu vermeiden[47]. Nimmt man jetzt noch die Aussagen zur Macht Gottes hinzu, so ist die prozeßtheologische Theodizee im wesentlichen komplett: Die konkrete Aktualisierung von Werten durch die Geschöpfe steht nicht mehr unter der direkten Kontrolle Gottes. Aufgrund der Autonomie

---

[44] Die Notwendigkeit der göttlichen Kreativität betont dagegen *T. Vitali, Organicism, Evil and Divine Redemption*, 243: "God *must of necessity* create new occasions, He must 'transfer' the energy of the past into the present and future, or His self creation will cease - will fail."

[45] Der Erfahrungsbegriff impliziert in der prozeßtheologischen Terminologie weder Bewußtsein noch Selbstreflexivität. Alle Individuen (wie z.B. Atome, Moleküle, Zellen, Tiere oder Menschen) machen demzufolge Erfahrungen, d.h. sie haben eine wie auch immer eingeschränkte Fähigkeit, etwas intrinsisch Gutes zu genießen (*enjoy*) oder etwas intrinsisch Übles zu erleiden. Vgl. dazu *D.R. Griffin, Creation out of Chaos and the Problem of Evil*, 106.

[46] *D.R. Griffin, God, Power, and Evil*, 286: "Der Grund dafür besteht darin, daß die Komplexität von Erfahrung eine Geordnetheit der Umwelt voraussetzt. Der Charakter eines wirklichen Ereignisses hängt von den Gegebenheiten ab, aus denen es entsteht... Die Gegebenheit ist eine Funktion der Umwelt. Insofern bestimmt die Umwelt die Art der Erfahrungsereignisse, die möglich sind. Komplexe Ereignisse fordern eine geordnete Umwelt. Daher schafft Gott, obwohl eher die harmonische Intensität als die 'Ordnung' in sich gut ist, aus dem Chaos Ordnung um der größeren Intensität willen." (Übersetzung A.K.)

[47] *D.R. Griffin, Creation out of Chaos and the Problem of Evil*, 110.

der Geschöpfe kann Gott sie nur zu ihrem Besten "locken" (*lure*), aber eben nicht zwingen[48].

Im Vergleich zum traditionellen Theismus impliziert der prozeßtheologische Ansatz erhebliche Modifikationen. Die daraus resultierende Theodizee gehört zu jenen Ansätzen, die den Widerspruch zwischen der Erfahrung von Leid und dem Glauben an Gott durch eine Modifikation des theistischen Bekenntnisses bzw. durch eine Einschränkung der göttlichen Allmacht aufzulösen versuchen. Aufgrund der platonischen Anklänge läßt sich die prozeßtheologische Theodizee als im weiteren Sinne "dualistisch" charakterisieren[49]. Dieser Lösungsweg wird nicht nur durch die Dringlichkeit des Theodizee-Problems begründet, sondern gleichermaßen durch die angebliche Inkohärenz des traditionellen Gottes- und Allmachtsverständnisses. Somit wirbt die Prozeßtheologie mit der These für sich, daß sich das Theodizee-Problem auf der Basis des ohnehin unhaltbaren traditionellen Theismus nicht lösen läßt.

4.3 Kritische Diskussion

Der prozeßtheologische Dualismus von Gott und Welt bildet eine beeindruckende Alternative zum klassischen Theismus. Vor allem bietet die Prozeßtheologie eine in sich plausible Antwort auf eine theodizee-relevante Frage, die sich im Horizont des traditionellen Theismus überhaupt nicht stellte und auf die er bislang auch keine überzeugende Antwort fand, nämlich auf die Frage nach dem Sinn der Evolution:

---

48 Vgl. dazu *C. Hartshorne, Das metaphysische Weltbild Whiteheads*, 43f.: Gott "kann in seiner Weltleitung nur die Gefahr der Langeweile gegen die des Schmerzes abwägen und danach die besten Möglichkeiten wählen. Er wählt nicht direkt zwischen bestimmten Formen, sondern zwischen ihren Möglichkeiten oder Wahrscheinlichkeiten. Die Geschöpfe selbst wählen zwischen bestimmten Formen. Gott leitet die Welt also nicht dadurch, daß er unsere Entscheidungen für uns macht oder ewig bestimmt, sondern nur dadurch, daß er seine eigenen Gedanken und Gefühle derart gestaltet, daß, indem wir diese erfassen (...), wir durch ihre anziehende Schönheit einen Reiz empfangen, auf *annähernd bestimmte* Art zu reagieren." Vgl. dazu ausführlicher *L. Ford, The Lure of God*. Ford versucht, die metaphysischen Prämissen der Prozeßheologie mit dem biblischen Denken zu vermitteln. Vgl. ähnlich auch *B.Z. Cooper, Why, God?*

49 Vgl. dazu nochmals den Definitionsvorschlag in Abs. 3.1.

> "Zeitgenössische Theologen, die die Evolutionshypothese akzeptieren und dennoch an der Hypothese der göttlichen Allmacht festhalten, haben eine Menge zu erklären. Vor allem müssen sie erklären, warum ein Gott, dessen Macht wesentlich unbegrenzt ist, eine so langwierige und schmerzvolle Methode - mit all den Sackgassen - verwendet, um eine Welt zu erschaffen. Das Bedürfnis nach einer Erklärung wird noch verstärkt, wenn sie davon ausgehen, daß die Menschen die einzigen Geschöpfe sind, die für Gott wirklich wichtig sind, und daß der Rest der Schöpfung nur wegen des göttlich-menschlichen Dramas existiert. Wenn es sich so verhält, warum brauchte Gott so lange, um zum Hauptteil zu kommen? Natürlich könnten Theologen behaupten, daß sie diese Frage nicht zu beantworten brauchen. Aber wie jede andere Hypothese muß auch die Hypothese der göttlichen Allmacht sich selbst aufgrund ihrer Erklärungskraft nahelegen. Jede unbeantwortete Frage enthüllt die Mängel dieser Kraft."[50]

Gleichermaßen kohärent werden die Fragen nach den Ursachen des aus dem Evolutionsprozeß resultierenden Leids und den Gründen für die offensichtliche Passivität Gottes angesichts des Übels beantwortet: Die Erschaffung bzw. Strukturierung der Welt erscheint als ein Risiko, das Gott eingeht, das aber aufgrund der immanenten Werthaftigkeit seiner Konsequenzen nicht nur das Übel der Trivialität überwindet, sondern die Inkaufnahme damit einhergehender anderer Übel rechtfertigt [51].

Auch in den traditionellen Theodizeen könnte die Schöpfung aufgrund ihrer leidverursachenden Konsequenzen als Risiko gedacht werden, das Gott eingeht und das durch entsprechende Gründe bzw. Motive zu rechtfertigen ist. Aufgrund des traditionellen Allmachtsverständnisses liegen diese Gründe dort jedoch ausschließlich in der providentiellen Absicht Gottes, während sie hier in den metaphysischen Notwendigkeiten der Welt liegen und somit der göttlichen

---

50 Vgl. dazu *D.R. Griffin, Creation out of Chaos and the Problem of Evil*, 106. (Übersetzung A.K.)

51 Vgl. dazu auch *C. Hartshorne, A New Look at the Problem of Evil*, 208: "Wenn es wahr wäre, daß Gott unser Leiden absichtlich verursacht, wäre er sowohl ein Masochist als auch ein Sadist. Er ist jedoch keines von beidem, denn kein konkretes Übel ist von Gott beschlossen, ob als Strafe, Mittel zur spirituellen Erziehung oder im Hinblick auf ein anderes Ziel. Gott macht die Geschöpfe frei, innerhalb bestimmter Grenzen, weil es keine andere Möglichkeit gibt, Geschöpfe oder irgendeine Welt zu haben. Die Risiken der Freiheit sind untrennbar von der Freiheit und der Preis für ihre Chancen." (Übersetzung A.K.)

Herrschaft prinzipiell entzogen bleiben. Damit wäre der vermutlich gewichtigste Einwand gegen die traditionellen Theodizee-Lösungen erledigt: Aufgrund ihres Allmachtsverständnisses mußten diese letztlich einräumen, daß Gott - unbeschadet aller anderen Gründe - Übel und Leid grundsätzlich abschaffen könnte, wenn er dies wollte. Daß er dies angesichts des unbeschreiblichen Ausmaßes an leidvollen Erfahrungen nicht will, erscheint trotz aller erdenklichen Gründe letztlich doch unbegreiflich. Die prozeßtheologische Theodizee kann demgegenüber mit *prima facie* plausiblen Argumenten geltend machen, daß Gott selbst dann nicht alle Übel abschaffen könnte, wenn er dies wollte. Daß er dies aber zumindest will, steht hier außer Frage. Die Wahl, sich zwischen Gottes Güte und Macht zu entscheiden, fällt zugunsten der Güte aus[52].

Gott hätte zwar darauf verzichten können, die Grundvoraussetzungen für die Entstehung jener Übel zu schaffen, denen empfindungsfähige Lebewesen ausgesetzt sind. Die Schaffung dieser Grundvoraussetzungen läßt sich aber durch die damit verbundene Wertermöglichung rechtfertigen. Das Ausmaß an Übel und Leid, das die Evolution des Lebens nach sich zog, legt nicht den Schluß nahe, daß es besser gewesen wäre, wenn sich das Leben niemals entwickelt hätte. Auch das von Menschen verursachte und erlittene Leid ist trotz seines horrenden Ausmaßes nicht so groß, daß es zu dem Schluß nötigt, es wäre besser gewesen, wenn sich die Menschheit gar nicht entwickelt hätte[53].

Zu fragen bleibt, ob die prozeßtheologischen Korrekturen am Gottes- und Schöpfungsbegriff[54] in ihrer Radikalität unvermeidbar

---

52 Vgl. dazu ausführlicher *J.E. Barnhart, Persuasive and Coercive Power in Process Metaphysics*, 153-157. Zur Kritik an der Alternative zwischen einer nur "überzeugenden" und einer nur "zwingenden" Macht vgl. *P.H. Hare/E.H. Madden, Evil and Persuasive Power*, 267-272. Zur Entgegnung vgl. *D.D. Baldwin, Evil and Persuasive Power. A Response to Hare and Madden*, 259-272.

53 Vgl. *D.R. Griffin, Creation out of Chaos and the Problem of Evil*, 110.

54 Zur Kritik vgl. *M.A. Corey, God and the New Cosmology*, 249-256. Corey kritisiert das prozeßtheologische Schöpfungsverständnis auf der Basis des anthropischen Prinzips. Die ursprüngliche Feinabstimmung des Universums spreche gegen die These, wonach Gott erst durch allmähliche Überredung und gegen den Widerstand der Materie komplexe Lebewesen hervorbringen konnte, und für die Auffassung, wonach die Entstehung von (intelligentem) Leben von Anfang bzw. vom Urknall an vorgesehen und eingeplant war. Die hohe Zeitdauer bis zur Entstehung des Lebens weise nicht auf einen Widerstand seitens der Geschöpfe hin, sondern resultiere aus logischen Einschränkungen, die mit der gegenwärtigen Beschaffenheit des Universums zusammenhängen. Abschließend kommt Co-

sind, um einerseits die vermeintlichen Inkohärenzen des traditionellen Theismus überwinden und andererseits das Theodizee-Problem beantworten zu können. Anders formuliert: Sind die im weiteren Sinn dualistischen Prämissen unausweichlich? Diese Frage ließe sich überzeugend nur durch eine alternative Theodizee verneinen, die dem Problem des Leids in einer ähnlich plausiblen Weise gerecht zu werden vermag, ohne aber die signifikanten Modifikationen bzw. Korrekturen in Kauf zu nehmen.

Die zentrale Anfrage an die prozeßtheologische Theodizee betrifft zunächst das zugrundeliegende Gottesverständnis: Auf den ersten Blick erweckt es den Eindruck, Gott werde nicht mehr als diejenige Realität begriffen, über die hinaus keine größere gedacht werden kann. Dieser Eindruck resultiert insbesondere aus der Annahme, daß Gott offenbar nicht mehr die Macht beigemessen wird, eine endgültige bzw. eschatologische Überwindung von Leid und Übel herbeiführen zu können. Von einem Wesen, das seine Macht durch Überredung auswirkt, kann nämlich kaum stimmig behauptet werden, es sei dazu in der Lage, eine endgültige Überwindung von Unheil und Leid zu garantieren[55]. Aus diesem Grund scheint ein Gottesverständnis, das Gott eben diese Macht zutraut, adäquater zu sein – vorausgesetzt freilich, es läßt sich widerspruchsfrei denken.

Offensichtlich kann der prozeßtheologische Gott nicht als Grund und Garant des definitiven menschlichen Heils gedacht[56] und verehrt[57] werden. Die gleichen metaphysischen Prinzipien, die das Übel gegenwärtig ermöglichen, gelten qua metaphysische in jeder möglichen Welt, also auch in einer eschatologischen Welt[58]. Kann nun aber ein K-allmächtiger Gott die Erfüllung der menschlichen Sehnsucht nach einer endgültigen Überwindung des Unheils garantieren? Und wenn er dies nicht vermag, kann ein K-allmächtiges Wesen überhaupt noch sinnvollerweise als "Gott" bezeichnet und verehrt

---

rey zu dem Ergebnis, daß die Beweislage der modernen Physik die prozeßtheologische Position im Hinblick auf die Kosmogenese klar widerlege.

[55] Vgl. dazu vor allem *S. Ely, The Religious Availability of Whitehead's God* und die Entgegnung von *B.M. Loomer, Ely on Whitehead's God.*

[56] Vgl. dazu u.a. *N. Frankenberry, Some Problems in Process Theodicy*, 194; *J. Polkinghorne, Science and Christian Belief*, 66f.

[57] Zur Frage der Verehrungswürdigkeit des prozeßtheologischen Gottes vgl. *D.R. Griffin, Evil Revisited*, 196-213. Vgl. dazu kritisch *B. Reichenbach, Evil and a Good God*, 187-192.

[58] Vgl. *D.R. Griffin, God, Power, and Evil*, 312.

werden? Die Allmachtsfrage erweist sich nicht nur im Hinblick auf die Schöpfungsthematik als relevant, sondern auch im Hinblick auf die Eschatologie. Die unbestreitbaren Vorteile, die aus der prozeßtheologischen Schöpfungslehre für die Theodizee-Lösung resultieren, erweisen sich im eschatologischen Kontext als gravierende Nachteile, denn die Prozeß-Theodizee scheint die "traditionelle Erwartung eines absoluten Sieges über das Übel in Frage" zu stellen[59].

Nicht von ungefähr war innerhalb der Prozeßtheologie ursprünglich eine Skepsis gegenüber der Vorstellung einer individuellen Unsterblichkeit vorherrschend[60], die sich im Kontext der Theodizee-Thematik als problematisch auswirkt. Gottes "zärtliche Fürsorge" – so Whitehead – garantiert zwar, "daß nichts verloren geht". Gott rettet allerdings nicht die Individuen, sondern "die Welt, so wie sie in die Unmittelbarkeit seines eigenen Lebens übergeht."[61] Ganz auf dieser Linie versuchte Griffin anfänglich, die entsprechenden Nachteile herunterzuspielen, indem er die Frage nach einer postmortalen Existenz für theodizee-irrelevant erklärte[62]: Wenn sich Gottes Güte und Weisheit nicht allein auf der Basis des gegenwärtigen Lebens verteidigen lassen, so könne auch der Glaube an eine postmortale Existenz keine plausible Verteidigungsmöglichkeit bieten[63]. Damit

---

59 *I. Barbour, Religion in an Age of Science*, 264 (Übersetzung A.K.). In die gleiche Richtung zielt auch die Kritik von *D. Basinger, Divine Power in Process Theism*, 69-84; *D. und R. Basinger, Divine Omnipotence: Plantinga vs. Griffin*, 11-24 und *P.H. Hare/E.H. Madden, Evil and Unlimited Power*, 281f. Vgl. dazu die Bestätigung und die Entgegnung bei *L. Ford, Divine Persuasion and the Triumph of God*, 258: "... the good will not triumph unless we achieve that victory."

60 Vgl. dazu den Überblick von *B.L. Whitney, Evil and Process God*, 157-167. Whitney resümiert im wesentlichen Hartshornes Auseinandersetzung mit der Frage der Unsterblichkeit. Vgl. dazu auch *J.B. Cobb/D.R. Griffin, Prozess-Theologie*, 110-126. Mittlerweile scheint sich auch im Lager der Prozeßtheologen eine Veränderung der Einstellung gegenüber der Relevanz eschatologischer Fragen abzuzeichnen. Vgl. dazu die Hinweise von *B.L. Whitney, An Aesthetic Solution to the Problem of Evil*, 32f.

61 *A.N. Whitehead, Prozeß und Realität*, 618. Vgl. dazu auch ebd. 620: "Die Folgenatur Gottes ist die fließende Welt, die durch ihre objektive Unsterblichkeit in Gott 'immerwährend' wird." Vgl. dazu auch *L. Ford, Divine Persuasion and the Triumph of God*, 258-263; *T. Vitali, Organicism, Evil and Divine Redemption*, 233-237.

62 Vgl. *D.R. Griffin, God, Power, and Evil,* 312: "Der Glaube an ein Leben nach dem Tod ist kein wesentliches Element der Prozeß-Theodizee, weil er weder notwendig noch ausreichend und auch zu ungewiß ist." (Übersetzung A.K.)

63 Vgl. *D.R. Griffin, God, Power, and Evil,* 312.

wollte Griffin den Glauben an ein postmortales Dasein zwar nicht kategorisch ausschließen, sondern allenfalls seine Irrelevanz für das Theodizee-Problem unterstreichen. Diese Behauptung ist allerdings mehr als problematisch.

Die Hoffnung auf ein leidfreies Dasein mag zwar in ihren glaubenspraktischen Auswirkungen ambivalent sein, sie ist jedoch für eine Theodizee, zumal für eine christliche, schlechterdings unverzichtbar. Es genügt nicht, daß unterm Strich der abstrakte Gesamtbetrag an Glück den an Leid überwiegt oder daß – in den Worten Griffins – der kosmische Prozeß "irgend etwas" von ewigem Wert hervorbringt[64]. Konkretes Leid ist genausowenig wie konkretes Glück eine kollektiv bilanzierbare Größe, sondern eine Erfahrungsqualität im Bewußtsein realer Subjekte. Nicht die Menschheit leidet, sondern einzelne Menschen! Aus der Möglichkeit, daß alles in allem der Gesamtbetrag an Leid den an Glück nicht übersteigt, resultiert für jene Individuen, deren Leben – aufgrund tragischer Umstände oder auch eigenen Versagens – aus kaum mehr als einer einzigen Aneinanderreihung leidvoller Tragödien bestand, wenig Trost. Auch wenn die kollektive Gesamtbilanz aus göttlicher Perspektive positiv ausfallen mag und "irgend etwas" von ewigem Wert erreicht und im göttlichen Bewußtsein verewigt wird, so vermag dies nichts daran zu ändern, daß im Leben zahlloser Menschen faktisch die leidvollen Aspekte überwogen[65].

Ohne die Hoffnung auf eine postmortale Existenz erscheint deren Leben deshalb als Ausdruck einer fundamentalen und tragischen Ungerechtigkeit der Verhältnisse dieser Welt, die durch nichts aufgehoben werden kann. Unter dieser Voraussetzung ist wohl auch nicht zu erwarten, daß alle am göttlichen Schöpfungsprozeß Beteiligten darin übereinstimmen würden, daß das endgültige universale Gut letztlich die Leiden wert war, die auf dem Weg zu seiner Realisierung un-

---

64 Vgl. *D.R. Griffin, Primordial Truth and Postmodern Theology*, 129.

65 Barry L. Whitney rechnet sich zu jenen Prozeßtheologen, die nach wie vor auf eine eschatologische Lösung verzichten wollen. Sie erscheint ihm als übernatürliche Lösung eines rationalen Problems, das nach einer ebenfalls rationalen Lösung verlange. Vgl. *B.L. Whitney, An Aesthetic Solution to the Problem of Evil*, 32: "Wenn sich der Glaube an einen Himmel eschatologisch bestätigen ließe, so wäre dies meiner Meinung nach bestenfalls ein 'problematischer Luxus'. Zur Lösung des Theodizee-Problems braucht man ihn nicht." (Übersetzung A.K.)

ausweichlich waren[66]. Diese Voraussetzung ist, wenn überhaupt, dann nur unter der Bedingung einlösbar, daß die Bilanz für jeden einzelnen insgesamt positiv ausfällt und daß bei etwaigen Ausnahmen die Unglücklichen selbst die Schuld trifft. Die Hoffnung darauf läßt sich wiederum nur konsequent aufrechterhalten, wenn Gott als der Herr über Leben und Tod verstanden wird. Aus diesem Grund ist die individuelle Eschatologie für die Theodizee unverzichtbar. Wo die Theodizee nur auf die kollektive Bilanz abzielt, kann die individuelle Bilanz letzten Endes nur eine untergeordnete oder gar keine Rolle mehr spielen. Das Absehen vom Einzelschicksal scheint nun aber einer der endemischen Mängel der Prozeß-Eschatologie und - damit verbunden - der Prozeß-Theodizee zu sein[67]. Letzten Endes erweist sich dieser Nachteil als der Preis, der für die gravierenden Einschränkungen der göttlichen Allmacht zu entrichten ist.

Folgende Entgegnung liegt natürlich auf der Hand: Diese Kritik setze voraus, man könne das Gottesbild einfach nach den eigenen Bedürfnissen und Sehnsüchten formen. Es entspricht nichts als reinem Wunschdenken, den prozeßtheologischen Gottesbegriff nur deshalb abzulehnen, weil man sich von Gott anderes erwartet oder wünscht. Man kann Gott aber nicht einfach so definieren, wie man ihn sich wünscht, und dann hartnäckig darauf beharren, daß dies auch wahr sein müsse[68]. Bei der Charakterisierung Gottes als Ziel und Garanten menschlichen Heils handelt es sich jedoch nicht um eine beliebige Beschreibung, sondern um ein unverzichtbares Konstitutivum des theistischen Gottesbegriffs. Wenn dagegen behauptet wird, Gott habe nicht die Macht, diese - nach jüdischer, christlicher

---

66 Vgl. *D.R. Griffin, Primordial Truth and Postmodern Theology*, 95.

67 In diesem Absehen scheint auch der wichtigste Unterschied zwischen Griffins prozeßtheologischer und Hicks "irenäischer" Theodizee zu liegen. Nachdem Griffin Hicks Theodizee anfänglich hart kritisiert hatte, räumte er später ein, daß doch größere Gemeinsamkeiten bestehen, als er ursprünglich angenommen hatte. Dieses Urteil begründet er mit dem Hinweis, daß der entscheidende Unterschied nur mehr darin bestehe, daß Gott in Hicks Ansatz zwar die (All-)Macht hätte, in den Weltprozeß einzugreifen, daß er diese Macht aber nicht in Anspruch nimmt, während Gott sie nach seiner Überzeugung gar nicht hätte. Vgl. dazu *Griffin's Response*, in: *S.T. Davis (Hg.), Encountering Evil*, 136. Der wesentlich entscheidendere Unterschied besteht m.E. in der völlig verschiedenen Betonung der Eschatologie. Merkwürdigerweise geht Hick selbst in seiner Antwort auf Griffin nicht auf diesen Aspekt ein. Vgl. dazu aber *J. Hick, Evil and the God of Love*, 337-341.

68 So *C.R. Mesle, John Hick's Theodicy*, 104.

und islamischer Überzeugung von ihm selbst "geweckten" - Hoffnungen einzulösen, so ist die Rückfrage angebracht, inwiefern hier überhaupt noch ein theistisches Gottesverständnis vorliegt. Auch die Prozeß-Theodizee würde in diesem Fall darauf hinauslaufen, das Problem eben nicht durch eine bloße Korrektur, sondern durch eine Preisgabe der theistischen Aussagenreihe zu lösen. Diesbezügliche Anfragen lassen sich jedenfalls nicht allein dadurch zurückweisen, daß man dem Kritiker unkritisches Wunschdenken unterstellt.

Der traditionelle Theismus hat zweifellos seine Schwierigkeiten mit einer kohärenten Konzeptualisierung des ihm zugrundeliegenden Gottesbegriffs. Er vermag aber immerhin die prinzipielle Macht Gottes über Leid und Übel zu garantieren. Die prozeßtheologische Alternative führt ebenfalls in gewisse Aporien, vor allem aber in die Aporie, daß Gott das Chaos zur Entwicklung komplexer Individuen überredet, deren Existenz einerseits als in höchstem Maße wertvoll gilt, deren Schicksal aber im Gesamtbild keine allzu große Bedeutung mehr zukommt. Der Gottesbegriff bietet keine Garantie mehr für eine endgültige Überwindung von Übel und Leid[69]. Gott initiiert die Entstehung von Wesen mit Potentialitäten und Sehnsüchten, scheint aber dabei deren Realisierung und Einlösung kaum berücksichtigt zu haben. Er mag zwar sein Bestes gegeben haben, weil er einfach nicht mehr geben konnte. Allerdings könnte in diesem Fall das Beste eben nicht gut genug sein. Daß er aus metaphysischen Gründen nicht mehr geben kann, bleibt eine Hypothese, deren Gültigkeit von seiten der Prozeßtheologie zwar vorausgesetzt, aber nicht stichhaltig begründet wird[70]. Von einem derartigen Wesen kann man denn auch schwerlich behaupten, es sei dasjenige Wesen, über das hinaus kein größeres gedacht werden könne. Dies hieße aber nichts anderes, als daß dieses Wesen *per definitionem* nicht Gott sein kann.

Fünfzehn Jahre nach dem Erscheinen von "God, Power, and Evil" (1976) hat Griffin die Diskussion mit dem Band "Evil Revisited"

---

69 In die gleiche Richtung zielt auch die Kritik von *D. Basinger, Divine Power in Process Theism*, 69-84; *J. Vanhoutte, God as Companion and Fellow-Sufferer*, 223f.; *K. Surin, Theology and the Problem of Evil*, 91f.; *M. Galligan, God and Evil*, 51. Vgl. dazu auch die Diskussionsbeiträge von J.K. Roth, S.T. Davis und F. Sontag in *S.T. Davis (Hg.), Encountering Evil*, 119-128.

70 Insbesondere wäre zu fragen, ob zwischen göttlicher Überredung einerseits und göttlicher Allwirksamkeit nicht noch Raum für weniger drastische Alternativen ist. Vgl. dazu auch *N. Frankenberry, Some Problems in Process Theodicy*, 182-186.

erneut aufgenommen. Rückblickend erwähnt er den wichtigsten Wandel, den sein Ansatz in der Zwischenzeit durchlaufen habe[71]. Dieser Wandel hängt mit der Einsicht zusammen, daß eine adäquate Theodizee eine Eschatologie erfordere[72]. Griffin räumt damit der auf die mangelnde Berücksichtigung der Eschatologie zielenden Kritik ein gewisses Recht ein[73]. Er nimmt ihr aber dadurch allein nicht den Wind aus den Segeln. Aufgrund ihrer Ausgangsprämissen läßt sich die Prozeß-Theodizee nicht problemlos durch eine individuelle Eschatologie ergänzen. Aufgrund ihrer Prämissen kann Gott keinen Felsen aufhalten, der auf eine Straße rollt. Er kann auch keine Gewehrkugel ablenken, die auf einen Menschen abgefeuert wird. Ebensowenig kann er ein Auto stoppen, das auf entgegenkommende Fahrzeuge rast, weil sein Fahrer eingeschlafen ist[74]. Wie sollte jemand, der all dies nicht kann, die Macht haben, Tote wieder zum Leben zu erwecken[75]?

Unter der Voraussetzung der Gültigkeit dieser Kritik konzentriert sich die Auseinandersetzung zwischen traditioneller und prozeßtheologischer Theodizee zuletzt auf die zentrale Frage, ob denn ein Wesen, das zwar die Macht hätte, Leid und Übel zu verhindern, dies aber faktisch häufig unterläßt, eher in Frage käme, als "Gott" bezeichnet und verehrt zu werden. Die Entscheidung dieser Frage hängt dann zwangsläufig von den Gründen bzw. Motiven ab, die ein solches Wesen für die Zulassung (oder möglicherweise auch für die

---

71 Vgl. dazu auch schon *D.R. Griffin, Primordial Truth and Postmodern Theology*, 129f. Griffin modifiziert hier den ursprünglichen Begriff einer "objektiven Unsterblichkeit", wonach die Unsterblichkeit darin besteht, daß der einzelne "nur" im Gedächtnis Gottes weiterexistiert. Darüber hinaus erwägt Griffin jetzt auch die Möglichkeit eines Lebens nach dem Tode. Das Dasein des einzelnen könnte über das gegenwärtige Leben hinaus fortdauern, wenn auch nicht für immer, sondern möglicherweise nur bis der einzelne seine Vollendung findet, was sich darin zeigen könnte, daß er keine Angst mehr vor dem antizipierten Ende seiner Subjektivität empfindet.

72 Vgl. *D.R. Griffin, Evil Revisited*, 2.

73 Vgl. *D.R. Griffin, Evil Revisited*, 230. Griffin bezieht sich hier auf *M.H. Suchocki, The End of Evil. Process Eschatology in Historical Context* (1988). Wie sie sei auch er jetzt davon überzeugt, "that being 'the overcomer of evil' belongs to the very meaning of 'God', and that the standard Whiteheadian doctrine of objective immortality is not sufficient."

74 Alle diese Beispiele finden sich bei *D.R. Griffin, Creation out of Chaos and the Problem of Evil*, 113.

75 Vgl. auch *J. Polkinghorne, Science and Christian Belief*, 68: "Um es auf den Punkt zu bringen, der Gott der Prozeßtheologie scheint nicht der Gott zu sein, der Jesus von den Toten auferweckte." (Übersetzung A.K.)

Verursachung) jenes Leids haben könnte, das es grundsätzlich zu verhindern in der Lage wäre. Wer den prozeßtheologischen Gottesbegriff aufgrund der in ihm implizierten "Ohnmacht" angesichts des Leids zurückweist[76], muß sich zwangsläufig der Frage stellen, ob er eher dazu neigt, einen Gottesbegriff zu akzeptieren, demzufolge Gott zwar grundsätzlich die Macht hätte, das Leid zu verhindern, von dieser Macht faktisch aber keinen allzu häufigen Gebrauch macht[77]. Aus prozeßtheologischer Perspektive ist diese Option inakzeptabel, ja geradezu unerträglich. Die einzige stringente Alternative dazu besteht in der Einschränkung der göttlichen Machtfülle mit all den Konsequenzen, die sich in der Prozeß-Theodizee andeuten.

In seiner Kritik an Hicks Theodizee plädiert C. Robert Mesle vor genau diesem Hintergrund für den prozeßtheologischen Theismus als den "besseren Mythos". Dem traditionellen Theismus liege ein Gottesverständnis zugrunde, wonach Gott sich in einer Weise verhalte, die nach menschlichem Ermessen eindeutig verwerflich sei: Er greife nämlich nicht ein, um den Leidenden zu helfen und ihnen in ihrer Not beizustehen, obwohl er nicht nur um ihr Leid weiß, sondern auch die Macht hätte, es zu verhindern.

> "Wir sollten nicht so sein und handeln wie der Gott der klassischen Theologie. Wir sollten nicht zusehen, wie Menschen unter Übeln leiden, die wir verhindern könnten, sondern wir sollten so handeln wie der Gott der Prozeßtheologie, nämlich das in unserer Macht Stehende tun, um Übel zu verhindern und Leid zu vermindern. Und wo wir das Leid nicht verhindern können, da sollten wir es, soweit es unsere menschliche Schwachheit zuläßt, mitfühlend teilen."[78]

Prägnanter lassen sich weder die Anziehungskraft der prozeßtheologischen Theodizee noch die Schwierigkeiten, die dem traditionellen Theismus aus der Leidthematik erwachsen, auf den Punkt bringen. Die Prozeß-Theodizee stellt trotz ihrer offenen Fragen eine Alterna-

---

[76] J. K. Roth erachtet ein solches Wesen als zu gering, um legitimerweise als ehrfurchtgebietend und verehrungswürdig gelten zu können. Vgl. *S.T. Davis (Hg.), Encountering Evil,* 121. S. T. Davis erinnert der prozeßtheologische Gott sogar an einen verrückten Wissenschaftler, der ein Monster erschafft, das sich ganz und gar nicht erwartungsgemäß verhält, das er aber nicht mehr kontrollieren kann. Vgl. ebd. 128.

[77] Vgl. *D.R. Griffin, Griffin's Response to Critiques*, 135.

[78] *C.R. Mesle, John Hick's Theodicy*, 104. (Übersetzung A.K.)

tive zum traditionellen Theismus dar, deren Stärken genau dort liegen, wo im traditionellen Theismus die entscheidenden Probleme aufbrechen, bei der Frage nämlich, warum Gott Übel und Leid nicht verhindert, wenn er doch angeblich die Macht dazu hat.

Eine überzeugende Alternative, die sich weiterhin in den traditionellen Bahnen bewegt, müßte zeigen, wie sich die "metaphysischen" Notwendigkeiten der Prozeßtheologie zurückübersetzen lassen in die "logischen" Notwendigkeiten des klassischen Theismus und seines Schöpfungs-, Allmachts- und Freiheitsverständnisses[79]. Eine solche Rückübersetzung metaphysischer in logische Termini ist nicht völlig aussichtslos, denn die in der Prozeßtheologie metaphysisch begründete Unmöglichkeit einer einseitigen und durchgängigen göttlichen Verursachung wird zu einer logischen, sobald die entsprechenden metaphysischen Prämissen als freiwillige Setzungen Gottes akzeptiert werden. Eine Welt, in der Freiheit, Spontaneität, Kreativität usw. existieren sollen, kann auch aus rein logischen Gründen keine total kontrollierte Welt sein[80]. Um dies begründen zu können, müssen nicht unbedingt Abstriche am traditionellen Allmachtsverständnis gemacht werden. Und die metaphysischen Merkmale einer solchen Welt müssen ihrerseits nicht notwendigerweise in einer ewigen Dualität von Gott und Welt festgemacht werden. Die Schöpfung einer Welt mit diesen Merkmalen läßt sich auch *ex nihilo* denken und aufgrund ihrer immanenten Werthaftigkeit in einer Freiheitstat Gottes begründen.

Schließlich läßt sich vielleicht auch das Kernproblem der Verantwortlichkeit Gottes für die kontingenten Übel der Welt durch eine

---

[79] Vgl. dazu *M.A. Corey, God and the New Cosmology*, 258, Anm. 11. Corey vermutet, dem Prozeß-Theismus liege eine Verwechslung zugrunde zwischen dem Freiheitsgrad, der den Geschöpfen von Gott "freiwillig" eröffnet wurde, und dem metaphysischen Postulat, wonach alle endlichen Aktualitäten aufgrund ihrer Natur notwendigerweise über Selbstbestimmung verfügen müssen. Aus der Tatsache dieser Selbstbestimmung folge allerdings nicht, daß die diesbezügliche Macht zur metaphysischen Natur der Dinge gehöre. - Eine wesentlich positivere Einschätzung der Prozeßtheologie liegt der glänzenden Theodizee von *H. R. Burkle, God, Suffering, and Belief* zugrunde. Burkle deutet die Machteinschränkung Gottes im wesentlichen als Konsequenz der Freiheitsermöglichung und spricht in diesem Zusammenhang von "self-imposed limits" (vgl. ebd. 79). An anderer Stelle betont er jedoch: "God *must* work by persuasion" (ebd. 83), begründet dies aber aufgrund der Logik des göttlichen Handelns, d.h. mit der inneren Unmöglichkeit von menschlicher Freiheit und göttlichem Zwang.

[80] Vgl. dazu die Hinweise bei *B. Reichenbach, Evil and a Good God*, 183f.

solche Rückübersetzung lösen. Wenn eine freigewählte Selbstbeschränkung Gottes eine unausweichliche logische Konsequenz kreatürlicher Freiheit ist, wenn Gott aus freien Stücken auf Macht verzichtet, um statt dessen der Liebe und Überredung den Vorzug zu geben, dann muß daraus nicht folgen, daß der traditionelle Theismus beim Theodizee-Problem auf verlorenem Posten steht. Sich für die Liebe statt für den Zwang zu entscheiden, ist in moralischer Hinsicht nicht unbedingt negativer zu beurteilen als eine Liebe, die niemals die Alternative des Zwangs besaß. In die gleiche Richtung weisen im übrigen prozeßtheologische Äußerungen, wonach Liebe und Überredung gerade auch in moralischer Hinsicht den unbedingten Vorzug verdienen und eben nicht nur als Resultat metaphysischer Restriktionen zu begreifen sind[81]. Unter dieser Voraussetzung resultiert nun aber nicht mehr automatisch ein Einwand gegen die sittliche Vollkommenheit Gottes, wenn er in seinem Verhältnis zur Welt der Liebe und Überredung den Vorzug einräumt und auf Zwang verzichtet.

---

[81] Vgl. dazu die Kritik bei *D. Basinger, Divine Power in Process Theism*, 62. Basinger weist auf eine gewisse Ambivalenz in der prozeßtheologischen Einschätzung der göttlichen Macht hin. Einerseits werde behauptet, Gott könne nicht anders als durch Überredung wirken; andererseits werde aber auch die moralische Überlegenheit der Überredung hervorgehoben. Im zweiten Fall würde aber folgen, daß die moralische Vollkommenheit Gottes selbst dann gewahrt bliebe, wenn er auch anders als durch Überredung - nämlich durch Zwang - handeln könnte, darauf aber aus den genannten Gründen verzichtet.

5 ÜBEL ALS "PRIVATIO BONI"

"Gott sah alles an, was er gemacht hatte: Es war sehr gut. Es wurde Abend, und es wurde Morgen: der sechste Tag."
(Gen 1,31*)*

Der Dualismus versucht das Theodizee-Problem dadurch zu lösen, daß er eine der beiden einschlägigen Aussagenreihen preisgibt bzw. drastisch modifiziert, nämlich das Bekenntnis zum einen allmächtigen Gott. Die These vom Übel als *privatio boni* versucht ebenfalls eine Auflösung des anscheinenden Widerspruchs durch die Modifikation einer der beiden Aussagenreihen. Sie setzt zu diesem Zweck allerdings bei der Hinterfragung der Natur des Übels bzw. seines ontologischen Status an. Allein schon aus diesem Grund war sie - im Gegensatz zum Dualismus - in der Theologie- und Dogmengeschichte[1] ungleich erfolgreicher, obwohl sie - ebenso wie der Dualismus - keine biblischen Grundlagen besitzt. Von Augustinus über Pseudo-Dionysius Areopagita[2], Thomas von Aquin[3] und Leibniz[4] bis zum gegenwärtigen Thomismus[5] bildete die Deutung des Übels als *privatio boni* das definitorische Fundament, auf dem dann weitere theodizee-relevante Überlegungen aufbauen[6].

---

1 Vgl. z.B. DH 286, 800, 1333.

2 Vgl. z.B. *Pseudo-Dionysius Areopagita, De divinis nominibus*, IV.

3 Vgl. z.B. *Thomas von Aquin, De malo*, q.1, a.1; *Summa contra gentiles*, III,4ff.

4 Vgl. *G.W. Leibniz, Theodizee*, I,29-33.

5 Vgl. z.B. *J. Maritain, Dieu et la permission du mal*, 16-19; *A.-D. Sertillanges, Le problème du mal*, Bd. II,6f.; *H. McCabe, Evil*, 231-247.

6 Vgl. dazu ausführlicher die Textbelege bei *C. Journet, Vom Geheimnis des Übels, 28-33*. Journet sieht in der Erklärung des Übels als *privatio* eine genuin "christliche Kostbarkeit" (ebd. 33), die sich bereits auf alttestamentlichem Boden anbahnte, später von den griechischen und lateinischen Kirchenvätern entwickelt und vor allem von Augustinus vollendet wurde. Im Gegensatz dazu wird im folgenden zu zeigen versucht, daß es sich bei dieser Vorstellung im wesentlichen um ein Erbe antiker Philosophie handelt, das nicht nur in sich keinen überzeugenden Erklärungswert besitzt, sondern zudem im traditionellen christlichen Kontext völlig entbehrlich war.

5 Übel als "privatio boni"

5.1 Die These von der "privatio boni"

Das Problem, das die These von der *privatio boni* zu lösen in Aussicht stellt, besteht in der Frage, wie sich eine dualistische Theodizee angesichts der Erfahrung von Übel und Leid vermeiden läßt bzw. wie sich der Glaube an einen allmächtigen und gütigen Schöpfergott angesichts dieser Erfahrung aufrechterhalten läßt. Die Privationsthese beansprucht nicht, das Rätsel des Ursprungs des Übels in einer von Gott erschaffenen Welt zu lösen. Sie versucht statt dessen, die Beschaffenheit bzw. die metaphysische Natur des Übels in einer Weise zu erhellen, die dann den Weg für eine monotheistische Beantwortung der Ursprungsfrage ebnet. Insofern bildet die Erklärung des Übels als *privatio boni* nur den Ausgangspunkt für die Theodizee, nicht schon einen eigenständigen Theodizee-Ansatz[7].

Die entscheidende Funktion der Privationsthese besteht darin, das Festhalten an einer Überzeugung zu ermöglichen, die für das theistische Bekenntnis unverzichtbar zu sein scheint, der Überzeugung nämlich, daß ein in jeder wertrelevanten Hinsicht vollkommener Gott nur eine gute Welt erschaffen kann. "Alles was ist, ist gut."[8] Für Augustinus bildete diese Überzeugung die entscheidende Basis, von der aus der manichäische Dualismus überwunden werden konnte: Wenn Gott alles erschaffen hat, muß auch alles gut sein; wenn nicht alles Erschaffene gut wäre, könnte Gott nicht alles erschaffen haben[9]. Ließe sich zeigen, inwiefern alles Seiende als Seiendes gut ist, erübrigte sich der dualistische Rekurs auf ein widergöttliches Prinzip. Die ganze Sache hat nur einen Haken: Sie scheint von der Erfahrung auf eine so offensichtliche Weise widerlegt zu werden, daß sich der Verdacht metaphysischer Schönfärberei wie von selbst

---

7 Vgl. *G.S. Kane, Evil and Privation*, 53: "Die christliche Lehre behauptet, daß Gott der Schöpfer aller Dinge ist. Wenn das Übel etwas ist, das selbst eine positive Substanz oder Natur besitzt, würde daraus folgen, daß Gott das Übel erschaffen hat. Wenn andererseits das Übel keine positive Natur besitzt, sondern nur eine Privation ist, muß aus der Prämisse, daß Gott alles erschaffen hat, nicht mehr die Konklusion folgen, daß Gott auch das Übel erschaffen hat. Denn die Aussage, daß Gott alles erschaffen hat, wird so gedeutet, daß sie nur besagt, Gott habe alles erschaffen, was eine positive Natur besitzt. Die Bedeutung der Privationstheorie für die Frage nach dem Ursprung oder der Ursache des Übels ist daher eine primär negative. Sie ermöglicht dem Theisten die Vermeidung der Lehre, daß Gott direkt das Übel erschaffen hat." (Übersetzung A.K.)

8 Vgl. *Augustinus, Confessiones*, VII (Übersetzung W. Thimme).

9 Vgl. z.B. *Augustinus, Enchiridion*, 10.

nahelegt. Ihn auszuräumen, ist das zentrale Anliegen der Privationsthese.

Die Behauptung der durchgängigen Güte alles Geschaffenen schließt zunächst nicht aus, daß die Qualität der Schöpfung gestuft ist, d.h. nicht alles Geschaffene bzw. Seiende muß für sich genommen gleichermaßen gut sein. Aus der allgemeinen Güte der Schöpfung folgt nur, daß jedes Seiende als solches *per definitionem* gut ist, nicht aber, daß jedes Seiende in gleichem Maße gut sein muß. Dahinter steht eine der – gerade auch im Kontext der Leidproblematik – wirkmächtigsten Ideen abendländischer Metaphysik: die platonisch inspirierte[10], neuplatonisch systematisierte[11] und christlicherseits rezipierte[12] Idee der gestuften Seinsfülle bzw. der "Hierarchie des Seins"[13]: An unterster Stelle dieser Rangordnung steht die leblose Materie. Danach folgen die empfindungsfähigen Lebewesen (Tiere) und anschließend die vernunftbegabten Lebewesen (Menschen). An der Spitze der geschaffenen Seinspyramide stehen die unsterblichen, vernunftbegabten Lebewesen (Engel). Die gesamte Fülle des Geschaffenen spiegelt in ihrer kontinuierlich[14] gestuften Verschiedenheit die Vollkommenheit und Güte seines göttlichen Grundes wider. Der unendliche Grund kann sich im Bereich des Endlichen nicht anders als in eben dieser Vielfalt manifestieren[15]. Diese Gestuftheit ist somit kein Übel[16], sondern Ausdruck der Vollkommenheit des Schöpfers, in dessen Werk die – isoliert betrachtet – weniger vollkommenen Geschöpfe zur Perfektion des Ganzen beitragen[17]. In dieser grandiosen Vision erscheint das Universum als sinnvoll geordnetes Ganzes,

---

10 Vgl. *Platon, Timaois*, 30a-d.

11 Vgl. z.B. *Plotin, Enneaden*, III,2,11.

12 Vgl. z.B. *Augustinus, De natura boni*, 3; *De civitate Dei*, XI,16.22.

13 Vgl. dazu die inzwischen klassische Studie von *A.O. Lovejoy, The Great Chain of Being* (1936). Zu den platonischen und plotinischen Ursprüngen der Idee der Seinshierarchie vgl. ebd. 24-66.

14 Zur aristotelischen Idee kontinuierlicher Übergänge zwischen den verschiedenen Seinsstufen vgl. *A.O. Lovejoy, The Great Chain of Being*, 55f.

15 Vgl. z.B. *Thomas von Aquin, Summa contra gentiles*, II,45.

16 Diese Unterschiede scheinen zwar den Eindruck einer ungerechten Verteilung seitens des Schöpfers zu erwecken, der neben Engeln auch Menschen und Tiere erschaffen hat. Dieses Problem soll durch die Vorstellung der "Fülle des Seienden" beantwortet werden, d.h. durch die Annahme eines logischen Rasters möglicher Dinge, das durch die Erschaffung der Welt realiter ausgefüllt wird, indem jeder Stelle dieses Rasters eine Spezies entspricht. Aus diesem Grund sind die Unterschiede zwischen den verschiedenen erschaffenen Entitäten notwendig.

17 Vgl. z.B. *Augustinus, De natura boni*, 34.

dessen Teile alles in allem optimal aufeinander abgestimmt sind. Diese Abstimmung umfaßt auch einige Phänomene, die - oberflächlich und isoliert betrachtet - als Übel erscheinen mögen. Als regionale Dissonanzen tragen sie allerdings zur Harmonie des Ganzen bei und verlieren dadurch ihren *prima facie* negativen Charakter. Nur eine bornierte Perspektivität könnte auf der Behauptung der Negativität dieser Dissonanzen beharren. In dem harmonischen Ganzen sind die höheren Dinge zwar durchaus besser als die niedrigen; das Ganze jedoch ist in seiner Fülle besser als die höheren Dinge allein[18]. Demzufolge wird das Universum häufig mit einem Kunstwerk verglichen, bei dem einzelne Kontraste und Dissonanzen den ästhetischen Reiz insgesamt erhöhen[19].

Weder die Tatsache der Unvollkommenheit alles Geschaffenen im Vergleich zur Vollkommenheit Gottes[20] noch die Unterschiede zwischen den Seinsgraden bilden in der augustinischen Theodizee als solche ein Übel. Die Schöpfung ist zwar in jedem einzelnen Wesen gut und insgesamt sogar sehr gut, aber eben nicht das höchste Gut, nicht Gott selbst. Daß die Schöpfung nicht das höchste Gut ist, zeigt sich vor allem an ihrer Wandelbarkeit und Verderblichkeit. Die Wandelbarkeit des Geschaffenen und damit *eo ipso* auch die Möglichkeit des Übels ergibt sich aus der Annahme einer *creatio ex nihilo*[21]. Die Geschöpfe wurden vom göttlichen Urgrund aus dem Nichts ins Dasein gerufen. Weil sie nicht aus dem göttlichen Sein bestehen,

---

18 Vgl. dazu *Augustinus, De civitate Dei*, XI,18; XXII,1; *Thomas von Aquin, Summa contra gentiles*, III,73. - Augustinus geht zwar nicht so weit, das moralische Übel als notwendigen Bestandteil einer vollkommenen Schöpfung zu bezeichnen. Aber die Existenz von Seelen, die die Fähigkeit bzw. Freiheit zur Sünde haben, ist zu diesem Zweck notwendig. Im Hintergrund steht hier das Argument der Willensfreiheit.

19 Zum Vergleich zwischen den gegensätzlichen Elementen einer schönen Rede mit den gegensätzlichen Dingen in Gottes Schöpfung vgl. *Augustinus, De civitate Dei*, XI,18: "Wie also diese Gegenüberstellung von Gegensätzen die Rede verschönt, so bewirkt die göttliche Redekunst, die statt der Worte sich der Dinge bedient, durch dieselbe Gegenüberstellung von Gegensätzen die Schönheit des Weltalls." (Übersetzung W. Thimme) Häufig findet sich auch der Vergleich des Kosmos mit einem Gemälde.

20 Leibniz' Begriff des metaphysischen Übels, das mit der Endlichkeit der Welt gegeben ist, findet sich in der klassischen Privationslehre nicht. Vgl. dazu *G.S. Kane, Evil and Privation*, 46f.

21 Vgl. z.B. *Augustinus, De civitate Dei*, XII,6; *Enchiridion*, 12. Vgl. dazu auch *W. Maker, Augustine on Evil*, 156f. Zur Theodizee von Augustinus vgl. außerdem *G.R. Evans, Augustine and Evil*.

sondern aus dem Nichts ins Dasein traten, bleiben sie der Wandelbarkeit unterworfen. Damit ist nun der zentrale Zugang zur Deutung des Übels gefunden:

> "Und es war mir klar, daß es Gutes gibt, das verderbt wird. Wäre es das höchste Gut, könnte es nicht verderbt werden, aber ebensowenig könnte es verderbt werden, wenn es nicht doch auch ein Gut wäre. Denn wäre es das höchste Gut, wär' es unverderblich, wäre es aber überhaupt kein Gut, gäbe es an ihm nichts zu verderben. Denn Verderbnis schadet, und kein Schaden ohne Minderung des Guten. Also entweder schadet die Verderbnis nichts, was doch nicht möglich ist, oder aber, und das ist ganz gewiß, alles was verderbt wird, verliert etwas Gutes. Verlöre es aber alle Gute, würde es überhaupt zu sein aufhören."[22]

Auf diesem Hintergrund besagt die These von der *privatio boni* zunächst, daß das Übel kein eigenständiges, wesenhaftes Sein neben dem Guten besitzt, sondern in einer Beraubung, einem Mangel, einem Fehlen, einem Defekt, einer Negation oder einer Ungeordnetheit des an sich Guten besteht. "Quid est autem aliud quod malum dicitur, nisi privatio boni?"[23] Weder ist das Übel "aliquid per se existens" noch "aliquid positive in subiecto existens"[24]. An sich gut sind im wesentlichen jene Eigenschaften bzw. Qualitäten, die einem Wesen - seinem Status in der Seinshierarchie entsprechend - von seiner geschaffenen Natur her zukommen oder zukommen sollten[25]. Den durch die grundsätzliche Verderblichkeit ermöglichten Verlust dieser Eigenschaften bzw. Qualitäten bezeichnet die Privationslehre als Übel. Das Übel erscheint somit als Abweichung von einer ontologisch vorgegebenen Norm, welche sich aus der Seinshierarchie ergibt und das Übel als Mangel einer Qualität verstehen läßt, die einem Wesen aufgrund seiner ihm von Gott verliehenen Natur zukommt[26]. Demzufolge ist es natürlich kein Übel, daß der Mensch keine Flügel

---

22 Vgl. *Augustinus, Confessiones*, VII (Übersetzung W. Thimme). Vgl. dazu auch *Augustinus, Enchiridion*, 12.

23 *Augustinus, Enchiridion*, 11.

24 *Thomas von Aquin, De malo*, q.1, a.2. Vgl. auch *Summa contra gentiles*, III,6.

25 Vgl. *Thomas von Aquin, Summa contra gentiles*, III,7: "Malum enim ... nihil est aliud quam privatio eius quod quis natus est et debet habere."

26 Vgl. z.B. *Thomas von Aquin, De malo*, q.1, a.1: "Unde relinquitur quod malum, secundum quod est malum, non est aliquid in rebus, sed est alicuius particularis boni privatio, alicui particulari bono inhaerens."

hat, denn die Ausstattung mit Flügeln gehört nicht zur Natur des Menschseins[27] bzw. zu dem Ort, der dem Menschen in der Seinshierarchie zukommt. Für einen Vogel stellt der Verlust seiner Flügel hingegen ein Übel dar, denn zu seiner Natur gehört der Besitz von Flügeln.

Aus der These, daß das Seiende als Seiendes gut ist, folgt natürlich nicht, daß das Übel in keiner Weise existiert. Die Privationsthese besagt weder, daß das Übel gar nicht existiert[28], noch folgt aus ihr, daß die Erfahrung des Übels illusionär ist[29]. Das Übel existiert nur nicht in sich (d.h. substantiell), sondern stets als Zustand an einem Seienden (d.h. akzidentiell). Was immer dieses Seiende auch sein mag, als Seiendes ist es gut. Somit kommt dem Übel kein wirkliches, wesenhaftes oder substantielles Sein zu. Das Übel bedarf stets eines an sich guten "Trägers", einer an sich guten Natur, Substanz oder eines Subjekts. Es existiert gewissermaßen parasitär im Hinblick auf das Gute, ohne das es nicht möglich wäre. Demzufolge ist eine vollständig schlechte oder böse Natur undenkbar, denn in dem Maße, in dem eine Natur schlecht bzw. böse wird, verliert sie an Sein, so daß einer durchgängig bösen Natur gar kein Sein mehr zukommen würde[30], während ansonsten die Bosheit einer Natur ihr Sein nicht aufhebt, sondern nur mehr oder minder einschränkt. Insofern sind selbst Teufel und Dämonen ihrer Natur nach keineswegs

---

[27] Vgl. *Thomas von Aquin, Summa contra gentiles*, III,6.

[28] Vgl. dazu z.B. *C. Journet, Vom Geheimnis des Übels*, 44. Der Einwand, die Privationsthese leugne die Realität des Übels, stellt wohl das geläufigste Mißverständnis dieser These dar. Völlig abwegig ist dieser Einwand allerdings nicht. Aufgrund der Konvertibilität von *ens* und *bonum* impliziert die These von der *privatio boni* einen nur eingeschränkten ontologischen Status des Übels. Dieser Status läßt sich jedoch nicht im modernen Sinne als nicht-existent oder illusionär deuten, weil die Erfahrung des Mangels oder der Beraubung durchaus real ist. - Der illusionäre Charakter des Leids wird beispielsweise von den Scientisten (Christian Science) gelehrt. Vgl. dazu *M. Eddy Baker, Science and Health*, 71: "Nothing is real and eternal, - nothing is Spirit, - but God and His idea. Evil has no reality. It is neither person, place, nor thing, but is simply a belief, an illusion of material sense."

[29] Zur Kritik dieses Mißverständnisses vgl. u.a. *G.S. Kane, Evil and Privation*, 44f.; *J. Splett, Und zu Lösungsversuchen durch Unterbietung*, 411.

[30] Vgl. *Augustinus, Enchiridion*, 13. Vgl. außerdem *Pseudo-Dionysius Areopagita, De divinis nominibus*, IV,32: "Denn das ganz und gar des Guten Unteilhaftige hat weder Existenz noch Macht." (Übersetzung B.R. Suchla) Vgl. auch *Thomas von Aquin, Summa contra gentiles*, III,12: "Semper enim oportet quod remaneat mali subiectum, si malum remanet. Subiectum autem mali est bonum. Manet igitur semper bonum."

böse[31], und die dualistische Annahme eines *summum malum*, das vollkommen böse wäre, erweist sich gar als widersinnig[32].

Die Privationsthese läßt sich sowohl auf die natürlichen Übel anwenden, die z.B. aus einem Mangel an Ordnung resultieren können, als auch auf die moralischen Übel[33], die aufgrund einer Verkehrtheit oder Schwäche des Willens entstehen. Natürliche Übel, wie z.B. Krankheiten, existieren nicht an sich, sondern immer nur in einem an sich gesunden Körper. Insofern lassen sich Krankheiten als Mangel an Gesundheit bzw. als Störung einer Ordnung des Körpers deuten, die aufgrund der grundsätzlichen Verderblichkeit des Körpers möglich wird. Daß Krankheiten häufig nicht in einem bloßen Fehlen von Zellen oder Organen bestehen, sondern in einem Zuviel an (bösartigen) Zellen bzw. einer unkontrollierten Wucherung von Organen, läßt sich durch eine großzügige Semantik desjenigen erklären, was von der *privatio* betroffen ist, also des jeweiligen *bonum*. Im einen Fall kann es sich um den Mangel eines üblicherweise vorhandenen Seienden oder den Mangel einer der ontologischen Norm entsprechenden Fähigkeit handeln, im anderen Fall um den Mangel an Ordnung, der sich durch das Hinzukommen einer dysfunktionalen Entität erklären läßt. Entscheidend ist, daß wie eine Krankheit nicht allein, sondern nur an einem Körper, so auch das Übel stets an einem Guten existiert[34].

Auch das moralische Übel bzw. die Sünde läßt sich als Verkehrtheit, Schwachheit oder Mangel des richtigen Willens deuten und folglich wiederum als Verderbnis einer an sich guten Natur[35], die selbst durch die Sünde als Natur gut bleibt. Die Verderbtheit der Natur aufgrund der "Hinwendung zu wandelbaren Gütern"[36] besteht nicht in einem wesenhaften Wandel der Natur, sondern in dem Verlust ihrer Qualität. Im Sinne der Privationsthese kann das moralische Übel als Mangel der richtigen Ausrichtung des Willens, als Mangel des Rechts, etwas zu tun, als Mangel der Erfüllung einer Verpflichtung oder als Form einer seelischen Unordnung verstanden werden[37].

---

31 Vgl. z.B. *Pseudo-Dionysius Areopagita, De divinis nominibus*, IV,23.
32 Vgl. dazu den ausdrücklichen Hinweis auf die "manichäische" Irrlehre bei *Thomas von Aquin, Summa contra gentiles*, III,15.
33 Vgl. *Augustinus, Enchiridion*, 11.
34 Vgl. treffend *G. Streminger, Gottes Güte und die Übel der Welt* (1992), 179.
35 Vgl. *Augustinus, De civitate Dei*, XII,3; XIV,11; XIX,13.
36 *Augustinus, De libero arbitrio*, II,53.
37 Vgl. *W.S. Anglin/S. Goetz, Evil is Privation*, 4.

Die entscheidende theodizee-relevante Konsequenz lautet: Wenn dem Übel im eigentlichen Sinn kein Sein zukommt, alles Seiende aber von Gott erschaffen wurde, dann kann Gott nicht die Ursache des Übels sein; vielmehr ist "alles Seiende, soweit es existiert, sowohl gut wie auch aus dem Guten, soweit es aber des Guten beraubt ist, ist es weder gut noch ein Seiendes."[38] Durch diese These wird Gott zunächst von der Verantwortung für die Existenz der Übel in der Welt freigesprochen. Die Übel wurden nicht von Gott erschaffen, aufgrund ihres privativen Status können sie genaugenommen gar nicht erschaffen werden. Im Anschluß daran stellt sich allerdings die Frage, wie es in einer von Gott erschaffenen Welt zu einem Mangel an Gutem bzw. Sein und damit zum Übel kommen konnte. Denn *qua* Privation existiert das Übel natürlich. Der bloße Hinweis auf die Wandelbarkeit des Geschaffenen trägt zur Lösung dieses Problems nicht allzu viel bei. Daß Augustinus und nach ihm alle Vertreter der Privationsthese nach weiteren Antworten auf diese Frage suchten, macht deutlich, daß die Privationsthese nur den definitorischen Ausgangspunkt ihrer Theodizee-Antworten bildete, nicht jedoch deren sachlichen Kern. Ihre insgesamt wichtigste Funktion bestand darin, den ontologischen Status des Übels so zu charakterisieren, daß dualistische Lösungen von vornherein ausschieden.

5.2 Kritische Diskussion

Die Definition des Übels als *privatio* erscheint vordergründig plausibel. Logisch und semantisch betrachtet, lassen sich selbstverständlich Krankheiten als Mangel an Gesundheit oder Schmerzen als Mangel an Wohlbefinden definieren. In allen Fällen, in denen Gegensatzpaare wie groß/ klein, lang/kurz oder schön/häßlich verwendet werden, läßt sich der eine Pol durch eine Negation des anderen ausdrücken[39]. Daraus folgt, daß die Privationsthese in definitorischer Sicht zunächst einigermaßen plausibel erscheint. Allerdings wird auch sofort deutlich, daß mit diesem semantischen Manöver wenig erreicht ist. Durch definitorische Schachzüge verschwinden Realitäten bestenfalls aus dem Bewußtsein, nicht jedoch aus der Welt.

38 Vgl. *Pseudo-Dionysius Areopagita, De divinis nominibus*, IV,20.
39 Vgl. dazu *J. Hick, Evil and the God of Love*, 54.

Aufgrund derselben Logik könnte man im übrigen mit gleichem Recht auch das Gute als *privatio mali* interpretieren und damit die These von der Negativität allen Seins rechtfertigen. Für welche Alternative man sich entscheidet, scheint lediglich von der Wahl des Ausgangspunktes abzuhängen, möglicherweise auch nur von der Stimmung. Wer sich angesichts dieses Einwands auf das Argument kapriziert, daß die Welt deshalb vollkommen gut sei, weil sie von Gott erschaffen wurde, argumentiert offenkundig zirkulär. Er setzt von vornherein schon die Existenz Gottes voraus und deduziert dann daraus die Güte der Schöpfung. In diesem Fall wird das zu Begründende, nämlich die Güte Gottes, bereits vorausgesetzt[40], so daß sich keine Antwort auf die Herausforderungen ergibt, die aus dem Theodizee-Problem folgen.

Ungeachtet der vordergründigen definitorischen Plausibilität zeigen sich bei etwas genauerem Hinsehen einige Formen des Übels, die sich einer Deutung als *privatio* nachhaltig entziehen. G. Stanley Kane hat in diesem Zusammenhang unter anderem auf die Schmerzempfindungen hingewiesen[41]. Der ontologische Rahmen der Privationsthese suggeriert zwar nicht so sehr den Eindruck, das Übel bestehe in Erfahrungsqualitäten von Subjekten, sondern eher den Eindruck, es bestehe in erster Linie darin, daß die Dinge nicht funktionsfähig oder an dem ihnen gebührenden Platz sind. Die Privationsthese müßte sich aber auch bewähren, wenn der Begriff des Übels hauptsächlich von dem des Leidvollen und Leidverursachenden her definiert wird[42]. Zunächst läßt sich auch eine Schmerzempfindung als Abwesenheit von Wohlbefinden definieren. Indes scheint eine Schmerzempfindung dennoch etwas anderes und insbesondere mehr zu sein als die Abwesenheit einer gegenteiligen Erfahrung. Kane erläutert diesen Unterschied durch den Vergleich zwischen der Empfindungslosigkeit in einem gelähmten oder betäubten Körperteil und einer akuten oder chronischen Schmerzempfindung im gleichen Körperteil. Die Empfindungslosigkeit mag in der Tat als Abwesenheit oder Privation von etwas charakterisiert werden, was normalerweise vorhanden ist. Bei der Schmerzempfindung wirkt diese Charakterisierung allerdings etwas deplaziert, denn das Auftreten von Schmer-

---

40 Vgl. dazu *G. Streminger, Gottes Güte und die Übel der Welt* (1992), 185.
41 Vgl. zum folgenden *G.S. Kane, Evil and Privation*, 49-51.
42 Vgl. dazu nochmals Abs. 1.2.

zen stellt eine andere und neue Erfahrung dar, die eben nicht mit dem empfindungslosen Zustand zu vergleichen ist[43].

Zur Verteidigung der Privationsthese ließe sich entgegnen, daß das Übel der Schmerzempfindungen darin besteht, den normalen Bewußtseinszustand zu unterbrechen oder zu stören, und sich insofern mit einigem Recht als "Privation des normalen Bewußtseins" beschreiben läßt: Schmerzen dienen häufig keinem erkennbaren Ziel, sie beeinträchtigen die Konzentrationsfähigkeit, machen ein Gespräch unmöglich usw.[44] Abgesehen davon, daß der Begriff des "normalen Bewußtseins" äußerst unbestimmt ist, könnten mit gleichem Recht auch intensive Empfindungen von Freude und Glück als Störungen bzw. Privation des normalen Bewußtseins definiert werden. Etwas anspruchsvoller ist die Entgegnung, daß der Schmerz als wahrgenommener bzw. empfundener durchaus eine positive Realität ist, insofern Empfindungen als solche ein Gut sind. Daraus würde zwar nicht die absurde Konsequenz folgen, daß Schmerzempfindungen genau betrachtet als solche gar kein Übel, sondern ein Gut sind, was – wie Kane mit Recht betont – wohl nur für masochistisch veranlagte Menschen zuträfe[45]. Diesem Lösungsweg widerspricht hingegen, daß Leiden, wie vor allem Schmerzen, faktisch als Realitäten empfunden und erfahren werden, und zwar mindestens mit der gleichen Intensität wie etwa Freude und Glück. Von der Erfahrungsqualität und -intensität ausgehend, wäre es schlicht und einfach willkürlich, das eine als "wirklich seiend" und das andere als nur "parasitär seiend" zu bezeichnen. Als leidvolle Empfindungsqualität bildet das Übel einen realen Bestandteil der menschlichen Erfahrung, der, "empirisch betrachtet, nicht einfach nur die Abwesenheit von etwas anderem" ist, sondern eine Wirklichkeit mit einer eigenständigen und "häufig erschreckenden Qualität und Macht"[46]. Angesichts dieses Sachverhalts wirkt die prinzipielle Möglichkeit einer semantischen Definition von Leiderfahrungen als Abwesenheit einer gegenteiligen positiven Erfahrung wie ein verbaler Trick, der den Eindruck er-

---

43 Vgl. *G.S. Kane, Evil and Privation*, 49.

44 Vgl. z.B. *W.S. Anglin, Free Will and Christian Faith*, 133.

45 Vgl. dagegen *W.S. Anglin/S. Goetz, Evil is Privation*, 5. Beide Autoren beharren darauf, daß der Schmerz, insofern er eine Erfahrungsqualität ist, kein Übel darstelle.

46 *J. Hick, Evil and the God of Love*, 55. (Übersetzung A.K.)

weckt, die Realität des Übels wenn schon nicht zu ignorieren, so doch wenigstens zu verharmlosen.

Noch schwerwiegendere Einwände lassen sich auch gegen die Deutung des moralischen Übels als *privatio* vorbringen[47]. Die Privationsthese wird vor allem dem Unterschied zwischen dem Scheitern einer Handlung mit einer ursprünglich guten Handlungsintention und der Ausführung einer Handlung mit einem von vornherein schlechten Handlungsziel nicht gerecht. Die zweite Möglichkeit scheint sogar von vornherein ausgeschlossen zu werden. Wenn beispielsweise jemand sich dazu entschließt, einem in Not geratenen Menschen zu helfen, sich von der Durchführung seines Entschlusses durch andere Dinge ablenken läßt, so läßt sich dies durchaus im Sinne einer *privatio* seiner ursprünglichen Handlungsintention definieren. Das Scheitern bzw. der *defectus in actione* basiert in der Tat auf einem Mangel oder einer Schwäche des Willens. Wenn jemand sich jedoch dazu entschließt, einem anderen aufgrund seines eigenen Vorteils Schaden zuzufügen, läßt sich dies nur mehr in einem sehr formalen Sinn als Mangel des Willens definieren. Anders als im ersten Fall zielt die Handlungsintention jetzt bewußt auf ein Übel oder nimmt dieses zumindest zur Erreichung egoistischer Ziele in Kauf[48]. Es bedarf einiger argumentativer Verrenkungen[49], um auch diese Handlung noch als Privation einer an sich guten Sache zu deuten, wie etwa der

---

[47] Vgl. z.B. im Hinblick auf Augustinus und seinen platonischen Hintergrund *C. Stead, Philosophy in Christian Antiquity*, 241-244. Steads Kritik bezieht sich auf drei Punkte: Erstens beziehe sich die Privationsthese nur auf "Naturen" bzw. auf die Dinge selbst, nicht auf die Relationen zwischen ihnen. Zweitens gebe es Fälle, in denen diese These ganz offensichtlich versage, wie bei der Erklärung der Bösartigkeit, die nicht in der Abwesenheit eines guten Willens bestehe (wie die Indifferenz), sondern in einer positiven destruktiven Motivation. Drittens sei die axiomatische Gleichsetzung von *esse* und *bonum* zutiefst problematisch.

[48] Vgl. dazu *T. Koch, Das Böse als theologisches Problem,* 309: "Jede theologische Theorie des Bösen hat insbesondere folgenden Anforderungen zu genügen: Sie hat wie das Gute so das Böse streng vom Willen des Menschen her zu denken und gerade darum begreiflich zu machen, daß das Böse keineswegs nur Defekt oder bloße negatio, sondern etwas 'positiv' (inhaltlich) Eigensinniges ist: daß also im Bösen der Wille nicht nur das Gute auf falsche Weise will, sondern selbst böse *ist* und Böses will."

[49] In seiner Thomas-Interpretation deutet Jacques Maritain den Ursprung des Bösen als Defekt der Willensfreiheit, die noch nicht einmal eine *privatio*, sondern eine *mera negatio* sei. "Ce *defectus*, cette défaillance libre qui est *cause* du mal moral sans être elle-même un mal, c'est la *non-considération de la règle*, - qui n'est pas, notez-le-bien, un *acte* de non-considération, mais un *non-acte* de considération." Vgl. *J. Maritain, Dieu et la permission du mal*, 39.

These, daß das moralische Übel in einer Unordnung an sich guter Handlungsziele besteht, insofern hier relative Güter dem absoluten Gut vorgezogen werden[50]. Da das Übel qua *privatio* kein eigentliches Handlungsziel sein kann, ergibt sich diese Deutung zwanglos aus der Privationsthese. Die Planung und Inbetriebnahme von Konzentrationslagern wird man allerdings nur mit nachhaltigem Unbehagen als Resultat einer mißglückten Güterabwägung charakterisieren können. Und der Entschluß, eine ethnische Minderheit zu vernichten, ist als Handlungsziel wohl nicht deshalb schlecht, weil darüber die Gottesliebe zu kurz kommt oder weil dadurch andere höhere Werte in den Hintergrund treten. Auch der sexuelle Mißbrauch von Kindern dürfte sich schwerlich im Schema der Privationsthese unterbringen lassen. Definitorisch läßt sich natürlich auch der sexuelle Kindesmißbrauch als Depravation und Perversion des an sich guten Sexualtriebs beschreiben. Faktisch ist diese Perversion jedoch ein Übel, das jenseits aller definitorischen Strategien reales Unheil anrichtet[51].

Ausschlaggebend für die Bewertung der Privationsthese ist letzten Endes jedoch gar nicht die Frage, ob sie als plausible definitorische Klärung des Übels akzeptabel ist, sondern die Frage, ob sie – selbst wenn dies entgegen allem Anschein der Fall wäre – in der Theodizee-Problematik einen entscheidenden Schritt weiterführt. Und diese Frage ist eindeutig und vorbehaltlos zu verneinen. Denn nach wie vor stellen sich die Fragen, warum Gott eine Welt erschaffen hat, in welcher der Mangel an Sein als leidvoll erfahren wird, und warum Gott den Mangel an Sein und damit die Übel überhaupt zuläßt. Es ist nicht einmal in Ansätzen zu erkennen, wie auf der Basis der Privationsthese darauf eine auch nur einigermaßen plausible Antwort zu

---

[50] Vgl. dazu *Augustinus, De civitate Dei*, XII,6: "... nur dann, wenn der Wille sich vom Höheren ab- und dem Niederen zuwendet, wird er böse, nicht als wäre das böse, zu dem er sich hinwendet, sondern weil die Hinwendung selber verkehrt ist. Also machte nicht ein niederes Ding den Willen böse; sondern schlecht und ordnungswidrig, weil er selber böse ward, trachtete er nach dem niederen Ding." Ähnlich auch ebd. XII,8: "Denn nicht böse, das heißt, keine böse Natur ist das, zu dem man abfällt, aber der Abfall ist böse, böse darum weil er sich gegen die Ordnung der Naturen vom höchsten Sein zum geringeren Sein abwendet." (Übersetzung W. Thimme) Vgl. dazu auch *Thomas von Aquin, Summa contra gentiles*, III,108.

[51] Einen ähnlichen und ebenfalls wenig überzeugenden Definitionsvorschlag des moralischen Übels als "apparent disvalue" entwickelt *D.S. Hicks, Moral Evil as Apparent Disvalue*, 4f. Die Konsequenzen für die Theodizee-Thematik werden jedoch nur flüchtig angedeutet.

finden ist. Leid wird konkret erfahren, ob es nun als substantiell oder nur als akzidentiell seiend definiert wird. Solange aber Leid als real erfahren wird und solange Gott - anders als in den dualistischen Lösungsversuchen - die Macht beigemessen wird, das Leid prinzipiell überwinden zu können, stellt sich auch die Frage, warum Gott das Leid nicht verhindert oder abschafft. Die Frage, ob das Übel seiner metaphysischen Beschaffenheit nach nun privativer Natur ist oder nicht, berührt diesen entscheidenden theodizee-relevanten Punkt überhaupt nicht. Denn völlig unabhängig davon, ob das Übel prinzipiell als *privatio* gedeutet werden kann oder nicht, und auch völlig unabhängig davon, durch welche Spitzfindigkeiten der privative Charakter des Übels im einzelnen gedeutet wird, nach wie vor stellt sich die Frage, warum ein allmächtiger und gütiger Gott Übel bewirkt und/oder zuläßt[52]. Angesichts der Tatsache, daß die verschiedenen "Privationen" den empfindungsfähigen Wesen unfaßbares Leid und unermeßliche Schmerzen zufügen können, berührt die Privationsthese noch nicht einmal den Kern der eigentlichen Problemstellung.

> "In the end, good is still good and evil is still evil, and no amount of theodicist rhetoric, however elegantly composed, will ever change that."[53]

Die eigentliche Suche nach einer Lösung des Theodizee-Problems muß sich auf die möglichen Gründe oder Motive konzentrieren, die es plausibel machen können, warum Gott Leid bewirkt und/oder zuläßt[54]. Zur Beantwortung dieser Frage trägt die Privationsthese nichts

---

52 Vgl. dazu folgende Anfragen von *G. Streminger, Gottes Güte und die Übel der Welt* (1992), 186: "*Warum gibt es in dieser angeblich von einem gütigen Gott geschaffenen Welt einen solchen Mangel an Gutem?* Selbst wenn man einmal davon absieht, daß mit besseren Argumenten das Übel als das eigentlich Reale und das Gute lediglich als Abwesenheit von Übeln anzusehen ist, so stellt sich die Frage, weshalb Gott es zuließ, daß in dieser Welt so viel Gutes durch Abwesenheit auffällt und vom Menschen entbehrt werden muß. Warum ein solcher Mangel an Gutem? Und daß es einen solchen gibt, wird ja auch von Vertretern der Privationslehre *nicht* bestritten, sondern gerade als vermeintliche 'Lösung' der ganzen Theodizeeproblematik angesehen. Woher aber dann die Unordnung in der Ordnung? Wer hat die reale Ordnung in Unordnung gebracht? Da alles von Gott stammt, ist er auch die Ursache des Mangels an Gutem, woraus wiederum folgt, daß ER mit Bestimmtheit nicht gut ist."

53 So pauschal im Hinblick auf alle Theodizee-Versuche *T. Anders, The Evolution of Evil*, 12.

54 Vgl. dazu *G.S. Kane, Evil and Privation*, 55: "Warum konnte Augustinus in seiner Entgegnung der Manichäer nicht einfach behaupten, daß Gott in der Tat

bei. Aufgrund der angedeuteten Schwierigkeiten erleichtert sie nicht einmal deren Beantwortung. Zudem erweckt sie den nicht ganz abwegigen Eindruck, ein reales Problem mit einer bloß verbalen Lösung abfinden zu wollen[55]. Die Privationsthese läßt sich angemessener als logische Deduktion der theistischen Prämisse interpretieren, insofern sie die kreatürliche Wirklichkeit so deutet, wie sie sein müßte, wenn sie von einem allmächtigen und sittlich vollkommenen Gott erschaffen worden wäre. Demgegenüber besteht die Aufgabe der Theodizee gerade darin zu erklären, warum die Welt eben nicht so beschaffen ist, wie dies eigentlich zu erwarten wäre.

Von den klassischen Vertretern der Privationsthese wurde diese faktisch immer durch weitere Argumente ergänzt, die erklären sollten, wie es zu dem Mangel an Gutem kam. Die Lehre von der privativen Natur des Übels fungierte nur als Präludium zur eigentlichen Theodizee. Deren Gegenstand wurde dadurch immerhin so zurechtgeschnitten, daß er etwas von seinem Schrecken und Grauen verlor, auch wenn sich dieser Sachverhalt kaum mehr als einigen semantischen und metaphysischen Tricks verdankte. Selbst wenn die Vertreter der Privationsthese darin einen prinzipiell richtigen definitorischen Ansatz sahen, war ihnen deutlich bewußt, daß sich das Theo-

---

auch Übel erschaffen hat, als er die Welt erschuf, daß er aber dazu in moralischer Hinsicht berechtigt war, weil diese Übel zur Erreichung einer göttlichen Absicht, die über alle Maßen gut ist, logisch notwendig waren? Er liefert genau diese Art von Erklärung, wenn er begründet, daß Gottes Zulassung des Übels gerechtfertigt ist. Gottes Zulassung physischer Übel war gerechtfertigt, so sagt er, weil diese Übel in einer geschöpflichen Ordnung, die alle Grade des Seins und der Güte verwirklicht, unvermeidbar ist. Wenn dies aber Gottes Zulassung der Übel unter der Voraussetzung rechtfertigt, daß das Übel privativ ist, würde es nicht auch unter der Voraussetzung, daß das Übel eine positive Natur besitzt, Gottes direkte Erschaffung des Übels rechtfertigen? Der entscheidende Punkt bei der Betrachtung der Frage von Gott und Übel ist nicht, ob das Übel positiv oder privativ ist, auch nicht, ob Gott das Übel unmittelbar ins Dasein bringt oder es nur zuläßt. Der entscheidende Punkt ist die Frage, ob es für ihn moralisch hinreichende Gründe gibt, eine Welt zu erschaffen, in der diese Übel auftreten. Denn auf theistischer Basis steht außer Frage, daß das Auftreten aller Übel, seien sie nun positiv oder privativ, von Gott einfach dadurch verhindert hätten werden können, daß Gott keine Welt erschaffen hätte." (Übersetzung A.K.) Vgl. dazu auch den nicht sehr überzeugenden Antwortversuch von *W.S. Anglin/S. Goetz, Evil is Privation*, 10.

55 Leibniz bemerkt, daß die Privationsthese "bei sehr vielen als bloße Ausflucht, ja sogar als spitzfindige Erdichtung" gelte. Vgl. *G.W. Leibniz, Theodizee*, I,29. Dieses Stigma hat sie trotz der gegenläufigen Bestrebungen von Leibniz bis heute nicht verloren.

dizee-Problem allein auf dieser definitorischen Basis nicht zufriedenstellend lösen läßt. Zur Erreichung dieses Ziels rekurrierten sie auf zwei Argumente, die im engen Zusammenhang mit der Privationsthese die traditionelle christliche Theodizee bildeten: auf den Strafgedanken und auf das Argument der Willensfreiheit.

Beide Argumente machen nun aber eigentlich die Privationsthese rückwirkend überflüssig. Solange man von einer anfänglich leidfreien Schöpfung ausgehen konnte, stand nämlich ohnehin fest, daß Gottes Schöpfung gut war. Erklärt man nun den Eintritt des Bösen in diese Schöpfung mit Hilfe des freien Willens der Engel oder der Menschen und die leidvollen Folgen als gerechte göttliche Strafe, so spielt es keine große Rolle mehr, welchen ontologischen Status das Übel besitzt, geht es doch ohnehin nicht zu Lasten Gottes, sondern ganz und gar auf das Konto der freien Wesen, die ihre Freiheit mißbrauchten und dafür gerechterweise bestraft wurden. Die Privationsthese würde man im Grunde gerade dann dringend benötigen, wenn zumindest ein Teil des Übels - in Form von Leid und Tod - bereits von allem Anfang an ein Bestandteil der Schöpfung war und somit nur Gott als Urheber in Frage kommen kann. Gerade in diesem Fall müßte die Privationsthese ihr Erklärungspotential unter Beweis stellen. Gerade in diesem Fall versagt sie aber nahezu vollständig.

Übrig bleibt schließlich nur die metaphysische Prämisse jener "Fülle des Seins", in der auch die anscheinenden Mängel und Dissonanzen im Horizont des Ganzen angeblich ihren negativen Beigeschmack verlieren sollen. Diese Prämisse nötigt aber zu dem Schluß, daß alles, was ist, sich letzten Endes als gut erweist. Dadurch wird das Übel nicht erklärt, sondern als solches aufgehoben, denn definitionsgemäß kann das Übel nicht gut sein, ohne gleichzeitig aufzuhören, als Übel zu gelten.

6 Leid als Sündenstrafe

"Alle diese Verfluchungen werden über dich kommen, dich verfolgen und dich erreichen, bis du vernichtet bist, wenn du auf die Stimme des Herrn, deines Gottes, nicht hörst und nicht auf seine Gebote und Gesetze, auf die er dich verpflichtet hat, achtest. Für immer werden sie als Zeichen und Wunder an dir und an deinen Nachkommen haften."
(Dtn 28,45f.)

Aus der Definition des *malum* als *privatio boni* läßt sich keine plausible Antwort auf die Frage nach der Entstehung des Übels ableiten. Aus diesem Grund blieb die Frage *Unde malum?* auch in der Tradition weiterhin offen. Eine der geläufigsten Antworten deutete die Realität von Übel/Leid im Kontext von Sünde und Sündenstrafe: "... alles, was als Übel bezeichnet wird, ist entweder Sünde oder Strafe für die Sünde"[1]. Diese Deutung des Leids als "Strafe" bzw. Vergeltung für begangene Sünden kann zwar durchaus mit der Privationsthese verknüpft werden[2]. Grundsätzlich ist sie jedoch davon unabhängig. Im Zentrum dieses Erklärungsmodells steht der Versuch, mit Hilfe einer Art "Vergeltungslogik" den Wandel von einem ursprünglich leidfreien in einen leidvollen Zustand zu erklären und im Anschluß daran die Verantwortung für diesen Wandel dem menschlichen Versagen anzulasten. Die Verantwortung für die Existenz des Übels, von der Gott mit Hilfe der Privationsthese freigesprochen werden sollte, fällt im Rahmen der Vergeltungslogik auf den Menschen zurück.

Unter der Voraussetzung, daß die göttliche Vorsehung die Geschicke des Menschen lenkt, war es unausweichlich, auch das Leid

---

1 Vgl. *Augustinus, De Genesi ad litteram imperfectus liber*, I,3: "... sed omne, quod dicitur malum, aut peccatum esse aut poenam peccati." Vgl. ähnlich auch *De libero arbitrio*, I,1; *De vera religione*, XII,23. Vgl. dazu auch unter Hinweis auf Augustinus *Thomas von Aquin, De malo*, q.1, a.4: "... omne malum rationalis creaturae vel sub culpa vel sub poena continetur."

2 Vgl. z.B. *Thomas von Aquin, Summa theologica*, I, q.79, a.1, ad 4.

entweder als direkt von Gott verursacht oder doch als zumindest von Gott zugelassen zu betrachten. Als möglicher Grund, der Gottes Verursachung oder Zulassung des Leids rechtfertigen könnte, ohne seiner sittlichen Vollkommenheit zu widersprechen, legt sich das sündige Verhalten des Menschen nahe, durch das er Schuld auf sich lädt, die wiederum durch eine als leidvoll erfahrene Strafe gesühnt werden muß. In diesem, im übrigen auch bei Platon angedeuteten[3], Zusammenhang von Sünde, Schuld, Strafe und Sühne konnte die Tatsache des Leids mit dem Glauben an einen gütigen und vor allem auch gerechten[4] Gott vereinbart werden. Als Folge gerechter Strafe bildete das Leid keinen Einwand gegen den Glauben an einen sittlich vollkommenen Gott. Das Theodizee-Problem schien gelöst zu sein.

Die Überzeugung, hinter der Widerfahrnis von Schicksalsschlägen und Unglücksfällen stehe eine vergeltende und strafende Macht, ist prinzipiell vom theistischen Bekenntnis unabhängig und scheint dieses merkwürdigerweise auch überleben zu können. Letzteres zeigt sich in der Tatsache, daß Fragen wie z.B. "Warum gerade ich?", "Was habe ich getan?" oder "Womit habe ich das verdient?" auch noch in einem mehr oder minder säkularen Kontext als spontane Reaktion auf Leiderfahrungen geäußert werden. Als weiteres Indiz für die unterschwellige Präsenz dieser Betrachtungsweise läßt sich auch die Tatsache deuten, daß an sich leidvolle Widerfahrnisse dann als kaum oder weniger problematisch empfunden werden, wenn sie in einem direkten Zusammenhang mit dem moralischen Fehlverhalten der Betroffenen stehen. Vermeintliche Schuld läßt das Leid zwar nicht unbedingt für die Betroffenen selbst, häufig aber für die anderen erträglicher, weil irgendwie sinnvoll bzw. gerecht erscheinen. Kommt jemand beispielsweise bei der Ausübung eines Verbrechens zu Schaden, so bildet dies üblicherweise keinen Anlaß zur Empörung, da der Betroffene selbst die Schuld für sein Unglück trägt. Kommt jemand jedoch ohne eigenes Verschulden aufgrund unglücklicher Umstände zu Schaden, so stellen sich sofort bohrende und beunruhigende Fragen nach dem Sinn seines Unglücks. Ähnliches gilt

---

3 Vgl. *Platon, Politeia*, 380b.

4 Vgl. z.B. *Augustinus, De civitate Dei*, XII,3: "Und wenn eine sündige Natur der Strafe verfällt, so ist nicht bloß ihre Natur gut, sondern auch die Tatsache, daß sie nicht straflos bleibt. Denn das ist gerecht, und alles, was gerecht ist, ist unfraglich auch gut. Nicht wegen naturhafter, sondern nur wegen willentlicher Fehler wird man ja bestraft." (Übersetzung W. Thimme)

etwa auch für den Unterschied zwischen solchen Erkrankungen, die durch ein vermeidbares Fehlverhalten verursacht wurden, und solchen, die in keinem erkennbaren Zusammenhang mit einem solchen Fehlverhalten stehen[5]. Hinter diesen spontanen Reaktionen steht eine - wenn vielleicht auch nur rudimentäre - Vergeltungslogik, deren Relevanz für das Theodizee-Problem dort vollends durchschlägt, wo es überhaupt nur noch als Frage nach dem Leid Unschuldiger gestellt wird. Stillschweigend scheint dabei vorausgesetzt zu werden, daß das Leid Schuldiger verdient bzw. gerecht ist und daher keiner weiteren Erklärung mehr bedarf.

6.1 DIE INDIVIDUELLE VERGELTUNGSLOGIK

Unter der individuellen Vergeltungslogik wird im folgenden der Versuch verstanden, das Leid des einzelnen als Folge bzw. Bestrafung seines individuellen sittlichen Versagens und als Sühne für die daraus resultierende Schuld zu deuten. Dieser "Logik" zufolge ergeht es dem "Frommen" gut, während der "Sünder" wegen seiner Vergehen bestraft wird.

In einem monotheistischen Kontext wird eine derartige Vergeltungslogik in Teilen der alttestamentlichen Überlieferung vertreten, an anderen Stellen aber auch massiv kritisiert[6]. Eine ähnliche Ambivalenz findet sich auch im Koran, hier vor allem in der Spannung zwischen deterministischen und freiheitsbejahenden Aussagen[7]. In der hinduistischen und buddhistischen Tradition liegt der Karma-Lehre eine Version der individuellen Vergeltungslogik zugrunde, die aufgrund der Annahme eines zahllose Existenzen umfassenden Wiedergeburtenkreislaufs einige signifikante Probleme der biblisch-

---

[5] Als literarisches Beispiel vgl. hierzu z.B. den in A. Camus' Roman "Die Pest" beschriebenen Tod eines Kindes und die Reaktion des Paters Paneloux, die sich in seiner zweiten Predigt niederschlägt, in der die Vergeltungslogik keine Rolle mehr spielt.

[6] Vgl. dazu *J. Bowker, Problems of Suffering in Religions of the World*, 5-41.

[7] In eine deterministische Richtung deutet z.B. Sure 6,125: "Wen Allah leiten will, dem öffnet er die Brust für den Islam; wen er aber im Irrtum belassen will, dessen Brust wird er so verengen, als wollte dieser zum Himmel hinaufsteigen." Vgl. dagegen Sure 4,80: "Das Gute ... ist von Allah, das Böse aber ziehst du dir selbst zu." Vgl. dazu *J. Bowker, The Problem of Suffering in the Qur'an*, 190-192. Zur Theodizee-Thematik im Islam vgl. auch *J. Bowker, Problems of Suffering in Religions of the World*, 99-136; *L. Hagemann, Leiden im Islam*, 110-130.

christlichen Konzeption lösen kann[8]. Der hier angenommene Zusammenhang zwischen Tun und Ergehen hat in den theistischen Zweigen der hinduistischen Tradition[9] einen Bezug zum Theodizee-Problem, in der buddhistischen Tradition fehlt dieser Bezug[10].

In der alttestamentlichen Überlieferung begegnet eine Fülle von theodizee-relevanten Erklärungsversuchen, darunter auch die Deutung des Leids als Folge von bzw. Bestrafung für die Sünden einzelner wie auch für die Sünden der Väter bzw. früherer Generationen[11]. Der Frevler gräbt sich gewissermaßen sein eigenes Loch[12], seine Sünde und sein Unrecht fallen auf ihn selbst zurück[13]. Sünde wird dabei primär als Ungehorsam gegenüber dem göttlichen Willen bzw. Gesetz verstanden. Jedem wird nach dem Verdienst seiner Taten vergolten[14]. Während der Gehorsam mit Wohlergehen belohnt wird[15], bestraft Gott den Ungehorsam mit leidvollen Plagen, Krankheiten, Naturkatastrophen, Kriegen usw.[16]. Der Zusammenhang zwischen Sünde/Schuld und Strafe/Vergeltung wird dabei einerseits sehr eng gefaßt, insofern die Vergeltung dem Übeltun unausweichlich - wenn auch nicht unbedingt augenblicklich - folgt. Andererseits wird dieser Zusammenhang aber auch sehr weit gefaßt, insofern die Sünde sich in ihren unheilvollen Auswirkungen nicht nur auf das Opfer und den

---

8 Vgl. dazu vor allem *G.C. Nayak, Evil, Karma and Reincarnation*.

9 Zur Entstehung und Ausgestaltung der Karma-Lehre vgl. die Beiträge in *W.D. O'Flaherty (Hg.), Karma and Rebirth in Classical Indian Traditions*.

10 Vgl. dazu *M. Abe, The Problem of Evil in Christianity and Buddhism*, 145: "In Buddhism there is no theodicy. There is no theory justifying God because in Buddhism there is no notion of one God whose goodness and power must be justified against the reality of evil in the world." Etwas zurückhaltender fällt das Urteil von Peter Gregory im Hinblick auf den chinesischen Text "The Awakening of Faith" aus. Hier komme der Buddhismus dem ontologischen Monismus des Christentums am nähesten, unterscheide sich aber immer noch radikal in der Transzendenzvorstellung. Grundsätzlich gehen Gregorys Überlegungen daher in die gleiche Richtung wie die von Masao Abe. Vgl. *P.N. Gregory, The Problem of Theodicy in the "Awakening of Faith"*, 77: "... although, in the case of the *Awakening of Faith*, phenomenal reality could be said to raise out of the One Mind, it does not do so as a creative act of will proceeding according to a divine plan. The One Mind is thus not 'responsible' for the created universe in the same way as is God."

11 Vgl. z.B. Dtn 5,9f.; 28,15-68; 2 Sam 24,10-17.

12 Vgl. Ps 7,16; Spr 26,27. Ps 9,16 weitet diesen Gedanken auch auf ganze Völker aus, die in der Grube versanken, die sie sich selber gegraben hatten.

13 Vgl. Ijob 4,8; Spr 28,18.

14 Vgl. Ps 62,13; Spr 11,31; 13,21.

15 Vgl. z.B. Ps 18,21-28.

16 Vgl. z.B. Lev 26.

Täter selbst beschränkt, sondern Konsequenzen zeitigt, unter denen auch die Gemeinschaft und Nachkommenschaft des Sünders zu leiden haben[17]. Die Bestrafung kann also nicht nur den einzelnen Sünder, sie kann auch seinen Sozialverband oder seine Nachkommenschaft[18] treffen. Die Vorstellung einer Bestrafung aufgrund der Sünden der Väter kommt in dem Sprichwort zum Ausdruck: "Die Väter essen saure Trauben, und den Söhnen werden die Zähne stumpf."

Die konkrete Beschaffenheit dieses Zusammenhangs wird nicht im einzelnen entfaltet, so daß unklar bleibt, welche Rolle Gott in diesem Kontext genau spielt und ob diese Rolle überhaupt mit dem Ausdruck "Vergeltung" adäquat umschrieben werden kann[19]. Daß Gott darin überhaupt eine Rolle spielt, dürfte indes unbezweifelbar sein, ob er nun in jedem Einzelfall für das Eintreten der gerechten Tatfolge sorgt oder nur den generellen Zusammenhang zwischen Tun und Ergehen aufrechterhält[20]. Insofern dieser Zusammenhang zum einen

---

17 Vgl. dazu *G. von Rad, Theologie des Alten Testaments*, Bd. 1,278: "Die böse Tat war nur die eine Seite der Sache, denn mit ihr war nun ein Böses in Lauf gesetzt, das sich früher oder später gegen den Täter oder seine Gemeinschaft wenden mußte. Die 'Vergeltung', die den Bösen erreicht, ist nach dieser Vorstellung jedenfalls nicht ein nachträgliches forensisches Geschehen, das durch die Sünde in einem ganz anderen Bereich (nämlich bei Gott) ausgelöst wurde, sondern sie ist eine Ausstrahlung des nunmehr weiterwirkenden Bösen; in ihr erst kommt das von ihr ausgelöste Böse wieder zur Ruhe. Man hat diese Vorstellung eine 'synthetische Lebensanschauung' genannt, weil in ihr das Handeln des Menschen einerseits und sein Ergehen andrerseits noch nicht als zwei voneinander getrennte und selbständige Dinge verstanden werden, die allenfalls nur in einem sehr losen Bezug zueinander stehen."

18 Vgl. Ex 20,5.

19 K. Koch bezeichnet die Verwendung des Begriffs "Vergeltung" zur Bezeichnung dieses Sachverhalts als irreführend. Erstens werde dieser Begriff zumeist juristisch verstanden, und zweitens bezeichne er einen "Vorgang, bei dem an den Menschen von außen etwas herangetragen wird, was seinem eigenen Wesen fremd ist. Nach der Auffassung von schicksalswirkender Tatsphäre kommt aber nichts Fremdes im Ergehen auf den Menschen zu, sondern wird sein eigenes Wesen, das er sich selbst geschaffen, in Kraft gesetzt." Vgl. *K. Koch, Gibt es ein Vergeltungsdogma im Alten Testament?*, 32. Ohne den Vergeltungsbegriff übermäßig zu strapazieren, läßt er sich wohl auch so verwenden, daß darunter auch Kochs Auffassung von der "schicksalwirkenden" Tat subsumiert werden kann. Wenn dazu auch die Überzeugung gehört, "daß Jahwe über dem Zusammenhang von Tat und Schicksal wacht und ihn, wenn nötig, in Kraft setzt, beschleunigt und 'vollendet'" (ebd. 9), dann scheint der Ausdruck "Vergeltung" angebracht zu sein. Vgl. dazu auch *B. Janowski, Die Tat kehrt zum Täter zurück*, 248-254.

20 Vgl. dazu *H. Haag, Vor dem Bösen ratlos?*, 108: "Nicht Gott bestraft die Sünde, sondern die Sünde bestraft sich selbst." Diese Aussage ist etwas mißverständlich, denn - wie Haag selbst hinzufügt - ist Gott der "Urheber der sittlichen

von Gott konstituiert und zum anderen eindeutig ethisch qualifiziert ist, dürfte der Vergeltungsbegriff grundsätzlich den Sachverhalt treffen.

Das Sprichwort von den sauren Trauben wird von Jeremia[21] und Ezechiel[22] erwähnt. Beide lehnen seine Pointe allerdings ab: Gott bestraft Menschen nicht aufgrund der Sünden ihrer Väter, sondern aufgrund ihrer eigenen Verfehlungen. Auch wenn Gott das ganze Volk bestraft, dann nicht deshalb, weil einzelne gesündigt haben, sondern deshalb, weil das ganze Volk gesündigt hat. Das Volk wird also nicht kollektiv wegen der Sünden einzelner bestraft, sondern aufgrund der Tatsache, daß alle gesündigt haben[23]. Denn nur wenn und weil alle gesündigt haben, verdienen auch alle die Bestrafung[24]. Daß dieser Kritik kein im modernen Sinn individualistischer Vergeltungsbegriff zugrunde liegt, wird daran deutlich, daß die Strafe Gottes auch die Frauen und Kinder gottloser Männer treffen kann, ohne daß diese selbst gesündigt haben[25].

Die Deutung des Leids als Bestrafung der Sünder ist in den alttestamentlichen Schriften allerdings nicht unumstritten. Im Buch Ijob argumentieren die Freunde Ijobs auf der Basis der geläufigen Annahme, daß Gott über die Gerechten wacht und Verfehlungen mit Leid bestraft. Am Schluß der Erzählung tadelt Gott allerdings die Freunde Ijobs, weil sie nicht recht von ihm geredet haben[26]. Hier werden radikale Zweifel hinsichtlich der individuellen Vergeltungslogik laut, und zwar aufgrund der Tatsache, daß auch Gerechte, wie

---

Ordnung" (ebd. 112) und daher für diesen Zusammenhang unmittelbar verantwortlich.

21 Jer 31,29.

22 Ez 18,2.20.

23 Vgl. Jer 2,29; 6,13; 9,1; Ez 2,3-5.

24 Dieser Gedanke scheint sich auch in der neutestamentlichen Überlieferung durchzuhalten: Das Schicksal der Menschen, die auf Befehl des Pilatus getötet wurden und die beim Einsturz des Turms von Schiloach erschlagen wurden, wirft die Frage nach ihren Sünden auf, die für ihr Unglück verantwortlich sind. Jesus lehnt zunächst einen direkten Zusammenhang zwischen den Sünden der Opfer und ihrem Unglück ab. Weil keineswegs nur diese Männer, sondern alle Sünder sind und Schuld auf sich geladen haben, wird es allen genauso ergehen, wenn sie sich nicht bekehren werden. Vgl. Lk 13,1-5.

25 Vgl. z.B. Ez 9,6.

26 Ijob 42,7f.

Ijob, leiden müssen[27]. Damit "zerbricht die rational so schlüssige Korrespondenz von Tun und Erleiden"[28].

Der massivste Einwand gegen die individuelle Vergeltungslogik besteht in der Tat darin, daß es allem Anschein nach Sündern gut ergehen kann, während umgekehrt Gerechte und Gottesfürchtige häufig Unrecht erleiden müssen[29]. Gott "läßt seine Sonne aufgehen über Bösen und Guten, und er läßt regnen über Gerechte und Ungerechte"[30]. Die konkrete Erfahrung des Leids scheint der individuellen Vergeltungslogik zu widersprechen, denn ohne Unterschiede des sittlichen Verhaltens kann das Unheil alle Menschen treffen. Im Falle Erwachsener kann man dieser Aporie eventuell noch dadurch entgehen, daß man – wie die Freunde Ijobs – eine verborgene Schuld unterstellt. Im Falle von Kindern bleibt dieser Ausweg jedoch definitiv versperrt, sofern und weil sie in einem Alter sind, in dem sie noch keine sittlichen Entscheidungen treffen und daher gar nicht sündigen können.

Die offenkundigen Ungereimtheiten der Vergeltungslogik lassen sich auf mehrere Weisen beheben: zum einen dadurch, daß man auf die Sünden der "Väter" zurückgreift, um das Leid auch der Gerechten zu erklären[31]. Nur auf diese Weise schien sich die Vergeltungslogik überhaupt einigermaßen aufrechterhalten zu lassen. Zum anderen kann man auf ergänzende Erklärungen zurückgreifen, wie z.B. die Deutung des Leids als erzieherisches Mittel Gottes[32], das etwa der Erprobung des Glaubensgehorsams oder der Läuterung des Sün-

---

27 Ähnlich weist auch der johanneische Christus die Frage nach der Sünde zurück, die für das Schicksal eines Blindgeborenen verantwortlich sein soll: "Weder er noch seine Eltern haben gesündigt, sondern das Wirken Gottes soll an ihm offenbar werden." Vgl. Joh 9,3.

28 *H. Häring, Das Problem des Bösen in der Theologie*, 23. - Zur Entwicklung des Vergeltungsgedankens im klassischen rabbinischen Judentum vgl. *D. Kraemer, Responses to Suffering in Classical Rabbinic Literature*; zur Krise dieser Leiddeutung im Babylonischen Talmud vgl. ebd. 150-210.

29 Vgl. dazu außer dem Ijob-Buch auch Koh 8,14; 9,2f.; Ps 73.

30 Mt 5,45.

31 Im frühen Judentum ist auch die Vorstellung belegt, daß das Kind bereits im Mutterleib oder in einer dem irdischen Dasein vorausliegenden Existenz sündigen kann. Vgl. dazu die Hinweise von *N. Bischofberger, Der Reinkarnationsgedanke in der europäischen Antike und Neuzeit*, 81.

32 Vgl. z.B. Spr 3,12: "Wen der Herr liebt, den züchtigt er, wie ein Vater seinen Sohn, den er gern hat." Die Vater-Sohn-Analogie findet sich auch in Dtn 8,5 und 2 Sam 7,14. Vgl. dazu auch 2 Makk 6,12-17.

ders dient[33], oder später die Annahme eines postmortalen Ausgleichs für die irdischen Ungerechtigkeiten, wonach die Gerechten im jenseitigen Leben für ihr ungerechtes Schicksal im Diesseits entschädigt werden[34]. Schließlich bietet sich noch die Möglichkeit an, die Macht der Sünde überhaupt auf alle Menschen auszudehnen, unabhängig davon, ob sie in einzelnen Handlungen bereits gesündigt haben oder nicht. Ein derartiger universaler Schuldzusammenhang wird in der traditionellen Erbsündenlehre behauptet, teilweise in Ergänzung zur individuellen Vergeltungslogik[35].

In der hinduistischen und buddhistischen Tradition[36] bietet die Wiedergeburtenlehre eine Antwort auf die Frage nach den

> "qualitativen Unterschiede(n) der einzelnen menschlichen Schicksale mit allem darin enthaltenen Leid, aller Ungerechtigkeit, aller physischen, psychischen und sozialen Ungleichheit"[37].

Die vergeltungslogischen Vorteile der Wiedergeburtenlehre, derer sich im Westen Platon[38] und – im christlichen Kontext – möglicherweise auch Origenes[39] bedienten, liegen darin, daß sich auch dort noch der Gedanke einer gerechten Vergeltung durchhalten läßt, wo innerhalb des jeweils gegenwärtigen Daseins keine erkennbaren Vergehen vorliegen, wie vor allem – aber nicht nur – in den unter-

---

33 Auf diesen Gedanken greift auch *Origenes, De principiis*, III 1,12f. zurück.

34 Zur Bedeutung der Leidproblematik für die Entwicklung eschatologischer Vorstellungen vgl. *W. Berg, Jenseitsvorstellungen im Alten Testament mit Hinweisen auf das frühe Judentum*, 38: "Die Auffassung von der universalen Macht Gottes, der alles unterliegt, auch die Macht des Todes, wird zu einem wichtigen Aspekt für die positiven Erwartungen für den Zustand nach dem Tod, für den Jenseitsglauben. Sie stehen sämtlich im Rahmen der Theodizee. Dies gilt für die Texte, die von einem individuellen Schicksal nach dem Tod reden (Ps 49; 73; 2 Makk 7), als auch für die, aus denen die Hoffnung auf 'Auferstehung' für eine Mehrzahl erkennbar ist (Dan 12,1-3; Weish 1-5)." Vgl. dazu auch *A.E. Bernstein, The Formation of Hell*, 131-202.

35 Vgl. *Augustinus, De civitate Dei*, XX,2.

36 Vgl. dazu den knappen Überblick von *K. Meisig, Leiden im Hinduismus*, 9-43 und *E. Meier, Die Haltung des Buddhismus zur Leidensfrage*, 44-73.

37 *H. von Stietencron, Mensch und Erlösung in Religionen der Hindus*, 125. Vgl. dazu auch *R.H. Hooker, Themes in Hinduism and Christianity*, 100ff.

38 Vgl. dazu z.B. *Platon, Phaidon*, 81b-82b.

39 Vgl. dazu z.B. *Origenes, De principiis*, II 9,5-8; III 1,21-24. Ob Origenes tatsächlich die Wiedergeburtenlehre vertreten hat, ist äußerst umstritten. Vgl. dazu *N. Bischofberger, Der Reinkarnationsgedanke in der europäischen Antike und Neuzeit*, 82f.

schiedlichen Kinderschicksalen. Ein weiterer nicht zu unterschätzender Vorteil zeigt sich im Hinblick auf das Leid der Tiere[40]. Gewichtige Schwierigkeiten, die letztlich zu erheblichen Modifikationen der individuellen biblischen Vergeltungslogik führten, werden durch die Wiedergeburtenlehre in einer *prima facie* wesentlich plausibleren Weise geklärt[41], so daß gegenwärtig auch auf christlicher Seite Stimmen laut werden, die eine Integration der Wiedergeburtenlehre fordern[42].

Im asiatischen Raum erfolgt diese Klärung im wesentlichen mit Hilfe des Karma-Gesetzes, d.h. jener Gesetzmäßigkeit, die den Wiedergeburtenkreislauf (*samsara*) regelt[43]. Sie besagt, daß das jeweils gegenwärtige Schicksal durch die eigenen vergangenen Taten mitverursacht wird. Diese Verursachung geschieht nicht aufgrund einer von Fall zu Fall eingreifenden göttlichen Vorsehung, sondern aufgrund der eher "naturgesetzlich" konzipierten Auswirkungen von gegenwärtigen Handlungen bzw. Handlungsabsichten auf das zukünftige Schicksal. In der Regel determinieren diese das zukünftige Schicksal nicht durchgängig, sondern schaffen Handlungsdispositionen, die vom Menschen beeinflußbar bleiben. Dadurch bleibt der Appell an die Verantwortlichkeit des Handelnden sinnvoll. Der Mensch ist "Erbe und Eigner seiner Taten"[44]; d.h. er hat zwar die Konsequenzen für seine früheren Handlungen zu tragen, schafft aber auch jeweils die Voraussetzungen für seine eigenen zukünftigen Entscheidungen. Durch das Karma-Gesetz verschwindet der Eindruck des unverdienten Leids, insofern jeder für sein Schicksal zwar nicht ausschließlich, aber doch entscheidend selbst verantwortlich ist[45].

---

40 Vgl. dazu *A.L. Herman, The Problem of Evil and Indian Thought*, 288. In der Unerklärbarkeit des Leids der Tiere sieht Herman einen entscheidenden Einwand gegen die abendländischen Theodizee-Versuche von Augustinus bis Hick und dementsprechend einen signifikanten Vorteil der Wiedergeburtenlehre. - Auch Origenes scheint eine Wiedergeburt im Tierreich angenommen zu haben. Vgl. dazu *Origenes, De principiis*, I 5,3; I 8,4.

41 Vgl. dazu auch die Hinweise von *G. MacGregor, Reinkarnation und Karma im Christentum*, 13; 167ff.

42 Zu den anderen Begründungen vgl. *G. MacGregor, Reinkarnation und Karma im Christentum*, 8-24.

43 Vgl. dazu den knappen Überblick bei *R.M. Green, Art.: Theodicy*, 438-440.

44 *Anguttara-Nikaya*, V,161.

45 Vgl. z.B. *Majjhima-Nikaya*, 135: "Wenn jemand lebende Wesen tötet, grausam und blutgierig ist, so gerät er nach dem Tode auf den schlechten Weg, hinab in die Hölle. Wird er aber als Mensch wiedergeboren, so wird er kurzlebig sein. Vermeidet jemand, lebende Wesen zu töten, ist er barmherzig und hilfsbereit, so

Nach buddhistischer[46] – und teilweise auch hinduistischer Überzeugung[47] – unterliegen im übrigen auch die Götter (*devas*) dem Karma-Gesetz.

Im Gegensatz zur Frage nach den Wegen zur Befreiung aus dem Samsara wird der Frage nach dessen Anfang im allgemeinen keine besondere Aufmerksamkeit geschenkt. Im Hinduismus findet sich vereinzelt die Vorstellung, daß die Menschen ohne Kastenunterschiede von Brahma erschaffen wurden, dann aber aufgrund freier Entscheidungen unterschiedliches Karma entwickelten[48]. In der buddhistischen[49] und in Teilen der hinduistischen[50] Tradition wird die Unerkennbarkeit oder gar Undenkbarkeit eines ersten Anfangs behauptet. Es versteht sich von selbst, daß das eigentliche Theodizee-Problem – im Unterschied zum Leidproblem – nur in jenen indischen Traditionen auftauchen kann, denen theistische Überzeugungen zugrunde liegen. In diesem Zusammenhang dient die These von der Anfanglosigkeit bzw. Unerschaffenheit des Samsara dazu, die Frage

---

geht er nach dem Tode den guten Weg, hinauf in den Himmel. Wird er aber als Mensch wiedergeboren, so wird er langlebig sein. Ist jemand gewalttätig, so gerät er nach dem Tode in die Hölle oder wird, als Mensch wiedergeboren, kränklich und leidend sein. Lebt jemand gewaltlos, so wird er, als Mensch wiedergeboren, gesund und kräftig sein..." (Übersetzung K. Schmidt). Vgl. ähnlich auch in der hinduistischen Tradition *Chandogya-Upanishad,* V,10,7.

46 Offenkundige Unterschiede zwischen der hinduistischen und buddhistischen Wiedergeburtslehre ergeben sich aufgrund der buddhistischen *anatta*-Lehre, d.h. der Ablehnung eines dem Wiedergeburtenkreislauf zugrundeliegenden Selbst (*atman*). Nach buddhistischer Auffassung wird kein identisches Selbst kontinuierlich wiedergeboren. Beim "Wiedergeburtenkreislauf" handelt es sich eher um "Bewußtseinsströme", die kausal, nicht jedoch substantiell zusammenhängen. Vgl. dazu das Lampengleichnis in *Milindapañha*, II,2.

47 Vgl. dazu *W.D. O'Flaherty, The Origins of Evil in Hindu Mythology*, 17.

48 Vgl. *H. von Stietencron, Mensch und Erlösung in Religionen der Hindus*, 130.

49 Vgl. z.B. *Milindapañha*, II,3: "Der vergangene, der gegenwärtige und der zukünftige Zeitablauf ... wurzeln im Nichtwissen. Und durch Nichtwissen bedingt sind die Kammaformationen (willentliches Wirken); durch die Kammaformationen bedingt ist das (Wiedergeburts-)Bewußtsein; durch das Bewußtsein bedingt ist das Geistige und Körperliche; durch das Geistige und Körperliche bedingt sind die sechs Sinnengrundlagen; durch die sechs Sinnengrundlagen bedingt ist das Gefühl; durch das Gefühl bedingt ist Begehren; durch Begehren bedingt ist Anhaften; durch Anhaften bedingt ist der Werdeprozeß; durch den Werdeprozeß bedingt ist (Wieder-)Geburt; durch Geburt bedingt sind Altern und Sterben, Sorge, Klage, Schmerz, Trübsal und Verzweiflung. Somit ist ein erster Anfang dieses ganzen Zeitlaufs undenkbar." (Übersetzung Nyanatiloka)

50 Vgl. dazu und zum ebenfalls vorfindbaren Mythos vom Goldenen Zeitalter *W.D. O'Flaherty, The Origins of Evil in Hindu Mythology*, 17-26.

nach der direkten Verantwortung der Gottheit für das Karma-Gesetz auszublenden, wobei sich im Anschluß daran aber das Problem der göttlichen Allmacht stellt[51].

6.2 Die kollektive Vergeltungslogik der Erbsündenlehre

Für den Mainstream der christlichen Tradition bildeten Erbsünden- und Erlösungslehre die beiden wichtigsten Pole, zwischen denen sich die theologisch-dogmatische Deutung des Leidproblems entfaltete. Zusammen mit dem Tod galt die menschliche Leidensfähigkeit nicht nur als Folge, sondern gleichzeitig auch als Strafe der Ursünde[52]. Dadurch war eine den moralischen Kategorien von Schuld, Sühne, Strafe und Erlösung verpflichtete Thematisierung des Theodizee-Problems vorgezeichnet, deren Grenzen nur ansatzweise und sporadisch überschritten wurden. Herman Schell sprach in diesem Sinn geradezu von einer "Theodicee der Erbsünde"[53].

Die christliche Lehre von der Erbsünde knüpft an die Erzählung von Paradies und Sündenfall an, der ansonsten im Alten Testament keine allzu große Bedeutung zukommt. Diese Erzählung soll erklären, wie in einer ursprünglich von Gott gut erschaffenen Welt Mühsal, Leid und Tod entstanden sind, nämlich als Strafe Gottes für den Ungehorsam bzw. die Ursünde der Stammeltern. Unter dieser Strafe haben alle nachfolgenden Generationen zu leiden. Sichtbares Zeichen für diesen Sachverhalt ist vor allem die Sterblichkeit des Menschen, die im Schöpfungsplan ursprünglich nicht vorgesehen war[54]. Obwohl die alttestamentliche Überlieferung die Vorstellung einer kollektiven Vergeltung von Sündenstrafen kennt, findet sich keine eindeutige Aussage über eine direkte Übertragung der Sünde bzw. Schuld der Stammeltern auf die nachfolgenden Generationen. Die allgemeine

---

51 Vgl. dazu *A.L. Herman, The Problem of Evil and Indian Thought*, 236-239. Herman versucht diese Schwierigkeiten zu lösen, indem er die Prinzipien von Karma und Wiedergeburt innerhalb des indischen Begriffssystems für so grundlegend erklärt wie die Gesetze der Logik, was sie aber - aus rein logischen Gründen - natürlich nicht sein können.

52 Vgl. z.B. *J. Pohle/J. Gummersbach, Lehrbuch der Dogmatik,* Bd. 1, 586-623. Ähnlich auch *M. Schmaus, Katholische Dogmatik,* Bd. II/1, 360-401; *L. Ott, Grundriß der katholischen Dogmatik*, 131-139.

53 Vgl. *H. Schell, Katholische Dogmatik*, Bd. 2, 326f.

54 Vgl. Sir 25,24; Weish 2,23f.

Sündhaftigkeit und die daraus resultierende Leidverstrickung scheinen eher damit zusammenzuhängen, daß faktisch alle Menschen aus eigenem Antrieb heraus sündigen[55], und nicht damit, daß ihnen die Schuld des ersten Elternpaares angerechnet wird. In eine ähnliche Richtung deutet vermutlich auch Röm 5,12, die klassische neutestamentliche Belegstelle für die Erbsündenlehre. Die Interpretation dieser Stelle ist bis heute nicht unumstritten[56]. Kaum mehr umstritten ist jedoch, daß dieser Vers nicht die spätere Erbsündenlehre impliziert. Augustinus interpretierte den ihm vorliegenden lateinischen Text im Sinne seiner Erbsündentheorie, so daß das "in quo" fälschlicherweise besagte, alle Menschen hätten "in" Adam gesündigt.

Die augustinische Erbsündenlehre besagt, daß der Mensch in einem leidfreien Zustand erschaffen wurde, der aufgrund der Sünde der Stammeltern aufgehoben wurde. In den pelagianischen Auseinandersetzungen entwickelte Augustinus eine systematische Deutung der Erbsündenlehre[57], in der sich die "moral vision of evil" unter der Hand zu einer "penal vision of history" verwandelte[58]. Danach wirkt sich die Sünde Adams nicht - wie dies von den pelagianischen Kontrahenten behauptet wurde - als schlechtes Beispiel auf die nachfolgenden Generationen aus und auch nicht als nur ontische Verderbtheit der menschlichen Natur, sondern als moralisch zurechenbare Schuld, die aufgrund der natürlichen Abstammung von Adam die menschliche Natur und somit die gesamte Menschheit befleckt. Die damit einhergehende Moralisierung war zumindest systemimmanent schlüssig. Denn eine bloß natürliche Verderbtheit der Menschheit wäre als Erklärung der Folgen des Sündenfalls völlig unbefriedigend. Um den Anschein göttlicher Gerechtigkeit zu wahren, mußte die Übertragung der Verderbtheit mit einer Übertragung der Schuld einhergehen, auch wenn zu diesem Zweck die merkwürdige Unterscheidung zwischen einer Sünde, die die Natur des Menschen betrifft (Erbsünde), und einer solchen, die die Person betrifft (individuelle

---

55 Vgl. Gen 6,5; 8,21; 1 Kön 8,48; Jes 64,5; Koh 7,20; Sir 8,5; Spr 20,9; Ps 130,3; 143,2.

56 Vgl. dazu ausführlicher *U. Wilckens, Der Brief an die Römer*, 1. Bd., 307ff.

57 Vgl. *W.J. Wainwright, Original Sin*, 31: "Four claims are essential to it. First, human behavior is wicked. Second, the human heart is corrupt. Third, we are born guilty. Finally, Adam's sin is the source of our corruption and guilt."

58 Vgl. dazu *P. Ricœur, Evil, a Challenge to Philosophy and Theology*, 351: "This purely moral vision of evil leads in turn to a penal vision of history."

Sünde), eingeführt werden mußte[59]. Anders ließ sich offenbar nicht erklären, wie die Sünde eines einzigen Menschenpaares ein Desaster von solch katastrophalen Ausmaßen zur Folge haben konnte.

Die Beschreibung der Auswirkungen der Erbsünde fallen in der Tradition teilweise unterschiedlich aus. Augustinus nennt als Folge "die ganze Kette des Unheils", "die mit nicht abreißendem Jammer das Menschengeschlecht" heimsucht[60]. Im einzelnen werden als Konsequenzen der erbsündlichen Verderbtheit die Sterblichkeit des Menschen, seine Leidensfähigkeit und seine sittliche Verderbtheit genannt. Unter anderem besagt dies, daß die natürliche Umwelt nach dem Fall nicht mehr optimal auf den Menschen abgestimmt war und daß dem menschlichen Willen eine mehr oder minder stark ausgeprägte Neigung zum Bösen inhärierte. Auf diese Weise konnten sowohl natürliche als auch sittliche Übel als gerechte Strafe für die Sünde der Stammeltern interpretiert werden[61].

Im Hinblick auf die Aporien der individuellen Vergeltungslogik hat die kollektive Variante eine ähnliche Funktion wie die Karma-Theorie. Sie ermöglicht es, das Leiden auch derjenigen, die sich noch keines Vergehens schuldig gemacht haben, als gerechte Strafe zu deuten, d.h. im Falle der Erbsündenlehre als Strafe für eine kollektive, ererbte Schuld. Dies gilt vor allem für das Leiden der Kinder, das bei Augustinus neben der Universalität des Todes als schlagendes Argument für die Existenz der Erbsünde fungiert. Aus der doppelten Voraussetzung, daß Gott gerecht ist und daß Kinder leiden, folgt unweigerlich, daß schon neugeborene Kinder irgendwie schuldig sein müssen[62]. Nur wenn alle schuldig sind, auch wenn sie noch nicht "aktuell" gesündigt haben, verdienen auch alle, bestraft

---

59 Paul Ricœur spricht diesbezüglich zutreffend von einem enormen Preis, der für die Kohärenz dieser Theorie zu entrichten war. Vgl. *P. Ricœur, Evil, a Challenge to Philosophy and Theology*, 351.

60 Vgl. *Augustinus, De civitate Dei*, XIII,14. (Übersetzung W. Thimme)

61 Vgl. dazu *E. Pagels, Adam, Eva und die Schlange*, 274: "Der Mensch, einstmals von seinem Schöpfer als harmonisches, vollkommenes Geschöpf in die Freiheit entlassen, ist infolge Adams fataler Fehlentscheidung heute mit Sterblichkeit geschlagen und von Begierden zerfressen, und alles, was er an Übeln sonst noch zu erdulden hat: von Mißernten und Fehlgeburten über Fieber und Wahnsinn bis hin zur Zerrüttung der Leibeskräfte und Krebs - das alles ist Folge und Symptom des moralischen und geistlichen Verfalls, der von Adam und Eva ausging."

62 Vgl. *Augustinus, Contra Iulianum,* 3,3-6. Vgl. dazu auch *K. Flasch, Augustin*, 196.

zu werden. Der universale Schuldzusammenhang soll also das Unheil in einer Welt, die von einem vollkommenen Schöpfer ins Dasein gerufen wurde, erklären und rechtfertigen. Augustinus versteigt sich schließlich sogar zu einer der wohl ungeheuerlichsten Behauptungen der gesamten Theologiegeschichte, zu der Behauptung, alle Menschen hätten eigentlich das schlimmste aller denkbaren Übel verdient: die ewige Verdammnis[63]. Man kann rückblickend nur mehr erahnen, wie gravierend das Leidproblem empfunden worden sein mag, wenn sogar eine derartige Lösung Schule machen konnte.

Die Annahme eines kollektiven Schuldzusammenhangs ermöglichte im übrigen auch die Vorstellung eines stellvertretenden Sühneleidens, wonach ein einzelner stellvertretend für andere deren Strafe auf sich nehmen und durch sein Leiden deren Schuld sühnen kann. Diese Vorstellung findet sich bereits im Alten Testament[64]. Sie wurde dann in der neutestamentlichen Überlieferung zur Deutung des Kreuzestodes herangezogen[65] und entwickelte sich später zum gewichtigsten Interpretament des Kreuzestodes Christi. Vom Begriff der Stellvertretung her läßt sich auch die Entwicklung jener spezifischen Form der sogenannten "Leidensmystik" erklären, die in Leiderfahrungen entweder eine aktiv zu suchende oder eine wenn schon nicht direkt gewollte, so doch zu begrüßende Partizipation am göttlichen Erlösungswerk sieht. In der Nachfolge des Gekreuzigten konnte der Leidende seinen eigenen Beitrag zur Sühne für die Sünden der Welt und zur Versöhnung mit Gott leisten[66]. In dieser Perspektive entschlüsselt das partikulare Kreuzesereignis gewissermaßen die universale Leidensgeschichte als Sühneprozeß. In einer etwas diffuseren Weise läßt sich das Leid noch ungenierter als genuiner Ort der mystischen Christusnachfolge und Gottesnähe deuten, ohne daß dabei notwendigerweise auf den Sühnebegriff zurückgegriffen werden

---

63 Vgl. *Augustinus, De diversis quaestionibus ad Simplicianum*, I 2,16. Vgl. dazu auch *H. Häring, Die Macht des Bösen*, 192-205.

64 Vgl. Jes 53,3-12.

65 Vgl. dazu u.a. die Beiträge in *K. Kertelge (Hg.), Der Tod Jesu. Deutungen im Neuen Testament*. Zur paulinischen Sühnevorstellung vgl. *U. Wilckens, Der Brief an die Römer*, Bd.1, 233-243.

66 In diese Richtung deuten auch die Überlegungen von *H.U. von Balthasar, Gott und das Leid*, 10: "Jesus verlegt den Sinn seines Lebens nicht in die Aufhebung des Leidens, sondern in den Abstieg auf dessen untersten Grund: er trinkt den 'Kelch' bis zur Neige, und zwar ausdrücklich 'für uns'. Nicht damit wir nicht mehr zu leiden hätten, sondern damit das eines letzten Sinnes entbehrende Leiden in ihm einen höchsten Sinn erhalte: die Welt entsühnen zu helfen."

muß. In diesen Deutungen wird der Leiderfahrung ein nicht notwendig mit der Vergeltungslogik verknüpfter Stellenwert beigemessen. In beiden Fällen verlieren Leid und Schmerz ihren negativen Charakter und erweisen sich als in sich wertvolle Wege der Heilserfahrung[67].

6.3 KRITISCHE DISKUSSION

Zwei Ansatzpunkte zur kritischen Diskussion der Vergeltungslogik bleiben im folgenden ausgeblendet: zum einen die allgemeine Problematik von Sinn und Recht einer Leidzufügung als Sühne bzw. Wiedergutmachung begangener schuldhafter Vergehen[68] und zum anderen die Frage nach den möglicherweise ideologischen Konsequenzen einer Deutung des Leids als Folge einer gerechten Bestrafung hinsichtlich der leiderzeugenden Situation[69]. Beide Aspekte verlangen eine eingehende Auseinandersetzung, die hier nicht zu erbringen ist. Beide legen aber auch eine gewisse Skepsis gegenüber der Vergeltungslogik nahe. Darüber hinaus ergeben sich jedoch noch einschneidendere und - im Kontext der Theodizee-Thematik - unmittelbarere Einwände.

Die individuelle Vergeltungslogik, wonach Leid im wesentlichen zur Bestrafung der eigenen Sünden dient, erweist sich als nicht überzeugend[70]. In ihr manifestiert sich zwar die tiefverwurzelte Sehnsucht, in diesem Leben möge es gerecht zugehen. Sie scheitert aber hoffnungslos an der Erfahrung des universalen Leids, das unter-

---

67 Vgl. dazu z.B. *M. McCord Adams, Redemptive Suffering*, 177-187.

68 Folgende Kritik der Vergeltungslogik geht nicht davon aus, daß Strafe, verstanden als absichtliche Zufügung eines Übels, nur unter der Voraussetzung zu rechtfertigen ist, daß sie dazu beiträgt, eine Wiederholung der Straftat zu verhindern oder andere davon abzuschrecken.

69 Vgl. dazu die Ausführungen in Abs. 8.1.

70 Diese Position wurde im übrigen auch verschiedentlich in lehramtlichen Texten zurückgewiesen. In der Bulle "Ex omnibus afflictionibus" (1572) wird der Michael Bajus zugeschriebene Satz verurteilt, daß alle "Drangsale der Gerechten ... ganz und gar Strafen für ihre eigenen Sünden" seien (DH 1972). Die Konstitution "Unigenitus Dei Filius" (1713) verurteilt den Pasquier Quesnel zugeschriebenen Satz, daß Gott niemals Unschuldige betrübe und daß Betrübnisse stets dazu dienen, "entweder die Sünde zu bestrafen oder den Sünder zu reinigen" (DH 2470).

schiedslos alle betreffen kann[71], vor allem aber am Leiden der Kinder, die vor der Erreichung sittlicher Reife nicht sündigen können, dennoch aber vielfältigen Leiden unterworfen sind. Sie scheitert schließlich auch am Leid der Tiere, das nicht als Folge ihrer Sünden gedeutet werden kann. Gemessen am Ausmaß zahlloser Leiden erscheinen die davon Betroffenen ohnehin als "unschuldig": "Es gibt Schmerzen, die jede Form von Schuld unendlich übersteigen."[72] Die Hoffnung auf eine ausgleichende Gerechtigkeit im Jenseits kann zwar die Vergeltungslogik angesichts der irdischen Ungerechtigkeiten kompensieren. Sie bietet aber gerade keine theodizee-relevante Erklärung für die Existenz dieser Ungerechtigkeiten. Ein weiteres gravierendes Manko bildet das völlige Ausblenden der leidvollen Folgen, die eine böse Tat unmittelbar hervorruft. Dieses Leid bliebe auch durch eine noch so vollkommen abgestimmte und gerechte Bestrafung der Täter absolut unerklärlich, es sei denn, man erklärt auch die Opfer zu Tätern, die in ihrer Rolle als Opfer jeweils für ihre eigenen früheren Untaten büßen.

Ob an diesem Punkt die Annahme eines Wiedergeburtenkreislaufs einen wirklichen Fortschritt bringt, ist – entgegen dem ersten Anschein – fraglich. Zunächst ergeben sich daraus gravierende neue Probleme, die vor allem mit der Identitätsthematik zusammenhängen[73]: Da sich eine Person A in der Regel nicht an seine früheren

---

[71] Die Unhaltbarkeit der Vergeltungslogik zeigt sich vor allem dann, wenn sie auf konkrete Fälle angewendet wird. Die konsequente Deutung des Leids als Strafe nötigt unter anderem zu der Auffassung, auch konkrete leiderzeugende Ereignisse, wie z.B. die Bombardierungen deutscher und japanischer Städte am Ende des II. Weltkrieges, seien Ausdruck der gerechten göttlichen Bestrafung der nationalsozialistischen Barbarei oder des japanischen Expansionismus. Gegen diese und ähnliche Deutungen spricht eine Reihe von Gründen: Erstens lassen sich derartige militärische Operationen nach menschlichem Ermessen nicht als Strafaktionen gegen das betreffende Land rechtfertigen, sondern - wenn überhaupt - als Maßnahmen zur Vermeidung eines abzusehenden größeren Übels. Zweitens hätte ein allwissendes und allmächtiges Wesen zweifellos differenziertere Möglichkeiten als das Bombardement von Städten, um die wirklich Schuldigen und nur diese zu bestrafen, nicht aber die Zivilbevölkerung und - im Falle Hiroshimas und Nagasakis - auch noch deren Nachkommenschaft.

[72] *D. Sölle, Leiden*, 35f. Vgl. ähnlich auch *J. Moltmann, Trinität und Reich Gottes*, 66f.

[73] Vgl. dazu vor allem *J.J. MacIntosh, Reincarnation and Relativized Identity*, 153-165. Zur Entgegnung auf MacIntoshs Kritik vgl. *H.W. Noonan, The Possibility of Reincarnation*, 483-491. Zu anderen Aspekten der Kritik vgl. u.a. *P.J. Griffiths, Notes Towards a Critique of Buddhist Karmic Theory*, 282-287; *M. Stoeber, Personal Identity and Rebirth*, 493-500.

Existenzen B,C ... erinnern kann, ist zumindest fraglich, ob es in moralischer Hinsicht gerecht sein kann, A für die Taten von B,C ... zu bestrafen[74].

Aber auch unabhängig von der Identitätsproblematik scheint die Karma-Lehre das Problem der Ungleichheiten bzw. Ungerechtigkeiten nicht zu lösen, sondern allenfalls zu verschieben. John Hick sieht in diesem Zusammenhang folgende Schwierigkeiten: Grundsätzlich sei es denkbar, daß der Wiedergeburtenkreislauf entweder einen Anfang habe oder daß die Abfolge der Wiedergeburten anfanglos sei. Unter Voraussetzung einer Anfanglosigkeit werde die Frage nach der Erklärung der Ungerechtigkeiten des gegenwärtigen Daseins endlos zurückverlagert, vom gegenwärtigen Dasein zum vorangehenden, von diesem wiederum zum früheren usw. Eine letzte intelligible und moralisch akzeptable Erklärung lasse sich auf diese Weise nicht erreichen. Unter Voraussetzung eines Anfangs des Wiedergeburtenkreislaufs könne man davon ausgehen, daß alle Seelen als gleiche erschaffen wurden oder daß sie die späteren Unterschiede zumindest schon ansatzweise enthielten. Im ersten Fall stelle sich das Problem der Ungerechtigkeiten im Hinblick auf jene Umwelt, die für die Herausbildung der Unterschiede verantwortlich war; im zweiten Fall stelle sich das gleiche Problem im Hinblick auf die anfängliche Erschaffung der Ungleichheiten. Unabhängig davon, ob die Wiedergeburtenlehre in einen theistischen Kontext integriert wird oder nicht, in keinem Fall kann sie die Ungleichheiten des Schicksals letztlich plausibel und zufriedenstellend erklären[75]. Aufgrund der Identitätsproblematik läßt sich dieses Manko wohl auch nicht dadurch beheben, daß man die Wiedergeburtenlehre - wie etwa Origenes - an das Argument der Willensfreiheit rückbindet[76].

---

74 Vgl. dazu *B. Reichenbach, Evil and a Good God*, 95.

75 Vgl. *J. Hick, Death and Eternal Life*, 309: "Wenn es ... einen göttlichen Schöpfer gibt, kann er auf keine dieser Weisen der Verantwortung für den Charakter seiner Schöpfung, einschließlich der großen Unterschiede in ihr, entgehen. Und wenn es keinen Schöpfer gibt, sondern nur einen universalen und anfanglosen Prozeß von Wiedergeburten, kann dieser Prozeß wiederum nicht als gerecht oder gut charakterisiert werden." (Übersetzung A.K.)

76 Vgl. *Origenes, De principiis*, II 9,5f: "Verum quoniam rationabiles ipsae creaturae ... arbitrii liberi facultate donatae sunt, libertas unumquemque voluntatis suae vel ad profectum per imitationem dei provocavit vel ad defectum per neglegentiam traxit. Et haec extitit ... inter rationabiles creaturas causa diversitatis, non ex conditoris voluntate vel iudicio originem trahens sed propriae libertatis arbitrio." - Origenes will auf diese Weise auch die anscheinende Ungerechtig-

Abgesehen von diesen Einwänden ergeben sich weitere Anfragen im Hinblick auf die prinzipielle Gerechtigkeit jenes allumfassenden Gesetzes, das den Wiedergeburtenkreislauf angeblich regelt. Häufig scheint das Leid einzelne in einem solch grauenvollen Ausmaß zu treffen, daß es schwerfällt, sich eine auch nur annähernd angemessene Schuld vorzustellen, die das konkrete Schicksal moralisch rechtfertigen könnte. Wenn nun Gott für dieses Gesetz verantwortlich ist, dann fallen diese Irritationen auf ihn zurück. Wäre dieses Gesetz unerschaffen, dann hätte dies eine dualistische Einschränkung der göttlichen Allmacht zur Folge, so daß sich die gleichen Anfragen stellen wie im Hinblick auf andere dualistische Konzeptionen. Alles in allem scheint die Karma-Lehre in einem theodizee-relevanten Kontext mehr Fragen aufzuwerfen als zu beantworten[77].

Die kollektive Vergeltungslogik setzt in jeder Form ein höchst problematisches Gerechtigkeitsverständnis voraus, das nicht erst dem modernen moralischen Empfinden widerspricht, sondern weitgehend auch der voraugustinischen Tradition und natürlich den pelagianischen Kontrahenten Augustins[78]. Danach kann es nicht gerecht sein, den einzelnen für die Sünden seiner "Väter" oder für die Sünden der Stammeltern zu bestrafen bzw. leiden zu lassen. In höchstem Maße ungerecht wäre insbesondere eine ewige Höllenstrafe aufgrund von Sünden, die von anderen begangen wurden. Dieser Einwand ließe sich durch eine Hinterfragung des zugrundeliegenden Gerechtigkeitsverständnisses ausräumen[79]. Dies würde aber die Konsequenz nach sich ziehen, daß Gottes Handeln in einem Sinn "gerecht" ist, der nach dem geläufigen Verständnis eindeutig als "ungerecht" zu bezeichnen ist. Diese Veränderung der Bedeutung des Gerechtigkeitsbegriffs hätte vernichtende Konsequenzen für das Verständnis der sittlichen Vollkommenheit Gottes[80]. Aus diesem Grund führt eine

---

keit Gottes im Fall der Jakob-Isaak-Erzählung erklären. In seiner Exegese von Röm 9 betont er, daß die Bevorzugung Jakobs mit Verdiensten aus einem früheren Leben zu erklären sei. Im Vergleich zur augustinischen Alternative wäre die Deutung des Origenes allemal das bei weitem kleinere Übel.

[77] So auch *T. Anders, The Evolution of Evil*, 4.

[78] Vgl. dazu *E. Pagels, Adam, Eva und die Schlange*, 207-310.

[79] Vgl. z.B. *P.J. Kreeft, Making Sense Out of Suffering*, 178-187. Kreeft führt die Glaubwürdigkeitskrise der traditionellen Lehren von der Erbsünde und dem stellvertretenden Leiden auf den modernen Mangel im Verständnis menschlicher Solidarität zurück.

[80] Vgl. dazu *R.W.K. Paterson, Evil, Omniscience, and Omnipotence*, 12.

Relativierung des angeblich modernen individualistischen Gerechtigkeitsverständnisses an dieser Stelle ebenfalls nicht weiter.

Im übrigen war sich Augustinus der Brisanz dieser Problematik durchaus bewußt. Mit der Anfrage konfrontiert, daß es doch offenbar ungerecht sei, alle Menschen aufgrund der Sünde Adams und Evas mit den Folgen der Erbsünde, Nichtwissen und Unvermögen, zu bestrafen, nahm er Zuflucht bei verschiedenen Lösungsvorschlägen, die jedoch weder im einzelnen noch insgesamt überzeugend wirken. In *De libero arbitrio* versuchte er zunächst, dem Fragesteller unlautere Motive zu unterstellen, um ihm dann zu empfehlen, er möge sich beruhigen und aufhören, gegen Gott zu murren[81]. Im Anschluß daran versuchte er es mit einer argumentativen Lösung, indem er den Sündenbegriff ausweitete. Danach müsse auch jenes Handeln als Sünde gelten, das aus Nichtwissen und Unvermögen heraus erfolgt, und zwar deshalb, weil es seinen Ursprung in der ersten Sünde des freien Willens habe[82]. Schließlich rekurrierte Augustinus auf verschiedene Seelentheorien, die zeigen sollen, wie sich die gerechte Bestrafung der ersten Seele in der Natur aller folgenden niederschlagen kann. Eher beiläufig deutete er noch an, Unwissenheit und Unvermögen nicht mehr als Sündenstrafen zu verstehen, sondern als Voraussetzung und Mahnung zu Fortschritt und Vervollkommnung der Seele[83]. In diesem Hinweis klingt eine Theodizee an, die jenseits der Logik von Sünde und Vergeltung liegt. Augustinus hat sich selbst und der ihm folgenden Tradition den Weg zu einer solchen Lösung verbaut. Seine kompromißlose Deutung des Übels als Strafe forderte unerbittlich eine kollektive Schuldigsprechung der Menschen, denn nur ein Wahnsinniger würde daran zweifeln, daß Gott gerecht ist[84]. Vor dem Hintergrund der Vergeltungslogik schien die universale Erfahrung des Leids zweifelsfrei die Universalität der Schuld zu beweisen. Im Hinblick auf das Theodizee-Problem hat diese Lösung jedoch entschieden mehr Probleme aufgeworfen als gelöst[85], auch wenn diese Probleme über einen immens langen Zeitraum hinweg mehr oder weniger erfolgreich verdrängt werden konnten.

---

81 Vgl. *Augustinus, De libero arbitrio*, III,53.
82 Vgl. *Augustinus, De libero arbitrio*, III,54.
83 Vgl. *Augustinus, De libero arbitrio*, III,56.
84 Vgl. *Augustinus, De libero arbitrio*, III,51.
85 Vgl. dazu *P.L. Quinn, "In Adam's Fall, We Sinned All"*, 101-105.

Außer den moralischen Problemen wirft die mythologische Einkleidung der traditionellen Erbsündenlehre weitere gravierende historische und logische Probleme auf. Wird sie in einem wörtlichen Sinn gedeutet, so enthält sie Annahmen, die im Widerspruch zum wissenschaftlichen Erkenntnisstand stehen[86]; nämlich die Annahme eines leidfreien paradiesischen Anfangsstadiums der Menschheitsgeschichte. Außerdem vermag die Vorstellung von einem vollkommenen Urzustand kaum zu erklären, was Menschen dazu führen könnte, unter solchen "idealen" Bedingungen zu sündigen. Zumindest die Versuchbarkeit des Menschen muß zu diesen Bedingungen gerechnet werden und fiele als gravierender Mangel auf den Schöpfer selbst zurück. Die Erbsündenlehre läßt sich zwar auch im Lichte der modernen menschheitsgeschichtlichen Erkenntnisse neu interpretieren[87]. In ihrer entmythologisierten Gestalt verliert sie aber ihre vormalige Erklärungskraft im Rahmen des Theodizee-Problems.

Ein weiterer Einwand ergibt sich aus dem traditionellen Sündenverständnis, wonach Sünde weitgehend heteronom gedeutet wird, d.h. als Ungehorsam gegenüber dem göttlichen Gebot. Folglich wird der Begriff der Strafe eng mit dem Sühnebegriff verbunden, so daß die Bestrafung des Sünders nicht primär seiner moralischen Besserung dient, sondern der Sühne der durch die Sünde entstandenen "Befleckung". Die dahinter stehende Gerechtigkeitsvorstellung wirkt archaisch. Dieser Einwand ließe sich durch die Annahme einer nicht äußerlich-gesetzlich, sondern innerlich-logisch vermittelten Verknüpfung zwischen Sünde und "Strafe" beheben, wonach der Sünder nicht kraft eines göttliches Dekrets bestraft wird, sondern sich selbst durch die unausweichlichen Konsequenzen seiner Abwendung von Gott "bestraft"[88]. Wenn Gott die einzige Quelle menschlichen Heils ist, würde sich jede Abwendung von dieser Quelle von selbst und eben nicht aufgrund eines besonderen göttlichen Strafdekrets als leidvoll auswirken. Auch dieses gewandelte Sündenverständnis kann aber nicht erklären, warum die Sünde der Stammeltern eine kollekti-

---

[86] Vgl. dazu *T. Anders, The Evolution of Evil*, 3f. Vgl. dazu von theologischer Seite *Y. Congar, Schicksal oder Schuld?*, 665 Anm. 11: "Kein vernünftiger Theologe hält indes heute an den naiv-fundamentalistischen Positionen der Väter und der Alten über den Vollkommenheitsstand Adams und die paradiesische Welt vor dem Fall fest."

[87] Vgl. dazu die Ausführungen in Abs. 9.5.

[88] Vgl. dazu z.B. *P. Geach, Providence and Evil*, 113; *P.J. Kreeft, Making Sense Out of Suffering*, 113f.

ve und naturhaft verwurzelte Abwendung von Gott zur Folge hatte und warum die Folgen dieser Abwendung ausgerechnet in Krankheiten, Naturkatastrophen und anderen leiderzeugenden Faktoren bestehen[89]. Der traditionelle Versuch, auch die Existenz des natürlichen Übels über den Strafgedanken mit dem moralischen Übel zu verbinden, läßt sich kaum mehr aufrechterhalten[90]. "Après tout, le péché originel ne court plus."[91]

Der entscheidende Einwand gegen die Vergeltungslogik besagt, daß Gott als dem Schöpfer des Menschen letzten Endes auch die Verantwortung für die Sünde zufallen würde. Gott würde folglich die Menschheit für etwas bestrafen, wofür er selbst mitverantwortlich wäre. Denn Gott hat die Engel und die Menschen so erschaffen, daß diese sündigen konnten, und überdies hat Gott die Sünde zugelassen, ja er hat sie nach traditioneller Auffassung sogar "vorausgesehen"[92] und in seinen Heilsplan einbezogen.

Die Frage nach den einschlägigen Gründen läßt sich weder durch die individuelle noch durch die kollektive Vergeltungslogik überzeugend beantworten. Der mythologische Rekurs auf den Satan als Verführer des ersten Menschen hilft ebenfalls nicht weiter, sondern verschiebt das Problem lediglich. Denn auch hier stellt sich wiederum die Frage, warum Gott einige Engel so erschaffen hat, daß sie ihm ungehorsam werden konnten. Die Antworten, die Augustinus erwägt, lassen darauf schließen, daß Gott unausweichlich auch die Verantwortung hierfür trägt, denn entweder haben die gefallenen

---

89 P. van Inwagen vermutet, daß die Menschheit vor dem Fall dazu in der Lage war, aufgrund ihrer kognitiven Fähigkeiten sich vor Naturkatastrophen, Krankheiten usw. zu schützen. Nach dem Fall und der damit einhergehenden Abwendung von Gott habe die Menschheit diese Fähigkeit verloren. Vgl. dazu *P. van Inwagen, The Magnitude, Duration, and Distribution of Evil*, 171. Daß alle paläoanthropologischen Daten gegen die These sprechen, wonach unsere Vorfahren einst in einer Welt ohne Übel lebten, irritiert van Inwagen allem Anschein nach nicht im geringsten. Seines Erachtens ereignete sich die Rebellion gegen Gott vor so langer Zeit, daß die Erinnerung daran nicht bis in die Gegenwart überliefert wurde. Dennoch könne das Buch Genesis trotz seines mythologischen Charakters als Hinweis darauf gedeutet werden, was tatsächlich geschah. Vgl. ebd. 185, Anm. 4.

90 So zutreffend *G. Greshake, Der Preis der Liebe*, 39.

91 *A.-D. Sertillanges, Le problème du mal*, Bd. II,95.

92 Es leuchtet daher nicht ein, wenn C. Journet Gott nicht einmal als indirekte Ursache der Sünde bezeichnen will. Vgl. *C. Journet, Vom Geheimnis des Übels*, 194. Zum Zusammenhang zwischen Gott und Sünde bei Thomas von Aquin vgl. auch *N. Kretzmann, God Among the Causes of Moral Evil*, 189-214.

Engel von vornherein eine "geringere Gnadengabe göttlicher Liebe empfangen, als jene, die in ihr verharrten", oder beide wurden zwar gleichermaßen gut erschaffen, aber nur ein Teil wurde von Gott "reichlicher unterstützt" und ging deshalb der Seligkeit niemals verlustig[93]. In jedem Fall trägt Gott auch die Verantwortung für den himmlischen Sündenfall und folglich auch für den paradiesischen Sündenfall. Keine Vergeltungslogik kann daher die Schuld für die Existenz von Übel/Leid ausschließlich den Geschöpfen anlasten und Gott von der Verantwortung freisprechen. John Hicks Kritik des Mythos vom Engelfall trifft in gleicher Weise auch den Mythos von Paradies und Ursünde:

> "Die zentrale und unvermeidliche Kritik besagt, daß die Vorstellung von einem uneingeschränkt guten Geschöpf, das sündigt, selbstwidersprüchlich und unverständlich ist. Wenn die Engel in endlicher Weise vollkommen wären, würden sie niemals sündigen, auch wenn sie ... die Freiheit dazu besäßen. Wenn sie dennoch sündigen, können wir daraus nur schließen, daß sie nicht makellos waren. In diesem Fall ist ihr Schöpfer mitverantwortlich für ihren Fall, so daß die intendierte Theodizee versagt."[94]

Um an dieser Stelle weiterzukommen, muß man entweder bei der Geheimnishaftigkeit der göttlichen Ratschlüsse Zuflucht nehmen und vor dem Problem kapitulieren oder einen Grund angeben, der verständlich machen kann, warum Gott den Menschen so erschuf, daß er sündigen konnte, und warum er dies zuließ. In diesem Zusammenhang bot sich für Augustinus der in den ersten Jahrhunderten[95] übliche Rekurs auf die Willensfreiheit an[96]. Durch seine radikale Deutung der Erbsündenlehre hat sich Augustinus jedoch immer entschlossener auf eine Lösung kapriziert, in der die Willensfreiheit eigentlich nur mehr in der paradiesischen Ouvertüre eine Rolle

---

93 Vgl. *Augustinus, De civitate Dei*, XII,9.

94 *J. Hick, Evil and the God of Love*, 62f. (Übersetzung A.K.) Zur Kritik an Hick vgl. *B. Reichenbach, Evil and a Good God*, 85, Anm. 85. Reichenbach wirft Hick mehrere Mißverständnisse der Lehre vom Sündenfall vor. Unter anderem widerspreche die Versuchbarkeit des ersten Elternpaares nicht der ursprünglichen Güte der Schöpfung. Auf die Probleme der Ungerechtigkeit und der Historizität geht Reichenbach allerdings nicht ein.

95 Zur Bedeutung der Willensfreiheit in der voraugustinischen Tradition vgl. *E. Osborn, Anfänge christlichen Denkens*, 124-129, 178-188.

96 Vgl. z.B. *Augustinus, De civitate Dei*, XII,6f.; XIII,14.

spielt, während in der Folge eindeutig das Vergeltungsthema dominiert. Wenn man die Willensfreiheit nur dazu benötigt, um den Strafgedanken einzuführen und plausibel zu machen, dann liegt es auf der Hand, daß sich die Vergeltungslogik allmählich verselbständigt und sich der Rekurs auf den Freiheitsgedanken nach und nach erübrigt. Damit waren die Weichen nicht nur für eine "Logik", sondern für eine "Theodizee des Schreckens" gestellt.

Die menschliche Freiheit könnte ein Wert sein, der die Möglichkeit der Sünde wie auch deren Zulassung durch Gott rechtfertigt. Dabei muß die Willensfreiheit nicht notwendig und auch nicht primär als unabdingbare Voraussetzung für die Anwendbarkeit der Vergeltungslogik verstanden werden. Sie kann vielmehr - unter Hintanstellung des Strafgedankens - als jener zentrale Wert gedcutet werden, dessen Realisierung neben Sekundärwerten unausweichlich auch das Risiko von Leid zur Folge hat. Auf dieser Überlegung basiert einer der wichtigsten Lösungsversuche des Theodizee-Problems, das Argument der Willensfreiheit, das im 9. Kapitel aufgegriffen wird. Die beiden nachfolgenden Kapitel befassen sich mit neueren Lösungsvorschlägen, die in der gegenwärtigen Diskussion des Theodizee-Problems eine wichtige Rolle spielen, sich aber weitgehend von der traditionellen Theodizee abwenden.

7 GOTTES LEIDEN UND DAS THEODIZEE-PROBLEM

> *"Er war Gott gleich, hielt aber nicht daran fest, wie Gott zu sein, sondern er entäußerte sich und wurde wie ein Sklave und den Menschen gleich. Sein Leben war das eines Menschen, er erniedrigte sich und war gehorsam bis zum Tod, bis zum Tod am Kreuz."* (Phil 2,6-8)

Einer der einschneidendsten Umbrüche, der sich in der christlichen Reflexion des Gottesbegriffs seit dem 19. Jahrhundert abzeichnete[1], betrifft die Einschätzung der Leidensfähigkeit Gottes. Die Vorstellung, Gott könne leiden, war im traditionellen Theismus undenkbar[2]. Zwar legt das christliche Bekenntnis zur Menschwerdung Gottes in Jesus Christus nahe, daß auch Gott in irgendeiner Weise am Kreuz gelitten hat. Allerdings standen dieser Schlußfolgerung traditionell gewichtige Bedenken entgegen, die im wesentlichen mit anderen als unverzichtbar eingeschätzten Attributen Gottes zusammenhingen, vor allem mit der göttlichen Ewigkeit bzw. Unveränderlichkeit. Mittlerweile hat die Rede vom leidenden Gott nicht nur im christologischen Kontext ihren vormals eher blasphemischen Charakter verloren. Innerhalb der jüdisch-christlichen Tradition gilt sie inzwischen beinahe schon als Selbstverständlichkeit[3]. "The ancient theopaschite heresy

---

[1] In der hinduistischen Tradition wurde von Sri Aurobindo ein Leiden in Gott bzw. Brahman behauptet. Vgl. *S. Aurobindo, The Life Divine* (New York ^{3}1965) 364: "The question is no longer how came God to create for His creatures a suffering and evil which He is Himself incapable and therefore immune, but how came the sole and infinite Existence-Consciousness-Bliss to admit into itself that which is not bliss, that which seems to be its positive negation." Hier zit. nach: *L.S. Betty, Aurobindo's Concept of Lila and the Problem of Evil*, 326. Zum leidenden Gott in der Gnosis vgl. *P. Koslowski, Gnosis und Theodizee.*

[2] Vgl. dazu die Studie *J.K. Mozley, The Impassibility of God* (1926).

[3] Vgl. dazu u. a. *K. Kitamori, Theologie des Schmerzes Gottes*; *J.Y. Lee, God Suffers for Us; J. Moltmann, Der gekreuzigte Gott*; *D. Sölle, Leiden; P.S. Fiddes, The Creative Suffering of God.* Einen informativen Überblick bietet *W. McWilliams, The Passion of God. Divine Suffering in Contemporary Protestant Theology.*

that God suffers has, in fact, become the new orthodoxy."[4] Zu diesem Wandel haben sehr unterschiedliche Argumente und Faktoren beigetragen[5]. Unter diesen spielt gerade auch die Theodizee-Thematik eine gewisse Rolle. Nach Ansicht mehrerer Autoren stellt der Glaube an einen leidenden Gott einen Ausweg aus der Theodizee-Problematik in Aussicht, der zuvor versperrt geblieben war. Trotz der engen Verbindung beider Themen empfiehlt es sich, die Fragen nach der Unveränderlichkeit und Leidensfähigkeit Gottes sowie die Frage nach ihrer Theodizee-Relevanz getrennt zu betrachten.

7.1 Die Ewigkeit und Unveränderlichkeit Gottes

Die Gründe, die im traditionellen Theismus gegen eine Leidensfähigkeit Gottes sprachen, hängen mit einer Deutung des an sich unbestimmten Begriffs der Vollkommenheit Gottes zusammen[6]. Die göttliche Vollkommenheit implizierte Ewigkeit. Als Implikation der Vollkommenheit schloß die Ewigkeit Gottes seine Leidensfähigkeit eindeutig und nachhaltig aus. In ideengeschichtlicher Hinsicht scheint die Annahme einer überzeitlich bzw. eternalistisch verstandenen Ewigkeit ein Erbe des antiken griechischen – vorsokratischen[7], platonischen[8] und neuplatonischen[9] – Vollkommenheitsideals gewesen zu sein. Dort entwickelte Ideen wurden auch innerhalb der christlichen Tradition über Jahrhunderte hinweg tradiert, ohne dabei erheblich variiert zu werden.

Sofern die göttliche Ewigkeit als Überzeitlichkeit im Sinne von Zeitenthobenheit begriffen wurde[10], schloß sie – ungeachtet der daraus resultierenden Folgeprobleme – jede Veränderlichkeit Gottes

---

4 *R. Goetz, The Suffering God. The Rise of a New Orthodoxy*, 385.

5 Vgl. dazu den kurzen Überblick von *M. Steen, The Theme of the "Suffering" God*, 71-78. Steen nennt (1) biblische und christologische Motive, (2) den Einfluß der Prozeßtheologie und (3) das Leidproblem.

6 Vgl. dazu ausführlicher *M. Sarot, God, Passibility and Corporeality*.

7 Vgl. z.B. *Xenophanes*, Fragment B 26; *Parmenides*, *Lehrgedicht*, 11.

8 Vgl. z.B. *Platon, Politeia*, II,381b.

9 Vgl. z.B. *Plotin, Enneaden*, III,7.

10 Vgl. z.B. *Augustinus, Confessiones*, XI; *De civitate Dei*, XI,6; *De trinitate*, XV,5,7; *Boethius, Consolatio philosophiae*, V; *Anselm von Canterbury, Monologion*, XXII; *Thomas von Aquin, Summa theologica*, I, q.10, a.1.

definitiv aus. Temporalistisch verstandene Ewigkeit besagt, daß Gottes Sein keinen Anfang und kein Ende hat. Im Unterschied dazu besagt der eternalistische Ewigkeitsbegriff, daß es für Gottes Sein kein Früher und kein Später gibt, daß Gott also überzeitlich existiert[11]. Nun folgt zwar aus der Unveränderlichkeit als solcher nicht notwendigerweise auch die Überzeitlichkeit; wohl aber folgt aus der Überzeitlichkeit unausweichlich die Unveränderlichkeit[12]. Veränderung setzt nämlich die Anwendbarkeit der Unterscheidung zwischen einem früheren und einem späteren Zustand und somit die Prädizierbarkeit einer zeitlichen Extension voraus. Was immer unter einem außerhalb der Zeit existierenden Wesen zu verstehen ist, verändern kann es sich definitionsgemäß nicht, denn Veränderbarkeit impliziert Zeitlichkeit. Wenn ein in diesem Sinn ewiges Wesen keine zeitliche Extension besitzt[13], so ist es logischerweise auch unmöglich, daß der Zustand dieses Wesens sich zu einem bestimmten Zeitpunkt T_1 von seinem Zustand zu einem anderen Zeitpunkt T_2 unterscheidet[14].

Begründet wurde die eternalistische These durch ihre Verbindung mit dem Begriff der schlechthinnigen Vollkommenheit Gottes. Eine Veränderung Gottes von "außen" würde seine Absolutheit gefährden, und Gott in Abhängigkeit von weniger vollkommenen Wesen bringen[15]. Ein überzeitlich-ewiges Wesen kann sich aber auch nicht selbst verändern, weder zum Besseren noch zum Schlechteren; ein überzeitlich-ewiges und schlechthin vollkommenes Wesen darf sich darüber hinaus gar nicht verändern können, denn jede Veränderung würde entweder seinen ontologischen Status verbessern, so daß es vorher nicht schlechthin vollkommen war, oder vermindern, so daß

---

11 Zur Unterscheidung zwischen Zeit und Ewigkeit vgl. z.B. *Thomas von Aquin, Summa theologica*, I, q.10, a.4.

12 Vgl. dazu R. Swinburnes Kritik des Arguments, wonach aus der Unveränderlichkeit zeitlose Ewigkeit folgt, in: *The Coherence of Theism*, 219: "Ein vollkommen unveränderlicher Gegenstand könnte einfach auf immer weiter existieren, ohne zeitlos zu sein - vor allem dann, wenn andere Gegenstände, wie etwa das Universum, sich verändern würden, während der unveränderliche Gegenstand unveränderlich bliebe. Die Veränderung der anderen Gegenstände würde die Zeitdauer messen, während der unveränderliche Gegenstand sich nicht änderte." (Übersetzung A.K.)

13 Vgl. dazu *S.T. Davis, Logic and the Nature of God*, 9f.

14 Vgl. dazu *N. Pike, God and Timelessness*, 39-52.

15 Vgl. *Platon, Politeia,* II,381a.

es nachher nicht mehr vollkommen wäre[16]. Maximale Vollkommenheit setzt dieser Logik zufolge Unveränderbarkeit voraus, wenn auch nicht unmittelbar klar wird, warum jede Veränderung *eo ipso* auch einen Wandel des Vollkommenheitsgrades nach sich ziehen soll. Im Kontext der aristotelischen Akt-Potenz-Lehre ließ sich diese Unklarheit dadurch bereinigen, daß die göttliche Vollkommenheit als reine Aktualität (*actus purus*) interpretiert wurde. Reine Aktualität schließt definitionsgemäß jede Potentialität und insofern jede Möglichkeit einer Veränderung aus[17]. Zur Unterstützung der Unveränderbarkeit Gottes trug schließlich auch maßgeblich die Annahme seiner metaphysischen Einfachheit (*simplicitas*) bei[18].

Die These von der überzeitlichen Ewigkeit Gottes ist nicht nur ein Symptom für die Dominanz hellenistischer Begrifflichkeit auf Kosten der biblischen Tradition[19]. Mit ihrer Hilfe konnten mehrere gravierende Infragestellungen des theistischen und christologischen Bekenntnisses beantwortet werden: In den christologischen Auseinandersetzungen mit Eunomius rekurrierte Gregor von Nyssa auf den Begriff der Zeitlosigkeit, um auf diese Weise zum einen jede zeitliche und demzufolge auch ontologische Inferiorität des Logos auszuschließen und zum anderen die unaussprechliche Transzendenz Gottes zu wahren[20]. Augustinus versuchte mit Hilfe des eternalistischen Ewigkeitsverständnisses unter anderem die Frage, was Gott vor der Schöpfung tat, *ad absurdum* zu führen[21]. Vor allem ermöglichte es diese These aber, Gott als absolut verläßlichen, weil unveränderlichen Garanten der Heilsverheißungen zu verstehen. Boethius versuchte mit ihrer Hilfe, die offensichtlichen Widersprüche zwischen göttlicher Allwissenheit und menschlicher Freiheit aufzulösen[22]. Anselm von Canterbury versuchte schließlich im unmittelbaren An-

---

16 Vgl. *Platon, Politeia*, II,381b.

17 Vgl. dazu *Aristoteles, Metaphysik*, 1071,b20; sowie *Thomas von Aquin, Summa theologica*, I, q.9, a.1.

18 Vgl. dazu z.B. *Platon, Phaido*, 78b ff.; *Aristoteles, Metaphysik*, 1073a.

19 Als klassische biblische Belegstellen für die Unveränderlichkeit Gottes galten z.B. Ex 3,14; Mal 3,6; Ps 102,28; Jak 1,17. Vgl. dazu ausführlicher *W. Maas, Unveränderlichkeit Gottes*, 22-30.

20 Vgl. dazu *R. Mortley, From Word to Silence*, Bd.2,171ff.

21 Vgl. *Augustinus, Confessiones*, XI.

22 Vgl. *Boethius, Consolatio philosophiae*, V.

schluß an Platon, die Überzeitlichkeit Gottes als notwendige Implikation seiner unüberbietbaren Vollkommenheit zu begreifen[23].

Angesichts dieser Argumente dürfte die Selbstverständlichkeit, mit der die These von der Unveränderlichkeit Gottes als unverzichtbarer Bestandteil der christlich-theistischen Tradition betrachtet wurde, eigentlich kaum mehr überraschen. Dennoch resultieren aus ihr derartig gewaltige Probleme, daß der Rückblick immer wieder Anlaß zur Verwunderung darüber gibt, wie eine offenkundig so unplausible Behauptung jemals einen solchermaßen herausragenden Stellenwert erhalten und über einen so langen Zeitraum hinweg behalten konnte[24]. Diese Implausibilität zeigt sich zunächst in Form von Inkonsistenzen mit anderen zentralen Aussagen des theistischen Bekenntnisses, vor allem Aussagen über die Personalität Gottes. Falls eine zeitlose Person überhaupt denkbar sein sollte, so wäre diese Person jedenfalls nicht in der Lage dazu, eine Beziehung zu zeitlich existierenden Dingen und Personen herzustellen[25]. Sie wäre demzufolge auch nicht in der Lage dazu, andere Personen zu lieben oder auf irgendeine Weise auf deren Handlungen zu reagieren[26]. Sie wäre außerdem nicht dazu fähig, in einem auch nur entfernt analogen Sinn zu denken, zu erkennen, zu entscheiden, zu wollen, zu handeln, sich zu offenbaren, sich zu inkarnieren und natürlich auch nicht - zu leiden[27].

Mit der eventuellen Ausnahme der Leidensfähigkeit geht die biblische Überlieferung unmißverständlich davon aus, daß Gott sämtliche dieser Eigenschaften und Fähigkeiten besitzt. Merkwürdigerweise

---

[23] Vgl. *Anselm von Canterbury, Proslogion*, II.

[24] Vgl. dazu *D. A. Pailin, God and the Processes of Reality*, 113. Pailin spricht im Hinblick auf diese Probleme von Absurditäten. Die Rede von Paradoxien verfahre in diesem Fall zu großzügig.

[25] Vgl. dazu *D. A. Pailin, God and the Processes of Reality*, 113: "Es gibt keine Möglichkeit, auf kohärente Weise zu denken, daß Gott Absichten verfolgt, reagiert oder kreativ handelt, denn all diese Begriffe setzen eine Unterscheidung zwischen Potentialität und Aktualität voraus und der Wandel vom einen zum anderen ist wesentlich zeitlicher Natur; er definiert geradezu das Wesen zeitlicher Ordnung." (Übersetzung A.K.) Vgl. dazu auch *P. Davies, Gott und die moderne Physik*, 176f. "Ein zeitloser Gott ließe sich nicht als 'Person' oder Individuum in irgendeinem uns bekannten Sinn ansehen."

[26] Vgl. dazu *N. Pike, God and Timelessness*, 128f.

[27] Es sei denn, man versteht hier unter Erkennen, Entscheiden, Wollen, Offenbaren und Leiden etwas radikal anderes als das, was üblicherweise darunter verstanden wird. In diesem Fall stellt sich freilich die berechtigte Gegenfrage, ob man darunter überhaupt noch etwas versteht.

setzt die theologische Tradition gerade auch dort, wo sie sich zur Überzeitlichkeit Gottes bekennt, desungeachtet voraus, daß Gott – oder der göttliche Logos – derartige Fähigkeiten besitzt[28]. Aufgrund der daraus resultierenden handfesten Inkonsistenzen wurde in der neueren Theologiegeschichte vielfach der Schluß gezogen, daß die Ewigkeit Gottes nicht länger als Überzeitlichkeit zu denken sei[29], sondern im temporalistischen Sinn als zeitliche Anfang- und Endlosigkeit[30], als Unvergänglichkeit oder als Unverlierbarkeit der essentiellen Gottesprädikate[31], nicht aber als generelle Überzeitlichkeit und Unveränderlichkeit[32].

Unter Hinweis auf James Barrs These, derzufolge der biblische Befund weder eindeutig für die eternalistische noch für die temporalistische Deutung der göttlichen Ewigkeit spricht[33], plädiert William L. Craig dafür, diese Frage philosophisch zu entscheiden, was letzten Endes wohl darauf hinauslaufen dürfte, eine definitive Entschei-

---

28 Ein anschauliches Beispiel bietet *C. Journet, Vom Geheimnis des Übels*: Journets Bekenntnis zur Überzeitlichkeit Gottes (ebd. 206) hindert ihn nicht daran, von der "Geduld Gottes" (ebd. 232) zu sprechen oder von dem "einzigen Gedanken, den Gott sogleich nach dem Sündenfall haben konnte" (ebd. 309), obwohl Gott doch "kein Nacheinander kennt" (ebd. 206).

29 Vgl. dagegen *E. Stump/N. Kretzmann, Eternity,* 236. Beide versuchen, den klassischen Ewigkeitsbegriff im Sinne einer "zeitlosen Dauer" (*atemporal duration*) zu verteidigen. Vgl. dazu auch *E. Stump/N. Kretzmann, Atemporal Duration, 124-219.* Zur Kritik vgl. *P. Fitzgerald, Stump and Kretzmann on Time and Eternity*, 260-268; *K.A. Rogers, Eternity Has No Duration,* 1-16.

30 Im Anschluß an *P. Tillich, Systematische Theologie* (Bd. 1, 315) wendet sich *W. Pannenberg, Systematische Theologie* (Bd.1, 440) gegen beide Alternativen: Gottes Ewigkeit bedeute weder Zeitlosigkeit noch Endlosigkeit der Zeit. Abschließend resümiert Pannenberg (ebd. 443): "Im Unterschied zu den Geschöpfen, die als endliche Wesen dem Fortgang der Zeit unterworfen sind, hat der ewige Gott keine Zukunft vor sich, die von seiner Gegenwart unterschieden wäre. Eben darum bleibt ihm auch das Gewesene gegenwärtig. Gott ist ewig, weil er keine Zukunft außer sich hat, sondern die Zukunft seiner selbst und alles von ihm Verschiedenen ist. Keine Zukunft außer sich zu haben, sondern selber die Zukunft seiner selbst zu sein, das ist aber eine Umschreibung vollkommener Freiheit." Diese Bemerkungen wirken nicht nur sehr tief, sondern bedauerlicherweise auch äußerst dunkel.

31 Vgl. z.B. *T.V. Morris, The Logic of God Incarnate*, 96f.

32 Symptomatisch ist etwa das Resümee von Nelson Pike am Ende seiner Studie *God and Timelessness*, 189f. Zu einem ähnlichen Ergebnis kommt auch *W. Hasker, God, Time, and Knowledge*, 184f. Weniger zurückhaltend in ihrer Ablehnung des Begriffs der überzeitlichen Ewigkeit sind z.B. *S.T. Davis, Logic and the Nature of God*, 22-24; *R. Swinburne, The Coherence of Theism*, 215-222; *ders., The Christian God*, 137-144.

33 Vgl. *J. Barr, Biblical Words for Time*, 156.

dung zu vertagen. Craigs eigener Vorschlag stellt einen Kompromiß dar und besagt: Gott existierte ohne die Schöpfung zeitlos und unveränderlich, er trat jedoch nach der Schöpfung in die Zeit ein[34]. Diese Lösung setzt die traditionelle Annahme voraus, daß Gott auch die Zeit erschaffen habe[35], ergänzt diese aber durch die neuere Auffassung, daß Gott in die Zeit eintreten mußte, um auf die Welt einwirken zu können. Die Plausibilität dieser Lösung hängt entscheidend von der Beantwortung der Frage ab, ob die Zeit tatsächlich zu den "Dingen" gehört, die erschaffen werden können, oder ob sie – wie die Logik und die Zahlen – zu jenen "Dingen" gehört, die unerschaffbar sind. Craigs These befindet sich im Einklang mit der gegenwärtigen physikalischen Kosmologie, wonach die Zeit zusammen mit dem Raum beim Urknall entstand und gewissermaßen begann[36]. Bringt man den Urknall mit dem Schöpfungsbeginn in Zusammenhang, dann legt sich der Schluß nahe, daß es "vor" der Schöpfung keine Zeit, weil keine Veränderung gab[37]. Dieser Schluß ist aber aus folgendem Grund problematisch: Die Zeit scheint – wie der Raum – keine Grenze, also keinen Anfang und kein Ende haben zu können[38]. Die These, wonach die Zeit erst dadurch beginnt, daß sich physikalische Gegenstände verändern, ist nichts anderes als eine Vereinfachung kraft definitorischer Entscheidung. Mindestens genauso plausibel ist folgende Alternative: Sofern und sobald sich physikalische Gegenstände verändern, konstituiert dieses Ereignis ein unbegrenztes und unendliches Zeitkontinuum, und zwar unabhängig davon, ob sich vorher oder nachher noch weitere Veränderungen ereignet haben oder ereignen werden[39]. Denn von jedem beliebigen Ereignis ausgehend, erstreckt sich eine unendliche Zeitfolge in die Vergangenheit und Zukunft. Möglicherweise gehört die Zeit – wie die Lo-

---

[34] Vgl. *W.L. Craig, Die Existenz Gottes und der Ursprung des Universums*, 100-104.

[35] Vgl. *Augustinus, Confessiones*, 11.

[36] Vgl. dazu und zu den alternativen Theorien *P. Davies, The Mind of God*, 45-72.

[37] Vgl. *W.L. Craig, Die Existenz Gottes und der Ursprung des Universums*, 103.

[38] Vgl. dazu ausführlicher *R. Swinburne, Space and Time*, 198-210.

[39] Vgl. *R. Swinburne, Space and Time*, 209: "Unsere Folgerung über die notwendige Unendlichkeit der Zeit sollte nicht als eine tiefgründige metaphysische Folgerung verstanden werden, sondern als Erläuterung der Bedeutung des von uns verwendeten Wortes 'Zeit'. Zeit wäre nicht Zeit, wenn sie nicht immer weitergegangen wäre und für immer weitergehen würde." (Übersetzung A.K.)

gik und im Gegensatz zum Raum – zu den notwendigen Eigenschaften jeder möglichen Welt, in der überhaupt etwas existiert. Wenn Gott notwendig existiert, dann existiert er "in" jeder möglichen Welt bzw. dann ist in jeder möglichen Welt wahr, daß Gott existiert. Wenn die Zeit zu den unerschaffbaren "Dingen" gehört, wäre natürlich auch die These von der überzeitlichen Ewigkeit Gottes unhaltbar, und zwar nicht nur aus theologischen, sondern auch aus metaphysischen Gründen. Daß daraus eine Beeinträchtigung der Vollkommenheit Gottes folgt, ließe sich einzig und allein auf der Basis des platonischen Unveränderlichkeitsideals begründen. Wird dieses Ideal aufgegeben, bricht die gesamte Begründung in sich zusammen. Völlig abwegig ist der Einwand, ein zeitlich-ewiger Gott würde seine Zeitlichkeit in ähnlicher Weise erfahren wie der Mensch, nämlich als Vergänglichkeit und Sterblichkeit[40]. Selbstverständlich schließt auch der temporalistische Ewigkeitsbegriff dies gerade aus. Schließlich ist auch keine Beeinträchtigung des Glaubens an Gottes Treue und Verläßlichkeit durch eine Preisgabe der Überzeitlichkeit zu erwarten. Möglicherweise war die völlig unbegründete Vorstellung, die Verläßlichkeit der göttlichen Treue lasse sich nur durch die ontologische Unveränderlichkeit garantieren, der entscheidende Anknüpfungs-

---

[40] Vgl. dazu auch die Kritik an der Vorstellung der Zeitlichkeit Gottes bei *W. Pannenberg, Systematische Theologie, Bd. 1,* 438: "Diese Vorstellung macht jedoch aus Gott ein endliches Wesen, wenn sie bedeutet, daß Gott in jedem Moment seines Lebens ebenso wie wir auf eine von seiner Gegenwart verschiedene Zukunft vorausblickt und die Vergangenheit ihm entsinkt. Von beiden Seiten her wäre dann seine Gegenwart begrenzt; er wäre weder der eigenen Zukunft, noch seiner Vergangenheit voll und ganz mächtig. Mit dem biblischen Gottesverständnis, aber auch mit dem philosophischen Gedanken, daß Gott nur als der eine Ursprung aller Dinge angemessen gedacht wird, ist das unvereinbar. Wenn Gott ist, dann muß ihm sein ganzes Leben und damit auch alles von ihm Geschaffene gleichzeitig gegenwärtig sein." Diese Kritik ist aus folgenden Gründen unzutreffend: Erstens ergibt der Begriff der Gegenwart nur Sinn, wenn er von Vergangenheit und Zukunft unterschieden wird. Wenn es für Gott eine Zukunft gibt, dann muß sie von seiner Gegenwart verschieden sein, ansonsten könnte es sich nicht um seine Zukunft handeln. Zweitens kann niemand der Vergangenheit als solcher "mächtig" sein, weil es sich ansonsten nicht um die Vergangenheit handeln würde. Drittens hat Gott keinen Grund, der ihm "entsinkenden" Vergangenheit nachzutrauern, weil er die Macht hatte, sie nach seinem Willen zu gestalten. Und er hat ebensowenig einen Grund, die Zukunft zu fürchten, denn er kann sie so gestalten, wie er will. Was schließlich den Einwand der Endlichkeit betrifft, so wäre zu fragen, ob Unendlichkeit überhaupt in einem anderen Sinn gedacht werden kann als in einem zeitlichen und/oder räumlichen.

punkt für die jüdisch-christliche Adaption der hellenistischen Ewigkeitskonzeption[41].

Da die These von der überzeitlichen Ewigkeit keine von den übrigen Aussagen über Gott ohne weiteres isolierbare Behauptung darstellt, sondern damit auf vielfältige Weise verbunden ist, hätte deren Preisgabe natürlich auch weitreichende Auswirkungen auf die Rede von Gott, denn all jene Probleme, die zuvor durch die Annahme einer überzeitlichen Ewigkeit beantwortet wurden, brechen jetzt natürlich erneut auf. Im vorliegenden Kontext ist vor allem die Tatsache relevant, daß mit dieser Entscheidung die Voraussetzungen geschaffen wurden, die Frage nach der Leidensfähigkeit Gottes sinnvollerweise zu diskutieren, obwohl zwischen einem temporalistischen Ewigkeitsverständnis und der Annahme einer Leidensfähigkeit Gottes noch ein weiter Weg liegt, den keinesfalls all jene mitzugehen gewillt sind, die den Begriff einer überzeitlichen Ewigkeit als überflüssig oder gar absurd ablehnen. In seiner Untersuchung der Leidensfähigkeit bzw. Veränderbarkeit Gottes unterscheidet R. E. Creel folgende Aspekte: (1) Veränderbarkeit der Natur, d.h. Gottes Natur bzw. Wesen kann durch keine äußeren Faktoren beeinflußt werden; (2) Veränderbarkeit des Willens, d.h. Gottes Wille kann durch keine äußeren Faktoren beeinflußt werden; (3) Veränderbarkeit des Gefühls, d.h. Gottes Gefühle bzw. die Qualität seines inneren Lebens kann durch keine äußeren Faktoren beeinflußt werden; (4) Veränderbarkeit der Erkenntnis, d.h. das, was Gott erkennt, kann durch keine äußeren Faktoren beeinflußt werden[42]. Die Frage nach der Leidensfähigkeit Gottes betrifft lediglich den dritten der von Creel genannten Aspekte[43].

7.2 DIE LEIDENSFÄHIGKEIT GOTTES

Unter den Argumenten, die nicht nur den Glauben an die Veränderbarkeit, sondern darüber hinaus auch an die Leidensfähigkeit Gottes nahelegen, nimmt die Aussage, daß Gott liebt oder (die) Liebe ist,

---

[41] Zur diesbezüglichen Auffassung bei Philon von Alexandrien vgl. *W. Maas, Unveränderlichkeit Gottes*, 118-121.
[42] Vgl. dazu *R.E. Creel, Divine Impassibility*, 1-12. Mit Ausnahme der Erkenntnis lehnt Creel jede Veränderung in Gott ab.
[43] Das Problem der Ewigkeit Gottes wird im 11. Kapitel nochmals aufgegriffen.

einen herausragenden Stellenwert ein. Sofern die für das christliche Bekenntnis zentrale

> "Behauptung, daß Gott Liebe ist, einen irgendwie noch erkennbaren Zusammenhang mit unserer normalen Erfahrung von Liebe hat, scheint die Folgerung unausweichlich zu sein, daß ein liebender Gott ein mitfühlender und daher leidender Gott sein muß."[44]

Liebesfähigkeit impliziert offenkundig Leidensfähigkeit[45]. Aus der Liebe Gottes scheint notwendig zu folgen, daß Gott nicht unberührt bleiben kann von den innerweltlichen Ereignissen, weder von den positiven noch von den negativen[46]. Gott ist – in der originellen Formulierung Whiteheads – der "große Begleiter und Leidensgefährte" (*companion and fellow-sufferer*)[47].

---

[44] *P.S. Fiddes, The Creative Suffering of God*, 17. (Übersetzung A.K.)

[45] Vgl. *J. Moltmann, Der gekreuzigte Gott*, 217: "Wäre Gott in jeder Hinsicht und also in einem absoluten Sinne leidensunfähig, so wäre er auch liebesunfähig. Ist Liebe die Annahme des anderen ohne Rücksicht auf das eigene Wohlergehen, so enthält sie in sich die Potenz des Mitleidens und die Freiheit zum Erleiden der Andersartigkeit des anderen. Eine Leidensunfähigkeit in diesem Sinne widerspräche der christlichen Grundaussage 'Gott ist Liebe', mit der der Bann der aristotelischen Gotteslehre im Prinzip gebrochen ist. Wer liebesfähig ist, ist auch leidensfähig, denn er öffnet sich selbst den Leiden, die die Liebe einbringt, und bleibt ihnen doch kraft seiner Liebe überlegen."

[46] Vgl. z.B. *C. Hartshorne, A New Look at the Problem of Evil*, 208: "Gott teilt alles Leid, weil er für alle Geschöpfe sorgt. Daher kann er als der ideale Gefährte im Leid wie auch in der Freude verstanden werden." (Übersetzung A.K.) Die Leidensfähigkeit ist - in prozeßtheologischer Terminologie - eine Eigenschaft der *consequent nature* bzw. "Folgenatur" Gottes. Zur Kritik an Hartshornes Verteidigung der Liebes- und Leidensfähigkeit Gottes vgl. *R.E. Creel, Divine Impassibility*, 113-139.

[47] *A.N. Whitehead, Prozeß und Realität*, 626. Unter dem Einfluß des britischen Theopaschitismus des 19. Jahrhunderts wurde die These von der Leidensfähigkeit Gottes ein zentraler Bestandteil der Prozeßphilosophie. Vgl. dazu *J. Vanhoutte, God as Companion and Fellow-Sufferer*, 208-213. Im Gegensatz dazu scheint die kontinentale Theologie eher durch die Hegelsche Philosophie inspiriert worden zu sein, die sich im Hinblick auf die Verabschiedung der Idee der Unveränderlichkeit Gottes als äußerst einflußreich erwies. Hegels Geschichtsphilosophie versteht sich ausdrücklich als Theodizee, d.h. als Rechtfertigung Gottes durch die Aufdeckung des vernünftigen Sinns der Menschheitsgeschichte, die als ein Prozeß begriffen wird, in dem die Vorsehung Gottes erkennbar wird. Das Negative, d.h. Übel und Leid, werden dabei als quasinotwendige Mittel der Vernunft gedeutet, um positive Zwecke zu erreichen. Die Geschichte erscheint als "Entfaltung der Natur Gottes in einem besondern bestimmten Element". Entscheidend ist hier die Vorstellung, daß zwischen Gott einerseits und Welt andererseits kein radikaler Unterschied besteht. Gott ist nicht

Ein zweites damit verbundenes Argument ergibt sich aus dem zentralen Stellenwert, der dem Leiden und Kreuzestod Christi im christlichen Bekenntnis zukommt[48]. War in der christlichen Tradition die Unveränderlichkeit Gottes weitgehend unumstritten, so war andererseits ebenso unumstritten, daß der Sohn Gottes bzw. die zweite göttliche Person um unseres Heiles willen eine menschliche Natur angenommen und als Mensch aus freiem Willen Leid und Tod auf sich genommen hatte. Üblicherweise ging man in der Tradition allerdings davon aus, daß von Leid und Tod nur die menschliche Natur Christi, nicht aber der göttliche Logos betroffen war[49]. Nur vereinzelt wurde daraus gefolgert, daß Christus auch seiner Gottheit nach[50] oder daß sogar der Vater gelitten habe[51]. Von der überwiegenden Mehrheit der Tradition wurden diese Folgerungen aus den bereits genannten Gründen abgelehnt[52]. Die Schwierigkeiten, mit der sich die Zwei-Naturen-Lehre angesichts von Passion und Tod Christi konfrontiert sah, nötigten allerdings dazu, das Leiden Jesu in eine engere Beziehung zum göttlichen Logos und damit auch zum Vater zu bringen. Der Kreuzestod wurde auf diese Weise nicht mehr nur als Ereignis verstanden, von dem allein die menschliche Natur der hypostatischen Union betroffen war. Je ausschließlicher die trinitari-

---

ein zeitlos existierendes und vollkommen unveränderliches Wesen. Die Weltgeschichte selbst wird vielmehr zu einem notwendigen Moment der Entwicklung Gottes. Aus diesem Grund müssen auch die negativen Momente in diese Entwicklung integriert werden. Somit kann auch das Leid als ein Moment im Werden Gottes selbst gedeutet werden. Vgl. dazu ausführlicher *G.W.F. Hegel, Die philosophische Weltgeschichte: Ihr allgemeiner Begriff*, in: Sämtliche Werke (hg. von J. Hoffmeister), Bd. 18, 26-49.

48 Vgl. dazu ausführlicher *P.S. Fiddes, The Creative Suffering of God*, 25-31.

49 Vgl. z.B. *Origenes, Contra Celsum*, VII,16; *Augustinus, De trinitate*, VII,3.

50 Diese Aussage war ein Bestandteil des sog. Theopaschitismus. Er bildete die logische Konsequenz einer monophysitischen Christologie. Vgl. dagegen DH 635f.

51 Diese Aussage war Bestandteil des sog. Patripassianismus, der aus einer modalistischen Trinitätslehre und einer monophysitischen Christologie folgt. Vgl. dagegen DH 284.

52 Gelegentlich finden sich jedoch auch bei Vertretern der Unveränderlichkeitsthese anderslautende Formulierungen, wie z.B. *Origenes, Ezechiel-Homilie*, VI,6; *Augustinus, Sermo*, 22,6. Vgl. dazu ausführlicher *W. Maas, Unveränderlichkeit Gottes*, 136f., 159. Maas deutet diese Inkonsequenzen als punktuelle Durchbrüche biblischen Denkens gegenüber der "Diktatur des Apathie- und Unveränderlichkeitsaxioms" (ebd. 138).

sche Offenbarungsrelevanz des Kreuzestodes betont wurde[53], desto unausweichlicher schien auch die Veränderlichkeit und Leidensfähigkeit Gottes zu werden. In dieser Entwicklung markiert die idealistische Philosophie Hegels einen entscheidenden Wendepunkt.

Die neuere Diskussion der trinitätstheologischen Konsequenzen dieses Wandels wurde maßgeblich durch Jürgen Moltmanns kühnen und umstrittenen Vorstoß geprägt[54]. Den Anknüpfungspunkt für Moltmanns Kritik an der Leidensunfähigeit Gottes bildet die Kreuzestheologie. Seiner Meinung nach könne das Leiden des Sohnes den Vater nicht unberührt lassen. Auch der Vater leide im Leiden des Sohnes, so daß die Rede vom leidenden Gott nicht mehr nur auf Christus zu beziehen sei, sondern auf die Trinität[55]. Das Kreuzereignis wird daher auch nicht mehr oder zumindest nicht mehr nur als Sühnegeschehen zwischen Gott und Menschheit interpretiert, sondern primär als innertrinitarisches Ereignis, in dem der Vater den Schmerz des Todes erleidet, den der Sohn stirbt[56].

Das dritte Argument zugunsten der Leidensfähigkeit Gottes hängt schließlich mit der Theodizee-Thematik zusammen. Traditionell wurde der Kreuzestod weitgehend als stellvertretendes Sühneleiden gedeutet, kraft dessen die Menschen aufgrund göttlicher Initiative von der Erbschuld erlöst wurden. Nach dieser Deutung wurzelt das menschliche Leid im wesentlichen in der Sünde, wohingegen es durch die Erlösungstat Gottes überwunden wird[57]. Im Kontext der These vom Leiden Gottes wird das Kreuzesgeschen in einem modi-

---

53 Vgl. dazu vor allem *E. Jüngel, Gott als Geheimnis der Welt*, 312: "Das Wort vom Kreuz ... ist die in menschlicher Sprache ausgesagte Selbstdefinition Gottes, die eine Definition des Menschen impliziert." Zu Jüngels Deutung der Vergänglichkeit in Gott vgl. ebd. 270-306.

54 *J. Moltmann, Der gekreuzigte Gott*. Zur Diskussion vgl. *M. Welker (Hg.), Diskussion über Jürgen Moltmanns Buch "Der gekreuzigte Gott"*.

55 Die anfänglich kreuzestheologisch ansetzenden Überlegungen zum Leiden Gottes wurden von Moltmann im schöpfungstheologischen Kontext weiter entfaltet. Hier wird behauptet, daß die Schöpfung nur denkbar sei, wenn Gott sich selbst bzw. seine Macht zurücknehme. Die Schöpfung der Welt erscheint als Beginn der "Selbsterniedrigung" Gottes oder als "Selbstbeschränkung" des Allgegenwärtigen. Mit der Schöpfung beginnt nun aber auch das Leiden der Liebe Gottes. "Schöpferische Liebe" scheint sich mit innerer Notwendigkeit nur als "leidende Liebe" verwirklichen zu können. Vgl. dazu *J. Moltmann, Trinität und Reich Gottes*, 75. Ähnlich argumentiert auch *H. Jonas, Der Gottesbegriff nach Auschwitz*, 46f.

56 Vgl. ähnlich auch *H.U. von Balthasar, Gott und das Leid*, 14f.

57 Vgl. dazu nochmals die Ausführungen im 6. Kapitel.

fizierten Sinn auf die Theodizee-Thematik bezogen. Gottes Leiden erscheint jetzt nicht mehr - oder zumindest nicht mehr nur oder primär - als stellvertretendes Sühneleiden, sondern als Ausdruck des universalen Mitleidens Gottes mit seiner leidenden Schöpfung.

7.3 DIE RELEVANZ FÜR DAS THEODIZEE-PROBLEM

Die Relevanz der These vom Leiden Gottes für das Theodizee-Problem liegt nicht in einer direkten Beantwortung der Schlüsselfrage, warum es in einer von Gott erschaffen Welt Übel/Leid gibt. Die Vertreter dieser These verfolgen in der Regel eine andere Absicht, die sich in etwa folgendermaßen umschreiben läßt[58]: In einem ersten Schritt wird durch die Kritik des traditionell-theistischen Gottesbegriffs eine jener Voraussetzungen korrigiert, unter denen sich das klassische Theodizee-Problem stellte. In einem zweiten Schritt wird dann versucht, aufgrund dieser Korrektur der atheistischen Kritik gewissermaßen den Wind aus den Segeln zu nehmen, indem gezeigt wird, daß diese Kritik eigentlich gegenstandslos ist. Der programmatische Grundsatz besagt, daß Gott die Frage des Leidens weder theoretisch löst noch vernünftig aufhebt. Gott selbst hält statt dessen der "Aporie des Leidens stand, indem er beim Leidenden steht als einer, der selber leidet"[59]. Diese Schritte sollen nun im einzelnen betrachtet werden.

Zunächst wird in der Regel eingeräumt, daß das klassische Theodizee-Problem in der Tat unlösbar sei. Die Vorstellung von einem allmächtigen und apathischen Gott, der in "teilnahmsloser Seligkeit im Himmel" thront und das menschliche Leid nur aus einer unendlichen Distanz betrachtet, obwohl er es aufgrund seiner Allmacht grundsätzlich verhindern könnte, gilt als völlig inakzeptabel[60]. Ein unveränderlicher, leidensunfähiger Gott muß angesichts des menschlichen Leids wie ein grausamer und despotischer Tyrann erscheinen. Ein solches Gottesbild spiegelt allenfalls den Sadismus derjenigen

---

[58] Die folgende Darstellung will keine Einzelexegese der verschiedenen Ansätze bieten, sondern die diesen zugrundeliegende Intention eruieren, so weit dies überhaupt möglich ist.

[59] Vgl. *H. Dembowski, Menschliches Leiden und der Dreieinige Gott*, 69f.

[60] Vgl. z.B. *J. Moltmann, Der gekreuzigte Gott*, 213; *ders., Trinität und Reich Gottes*, 63.

wider, die es sich ausdenken[61]. Der Mensch, der seine eigene Situation mit Hilfe dieser Begrifflichkeit deutet, kann nur als masochistischer Komplize dieses sadistischen Gottes begriffen werden[62]. Identifiziert man die Vorstellung vom allmächtigen und leidensunfähigen Gott mit dem theistischen Gottesbild schlechthin, dann erhält man unter Hinzunahme einiger ideologiekritischer Überlegungen folgende Rollenverteilung: Der theistische Gott steht auf der Seite der Herrschenden und der Unterdrücker; der leidende Gott hingegen auf der Seite der Unterdrückten, der Armen, der Opfer, also der Leidenden. Angesichts des theistischen Gottesbegriffs erscheint der atheistische Protest, wie er etwa in literarischer Form von Dostojewskijs Iwan Karamasow und von Camus' Rieux artikuliert wird, mit Recht die einzig angemessene Reaktion zu sein[63]. Auf theistischer Basis wird das Theodizee-Problem somit in der Tat für unlösbar erklärt. Diesem Theismus folgt der Atheismus zwangsläufig auf dem Fuße. Fast noch härter als die traditionellen Theodizee-Versuche trifft diese Kritik bisweilen jene Theologen, die den theistischen Gott nach wie vor zu verteidigen und zu rechtfertigen suchen. Im Lichte der Theismus-Kritik erscheinen sie zuweilen bestenfalls noch als anachronistische Ignoranten, schlimmstenfalls jedoch als Unmenschen[64] oder gar als "Teufel"[65], in jedem Fall aber als zynische Komplizen des leidverursachenden Systems, dem die theistische Theodizee den Heiligenschein verpaßt.

In einem nächsten Schritt gilt es dann zu verdeutlichen, daß aus dem eingeräumten Scheitern der klassischen bzw. theistischen Theodizee keinesfalls Aporien für das christliche Bekenntnis resultieren, und zwar deshalb nicht, weil die theistischen Voraussetzungen, unter denen sich das Theodizee-Problem stellte, ja gerade auf den trinitarischen Gott gar nicht zutreffen. Die Pointe dieser Ar-

---

61 Vgl. z.B. *D. Sölle, Gottes Schmerz und unsere Schmerzen*, 276.

62 Vgl. *K. Surin, The Impassibility of God and the Problem of Evil*, 106.

63 Vgl. *J. Moltmann, Der gekreuzigte Gott*, 223: "Denn dieser allgemeine religiöse Monotheismus ist der permanente Anlaß zum Protestatheismus; - mit Recht."

64 Vgl. dazu auch das Vokabular, mit dem K. Surin weniger R. Swinburnes Argumente als eher die sie vertretende Person attackiert. Wer wie Swinburne argumentiere, so Surin, habe nicht nur die Fähigkeit verloren, die Wahrheit zu sagen, sondern auch "one's own humanity". Vgl. dazu *K. Surin, Theology and the Problem of Evil*, 83-85.

65 So in Elie Wiesels Stück "Der Prozeß von Schamgorod", auf das *D. Sölle, Gottes Schmerz und unsere Schmerzen*, 273f. hinweist.

gumentation besagt somit, daß der als allmächtig, unveränderlich und leidensunfähig vorgestellte Gott des klassischen Theismus nicht den christlichen Gott bezeichnet[66]. Aus dem alten Dilemma zwischen traditionellem Theismus und Protest-Atheismus eröffnet die Kreuzestheologie und mit ihr der Glaube an einen leidenden Gott bzw. einem Leiden in Gott den rettenden Ausweg, der konsequenterweise nur noch jenseits der Alternative zwischen Theismus und Atheismus liegen kann[67].

Mit einigem Recht fragt man sich natürlich, wo denn die Theodizee-Relevanz einer Position zu finden sein soll, die das eigentliche Theodizee-Problem für unbeantwortbar, weil falsch gestellt betrachtet. Besteht deren Relevanz letztlich nicht einfach nur darin, daß sie die Prämissen der Problemstellung kritisch destruiert[68], indem sie den Gottesbegriff mehr oder minder drastisch modifiziert? Die *theologia crucis* will in der Tat nicht im Sinne der traditionellen Theodizee als begrifflich-theoretische Versöhnung zwischen Gott und Leid verstanden werden. Jede nur spekulative Versöhnung drohe im Hinblick auf die Opfer letzten Endes zynisch zu erscheinen. Die Kreuzestheologie pocht demgegenüber auf ein verändertes Gottesverständnis. Erst dadurch werde es möglich, der atheistischen Kritik unter der Voraussetzung der Gültigkeit des traditionellen Theismus zuzustimmen, diese Voraussetzung aber gerade kritisch in Frage zu stellen, um dadurch eine Antwort auf den atheistischen Protest zu bieten. Die Theodizee-Relevanz dieses Gedankengangs kann dann freilich nur mehr darin bestehen, den atheistischen Protest angesichts

66 Dies wird beispielsweise von *J. Moltmann, Der gekreuzigte Gott* (201) unter Verweis auf die Kreuzestheologie begründet: "Christliche Theologie kann darum den Tod Jesu nicht unter der Voraussetzung jenes metaphysischen oder moralischen Gottesbegriffs zu verstehen suchen. Gilt diese Voraussetzung, so kann man den Tod Jesu überhaupt nicht theologisch verstehen. Der Glaube muß vielmehr umgekehrt 'Gottes Gottsein vom Ereignis dieses Todes her verstehen'. Das Christentum kann darum nicht länger als 'monotheistische Glaubensweise' ... dargestellt werden. Christlicher Glaube ist nicht 'radikaler Monotheismus'. Als Kreuzestheologie ist christliche Theologie die Kritik und Befreiung vom philosophischen und politischen Monotheismus. Gott kann nicht leiden, Gott kann nicht sterben, sagt der Theismus, um das leidende, sterbliche Sein in seinen Schutz zu bringen. Gott litt in Jesu Leiden, Gott starb im Kreuz Christi, sagt der christliche Glaube, damit wir leben und in seine Zukunft auferstehen."

67 Vgl. *J. Moltmann, Der gekreuzigte Gott*, 236-239.

68 Vgl. *D. Sölle, Gottes Schmerz und unsere Schmerzen*, 277. Sölle erklärt ausdrücklich, sie wolle die Theodizee-Frage nicht beantworten, sondern "als falsche Frage überwinden".

des Leidens von Gott weg- und auf die leiderzeugenden Verhältnisse hinzulenken. Karl-Josef Kuschel gibt die Pointe dieses Gedankens treffend und präzise wieder: Die atheistische Kritik gehe deshalb ins Leere, weil man gegen einen selbst leidenden Gott "nicht mehr im Namen der Kreuze der Weltgeschichte protestieren" könne. Gegen "einen schwachen Gott" könne man auch nicht mehr "die eigene Schwachheit einklagen". Gegen "einen aus Liebe leidenden Gott" könne man "nicht mehr das eigene Leid ausspielen". Und gegen einen "sterbenden Gott" könne man schließlich "nicht mehr im Namen aller ungerechten Tode rebellieren". Kurz: "Die Theodizeefrage scheint beantwortet."[69]

Die traditionellen Theodizee-Versuche thematisierten primär die Frage, aus welchen Gründen Menschen in einer von Gott erschaffenen Welt leiden müssen. Die kreuzestheologischen Ansätze blenden diese Frage weitgehend aus. Im Mittelpunkt ihres Interesses soll nicht mehr die spekulative Frage stehen, warum Gott eine Welt erschaffen hat, in der Menschen leiden müssen, sondern die eher praktische Frage nach der Überwindung des Leids. Am Kreuz wird nämlich nicht nur deutlich, daß Gott mit den Opfern solidarisch mitleidet. Aufgrund der Auferweckung Jesu wird überdies deutlich, daß das Leiden nicht das letzte Wort Gottes ist, daß vielmehr der endgültige Sieg über Tod und Leid gewiß ist[70]. Gott wird deshalb weiterhin als Befreier und Erlöser[71] verkündigt, auch wenn von seiner Allmacht nicht mehr die Rede ist. Dennoch breche in Jesu Auferweckung die "Zukunft der neuen Welt der Gerechtigkeit und Gegenwart Gottes"[72] an und damit auch das endgültige Ende der Leidensgeschichte. Kreuz und Auferweckung bilden somit zusammen den Grund einer Hoffnung, die das Leid nicht wie die traditionellen Theodizeen rechtfertigend erklärt, sondern dagegen protestieren und ankämpfen läßt[73].

---

69 *W. Groß/K.-J. Kuschel, "Ich schaffe Finsternis und Unheil"*, 181. Kuschel schließt sich dieser Position allerdings nicht an.

70 Vgl. *K. Surin, Theology and the Problem of Evil*, 142-164.

71 So auch *D. Sölle, Gottes Schmerz und unsere Schmerzen*, 284: "Gott leidet mit ihnen und Gott verwandelt ihren Schmerz. Gott wird sie befreien, Gott wird das Land heilen."

72 *J. Moltmann, Der gekreuzigte Gott*, 157.

73 Ganz andere Konsequenzen zieht *P. Henrici, Von der Ungereimtheit, Gott zu rechtfertigen*, 680f. Für Henrici besteht die "einzig wahre Theodizee" nicht in der Rechtfertigung Gottes angesichts des Leids, sondern in der Rechtfertigung

Kenneth Surin zieht aus der Diskussion um die von ihm bejahte Leidensfähigkeit Gottes den Schluß, daß das zentrale Theodizee-Problem nicht in der Frage nach der Intelligibilität Gottes bestehe, sondern in der Frage nach dem Erlösungshandeln Gottes, d.h. in der Überwindung des Unheils[74].

> "Der Grundsatz, daß die Selbstoffenbarung Gottes am Kreuz Christi die Selbstrechtfertigung Gottes ist, ist ein Bestandteil des 'praktischen' Ansatzes für das Theodizee-Problem. In Anbetracht dieser göttlichen Selbstrechtfertigung wird der Versuch *menschlichen* Denkens, Gott angesichts der Tatsache des Übels zu rechtfertigen (...), überflüssig. Der Christ, der die Erlösung ernst nimmt, hat kein wirkliches Bedürfnis nach Theodizee. ('Theodizee' meint in diesem Kontext genau den theoretischen Aspekt der Theodizee-Frage) ... Gott offenbart, daß die Gottheit selbst durch das Kreuz des Sohnes jene Leiden erträgt, die uns heimsuchen. Die Gottheit ist durch diese Handlung Gottes am Kreuz für die Menschheit 'zugänglich' (*accessible*), ohne 'erkennbar' (*knowable*) zu sein."[75]

Abschließend räumt Surin ein, daß sowohl die Wurzel und das Wesen des Übels als auch die Weise, auf die der dreifaltige Gott das Übel überwinde, undurchdringliche Geheimnisse darstellen[76]. Der leidende Mensch erfährt somit nur, daß Gott mit ihm leidet. Er erfährt aber nicht das Warum und das Wozu - weder seines eigenen Leids noch des göttlichen Leids. Richtig und allem Anschein nach begrüßenswert erscheint Surin in diesem Zusammenhang die aufklärerische Einsicht, daß die Theodizee-Frage unbeantwortbar ist[77]. Weniger erwähnenswert empfindet er hingegen die Konsequenzen,

---

des Leids "auf Grund des von Gott selbst getragenen Leids". Inkarnation und Passion verleihen jedem Leiden einen Sinn, in dem sie es "zum Ort der menschenmöglichen Nachahmung Gottes, der Nachfolge Christi" machen. Dadurch werde das Leiden "zum Ort wirklicher Gottesbegegnung". Worin dieser Sinn des Leides für Mensch und Gott bestehen könnte, bleibt allerdings ungeklärt. Offenbar befürchtet Henrici, durch eine solche Klärung könnte das "eigentliche Geheimnis" Gottes angetastet werden: "die Unberechenbarkeit seiner Liebe" (ebd. 678).

[74] So *K. Surin, Theology and the Problem of Evil* (124) im Anschluß an Sölle und Moltmann.

[75] *K. Surin, Theology and the Problem of Evil*, 142. (Übersetzung A.K.)

[76] Vgl. *K. Surin, The Impassibility of God and the Problem of Evil*, 162. Vgl. dazu auch *ders., Theodicy?*, 232.

[77] Vgl. *K. Surin, Theology and the Problem of Evil*, 45f.

zu denen die aufklärerische Kritik tendierte, nämlich zu dem Schluß, daß die Sache des Christentums ohnehin aussichtslos ist. Zu fragen bleibt, inwiefern der Glaube an einen leidenden Gott an dieser Einschätzung etwas zu ändern vermag.

7.4 Kritische Diskussion

Die Polemik, mit der einige Vertreter der These vom leidenden Gott das jahrhundertelange theologisch-philosophische Bemühen um eine intelligible Lösung des Theodizee-Problems diffamieren, das Vokabular, mit dem sie die angeblich zugrundeliegenden Intentionen entlarven und stigmatisieren, und schließlich der Ton selbstgefälliger Überheblichkeit, in dem die Vertreter der klassischen Theodizee vereinzelt gebrandmarkt werden, geben kaum Anlaß zu einer argumentativen Auseinandersetzung, sondern eher Anlaß zur Verzweiflung. Desungeachtet soll im folgenden versucht werden, einige der zentralen argumentativen Schwierigkeiten darzustellen, die aus dem skizzierten Umgang mit der Leidthematik für die theologische Reflexion resultieren.

Sofern der Glaube an ein Leiden Gottes christologisch bzw. kreuzestheologisch fundiert wird, wird ihm im allgemeinen eine soteriologische Relevanz beigemessen, d.h. das Leid Gottes dient unserem Heil und damit der Überwindung von Übel und Leid. Eine Begründung dieser Relevanz wird aber entweder, wie bei Surin, überhaupt verweigert oder, wie bei Moltmann, nur in Ansätzen greifbar.

Moltmann formuliert die entscheidende Frage sehr klar: "Wie aber kann in dem gottverlassenen Gekreuzigten Rettung und Befreiung für die gottverlassenen Menschen liegen?"[78] Seine Antwort fällt demgegenüber leider weniger klar aus. Sicherlich "kann man sagen", daß der "Vater seinen Sohn am Kreuz" dahingibt, "um der Dahingegebenen Vater zu werden". Ebenso kann man natürlich "sagen", daß der Sohn "an diesen Tod dahingegeben" wird, "um über Tote und Lebendige der Herr zu werden"[79]. Fragt sich nur, ob man all dies auch verstehen kann! Warum kann die Gemeinschaft mit Gott nur dann Heil, Freude und Leben sein, "wenn alles Unheil, die Gottver-

---

[78] *J. Moltmann, Der gekreuzigte Gott*, 229.
[79] *J. Moltmann, Der gekreuzigte Gott*, 230.

lassenheit, der absolute Tod, der unendliche Fluch der Verdammnis und das Versinken im Nichts in Gott selbst ist"? Warum muß die "'Entzweiung' in Gott ... den ganzen Aufruhr der Geschichte in sich enthalten"? Warum muß man in ihr "die Verstoßung, den Fluch und das endgültige Nichts" erkennen? Warum kann aus der Geschichte in Gott nur dann Heil und Leben hervorgehen, wenn in ihr "dieser Tod geschehen ist"[80]? Welch blindem Zwang, welch bizarrer Logik und welch grausamem Schicksal unterliegt ein "Gott", der sich dieser "Geschichte" unterziehen muß, um die Menschen lieben und vom Unheil befreien zu können[81]?

Die emphatische Redeweise suggeriert eine - wenn auch noch so vage - Notwendigkeit (eine Art "Logik" oder "Zwang"), der Gott unterliegt und die ihn leiden läßt. Nun kann ein allmächtiges Wesen keinen anderen "Zwängen" unterliegen als denen der Logik. Dies schließt nicht aus, daß auch ein allmächtiger Gott leidensfähig ist[82]. Wenn er aber leidet, dann deshalb, weil er sich aus freien Stücken dazu entschlossen hat, dieses wie auch immer geartete Leid auf sich zu nehmen. Ein Wesen, das aufgrund von Notwendigkeiten leidet, die außerhalb seiner selbst bzw. nicht in seiner Macht liegen, das also in diesem Sinn leiden muß, kann nicht der allmächtige Gott sein[83]. Da die Vertreter der These vom leidenden Gott in ihrer Theismus-Kritik auf das Allmachtsprädikat ohnehin keinen besonders großen Wert legen, scheinen sich daraus zunächst keine weiteren Probleme zu ergeben. Dieser Schein trügt jedoch, denn das grundsätzliche Festhalten am Schöpfungs- und Erlösungsbegriff einerseits sowie die Preisgabe des Allmachtsprädikats andererseits lassen sich nicht miteinander vereinbaren.

---

80 *J. Moltmann, Der gekreuzigte Gott*, 233.

81 Vgl. dazu auch die kritischen Rückfragen von *D. Sölle, Gott und das Leiden*, 114ff. Sölle kann sich zwar unter einer "leidenden Liebe" etwas vorstellen, nicht jedoch unter einer "Liebe, die kreuzigt".

82 Vgl. dazu *G.A. Buttrick, God, Pain and Evil*, 96: "Wenn Gott leidet, dann ist er begrenzt und vom Tod berührt, und folglich nicht Gott; wenn er aber nicht leidet, dann ist er herzlos und besitzt nicht die Einsichten, die uns das Leiden manchmal eröffnet, so daß er wiederum nicht Gott ist." (Übersetzung A.K.) Buttrick erklärt dieses Problem kurzerhand zu einer für Menschen unlösbaren Paradoxie. Eine freigewählte Leidensfähigkeit ist aber keine Begrenzung. Daher ist nicht einzusehen, warum es sich um eine Paradoxie handeln soll.

83 Vgl. dazu die nicht sehr erhellenden Erläuterungen von *J. Moltmann, Antwort auf die Kritik an "Der gekreuzigte Gott"*, 168-174.

Trotz aller Kritik am Theismus[84] bleibt ein Aspekt der theistischen Überzeugung in der Regel weiterhin vorhanden, die Überzeugung, daß Gott die Welt erschaffen hat und daß er sie vom Unheil erlösen wird. Solange man nun aber an diesen beiden Überzeugungen festhält, stellt sich auch das Theodizee-Problem, und zwar mehr oder weniger in seiner klassischen Gestalt: Warum hat Gott die Welt gerade so erschaffen, wie wir sie vorfinden? Der Verzicht auf den Allmachtsbegriff führt an dieser Stelle keinen Schritt weiter, und zwar aus zwei Gründen: Erstens muß man einem Gott, der die Macht hat, die Welt zu erschaffen, vielleicht nicht notwendig auch Allmacht im traditionellen Sinn zuschreiben, wohl aber die Macht, z.B. Auschwitz verhindern zu können. Warum hat Gott dies nicht getan? Der Hinweis, Gott selbst habe in Auschwitz gelitten, stellt keine Antwort auf diese Frage dar. Er fügt nur ein neues Problem hinzu. Zweitens bleiben die eschatologische Hoffnung auf eine Erlösung und damit der soteriologische Charakter der christlichen Botschaft nur dann intelligibel, wenn Gott zumindest die Macht hat, dem Leiden in seiner Schöpfung ein Ende setzen zu können. Wenn Gott diese Macht nicht hat, bricht die gesamte Soteriologie zusammen, und damit auch jener theistische Restbestand, der hier überhaupt noch eine Rede von Gott erkennen läßt. Wenn Gott diese Macht hat, stellt sich die Frage, warum er das Leid nicht schon hier und heute beendet? Hinsichtlich dieser Frage hilft nun der Hinweis auf das Mitleiden Gottes keinen Schritt weiter. Entweder besitzt Gott diese Macht nicht, dann wäre die Hoffnung auf endgültiges Heil ein tragischer Irrtum; oder er besitzt diese Macht zwar, macht aber vorerst davon keinen Gebrauch. Dann stellt sich die Frage nach den Gründen und damit die Theodizee-Frage erneut[85].

Eine weitere Möglichkeit, die Allmachtsfrage zu beantworten, besteht darin, Gottes leidende Ohnmacht als Folge seines freiwilligen Verzichts einer ursprünglich sehr wohl vorhandenen Allmacht zu begreifen. Dieser Verzicht könnte mit der Schöpfung als frei gewählter Selbstbeschränkung Gottes zusammenhängen. Nun bleibt aber ein Wesen, das auf die Ausübung seiner (All-)macht freiwillig verzich-

---

[84] Vgl. dazu *J. Moltmann, Trinität und Reich Gottes*, 64: "Am Fels des Leidens endet der Theismus vom allmächtigen und allgütigen Gott."

[85] Dies gilt auch für den Versuch Moltmanns, die Erlösung der Welt mit der Selbsterlösung Gottes von seinem Leiden zu verbinden. Vgl. *J. Moltmann, Trinität und Reich Gottes*, 75f.

tet, gerade auch in seinem Verzicht (all-)mächtig, weil es seinen freiwilligen Verzicht jederzeit wieder rückgängig machen könnte. In diesem Fall bliebe die eschatologische Hoffnung weiterhin sinnvoll. Statt dessen stellt sich jetzt aber wiederum die zentrale Frage, warum Gott nicht hier und heute schon eingreift, um dem Leid ein Ende zu setzen, wenn er es doch grundsätzlich könnte. Ein mitleidender Gott, der gar nicht eingreifen könnte, selbst wenn er dies wollte, läßt sich kaum als Grund und Garant eschatologischer Hoffnung verstehen, und ein mitleidender Gott, der eingreifen könnte, darauf aber verzichtet, führt geradewegs in das traditionelle Theodizee-Problem zurück.

Diese unbeantworteten Anfragen legen den Schluß nahe, daß der Glauben an einen leidenden Gott das klassische Theodizee-Problem keineswegs zum Verschwinden bringt. Solange man am Schöpfungs- und Erlösungsbegriff festhält, tauchen die einschlägigen Fragestellungen, die sich angeblich nur auf dem Boden des traditionellen Theismus einstellen, allesamt wieder auf. Sie werden aber nicht beantwortet, sondern konstant verdrängt. Statt mit plausiblen Antworten wird der Fragesteller mit einer weitgehend unverständlichen Liebeslyrik und aus der Luft gegriffenen Spekulationen über das trinitarische Innenleben Gottes abgespeist[86]. Aufgrund der Tatsache, daß offenkundig Elemente des theistischen Gottesbegriffs nach Belieben beibehalten oder abgelehnt werden, wird der Glaube an Gott keinesfalls plausibler oder christlicher, sondern eher zu einem konfusen Sammelsurium bestenfalls poetisch wohlklingender, aber sachlich teils unverständlicher, teils inkonsistenter Behauptungen. Allem Anschein nach läßt sich diese Position nur aufgrund einer zwar einigermaßen konsequenten, aber wenig plausiblen Verdrängung sämtlicher einschlägiger Problemvorgaben durchhalten. Letzten Endes wird nicht gezeigt, daß und warum das Theodizee-Problem sich nicht sinnvoll stellen läßt, sondern es wird darauf verzichtet, es als wirkliche Herausforderung ernst zu nehmen und sich argumentativ darauf einzulassen. Gelegentlich wird dies mit dem in diesem Zusammenhang sehr fadenscheinigen Hinweis begründet, eine nur "theoretische" Einstellung werde dem Leidproblem nicht gerecht[87].

---

[86] Vgl. dazu etwa die Beispiele bei *J. Moltmann, Trinität und Reich Gottes*, 45-51; 72-76.

[87] Vgl. z.B. *D.J. Hall, God and Human Suffering*, 183f. Hall betont mehrfach, das Leid sei kein (theoretisches) "Problem", sondern eine "Dimension des Le-

Ein "Vorteil" wurde bislang nicht berücksichtigt: Gegenüber einem selber leidenden Gott scheint sich nicht mehr das eigene Leid ausspielen zu lassen. Jeder Protest gegen Gott wird gegenstandlos. Zumindest scheint dadurch wenigstens der atheistischen Kritik der Wind aus den Segeln genommen zu sein. Hinsichtlich dieses Schlusses dürften freilich einige Vorbehalte angebracht sein: Denn zunächst protestiert der Atheismus üblicherweise nicht gegen Gott, sondern leugnet seine Existenz, und zwar mit Argumenten, die unter anderem auch auf die Leiderfahrung rekurrieren. Der Hinweis auf Gottes eigenes Leiden kann diese Argumente allenfalls in einer äußerst vordergründigen Weise beruhigen, jedoch nicht beantworten, denn ein unfreiwillig ohnmächtiger "Gott" ist nicht mehr Gott, und ein freiwillig ohnmächtiger Gott führt geradewegs in die Fragestellung zurück und zeigt nur, wie wenig tatsächlich erreicht wurde.

Unabhängig von der Atheismus-Thematik könnte darauf hingewiesen werden, daß der Glaube an ein Mitleiden Gottes dazu verhilft, eigenes und fremdes Leid existentiell besser bewältigen zu können[88]. Zumindest im zwischenmenschlichen Bereich läßt sich diese Erfahrung zweifellos häufig, wenn auch keinesfalls immer machen. Paul Fiddes überträgt diese Erfahrung auch auf die Beziehung zwischen Gott und Mensch: Die Behauptung, daß Gott mit der Menschheit leide, bedeute Trost für die leidenden Menschen. Diese "psychologische" Wirkung mag zwar - wie Fiddes einräumt - kein eigentliches theologisches Argument darstellen, aber im Endeffekt könne sie wesentlich mehr ausrichten als jede formale Theodizee[89]. Die spirituelle "Psycho-Logik", die hinter dieser Erwartung steht, erscheint allerdings ambivalent. Wer im eigenen Leid Trost durch den Glauben an einen mitleidenden Gott findet, könnte sich natürlich auch fragen, was dieses Mitleiden an seiner Situation zu ändern vermag[90].

---

bens". Über weite Strecken behandelt Hall das Leid jedoch durchaus auch als Problem, wenn auch weder sehr konsequent noch stringent.

88 In diesem Sinn schließt sich auch Alvin Plantinga der These vom Leiden Gottes an. Er sieht darin den Hauptunterschied zwischen dem Christentum und den anderen theistischen Religionen. Das Leiden Gottes beantworte zwar die Frage nicht, warum Gott das Übel zulasse, aber es helfe dem Christen, auf Gott als den liebenden Vater zu vertrauen - "no matter what ills befall him". Vgl. *A. Plantinga, Self-Profile*, 36.

89 Vgl. *P.S. Fiddes, The Creative Suffering of God*, 31.

90 Vgl. zu dieser Kritik *R.E. Creel, Divine Impassibility*, 155ff.

Diesbezüglich hat Karl Rahner in einer für ihn ungewöhnlichen Direktheit und Klarheit eingewendet:

> "Um - einmal primitiv gesagt - aus meinem Dreck und Schlamassel und meiner Verzweiflung herauszukommen, nützt es mir doch nichts, wenn es Gott - um es einmal grob zu sagen - genauso dreckig geht."[91]

Nun ist vielleicht die Frage, was "nützt" und was nicht "nützt", kein entscheidendes Kriterium zur Bewertung theologischer Positionen. Hinsichtlich der Beurteilung ihrer psychologischen Wirkungen ist diese Frage aber auf keinen Fall zu unterschätzen. Und diese Wirkungen dürften keinesfalls so eindeutig in eine positive Richtung weisen, wie Fiddes und andere dies voraussetzen. Was für den einen Quelle der *consolatio* sein mag, kann für den anderen leicht zum Anlaß einer *desperatio* werden[92].

Von einem leidenden und allmächtigen Gott könnte nur dann sinnvollerweise die Rede sein, wenn Gott aus irgendeinem Grund das Leiden aus eigenem Willen auf sich nimmt. Als solcher Grund kommt vor allem die Liebe Gottes zu seinen Geschöpfen in Frage. Der Begriff "Liebe" scheint zwangsläufig eine Betroffenheit des Liebenden vom Leid des Geliebten und somit ein Mitleiden zu implizieren. Ob diese Erfahrung auch auf Gottes Liebe übertragen werden kann, ist umstritten[93]. An dieser Umstrittenheit vermag auch der Re-

---

91 Karl Rahner, in: *P. Imhoff/H. Biallowons (Hg.), Im Gespräch*, Bd. 1, 245. Ähnlich argumentiert auch *R.W.K. Paterson, Evil, Omniscience, and Omnipotence*, 11: "Selbst wenn man einräumt, daß der Begriff eines leidenden Gottes nicht nur eine unbedachte Metapher, sondern eine - wörtlich verstanden - intelligible Möglichkeit darstellt, wären die ... leidenden Menschen m.E. dazu berechtigt, eine solche Handlung seitens ihres Schöpfers als kaum mehr als eine Geste einer wunderbar aufrichtigen, aber hoffnungslos ineffektiven Sympathie zu betrachten. Denn sie bewirkt keine faktische Verminderung der Gesamtsumme an Leid, sondern läuft (vermutlich) nur auf eine Verdoppelung desselben hinaus." (Übersetzung A.K.) Vgl. ähnlich auch *F. Varillon, La souffrance de Dieu*, 23: "L'idée d'un Dieu qui souffre n'aggrave-t-elle pas le scandale en l'amplifiant jusqu'à l'infini?" Varillon kommt jedoch zu einer positiven Einschätzung der Idee vom mitleidenden Gott.

92 Vgl. hierzu auch die Einwände von *J.B. Metz, Theologie als Theodizee?*, 117. Metz fragt unter anderem, ob die "Rede vom leidenden Gott am Ende nicht doch nur eine sublime Verdoppelung menschlichen Leidens und menschlicher Ohnmacht" ist und ob darin "nicht so etwas wie eine heimliche Ästhetisierung des Leidens zur Geltung kommt".

93 Vgl. dazu *R.E. Creel, Divine Impassibility*, 146ff.

kurs auf das biblische Zeugnis nichts zu ändern. Befürworter[94] und Gegner[95] der These vom Leiden Gottes nehmen es gleichermaßen für sich in Anspruch. Ähnliches gilt im übrigen auch für die spekulativen Deutungen der trinitarischen "Leidensgeschichte" Gottes. Angesichts dieses Befunds empfiehlt es sich, die vorliegenden Diskussionsbeiträge vorrangig anhand ihrer immanenten Plausibilität zu beurteilen. Unabhängig vom Ausgang der weiteren Diskussion legen die vorgelegten Argumente den Schluß nahe, daß die Annahme eines leidenden Gottes direkt weder zu einer konsistenten Destruktion des Theodizee-Problems noch zu einer überzeugenden Beantwortung desselben beiträgt[96]. Ob Leiderfahrungen dadurch erträglicher werden, sei dahingestellt.

In den zentralen christlichen Symbolen von Kreuz und Auferstehung schafft sich die Hoffnung Ausdruck, daß Leid und Unheil nicht das letzte Wort über das menschliche Dasein haben, daß Gottes heilende und rettende Macht auch dort nicht an ihre Grenzen stößt, wo nach menschlichem Ermessen alles aussichtslos erscheint. Auch die unerschütterlichste Hoffnung auf Heil kann nun aber gerade keine Erklärung des Unheils bieten. Solange eine solche Erklärung aussteht, muß diese Hoffnung als völlig unbegründet, ja geradezu als widersinnig erscheinen. Was immer sich hinter dem Schlagwort von der *theologia crucis* verbergen mag, eine Lösung des Theodizee-

---

94 Vgl. dazu *P.S. Fiddes, The Creative Suffering of God*, 16-31.

95 Die Frage nach dem biblischen Fundament der These vom Leiden Gottes beantwortet K.-J. Kuschel folgendermaßen: "Sucht man nach Antworten auf diese Frage, so stellt man im Fall von *Moltmann* wiederum erstaunt fest, daß diese Theologie sich für ihre Lehre von der liebend-leidenden Selbstbegrenzung Gottes auf kein einziges Schriftzeugnis beruft, sondern auf nichts denn auf die kabbalistische Spekulation vom Zimzum... Folgt man heutiger *alttestamentlicher* Exegese, so kann im Alten Testament von einer Selbstbeschränkung, -erniedrigung oder -bescheidung an keiner Stelle die Rede sein. Daß die Schöpfung als solche schon 'passio Dei' sei, Schwäche, Ohnmacht und Leiden Gottes bewirke, und zwar schon durch die Existenz allein, ist ein im Alten Testament fremder, ja abstruser Gedanke." Auch im Hinblick auf das Neue Testament kommt Kuschel zu einem ähnlich negativen Ergebnis: "Nirgendwo aber wird bei Paulus und Johannes der Gedanke ausgesprochen, daß Jesu Leiden Gottes Leiden sei und daß Gott aus Liebe dieses Leiden als sein eigenes empfunden habe." Vgl. *W. Groß/ K.-J. Kuschel, "Ich schaffe Finsternis und Unheil"*, 189f. u. 194.

96 P.S. Fiddes scheint diese Konsequenz zu bestätigen, denn er spielt die These vom Leiden Gottes nicht gegen die traditionelle Theodizee aus, sondern versucht sie in diese zu integrieren. Zu diesem Zweck rekurriert er auf den Ansatz von John Hick, der grundsätzlich auf dem Boden der traditionellen Theodizee bleibt. Vgl. dazu *P.S. Fiddes, The Creative Suffering of God*, 31-37.

Problems wird man sich davon kaum erwarten können, und zwar unabhängig davon, ob die Rede von einem (mit-)leidenden Gott sinnvoll ist oder nicht.

8 "Theodizee" in praktischer Perspektive

"Da antwortete der Herr dem Ijob aus dem Wettersturm und sprach: Wer ist es, der den Ratschluß verdunkelt mit Gerede ohne Einsicht?" (Ijob 38,1f.)

In keiner anderen theologischen Strömung der Gegenwart dürfte die Leidthematik einen so zentralen Stellenwert einnehmen wie in den Befreiungs- und politischen Theologien[1]. Gleichwohl dominiert auch hier die Auffassung, daß die Aufgabe einer theologischen "Theodizee" nicht mehr darin bestehen könne, die Existenz von Übel und Leid angesichts des Glaubens an Gott begrifflich-theoretisch zu erklären bzw. zu rechtfertigen[2]. Statt dessen geht es darum, eine theologische Theorie zu entwickeln, deren vorrangiges Ziel in der Leidreduzierung, -bewältigung und -überwindung besteht[3], wobei der Schwerpunkt eindeutig in der Analyse und Kritik strukturell bedingten Leids liegt. Die Klärung des Theodizee-Problems muß deshalb stets auch von Fragen nach sozialer Gerechtigkeit begleitet werden[4].

In diesem Kontext sei nochmals an die Unterscheidung zwischen theoretisch und praktisch orientierten Theodizee-Lösungen erinnert, wie sie etwa von Kenneth Surin vertreten wird[5]. Die durch diese Unterscheidung markierte Grenze verläuft allerdings nicht zwischen theorieverhafteten und theorielosen "Theodizeen", sondern zwischen

---

1 Im folgenden wird keine systematische Auseinandersetzung mit der Befreiungstheologie oder mit der politischen Theologie beabsichtigt. Statt dessen geht es um die Diskussion einiger theodizee-relevanter Tendenzen. Aufgrund der Differenziertheit der Standpunkte lassen sich diese Tendenzen selbstverständlich nicht pauschal jedem einzelnen Vertreter dieser Theologien unterstellen.

2 Vgl. dazu nochmals die Ausführungen in Abs. 1.3.

3 Vgl. z.B. *J.B. Metz, Theologie als Theodizee?*, 104: "Die Gottesrede ist entweder die Rede von der Vision und der Verheißung einer großen Gerechtigkeit, die auch an diese vergangenen Leiden rührt, oder sie ist leer und verheißungslos - auch für die gegenwärtig Lebenden. Die dieser Gottesrede immanente Frage ist zunächst und in erster Linie die Frage nach der Rettung der ungerecht Leidenden. Die sie leitende Wahrheit weiß sich allein im dezidierten Widerspruch gegen jede Form leidschaffender Ungerechtigkeit."

4 Vgl. *G. de Schrijver, Theodicy, Justification, and Justice*, 310.

5 Vgl. dazu nochmals *K. Surin, Theology and the Problem of Evil*, 142-164.

solchen Theorieansätzen, die primär die Widersprüche zwischen Leiderfahrungen und Gottesglaube argumentativ-rational aufzulösen versuchen, und solchen, die sich auf die politisch-sozialen Ursachen der Leidentstehung sowie auf die Praxis der Leidreduktion und -bewältigung konzentrieren[6]. Programmatisch fordert etwa Jon Sobrino, Theologie müsse sich angesichts des geschichtlichen Leids als intellektuelle Disziplin verstehen, deren primärer Zweck darin bestehe, diese Form des Leids zu eliminieren[7].

Wie bereits bei den Befürwortern der These vom Leiden Gottes, die sich häufig auch als Vertreter einer im weiteren Sinn politischen Theologie verstehen, sind hier zwei Tendenzen zu beobachten: zum einen die vehemente Kritik an den traditionellen Theodizee-Ansätzen und zum anderen die Entwicklung von alternativen theologischen Auseinandersetzungen mit der Leidthematik. Die erste Tendenz manifestiert sich unter anderem im "Ideologieverdacht", unter den die traditionellen Theodizeen gestellt werden; die zweite Tendenz betrifft den "Primat der Praxis", der für die theologische Reflexion maßgebend werden soll.

8.1 THEODIZEE UNTER IDEOLOGIEVERDACHT

Ein allgemeines Charakteristikum politischer Theologien besteht darin, die Vorstellung einer in politisch-praktischer Hinsicht "unschuldigen"[8] bzw. vermeintlich "reinen" Theorie als unkritisch zu entlarven. Als ebenso unzureichend wird auch die Vorstellung abgelehnt, die richtige Praxis ergebe sich aufgrund einer bloßen Deduktion praktischer Maximen aus theoretischen Prinzipien bzw. durch

---

[6] Vgl. *K. Surin, Theology and the Problem of Evil*, 67: "Die Crux des Theodizee-Problems besteht nicht in irgendeiner angeblichen Auflösung der offensichtlichen Schwierigkeiten, aus denen sein theoretischer Aspekt besteht, sondern in der Suche nach einem Weg oder nach Wegen, die 'praktischen' Fragen zu beantworten: ... Was macht Gott, um das in seiner Schöpfung existierende Übel und Leid zu überwinden? ... Was machen wir (als Geschöpfe Gottes), um Übel und Leid zu überwinden?" (Übersetzung A.K.)

[7] Vgl. *J. Sobrino, Theology in a Suffering World*, 156. Unter "geschichtlichem Leid" (*historical suffering*) versteht Sobrino jenes Leid, das von einigen ungerechtfertigterweise anderen zugefügt wird. Dieses Leid betreffe die Mehrheit der Menschheit und mache es für die Betroffenen praktisch unmöglich, ihr Leben selbst zu bestimmen. Dieses Leid verursache auch eine todbringende Armut.

[8] Vgl. dazu *J.B. Metz, Unterwegs zu einer nachidealistischen Theologie*, 213.

eine unmittelbare praktische Umsetzung theoretisch-reflexiver Vorgaben[9]. Programmatisch hat Johann Baptist Metz gefordert, das Christentum nicht primär als "Doktrin" zu verstehen, "die es möglichst 'rein' zu halten gilt", sondern als "Praxis, die es radikaler zu leben gilt"[10].

Im Kontext dieses Grundanliegens stellt sich dann die Aufgabe, alle theoretischen Überzeugungen - einschließlich der christlichen - im Hinblick auf ihre Praxisrelevanz kritisch zu überprüfen und einer "Hermeneutik des Verdachts" bzw. "Mißtrauens" zu ihrem theologischen Recht zu verhelfen. In der nachaufklärerischen Philosophiegeschichte hat sich dafür die Bezeichnung "Ideologiekritik" eingebürgert[11]. Das Spezifikum einer ideologiekritischen Analyse besteht im wesentlichen darin, die Geltung von Überzeugungen nicht mehr theorieimmanent im Hinblick auf ihre logische Konsistenz oder ihren objektiven Wahrheitsgehalt zu überprüfen, sondern vorrangig im Hinblick auf die praktische Relevanz, die aus der Akzeptanz dieser Überzeugungen in einem bestimmten gesellschaftlichen Handlungskontext resultiert[12]. Überzeugungen sind danach keine passiven Widerspiegelungen einer vermeintlich objektiven Realität, sondern Teil eines konkreten Daseins- bzw. Handlungsvollzugs, der den Kontext ihrer Konstitution, Funktion und Evaluation bildet.

Unter die Räder der Ideologiekritik geraten nun auch die traditionellen Theodizee-Lösungen[13], sofern sie z.B. das Leid als Mittel zur Erreichung höherer Zwecke oder als gerechte Bestrafung menschlicher Sündhaftigkeit begreifen. Unter anderem wird ihnen vorgeworfen, daß sie der Welt und dem Leid gegenüber eine typische Beob-

---

9 Vgl. dazu *J.B. Metz, Glaube in Geschichte und Gesellschaft*, 47. Zur befreiungstheologischen Klärung der Theorie-Praxis-Dialektik vgl. *C. Boff, Theologie und Praxis*, v.a. 324-345.

10 *J.B. Metz, Jenseits bürgerlicher Religion*, 41.

11 Zum Ideologiebegriff vgl. u.a. *K. Lenk (Hg.), Ideologie*; *H.-J. Lieber (Hg.), Ideologie -Wissenschaft - Gesellschaft*.

12 Vgl. dazu ausführlicher meine Überlegungen zum Reduktionismus in *A. Kreiner, Ende der Wahrheit?*, 16-33.

13 Vgl. dazu z.B. *G. de Schrijver, Theodicy, Justification, and Justice*, 291-310. Hier wird versucht, einen ideologischen Zusammenhang zwischen Leibniz' Theodizee und dem frühen Merkantilismus herzustellen: "... theodicy joins hands with sociodicy" (ebd. 294). Letzten Endes laufe diese Theodizee darauf hinaus, das Organisationsmodell des Kapitalismus mit einer theologischen Rechtfertigung zu versehen (ebd. 305). Vgl. dazu auch die Überlegungen von *R. Ammicht-Quinn, Von Lissabon bis Auschwitz*, 1. Kap.

achterperspektive einnehmen. Aus dieser Perspektive heraus werde dann nach der verborgenen Sinnhaftigkeit des zumeist abstrakt verstandenen Leids und Übels gefragt. Aus den traditionellen Antworten wird dann gefolgert, daß sie in ihrer "Systematisierungs- und Erklärungssucht"[14] zu einer Rechtfertigung bzw. Legitimation des jeweiligen leiderzeugenden Status quo tendieren und dadurch den kämpferischen Protest gegen die strukturellen Ursachen leidvoller Zustände - zumindest tendenziell - unterminieren[15]. Wo Gott als jene unhinterfragbare absolute Macht erscheint, die Menschen aus vielleicht nicht unmittelbar einsehbaren, dennoch aber triftigen (z.B. heilspädagogisch motivierten) Gründen leiden läßt, gerät der Mensch in die Rolle des sich den göttlichen Ratschlüssen bedingungslos Unterwerfenden. Dem sadistischen Gottesverständnis entspricht die masochistische Selbsteinschätzung des Menschen[16], der das Leid als von Gott verfügt betrachtet und es demzufolge nur mehr geduldig erträgt. Die Auswirkungen derartiger Deutungen erstrecken sich nun keinesfalls nur auf den individuellen oder privaten Bereich, sie beeinflussen nachhaltig auch den gesellschaftlichen Kontext. Wird Gott nämlich als derjenige verstanden, der Leid schickt, so führt dies zwangsläufig zu einem Einverständnis mit den leidverursachenden Faktoren und Mächten, insbesondere aber zu einem Einverständnis mit jenen sozialen Strukturen und politischen Konstellationen, unter denen Menschen zu leiden haben. Dies bedeutet aber nichts anderes als eine ideologische Legitimation politischer Machtstrukturen, deren leidverursachende Auswirkungen nicht mehr als solche in Frage gestellt, sondern als gottgegeben hingenommen werden. Auf diese Weise kann auch kaum mehr zwischen prinzipiell vermeidbarem und unvermeidbarem Leid unterschieden werden[17]. Aus vermeintlich theoretisch-theologischen Deutungen resultieren eminent praktisch-politische Konsequenzen, die sich im Hinblick auf traditionelle Theodizee-Lösungen als "Allianz zwischen repressivem Theismus und repressi-

---

14 *H.-G. Janßen, Das Theodizee-Problem der Neuzeit*, 7.

15 Vgl. z.B. *J. Moltmann, Trinität und Reich Gottes*, 67: "Leiden erklären zu wollen ist selbst schon höchst fragwürdig. Führt die Erklärung nicht zur Begründung und Befestigung des Leidens und also dazu, daß der Leidende sich mit dem Leiden abfindet, sich einverstanden erklärt? - Gibt er damit nicht die Hoffnung auf die Überwindung des Leidens auf?"

16 Vgl. *D. Sölle, Leiden*, 18ff.

17 Vgl. *D. Sölle, Leiden*, 28.

ver Gesellschaft"[18] manifestieren können. In dieser Allianz dient der "Gottesbegriff" faktisch den Interessen der Herrschenden. Die damit zusammenhängende Leiddeutung ließ sich über Jahrhunderte hinweg als "Werkzeug zur Rechtfertigung des Unrechts und zur Unterdrükkung" instrumentalisieren[19].

Wenn aus der traditionellen Theodizee letztlich nichts anderes resultiert als eine "Stabilisierung nicht stabilisierenswerter Verhältnisse"[20], so folgt daraus, daß diese Form der Theodizee und damit die mit ihr verquickte Theologie "nicht – jedenfalls nicht mehr – durchführbar" sind. Die praktische Option des Kampfes "gegen die Übel, gegen Krankheit, Naturkatastrophen und Mangel, gegen Unterdrükkung und Ungerechtigkeit"[21] macht zwar die theologische Auseinandersetzung mit der Leidthematik nicht überflüssig, sie verlangt aber nach einer veränderten Form der "Theodizee", die jetzt unter den Primat der Praxis zu stellen ist.

8.2 "Theodizee" unter dem Primat der Praxis

Im Anschluß an die Intention der neuzeitlichen, insbesondere der marxistischen Religionskritik wird der "Theodizee" – verstanden als Frage nach dem adäquaten theologischen Umgang mit dem Leid – eine veränderte Zielstellung zugewiesen: Statt Rechtfertigung des Bestehenden soll Protest angestrebt werden, statt passiver Hinnahme soll aktive Veränderung als Ziel gelten, statt um die Vertröstung angesichts des Leids geht es um die Aufdeckung und Beseitigung seiner Ursachen.

Den Ausgangspunkt theologischer Reflexion bilden in der Regel nicht mehr primär die theoretisch-spekulativen Vorgaben der Tradition, sondern die Praxis gelebten und erfahrenen Glaubens. Praxis darf dabei jedoch nicht als begriffs- oder theorielose verstanden werden. Denn jede Praxis setzt immer schon eine – wenn vielleicht auch nur rudimentäre – noetische Dimension voraus, die den Anknüpfungspunkt für die theologische Reflexion darstellt. Den verschiedenen Befreiungstheologien liegt die Erfahrung von Leid in den viel-

---

18 *U. Hedinger, Wider die Versöhnung Gottes mit dem Elend*, 49.
19 *D. Sölle, Leiden*, 130.
20 *R. Ammicht-Quinn, Von Lissabon bis Auschwitz*, 257.
21 *H.-G. Janßen, Das Theodizee-Problem der Neuzeit*, 12.

fältigen Formen der Armut, Unterdrückung und Entfremdung zugrunde. Auf die Überwindung des Leids und seiner Ursachen konzentriert sich die entsprechende Praxis der Befreiung. Diesem Ziel hat sich auch die theologische Reflexion dieses Prozesses unterzuordnen. Der Primat der Praxis soll also eine theoretische Auseinandersetzung nicht ausschließen, sondern die Praxis als bleibenden Ausgangs- und Bezugspunkt theoretischer Reflexion auszeichnen - "the end purpose of liberation theology is the liberation of the suffering world"[22].

Hans-Gerd Janßen hat vorgeschlagen, Theodizee als Theorie der solidarischen Praxis für Freiheit und Gerechtigkeit aller zu konzipieren[23]. In dieser veränderten Fragestellung geht es nicht mehr um einen religiös-theologischen "Sinn", der durch theoretische Entwürfe entdeckt und reflektiert werden kann. Es geht vielmehr um einen Sinn, der allein praktisch, d.h. im Handeln gegen die Sinnlosigkeit des Leids, erfahrbar wird[24]. Eine solche Theorie tritt an die Stelle, die aufgrund der Kritik der traditionellen Theodizee leer wurde. Die Aufgabe einer solchermaßen rekonzipierten "Theodizee" in praktischer Perspektive beschreibt "die individuelle und gesellschaftliche Solidarität mit den Leidenden und Bedürftigen"[25]. Ihr Ziel ist selbstverständlich nicht die bloße Deskription solidarischen Handelns, sondern der "Kampf um Freiheit und Gerechtigkeit für alle"[26].

Im Anschluß an diese Charakterisierung stellt sich die Frage, was es rechtfertigt, eine derartige Theorie als Nachfolgerin der traditionellen Theodizee vorzustellen und weiterhin als "Theodizee" zu bezeichnen. Die bloße Thematisierung des Leids - einschließlich seiner Ursachen und der Wege zu seiner Überwindung - rechtfertigt diese Bezeichnung sicherlich nicht. Entscheidend ist in diesem Kontext die Behauptung, daß der Kampf um Freiheit und Gerechtigkeit und die

---

22 *J. Sobrino, Theology in a Suffering World*, 167.

23 Vgl. *H.-G. Janßen, Das Theodizee-Problem der Neuzeit*, 32: "Theodizee, die Behauptung der Wirklichkeit Gottes angesichts des Leids, ist nur möglich durch eine solidarische Praxis und ihre Theorie, die die individuelle und gesellschaftliche Solidarität mit den Leidenden und Bedürftigen beschreibt; zugleich ist eine konsequente Theorie solidarischer Praxis, des Kampfes um Freiheit und Gerechtigkeit für alle, nur möglich als theologische, also unter Fortführung der religiösen - genauer für uns: der christlichen - Tradition und ihres Gottesbegriffs."

24 Vgl. *H.-G. Janßen, Das Theodizee-Problem der Neuzeit*, 30.

25 Vgl. *H.-G. Janßen, Das Theodizee-Problem der Neuzeit*, 32.

26 *H.-G. Janßen, Das Theodizee-Problem der Neuzeit*, 32.

entsprechende Theorie nur als theologische möglich sein sollen[27]. Somit geht es also weiterhin um die Behauptung Gottes angesichts des Leids, jetzt aber nicht mehr in Form des Aufweises der immanenten Widerspruchsfreiheit von offenkundig inkohärenten Behauptungen, sondern in Form einer Theorie, deren Ziel im Kampf und Protest gegen die leidverursachenden Faktoren sozialer Ungerechtigkeit und Unterdrückung besteht. Diese Theorie bildet nun auch den Kontext, innerhalb dessen adäquat von Gott die Rede ist. "Der Kampf um die Wirklichkeit Gottes ist zugleich Kampf um Freiheit und Gerechtigkeit für alle – und umgekehrt."[28] In dieser Forderung nach einer unter dem Primat der Praxis modifizierten theologischen "Theodizee" werden somit zwei Voraussetzungen gemacht: Erstens wird im Anschluß an die moderne Religionskritik das Scheitern der traditionellen Theodizee-Versuche behauptet. Zweitens wird aber davon ausgegangen, daß der christliche Gottesbegriff auch im praktischen Kampf gegen die Ursachen des Leids unverzichtbar sei. Die Behauptung Gottes angesichts des Leids bildet nun in der Tat den Kern der Theodizee-Problematik. Eine Theorie, die diesen Zusammenhang zu klären beabsichtigt, muß legitimerweise als "Theodizee" bezeichnet werden. Um eine gelungene Theodizee kann es sich freilich nur in dem Maße handeln, in dem es gelingt, diesen Zusammenhang plausibel zu machen. Bliebe es bei der bloßen Behauptung Gottes angesichts des Leids, würde das Theodizee-Problem nicht beantwortet, sondern übergangen.

Den zentralen Nerv politischer Theodizeen bildet somit die Frage nach dem Verhältnis zwischen dem Bekenntnis zu Gott einerseits und dem Prozeß praktischer Leidüberwindung und -bewältigung andererseits. Gustavo Gutiérrez konkretisiert die damit zusammenhängenden Fragestellungen folgendermaßen:

> "Wie soll man von einem Gott, der sich als Liebe offenbart, in einer Wirklichkeit sprechen, die von Armut und Unterdrückung gekennzeichnet ist? Wie soll man Menschen, die einen vorzeitigen und ungerechten Tod erleiden, einen Gott des Lebens verkünden? Wie soll man das ungeschuldete Geschenk seiner Liebe und Gerechtigkeit verstehen, wenn man nur Unrecht zu erleiden hat? In welcher Sprache soll man denen, die nicht einmal als Mensch gel-

---

[27] *H.-G. Janßen, Das Theodizee-Problem der Neuzeit*, 32.
[28] *H.-G. Janßen, Das Theodizee-Problem der Neuzeit*, 32.

> ten, sagen, sie seien Söhne und Töchter Gottes? Dies sind die Quell-Fragen der Theologie, die da in Lateinamerika im Entstehen ist - und gewiß auch an anderen Orten der Welt, an denen ähnliche Situationen herrschen."[29]

Die "Quell-Fragen" werden hier in einer erheblich entschärften Weise formuliert. Denn im Hintergrund des Theodizee-Problems steht nicht – jedenfalls nicht mehr – die Frage, wie man von Gott angesichts all dieser Erfahrungen sprechen kann, sondern die Frage, ob man überhaupt noch von Gott sprechen kann, ohne sich in haarsträubende Widersprüche zu verwickeln. Im Kontext der politisch orientierten Theologien entscheidet sich diese Frage daran, ob und inwiefern ein Zusammenhang zwischen der Rede von Gott und den leidreduzierenden Befreiungs- bzw. Emanzipationsprozessen aufweisbar ist. Wofür steht "Gott" im politischen Prozeß leidreduzierender Praxis?

Aus befreiungstheologischer Sicht hat Jon Sobrino die Entscheidung, das Leid der sog. Dritten Welt zu überwinden, als Fortführung der göttlichen Offenbarung bezeichnet. Die Begründung hierfür lautet: Die Überwindung des Leids sei die Praxis Gottes selbst und die Praxis, die Gott von den Menschen fordere. Im Anschluß daran wird behauptet, daß die "leidende Welt" eine Vermittlung (*mediation*) der Wahrheit und Absolutheit Gottes sei[30]. Hans-Gerd Janßen versucht den Zusammenhang zwischen universaler Solidarität und Gottesbegriff mit der in religionsgeschichtlicher Sicht sehr kühnen These herzustellen, wonach die Praxis Jesu eine solche Solidarität überhaupt erst ermögliche,

> "weil Jesus in seinem Handeln eine Wirklichkeit behauptete und eröffnete, die sich für die Leidenden, die Bedrängten und Bedürftigen als rettend und lebenseröffnend erweist: die Wirklichkeit der gnädigen Liebe Gottes."[31]

---

[29] *G. Gutiérrez, Von Gott sprechen in Unrecht und Leid*, 14.

[30] Vgl. *J. Sobrino, Theology in a Suffering World*, 157.

[31] *H.-G. Janßen, Das Theodizee-Problem der Neuzeit,* 168. Vgl. dazu auch *H.-G. Janßen, Gott - Freiheit - Leid*, 193: "Die konstitutive Bedeutung des Gottesbegriffs für eine nicht auf Herrschaftssteigerung ausgerichtete Rationalität und für eine Praxis, die allgemeine Freiheit und Gerechtigkeit intendiert, ist nach dem Durchgang durch die Entfaltung des neuzeitlichen Theodizeeproblems jedenfalls unabweisbar." Der neuzeitliche Atheismus hat die Sache genau andersherum gesehen.

Die Behauptung von der "gnädigen Liebe Gottes" stellt als solche natürlich keine Lösung des Theodizee-Problems dar. Sie bringt vielmehr das Problem selbst auf den Punkt. Gottes rettendes Handeln als Lösung des Theodizee-Problems vorzustellen, beruht auf einem "soteriologischen Fehlschluß", der die Frage nach dem Grund von Übel/Leid mit dem Hinweis auf die göttliche Erlösung von Übel/Leid beantwortet[32], ohne zu bedenken, daß gerade die Abwesenheit plausibler Gründe die Hoffnung auf eine zukünftige Erlösung unterminiert. An diesem Befund vermag auch die Erinnerung an die Praxis Jesu nichts zu ändern. Denn nach wie vor bleibt völlig offen, warum Menschen angesichts der Liebe Gottes überhaupt in einer Situation existieren, die der solidarischen Praxis bedarf. Wenn - in den Worten Sobrinos[33] - der Kampf gegen das Leid die Fortsetzung der Offenbarung Gottes ist, legt sich angesichts des Übermaßes an Leiderfahrungen eher der Schluß nahe, Gott habe sich kaum jemals geoffenbart, so daß es diesbezüglich auch nicht viel gibt, was sich menschlicherseits fortsetzen ließe. Der Rekurs auf die Praxis hilft an diesem Punkt nicht weiter[34]. Und die Behauptung, der Sinn all dessen erschließe sich eben nicht theoretischem Begreifen, sondern nur der jesuanisch inspirierten Praxis, will ebenfalls nicht recht einleuchten[35]. Ebensowenig leuchtet ein, inwiefern sich der von Metz geforderten *memoria passionis*[36] eine Antwort auf die Frage nach dem Zusammenhang von Gott und Leid entnehmen läßt. Eine Erinnerung

---

32 Vgl. z.B. *P.T. Forsyth, The Justification of God*, 53: "Die endgültige Theodizee kann nicht in einem System entdeckt werden, und auch nicht in einem geoffenbarten Plan, sondern in der vollendeten Erlösung. Sie besteht weder in der Entdeckung von Ideen noch im Zurechtrücken von Ereignissen, sondern in der Zerstörung von Schuld und in der Überwindung der Sünde der Welt." (Übersetzung A.K.)

33 Vgl. nochmals *J. Sobrino, Theology in a Suffering World*, 168.

34 Vgl. dazu auch *J. Sobrino, The True Church and the Poor*, 30. Sobrino behauptet hier, Gott sei in dem Maße gerechtfertigt, in dem der Glaube an den Gott Jesu zu einer wirklichen Verbesserung des üblen Zustands der Welt führe, unabhängig davon, ob es jemals gelingt, Gott und Übel theoretisch zu versöhnen.

35 Vgl. *H.-G. Janßen, Das Theodizee-Problem der Neuzeit*, 158: "Was daher die einander widerstreitenden Erfahrungen von Sinn und gelingendem Leben einerseits und Leiden, Vernichtung und Tod andererseits gleichwohl zur Einheit der erfahrenen Welt als Schöpfung des guten Gottes zusammenschließt, ist nicht theoretisches Begreifen, sondern jene geschichtlich-gesellschaftlich situierte, der Erinnerung Jesu Christi sich verdankende Praxis, die im Kampf gegen die Sinnlosigkeit des Leidens dem 'Meer des sprachlosen Todes Land ab(zu)gewinnen' sucht."

36 Vgl. z.B. *J.B. Metz, Unterwegs zu einer nachidealistischen Theologie*, 217.

der Leidensgeschichte/n mag sich in praktischer Absicht durchaus als gefährlich für die jeweilige Gegenwart erweisen[37]. In christologischer Perspektive mag diese Erinnerung sogar eine Freiheit und Heil verheißende Kraft entfalten, insofern der "Name Gottes", der Jesus Christus von den Toten auferweckt hat, auch dafür steht, "daß die Utopie der Befreiung aller zu menschenwürdigen Subjekten nicht reine Projektion ist"[38]. All dies erklärt aber gerade nicht die Existenz des Übels in einer von diesem Gott erschaffenen Welt. Solange dies unbegreiflich bleibt, wirkt auch die soteriologische Ausrichtung wenig überzeugend. Behauptungen, wonach etwa der Gläubige, der die Erlösung ernst nehme, gar keine (theoretische) Theodizee brauche[39], bleiben völlig schleierhaft; es sei denn, sie besagen im Grunde nichts anderes als "Wer das Problem nicht sieht, bedarf auch keiner Lösung", wogegen natürlich nichts einzuwenden wäre.

An dieser Stelle bleiben zwei Optionen offen: erstens eine mehr oder minder dezidierte Kritik am traditionellen theistischen Gottesbegriff, vor allem natürlich am Allmachtsprädikat[40], und zweitens der Rekurs auf die Unbegreiflichkeit Gottes[41], also die *reductio in mysterium*. Die Abstriche an der göttlichen Allmacht führen zu gewaltigen soteriologischen Problemen; der Rückgriff auf die Unerkennbarkeit der Heilspläne Gottes läßt das Theodizee-Problem offen.

---

37 Vgl. *J.B. Metz, Glaube in Geschichte und Gesellschaft*, 96f.

38 *J.B. Metz, Glaube in Geschichte und Gesellschaft*, 65.

39 Vgl. z.B. *K. Surin, Theodicy?*, 244.

40 Vgl. z.B. *H.-G. Janßen, Theodizee als neuzeitliches Problem versöhnender Praxis*, 50. Im Hinblick auf den Begriff der Allmacht bedeutet dies etwa folgendes: "Wie steht es dann mit der Macht Gottes? Von seiner Allmacht, 'die alles so herrlich regieret' können wir nicht mehr ungebrochen sprechen, doch es kann auch nicht im Gegenzug dazu einfach von der Ohnmacht Gottes die Rede sein. Die Frage ist, ob das, was dem Prinzip der Herrschaftssteigerung als Ohnmacht erscheint, nicht gerade als Macht ausgesagt werden kann: als Macht wider die Sinnlosigkeit und den Tod, als Macht für das Leben, unscheinbar vielleicht, aber nichtsdestoweniger unentbehrlich - und real in den vielfältigen Formen des Widerstands gegen jene Herrschaft über innere und äußere Natur, der gegen die Macht der Mechanismen subjektloser Notwendigkeit die Wirklichkeit und Wahrheit Gottes und seiner Gerechtigkeit bekennt und verteidigt."

41 Vgl. dazu *K. Surin, Theology and the Problem of Evil*, 162: "Das Übel, seine Wurzeln und sein Wesen, ist ein Geheimnis. Wie das Geheimnis des dreieinigen Gottes damit umgeht und seine historisch bedingten Realitäten überwindet, ist ebenfalls ein Geheimnis." (Übersetzung A.K.)

8.3 KRITISCHE DISKUSSION

Die ideologiekritische Frage nach der praktischen Relevanz von theoretischen Überzeugungen stellt ein unerläßliches Kriterium zur Beurteilung von Geltungsansprüchen im allgemeinen und religiösen Ideen im besonderen dar. Die Bedeutung dieser Fragestellung beruht allerdings nicht darauf, daß Überzeugungen lediglich epiphänomenale Symptome anderweitiger atheoretischer Faktoren und Prozesse sind, sondern darauf, daß sie als solche – zumindest für rational agierende Subjekte – handlungsrelevant sind. Einfacher formuliert: Überzeugungen bestimmen rationales Handeln. Aus diesem Grund hat auch jede theoretische Lösung der Theodizee-Frage eine praktische Relevanz. Sofern politisch orientierte Theologien auf die Berücksichtigung dieser Relevanz insistieren, bringen sie einen eminent wichtigen Aspekt in die Theodizee-Diskussion ein. Unklar ist jedoch, wie dieser Aspekt genauerhin zu bestimmen und welche Tragweite ihm beizumessen ist.

Die erkenntnisleitende Vermutung, daß jede theoretisch motivierte Frage nach dem Sinn von Leid letzten Endes zu einer ideologischen Verklärung der leidverusachenden Faktoren tendiert und aus diesem Grund theologischerseits Mißtrauen verdient, dürfte eher eine maßlose Übertreibung darstellen als eine fundierte These. Die traditionellen Lösungsvorschläge für das Theodizee-Problem versuchten nicht primär, das Leid zu rechtfertigen, sondern zu erklären, warum sich der Mensch in einer von Gott erschaffenen Welt in einer solchermaßen leidvollen Situation befindet. Auch wenn einzuräumen ist, daß aus den Antworten eine Praxis des Umgangs mit dem Leid resultierte, die zu einem Einverständnis mit den vor allem sozialen Ursachen führte, läßt sich daraus natürlich nicht schließen, daß jede theoretische Beantwortung als solche notwendigerweise eine gleichermaßen ideologische Rechtfertigung der leidverursachenden Situation nach sich zieht[42]. Schon gar nicht läßt sich daraus folgern, daß die Theodizee-Frage in ihrer traditionellen Form falsch formu-

[42] Vgl. z.B. *B. Reichenbach, Evil and a Good God*, XIII: "Daß Schmerz, Leid und Dysfunktionalität mit Gottes Existenz, Macht, Wissen und Güte versöhnt werden können, impliziert nicht, daß wir zuschauen sollen, wenn andere leiden... Daß das Übel oder seine Möglichkeit gerechtfertigt werden können, impliziert nicht, daß es akzeptiert oder toleriert werden muß." (Übersetzung A.K.) Vgl. ähnlich auch *E. Vossen / J. Van der Ven, Pastoral Research in Theodicy*, 14.

liert war und am besten überhaupt nicht mehr zu stellen, geschweige denn zu beantworten ist. Aus der Tatsache, daß alle bisherigen Antworten auf eine bestimmte Frage bislang unliebsame Konsequenzen nach sich gezogen haben, kann weder gefolgert werden, daß dies auch für alle zukünftigen Antworten gilt. Noch weniger kann daraus geschlossen werden, daß die zugrundeliegende Frage falsch gestellt ist.

Nun trifft es jedoch auch unter der Voraussetzung der prinzipiellen Gültigkeit der ideologiekritischen Fragestellung nicht zu, daß alle vorliegenden Theodizeen gleichermaßen systemstabilisierend und -legitimierend sind[43]. Problematischer ist allerdings die einseitige Betonung der ideologiekritischen Methodologie für die Beurteilung theologischer Hypothesen, und zwar nicht so sehr im Hinblick auf die Verwerfung bestimmter Aussagen, sondern im Hinblick auf ihre Akzeptanz. Es mag einleuchten, einige Glaubensüberzeugungen aufgrund ihrer praktischen Konsequenzen abzulehnen, obwohl zu dem gleichen Zweck auch andere Kriteriologien zur Verfügung stehen. Es leuchtet aber nicht ein, andere Glaubensüberzeugungen allein aufgrund ihrer praktischen Relevanz zu akzeptieren, beispielsweise aufgrund dessen, was sie im Hinblick auf die soziale und politische Emanzipation von Klassen, Rassen oder Geschlechtern leisten. Hinsichtlich der Akzeptanz spielen andere Kriterien eine entscheidende Rolle, wie z.B. die traditionsimmanente Kontinuität und die theorieimmanenten Kriterien wie Kohärenz und Konsistenz. Was letztere betrifft, zeigen sich einige gewichtige Probleme.

Diese Probleme kreisen – wie bereits bei der kritischen Diskussion der These vom Leiden Gottes – um die Frage nach der Allmacht Gottes: Einerseits scheint sie im traditionellen Sinn abgelehnt zu werden, so daß man auch nicht mehr behaupten kann, Gott lasse die Leiden der Menschheit zu. Andererseits wird Gott aber doch die Macht zugeschrieben, die Toten wieder zum Leben zu erwecken und sein Reich der Gerechtigkeit zu vollenden[44]. Die starke eschatologi-

---

[43] Vgl. z.B. *R. Ammicht-Quinn, Von Lissabon bis Auschwitz*, 230. Im Hinblick auf J. Hicks Theodizee des *soul-making* wird hier kritisiert, daß ein derartiger theologischer Diskurs "der Perspektive der Opfer" nicht standhalte und "jede Möglichkeit der aktiven Solidarität im Leid" verhindere. Der erste Kritikpunkt ist so pauschal formuliert einfach unrichtig; und der zweite Kritikpunkt basiert darauf, daß der Autorin offenbar die Pointe von Hicks Theodizee entgangen ist.

[44] Vgl. dazu *G. Gutiérrez, Theologie der Befreiung*, 149-160. Vgl. dazu auch *V. Codina, Theologie und Glaube in Lateinamerika*, 130: "Das letzte Wort hat

sche Orientierung impliziert die Hoffnung auf eine endgültige Überwindung des Leids, und zwar nicht allein durch menschliche, sondern durch göttliche Initiative[45]. Unklar bleibt dabei aber, warum Gott zwischenzeitlich die Leidverminderung in die Hände der damit offensichtlich hoffnungslos überforderten Menschheit gelegt hat. Wenn Gott die Welt erschaffen hat, so hätte er wohl auch gegenwärtig die Macht, das Leid zu reduzieren oder abzuschaffen. Warum tut er dies nicht? Wenn er nicht die Macht dazu hat, wie sollte er dann die Macht zur endgültigen Errichtung des endzeitlichen Reiches der Gerechtigkeit haben?

Unklar bleibt in diesem Zusammenhang auch der Sinn der solidarischen Praxis im Kampf gegen das Leid. Diese Praxis soll durch die eschatologische Hoffnung auf Gott ermöglicht werden:

> "Der Christ kann die Prüfung durch Leid heute so bestehen, daß er sein Hoffen, das aus seinem Gedächtnis des Leidens, des Todes und der Auferstehung Jesu Christi entspringt, *im kritischen Handeln solidarisch leidender Menschenliebe* wirksam werden läßt."[46]

Diese Hoffnung wird jedoch fraglich, wenn Gott gegenwärtig das Leid nicht abschaffen kann. Wenn Gott nicht über die dazu erforderliche Macht verfügt, erweist sich diese Hoffnung ohnehin als Illusion. Wenn er allerdings über diese Macht verfügt, faktisch aber dennoch nichts (oder wenig) gegen das Übel unternimmt, erscheint diese Hoffnung nicht minder fraglich - es sei denn, man kann einen plausiblen Grund dafür angeben. Darüber findet sich in der Regel allerdings nicht einmal eine Andeutung. Genau darin bestünde aber die Aufgabe einer theologischen Theodizee. Hinweise auf das Exodus- und Osterereignis mögen den Appell an die Hoffnung wider alle Hoffnungslosigkeit nahelegen. Auch wenn dieser Appell noch so emphatisch vorgetragen wird, so droht er doch zur bloßen Durchhalteparole zu verkommen, wenn die Rede von Gott als dem Grund die-

---

niemals der Henker, auch nicht der Ungerechte, sondern Gott, der die Wahrheit und die Gerechtigkeit über das Übel und den Tod zum Triumph führt." Warum aber hat der Henker überhaupt ein Wort mitzureden? Warum führt der Weg zum Triumph über Übel und Tod? Der Hinweis auf die Sünde bleibt auf halber Strekke stehen.

[45] Vgl. dazu *G. Gutiérrez, Theologie der Befreiung*, 171.

[46] *J. Hochstaffl, Negative Theologie*, 226.

ser Hoffnung in einem Sammelsurium von Ungereimtheiten und Widersprüchlichkeiten untergeht.

Sofern die genannten Fragen in einer praktisch orientierten Theodizee nicht mehr umfassend gestellt, sondern statt dessen unter Hinweis auf die Ideologieanfälligkeit und Kontextverhaftetheit traditioneller Antworten zurückgewiesen werden, gerät sie selbst unter die Räder einer "Hermeneutik des Verdachts", des Verdachts nämlich, daß die Verlagerung vom theoretischen auf den praktischen Diskurs keinem anderen Zweck dient, als den einschlägigen Anfragen auszuweichen[47]. Die Ursachenanalyse beschränkt sich weitgehend auf soziale und historische Faktoren, die zweifellos relevant sind. Unklar bleibt hingegen die theologischerseits zentrale Frage, wieso diese Faktoren in einer von Gott erschaffenen Welt wirksam werden konnten. Da die Theismus-Kritik in der Regel keineswegs so radikal ist[48], daß sich diese Frage gar nicht mehr sinnvoll stellen läßt, bleibt sie nach wie vor virulent, ohne indes beantwortet zu werden. Folglich erweckt dieses Argumentationsverfahren aufs Ganze gesehen den Eindruck, daß unter Berufung auf den Primat der Praxis einschlägige und gewichtige Fragestellungen verdrängt werden. Der theistische Gottesbegriff wird nicht gänzlich verworfen, sondern in

---

[47] Vgl. dazu z.B. *H.-G. Janßen, Leiden – eine theoretische oder praktische Herausforderung für Christen?*, 210-223. Janßen verabschiedet einerseits die traditionelle Allmachtsvorstellung, hält aber andererseits an der christlichen Soteriologie fest. Auf die Frage, wie dies zusammengehen soll, reagiert er mit Ratlosigkeit: Dies sei "begrifflich nicht einzulösen", "im wahrsten Sinne des Wortes unausdenkbar" und habe irgendwie "mit der Unabgeschlossenheit der Erlösung" zu tun (ebd. 222). Vorsorglich hat er vorneweg jede theoretische Lösung des Theodizee-Problems ausgeschlossen: "Es gibt keine Möglichkeit, das Heilshandeln Gottes mit dem Leiden begrifflich so zu vermitteln, daß die Widersprüche einsehbar getilgt, ihre Versöhnung gewußt und als verbal formulierbare Antwort weitergegeben werden könnten. Für den christlichen Glauben heißt das: Auch er verfügt nicht über ein theoretisches Wissen vom Gesamtsinn der Geschichte, über irgendeinen objektivierbaren allgemeingültigen Zweck des Leidens" (ebd. 220). Diese Strategie läuft darauf hinaus, die Theorie-Kritik dann zu bemühen, wenn die Ungereimtheiten, in die man sich mit den noch erhobenen Geltungsansprüchen verstrickt, eklatant werden. Daß derlei nicht mehr "verbal anempfohlen" werden kann, versteht sich von selbst. Dies liegt aber nicht daran, daß es sich überhaupt um eine Theorie handelt, sondern daß es sich um eine schlechte Theorie handelt. Die ganze Sache wird auch nicht dadurch besser, daß man sie "vorlebt" (ebd. 222).

[48] Eine Ausnahme bildet beispielsweise Dorothee Sölle. Vgl. dazu *M. Hembrow Snyder, The Ideas of God and Suffering in the Political Theology of Dorothee Soelle,* 237-254.

selektiver Weise so verwendet, daß er den vorgegebenen theoretischen und praktischen Interessen dient. Mißliebige Konnotationen werden hingegen als angeblich unbiblisch, repressiv oder ideologieverdächtig ausgeblendet. Die Antworten der traditionellen Theodizee-Versuche mögen unzureichend oder sogar falsch sein. Immerhin wurden dort aber die entscheidenen Probleme wahrgenommen. Die praxisorientierte Theodizee nimmt demgegenüber die relevanten Problemstellungen nicht mehr hinreichend wahr. Sie stellt deshalb keine Alternative zur traditionellen Theodizee dar, sondern eher deren Bankrotterklärung[49]. Der "Sinn" des Leids mag durchaus in Kampf und Protest gegen seine Ursachen liegen. Eine christliche

---

[49] Vgl. z.B. *R. Ammicht-Quinn, Von Lissabon bis Auschwitz*, 253-292. Unter dem Titel "praktisch-authentische Theodizee" wird hier behauptet, daß die eigentliche Theodizee-Frage unbeantwortbar bleiben müsse, da jede "abschließende und endgültige Antwort" ein "'Götze' und damit der Größe der Frage nicht angemessen wäre" (ebd. 291). Die Theodizee-Thematik kann folglich nur noch als "Frage" verhandelt werden, deren einzige Antwort die Praxis ist, die ihrerseits aber auch wiederum nur eine "Verkörperung der Frage" ist. Die Praxis qua Verkörperung der Frage erscheint dann "als einzig mögliche Form der Antwort" (ebd. 292). Die Religions- und Theologiekritiker werden sich freuen. - Wesentlich anspruchsvoller erscheinen mir hingegen die Überlegungen von Gerd Neuhaus. Auch er will das Theodizee-Problem nicht beantworten, stellt aber die Frage, unter welchen Bedingungen es sich sinnvollerweise stellen läßt. Eine zentrale Voraussetzung ist dabei die Feststellung, daß die Dinge nicht so sind, wie sie sein sollten. Aus dieser zunächst trivialen Prämisse folgt, daß derjenige, der die Theodizeefrage stellt, immer schon ein "Ideal" voraussetzt, das nun aber auf einer atheistischen Basis überhaupt nicht ausweisbar ist. Sich über das Leid Unschuldiger zu beklagen, setzt beispielsweise das Verlangen nach Gerechtigkeit voraus. Somit kommt Neuhaus zu dem Schluß: "Die Theodizeefrage kündet durch ihre bloße Möglichkeit zugleich von der Möglichkeit jener Erlösung, deren Ausstehen sie gleichwohl beklagt." Damit kann das Theodizee-Problem unbeantwortet an den Atheisten zurückgereicht werden, denn um es überhaupt formulieren zu können, scheint sich dieser schon auf Annahmen zu stützen, die er nicht einlösen kann. Vgl. *G. Neuhaus, Menschliche Identität angesichts des Leidens*, 47f.; sowie ausführlicher *ders., Theodizee - Abbruch oder Anstoß des Glaubens*, 315-349. Kritisch wäre anzufragen, ob die Präsumption eines "Ideals" in einem theistischen Kontext nicht eine völlig andere Bedeutung hat als in einem atheistischen Kontext. Im theistischen Kontext steht dieses "Ideal" in einem offenkundigen Widerspruch zu den zentralen Prämissen, worauf Atheisten nachdrücklich hinweisen. Zu diesem Zweck muß das im Theodizee-Problem vorausgesetzte "Ideal" nicht begründet werden. Nach atheistischem Verständnis könnte es aus einem naturhaften Bedürfnis erwachsen sein, dessen Erfüllung eben nicht vorgesehen ist. Das Bedauern darüber führt hier zu keinerlei Widersprüchen; dort hingegen droht es die Grundlagen aufzuheben. Im übrigen läßt sich der eigene Bankrott weder dadurch verschleiern, daß man auf die Insolvenzen anderer hinweist, noch dadurch, daß man ihnen die eigenen Schulden zu unterschieben versucht.

Sinnerhellung dieses "Kampfes" kann sich aber nicht auf Strategien zur Leidminderung und -bewältigung beschränken. Insofern ist die Beschreibung Langdon Gilkeys zutreffend, wonach die von den politisch-praktisch orientierten Theologien favorisierte Antwort auf das Problem des Übels weder in einer rationalen Erklärung bestehe, wie das Übel in die Schöpfung Gottes paßt, noch in der Erfahrung von Gericht, Rechtfertigung und heiligmachender Gnade, sondern im Triumph von Gottes befreiendem Evangelium über die Übel der sozialen Geschichte[50]. Bedauerlicherweise ist dies die Antwort auf eine ganz andere Problemstellung.

Die kritischen Einwände betreffen nicht die Wichtigkeit der Leidreduzierung[51]. Fraglich ist jedoch, ob eine politisch-theologische Theorie solidarisch-befreiender Praxis das geeignete Mittel zu einer effizienten Leidreduzierung darstellt bzw. die vorrangige Aufgabenstellung der theologischen Reflexion bildet. Politisch-soziale Maßnahmen setzen, wie im übrigen auch medizinische, ökologische, ökonomische usw., eine detaillierte Sachkenntnis der jeweils zugrundeliegenden Ursachen und eine realistische Abschätzung der Folgen einzelner Entscheidungen voraus. Ob die diesbezügliche Kompetenz in den primären Zuständigkeitsbereich theologischer Reflexion fällt, ist zumindest problematisch. Wo es um die Planung und Durchführung konkrekter Entscheidungen bezüglich leidreduzierender Maßnahmen geht, scheint der Christ bzw. Theologe aufgrund seines Bekenntnisses keine spezifische Kompetenz in Anspruch nehmen zu können, allenfalls eine spezifische Motivation.

---

50 Vgl. *L. Gilkey, Theodicy and Plurality*, 711.

51 Vgl. dazu zutreffend *P. Hünermann, Das Leiden und der christliche Glaube*, 143: "Jede religiöse Sakralisierung des Leidens, welche den weltlichen Charakter des Leidens und die damit gegebenen Möglichkeiten partikularer Leidensverminderung negiert, stellt einen Aberglauben dar." Umgekehrt erweist sich jede Religion, die "von einer Aufhebung des Leidens in Zeit und Geschichte träumt", als "Ideologie" bzw. als "Pseudo-Religion".

9 Das Argument der Willensfreiheit

> *"Er hat am Anfang den Menschen erschaffen und ihn der Macht der eigenen Entscheidung überlassen. Er gab ihm seine Gebote und Vorschriften. Wenn du willst, kannst du das Gebot halten; Gottes Willen zu tun ist Treue. Feuer und Wasser sind vor dich hingestellt; streck deine Hände aus nach dem, was dir gefällt."* (Sir 15,14-16)

Die bislang diskutierten traditionellen Theodizee-Versuche (Privationsthese und Vergeltungslogik) erwiesen sich als unzureichend, weil die genannten Gründe für die Verursachung bzw. Zulassung der *privatio boni* und der Sünde sowie des daraus resultierenden Leids entweder unklar oder ungerechtfertigt blieben. Wie immer man das Übel deutet, ein allmächtiger Gott könnte es verhindern. Warum aber läßt er es zu[1]? Während diese Frage in der neueren Diskussion des Theodizee-Problems weitgehend als unbeantwortbar gilt, wurden in der Tradition weitere Lösungen vorgeschlagen, die eine gemeinsame Grundstruktur aufweisen. Dieser Grundstruktur entsprechend gelten die Übel als notwendige Mittel zur Erreichung guter Zwecke.

9.1 Der intuitive Ausgangspunkt: Üble Mittel zu guten Zwecken

Erfahrungsgemäß sind Übel häufig entweder notwendige Voraussetzungen für die Realisierung positiver Zwecke bzw. Werte[2] oder unausweichliche Konsequenzen von an sich guten Dingen. So hat beispielsweise die Existenz natürlicher Übel entscheidend zur Entstehung der Naturwissenschaften und vor allem der Medizin beigetragen. Die Existenz moralischer Übel ermöglicht oft die Verwirkli-

1 Vgl. dazu *Augustinus, Enchiridion*, 65.

2 Vgl. dazu *D.J. Hoitenga, Logic and the Problem of Evil*, 115-118. Hoitenga charakterisiert derartige Theodizeen als "higher good defense".

chung entsprechender moralischer Werte: Gerechtigkeit wird nur dort als Wert erfahren, wo Ungerechtigkeit herrscht; Liebe erweist erst dort ihre Macht, wo sie Haß oder Gleichgültigkeit überwindet; Vergebung setzt notwendigerweise Schuld voraus; Mitleid kann nur angesichts des Leids anderer gezeigt werden. Unabhängig von den Ursachen ermöglicht erst die Erfahrung von Leid solidarisches Handeln mit den Opfern sowie den aufopferungsvollen, selbstlosen Einsatz im Kampf gegen das Leid. In der christlichen Tradition findet sich die Überzeugung von der *felix culpa*[3], der Schuld, die deshalb als "glückliche" gepriesen wird, weil sie das Erlösungswerk Christi ermöglichte, aufgrund dessen die (geretteten) Menschen mit Gnadengaben noch reichlicher beschenkt werden, als dies im paradiesischen Ursprung der Fall war[4]. Schließlich ermöglichte erst die menschliche Schuld das Offenbarwerden der Güte und Barmherzigkeit Gottes[5].

Diese und ähnliche Erfahrungen legen den Schluß nahe, daß, was isoliert betrachtet als wertloses Übel erscheint, Konsequenzen nach sich zieht oder ermöglicht, die in sich gut bzw. wertvoll sind und die Welt insgesamt besser machen, als es eine Welt ohne das betreffende Übel wäre. Diese Erfahrungen legen auch die weitere Vermutung nahe, daß die Übel irgendwie ein Mittel zum Guten sind und aus diesem Grund möglicherweise auch die Zulassung der Übel durch Gott rechtfertigen[6]. Auf dieser allgemeinen Einsicht basiert eine Reihe von unterschiedlichen Antworten auf das Theodizee-Problem. Darunter finden sich Argumente, die kaum entwickelt und leicht zu widerlegen sind, aber auch Argumente, die ein hohes Reflexionsniveau auszeichnet. Ungeachtet der qualitativen Unterschiede weisen diese Argumente allesamt eine in etwa gleiche formale Grundstruktur auf: Sie versuchen zu zeigen, daß es einen Zweck, ein Ziel bzw. einen Wert gibt, dessen Existenz oder Verwirklichung die Zulassung von Übeln rechtfertigt. Danach läßt Gott das Übel und das Böse um des Guten willen zu, weil "das eine ohne das andere … nicht bestehen" kann[7].

---

3 "O felix culpa, quae talem ac tantum / Meruit habere redemptorem."
4 Vgl. dazu z.B. *Augustinus, De civitate Dei*, XIV,27.
5 Vgl. dazu z.B. *Y. Congar, Schicksal oder Schuld?*, 668f.
6 Vgl. z.B. *Augustinus, De civitate Dei*, XIV,11.
7 *Lactanius, De ira Dei*, 15. Vgl. dazu ebd. 13: "Gott kann alles, was er will, und Schwäche oder Mißgunst ist nicht in ihm. Er kann also die Übel hinweg-

Der Zusammenhang zwischen dem betreffenden Wert und der Verursachung/Zulassung der Übel muß "logisch notwendiger", nicht nur "kausaler" Natur sein. Andernfalls ließe sich dieses Argument nicht mit dem Glauben an die Allmacht Gottes vereinbaren. Zur Erreichung bestimmter Zwecke sind entsprechende Mittel dann kausal notwendig, wenn die Mittel als Ursache für die Realisierung der Zwecke dienen. Zur Heilung bestimmter Krankheiten ist es kausal notwendig, ein entsprechendes Medikament einzunehmen. Ebenso fungieren Schmerzen teilweise als notwendige Warnhinweise, um Krankheiten zunächst erkennen und anschließend heilen zu können. Allgemein könnte man daraus folgern, daß Gott diese Übel als Mittel zur Erreichung "guter" Zwecke verursacht oder zuläßt. Dagegen spricht allerdings, daß ein allmächtiger Gott zur Realisierung bestimmter Werte nicht auf irgendwelche Mittel angewiesen sein kann, weil er diese Werte auch ohne Zuhilfenahme jedweder Mittel verwirklichen könnte[8]. Gott könnte Krankheiten ohne die entsprechenden Schmerzsymptome erkennen und ohne die Zuhilfenahme von Medikamenten heilen. Dieser Einwand träfe dann und nur dann nicht zu, wenn diese Mittel für die Realisierung der Werte nicht nur kausal, sondern auch logisch notwendig wären. Dies wiederum wäre genau dann der Fall, wenn es logisch unmöglich wäre und deshalb auch nicht in der Macht eines allmächtigen Wesens stünde, diese Werte ohne die entsprechenden Mittel zu realisieren[9]. Es leuchtet

---

nehmen, aber er will nicht, und doch ist er darum nicht mißgünstig. Er nimmt sie aus dem Grunde nicht hinweg, weil er ... dem Menschen zugleich die Weisheit (Vernünftigkeit) verliehen hat, und weil mehr Gutes und Annehmliches in der Weisheit liegt, als Beschwerlichkeit in den Übeln... Aber das hat weder Epikur noch irgendein anderer sich klar gemacht, daß mit der Aufhebung der Übel zugleich die Weisheit hinweggenommen würde, und daß keine Spur von Tugend mehr im Menschen bliebe; denn das Wesen der Tugend liegt im Ertragen und Überwinden der Bitterkeit der Übel. So müßten wir also wegen des geringfügigen Vorteils der Aufhebung der Übel des größten und wahren und uns ausschließlich zukommenden Gutes entbehren." Vgl. ganz ähnlich *A.-D. Sertillanges, Le problème du mal*, Bd. II,49: "Le mal donne occasion au bien; le bien résorbe le mal et en détourne les effets en son propre sens, et au moyen de tous deux le plan éternel s'exécute."

8 Vgl. dazu *J.L. Mackie, Das Wunder des Theismus*, 243. Vgl. dazu auch die Ausführungen in Abs. 11.1.

9 Vgl. dazu auch die Auseinandersetzung zwischen D. Lugenbehl und D. Gordon. Lugenbehl versucht nachzuweisen, daß Gott aufgrund seiner Allmacht nicht auf bestimmte Mittel zur Erreichung irgendwelcher Zwecke angewiesen sein kann. Vgl. *D. Lugenbehl, Can the Argument from Evil Be Decisive After All?*, 34: "Die Behauptung, wir dürften Gott nicht für Dinge tadeln, weil diese sich für

unmittelbar ein, daß in diesem Kontext nicht jeder beliebige Zweck oder Wert in Frage kommen kann[10]. Kein Wert, dessen Realisierung nicht logisch zwingend die Zulassung von Übeln voraussetzt, könnte diese Zulassung rechtfertigen, weil jeder derartige Wert aufgrund der Allmacht Gottes ohne Inkaufnahme der Übel verwirklicht werden könnte.

Die formale Grundstruktur des Arguments läuft somit darauf hinaus, daß die Übel um eines bestimmten Guts, Werts oder Zwecks willen notwendig sind bzw. notwendigerweise von Gott zugelassen oder verursacht werden müssen. In dieser formalen Grundstruktur

---

das auf lange Sicht Beste als notwendig erweisen könnten, *impliziert, daß Gott nicht allmächtig ist*. Kehren wir zurück zu dem Mann, der sein Kind wegen einer Reihe von Impfungen zum Arzt bringt. Der Vater verdient keinen Tadel, weder für das Leid (des Kindes) noch dafür, daß er nicht erklärte, warum der Schmerz notwendig war. Denn die schmerzhafte Angelegenheit diente einem guten Zweck, (der Vermeidung eines viel *größeren* zukünftigen Schmerzes) *und* er *konnte* diesen guten Zweck auf keine andere Weise erreichen. Auch konnte er seinem Kind seine Gründe für die schmerzhafte Impfung nicht verständlich machen. Hätte er allerdings gewußt, daß er das gleiche Ziel ohne (oder mit sehr viel weniger) Leid erreichen kann, dies aber nicht getan, so würden wir sagen, daß er Tadel verdient." Letzteres trifft nun - so Lugenbehl - aufgrund der Allmacht auf Gott zu. "Man kann von einem allmächtigen Wesen nicht behaupten, es verdiene keinen Tadel, weil das, was es tat, zur Erreichung eines zukünftigen größeren Gutes notwendig war. Die Behauptung, daß der Schmerz notwendig ist, impliziert, daß das Zielgut von Gott auf keine andere Weise erreicht werden konnte - und dies widerspricht der Behauptung, daß Gott allmächtig ist." (Übersetzung A.K.) - Vgl. dazu die zutreffende Kritik von *D. Gordon, Is the Argument from Evil Decisive?*, 407: "Mir erscheint dieses Argument an zwei Stellen problematisch zu sein. Erstens wurde die Behauptung der Allmacht Gottes in dem Sinne interpretiert, daß nichts logisch Mögliches Gottes Macht übersteigt. Daher ist die Behauptung nicht richtig, daß die Tatsache, daß Gott ein bestimmtes Ziel ohne die Verwendung schmerzvoller Mittel nicht erreichen kann, ausreicht, um zu zeigen, daß Gott nicht allmächtig ist (oder genauer, wenn Allmacht eine von Gottes wesentlichen Eigenschaften ist, zu zeigen, daß Gott nicht existiert). Es könnte der Fall sein, daß das fragliche Ziel aus logischen Gründen nicht erreicht werden könnte, ohne die Verwendung von zumindest so viel Schmerz, wie er tatsächlich vorlag... Wie unplausibel auch immer die Annahme in einem bestimmten Fall sein mag, daß es logisch unmöglich war, ein bestimmtes Ziel ohne die Verwendung schmerzvoller Mittel zu erreichen, solange diese Möglichkeit nicht als falsch bewiesen werden kann, wurde auch kein Widerspruch aufgezeigt zwischen Gottes Allmacht und der Verwendung schmerzvoller Mittel zur Erreichung guter Ziele." (Übersetzung A.K.)

10 Vgl. dazu auch *T. Penelhum, Divine Goodness and the Problem of Evil*, 98-100. Penelhum betont, daß durch den Gottesbegriff eine Reihe von Argumenten ausgeschlossen werden, weil sie im Hinblick auf Gott Begrenzungen und Präferenzen implizieren, die mit den göttlichen Attributen nicht vereinbar sind.

bildete die "Greater Good thesis"[11] auch in der theologischen Tradition vielfach den Abschluß der Erklärung von Übel und Leid[12]. Es ergänzte dort die anderen Argumente (der *privatio boni* und der Sündenstrafe), die für sich genommen offenbar nicht restlos zu überzeugen vermochten. Ausschlaggegend ist dabei der Grundtenor, daß "das entsprechende Gut des einen nicht ohne die Übel des anderen eintreten kann" oder "daß die Übel, die vorkommen, auf irgendein Gut hingeordnet werden"[13].

Fraglich ist allerdings, um welches Gut oder welchen Wert es sich dabei konkret handeln soll. Zu den eher peinlich berührenden Argumenten gehört etwa die gelegentlich vertretene Auffassung, daß Menschen in einer leidfreien Welt kein Bedürfnis nach Religiosität bzw. nach Erlösung hätten und daß Übel/Leid aus diesem Grund keinesfalls einen Einwand gegen den Glauben an Gott darstellen, sondern diesen Glauben allererst ermöglichen, so daß die Tatsache des Leids letzten Endes sogar ein gutes Argument für die Existenz eines überaus weisen Gottes darstelle[14]. Auch der altehrwürdigen Formulierung von der *felix culpa* liegt der Glaube an ein solches Gut zugrunde. Danach sind zwar Sünde und Strafe nicht unmittelbar von Gott gewollt, aber dennoch von ihm wegen der größeren Gnade der Erlösung zugelassen. Die menschliche Sünde brachte eine Welt unermeßlichen Elends hervor. Trotzdem ermöglichte sie Güter, die in einer Welt ohne Sünde undenkbar gewesen wären. Charles Journet rechnet unter diese Güter nicht nur die Menschwerdung des Sohnes Gottes und das Erbarmen Gottes, sondern auch die Heiligkeit der Jungfrau Maria, die Reue der Sünder oder das Glaubenszeugnis der Martyrer[15]. Außerdem übertreffe der Zustand der durch das Kreuz Christi erlösten Menschheit bei weitem den Zustand der ursprüngli-

---

[11] Vgl. *B. Langtry, Some Internal Theodicies and the Objection from Alternative Goods*, 33. Langtry bietet eine präzise Formulierung dieses Grundsatzes und verteidigt ihn gegenüber dem Einwand, der besagt, Gott hätte solche anderen Werte realisieren können, die nicht die Zulassung von Übeln voraussetzen.

[12] Vgl. z.B. *C. Journet, Vom Geheimnis des Übels*, 92-95, sowie die von ihm zitierten Belegstellen.

[13] *Thomas von Aquin, Compendium theologiae*, 142. Kap. Vgl. ähnlich auch *Summa theologica*, I, q.48, a.2, ad 3. Ähnlich argumentiert auch *G.W. Leibniz, Theodizee*, I,10.

[14] Vgl. z.B. *N. Berdjajew, Die Philosophie des freien Geistes*, 186f.

[15] Vgl. *C. Journet, Vom Geheimnis des Übels*, 308f.

chen paradiesischen Unschuld[16]. Auch diese Argumentationsweise wirkt angesichts des Leids, das sie erklären soll, eher befremdlich als überzeugend. Völlig unerklärlich bleibt unter vielem anderen, aus welchem Grund ein allmächtiger Gott der Sünde des Menschen und des blutigen Opfers seines Sohnes bedurfte, um seine Geschöpfe mit Gnadengaben beschenken zu können, die er ihnen vordem vorenthalten mußte. Aus der Unerklärlichkeit dieses Sachverhalts resultiert dann im übrigen auch die Unerklärlichkeit der providentiellen Zulassung der Ursünde Adams[17].

9.2 Das formale Argument der Willensfreiheit

Den bedeutendsten Wert, der in der Tradition immer wieder genannt wurde, stellt die menschliche Willensfreiheit dar[18]. Im Gegensatz zur traditionell mit ihr aufs engste verwobenen Vergeltungslogik blieb sie bis in die Gegenwart von herausragender Bedeutung. Diese Bedeutung verdankt sich nicht mehr - wie in der Tradition - dem Umstand, aufgrund der Willensfreiheit das Leid als gerechte Strafe rechtfertigen und den Schuldigen ausfindig machen zu können, sondern entweder ihrer intrinsischen oder ihrer instrumentalen Werthaftigkeit, die die Inkaufnahme zumindest des moralischen Übels sowie des daraus resultierenden Leids rechtfertigen soll[19]. Der theodizee-relevante Kontext der Willensfreiheit ist also nicht mehr pri-

---

16 Vgl. dazu die von *C. Journet, Vom Geheimnis des Übels*, 305-307, zusammengestellten Textbelege.

17 Journets Antwortversuch lautet: "Auf die Frage, warum die Macht Gottes der Sünde des ersten Menschen nicht durch ein Wunder zuvorgekommen sei, kann man antworten, daß sie sich darauf vorbereitete, sie durch ein noch unerhörteres Wunder auszugleichen." Vgl. *C. Journet, Vom Geheimnis des Übels*, 307. Dies scheint die Beantwortung einer Frage durch eine andere Frage zu sein.

18 Zur Werthaftigkeit der Willensfreiheit vgl. z.B. *Augustinus, De libero arbitrio*, III,15,26;

19 Vgl. zu dieser Unterscheidung auch *M. McCord Adams, Theodicy Without Blame*, 215-245. McCord Adams kritisiert die augustinische Theodizee aufgrund der moralisierenden Kategorien von Schuld, Sünde und Gerechtigkeit. Derartige Kategorien lassen sich ihrer Meinung nach nicht auf die Relation zwischen Gott und Mensch anwenden. Im weiteren Verlauf der Ausführungen entsteht allerdings der Eindruck, daß es eher die spezifisch augustinischen Kategorien sind als moralische Kategorien überhaupt, die kritisiert werden sollen. Die pädagogischen, medizidischen und therapeutischen Analogien sind natürlich auch moralisch relevant. Vgl. ebd. 239.

mär die Behauptung der Gerechtigkeit Gottes, die der sittlichen Verantwortung des Menschen nur bedarf, um das Leid als verdiente Strafe plausibel zu machen. Dieser Kontext ist die Behauptung der Güte und Liebe des Schöpfers, der in sich Wertvolles, nämlich Wesen mit Willensfreiheit, erschaffen will, dadurch aber gezwungen ist, auch das Risiko des moralischen Übels und das daraus - für seine Geschöpfe und möglicherweise sogar für sich selbst - resultierende Leid in Kauf zu nehmen[20]. Diese These steht im Zentrum des Arguments der Willensfreiheit. Im angloamerikanischen Bereich hat sich dafür die Bezeichnung *free will defense*[21] eingebürgert. Eine Version der *free will defense* soll in diesem Kapitel in Grundzügen dargestellt werden. Die beiden folgenden Kapitel befassen sich dann mit verschiedenen kritischen Rückfragen und Einzelproblemen der *free will defense*.

Das Argument der Willensfreiheit läßt sich unterschiedlich formulieren. Eine sehr formale, aber einigermaßen präzise Möglichkeit lautet folgendermaßen[22]:

Prämisse [1]: Es gibt Wesen bzw. Personen mit einem freien Willen (= Existenzurteil).

Prämisse [2]: Die Existenz von Personen, die in Freiheit das moralisch Richtige wählen können, ist besser im Sinne von wertvoller als die Existenz von Personen, deren Handeln durchgängig determiniert ist (= Werturteil).

---

20 Nach einer Überprüfung der traditionell genannten Werte kommt William P. Alston zu dem Ergebnis, daß mit Hilfe keines dieser Werte gezeigt werden könne, daß Gott einen plausiblen Grund habe, konkrete Fälle von Leid zuzulassen. Dies schließe aber nicht aus, daß Gott für uns unerkennbare Gründe habe. Der Skeptiker sei daher nicht zu der Annahme berechtigt, es gebe keine derartigen Gründe bzw. Werte. Vgl. dazu *W.P. Alston, The Inductive Argument from Evil*, 58f. Bei diesem Argument handelt es sich um eine Variante der *reductio in mysterium*. Zur weiteren Kritik vgl. *W. Rowe, William Alston on the Problem of Evil*, 88-93.

21 Der Ausdruck *free will defense* wurde von Antony Flew geprägt. Vgl. *A. Flew, Divine Omnipotence and Human Freedom*, 146; *ders., Compatibilism, Free Will and God*, 231. Alvin Plantinga übernahm diese Bezeichnung von Flew. Vgl. dazu *A. Plantinga, Self-Profile*, 41. Im folgenden bleibt Plantingas Konnotation der *defense* - im Gegensatz zur *theodicy* - unberücksichtigt, d.h. die *free will defense* wird als theodizee-relevantes Argument diskutiert.

22 Vertreter der *free will defense* sind u.a. Alvin Plantinga (vgl. z.B. *The Free Will Defence; God, Fredom and Evil*, 29ff.; *The Nature of Necessity*, 164ff.), Richard Swinburne (vgl. z.B. *The Problem of Evil*, 84-102; *The Free Will Defence*), Clement Dore (vgl. *God, Suffering and Solipsism*, 49-70) und Stephen T. Davis (vgl. z.B. *A Defense of the Free Will Defense; Free Will and Evil)*.

Prämisse [3]: Die Freiheit, das moralisch Richtige wählen zu können, setzt die Fähigkeit voraus, auch das moralisch Falsche wählen zu können. Es ist daher logisch unmöglich, jemandem die Freiheit zu eröffnen, ohne ihm gleichzeitig die Möglichkeit zu geben, auch das moralisch Falsche wählen zu können.

Prämisse [4]: Die Möglichkeit, das moralisch Falsche wählen zu können, impliziert die Möglichkeit, daß das moralisch Falsche irgendwann auch faktisch getan wird, wobei die Realisierung dieser Möglichkeit ausschließlich von den Entscheidungen der freien Subjekte abhängt.

Prämisse [5]: Der positive Wert des freien Willens kann unter bestimmten Bedingungen das damit verbundene Risiko falscher bzw. leiderzeugender Entscheidungen aufwiegen.

Die Prämissen dieses formalen Arguments[23] legen nun den Schluß nahe, daß die Existenz von Personen, die zumindest in einem begrenzten Ausmaß frei über ihre Handlungen entscheiden können, einen Wert darstellt, der das Risiko falscher Entscheidungen und damit auch die Möglichkeit daraus resultierenden Leids nicht nur logisch notwendig voraussetzt, sondern darüber hinaus auch moralisch rechtfertigt.

Die Fragen nach der "logischen Notwendigkeit" und der "moralischen Rechtfertigung" sind auseinanderzuhalten. Wenn A für das Leid und B für die Willensfreiheit steht, so wäre Gott, selbst wenn es aus logischen Gründen unmöglich wäre, B ohne A zu erschaffen, natürlich nicht dazu gezwungen, A und B zusammen zu erschaffen. Daher ist unabhängig vom logischen Zusammenhang zwischen A und B danach zu fragen, ob die Inkaufnahme von A moralisch zu rechtfertigen ist. Die konkrete Durchführung der *free will defense* muß zunächst den Begriff der Willensfreiheit hinreichend präzise definieren, um im Anschluß daran zeigen zu können, inwiefern die Zulassung bestimmter Formen des Leids aufgrund des Wertes der Willensfreiheit gerechtfertigt werden kann.

---

[23] Zur kritischen Diskussion dieser Prämissen vgl. die Ausführungen im 10. Kapitel.

9.3 DER BEGRIFF DER WILLENSFREIHEIT

Der Begriff der Willensfreiheit setzt voraus, daß nicht alle Entscheidungen und Handlungen[24] eines - im Sinne der Willensfreiheit - "freien" Subjekts durch vorausliegende Ursachen vollständig determiniert[25] sind, sondern zumindest teilweise durch das Subjekt selbst gewählt bzw. gewollt werden können[26]. Willensfreiheit impliziert deshalb zunächst die Möglichkeit, sich zwischen verschiedenen Optionen entscheiden zu können, d.h. entweder zwischen verschiedenen Handlungsalternativen oder zumindest zwischen einer einzigen Handlungsmöglichkeit und ihrer Unterlassung. Willensfreiheit setzt in diesem Sinn einen mehr oder minder weiten Handlungsspielraum voraus[27]. Ein Wesen, das sich in einer bestimmten Situation aufgrund physikalischer Gesetzmäßigkeiten oder psychologischen Zwangs nicht anders verhalten konnte, als es sich tatsächlich verhalten hat, war in dieser Situation nicht frei. Ein Wesen, das sich in sämtlichen Situationen nicht anders verhalten kann, als es sich faktisch verhält, verfügt demzufolge nicht über Willensfreiheit[28].

---

24 Zwischen "Entscheidungen" und "Handlungen" wird im folgenden nicht unterschieden, weil Entscheidungen unter anderem auch Handlungen sind. Zum Versuch, die Willensfreiheit von der Urteilsfreiheit her zu definieren vgl. *U. Steinvorth, Zum Problem der Willensfreiheit*, 399-401.

25 Zur formalen Definition von "determiniert" vgl. *W.S. Anglin, Free Will and Christian Faith*, 4: "Ein Ereignis, eine Handlung oder ein Sachverhalt e ist in einer möglichen Welt W genau dann und nur dann determiniert, wenn es keine mögliche Welt W' gibt, so daß (1) W' nicht e enthält und (2) W' mit W identisch ist (z.B. die gleichen Naturgesetze hat), außer daß es nicht e oder die Konsequenzen (in W) von e enthält. Wenn S jener Teil von W ist, der alles außer e und seine Konsequenzen enthält, können wir diese Definition folgendermaßen umformulieren: Ein Ereignis, eine Handlung oder ein Sachverhalt e ist in einer möglichen Welt W genau dann und nur dann determiniert, wenn es nicht möglich ist, S ohne e zu haben. Man bezeichnet das Ereignis, die Handlung oder den Sachverhalt e als durch S determiniert." (Übersetzung A.K.)

26 Vgl. dazu *R. Swinburne, Die Existenz Gottes*, 204f.: Bei einer freien Handlung von Subjekten "hängt das, was sie tun, wenigstens zum Teil nur von ihnen selbst ab. Eine Erklärung für ihr Handeln endet wenigstens zum Teil bei ihnen selbst, insofern sie so und nicht anders gewählt haben. Ihre Wahl läßt sich nicht vollständig auf Faktoren zurückführen, die schon lange vor ihrer Geburt wirksam waren. Daher sind sie wenigstens zum Teil für ihr Handeln verantwortlich."

27 Vgl. dazu auch *J.M. Fischer, The Metaphysics of Free Will*, 3-6.

28 Vgl. dazu *P. van Inwagen, The Incompatibility of Free Will and Determinism*, 49: "Es scheint allgemein Übereinstimmung zu bestehen, daß der Begriff der Willensfreiheit verstanden werden sollte als die Macht oder die Fähigkeit von

Diese Definition der Willensfreiheit impliziert, daß die Entscheidungen eines Handlungssubjekts auch im hypothetischen Fall einer optimalen, d.h. vollständigen Informationslage nicht mit Gewißheit prognostizierbar[29] sein können[30]. Prinzipiell prognostizierbar wäre eine Entscheidung, wenn sie aufgrund konkreter Ausgangsbedingungen und allgemeiner Gesetzmäßigkeiten so und nicht anders erfolgen mußte, wobei die Frage nach der faktischen Erkennbarkeit bzw. Berechenbarkeit der Entscheidungen zweitrangig ist. Prinzipiell prognostizierbar wäre eine Entscheidung im übrigen auch dann, wenn sie logisch aus dem sittlichen Charakter des betreffenden Handlungssubjekts deduzierbar wäre. Daß der sittliche Charakter des Handelnden seine Entscheidungen normalerweise prägt, spricht hingegen nicht gegen deren Freiheit, zumal dann nicht, wenn dieser Charakter selbst als Produkt freier Entscheidungen zu verstehen ist[31].

Die Behauptung, eine Entscheidung sei - im Sinne der Willensfreiheit - frei erfolgt, impliziert allerdings nicht, daß diese Entscheidung "grundlos" gefällt wurde[32]. Insofern besteht die Alternative zum Determinismus nicht ausschließlich in jener Version des Indeterminismus, wonach "frei" synonym mit "grundlos", "willkürlich" oder "zufällig" ist[33]. Nicht die Unverursachtheit, sondern die Art und Weise der Verursachung unterscheidet freie von unfreien Hand-

---

Handlungssubjekten, anders zu handeln, als sie tatsächlich handeln."(Übersetzung A.K.)

29 Der Ausdruck "prognostizierbar" wird im folgenden immer im strengen Sinne von "berechenbar" verwendet. Dies schließt nicht aus, daß freie Entscheidungen häufig richtig vermutet werden. Die prinzipielle Unprognostizierbarkeit widerspricht deshalb nicht der Tatsache, daß unsere Erwartungen im Hinblick auf freie Entscheidungen anderer häufig sehr wohl zutreffend sind. Vgl. dazu auch *B. Reichenbach, Evil and a Good God*, 51f.

30 Zur Nichtvorhersagbarkeit freier Entscheidungen vgl. *J.R. Lucas, The Freedom of the Will*, 28. Vgl. dazu auch *B. Reichenbach, Evil and a Good God*, 51f.

31 Vgl. dazu *J. Hick, Evil and the God of Love*, 275f.

32 Vgl. dazu *B. Reichenbach, Evil and a Good God*, 51f. Zur Kritik vgl. *G. Streminger, Gottes Güte und die Übel der Welt* (1992), 134f. Streminger identifiziert "Willensfreiheit" mit Grundlosigkeit und kommt daher zu dem Schluß: "Soll ... der Wille sich frei entscheiden, so heißt dies, er solle grundlos über alle Neigungen entscheiden; *das Grundlose ist aber die Willkür*" (ebd. 135).

33 Vgl. dazu auch *A.J. Ayer, Freedom and Necessity*, 17: "Wenn es aber reiner Zufall ist, daß jemand so und nicht anders handelt, dann mag er zwar frei, aber kaum verantwortlich sein. In der Tat betrachten wir jemanden nicht als moralisches Handlungssubjekt, wenn seine Handlungen für uns unvorhersehbar sind, wenn wir - wie man sagt - nicht wissen, was er tut. Wir betrachten ihn als Verrückten." (Übersetzung A.K.)

lungen[34]. Aus diesem Grund setzt Willensfreiheit auch voraus, daß ein Wesen im Hinblick auf eine Handlung bzw. deren Unterlassung nur dann über einen freien Willen verfügt, wenn die Ursache bzw. der Grund für diese Handlung in ihm selbst bzw. in seiner Entscheidung liegt, so und nicht anders handeln zu wollen, und wenn es *ceteris paribus* auch möglich gewesen wäre, anders zu wollen[35]. Anders formuliert: Die Reihe der Ursachen, die zu einem freien Entschluß bzw. zu einer freien Handlung führt, muß im Handlungssubjekt bzw. in der kausal nicht weiter reduzierbaren Spontaneität der Person enden.

Ausschlaggebend kann dabei nicht die Tatsache sein, daß der Handelnde etwas will. Entscheidend ist, daß er es will bzw. daß er die Ursache seines Willens bzw. seiner Entscheidung ist. Insofern trifft der Hinweis von John Locke den entscheidenden Punkt, daß nämlich die richtige Frage eigentlich gar nicht laute, ob der Wille frei ist, sondern ob die Person frei ist[36]. In diesem Sinn ist eine Entscheidung oder Handlung nicht schon dann als frei zu bezeichnen, wenn sie dem Willen des Handelnden nicht widerspricht, sondern erst dann, wenn der Handelnde selbst die Ursache seiner Entscheidung ist und nicht seine Charakterdisposition, seine Natur oder seine Umwelt - und selbstverständlich auch nicht Gott. Eine Handlung ist folglich nicht schon als gewollte bzw. unerzwungene frei, wie dies kompatibilistische Theorien suggerieren, um Freiheit und Determinismus miteinander vereinbaren zu können[37]. Eine Handlung ist nur

---

[34] Vgl. dazu *R.M. Chisholm, Human Freedom and the Self*, 28; vgl. dazu auch *T. Settle, How Determinismus Refutes Compatibilism*, 352.

[35] Vgl. dazu *J. Runzo, Omniscience and Freedom for Evil*, 134: "Man beachte, daß für den theistischen Vertreter der *free will defense* die Tatsache, daß man anders gehandelt hätte, wenn man sich anders entschieden hätte, irrelevant ist, wenn man (kausal) sich gar nicht entscheiden hätte können, etwas anderes zu tun, als man tat... Die Behauptung, eine Handlung ist frei, muß beides bedeuten: daß der Handelnde *ceteris paribus* anders gehandelt hätte, wenn er sich anders entschieden hätte, und daß es für den Handelnden kausal möglich war, sich anders zu entscheiden." (Übersetzung A.K.) Vgl. dazu auch *B. Reichenbach, Evil and a Good God*, 50f.

[36] *J. Locke, An Essay Concerning Human Understanding*, II,21. Vgl. ähnlich *A. Plantinga, Self-Profile*, 47: "The fundamental question here is the viability of the concept of a person as an ultimate source of action; what is at stake here, fundamentally, is the conception of agent causation."

[37] Vgl. dazu ausführlicher die Ausführungen in Abs. 10.1.

als frei gewollte frei, d.h. unter der Voraussetzung, daß der Handelnde auch anders hätte wollen können[38].

Zur Klärung dieser vertrackten Problematik hat Harry G. Frankfurt vorgeschlagen, zwischen Intentionen (*volitions*) erster und zweiter Ordnung zu unterscheiden. Seinem Vorschlag zufolge konstituiert erst dieser Unterschied die Personalität des Handlungssubjekts[39]. Wenn Willensfreiheit dadurch definiert würde, daß man tun kann, was man tun will, dann wären *per definitionem* auch Tiere frei, sofern sie das willentlich Erstrebte auch durchsetzen oder erreichen. Willensfreiheit setzt aber nicht nur die Fähigkeit voraus, seinen Neigungen, Bedürfnissen oder Intentionen erster Ordnung entsprechend zu handeln, sondern darüber hinaus auch die Fähigkeit, sich diesen gegenüber zustimmend oder ablehnend zu verhalten, also Intentionen zweiter Ordnung zu entwickeln und gegebenenfalls auch zu realisieren[40]. Diese Fähigkeit ist allem Anschein nach nicht schon mit der biologischen Verfaßtheit des Menschseins gegeben. Sie entwickelt sich in unterschiedlichen Graden im Laufe der Personwerdung und hängt von zahlreichen Faktoren ab, unter anderem vom Erwerb sittlicher Überzeugungen und rationaler Deutungskompetenz. Nur in dem Ausmaß, in dem dieser Entwicklungsprozeß glückt, wird das betreffende Subjekt für seine Handlungen verantwortlich. Der bloße Handlungsspielraum entwickelt sich zu einem Freiheitsspielraum, je mehr die Entscheidungen des Handlungssubjekts und nicht der physikalische Zufall oder die psychologische Disposition den Ausschlag zugunsten einer der Alternativen geben.

---

38 Der im folgenden zugrunde gelegte Freiheitsbegriff wird in der englischsprachigen Literatur als "libertarian" bezeichnet.

39 Vgl. *H.G. Frankfurt, Freedom of the Will and the Concept of a Person*, 81ff.

40 Vgl. *H.G. Frankfurt, Freedom of the Will and the Concept of a Person*, 90: "Die Frage nach der Willensfreiheit betrifft nicht die Relation zwischen dem, was jemand tut, und dem, was er tun will. Sie betrifft eher die Begierden selbst." Vgl. dazu ähnlich *R.M. Chisholm, Human Freedom and the Self*, 32: "Wenn es einen 'Willen' im Sinne einer Wirkungsfähigkeit gibt, dann ist zu fragen, ob jemand frei ist, jene Dinge tun zu wollen, die er tun will - und auch ob er frei ist, jene Dinge, die er tun will, *nicht* zu wollen, und schließlich auch, ob er frei ist, jene Dinge, die er nicht tun will, zu wollen... Wenn wir ein anderes Paar mittelalterlicher Termini verwenden, läßt sich sagen, daß das metaphysische Problem der Freiheit nicht den *actus imperatus* betrifft, also nicht die Frage, ob wir frei sind, das zu erreichen, was wir tun wollen oder uns vorgenommen haben zu tun; es betrifft den *actus elicitus*, also die Frage, ob wir frei sind, jene Dinge zu wollen oder uns vorzunehmen, die wir tun wollen oder uns vorgenommen haben zu tun." (Übersetzung A.K.)

Eine Handlung als freie zu definieren, fällt im übrigen ungleich leichter, als eine konkrete Handlung als solche zu identifizieren. Die Existenz der so definierten Willensfreiheit ist theologisch und philosophisch umstritten, und zwar aus äußerst gewichtigen Gründen. Desungeachtet setzen die weiteren Ausführungen die Existenz der Willensfreiheit zunächst voraus, ohne auf diese Gründe vorläufig näher einzugehen.

9.4 Der logische Zusammenhang zwischen Willensfreiheit und Leid

Auch unter Voraussetzung der Existenz der Willensfreiheit ist im Kontext der Theodizee-Problematik noch wenig erreicht, denn die bloß formale Willensfreiheit stellt als solche noch keinen ethisch relevanten Wert dar und aus ihr resultiert außerdem nicht notwendigerweise die Möglichkeit der Leidverursachung. Eine bloß formale Willensfreiheit, die zwar im Gegensatz zum physikalischen Zufall auf willentlichen Entscheidungen basiert, wäre auch gegeben, wenn sie sich nur auf einen ethisch irrelevanten Handlungsspielraum bezöge. Handlungssubjekte, die sich etwa ausschließlich dafür entscheiden könnten, wie sie sich ernähren oder bekleiden, würden durchaus über eine Willensfreiheit im formalen Sinn verfügen. Diese bliebe jedoch ohne jede ethische Signifikanz[41]. Der entscheidende Zusammenhang zwischen Willensfreiheit und Theodizee ergibt sich erst dadurch, daß die Realisierung einer nicht nur formalen, sondern darüber hinaus auch ethisch signifikanten Willensfreiheit einen Freiheitsspielraum voraussetzt, der es ermöglicht, anderen Lebewesen Leid zufügen zu können[42]. Folglich ist zu zeigen, daß ein im ethischen Sinn freies Wesen die Möglichkeit haben muß, anderen Leid zufügen zu können. Selbstverständlich muß ein solches Wesen ande-

41 Vgl. dazu auch *R. Swinburne, The Problem of Evil*, 85.

42 Vgl. dazu *J.M. Rist, Coherence and the God of Love*, 99: "... die Wahl, eine freie Person zu erschaffen, ist logisch inkompatibel mit der Wahl, daß mit Sicherheit kein moralisches Übel existiert... Aus der Erschaffung von Personen folgt nicht, daß daraus unvermeidlich Übel resultieren; daraus folgt, daß eine echte Möglichkeit des moralischen Übels akzeptiert werden muß." (Übersetzung A.K.)

ren nicht Leid zufügen, ansonsten wäre es ja nicht frei. Aber es muß notwendigerweise über diese Möglichkeit verfügen.

Ethisch relevant wird ein Freiheitsspielraum erst dadurch, daß er Handlungsoptionen umfaßt, von denen nicht nur das Handlungssubjekt selbst, sondern auch andere empfindungsfähige Lebewesen betroffen sind. Insofern freie Entscheidungen nicht nur den Handelnden selbst, sondern auch andere betreffen, wird der Freiheitsspielraum erheblich erweitert. Hätten Menschen diesen Spielraum nicht, sondern wären aufgrund irgendwelcher natürlicher oder übernatürlicher Ursachen dazu gezwungen, sich in einer bestimmten Weise ihren Mitmenschen und anderen Lebewesen gegenüber zu verhalten, so wäre ihr diesbezügliches Handeln nicht frei gewählt, sondern determiniert. Ihr dann eventuell noch verbleibender Freiheitsspielraum bliebe ethisch weitgehend indifferent, denn eine Entscheidung ist eben nur dann frei, wenn sie auch anders ausfallen oder unterbleiben hätte können.

Unter der Voraussetzung eines entsprechend großen Freiheitsspielraums eröffnet die Willensfreiheit zunächst die Möglichkeit, das eigene Dasein und die Welt in verantwortlicher Weise mitzugestalten und zu verbessern. Menschen verfügen über ein eingeschränktes Wissen über die Welt und eine eingeschränkte Macht, die Welt durch ihr Handeln zu verändern. Unter der Voraussetzung der Willensfreiheit folgt daraus, daß sie innerhalb eines bestimmten Rahmens frei und folglich verantwortlich entscheiden können, wie sie ihr Dasein gestalten, d.h. sich selbst und die sozialen und natürlichen Bedingungen ihres Daseins. In dem Maße, in dem Menschen frei sind, ist ihre sittliche Handlungsdisposition keine unveränderlich vorgegebene Größe, sondern durch eigene Entscheidungen beeinflußbar und prägbar. Sie können sich aufgrund eigener Entscheidungen zu sittlich qualifizierbaren Subjekten entwickeln, für deren konkrete Qualität sie mitverantwortlich sind. Durch ihre Handlungen können sie aber auch den Entscheidungsraum anderer freier Subjekte beeinflussen. Sie können z.B. durch erzieherische Maßnahmen die sittliche Entwicklung anderer prägen. Weil ihre Handlungen nicht nur sie selbst, sondern in unterschiedlichem Ausmaß auch ihre Mitmenschen betreffen, sind Menschen nicht nur für sich selbst, sondern auch für andere verantwortlich. Erst durch eine ethisch signifikante Willensfreiheit wird eine Seinsqualität eröffnet, die als solche weder im bloß physikalischen noch im mentalen Bereich existiert – Sittlichkeit. Ohne Willensfreiheit wäre der Phänomenbereich des Sittlichen restlos auf den des Mentalen reduzierbar, und dieser eventuell wiederum auf den physikalischen Bereich.

In einem nächsten Schritt ist zu klären, warum eine ethisch signifikante Willensfreiheit einen Handlungsspielraum voraussetzt, der nicht nur die Möglichkeit voraussetzt, andere vor Schaden und Leid zu bewahren, sondern auch die Möglichkeit, ihnen Schaden und Leid zuzufügen. Denn es ist nicht unmittelbar evident, warum die Möglichkeit, gut zu handeln, auch die gegenteilige Möglichkeit der Leidzufügung voraussetzen soll. In ethischen Kategorien ausgedrückt, impliziert ein sittlich signifikanter Freiheitsspielraum die Wahlmöglichkeit zwischen sittlich guten und schlechten Handlungen. Eine sittlich gute Handlung besteht im allgemeinen darin, das Wohlergehen anderer zu fördern, Schaden von ihnen abzuhalten und Leid zu mindern; eine sittlich schlechte Handlung besteht darin, anderen ungerechtfertigterweise Schaden oder Leid zuzufügen[43].

Der Zusammenhang zwischen ethisch signifikanter Willensfreiheit und der Möglichkeit von Leidzufügung läßt sich durch das Gedankenexperiment einer *per definitionem* leidfreien Welt erläutern[44]: In einer solchen Welt wäre es ausgeschlossen, anderen Leid zufügen zu können. Entscheidend ist nun, daß mit dem Wegfall dieser Möglichkeit auch die Unterscheidung zwischen sittlich schlechten bzw. leidverursachenden und guten bzw. leidreduzierenden Handlungen wegfällt. Die Handlungen von Subjekten, die anderen niemals Leid zufügen, sondern stets deren Wohl zu mehren versuchen, wären im eigentlichen Sinn dann nicht "sittlich gut", wenn sie aufgrund irgendwelcher Restriktionen gar nicht anders handeln könnten. In einer definitionsgemäß leidfreien Welt könnten sie sich aber gar nicht dafür entscheiden, anderen erfolgreich Leid zuzufügen. Aus diesem Grund blieben ihre Handlungen ethisch indifferent. Die Verwendung ethischer Begriffe setzt deshalb nicht nur eine formale Willensfrei-

43 Vgl. dazu *J. Hick, An Irenaean Theodicy*, 47: "Eine moralisch schlechte Handlung ist grundsätzlich eine Handlung, die der menschlichen Gemeinschaft teilweise Leid zufügt; umgekehrt ist eine moralisch gute Handlung eine Handlung, die Leid verhindert oder neutralisiert oder menschliches Wohl erhält oder vergrößert." (Übersetzung A.K.) Vgl. dazu auch *K.E. Yandell, Tragedy and Evil*, 10. Yandell versucht nachzuweisen, daß moralisches Handeln zwei Dinge notwendigerweise voraussetzt: zum einen "avoiding doing evil" und zum anderen "actually conquering evil".

44 Vgl. dazu *J. Hick, Remarks*, 127.

heit im Hinblick auf marginale Handlungsoptionen voraus, sondern einen Freiheitsspielraum, der auch ethisch signifikante Entscheidungsmöglichkeiten umfaßt. In einer leidfreien Welt wären allerdings ethische Kategorien ebenso sinnlos wie in einer durchgängig deterministischen Welt[45].

Die herausragende Bedeutung der Willensfreiheit für die Theodizee liegt nun erstens darin, daß die ethisch signifikante Willensfreiheit einen Wert von eminenter Bedeutung darstellt, zweitens darin, daß sie gleichzeitig – neben den Naturgesetzen – einen zentralen leidverursachenden Faktor bildet, und daß sie drittens das eine nicht ohne das andere sein kann, denn die Freiheit, das Gute zu tun, impliziert auch die Möglichkeit, das Gute zu unterlassen und/oder das Schlechte zu wählen. Beides impliziert aber die Möglichkeit, vermeidbares Leid nicht zu lindern oder Leid zu verursachen. Mit der Willensfreiheit scheint somit notwendigerweise auch die Möglichkeit ihres Mißbrauchs gegeben zu sein. Denn wer sich nicht anders als für das Gute entscheiden kann, hat keine Gelegenheit, sich überhaupt in einer sittlich bedeutsamen Weise zu entschieden. Ob und inwieweit aus der aufgrund der Willensfreiheit ermöglichten Leidzufügung Wirklichkeit wird, hängt natürlich ausschließlich von den Entscheidungen der freien Handlungssubjekte ab.

Der Theist geht davon aus, daß Gott die Situation, in der sich der Mensch vorfindet, erschaffen hat. Gott hat nicht nur frei und verantwortlich handelnde Subjekte erschaffen, sondern ihren Freiheitsspielraum so gestaltet, daß sie sich selbst und vor allem anderen Leid zufügen können. Nun mag es logisch notwendig sein, mit zunehmendem Freiheitsspielraum auch die Möglichkeit seines Mißbrauchs zu erschaffen. Jedoch stellt sich daran anschließend die weitere Frage, ob ein sittlich vollkommener Gott das moralische Recht hat, aufgrund der mißbrauchten Willensfreiheit der einen andere leiden zu lassen. Unabhängig von der Willensfreiheit kann noch allgemeiner gefragt werden, ob Gott grundsätzlich das moralische Recht hat, Menschen um irgendwelcher höherer Werte willen leiden zu lassen.

---

[45] Vgl. dazu *J. Hick, An Irenaean Theodicy*, 47f.

9.5 Der moralische Zusammenhang zwischen Willensfreiheit und Leid

Bei der Frage nach dem moralischen Zusammenhang zwischen Willensfreiheit und Leid geht es nicht darum, Gott von menschlicher Seite aus irgendwelche Restriktionen aufzuerlegen. Ein allmächtiges Wesen "unterliegt" definitionsgemäß – außer logischen – keinerlei anderweitigen Restriktionen. Auch die Redeweise von logischen Restriktionen, denen Gottes Allmacht "unterliegt", ist noch anfällig für Mißverständnisse, weil sie nahelegt, daß durchaus ein Mehr an Macht denkbar wäre, das es Gott erlauben würde, auch logisch widersprüchliche Dinge zu verwirklichen. Gegen diese Annahme wurde mit Recht eingewendet, daß nicht einmal ein an Macht unbegrenztes Wesen ein Handlungsziel beabsichtigen kann, dessen Beschreibung aus einer widersprüchlichen bzw. sinnlosen Aneinanderreihung von Worten besteht[46]. In einem ähnlichen Sinn "unterliegt" auch ein allmächtiges und sittlich vollkommenes Wesen gewissen Restriktionen, die ihm ebenfalls nicht von außen auferlegt werden, sondern aufgrund seiner (von ihm behaupteten) Eigenschaften gegeben sind[47]. Wer nun behauptet, daß ein solches Wesen existiert, sollte auch erklären können, wie sich seine Behauptung mit der Erfahrung von Leid vereinbaren läßt[48]; genauerhin mit der Behauptung, daß Gott Wesen erschaffen hat, die über Willensfreiheit verfügen, diesen Wert aber in einer Weise mißbrauchen können, die anderen – ungefragt – immenses Leid zufügen kann. Zur Debatte steht also die theistische

---

46 So *J. Hick, Evil and the God of Love*, 266.

47 Vgl. dazu auch *G.S. Kane, The Concept of Divine Goodness and the Problem of Evil*, 71. Zu den modallogischen Einschränkungen, die aus dem Gottesbegriff resultieren, vgl. auch *T.V. Morris, The Logic of God Incarnate*, 115ff. Morris setzt sich hier kritisch auseinander mit *T. Guleserian, God and Possible Worlds*, 221-238.

48 Vgl. dazu auch *R.J. Richman, The Argument from Evil*, 206ff. Richman sieht in der Forderung nach moralisch akzeptablen Gründen, die eine Zulassung des Übels durch Gott rechtfertigen können, den Kern des Theodizee-Problems. Die Last des Beweises ruhe dabei auf seiten des Theisten. Vgl. dagegen *M. McCord Adams, Theodicy Without Blame*, 229: "I conclude that moral responsibility and blame are the wrong issues with which to approach the triangulation among God, rational creatures, and evil." Die knappe Begründung lautet: "GOD IS TOO BIG and we are too small!" Aus diesem Grund gibt es keine moralischen Kriterien, denen Gott und Mensch gleichermaßen unterstehen. Es leuchtet ein, daß Gottes Güte ein Geheimnis bleiben muß. Vgl. dazu nochmals *M. McCord Adams, Redemptive Suffering*, 171.

Behauptung, daß Gott sittlich vollkommen ist und daher keine sittlich schlechten Handlungen vollzieht[49]. Wenn es aber prinzipiell schlecht wäre, jemanden ungefragt um eines höheren Wertes willen leiden zu lassen, dann wäre es auch sittlich schlecht, wenn Gott Menschen ungefragt um eines höheren Wertes willen leiden läßt, zumal wenn es sich dabei um Dritte handelt, die Opfer eines Freiheitsmißbrauchs anderer sind. Unter diesen Bedingungen wäre die *free will defense* letztlich doch zum Scheitern verurteilt, und zwar aufgrund der moralischen Inkonsistenz des ihr zugrundeliegenden Gottesverständnisses[50].

Auch wenn die Frage, ob Gott die zukünftigen Handlungen freier Wesen voraussehen kann, vorläufig zurückgestellt wird[51], scheint Gott zumindest um das mögliche Ausmaß des Mißbrauchs kreatürlicher Freiheit zu wissen. Vielleicht konnte Gott nicht wissen, in welchem konkreten Ausmaß die von ihm erschaffenen freien Wesen sündigen werden. Er mußte allerdings wissen, daß sie sündigen bzw. einander Leid zufügen können. Insofern scheint Gott mit der Erschaffung freier Wesen gewissermaßen das Risiko von Sünde bzw. der daraus resultierenden Leidzufügung in Kauf zu nehmen. Im Anschluß daran stellt sich zwangsläufig die Frage, ob sich die Inkaufnahme eines derartigen Risikos moralisch rechtfertigen läßt, und zwar ohne auf die völlig unplausible Behauptung zu rekurrieren, wonach jede Leidzufügung dem Betroffenen irgendwie zum Besseren gereicht[52].

Geht man von der Annahme aus, daß das Ziel der Erschaffung freier Wesen die autonome Entwicklung der Sittlichkeit ist, so lassen

---

49 Hier stellt sich auch das Problem, inwiefern Gott als moralisches Subjekt gedacht werden kann, wenn es gar nicht in seiner Macht steht zu sündigen. W.J. Wainwright sieht ein Problem für die christliche *free will defense*, sofern sie einerseits behauptet, Gott sei ein moralisches Subjekt, das nicht sündigen kann, andererseits aber postuliert, der Mensch könne nur ein moralisches Subjekt sein, wenn er den freien Willen habe zu sündigen. Vgl. dazu *W.J. Wainwright, Christian Theism and the Free Will Defense: A Problem*, 243ff.

50 Vgl. dazu *G. Schlesinger, The Problem of Evil and the Problem of Suffering*, 244. Vgl. dazu auch den ausgezeichneten Beitrag von *T. Penelhum, Divine Goodness and the Problem of Evil, 95-107.*

51 Vgl. dazu die Ausführungen in Abs. 11.2.

52 Vgl dazu *E. Stump, The Problem of Evil*, 411. Für Stump folgt aus den Attributen Gottes, daß Gott die Welt so lenkt und leitet, "that the sufferings of any particular person are outweighed by the good which the suffering produces *for that person*; otherwise we might justifiably expect a good God somehow to prevent that *particular suffering...*"

sich weder Sünde noch Leid definitiv ausschließen. Beide stellen mögliche Konsequenzen der Erschaffung freier Wesen dar, die als mögliche unausweichlich sind. Aufgrund des Prinzips der doppelten Wirkung ist eine an sich gute Handlung, die eine negative Konsequenz nach sich zieht, auch dann sittlich zu rechtfertigen, wenn (1) die negativen Konsequenzen nicht direkt intendiert wurden, wenn (2) das primäre Handlungsziel einen Wert darstellt, der nicht ohne Inkaufnahme der negativen Konsequenzen zu realisieren war, und wenn (3) der intrinsische Wert des Handlungsziels die negativen Konsequenzen überwiegt[53]. Die *free will defense* kann nun mit augenscheinlich guten Gründen belegen, daß alle drei Bedingungen erfüllt sind: (1) Sie ist nicht zu der Behauptung gezwungen, daß Gott den Mißbrauch der Willensfreiheit bzw. die Sünde direkt intendiert oder will, und schon gar nicht zu der abstrusen Behauptung, daß er ihn bzw. sie verursacht. (2) Sie bietet ferner Gründe, die es nahelegen, daß der betreffende Wert auch von einem allmächtigen Wesen nicht ohne Inkaufnahme der negativen Konsequenzen zu realisieren ist. (3) Und schließlich kann sie einen Wert benennen, der zumindest *prima facie* das Risiko der Leiderzeugung rechtfertigt, nämlich die Entstehung der Sittlichkeit.

Scheint sich die Zulassung des Leids gemäß dem Prinzip der doppelten Wirkung moralisch rechtfertigen zu lassen, so widerspricht sie andererseits jedoch einem anderen moralischen Grundsatz, wonach

> "normalerweise ... niemand das Recht (hat), einem anderen ohne dessen Einwilligung zu dessen eigenem Wohl oder zum Wohl Dritter Schaden zuzufügen."[54]

So hat z.B. ein Arzt nicht das Recht, einem Patienten – ohne dessen Einwilligung – durch einen chirurgischen Eingriff einen Schaden zuzufügen, auch wenn dieser Eingriff langfristig dem Wohl des Patienten dienen mag. Schon gar nicht hat ein Arzt das Recht, einem Patienten – ohne dessen Einwilligung – ein nicht-lebensnotwendiges Organ zu entnehmen, um damit das Leben eines Dritten zu retten. Aufgrund dieses ethischen Grundsatzes hätte auch Gott nicht das

---

[53] Vgl. dazu ausführlicher *W.S. Anglin, Free Will and Christian Faith*, 110-116. Vgl. dazu auch die Kritik von *H. Khatchadourian, Is the Principle of Double Effect Morally Acceptable?*, 21-30, sowie die Entgegnung von *J.F. Keenan, Taking Aim at the Principle of Double Effect*, 201-205.

[54] *R. Swinburne, Die Existenz Gottes*, 296.

Recht, Menschen - wie z.B. die Opfer des Holocaust - ungefragt leiden zu lassen, um damit anderen - z.B. den Schergen des Nationalsozialismus - einen an sich wertvollen Freiheitsspielraum zu eröffnen.

Richard Swinburne führt drei Unterschiede an, die zeigen sollen, daß dieser Grundsatz auf Gott nicht zutrifft, daß Gott also durchaus das Recht hat, über Menschen in einer Weise zu bestimmen, die Menschen untereinander nicht zusteht: (1) Der erste Unterschied besteht darin, daß Ärzte ihre Patienten in der Regel um die Erlaubnis für einen bestimmten Eingriff fragen können. Gott kann seine Geschöpfe jedoch nicht vorher fragen, und zwar deshalb nicht, weil sie bereits als freie Wesen erschaffen wurden, die aufgrund des Freiheitsmißbrauchs anderer leiden können. Bevor der Mensch existiert, kann er natürlich nicht befragt werden, unter welchen Bedingungen bzw. als was er zu existieren wünscht. (2) Der zweite Unterschied betrifft die völlig andersgeartete Abhängigkeit zwischen Gott und Menschen einerseits und zwischen den Menschen untereinander andererseits. Während niemand das Recht hat, einen Fremden um dessen oder eines Dritten Seelenheils willen leiden zu lassen, haben Eltern ein gewisses Recht, ihre Kinder um deren Seelenheil willen bis zu einem gewissen Grad leiden zu lassen; und zwar deshalb, weil die Eltern für die Existenz der Kinder verantwortlich sind. Insofern nun Gott weit mehr als unsere Eltern für unser Dasein verantwortlich ist, weil er uns erschaffen hat und im Dasein erhält, hat er ein entsprechend größeres Recht, uns leiden zu lassen. (3) Der dritte Unterschied besteht im Hinblick auf die Kenntnis des Ausmaßes und der Folgen des Leids. Die menschliche Erkenntnis ist stets begrenzt, und daher zögern Menschen häufig zu Recht, anderen um eines höheren Wertes willen Leid zuzufügen. Im Gegensatz dazu weiß Gott um das mögliche Ausmaß und die Folgen des Leids[55].

---

[55] Vgl. dazu die Zusammenfassung von *R. Swinburne, Die Existenz Gottes*, 299: "So muß Gott, ohne die Menschen und Tiere fragen zu können, für sie die Wahl zwischen verschiedenen Arten von Welt, in der sie leben können, treffen: zwischen einer Welt, in der es sehr wenig Leiden und entsprechend wenig schöpferische Möglichkeiten gibt, und einer Welt, in der es Leiden, aber auch die Möglichkeit gibt, sehr viel Gutes zu tun, und in der diejenigen, die leiden, nicht immer auch diejenigen sind, die die Vorteile haben. Wie wird Gott wählen? Für beide Alternativen gibt es gute Gründe. Meines Erachtens wäre es aber nicht unmoralisch, wenn Gott annähme, daß die Menschen, wenn sie (*per impossibile*) gefragt werden könnten, die heroische Alternative wählen würden."

Ein letztes Problem ergibt sich aus der allgemeinen moralischen Verpflichtung, freie Handlungen dann zu unterbinden, wenn Dritten dadurch ein ungerechtfertigter Schaden erwächst. Diese Verpflichtung scheint nun für Gott gerade ausgeschlossen zu werden, ansonsten müßte Gott jeden leiderzeugenden Freiheitsmißbrauch unterbinden, was offenbar gerade nicht geschieht. Wenn Gott aber den Freiheitsmißbrauch nicht unterbindet, dann scheinen für ihn völlig andere sittliche Maßstäbe zu gelten und die *free will defense* läuft letzten Endes darauf hinaus, die sittliche Vollkommenheit Gottes nach völlig unbegreiflichen Kriterien zu bemessen. Clement Dore löst diesen Einwand durch folgendes Argument: Würde Gott nach der für Menschen verpflichtenden Maxime handeln und jeden leiderzeugenden Freiheitsmißbrauch unterbinden, dann würde er die Willensfreiheit vollständig aufheben. Anders als Gott haben Menschen nicht die Macht dazu und folglich hebt ihre Verpflichtung nicht die Willensfreiheit auf[56].

Ohne auf moralische Kriterien zurückgreifen zu müssen, die sich radikal von jenen Kriterien unterscheiden, mit denen üblicherweise menschliches Handeln beurteilt wird, läßt sich im Kontext der *free will defense* behaupten, daß Gott durchaus – im moralischen Sinn – das Recht dazu hat, das Leiden einzelner zur Ermöglichung des Wertes der Willensfreiheit zuzulassen. Dieses Recht erhöht sich dann noch, wenn Gott selbst bereit ist, das Leid in irgendeiner Weise mit seinen Geschöpfen zu teilen[57].

9.6 Willensfreiheit und Erbsünde

Es gibt mehrere Möglichkeiten, den Zusammenhang zwischen Erbsünde und menschlicher Willensfreiheit zu deuten. Eine erste Deutungsmöglichkeit besteht darin, auf die Willensfreiheit im wesentlichen nur zu dem Zweck zurückzugreifen, um den Ursprung von Übel und Leid als Folgen gerechter Strafe erklären zu können. In diesem Fall erscheinen die natürlichen Übel als direkte Strafe für den ursprünglichen Mißbrauch der Willensfreiheit. Die moralischen Übel werden durch einen – ebenfalls als Strafe gedeuteten – nahezu unwi-

---

56 Vgl. dazu *C. Dore, God, Suffering and Solipsism*, 59.

57 Vgl. dazu *R. Swinburne, The Problem of Evil*, 102.

derstehlichen Zwang zur Sünde erklärt. Die Schwächung der ursprünglichen Willensfreiheit fällt dabei auch unter die Folgen der Strafe.

Ungeachtet der unterschiedlichen Interpretationsmöglichkeiten wird diese Deutung üblicherweise auf Augustinus zurückgeführt, nach dessen Überzeugung sich die Willensfreiheit Adams von derjenigen seiner Nachkommenschaft erheblich unterscheidet. Seine Position in *De libero arbitrio* legt noch die Sichtweise eines "harmonischen Zusammenwirkens" zwischen Gnade und freiem Willen nahe[58], wobei die Willensfreiheit aufgrund der Erbsünde zwar erheblich geschwächt bzw. eingeschränkt ist, aber der Mensch immerhin noch die Fähigkeit hat, "sich selber mit Hilfe des Schöpfers zu veredlen"[59]. Ab 397 zeichnet sich ein anderes Verständnis des Verhältnisses zwischen menschlicher Freiheit und göttlicher Gnade ab. Zwar bekennt sich Augustinus auch weiterhin zur Existenz der Willensfreiheit[60]. Dieses Bekenntnis läßt sich jedoch kaum mehr konsistent mit den sonstigen Aussagen über Gnade und Erwählung vereinbaren. Aufgrund ihres eindeutig prädestinatianischen Charakters lassen sie nur mehr den Schluß zu, daß der freie Wille derart geschwächt ist, daß er aus sich allein heraus nichts, zumindest nichts Gutes mehr vermag. Sowohl der willentliche Entschluß zum Guten als auch das Beharren im Guten verdanken sich allein Gott. Menschen sind es zwar, die handeln, aber Gott ist es, der bewirkt, daß sie handeln[61]. Wenn eine Handlung nicht kausal durch den Entschluß des Handelnden verursacht wurde, sondern dieser Entschluß samt der Durchführung als Werk eines anderen verstanden werden muß, ist die Willensfreiheit faktisch aufgehoben, auch wenn sie *verbaliter* weiterhin aufrechterhalten werden mag[62]. Die Behauptung eines frei-

---

58 Vgl. *G. Nygren, Das Prädestinationsproblem in der Theologie Augustins*, 41.
59 *Augustinus, De libero arbitrio*, III,56.
60 Vgl. z.B. *Augustinus, De gratia et libero arbitrio*, II,4.
61 Vgl. z.B. *Augustinus, De gratia et libero arbitrio*, XVI,32: "Certum est nos facere, cum faciamus: sed ille facit ut faciamus, praebendo vires efficacissimas voluntati..."
62 A.E. McGrath vertritt demgegenüber die These, daß der augustinische Begriff vom *liberum arbitrium captivatum* die Dialektik zwischen Gnade und Willensfreiheit löse, ohne die Wirklichkeit eines von beiden zu leugnen. Vgl. *A.E. McGrath, Iustitia Dei*, Bd.1, 27. Diese These mag vielleicht der Intention von Augustinus gerecht werden, seinen Aussagen wird sie kaum gerecht. Vgl. dazu z.B. *F. Berthold, Free Will and Theodicy in Augustine*, 531. Berthold

en Willens, der von einem anderen determiniert wird, ist weder dialektisch noch paradox oder besonders tiefsinnig, sondern schlicht unsinnig[63].

Eine zweite Möglichkeit besteht darin, Willensfreiheit und Erbsünde als konstante Faktoren menschlichen Verhaltens zu denken und die eigentliche Aussageintention der Erbsündenlehre als Behauptung einer natürlichen Inklination bzw. Versuchung des Menschen zum Bösen zu deuten, die entweder eine Konsequenz des historisch gedachten Sündenfalls[64] oder - was wesentlich wahrscheinlicher zu sein scheint - eine mit der menschlichen Natur immer schon gegebene Grunddisposition darstellt[65], die sich allerdings auf äußerst unterschiedliche Weise konkretisieren kann.

Für die Annahme solcher Inklinationen, in denen sich eine natürliche Disposition des menschlichen Verhaltens manifestiert, sprechen gewichtige Indizien. Die Annahme einer jeweils allen Handlungsalternativen gleichermaßen geneigte Willensfreiheit wird dem menschlichen Verhalten offenbar nicht gerecht. Menschliche Entscheidungen vollziehen sich nicht in der Weise, daß im Hinblick auf alle jeweils verfügbaren Handlungsoptionen eine gleichermaßen starke Affinität herrscht, wobei dann die Willensfreiheit nur den nichtprognostizierbaren Ausschlag gibt. Entscheidungen werden vielmehr im Kontext von in der Regel hochkomplexen Situationen gefällt, die durch eine Vielfalt von Faktoren bedingt ist, die allem Anschein nach Freiheit unter bestimmten Umständen sogar völlig aufheben können. Auf seiten des Subjekts zählen zu diesen Faktoren vor allem seine moralischen Überzeugungen und seine jeweilige Bedürfnisstruktur. Diese Bedürfnisstruktur umfaßt häufig Inklinationen zu Handlungen, die im krassen Widerspruch zum moralischen Bewußtsein des jeweiligen Subjekts stehen. Angesichts der Intensität und Qualität dieser Inklinationen zeigen sich nicht nur die Mitmenschen, sondern bisweilen auch die Betroffenen selbst zutiefst erschrocken.

---

kommt zu dem Ergebnis, daß es auf der Basis der augustinischen Position sehr schwierig sei, den Schluß zu vermeiden, daß wir keinen freien Willen besitzen.

63 Zur Wirkungsgeschichte und Problematik der Prädestinationslehre vgl. ausführlicher *G. Kraus, Vorherbestimmung*.

64 Vgl. dazu z.B. *C.S. Lewis, Über den Schmerz*, 67-87. Lewis spricht im Hinblick auf die Folgen der Ursünde vom "Auftauchen einer neuen Art", von einer "neuen Spezies", die sich "ins Dasein gesündigt" habe (ebd. 82).

65 Vgl. dazu ausführlicher *R. Swinburne, Responsibility and Atonement*, 137-147.

Allem Anschein nach inhäriert der menschlichen Verhaltensdisposition die Neigung zu Handlungen, die in moralischer Perspektive als schlecht zu bezeichnen sind. Unter diesen Inklinationen sind die Bedürfnisse bzw. die Gier nach materiellem Reichtum (Habgier), politischer Macht, sexueller Lust (Begierde), sozialer Anerkennung (Stolz) die stärksten. Der gemeinsame Nenner dieser Inklinationen besteht in einer egoistischen bzw. ichzentrierten Grunddisposition, also in der Tendenz, die Befriedigung der eigenen Bedürfnisse zum einzigen oder obersten Handlungsziel zu machen. Obwohl auch eher altruistische Inklinationen zur biologischen Grundausstattung der menschlichen (wie auch tierischen) Verhaltensdisposition gehören, scheinen die egoistischen Inklinationen eindeutig zu überwiegen, auch wenn sie sich nicht notwendig nur auf die Interessen des Individuums, sondern auch auf diejenigen seines Sozialverbands, seiner Klasse, Rasse oder Nation beziehen können. Wie immer diese Inklinationen im einzelnen zu deuten sind, der einzelne entscheidet sich offenbar nicht frei für eine derartige Grunddisposition. Via genetischer, sozialer oder auch anderweitiger Einflüsse "entscheidet" sich diese eher für ihn. Sie bildet gewissermaßen ein kollektiv vermitteltes, aber individuell gefärbtes "Erbe", den keineswegs neutralen, sondern bereits gerichteten Ausgangspunkt seiner Entscheidungen und Handlungen. Insofern derartige egoistische Inklinationen zur Grunddisposition menschlichen Verhaltens gehören, wird der entscheidende Aspekt der traditionellen Erbsündenlehre nicht nur gewahrt, sondern geradezu bestätigt, nämlich die Behauptung, daß die Neigung zur Sünde nicht nur in der Nachahmung, sondern in der menschlichen Natur gründet. Nicht die aktuelle Sünde, wohl aber die Neigung zur Sünde bzw. die Verfaßtheit des Menschen als *homo incurvatus in se* wurzelt in den "Naturbedingungen des menschlichen Daseins"[66].

Diese in der Erbsündenlehre behauptete natürliche Disposition zum Schlechten läßt sich nicht kohärent im Sinne eines unentrinnbaren Schicksals verstehen, das über den Menschen verhängt wurde und ihn gleichsam zur "Sünde" nötigt. Ein solcher Zwang würde den Sündenbegriff letzten Endes aufheben. Diese Disposition bleibt im positiven wie auch im negativen Sinn beeinflußbar, und zwar sowohl durch die soziokulturellen Einflüsse als auch durch die Willens-

[66] *W. Pannenberg, Anthropologie in theologischer Perspektive*, 105.

freiheit des einzelnen. Die Annahme der Willensfreiheit setzt angesichts dieser Grunddisposition nicht notwendigerweise voraus, daß der Mensch jederzeit Herr all seiner Inklinationen ist und bleibt. Sie setzt nur voraus, daß diese Inklinationen das Verhalten des einzelnen nicht vollständig determinieren, daß also das Handeln nicht aus der jeweiligen Inklination prognostiziert bzw. deduziert werden kann. Eine ethisch signifikante Willensfreiheit setzt voraus, daß den jeweiligen Inklinationen zumindest teilweise widerstanden werden kann, und zwar aufgrund moralischer Einsichten, d.h. aufgrund von Überzeugungen, die eine Handlung als verpflichtend nahelegen, weil sie als gut erkannt wurde.

Die im Sinne einer natürlichen[67] Inkliniertheit zum sittlich Schlechten interpretierte Erbsündenlehre[68] kann zur Lösung einiger theodizee-relevanter Fragen beitragen. Sie wirft aber gleichzeitig eine Reihe weiterer Fragen auf. Zunächst kann die Annahme einer solchen Disposition die Faktizität des Mißbrauchs der Willensfreiheit und des daraus resultierenden Leids verständlicher machen als die Annahme einer gegenüber sämtlichen Entscheidungsalternativen gleichermaßen indifferenten Willensfreiheit. Ohne derartige Inklinationen bliebe völlig unerklärlich, warum Menschen so häufig moralisch so schlechte Entscheidungen treffen und dadurch einander immenses Leid zufügen. Ohne die erbsündliche Disposition käme als einziger Erklärungsgrund nur ihr begrenztes moralisches Wissen in Frage. Begrenztes moralisches Wissen kann aber nur die Tatsache moralisch objektiv falscher Handlungen erklären, nicht die Tatsache subjektiv schlechter bzw. böser Handlungen, d.h. Handlungen wider besseres moralisches Wissen[69]. Eine Entscheidung ist dann eine "freie", wenn sie auch anders hätte ausfallen können. Eine Handlung ist dann eine "objektiv falsche", wenn sie allgemein sittlich schlecht

---

[67] W. Pannenberg sieht in der Beschreibung der Sünde als "*Grundbestand naturaler Verfaßtheit verkehrten Lebens* beim Individuum" den eigentlichen "Wahrheitskern" der augustinischen in ihrem Gegensatz zur pelagianischen Position. Vgl. *W. Pannenberg, Systematische Theologie, Bd. 2*, 295.

[68] Vgl. dazu ausführlicher *R. Swinburne, Responsibility and Atonement*, 137-147.

[69] Vgl. *R. Swinburne, Responsibility and Atonement*, 38: "Jedes intentionale Übel kann nur im Scheitern bestehen, den eigenen moralischen Überzeugungen zu entsprechen; und jedes intentionale Gute kann nur in einer solchen Entsprechung bestehen. So scheinen sich Lob oder Tadel darauf zu beziehen, ob man dem Gewissen folgt oder nicht folgt." (Übersetzung A.K.)

ist. Sie ist darüber hinaus auch eine "subjektiv schlechte" und im eigentlichen Sinn "böse", wenn sie frei war und entgegen den moralischen Einsichten des Handelnden erfolgte. Letzteres ist aber nur denkbar aufgrund andersgerichteter Inklinationen.

Nach dieser Deutung sind die Folgen der Erbsünde nicht mehr als gerechte Strafe für einen historisch gedachten Sündenfall zu verstehen, sondern als Disposition der menschlichen Natur, die sich aus animalischen Anfängen heraus entwickelt hat und nach dem gegenwärtigen Erkenntnisstand zu keinem Zeitpunkt ohne diese Disposition existierte[70]. Dadurch ist es nicht mehr möglich, mit der augustinischen Tradition die Schuld für diese Disposition dem willentlichen Fehlverhalten des ersten Elternpaars anzulasten[71]. Diese "Schuld" fällt jetzt unausweichlich und unmittelbar auf Gott zurück, sofern er für die Beschaffenheit der menschlichen Natur verantwortlich ist. Mag es auch einleuchten, daß Gott den Menschen aufgrund des intrinsischen Wertes der Willensfreiheit als freies Wesen erschaffen hat, so stellt sich im Anschluß daran doch die weitere Frage, warum er ihn mit einer gleichermaßen starken wie auch unterschiedlich ausgeformten Disposition zum Bösen erschaffen hat. (1) Warum also steht menschliches Handeln überhaupt unter dem universalen Hang der Ichzentriertheit? Warum hat Gott den Menschen mit Inklinationen erschaffen, die den freien Willen zu Entscheidungen geneigt machen, aus denen unermeßliches Leid für andere resultiert? (2) Und warum wirkt sich diese allgemeine Grunddisposition bei den einzelnen auf so unterschiedliche Weise aus, so daß es den einen infolge ihrer individuellen genetischen, sozialen oder anderweitigen Disposition relativ mühelos zu gelingen scheint, ihre negativen Neigungen in den Griff zu bekommen, während andere trotz offenkundig heroischer Anstrengungen daran jämmerlich scheitern[72].

---

70 Zu alternativen Deutungen der Erbsündenlehre vgl. den Überblick von *S. Wiedenhofer, Hauptformen gegenwärtiger Erbsündentheologie*, 315-328; sowie *C. Böttigheimer, Der Mensch im Spannungsfeld von Sünde und Freiheit.*

71 Vgl. dazu nochmals die Ausführungen in Abs. 6.3.

72 Aus welchem Grund unterliegt beispielsweise der eine den Verlockungen der Macht und opfert ihnen nicht nur seine Existenz, sondern auch die Existenz unzähliger Menschenleben, während dem anderen an Macht nichts oder nur wenig gelegen ist, weil sein ganzes Streben darum kreist, Anerkennung und Erfolg zu haben, um sein Ego in das rechte öffentliche Licht zu rücken, koste es, was es wolle - Lüge, Betrug, Untreue usw.? Warum wächst der eine in einer Umwelt auf, die es ihm ermöglicht, seine egoistischen Neigungen in den Griff zu bekommen und eine selbstlose Grundhaltung zu entwickeln, während die Neigun-

Zur ersten Frage: Ohne negative Inklinationen ist es schwer vorstellbar, daß sich Menschen wider ihre moralischen Überzeugungen verhalten. In diesem Fall gäbe es zwar durchaus objektiv falsche Handlungen, die auf einer Unkenntnis der richtigen sittlichen Überzeugungen basieren. Es gäbe aber keine subjektiv schlechten Handlungen, denn das Wesen einer nicht nur objektiv falschen bzw. schlechten, sondern auch subjektiv bösen bzw. sündhaften Handlung besteht eben darin, den Inklinationen nicht zu widerstehen, obwohl dies durchaus möglich wäre, weil das moralische Bewußtsein eine andere Entscheidung nahelegt[73]. Nun scheint die Möglichkeit subjektiv böser Handlungen alles andere als einen Wert darzustellen, der die Existenz negativer Inklinationen plausibel erklären kann. Deren Existenz hat allerdings auch Auswirkungen auf den Charakter subjektiv guter Handlungen. Angesichts von Inklinationen, die das Verhalten eigentlich in eine andere Richtung tendieren lassen, erhalten gute Handlungen einen ungleich höheren ethischen Stellenwert[74]. In diesem Sinn betonte Lactantius, daß die Entwicklung der Tugend die Neigung zum Laster voraussetzt[75]. Anders als in der augustinischen Deutung erscheinen die negativen Neigungen hier nicht – retrospektiv – als Ausdruck göttlicher Strafe für einen ursprünglichen Sünden-

gen eines anderen sich aufgrund einer entsprechenden Umwelt und Erziehung zu einer geradezu monströsen Bosheit auswachsen, deren Einfluß sich der einzelne mitunter gar nicht mehr zu entziehen vermag?

[73] Vgl. dazu auch *I. Kant, Die Religion innerhalb der Grenzen der bloßen Vernunft*, A 24: "Der Satz: der Mensch ist *böse*, kann ... nichts anders sagen wollen, als: er ist sich des moralischen Gesetzes bewußt, und hat doch die (*gelegenheitliche*) Abweichung von demselben in seine Maxime aufgenommen. Er ist *von Natur* böse, heißt so viel, als: dieses gilt von ihm in seiner Gattung betrachtet ..."

[74] Vgl. dazu *R. Swinburne, Responsibility and Atonement*, 49. - Jemand, der etwa nicht die geringste Versuchung empfindet, seinen Ehepartner mit einem anderen zu betrügen, vollzieht nicht gerade eine heroische Entscheidung, wenn er ein entsprechendes Angebot ablehnt. Jemand, dem an materiellem Besitz überhaupt nichts liegt, erweist sich nicht als sittlich herausragend, wenn er einen Bestechungsversuch zurückweist. Jemand, der nur die liebt, die auch ihn lieben, verdient sich dadurch nicht gerade eine hohe sittliche Auszeichnung (vgl. Mt 5,46).

[75] Vgl. *Lactanius, Divinarum Institutionum*, V,7: "Virtutem aut cerni non posse, nisi habeat vitia contraria; aut non esse perfectum, nisi exerceatur adversis... Deus ergo non exclusit malum, ut ratio virtutis constare posset... Si enim virtus est, malis ac vitiis fortiter repugnare, apparet sine malo ac vitio nullam esse virtutem".

fall, sondern – prospektiv - als Ermöglichungsgrund für die Entwicklung sittlicher Tugenden.

Bestünde sittliches Handeln nur in der subjektiven Befolgung jener Normen, die jeweils als verpflichtend erachtet werden, so würde es sich nicht allzu stark von der Durchführung mathematischer Operationen unterscheiden. Moralische Handlungsentscheidungen würden ebenso wie arithmetische Operationen im wesentlichen darin bestehen, daß man im konkreten Fall nach den allgemeinen Normen bzw. Regeln verfährt. Falls dies mißlingt, könnte in beiden Fällen der "Fehler" nur darin bestehen, daß man entweder die richtige Norm bzw. Regel nicht erkannt oder sie falsch angewendet hat. Ein moralischer "Fehler" wäre somit nichts anderes als eine intellektuelle Fehlleistung. Sittliche Signifikanz erhält ein moralischer "Fehler" aber erst dadurch, daß er vermieden hätte werden können und sollen. Und er hätte genau dann vermieden werden können, wenn es dem Handelnden zum Zeitpunkt seiner Entscheidung bewußt war, daß er sich anders hätte entscheiden sollen. Daß er sich dennoch nicht so entschieden hat, läßt sich wiederum nur dadurch erklären, daß er durch gegenläufige Inklinationen dazu veranlaßt wurde, wider besseres Wissen zu handeln. Erst dadurch wird aus einem vorrangig intellektuellen Trugschluß ein genuin sittliches Versagen[76]. Umgekehrt liegt der sittlich signifikante Wert einer Handlung nicht darin, die als gültig erachteten allgemeinen Normen oder Regeln formal korrekt auf die konkrete Situation anzuwenden. Natürlich ist eine solche Anwendung durchaus wünschenswert, aber sittlich in etwa so relevant wie die richtige Durchführung einer Addition. Eine den als gültig erachteten Normen entsprechende Entscheidung ist demgegenüber ungleich wertvoller, wenn sie entgegen einer andersgerichteten Neigung gefällt wurde. In diesem Fall verdient sie mit Recht die Anerkennung als sittlich gute Entscheidung. Auch dieser Fall ist wiederum nur denkbar unter der Voraussetzung von Inklinationen, die in diese andere Richtung tendieren. Folglich setzt die sinnvolle Verwendung des Begriffs "sittlich gut" im Hinblick auf menschliches Handeln die Existenz von Versuchungen bzw. Inklinationen voraus[77].

---

[76] Vgl. dazu auch *B. Reichenbach, Evil and a Good God*, 77.

[77] Vgl. dazu vor allem *N. Smart, Omnipotence, Evil and Supermen*, 108. Smart entwirft in diesem Aufsatz mehrere Utopien, unter anderem auch eine utopische Welt, in der Menschen vollkommen gut erschaffen wurden, d.h. ohne Versu-

Der zweite Fragenkomplex konzentrierte sich auf die offensichtlichen Unterschiede zwischen den Inklinationen, denen einzelne Menschen ausgesetzt sind. Dieses Problem ließe sich dadurch zu lösen versuchen, daß man die Unterschiede nur zu scheinbaren erklärt und behauptet, hinter diesem Anschein verbirgt sich eine Gerechtigkeit, die jedem Menschen eine gleiche oder zumindest angemessene Disposition zugeteilt hat, wie auch eine dementsprechende Willensfreiheit und -stärke. Die relevanten Parameter wären diesem Lösungsvorschlag entsprechend also unter allen Menschen in etwa die gleichen. Dem widerprechen die gewaltigen Unterschiede hinsichtlich der genetischen, soziokulturellen, sozialen und psychischen Voraussetzungen, unter denen Menschen heranwachsen und sich entwikkeln. Jeder Mensch mag mit einer allgemeinen und letztlich genetisch bedingten egozentrischen Grunddisposition ausgestattet sein. Im einzelnen unterscheiden sich die konkreten Formen dieser genetischen Ausstattung aber gewaltig voneinander. Noch gewaltiger unterscheiden sich möglicherweise die soziokulturellen Bedingungen, in die hinein die einzelnen Menschen geboren werden und die maßgeblich darüber mitentscheiden, in welche Richtung sich ihre natürliche Grunddisposition entfaltet und vor allem auch in welchem Ausmaß es dem einzelnen möglich ist, diese bewußt und frei zu beeinflussen, um so zu einem sittlichen Subjekt heranzureifen.

Die sich an diesen Befund anschließenden Fragen verweisen auf die Grenzen der *free will defense*. Das Argument der Willensfreiheit stößt üblicherweise dort an seine Grenzen, wo der Bereich des sittlichen Übels verlassen wird und das natürliche Übel ins Spiel kommt.

---

chungen, Inklinationen und Ängste. Seine These besagt, daß in einer solchen fiktiven Welt die Menschen nicht sinnvollerweise als "sittlich gut" bezeichnet werden könnten. "Betrachte eines dieser harmlosen Wesen. Du behauptest, er sei vollkommen gut. Wirklich? Hat es Mut gezeigt? Nein, erwiderst du, eigentlich nicht, denn solche Geschöpfe empfinden keine Angst. Ist es vielleicht großzügig zu seinen Freunden? Genaugenommen nicht, erwiderst du, denn Kleinlichkeit kommt für es überhaupt nicht in Frage. Widerstand es Versuchungen? Nein, eigentlich nicht, denn es gibt keine Versuchungen (...). Warum sollte man diese Wesen dann gut nennen? Weil sie einander niemals Leid zufügen, sagst du. Die Bewohner von Alpha Centauri fügen *uns* auch kein Leid zu. Aber, erwiderst du, die Centaurier fügen uns kein Leid zu, weil sie noch keine Möglichkeiten haben, uns zu beeinflussen. Genau so ist es, sage ich, es ist für sie kausal unmöglich, uns Leid zuzufügen. In ähnlicher Weise ist es auch für die Wesen dieser utopischen Welt kausal unmöglich, einander Leid zuzufügen. Die Tatsache, daß der Grund hierfür im einen Fall die Entfernung und im anderen die innere Struktur ist, spielt keine Rolle." (Übersetzung A.K.)

Die im zweiten Fragenkomplex angesprochenen Differenzen lassen sich nun teilweise darauf zurückführen, daß Menschen ihr Dasein unter Bedingungen zu vollziehen haben, die weitgehend durch kausale Gesetzmäßigkeiten genetischer, psychischer oder sozialer Natur bestimmt sind. Derartigen Gesetzmäßigkeiten bzw. Mechanismen unterliegt nicht nur die natürliche Umwelt des Menschen, sondern weitgehend auch er selbst. Sofern die gravierenden Unterschiede hinsichtlich der dispositionalen Ausstattung ein theodizee-relevantes Übel darstellen, für das sich Menschen nicht frei entschieden haben, das vielmehr den Rahmen für ihre freien Entscheidungen bildet, stellen diese Unterschiede auch ein natürliches Übel dar, das letzten Endes auf die Wirksamkeit natürlicher Faktoren zurückzuführen ist. Im Hinblick auf die genetisch bedingten Unterschiede dürfte dies ohne weiteres einleuchten, weil es sich dabei um die Auswirkungen biochemischer Prozesse handelt. Im Hinblick auf soziokulturell bedingte Unterschiede stellt sich der Sachverhalt verwickelter dar, sofern diese zumindest teilweise als Resultat falscher willentlicher Entscheidungen zu deuten sind, d.h. als Resultat mißbrauchter Willensfreiheit. Daß aber sittlich schlechte Entscheidungen in einer von Gott erschaffenen Welt überhaupt dazu führen können, soziale, ökonomische, ökologische, rechtliche oder politische Strukturen zu etablieren, unter denen andere zu leiden haben, stellt auch ein natürliches Übel dar, das auf dem Boden der *free will defense* allein nicht befriedigend zu lösen ist. Diese Problematik muß deshalb nach der Diskussion der *free will defense* erneut aufgegriffen werden[78].

9.7 WILLENSFREIHEIT UND "SEELENBILDUNG"

Die Willensfreiheit ist ein anthropologischer Basisbegriff, der für das Selbstverständnis des Menschen als sittliches Wesen konstitutiv ist. In einer von Gott erschaffenen Welt stellt die Willensfreiheit sowohl einen leidverursachenden Faktor als auch einen Wert von eminenter Bedeutung dar. Wenn zutrifft, daß das eine nicht ohne das andere möglich ist, ließe sich zumindest Gottes Zulassung des moralischen Übels verstehen und möglicherweise sogar rechtfertigen. Damit wäre

78 Vgl. dazu die Ausführungen im 12. Kapitel.

ein entscheidender erster Schritt im Hinblick auf die Lösung des Theodizee-Problems getan.

Darüber hinaus läßt sich an dieser Stelle weiterfragen, ob die Willensfreiheit ihrerseits auf einen weiteren Wert teleologisch hingeordnet ist, dessen Realisierung zwar die Existenz der Willensfreiheit voraussetzt, mit diesem Begriff aber noch nicht adäquat beschrieben ist[79]. Eine mögliche Antwort auf diese Frage hat John Hick in seinem epochalen Werk "Evil and the God of Love" zur Diskussion gestellt. Hick rekurriert hier auf den Begriff des *soul-making*, um mit seiner Hilfe das Telos des menschlichen Daseins zu umschreiben[80]. Neuerdings zieht Hick den Begriff des *person-making* vor[81], da der Begriff der "Seele" zu unbestimmt sei. Im folgenden wird der Ausdruck *soul-making* bzw. Seelenbildung beibehalten, unter anderem deshalb, weil er sich bereits weitgehend zur Bezeichnung der Hickschen Theodizee eingebürgert hat.

Im Gegensatz zur augustinisch geprägten Tradition schlägt Hick eine Sichtweise vor, derzufolge das menschliche Dasein nicht auf tragische Weise aus einem ursprünglich vollkommenen in einen leidvollen Zustand geriet, sondern sich aus unvollkommenen Anfängen zu personaler Vollendung hin entwickelt. Unter Hinweis auf die Unterscheidung zwischen Gottebenbildlichkeit und Gottähnlichkeit bzw. *imago* und *similitudo* bezeichnet Hick diese Theodizee als "irenäische"[82]. Danach besteht das Ziel des Menschseins in einem erst durch einen langwierigen Reifungsprozeß zu realisierenden eschatologischen Zustand. Der Mensch befindet sich in diesem Entwicklungsprozeß, dessen Ziel die von Gott intendierte personale Vollen-

---

[79] Vgl. dazu auch die Kritik der *free will defense* von *O. Wiertz, Das Problem des Übels in Richard Swinburnes Religionsphilosophie*, 244. Wiertz hält den ausschließlichen Rekurs auf die Willensfreiheit für nicht ausreichend, "um verständlich zu machen, warum menschliche Freiheit ein so hohes Gut ist, daß der Preis der Übel nicht zu hoch ist."

[80] Vgl. dazu *J. Hick, Evil and the God of Love*, 253-261.

[81] Vgl. z.B. *J. Hick, An Interpretation of Religion*, 119; *ders., Remarks*, 126-128.

[82] Vgl. *J. Hick, Response to Mesle*, 118: "Statt Mitglieder eines ursprünglich vollkommenen, aber inzwischen gefallenen Geschlechts zu sein, wie Augustinus es sah, sind wir unvollendete und unvollkommene Geschöpfe, die die Fähigkeit besitzen, aufgrund unserer eigenen Freiheit und in Reaktion auf Gottes nichtzwingende Gnade zu jener unendlich wertvollen Existenzqualität heranzureifen, die Irenäus 'Gottähnlichkeit' nannte." (Übersetzung A.K.)

dung des Menschen ist[83]. Dieses Ziel des moralischen und spirituellen Reifungsprozesses besteht in einem unendlichen zukünftigen Gut, biblisch gesprochen darin, "Kinder Gottes" in seinem "Reich" zu werden. Anders formuliert: Das Ziel besteht in der Entwicklung sittlich guter Personen, die sich frei für das Gute und für Gott entschieden haben.

> "Die zentrale Aufgabe der moralischen und spirituellen Entwicklung ist die Überwindung der Ichzentriertheit (*egoity*), die Transzendierung des individuellen Eigeninteresses (*self-interest*) in einem menschlichen Zusammenleben in Beziehung zu Gott. Wie das Wesen jeder Sünde die Selbstsucht ist, so ist ihr Gegenteil die Negation des um sich selbst kreisenden Ego. Ein Wachstum hinsichtlich dieser 'Selbstüberwindung' oder Befreiung vom Ego zeigt sich im Wachstum jener Liebe zu anderen, die das Wesen der Moralität darstellt. Die natürliche Ichzentriertheit so vollständig zu überwinden, daß man andere so wertschätzt wie sich selbst, ist nach christlichem Verständnis der Kern des moralischen Daseins."[84]

Das eschatologische Gut vollendeten Menschseins stellt dabei keine jenseitige Kompensation oder Belohnung für im Diesseits erlittenes Leid dar, sondern einen intrinsischen Wert, nämlich Personen, deren Charakter durch Eigenschaften wie *agape*, Selbstlosigkeit, Weisheit, Großzügigkeit u.ä. ausgezeichnet ist. Die zentrale These von Hicks irenäischer Theodizee der Seelenbildung lautet: Das eschatologische Ziel macht es wert, die Leiden, die Menschen auf ihrem spirituellen Weg zu erleiden haben, in Kauf zu nehmen; d.h. Leid und Übel werden "justified by their outcome"[85].

Die "irenäische" Theodizee ist keine Alternative zum Argument der Willensfreiheit[86], sondern setzt diese als konstitutiven Bestandteil voraus. Die Existenz der Willensfreiheit ermöglicht die Genese der Sittlichkeit. Mit der Sittlichkeit kommt im Bereich des Geschöpflichen zum Physikalischen und Mentalen eine dritte Qualität oder

---

83 Vgl. dazu ausführlicher *J. Hick, Evil and the God of Love*, 277-291. Die "Erbsünde" wird dann nicht als eine Katastrophe am Beginn der Menschheitsgeschichte interpretiert, sondern als Ausgangspunkt der menschlichen Entwicklung, d.h. als jene primär egoistische Disposition, die es im Laufe des spirituellen Reifungsprozesses zu überwinden gilt.

84 *J. Hick, Evil and the God of Love*, 382f. (Übersetzung A.K.)

85 *J. Hick, Evil and the God of Love*, 340.

86 Vgl. zutreffend *C. Dore, God, Suffering and Solipsism*, 61.

Seinsstufe hinzu. Durch den Prozeß des *soul-making* werden einzelne sittliche Akte, die schon für sich genommen einen Wert darstellen, eingebunden in die Entwicklungsgeschichte von Wesen, für die Willensfreiheit und Sittlichkeit konstitutiv sind, in die Entwicklung von Personen. Sittliche Handlungen erscheinen jetzt nicht mehr nur als vereinzelte Episoden, die im Dasein bewußtseins- und entscheidungsfähiger Lebewesen aufblitzen und der Schöpfung einen kurzzeitigen Glanz verleihen. Sie erscheinen als Akte, durch die etwas von bleibendem Wert auf die Disposition des Handelnden und somit auf ihn selbst abfärbt. Im Laufe dieses Prozesses kann aus einzelnen sittlich signifikanten Entscheidungen bzw. Handlungen eine sittlich qualifizierte Person entstehen, die sich im Verlauf ihrer Geschichte in Freiheit zu dem macht, was sie schließlich sein wird.

10 Die kritische Diskussion des Arguments der Willensfreiheit

"Denn zu Mose sagte er: Ich schenke Erbarmen, wem ich will, und erweise Gnade, wem ich will. Also kommt es nicht auf das Wollen und Streben des Menschen an, sondern auf das Erbarmen Gottes." (Röm 9,15f.)

Aufgrund der zentralen Stellung der *free will defense* in der traditionellen und gegenwärtigen Theodizee-Debatte ist sie Gegenstand einer umfangreichen und kontroversen Diskussion. Die wichtigsten Einwände gegen die *free will defense* lassen sich den einzelnen Schritten des formalen Arguments (vgl. 9.1) zuweisen und berühren daher unterschiedliche Fragestellungen, die im folgenden gesondert diskutiert werden sollen.

10.1 Die Bestreitung der Willensfreiheit

Der fundamentale Einwand gegen die *free will defense* besteht selbstverständlich in der Leugnung der Willensfreiheit[1]. Wenn dieser Einwand stichhaltig wäre, bräche die Prämisse [1][2] und mit ihr das gesamte Argument zusammen. In diesem Fall würden sich alle vermeintlich moralischen Übel *de facto* als natürliche Übel herausstellen.

Näherhin besagt dieser Einwand, daß menschliche Handlungen durchgängig kausal determiniert, d.h. durch die vorausliegenden - genetischen, psychologischen, neurophysiologischen oder anderweitigen - Ursachen restlos bestimmt und prinzipiell, wenn auch (noch) nicht faktisch prognostizierbar sind. In der gegenwärtigen Diskussion

1 Zur Diskussion um den Freiheitsbegriff vgl. u.a. folgende Sammelbände: *G. Watson (Hg.), Free Will; S. Hook (Hg.), Determinism and Freedom in the Age of Modern Science; B. Berofsky (Hg.), Free Will and Determinism; R. Ginters (Hg.), Freiheit und Verantwortlichkeit.*

2 Prämisse [1]: Es gibt Wesen bzw. Personen mit einem freien Willen.

zeichnet sich zunehmend deutlicher die Tendenz ab, die Willensfreiheit zu jenen Irrtümern zu rechnen, von denen die Theologie seit jeher zehrt und lebt. Gerhard Streminger versteigt sich sogar zu der etwas gewagten Behauptung, die Theisten hätten die Willensfreiheit "zur Entlastung Gottes" erfunden. Ihre Existenz werde also nicht postuliert, weil es sie tatsächlich gebe, sondern "weil viele Menschen an einen guten Gott glauben wollen"[3]. Unterschlagen wird dabei allerdings, daß auch einige Theisten die Willensfreiheit explizit oder implizit ablehnen[4], während umgekehrt Atheisten ihre Existenz bejahen.

Philosophische Argumente gegen die Willensfreiheit haben eine ebenso lange wie respektable Tradition. Sie konzentrieren sich im wesentlichen auf zwei Punkte[5]: Zum einen scheint der Begriff der Willensfreiheit höchst merkwürdige Ereignisse zu postulieren, nämlich freie Entscheidungen, die angeblich "unverursacht" sind. Die Annahme solcher Ereignisse widerspricht dem induktiv gut bestätigten Grundsatz, wonach durchgängig jede Wirkung durch entsprechende Ursachen hervorgerufen wird. Vor allem die Erkenntnisse über die engen Zusammenhänge zwischen mentalen und neurophysiologischen Prozessen lassen derartige Ereignisse als extrem unwahrscheinlich erscheinen. Verteidiger der Willensfreiheit sehen sich dadurch mit folgendem Dilemma konfrontiert: Entweder bestätigen sie den sachlichen Kern dieses Einwands, wodurch sie freie Entscheidungen tatsächlich als "unverursachte" deuten. In diesem Sinn würde "frei" im Sinne von "zufällig" verstanden, wodurch die Werthaftigkeit der Willensfreiheit hinfällig würde. Oder sie rekurrieren auf eine besondere Art von Ursachen, nämlich auf eine Seele, ein Selbst, eine Person oder ein Subjekt, das zwar seinerseits Wirkungen hervorbringen kann, selbst aber nicht restlos durch andere Ursachenketten bestimmt ist[6]. Dadurch entsteht das zweite Problem:

---

3 *G. Streminger, Gottes Güte und die Übel der Welt* (1992), 134.

4 Zum theologischen Determinismus vgl. die Ausführungen im 11. Kap.

5 Vgl. zu den hauptsächlichen Einwänden den knappen und informativen Überblick von *T. Honderich, How Free Are You?*, 6-68. Vgl. außerdem ausführlicher *T. Honderich, A Theory of Determinism*, 337-375.

6 Vgl. z.B. *I. Kant, Kritik der reinen Vernunft*, B 562: Freie Entscheidungen sind nur möglich, wenn ihre "Ursache in der Erscheinung ... nicht so bestimmend war, daß nicht in unserer Willkür eine Kausalität liege, unabhängig von jenen Naturursachen und selbt wider ihre Gewalt und Einfluß etwas hervorzu-

Denn derartige Entitäten scheinen nicht minder merkwürdig zu sein als "unverursachte" Ereignisse. Wie sollen in einer Welt, in der alle Ereignisse in eine Kette von Ursachen und Wirkungen eingebunden sind, solche Wesen entstehen und frei handeln können?

Als Gegeneinwand dürfte in erster Linie der Rekurs auf die Selbstwahrnehmung in Frage kommen, d.h. der Rekurs auf den wahrgenommenen Unterschied zwischen Handlungen, zu denen wir uns irgendwie genötigt oder gezwungen fühlten, und Entscheidungen, bei denen wir das Gefühl oder den Eindruck hatten, ohne weiteres auch anders wählen zu können und möglicherweise auch zu sollen. Dieses Zeugnis der Selbstwahrnehmung ist zwar keineswegs untrüglich, aber das vermutlich nach wie vor stärkste Indiz für die Existenz der Willensfreiheit. Zumindest ist es nicht unvernünftig, der Selbstwahrnehmung zu vertrauen und sie in diesem Sinn zu deuten, solange keine gravierenden Gegeneinwände vorliegen. Ein solcher Einwand läge beispielsweise vor, wenn menschliche Handlungen fehlerfrei prognostizierbar wären. Wenn der Determinismus wahr wäre, müßte dies prinzipiell möglich sein.

Der Determinismus bleibt so lange unbewiesen, wie menschliche Handlungen faktisch nicht durchgängig prognostiziert werden können, was auf absehbare Zeit - zumindest aus physikalischen Gründen, die mit der dafür benötigten Informationsmenge und -verarbeitung zu tun haben - unmöglich bleiben wird[7]. Einige Gedankenexperimente versuchen darüber hinaus zu zeigen, daß eine durchgängige Voraussagbarkeit menschlicher Entscheidungen auch aus eher logischen Gründen ausgeschlossen bleibt[8]. Solange dies der Fall ist,

---

bringen, was in der Zeitordnung nach emprischen Gesetzen bestimmt ist, mithin eine Reihe von Begebenheiten *ganz von selbst* anzufangen."

7 Vgl. dazu *S.W. Hawking, Ist alles vorherbestimmt?*, 81-103.

8 Eines der bekanntesten Gedankenexperimente, das auch in diesem Zusammenhang diskutiert wird, ist Newcombs Paradoxon. Vgl. dazu allgemein *R.M. Sainsbury, Paradoxien*, 73-93. Zum Aspekt der Voraussagbarkeit und Willensfreiheit vgl. *T. Honderich, How Free Are You?*, 71-74; *J.M. Fischer, The Metaphysics of Free Will*, 87-110. - Ein weiteres Argument findet sich auch bei *R. Swinburne, The Evolution of the Soul*, 252-259. Dieses Argument geht davon aus, daß unter Voraussetzung der Richtigkeit des Determinismus Voraussagen über das Verhalten von Personen auch dann zutreffen müßten, wenn diesen Personen die Voraussagen ihrer Entscheidungen bekannt sind. In diesem Fall hätten sie aber offenbar jederzeit die Möglichkeit, die Voraussagen und somit die deterministische Hypothese durch eine gegenteilige Entscheidung zu widerlegen. Vgl. dazu auch *U. Steinvorth, Zum Problem der Willensfreiheit*, 413f. Steinvorth

stellt die deterministische Leugnung der Willensfreiheit eine zwar möglicherweise intelligible und kohärente, aber eben unbeweisbare Hypothese dar. Der Verteidiger der Willensfreiheit, der den Determinismus aufgrund seiner Unbeweisbarkeit kritisiert, muß allerdings einräumen, daß ein Beweis für seine Position ebenfalls aussteht, und zwar aus folgenden Gründen: Eine Handlung ist definitionsgemäß dann frei, wenn sie ihren Grund nicht nur in äußeren Ursachen, sondern auch im Handlungssubjekt selbst hat[9]. Das betreffende Subjekt hat sich dann frei entschieden, wenn es sich unter den gleichen Bedingungen auch anders hätte entscheiden können. Da sich die gleichen Bedingungen aufgrund der Einmaligkeit jeder Situation nicht wiederholen lassen, ist ein Beweis zugunsten der Willensfreiheit ebenfalls unmöglich – und zwar aus logischen Gründen.

Somit scheint sich folgende Konstellation abzuzeichnen: Sowohl die Behauptung als auch die Leugnung der Willensfreiheit stellen sinnvolle Positionen dar, d.h. eine von beiden Positionen könnte durchaus wahr sein und die Bedingungen für die Wahrheit/Falschheit jeder von beiden lassen sich sogar einigermaßen präzise spezifizieren, aber eben nicht verifizieren, d.h. weder die Behauptung noch die Bestreitung der Willensfreiheit kann faktisch zweifelsfrei bewiesen werden[10].

Unter Berücksichtigung einer indeterministischen Deutung der Quantentheorie wird der Sachverhalt zwar etwas komplizierter, weil die vorausliegenden Ursachen jetzt ihre Wirkungen nicht eindeutig festlegen, sondern nur als mehr oder weniger wahrscheinlich erscheinen lassen. Teilweise ist in diesem Kontext des öfteren von "unverursachten" Ereignissen die Rede. Die quantentheoretische Kritik des klassischen mechanistischen Determinismus führt aber in der Verteidigung der Willensfreiheit keinen Schritt weiter, weil erstens prinzipielle Unvoraussagbarkeit nur eine Minimalbedingung der

greift ähnliche Gedankengänge von Descartes und Kant auf, die er als "Argument vom Trotz" bezeichnet und positiv würdigt.

[9] Im Rahmen der Popperschen Drei-Welten-Theorie setzt dies die kausale Offenheit der physikalischen Welt 1 gegenüber der Welt 2 des Bewußtseins voraus. Vgl. dazu ausführlicher *K.R. Popper, The Open Universe*, 113-140.

[10] Für hartnäckige Verifikationisten folgt daraus, daß es sich beim Streit zwischen Determinismus und Indeterminismus um ein Pseudoproblem handelt.

Willensfreiheit darstellt[11] und weil zweitens deterministische Deutungen der Quantentheorie nicht ausgeschlossen werden können[12].

Auch der Hinweis auf die Konsequenzen, die aus einer Bestreitung der Willensfreiheit folgen würden[13], helfen in dieser Situation nicht entscheidend weiter. Der Determinist mag in der Tat dazu gezwungen sein, bestimmte Überzeugungen aufzugeben, die z.B. Rationalität[14] oder Sittlichkeit bzw. Verantwortlichkeit[15] betreffen. Aus diesem Argument allein läßt sich jedoch kein definitiver Schluß auf die Falschheit des Determinismus ableiten, allenfalls vielleicht der Schluß, daß es weniger konsequente Deterministen gibt, als auf den ersten Blick zu vermuten war.

Als Alternative zur Willensfreiheit wird die sog. Handlungsfreiheit diskutiert[16]. Danach ist eine Entscheidung bzw. Handlung dann

---

[11] Der Zufall qua Unvoraussehbarkeit von Ereignissen stellt als solcher keinen Wert dar, schon gar nicht einen Wert, der das Leid rechtfertigen könnte. Vgl. dazu zutreffend *G. Streminger, Gottes Güte und die Übel der Welt* (1992), 134: "*Das Zufällige fällt aber nicht in den Bereich des Verantwortbaren.*" Gleiches würde freilich auch für das durch die Natur des Handelnden Determinierte gelten.

[12] Vgl. dazu *T. Honderich, How Free Are You?*, 63-67. Zum Verhältnis zwischen "Neuroscience" und Quantentheorie vgl. ausführlicher *T. Honderich, A Theory of Determinism*, 262-336. Zur Viele-Welten-Theorie und ihrer - negativen - Relevanz für die Willensfreiheit vgl. *T. Settle, How Determinism Refutes Compatibilism*, 355-360.

[13] Vgl. dazu nochmals die Ausführungen in Abs. 9.4.

[14] Das auf der Rationalität basierende Argument zugunsten des Indeterminismus lautet folgendermaßen: Die Bestreitung der Willensfreiheit habe fatale Konsequenzen für denjenigen, der sie argumentativ zu vertreten versucht. Wer argumentiert, appelliert üblicherweise an die rationale Zustimmung seiner Kontrahenten aufgrund des besseren Arguments. Infolge seiner deterministischen Überzeugung müsse der Determinist aber davon ausgehen, daß auch die Zustimmung grundsätzlich und vollständig durch physikalische Ursachen determiniert sei und eben nicht durch die freie Einsicht aufgrund des besseren Arguments. Indem der Determinist argumentiere, mache er Voraussetzungen, die er andererseits bestreite. Daher scheint seine Position sich selbst zu widersprechen. Daraus folgt nun aber nicht, daß der Determinismus falsch ist, sondern daß man ihn, wenn er wahr und die zugrundeliegende Rationalitätskonzeption gültig wäre, nicht rational vertreten könnte. Vgl. dazu ausführlicher *K.R. Popper, The Open Universe*, 81-85. Aus deterministischer Perspektive vgl. dazu *T. Honderich, How Free Are You?*, 76-78.

[15] Vgl. dazu *R.W. Chisholm, Responsibility and Avoidability*, 145-147; *C.J. Ducasse, Determinism, Freedom, and Responsibility*, 147-157; *E. Nagel, Some Notes on Determinism*, 183-188.

[16] In der angloamerikanischen Literatur finden sich hierfür teilweise auch die traditionellen Formulierungen von *liberty of indifference* und *liberty of spontaneity*.

frei, "wenn sie der Natur des Handelnden entspringt"[17], wenn jemand also so handeln kann, wie er handeln will. Unfreiheit liegt demzufolge nur dann vor, wenn äußere Faktoren es verhindern, daß jemand nicht so handeln kann, wie er handeln will. Die Ursachen eines sich – im Sinne der Handlungsfreiheit – frei entscheidenden Subjekts sind seine "Neigungen, Motive, Wünsche, Triebregungen, Vorlieben"[18]. Der Begriff der Handlungsfreiheit läuft vermutlich auf eine deterministische Position hinaus, insofern die "Natur" des Handelnden wiederum als das Produkt von genetischen, psychologischen, sozialen usw. Ursachen gedacht wird. Daß das Konzept der Handlungsfreiheit zu kurz greift, läßt sich am Beispiel des Suchtkranken illustrieren. Im Sinne der bloßen Handlungsfreiheit wäre der Suchtkranke unter der Voraussetzung frei, daß ihn nichts und niemand daran hindert, die Droge zu konsumieren, die er konsumieren will. Im Sinne der Willensfreiheit ist er nur in dem Ausmaß frei, in dem er sich zwischen Konsum und Verzicht entscheiden kann. Wenn er dies kann, ist er freilich in der Regel nicht mehr oder noch nicht suchtkrank[19]. Was nun offenbar die Suchtkrankheit kennzeichnet, ist gerade der Verlust der Willensfreiheit. Um somit das pathologische Suchtverhalten vom "normalen" Verhalten sinnvollerweise abgrenzen zu können, genügt der Begriff der Handlungsfreiheit allein nicht. Zu diesem Zweck bedarf es des Begriffs der Willensfreiheit[20], auch wenn die Vorstellung eines gleichsam "gewollten Willens" in der Tat merkwürdig klingen mag und die These der Willensfreiheit zweifellos eine metaphysisch reichhaltigere Anthropologie voraussetzt.

Im Gegensatz zur Willensfreiheit ist die Handlungsfreiheit mit einer deterministischen Position grundsätzlich kompatibel[21]. Kompa-

---

17 So z.B. *G. Streminger, Gottes Güte und die Übel der Welt* (1992), 119-131.

18 *G. Streminger, Gottes Güte und die Übel der Welt* (1992), 123.

19 Vgl. dazu auch *D.P. Lackey, A New Disproof of the Compatibility of Foreknowledge and Free Choice*, 317.

20 Vgl. dazu *D. Shatz, Compatibilism, Values, and 'Could Have Done Otherwise'*, 152: "Infants, mentally impaired people, and nonhuman animals also readily satisfy the classical compatibilist's conditions for free action – these creatures, too, often act in accordance with their motivations – yet they don't act freely. In a word, classical compatibilism fails to set down sufficient conditions for *free* action; it serves only to define *intentional* action."

21 Zum Kompatibilismus vgl. u.a. *A. Flew, Compatibilism, Free Will and God; A.J. Ayer, Freedom and Necessity; J.L. Mackie, Das Wunder des Theismus*, 263-273. Vgl. dazu auch den originellen Versuch von J.M. Fischer, der bei der Kontrollierbarkeit der eigenen Entscheidungen ansetzt, um dann zwischen

tibilisten gehen - von Hobbes[22] über Hume[23] bis zu Ayer[24] und Kenny[25] - von einer prinzipiellen, wenn auch unterschiedlich gedeuteten Vereinbarkeit von Determinismus und Handlungsfreiheit aus[26]. Zu einem nicht unbeträchtlichen Teil kreisen die Auseinandersetzungen zwischen Kompatibilisten und Inkompatibilisten einfach um die adäquate Definition des Ausdrucks "Freiheit", wobei beide Parteien von unterschiedlichen Bedeutungen dieses Ausdrucks ausgehen. Diese Einschätzung hat Alvin Plantinga dazu bewogen, den Kompatibilisten - in diesem Fall Antony Flew[27] - einfach den Ausdruck "(Willens-)Freiheit" zu schenken und für die von ihm gemeinte Sache einen alternativen Ausdruck zu verwenden[28]. Da Plantinga aber an gleicher Stelle hinzufügt, es erscheine ihm paradox, von jemandem zu behaupten, er handle frei, wenn gleichzeitig behauptet werde, alle seine Handlungen seien kausal determiniert, geht es offenbar doch nicht nur um einen bloß definitorischen Konflikt, sondern um ein sachliches Problem[29].

Die kompatibilistische These spielt im Kontext des Theodizee-Problems eine besondere Rolle, denn aus ihr resultiert unter anderem die Denkbarkeit bzw. logische Möglichkeit einer Freiheit ohne deren leidverursachenden Mißbrauch. Dieser schwerwiegende Einwand gegen die *free will defense* wird gesondert behandelt[30].

"guidance control" und "regulative control" zu unterscheiden. Nur erstere sei für Willensfreiheit und Verantwortlichkeit unerläßlich. Sie sei aber gleichzeitig mit dem Determinismus vereinbar. Vgl. dazu *J.M. Fischer, The Metaphysics of Free Will*, v.a. 131-189. Zur Kritik am Kompatibilismus vgl. dagegen *P. van Inwagen, The Incompatibility of Free Will and Determinism.*

22 Vgl. z.B. *T. Hobbes, Leviathan*, 21. Kap.

23 Vgl. z.B. *D. Hume, Eine Untersuchung über den menschlichen Verstand*, Abs. VIII.

24 Vgl. z.B. *A.J. Ayer, Freedom and Necessity*, 15-23.

25 Vgl. z.B. *A. Kenny, Will, Freedom and Power*, 145-161; *ders., Freewill and Responsibility*, 22-45.

26 Zur Kritik vgl. z.B. *P. van Inwagen, The Incompatibility of Free Will and Determinism*, 46-58.

27 Vgl. dazu die kritische Auseinandersetzung mit Plantingas "God and Other Minds" von *A. Flew, Compatibilism, Free Will and God*, 231-244.

28 Vgl. *A. Plantinga, The Free Will Defense,* 207f.

29 Zur diesbezüglichen Kritik an Plantingas Strategie vgl. *R.M. Gale, On the Nature and Existence of God*, 118.

30 Vgl. weiter unten Abs. 10.4.

10.2 Die Bestreitung der Werthaftigkeit der Freiheit

Der Einwand gegen die Prämisse [2][31] zieht den Wert der Willensfreiheit in Zweifel, so daß, selbst wenn es frei handelnde Personen gäbe, deren Existenz nicht unbedingt einen Wert darstellen würde, der das Vorhandensein des daraus resultierenden Übels rechtfertigen könnte. In diesem Sinn betont Gerhard Streminger, daß die Willensfreiheit, selbst wenn es sie tatsächlich gäbe, nicht unter allen Bedingungen ein Gut darstellen würde, schon gar nicht ein überragendes Gut: Freiheit mache die Menschen häufig unglücklich, indem sie eine belastende Verantwortung mit sich bringe und zur "Qual der Wahl" sowie – im Anschluß an mißglückte Handlungen – zu leidvollen Gewissensbissen führe[32].

Als Gegeneinwand kommt hier kein theoretisches Argument in Frage, sondern eine normative Behauptung hinsichtlich der Werthaftigkeit menschlicher Freiheit und Verantwortlichkeit. Der Theodizee-Diskurs erhält an diesem Punkt einen anderen Stellenwert: Zur Debatte stehen jetzt nicht mehr primär Fragen der logischen Konsistenz und theoretischen Kohärenz, sondern vor allem ethische Wertoptionen. Wer bestreitet, daß der Wert menschlicher Willensfreiheit die Existenz damit einhergehender Übel jemals zu rechtfertigen vermag, kann nicht durch gegenteilige Argumente überzeugt werden, denn für eine objektive und relativ eindeutige Entscheidung derartiger Fragestellungen fehlen die entsprechenden Kriterien[33]. Anders als logische Konflikte lassen sich Differenzen hinsichtlich werthafter Optionen weder durch semantische Analysen noch durch empirische Indizien entscheiden.

---

[31] Prämisse [2]: Die Existenz von Personen, die in Freiheit das moralisch Richtige wählen können, ist besser im Sinne von wertvoller als die Existenz von Personen, deren Handeln durchgängig determiniert ist.

[32] Vgl. dazu ausführlicher *G. Streminger, Gottes Güte und die Übel der Welt* (1992), 158-173. Stremingers Hinweis, daß Freiheit gar kein so überragendes Gut sein könne, weil sie in der Praxis oft anderen moralischen Werten untergeordnet werde, basiert auf einer Vermischung sehr unterschiedlicher Bedeutungen des Freiheitsbegriffs. Der Begriff der Willensfreiheit hat keinen direkten Bezug zu politischen und individuellen Freiheitsrechten. Deshalb ist der Hinweis, den französischen Revolutionären sei es nicht nur um Freiheit, sondern auch um Gleichheit und Solidarität gegangen, in diesem Kontext nicht sehr gelungen.

[33] Vgl. dazu auch *D. Basinger, Evil as Evidence Against God's Existence*, 150.

Der Skeptiker kann allenfalls auf die Konsequenzen hingewiesen werden, die sich aus seiner Ablehnung der Werthaftigkeit der Willensfreiheit ergeben. Diese Konsequenzen schlagen sich in einer Anthropologie nieder, wonach der Mensch als eine empfindungsfähige, hochkomplexe, aber nicht allzu verläßliche "Maschine" zu verstehen ist, deren Handlungsspielraum wenn schon nicht restlos determiniert, dann doch allenfalls nur aufgrund quantenmechanischer Zufallsprozesse gestreut ist. Dieses Verständnis vom Menschen als einer biologischen Maschine, die zwar hochkomplex organisiert, aber dennoch nur eine Maschine ist, hat in Teilbereichen unbestreitbare Vorzüge und aufgrund seiner Erfolge vermutlich auch ein *fundamentum in re*, insofern der Mensch - und nicht nur der menschliche Körper - ein integraler Bestandteil der gesetzmäßig strukturierten Natur ist. Eine ausschließliche Verwendung des Maschinenmodells hat allerdings weitreichende und vermutlich verheerende Konsequenzen für das Verständnis von Humanität, Ethik, Politik, Medizin, Recht und Rationalität.

Der Verteidiger der Werthaftigkeit der Willensfreiheit sieht sich indes noch mit einem anderen Problem konfrontiert, nämlich mit der offenkundigen Tatsache, daß einige Menschen nicht in seinem Sinne über eine freien Willen verfügen, wie beispielsweise Kleinkinder, Debile, Suchtkranke oder Geisteskranke. Wenn die Werthaftigkeit des Menschseins im wesentlichen aufgrund der Willensfreiheit angenommen wird, scheint sich der fatale Schluß nahezulegen, daß jene Personengruppen, die die Willensfreiheit noch nicht erworben und vorübergehend oder endgültig verloren haben, noch nicht bzw. nicht mehr als menschliche Personen im Sinne der *free will defense* gelten können. Kein Verteidiger der Willensfreiheit wird diese Konsequenz ziehen wollen. Sie läßt sich indes nur vermeiden, wenn er jedes Menschsein als wertvoll anerkennt, und zwar unabhängig davon, ob und in welchem Maß es über Willensfreiheit verfügt oder nicht. Wenn aber auch ein Menschsein ohne Willensfreiheit als wertvoll gilt, legt sich der Einwand nahe, die *free will defense* sei nicht allzu überzeugend. Die Betonung der Werthaftigkeit der Willensfreiheit besagt nicht, daß die Existenz von Wesen ohne freien Willen wertlos ist oder daß solche Wesen keinen Anspruch auf Schutz, Förderung, Fürsorge oder dergleichen haben. Aus der *free will defense* folgt jedoch, daß die Entwicklung der Willensfreiheit ein vorrangiges Ziel der Sozialisierung ist.

Die Werthaftigkeit der Willensfreiheit wird nicht hinreichend deutlich, wenn sie ausschließlich als isolierte Eigenschaft betrachtet wird. Sie wird erst dann erkennbar, wenn die Willensfreiheit als Basiswert in Relation zu anderen anthropologischen Faktoren gesehen wird. Dies läßt sich durch die Konsequenzen veranschaulichen, die aus einer hypothetischen Negation der Willensfreiheit resultieren würden. W.S. Anglin führt in diesem Zusammenhang folgende Aspekte an[34]: (1) In einem durchgängig deterministischen Universum gäbe es keine wirkliche Rationalität, denn nur wenn wir die Gründe für die Annahme einer Überzeugung auf eine nicht-determinierte Weise akzeptieren, akzeptieren wir die betreffende Überzeugung auf eine wirklich rationale Weise. Andernfalls wäre die Akzeptanz determiniert und damit nicht rational[35]. (2) Ohne Willensfreiheit gäbe es auch keine eigentliche künstlerische Kreativität, sondern nur die determinierten Auswirkungen vergangener Ursachen, die dann unter anderem auch zur Entstehung von Kunstwerken führen. Die Erschaffung eines Kunstwerks wäre eine komplexe, aber nichtsdestoweniger notwendige Folge einer vorausliegenden Situation[36]. (3) Ohne Willensfreiheit gäbe es auch keine Verantwortlichkeit, denn das Subjekt hätte keinen Platz in der Ursachenkette, die zu einer bestimmten Handlung führte. (4) Ohne Willensfreiheit gäbe es keine Auswahl zwischen Werten als Handlungszielen. Diese "Wahl" stünde nicht in der Macht des Subjekts, sondern wäre letzten Endes das Ergebnis von Faktoren, die allesamt außerhalb des Subjekts liegen. Die Identität des Subjekts wäre in diesem Fall keine von ihm gewählte, sondern eine fremd- und außenbestimmte. (5) Ohne Willensfreiheit gäbe es auch keine genuine Zusammenarbeit zwischen einzelnen Menschen, d.h. keine Zusammenarbeit, deren Grund in den Individuen liegt. (6) Ohne Willensfreiheit gäbe es keine authentische Liebe zwischen den Menschen, den authentische Liebe setzt voraus, daß derjenige, der liebt, nicht dazu gezwungen wurde, zu lieben. Niemand kann einen anderen authentisch lieben, wenn er nicht irgendwann einmal die Möglichkeit hat oder hatte, diesen nicht zu lieben. (7) Ohne Willensfreiheit gäbe es auch keine unbedingte Liebe, d.h. eine Liebe, die nicht von den äußeren Umständen abhängt. (8) Ohne

---

34 Vgl. dazu *W.S. Anglin, Free Will and Christian Faith*, 10-24.
35 Vgl. dazu nochmals die Hinweise in Anm. 14.
36 Vgl. dazu *W.S. Anglin, Free Will and Christian Faith*, 41f.

Willensfreiheit gäbe es schließlich auch keine Versprechungen, denn wenn ich jemandem etwas verspreche, verpflichte ich mich dazu, mein Versprechen einzulösen. Diese Verpflichtung ergibt nur Sinn, wenn die Einlösung des Versprechens in meiner Macht steht. Wären all meine Handlungen determiniert, so wären diese Voraussetzungen nicht gegeben.

Diese Aufzählung erhebt keinen Anspruch auf Vollständigkeit. Dennoch verdeutlicht sie die weitreichende Relevanz der Willensfreiheit als Basiswert für davon abhängige Werte wie Rationalität, Kreativität, Liebe, Verantwortlichkeit usw. Jede Anthropologie, in der einer oder mehrere der genannten Werte eine Rolle spielen, setzt die Willensfreiheit voraus. Der alles in allem entscheidende Faktor, den die Willensfreiheit ermöglicht, ist die ethische Relevanz menschlicher Entscheidungen, oder genauer: die Anwendbarkeit der Unterscheidung zwischen sittlich guten und sittlich schlechten Handlungen. Nach dem üblichen Sprachgebrauch ist eine Handlung nur dann als sittlich gute oder schlechte zu bezeichnen, wenn sich der Handelnde frei dazu entschlossen hat. Diese plausible Definition setzt voraus, daß er sich auch anders hätte entscheiden können. Daraus wiederum folgt, daß die Anwendbarkeit der ethischen Grundunterscheidung in einer Welt ohne Willensfreiheit sinnlos wäre. In einer solchen Welt könnte es natürlich auch Mitleid, Großzügigkeit, Nächstenliebe ebenso wie Lüge, Diebstahl, Unterdrückung, Vergewaltigung, Mord usw. geben. Aber all dies würde eben nicht auf ethisch signifikanten Entscheidungen basieren, sondern entweder auf deterministischem Zwang oder auf willkürlichem Zufall. Die Emergenz ethischen Handelns im Gegensatz zu bloß natürlichem Verhalten hängt von der Existenz der Willensfreiheit ab. Ihr zentraler Wert gründet in der Ermöglichung einer im Kontext der Evolution von Lebensformen qualitativ neuen Daseinsstufe – in der Ermöglichung personalen Seins[37].

---

[37] Vgl. dazu nochmals Abs. 9.7.

10.3 DIE BESTREITUNG DER MÖGLICHKEIT LEIDVERURSACHENDER FREIHEIT

Gegen die Prämisse [3][38] wird der Einwand erhoben, daß die Existenz der Willensfreiheit nicht logisch notwendig die Möglichkeit implizieren muß, anderen auch Schaden und Leid zufügen zu können. Eine ethisch signifikante Entscheidungssituation wäre auch dann gegeben, wenn z.B. nur die Alternative zwischen guten Handlungen und ihrer Unterlassung bestünde. In diesem Fall müßte das Spektrum möglicher Handlungen nicht unbedingt sittlich schlechte bzw. leidverursachende Optionen umfassen. Eine sittlich signifikante Willensfreiheit wäre auch ohne größere Einbußen in einer Welt denkbar, in der Katastrophen wie Auschwitz von vornherein ausgeschlossen wären[39].

Gegen diesen Einwand spricht zunächst, daß auch die Unterlassung von Handlungen sittlich schlecht sein kann, wenn dadurch überwindbares Leid nicht überwunden wird. Das aufgrund einer Handlungsunterlassung verbleibende Leid hätte folglich nach wie vor moralischen Charakter. Zudem setzt der sittliche Charakter solcher Entscheidungen zumindest die Existenz von Leid voraus, wenn auch nicht unbedingt moralisch bedingtes Leid. Der entscheidende Gegeneinwand besagt aber, daß sich eine fiktive Welt mit Handlungssituationen, in denen nur gute Entscheidungen und deren Unterlassungen möglich wären, vollkommen von der realen Welt unterscheiden würde. Der Freiheitsspielraum und damit auch das Ausmaß der Verantwortlichkeit wächst mit der Möglichkeit, in das Leben anderer Menschen entscheidend eingreifen zu können. Es ist nun schlechterdings unvorstellbar, wie eine Welt beschaffen sein müßte, die zwar einen

---

38 Prämisse [3]: Die Freiheit, das moralisch Richtige wählen zu können, setzt die Fähigkeit voraus, auch das moralisch Falsche wählen zu können. Es ist daher logisch unmöglich, jemandem die Freiheit zu eröffnen, ohne ihm gleichzeitig die Möglichkeit zu geben, auch das moralisch Falsche wählen zu können.

39 Vgl. dazu auch *C.R. Mesle, John Hick's Theodicy*, 31. Mesle glaubt, daß eine sinnvolle Freiheit auch dann möglich wäre, wenn es eine bedeutsame Wahl zwischen Gütern gäbe, z.B. zwischen der Möglichkeit sein Leben der Kunst oder der Wissenschaft zu widmen. Daraus schließt Mesle, ein guter und allmächtiger Gott hätte uns mit einer Natur und in einer Umwelt erschaffen müssen, die uns die Freiheit eröffnen, nur zwischen Gütern, nicht aber zwischen Gut und Schlecht zu wählen. Vgl. ähnlich auch *H. Albert, Wissenschaftliche Erkenntnis und religiöse Weltauffassung*, 130.

so relevanten Freiheitsspielraum enthält wie die reale Welt, in der aber gleichzeitig garantiert wäre, daß solche Eingriffe ausschließlich zum Wohl anderer stattfinden oder schlimmstenfalls unterbleiben können. Die *free will defense* geht davon aus, daß mit dem Ausmaß des Freiheitsspielraums sowohl das Ausmaß der möglichen Leidzufügung wie auch die Qualität der davon abhängigen Werte zunimmt. Ein trivialer Freiheitsspielraum würde eben auch nur triviale Werte ermöglichen[40]. Ein entsprechend großer Freiheitsspielraum setzt aber die Möglichkeit voraus, in das Leben anderer auf gravierende Weise eingreifen zu können. Soll dieser Freiheitsspielraum darüber hinaus auch ethisch signifikant sein, zieht dies die Möglichkeit nach sich, anderen auch schaden, d.h. sittlich schlecht handeln zu können[41]. Natürlich läßt sich das faktische Ausmaß des menschlichen Freiheitsspielraums nicht aus den Prämissen der *free will defense* deduzieren. Das Argument der Willensfreiheit beansprucht auch gar nicht, erklären zu können, warum das Ausmaß an Übeln, das Menschen einander zufügen können, genau so beschaffen ist und nicht anders[42]. Die *free will defense* geht nicht von einem bestimmten Gottes- und Menschenbild aus, um daraus dann die vorfindliche Beschaffenheit des menschlichen Freiheitsspielraums abzuleiten. Sie geht umgekehrt von dessen Beschaffenheit aus und fragt im Anschluß daran, inwiefern sie sich mit dem theistischen Bekenntnis vereinbaren läßt. Während der faktische Umfang des Freiheitsspielraums kontingent zu sein scheint, ist seine Proportionalität zur ethischen Relevanz logisch notwendig[43].

Eine andere Version dieses Einwands wird von Steven Boër vorgelegt. Danach sei die *free will defense* deshalb irrelevant, weil es

---

40 Vgl. *D.R. Griffin, God, Power, and Evil*, 292.

41 Vgl. dazu *R. Swinburne, The Problem of Evil*, 85.

42 Vgl. zur Kritik *N. Hoerster, Zur Unlösbarkeit des Theodizee-Problems*, 408: "Wäre eine Welt, in welcher der 'freie Wille' sich anstatt in Massenvernichtungslagern und Kriegen ausschließlich etwa in verbotenem Sexualverhalten gegen Gott auflehnt, nicht um einiges besser als die tatsächliche Welt?" Zweifellos wäre eine solche Welt besser im Sinne von weniger leidvoll. Aber eine Welt, in der Massenvernichtungslager, Kriege usw. von vornherein ausgeschlossen wären, würde einen anderen Freiheitsspielraum und vermutlich auch andere Bewohner als Menschen voraussetzen.

43 Wichtige kritische Anregungen für die Abfassung dieses Absatzes verdanke ich ausgedehnten, aber noch nicht abgeschlossenen Diskussionen mit Martin Splett. Er sieht im Umfeld dieses Einwands den fatalen Schwachpunkt der *free will defense*.

durchaus denkbar sei, daß Menschen zwar einen freien Willen besitzen und daher sowohl gute als auch schlechte Intentionen, Absichten oder Pläne treffen können, aber an deren Aus- und Durchführung behindert werden. Gott mag daher keine Schuld daran treffen, daß die Geschöpfe aus freien Stücken beabsichtigen, leidverursachende Taten zu vollziehen. Ihn trifft aber insofern eine Schuld, als er die Welt so erschaffen hat, daß die üblen Absichten vielfach in die Tat umgesetzt und dadurch zur Ursache leidvoller Erfahrungen werden. Die Möglichkeit einer Durchführung böser Absichten hätte sich vermeiden lassen, ohne auch die sittlich relevante Willensfreiheit im geringsten zu beeinträchtigen. Die *free will defense* kann somit – so Boërs Schluß – nicht das Leid plausibel erklären, denn auch das moralische Übel erweist sich, sofern das daraus resultierende Leid gemeint ist, als eine Form des natürlichen Übels, das in einer Welt, in der es nur böse Absichten, aber keine bösen Taten gäbe, ohne Werteinbußen vermeidbar gewesen wäre[44].

Sicherlich hat Boër mit seiner Behauptung Recht, daß dasjenige, was an der Existenz eines Menschen wie Hitler betroffen macht, nicht die Tatsache ist, daß er üble Absichten hegte, sondern daß Gott nicht einschritt, als Hitler seine Absichten in die Tat umsetzte[45]. Dennoch überzeugt sein Einwand nicht: Zum einen ist es schwer vorstellbar, daß Menschen in der von Boër fingierten Welt tatsächlich die Wahl zwischen sittlich signifikanten Entscheidungen haben. Sobald sich herumspräche, daß alle negativen Intentionen automatisch frustriert werden, verlöre die Möglichkeit, sich für das Schlechte auch nur intentionaliter zu entscheiden, an Reiz. Und aller Wahrscheinlichkeit nach würde sich dies rasch herumsprechen[46]. Zum anderen ist es fraglich, ob *per definitionem* unrealisierbare Intentionen als solche ethisch relevant sind. Intentionen, gute wie schlechte, sind nur deshalb ethisch bedeutsam, weil sie möglicherweise realisierbar sind[47]. Boërs Einwand argumentiert auf der Basis

---

44 Vgl. *S.E. Boër, The Irrelevance of the Free Will Defence*, 111.

45 Vgl. *S.E. Boër, The Irrelevance of the Free Will Defence*, 111.

46 Vgl. zu diesem Einwand auch *M.J. Coughlan, Moral Evil Without Consequences*, 58; *ders., The Free Will Defence and Natural Evil*, 100; *ders., In Defence of Free Will Theodicy*, 545; *F.B. Dilley, Is the Free Will Defence Irrelevant?*, 358. Zur Verteidigung von Boërs Position vgl. *R. McKim, Worlds Without Evil*, 161-170, insb. 163f.

47 Dieser Sachverhalt bleibt in McKims Verteidigung ausgeblendet. Vgl. nochmals *R. McKim, Worlds Without Evil*, 164.

eines ethisch irrelevanten Freiheitsbegriffs und kann daher nicht die Irrelevanz des Arguments der Willensfreiheit aufzeigen[48].

10.4 DIE BESTREITUNG DER UNAUSWEICHLICHKEIT DES FREIHEITSMISSBRAUCHS

Ein ähnlicher, aber etwas komplizierterer Einwand zielt auf die Prämisse [4][49]. Er besagt, daß die Willensfreiheit zwar durchaus ethisch signifikante und insofern leidbringende Alternativen umfassen kann, daß dies aber nicht notwendigerweise impliziert, daß das moralisch Falsche bzw. Leidverursachende auch tatsächlich gewählt wird, und zwar nicht deshalb, weil dies - wie in Boërs Einwand - *a priori* ausgeschlossen wurde, sondern weil es faktisch nicht intendiert wird, obwohl es intendiert werden könnte[50]. Dieser Einwand findet sich in einem Aufsatz John L. Mackies, der 1955 unter dem Titel "Evil and Omnipotence"[51] veröffentlicht wurde. Zahlreiche Beiträge haben sich seither mit diesem Einwand, der im gleichen Jahr unabhängig von Mackie auch von Antony Flew[52] und später von

---

[48] Vgl. dazu auch *M.J. Coughlan, The Free Will Defence and Natural Evil*, 101. Coughlan versucht zu zeigen, daß in Boërs fiktiver Welt die *free will defense* nicht irrelevant wäre, sondern eher zu einer Rechtfertigung des natürlichen Übels transformiert würde: Auch in Boërs Welt muß die Unterscheidung zwischen guten und schlechten Intentionen noch möglich sein. Dies kann jedoch nur der Fall sein, wenn es Leiderfahrungen gibt. Ansonsten bliebe unerklärlich, wie der Begriff des Übels gewonnen werden kann. Da die Leiderfahrungen jedoch definitionsgemäß nicht durch willentliche Handlungen verursacht werden können, kommt als Quelle nur das natürliche Übel in Frage. Insofern setzt hier also die marginale Willensfreiheit die Existenz des natürlichen Übels voraus. Vgl. dazu auch *M.J. Coughlan, In Defence of Free Will Theodicy*, 545.

[49] Prämisse [4]: Die Möglichkeit, das moralisch Falsche wählen zu können, impliziert die Möglichkeit, daß das moralisch Falsche irgendwann auch faktisch getan wird, wobei die Realisierung dieser Möglichkeit ausschließlich von den Entscheidungen der freien Subjekte abhängt.

[50] Vgl. dazu die präzise Formulierung von *N. Hoerster, Zur Unlösbarkeit des Theodizee-Problems*, 407: "Hätte Gott eigentlich die Welt nicht von vornherein so einrichten können, daß die Menschen zwar einen freien Willen haben, sich also für das Böse entscheiden können, daß sie sich de facto aber stets für das Gute entscheiden? Mit dieser Frage sind wir auf der fundamentalen Ebene des Problems des moralischen Übels angelangt." Vgl. der Sache nach gleichlautend und ähnlich präzise *W. Heß, Überlegungen zum teleologischen Gottesbeweis*, 56.

[51] Vgl. *J.L. Mackie, Evil and Omnipotence*, 55f.

[52] Vgl. *A. Flew, Divine Omnipotence and Human Freedom*, 149-160.

H.J. McCloskey[53] vorgebracht wurde, auseinandergesetzt. Keinem der Gegeneinwände ist es gelungen, Mackie davon zu überzeugen, daß sein ursprünglicher Einwand nicht stichhaltig ist. In seinen 1982 veröffentlichten "The Miracle of Theism" tauchte der Einwand erneut auf[54].

Die Pointe von Mackies Einwand läßt sich folgendermaßen zusammenfassen: Sein Argument geht von der Prämisse aus, wonach es logisch "nicht unmöglich" ist, "daß Menschen so geartet sind, daß sie immer frei das Gute wählen."[55] Aus der logischen Möglichkeit, daß sich ein Mensch immer frei für das Gute entscheidet, folgt, daß Gott durchaus die Möglichkeit gehabt hätte, nur solche Wesen zu erschaffen, die in dem Sinn frei sind, daß sie sich grundsätzlich für das Schlechte entscheiden könnten, die aber trotzdem niemals schlecht im Sinne von leidverursachend handeln. Die Alternative zwischen determinierten Automaten einerseits und freien Wesen, die ihre Freiheit eventuell zum Schaden anderer mißbrauchen, wäre demnach irreführend, eben weil freie Wesen logisch möglich sind, die frei sind und in Freiheit nur das Gute wählen. Wenn dies zutrifft, dann "stellt der angeblich überragende Wert der Freiheit keine Erklärung für das Vorkommen von Übeln in einem Universum dar, das von einem vollkommenen Schöpfer erschaffen sein soll."[56].

Der Gegeneinwand muß selbstverständlich an der zugrundeliegenden Annahme ansetzen, wonach der Begriff der Freiheit mit einer ausschließlichen Wahl des Guten kompatibel sein soll. Gegen diese Annahme läßt sich folgendes einwenden: Zunächst scheint relativ klar zu sein, daß Gott nicht die direkte Ursache dafür sein kann, daß alle Handlungssubjekte sich stets frei für das Gute entscheiden. Denn eine Entscheidung kann nicht gleichzeitig sowohl von Gott verursacht als auch frei sein. Offen bleibt aber noch, ob Gott die Menschen nicht so erschaffen hätte können, daß sie sich immer frei für

---

53 Vgl. *H.J. McCloskey, God and Evil* (1960), 100-107.

54 Vgl. *J.L. Mackie, Das Wunder des Theismus*, 260-264.

55 Vgl. *J.L. Mackie, Das Wunder des Theismus,* 274.

56 *J.L. Mackie, Das Wunder des Theismus*, 274. Vgl. dazu auch *G. Streminger, Gottes Güte und die Übel der Welt* (1992), 137: "Wenn es logisch möglich ist, daß jemand bei einer oder bei mehreren Gelegenheiten freiwillig das Gute tut (...), dann kann es auch nicht logisch unmöglich sein, daß alle Menschen bei jeder Gelegenheit freiwillig das Gute tun."

das Gute entscheiden[57]. In dieser Version ist der Einwand nicht offensichtlich widersprüchlich.

Allerdings scheint ein gravierender Unterschied zwischen Personen zu bestehen, die immer frei das Gute wählen, und Personen, die so geschaffen wurden, daß sie immer frei das Gute wählen. Die Pointe des Einwands setzt Garantien voraus, die ausschließen, daß sich Menschen jemals frei für das Schlechte entscheiden. Denn allem Anschein nach wird genau dies von Gott verlangt. Soll nun aber garantiert sein, daß Personen immer "frei" das Gute wählen, dann müssen diese Personen so geschaffen bzw. von Gott so prädisponiert sein, daß sie faktisch nicht das Böse wählen können, obwohl sie die Wahl dazu hätten. Andernfalls ließe sich nicht garantieren, daß diese Möglichkeit niemals realisiert wird. Der Ausschluß dieser Möglichkeit bedeutet nun aber eine massive Einschränkung des Freiheitsspielraums. Denn dadurch wird auf welche Weise auch immer ausgeschlossen, daß sie sich in einer ethisch relevanten Situation eben auch anders entscheiden können. Wer sich in einer solchen Situation nicht auch anders hätte entscheiden können, war in dieser Situation nicht frei. Anders formuliert: Willensfreiheit setzt notwendigerweise die Möglichkeit des moralischen Übels voraus[58]. Wäre von vornherein definitiv ausgeschlossen, daß diese Möglichkeit jemals Wirklichkeit werden kann, dann wäre die Rede von einer "Möglichkeit" unsinnig, denn die Rede von einer Möglichkeit, die niemals realisiert werden kann, ist selbstwidersprüchlich. Daher liegt diesem Einwand ein widersprüchlicher oder zumindest äußerst eingeschränkter Freiheitsbegriff zugrunde, nämlich ein kompatibilistischer Freiheitsbegriff[59]. Sittlich signifikante Willensfreiheit setzt nicht notwendig voraus, daß das Böse tatsächlich gewählt wird, wohl aber die Möglichkeit, das Böse wählen zu können. Ohne diese Möglichkeit liegt kein sittlich signifikanter Freiheitsspielraum vor. Soll aber garantiert werden, daß diese Möglichkeit von vornherein faktisch niemals realisiert werden kann, erheben sich starke Zweifel hinsichtlich der Wil-

---

57 Zu diesem nicht unwichtigen Unterschied vgl. *B. Reichenbach, Evil and a Good God*, 11,66.

58 Vgl. dazu z.B. *R. Swinburne, The Free Will Defence*, 587; *A. Plantinga, The Free Will Defense, 213; ders., The Nature of Necessity*, 184-191; *ders., Epistemic Probability and Evil*, 562-564; *J. Hick, The Philosophy of Religion*, 41f.; *S.T. Davis, A Defence of the Free Will Defence*, 335ff.

59 Vgl. dazu auch *B. Reichenbach, Evil and a Good God*, 65-74; *A. Steuer, Once More on the Free Will Defence*, 304.

lensfreiheit der betreffenden Subjekte[60]. Wenn es aber logisch unmöglich ist, freie Wesen zu erschaffen, deren Entscheidungen stets in eine bestimmte Richtung ausfallen, so ist es ebenfalls logisch unmöglich, freie Wesen mit einem ethisch signifikanten Freiheitsspielraum zu erschaffen und dabei gleichzeitig zu garantieren, daß sie niemals sündigen[61]. Natürlich ist die Prämisse des Einwands richtig, daß es logisch möglich ist, daß sich freie Wesen stets nur für das Gute entscheiden, denn ansonsten wären sie definitionsgemäß nicht frei. Nicht möglich ist jedoch, daß Gott es bewirkt, daß sich diese Wesen immer frei für das Gute entscheiden, denn eine von Gott bewirkte Entscheidung kann nicht gleichzeitig frei sein. Und ebensowenig ist es möglich, freie Wesen so zu erschaffen, daß sie sich immer frei für das Gute entscheiden. Denn in diesem Fall hätte Gott die Menschen so prädisponiert, daß sie sich nicht für das Schlechte entscheiden[62].

Dieser Einwand erhält ein völlig anderes Gewicht, wenn die göttliche Allwissenheit, wie in der Tradition üblich, auch das Wissen um zukünftige freie Entscheidungen umfaßt. In dieser Fassung bildet Mackies Einwand den stärksten Einwand gegen die *free will defense*. Aufgrund seines Gewichts bedarf dieser Einwand einer gesonderten Auseinandersetzung[63].

---

[60] Vgl. dazu z.B. *Augustinus, De libero arbitrio*, II,17f.

[61] Vgl. *R. Swinburne, The Problem of Evil*, 86. - Hick akzeptiert Mackies Einwand im Hinblick auf ethisches Handeln. Die religiöse Beziehung zu Gott schließe aber die Möglichkeit aus, freie Personen zu erschaffen und zu garantieren, daß sie Gott authentisch lieben. Vgl. *J. Hick, Evil and the God of Love*, 271-275. M.E. versagt Mackies Einwand bereits auf der Ebene zwischenmenschlicher Liebe.

[62] Vgl. dagegen *D. Walton, Modalities in the Free Will Defence*, 331. Walton setzt sich kritisch auseinander mit der Kritik an Mackies Einwand bei *S.T. Davis, A Defence of the Free Will Defence*, 335-344. Davis widerlege diesen Einwand, indem er das, was Menschen tun, mit dem identifiziere, was sie tun müssen. Demgegenüber betont Walton, Mackies Einwand setze nicht voraus, die Willensfreiheit sei damit vereinbar, daß Menschen notwendigerweise gut handeln oder daß sie garantiert gut handeln oder daß sie in allen möglichen Welten gut handeln oder daß sie immer gut handeln müssen. Mackies Einwand setze nur voraus, daß Menschen tatsächlich immer gut handeln. – Diese Kritik trifft m.E. nicht den entscheidenden Punkt, der damit zusammenhängt, wer, wenn Menschen immer gut handeln würden, dafür verantwortlich wäre. Ohne die Willensfreiheit einzuschränken, kann dies nicht Gott sein.

[63] Vgl. dazu die Ausführungen in Abs. 11.2.

10.5 DAS PROBLEM DER QUANTITÄT DES LEIDS

Der zentrale Einwand gegen die Prämisse [5][64] des Arguments der Willensfreiheit besagt, daß das faktische Ausmaß an Leid in dieser Welt den Wert der Freiheit nicht aufwiegen kann und daß es daher, selbst wenn die Prämissen [1] bis [4] zutreffen würden, nicht zu rechtfertigen ist, das mit der Erschaffung freier Wesen verbundene Risiko einzugehen. Der für die Willensfreiheit zu entrichtende "Preis" an leidverursachenden Entscheidungen war es folglich nicht wert, entrichtet zu werden[65]. Ein sittlich vollkommener Gott würde sich nicht dafür entscheiden, freie Wesen mit einem so umfassenden Handlungsspielraum zu erschaffen. Hätte er dies getan, dann hätte er dabei falsch bzw. unverantwortlich gehandelt, was natürlich nichts anderes bedeutet, als daß Gott nicht existiert. Demzufolge gelingt es der *free will defense* nicht, das Theodizee-Problem zu lösen. Nicht unbedingt die Tatsache von Übel/Leid, wohl aber deren Ausmaß spricht nach wie vor gegen die Behauptung der Existenz Gottes.

Dieser Einwand trifft den zentralen Nerv nicht nur der *free will defense*, sondern jeder Theodizee, die Leid und Übel in einen Zusammenhang mit der Realisierung bestimmter Werte bringt. Der Einwand wäre in einer Welt relativ glimpflich, in der das Ausmaß des Leids sich in gewissen Grenzen halten würde, in der z.B. eine grippale Infektion oder eine kleine Notlüge die schlimmsten Übel wären, die einem Menschen im Laufe seines Lebens zustoßen bzw. unterlaufen könnten. Mit zunehmender Quantität des Leids nimmt dieser Einwand jedoch wahrhaft gigantische Ausmaße an, weil nicht das Leid an sich, sondern dessen immenses Ausmaß den entscheidenden Einwand gegen den Glauben an einen allmächtigen und sittlich vollkommenen Gott darstellt.

Auch wenn Gott den tatsächlichen Mißbrauch der Willensfreiheit nicht voraussehen konnte, so mußte er zumindest voraussehen, welches Risiko er mit der Erschaffung freier Wesen einging. Und selbst wenn sich die Dinge insgesamt noch viel schlimmer hätten entwikkeln können, als sie sich faktisch entwickelt haben, so läßt doch auch

---

64 Prämisse [5]: Der positive Wert des freien Willens kann unter bestimmten Bedingungen das damit verbundene Risiko falscher bzw. leiderzeugender Entscheidungen aufwiegen..

65 Vgl. z.B. *P.M. Hare/E.H. Madden, Evil and the Concept of God*, 63f.

schon der bisherige Verlauf Zweifel an der Behauptung aufkommen, der Wert der Willensfreiheit rechtfertige die Übel, die zu seinen Lasten gehen[66]. In diesem Sinn behauptet C.R. Mesle:

> "Wenn ich könnte, würde ich jeden Kindesmißbrauch verhindern, selbst wenn ich dazu die Freiheit der Täter verletzen müßte. Ich würde jeden Hunger und jede Unterernährung verhindern, auch wenn ich dazu die Freiheit von Diktatoren verletzen müßte, die den Hunger als Waffe gebrauchen und Spenden in ihre eigene Tasche stecken. Wenn ich könnte, würde ich auch Menschen so erschaffen, daß in ihnen gar nicht der Wille entsteht, jemanden zu mißbrauchen, zu vergewaltigen und abzuschlachten. Auf diese Weise würde ich sicherstellen, daß keine Kinder unter Kriegsbedingungen leben und vor allem daß keine Kinder mitansehen müssen, wie ihre Eltern durch Bomben getötet werden, um dann lernen zu müssen, mitten im Krieg durch Diebstahl, Prostitution und Mord zu überleben. Wenn ich könnte, gäbe es eine Welt, in der alle Kinder gesund, sicher und geliebt sind. Und ich glaube, daß die Kinder in dieser Welt mehr Liebe, Vertrauen, Sympathie und Selbsthingabe entwickeln würden und allgemein auch besser zur Gemeinschaft mit einem liebenden Gott fähig wären als jene Kinder, die unter all dem leiden, was ich verhindern würde."[67]

In bislang unübertroffener Schärfe wird dieser Einwand von Dostojewskijs Iwan Karamasow formuliert. Iwans Schilderung barbarischer Grausamkeiten, die an kleinen Kindern begangen wurden, kulminiert in der Frage an seinen Bruder Aljoscha, ob er denn bereit wäre, das "Gebäude des Menschenschicksals" zu errichten, um den Menschen letzten Endes Frieden und Ruhe zu schenken, wenn es aber unausweichlich wäre, daß zur Erreichung dieses Ziels auch

---

[66] Vgl. dazu auch die Bemerkung von *J.L. Mackie, Das Wunder des Theismus*, 279f.: "War die Freiheit, unvorhersehbare Entscheidungen zu treffen, ein so großes Gut, daß es selbst dieses Risiko aufwog? Diese Frage ist im Blick nicht nur auf das Maß an menschlicher Bosheit, wie sie sich tatsächlich findet, zu beantworten: (wie seltsam dies auch scheinen mag) die Menschen hätten auch weitaus bösartiger sein können, als sie es tatsächlich schon sind, und Gott hätte (nach dieser Ansicht) auch dieses Risiko in Kauf genommen. Er wäre dann zwar nicht der Urheber der Sünde in dem Sinn, daß er sie wissend hervorgebracht hätte, man könnte ihn also nicht vorsätzlicher Bosheit anklagen; dennoch aber hätten wir allen Grund, ihm schlimmste Fahrlässigkeit oder größten Leichtsinn vorzuwerfen."

[67] *C.R. Mesle, John Hick's Theodicy*, 63. (Übersetzung A.K.)

"nur ein einziges winziges Geschöpf" zu Tode gequält werden müßte. Nachdem Aljoscha diese Frage freimütig verneint, fragt Iwan weiter, ob sein Bruder es für möglich halte, daß die Menschen, für die das "Gebäude" errichtet werden soll, bereit wären, ihr zukünftiges Glück "um den Preis des ungerechtfertigten Blutes eines zu Tode gequälten Kindes zu empfangen und danach für ewig glücklich zu bleiben"[68]. Wiederum lautet Aljoschas Antwort: Nein! Nicht einmal der gläubige Mönch Aljoscha wäre bereit, unter diesen Bedingungen die Welt zu erschaffen. Wenn es überhaupt so etwas wie den intellektuellen und existentiellen Nerv der gesamten Theodizee-Problematik gibt, dann liegt er genau hier: Kann irgendein Wert die Zulassung des konkreten Leids rechtfertigen? Zieht nicht jede uneingeschränkte Bejahung dieser Frage den Verdacht nach sich, das unermeßliche Leid ungezählter Opfer im Namen eines Wertes zu akzeptieren, in dessen Genuß die meisten dieser Opfer niemals gelangten? Erscheint ein Gott, der das Risiko der Schöpfung freier Wesen eingeht, nicht wie ein skrupelloser Kalkulierer, der ohne jede Rücksicht auf die Opfer ausschließlich auf die Gesamtbilanz schielt? Und erscheint der Mensch, der diesen "Gott" akzeptiert, nicht wie der zynische Komplize seines Buchhalter-Gottes, der sein uneingeschränktes Einverständnis mit dem Leid erklärt, wiederum ohne die geringste Rücksicht auf die Opfer? Wäre es nicht in der Tat "teuflisch grausam" – so Gerhard Streminger –,

> "mit bewußter Willkür Geschöpfe ungefragt aus dem Frieden des Nichts ins Seins zu rufen, um sie zu Trägern unermeßlichen Elends zu machen"?[69]

Streminger bejaht diese Frage nachdrücklich. Seiner Formulierung liegen zwar Ungereimtheiten zugrunde, weil man Wesen, die noch nicht existieren, natürlich auch nicht danach fragen kann, ob sie ins Dasein treten wollen. Außerdem dürfte es sich beim "Frieden des Nichts" um eine problematische Phrase handeln, weil Nicht-zu-existieren weder als friedvoll noch anderweitig sinnvoll beschrieben werden kann. Und schließlich suggeriert der Ausdruck "unermeßliches Leid" eine ziemlich einseitige Bilanzierung. Dennoch wird hier der eigentliche Punkt des Theodizee-Problems getroffen.

---

68 Vgl. *F. Dostojewskij, Die Brüder Karamasow*, 4. Buch, Die Auflehnung.
69 *G. Streminger, Gottes Güte und die Übel der Welt* (1992), 151.

Das Argument der Willensfreiheit läuft letzten Endes auf die Schlüsselfrage hinaus, ob die Erschaffung freier Wesen den Preis wert war, der in Form der zahllosen Leiden zu bezahlen war[70]. Genau hier scheiden sich schließlich auch die Geister. Nur wenigen Menschen, die sich unmittelbar mit grauenvollem Leid konfrontiert sahen, Theisten wie Atheisten, dürfte die Neigung völlig fremd sein, diese Frage zu verneinen - eine, wie Brian Hebblethwaite freimütig einräumt, verständliche, wenn auch traurige Reaktion[71].

Nicht selten wird die Schlüsselfrage aus Liebe zum Menschen bzw. im Namen der Humanität verneint. Selbst Theisten berufen sich zur Begründung auf das Argument, man könne die Zulassung des Leids im Namen der Opfer nicht durch die Erreichung irgendwelcher Werte oder Zwecke rechtfertigen. Wenn die Willensfreiheit eine marginale Eigenschaft des Menschen wäre, die ohne größere Auswirkungen für das Verständnis des Menschseins preisgegeben werden könnte, wäre die *free will defense* in der Tat zum Scheitern verurteilt. Wenn aber die Existenz der Willensfreiheit für das Verständnis des Menschseins konstitutiv ist, weil ein Wesen ohne die Fähigkeit zur Willensfreiheit irgendein anderes Wesen, jedenfalls aber kein menschliches wäre, läßt sich die Schlüsselfrage nur aufgrund der Überzeugung verneinen, es wäre für Gott besser gewesen, aufgrund der Unmenschlichkeiten auf die Erschaffung der Menschheit zu verzichten[72]. Der entscheidende Punkt wird deshalb nicht durch die Frage berührt "Warum gibt es (unverdientes) Leid?", sondern erst durch die andere Frage "Warum gibt es den Menschen?"[73] Die Überzeugung, es wäre besser, wenn es die Menschheit nicht gäbe, läßt sich möglicherweise sogar mit einigermaßen plausiblen Gründen vertreten[74], aber aus begreiflichen Gründen schwerlich im Namen der Menschheit und vermutlich erst recht nicht von jemandem, der an die Existenz Gottes oder gar an die Menschwerdung Gottes glaubt. Man kann ebensowenig an Gott glauben und seine

---

70 Vgl. auch *H.R. Burkle, God, Suffering and Belief*, 61: "Wir müssen uns entscheiden, ob wir Gott zustimmen können, daß der Wert dieser Welt ausreicht, um das Leid zu rechtfertigen." (Übersetzung A.K.)

71 Vgl. *B. Hebblethwaite, Evil, Suffering and Religion*, 81.

72 Vgl. dazu *D.R. Griffin, God, Power, and Evil*, 309.

73 Vgl. *E. Berkovits, Faith After the Holocaust*, 105.

74 Vgl. dazu z.B. die Position von *U. Horstmann, Das Untier*.

Schöpfung ablehnen, wie man an die Menschwerdung Gottes glauben und gleichzeitig den Unwert des Menschseins behaupten kann.

Wenn Gott existiert, war es ein Risiko für ihn, freie Wesen zu erschaffen, denn die Erschaffung freier Wesen implizierte das Risiko, daß diese Wesen einander zwar nicht unendliches, wohl aber unsägliches Leid zufügen können. Dieses Risiko hätte sich nur vermeiden lassen, wenn Gott darauf verzichtet hätte, Wesen wie den Menschen zu erschaffen bzw. eine Welt, in der sich solche Wesen entwickeln können. Angesichts der Bedeutung der Willensfreiheit besteht die Alternative also nicht darin, die Menschen anders - nämlich ohne Willensfreiheit - zu erschaffen, sondern allenfalls darin, etwas anderes als Menschen zu erschaffen. Wer Gott die Existenz moralischer Übel anlastet, wirft ihm indirekt die Erschaffung der Menschheit vor, denn die Möglichkeit dieser Übel gehört zur Natur des Menschseins. Die Forderung nach göttlichen Restriktionen hinsichtlich ihrer Aktualisierung verlangt von Gott, er solle mit der einen Hand nehmen, was er mit der anderen gegeben hat.

> "Whoever says that Auschwitz absolutely should not have occurred and that God should, at all costs, have prevented it, says that human beings should not exist."[75]

Die Verneinung der Schlüsselfrage läuft nun aber geradewegs auf die Verneinung Gottes hinaus, ob dieser Schluß tatsächlich gezogen wird oder nicht. Aus der Behauptung, daß es für Gott besser gewesen wäre, das Risiko der Erschaffung freier Wesen nicht einzugehen, folgt unausweichlich, daß Gott nicht existiert - zumindest nicht jener Gott, der in den theistischen Traditionen geglaubt wird. Es mag vielleicht ein sittlich unvollkommener und ein an Wissen und Macht eingeschränkter Schöpfer dieser Welt existieren, aber dieses Wesen[76]

---

75 *H.R. Burkle, God, Suffering and Belief*, 57. Vgl. dazu auch ebd. 61f.: "Ich glaube nicht, daß uns dies zu der Behauptung verpflichtet, Auschwitz sei eine gute Sache gewesen, ohne welche die Welt mangelhaft wäre. Aber dies impliziert, daß die Welt mangelhaft wäre ohne die *Möglichkeit* von Auschwitz. Denn sie wäre nicht ein Ort, an dem Freiheit ein Maximum an Risiko beinhaltet und Personen die ganzen Konsequenzen ihrer Handlungen tragen." (Übersetzung A.K.)

76 Vgl. zu diesem Problem auch *D. Hume, Dialoge über natürliche Religion*, X, 103-105. Die von der Existenz des Übels ausgehende Kritik Philos zielt nicht direkt auf die Fraglichkeit der Existenz eines Schöpfers, sondern auf dessen moralische Eigenschaften. Genau diese seien aufgrund der Beschaffenheit des Universums nicht beweisbar: "... es gibt keine Sicht vom menschlichen Leben oder

wäre nicht dasjenige, über das hinaus nichts Größeres gedacht werden kann, und damit wäre er *per definitionem* nicht Gott. So erscheint es zwar durchaus möglich und unter bestimmten tragischen Bedingungen vielleicht sogar nachvollziehbar, die Schlüsselfrage zu verneinen. Dabei aber weiterhin an Gott zu glauben, ist hingegen nicht konsistent.

Kritiker der *free will defense* haben dagegen eingewendet, das zugrundeliegende Gottesverständnis bleibe in moralischer Hinsicht höchst bedenklich[77]. Unter anderem stelle es Gott als jemanden dar, der seine Handlungen nach ihrer werterzeugenden Effizienz abwägt und sich dann allein aufgrund der Werthaftigkeit der Sittlichkeit dafür entscheidet, freie Wesen zu erschaffen, ohne jede Rücksicht auf die möglichen Opfer. Dabei entsteht unweigerlich der Eindruck, daß Gott zuerst Risiko und Vorteile abwägt oder Kosten und Nutzen kalkuliert[78], um sich anschließend dafür zu entscheiden, das Risiko der Schöpfung einzugehen, obwohl er darum weiß, daß seine Entscheidung auch erhebliches Leid zur Folge hat. Ein derartiges Gottesverständnis lasse nicht nur jede moralische Sensibilität vermissen, es widerspreche auch radikal jedem Bekenntnis, in dem die Liebe Gottes einen zentralen Stellenwert einnimmt; mag der Wert der Willensfreiheit im übrigen auch noch so hoch veranschlagt werden.

Vincent Brümmer[79] hat demgegenüber zu zeigen versucht, daß das Bekenntnis zur Liebe Gottes keinen Einwand gegen die *free will de-*

---

vom Zustand der Menschheit, unter der wir einigermaßen ungezwungen auf die moralischen Eigenschaften schließen bzw. jene unendliche Güte - verbunden mit unendlicher Macht und Weisheit - erkennen können, die wir allein mit dem Auge des Glaubens entdecken können" (104f.). Vgl. dazu ausführlicher *W.H. Capitan, Part X of Hume's Dialogues*, 82-85.

77 Vgl. z.B. *D.Z. Phillips, The Problem of Evil*, 109f.; *ders., On Not Understanding God,* 601f.

78 Vgl. dazu vor allem *K. Chrzan, Linear Programming and Utilitarian Theodicy*, 147-157. Chrzan analysiert mehrere Theodizee-Ansätze unter dem Aspekt, wie sich in ihnen der Betrag von Übel und Gut quantitativ verteilt. Zu diesem Zweck bedient sich Chrzan des Modells der linearen Programmierung und graphischer Darstellungen. - Für manche offenbart sich darin vermutlich der versteckte Kern jeder argumentativ-erklärenden Theodizee, und damit auch deren Zynismus. Die empörten und wütenden Proteste, die eine derartig unsensible Darstellung des Leidproblems vielerorts hervorrufen mag, mögen teilweise sicherlich verständlich sein. Die Überzeugungskraft eines Arguments hängt aber letzten Endes nicht von der Form seiner Darstellung ab.

79 Vgl. dazu *V. Brümmer, Moral Sensitivity and the Free Will Defence*, 93-99. Ähnlich auch *P. van Inwagen, The Magnitude, Duration, and Distribution of Evil: A Theodicy,* 163. Aus der Behauptung, daß authentische Liebe Freiheit und

fense darstellt, sondern im Gegenteil deren Ausgangspunkt: Die *free will defense* basiere weniger auf der intrinsischen Werthaftigkeit der Willensfreiheit und Verantwortlichkeit, als vielmehr auf der Liebe Gottes[80]. Wenn Liebe eine personale Relation ist, die weder auf einer vergegenständlichenden Manipulation noch auf einer vertraglichen Übereinkunft der Partner basiert, sondern auf beiden Seiten Freiheit und Autonomie voraussetzt, ist es von menschlicher Seite aus unmöglich, sowohl zu den Mitmenschen als auch zu Gott in eine Beziehung der Liebe zu treten, ohne gleichzeitig frei zu sein. Die Ablehnung der *free will defense* würde sich also nicht nur in erhebliche Schwierigkeiten bezüglich der Akzeptanz des Menschseins verwikkeln, sondern darüber hinaus auch noch in Schwierigkeiten bezüglich der Akzeptanz eines als liebend geglaubten und verehrten Gottes. Brümmers Argument zeigt ferner, daß die dem Argument der Willensfreiheit zugrundeliegenden Wertprioritäten nicht *ad hoc* postuliert wurden, um das theistische Bekenntnis dem Leidproblem konform zu modifizieren. Diese Werte bilden statt dessen einen integralen Bestandteil des Bekenntnisses zu einem Gott, der den Menschen erschaffen hat, um mit ihm in eine Relation der gegenseitigen Liebe zu treten. Ganz ähnlich betont Gisbert Greshake, daß das Leid der Preis der Freiheit und somit der "Preis der Liebe" ist, denn Liebe setzt notwendig Freiheit voraus: "Liebe ohne Leid wäre darum wie ein hölzernes Eisen oder ein dreieckiger Kreis"[81].

---

somit die Möglichkeit von moralischem Übel voraussetzt, ergeben sich gewisse Rückfragen hinsichtlich der Behauptung der Liebe Gottes, z.B. die Frage, wie Gottes Liebe als authentische begriffen werden kann, ohne die Möglichkeit zu besitzen, auch moralisch schlecht zu handeln. Da diese Möglichkeit üblicherweise nicht von Gott ausgesagt wird, scheint seine Liebe auch nicht authentisch sein zu können. Vgl. zu diesem und weiteren Einwänden *D. und F. Howard-Snyder, The Christian Theodicist's Appeal to Love*, 185-192. Eine Lösung dieser Einwände dürfte darin zu suchen sein, daß die menschliche Willensfreiheit eine Grundvoraussetzung zur Realisierung seiner eschatologischen Bestimmung und Vollendung (*soul-making*) ist. Der Status der Vollendung impliziert aber nicht mehr die Möglichkeit der Willensfreiheit.

80 Vgl. *V. Brümmer, Moral Sensitivity and the Free Will Defence*, 97; *ders., Speaking of a Personal God*, 139-145. Vgl. ähnlich auch *G. van den Brink, Allmacht und Omnipotenz*, 277. Zur Kritik an Swinburnes *free will defense* vgl. auch *O. Wiertz, Das Problem des Übels in der Religionsphilosophie Richard Swinburnes*, 244-248.

81 *G. Greshake, Der Preis der Liebe,* 46. Greshake identifiziert die Allmacht Gottes geradezu mit der göttlichen Freiheit und Liebe. Diese Definition klingt nur merkwürdig, wenn nicht berücksichtigt wird, daß es hier um das konkrete Wirken Gottes in der Welt geht – ein Wirken, das kreatürliche Freiheit ermögli-

Damit ist der auf das Ausmaß des Leids abzielende Einwand gegen die *free will defense* jedoch noch nicht endgültig beantwortet. Die Prämisse dieses Einwands besagt, daß die Realisierung von Werten, wie der Willensfreiheit, nicht jedes Risiko und jedes Ausmaß an Leid rechtfertigen kann. Selbst wenn man den intrinsischen Wert des Menschseins äußerst hoch veranschlagt, so daß er es rechtfertigen kann, das faktische Ausmaß des Leids in Kauf zu nehmen, folgt daraus nicht, daß dies auch für jedes vorstellbare Ausmaß an Leid zutrifft. Im Gegenteil, es wäre durchaus ein solches Ausmaß denkbar, das die *free will defense* zum Scheitern verurteilt. Auch wenn es natürlich äußerst problematisch ist, diesbezüglich eindeutige Grenzen zu ziehen, scheint beispielsweise der von Augustinus erwartete Ausgang der Menschheitsgeschichte jedes noch erträgliche und vorstellbare Ausmaß an Leid in einer Weise zu übertreffen, die es unmöglich macht, auch nur nach einem Wert zu fragen, der diesen Ausgang rechtfertigen könnte. Der Wert der Willensfreiheit kann es nicht rechtfertigen, daß die Mehrheit der freien Wesen in einer ewigen Verdammnis endet, und zwar weder aufgrund der Sünde Adams noch aufgrund ihrer eigenen Sünden. Zeitlich endlose Höllenstrafen wären dasjenige Übel, worüber hinaus kein größeres gedacht werden kann[82]. Kein Wert wäre vorstellbar, zu dessen Realisierung die Möglichkeit dieses Übels in Kauf genommen werden kann. Ein Gott, der

---

chen will und daher das Geschöpf nicht einseitig und durchgängig determinieren kann.

[82] Daß das Ausmaß an Leid in dieser Welt keineswegs so hoch ist, um den Glauben an Gott als unvernünftig zu erweisen, versucht M.T. Nelson durch die These aufzuzeigen, daß das Leben eine sich zeitlich erstreckende Ganzheit (*temporal whole*) darstellt. Die Bewertung und Bedeutung einzelner Episoden hängen dabei immer von deren diachronischer Relation zu späteren Ereignissen ab. Offensichtliche Übel können sich so im weiteren Verlauf als Gut oder zumindest als weniger leidvoll erweisen. Diesbezüglich hängt dann eine abschließende Bewertung des Daseins von seinem eschatologischen Ausgang ab. Wenn die ewige Seligkeit retrospektiv die Übel des Lebens weniger leidvoll macht bzw. erscheinen läßt, so gilt das Umgekehrte für die ewige Verdammnis. Vgl. dazu ausführlicher *M.T. Nelson, Temporal Wholes and the Problem of Evil*, 313-324. Nelsons Vorschlag läuft nicht auf die absurde These hinaus, daß sich das vergangene Leid rückwirkend ungeschehen machen läßt. Er besagt nur, daß die Bewertung einzelner Ereignisse des Lebens zu einem gewissen Teil von dessen zukünftigem Verlauf abhängt. Diese Behauptung ist nachvollziehbar und durchaus theodizee-relevant. Möglicherweise läßt sich daraus auch eine Antwort auf das Problem gewinnen, wie eine eschatologische Seligkeit sich mit der Erinnerung an das erlittene Unheil vereinbaren läßt. Vgl. dazu auch *K. Rahner, Warum läßt uns Gott leiden?*, 462.

diese Möglichkeit nicht nur in Kauf nimmt, sondern sogar voraussieht, daß dieses Schicksal für die Mehrheit aller Menschen (*massa damnata*) unausweichlich ist, handelt nicht nur grob fahrlässig, sondern unsagbar grausam. Im Interesse der Menschheit wäre es mehr als wünschenswert, daß ein solches Wesen nicht existiert. Wäre den Sündern das Elend in Gestalt ewiger Höllenstrafen beschieden oder gar von allem Anfang an vorherbestimmt, so würde dies sehr wohl die "Vollkommenheit des Alls" schmälern[83]. Dies würde die Welt zu einer der schlechtesten aller möglichen Welten machen. Die natürlichste Reaktion bestünde wohl darin, die theistische Hypothese in diesem Fall als falsifiziert zu betrachten[84].

Der Wert der Willensfreiheit kann es auch nicht rechtfertigen, daß freie Wesen existieren, die einander grenzenloses Leid zufügen können. Richard Swinburne betont in diesem Zusammenhang, daß dies vor allem aufgrund der zeitlichen Begrenztheit ihrer Existenz auch definitiv ausgeschlossen bleibe. Der Tod setze dem Ausmaß des Leids, dem jeder einzelne ausgesetzt ist, eine endgültige Grenze. In diesem Sinn behauptet Swinburne, der Tode bilde gleichsam Gottes Sicherheitsschranke: "Death is God's safety barrier."[85]

---

[83] Vgl. *Augustinus, De libero arbitrio*, III,26.

[84] Vgl. dazu *W. Wainwright, The Presence of Evil and the Falsification of Theistic Assertions*, 215.

[85] *R. Swinburne, The Free Will Defence*, 591. – Vgl. dazu kritisch *N. Reck, Kann denn wahr sein, was nicht sagbar ist?*, 194. Norbert Reck hält derartige Sätze für vielleicht denkbar oder schreibbar, aber nicht für "sagbar", schon gar nicht gegenüber Überlebenden des Holocaust, deren Angehörige in den Konzentrationslagern auf grauenvolle Weise ums Leben kamen. Reck liegt mit seiner Vermutung völlig richtig, daß ich so etwas Überlebenden, die nach dem Warum fragen, "nicht ins Gesicht sagen" würde, und zwar deshalb nicht, weil dies auf ihre Frage keine Antwort wäre. Würde die Frage lauten, ob die Welt meiner Meinung nach so beschaffen ist, daß Menschen einander grenzenloses Leid zufügen können, dann würde ich diese Frage verneinen, und zwar unabhängig davon, wer sie stellt. Reck meint nun, dies würde darauf hinauslaufen, "den qualvollen Erstickungstod der Geschwister und Eltern in der Gaskammer als göttliche Verhinderung 'grenzenlosen' Leids zu deuten". Dies klingt so, als ob ich behauptet hätte, Gott lasse das Gas einströmen, um dadurch Schlimmeres zu verhindern. Das ist einfach ein Mißverständnis: Die meiner Überzeugung nach richtige Behauptung, Gott habe den Menschen als sterbliches Wesen erschaffen und damit u.a. dem Leid eine Grenze gesetzt, impliziert nicht die m.E. völlig falsche Behauptung, Gott setze in jedem Einzelfall dem Leben ein Ende, um das Leid zu begrenzen. Damit ist noch nicht die Frage beantwortet, auf die Reck wohl abzielt, nämlich ob man im Angesicht von Opfern ernsthaft das Argument der Willensfreiheit vertreten kann. Ich denke, das hängt davon ab, inwieweit man von seiner Richtigkeit überzeugt ist. Dies wiederum sollte entscheidend von der

10.6 "SEELENBILDUNG" UND LEID

Wie kaum eine andere Theodizee der Gegenwart hat John Hicks teleologische Integration der *free will defense* in den Prozeß des *soul-making* eine immense Diskussion hervorgerufen, in der mehrere Prämissen kritisch hinterfragt wurden.

Ein gewichtiger Einwand lautet folgendermaßen: Wenn das Ziel der Seelenbildung so wertvoll ist, wie dies die irenäische Theodizee behauptet, dann hätte Gott den Menschen doch als sittlich vollkommenes Wesen erschaffen können, also ohne den leidvollen Prozeß, in dessen Verlauf sich die Seelenbildung vollzieht. Dieser Einwand ist eine Variante des Standardarguments gegen jede teleologisch argumentierende Theodizee: Warum hat Gott den Menschen nicht in die ewige Seligkeit hinein erschaffen[86]?

Der Gegeneinwand besagt, daß es aufgrund der Allmacht Gottes zwar durchaus logisch möglich wäre, vollkommene und glückselige Wesen zu erschaffen, daß es aber logisch unmöglich ist, daß diese Wesen mit jenen identisch sind, die dieses Ziel aufgrund eigener

---

Stringenz und Konsistenz der jeweiligen Behauptungen abhängen. Darauf scheint Reck nun wenig Wert zu legen, weil sich nur "Büchermenschen" um solche Kinkerlitzchen kümmern. Offenbar zieht er es vor, die Leidenden bis zum Anbruch des Reiches Gottes zum Offenhalten der Theodizeefrage zu ermuntern, woraus wohl folgt, daß Gott zwischenzeitlich aus irgendwelchen unerfindlichen Gründen mit anderen Dingen beschäftigt ist. Mir ist schleierhaft, warum diese Haltung zur Solidarität mit den Leidenden führen soll, die *free will defense* aber zu einer "Entsolidarisierung" (ebd.). Völlig klar ist mir hingegen, warum man angesichts dieser Haltung auf die Idee kommen muß, daß Schweigen letztlich doch angebrachter wäre. Unter diesen Umständen kann ich dem nur beipflichten.

[86] Vgl. dazu z.B. *C. Journet, Vom Geheimnis des Übels*, 177: "Hat Gott nicht das, was er im Jenseits für die ihm getreuen Geschöpfe am Ende ihrer Zeit der Prüfung tut, auch ganz allgemein tun und so die Engel und Menschen in den Himmel hineinschaffen und sie auf diese Art sogleich in das Meer der unendlichen Seligkeit eintauchen können? Sie wären von Anfang an aus ihrem Inneren her sündenfrei gewesen, insofern sie in ihrem Inneren die Ursache einer Kraft besessen hätten, die ausgereicht hätte, um sie vor jeder Sünde zu bewahren." In seiner Beantwortung dieser Frage verwickelt sich Journet in eine Aporie, wenn er einerseits behauptet, es wäre besser gewesen, Gott hätte alle Menschen und Engel im Stande der himmlischen Seligkeit erschaffen, dann aber einschränkend hinzufügt, daß dies nur bedingt gelte, weil dadurch "weder die verzeihende Erlösung noch das Geheimnis eines auferstandenen Christus und einer auferstandenen Kirche (!) möglich gewesen" wäre. Die einzig sinnvolle Antwort kann nur lauten, daß dies nicht möglich ist.

Anstrengung und unerzwungener freier Entscheidungen erreichen[87]. Der Wert, den letzteres darstellt, läßt sich nicht kraft göttlicher Allmacht realisieren. Ebensowenig wie die Erzwingung von Vertrauen, Liebe, Bewunderung, Respekt, Zuneigung und Liebe zu Gott mit frei gewähltem Vertrauen usw. identisch ist, wäre eine Person, die mit all diesen Eigenschaften erschaffen würde, mit einer Person identisch, die sich diese Eigenschaften in freier Entscheidung erworben hat[88]. Hinter diesem Argument steht das Werturteil, wonach die sittliche Qualität einer Person, die durch eine Auseinandersetzung mit Versuchungen bzw. Inklinationen und durch freie Entscheidungen erreicht wurde, wertvoller ist als die Qualität einer von Anfang an zum Guten prädisponierten, aber unfrei erschaffenen Person[89], deren Charakter *per definitionem* ethisch indifferent wäre[90].

---

[87] In seinem *Essay on the Origin of Evil* (I,134) beantwortete William King den Einwand mit dem einfacheren, aber in diesem Fall wohl nicht besseren Hinweis, der Himmel sei bereits voll und folglich müßten die Menschen eben warten, bis wieder Platz für neue Himmelsbewohner frei werde. Vgl. zu diesem Hinweis *A.O. Lovejoy, The Great Chain of Being*, 218.

[88] Vgl. *J. Hick, Evil and the God of Love*, 273: "Wenn Vertrauen, Liebe, Bewunderung, Respekt und Zuneigung durch eine Art psychologischer Manipulation hervorgerufen werden, die das bewußte und verantwortliche Zentrum der Personalität umgeht, dann handelt es sich nicht um wahres Vertrauen, wahre Liebe usw., sondern um etwas anderes, das eine völlig andere Natur und Qualität besitzt und im Kontext des personalen Lebens und personaler Relationen keinesfalls von gleichem Wert ist." (Übersetzung A.K.)

[89] Vgl. *J. Hick, Evil and the God of Love*, 255. D.L. Paulsen weist auf einen Unterschied zwischen Hicks und Tennants Position hin: Nach Hick seien ausschließlich zum Guten dispositionierte Wesen weniger wertvoll als freie Personen; nach Tennant (*Philosophical Theology, Bd.2*, 185) seien sie sittlich überhaupt nicht qualifizierbar, weil nicht frei. Tennants Formulierung scheint den Sachverhalt in der Tat präziser zu treffen, obwohl Hick ebenfalls betont: "... personal life is essentially free and self-directing. It cannot be perfected by divine fiat, but only through the uncompelled responses and willing co-operation of human individuals in their actions and reactions in the world in which God placed them." (*Evil and the God of Love*, 255) - Paulsens eigentliche Kritik zielt jedoch auf die Moralität Gottes: Wenn Personen ohne Willensfreiheit für Tennant sittlich irrelevant und für Hick sittlich weniger wertvoll sind, stellt sich natürlich die Frage, wie Gott sittlich vollkommen und gleichzeitig aber in dem Sinn unfrei sein kann, daß sein sittlicher Charakter immer schon festgelegt ist. Der Theist könne dieses Problem nur lösen, indem er entweder die sittliche Vollkommenheit Gottes preisgibt oder die Möglichkeit der Erschaffung *ab initio* sittlich vollkommener Personen einräumt. Ersteres sei undenkbar und letzteres stehe im Widerspruch zur *free will defense*. Vgl. dazu *D.L. Paulsen, Divine Determinateness and the Free Will Defence*, 153.

[90] In diese Richtung läßt sich auch das Problem lösen, wie ein leidfreies Eschaton möglich sein soll, wenn die Möglichkeit von Leid die Voraussetzung

Ein weiterer Einwand besagt, daß die Welt allem Anschein nach so beschaffen ist, daß der Prozeß der Seelenbildung in nur wenigen Fällen innerhalb einer einzigen Lebensspanne in einer irgendwie erkennbaren oder wenigstens erahnbaren Weise sein Ziel erreicht. Unter der Voraussetzung, daß die personale Vervollkommnung tatsächlich Gottes Wille für die Menschen ist, scheint die überwiegende Mehrheit der Menschen diesem Ziel während ihres irdischen Daseins auch bei einer optimistischen Einschätzung bestenfalls ein klein wenig näher zu kommen. Alle Indizien sprechen aber gegen die Annahme, daß bei der Mehrheit der Menschen der Zeitpunkt des individuellen Todes mit der Erreichung des spirituellen Ziels zusammenfällt.

Die Empfehlung, gegen den Augenschein auf die verborgenen Wege Gottes zu rekurrieren, bedeutet in diesem Fall nicht nur eine *reductio in mysterium*, sondern die Aufforderung, das Zeugnis der Erfahrung mit Füßen zu treten. Auch der naheliegende Versuch, im Hinblick auf die postmortale Vollendung auf die Wirksamkeit von Gottes Gnade und Barmherzigkeit zu vertrauen, führt letzten Endes nicht weiter, ja er droht sogar das gesamte Argument zu unterminieren. Versteht man die Wirksamkeit dieser Gnade in der Weise, daß sie die personale Vollendung unabhängig von der freien Mitwirkung der betreffenden Person bewirkt, so wird die Willensfreiheit als integraler Bestandteil des *soul-making* überflüssig. Würde beispielsweise die spirituelle Entwicklung eines Kleinkindes, das kurz nach seiner Geburt stirbt, nach seinem Tod durch die Gnade Gottes zu seiner personalen Vollendung geführt, so fände nicht nur kein freier und personaler Reifungsprozeß statt. Ein solcher Prozeß würde sich letzten Endes als völlig überflüssig erweisen. Wenn göttliche Gnade menschliche Freiheit prinzipiell ersetzen, statt ermöglichen und unterstützen soll, läßt sich der instrumentelle Wert der Willensfreiheit nicht mehr als Konstitutivum des Prozesses personaler Reifung behaupten[91]. Die gesamte ethische Dimension der *free will defense* würde hinfällig, denn – in den Worten Kants – :

---

der Willensfreiheit oder irgendeines anderen Wertes darstellt. Vgl. dazu vor allem *D. Erlandson/C. Sayward, Is Heaven a Possible World?*, 55-58.

91 Vgl. dazu *J. Hick, Evil and the God of Love,* 347: "Wenn Gottes Absicht der Vervollkommnung der Menschen jemals erfüllt werden soll, muß dies entweder durch eine augenblickliche Vollendung durch göttliches *fiat* geschehen, vielleicht zum Zeitpunkt des Todes, oder durch eine allmähliche Entwicklung innerhalb

> "Was der Mensch im moralischen Sinne ist, oder werden soll, gut oder böse, dazu muß er *sich selbst* machen, oder gemacht haben. Beides muß eine Wirkung seiner freien Willkür sein"[92].

Andernfalls müßte auch die Möglichkeit und Sinnhaftigkeit eingeräumt werden, daß Gott vollkommene Personen ohne deren freie Mitwirkung erschaffen kann. In diesem Fall wäre es natürlich nicht mehr plausibel, die Willensfreiheit als jenen Wert zu behaupten, der das Risiko von Leid rechtfertigen soll. Denn der leidvolle Reifungsprozeß würde sich unter diesen Bedingungen als völlig überflüssig erweisen.

Da ein solcher Reifungsprozeß zu Lebzeiten nur bei wenigen Menschen sichtbar an sein Ziel gelangt, verlangt eine teleologische Theodizee nach einer entsprechenden Eschatologie. Hick postuliert für all jene, die in diesem Dasein nicht ihre Bestimmung erreichen, eine individuelle Weiterentwicklung über die Grenzen des irdischen Daseins hinaus. Für diese Annahme sieht Hick in der katholischen Lehre vom Purgatorium einen Anknüpfungspunkt innerhalb der christlichen Tradition[93]. Die weitere Entfaltung seiner Eschatologie rekurriert hauptsächlich auf eine modifizierte Version des Reinkarna-

---

einer anderen Umgebung, in die hinein uns Gott versetzt. Die Schwierigkeit mit der ersten Alternative besteht darin, daß es alles andere als klar ist, daß ein Individuum, das auf einen Schlag vollendet wurde, in einem moralisch signifikanten Sinn die gleiche Person ist wie der schwache, irrende Sterbliche, der gelebt hat und gestorben ist. Statt zu sagen, die vorher sehr unvollkommene Person wurde nun vollkommen, scheint es angebrachter zu sagen, daß sie aufhörte zu existieren und daß an ihrer Stelle ein vollkommenes Individuum erschaffen wurde. Wenn wir auf diese Weise gleichsam mit einem Augenschlag in vollkommene Geschöpfe verwandelt würden, wären alle irdischen Mühen des Glaubens und der moralischen Anstrengung nutzlos geworden." (Übersetzung A.K.) Vgl. dazu auch *J. Hick, Hick's Response*, 66: "Denn die Annahme, daß es mit der göttlichen Schöpfungsweise vereinbar ist, uns augenblicklich in vollkommene Wesen zu verwandeln, scheint die Bedeutung des gegenwärtigen Lebens zu untergraben. Wenn Gott uns im Tode (...) in jene vollkommene Wesen, deren Existenz er wünscht, verwandeln kann, könnte er dies vermutlich auch zu jedem Zeitpunkt unseres Lebens. Dadurch wäre der lange und harte Prozeß des *soul-making* durch das Zusammenwirken mit anderen in einer rauhen und herausfordernden Umwelt nicht mehr notwendig." (Übersetzung A.K.)

[92] *I. Kant, Die Religion innerhalb der Grenzen der bloßen Vernunft*, A 45.

[93] Vgl. dazu *J. Hick, Evil and the God of Love*, 347. Vgl. dazu auch *P. Schmidt-Leukel, Der Reinkarnationsgedanke – Eine Herausforderung an die christliche Theologie*, 189-196.

tionsgedankens[94]. Unabhängig von den eschatologischen Konkretisierungen dürfte die Annahme eines postmortalen Fortgangs des individuellen Entwicklungsprozesses im Kontext einer teleologischen Theodizee in der Tat unabweisbar sein[95].

10.7 Willensfreiheit und natürliche Übel

Ein letzter ebenso naheliegender wie auch zutreffender Einwand gegen die *free will defense* besagt, daß sie nur die Existenz moralischer Übel und das daraus resultierende Leid erklären kann, nicht aber die Tatsache des natürlichen Übels. Was haben z.B. Krankheiten, Seuchen, Erdbeben und andere Naturkatastrophen mit der menschlichen Willensfreiheit zu tun?

Als Gegeneinwand wurde vorgebracht, daß die natürlichen Übel auch auf die freien Entscheidungen personaler Wesen, wie z.B. gefallener Engel, zurückgeführt werden können[96], so daß letztlich doch alle Übel im Rahmen der *free will defense* erklärbar sind. Dieser Gegeneinwand läßt sich zwar nicht *a priori* als falsch zurückweisen. Er erweckt jedoch den Eindruck einer *ad hoc*-Hypothese, die zwar logisch möglich sein mag, die aber insgesamt doch mythologisch und unglaubwürdig wirkt[97]. Ein überzeugenderer Gegeneinwand müßte

---

94 Vgl. dazu ausführlicher *J. Hick, Death and Eternal Life*, 399-466.

95 Vgl. dazu die Ausführungen in Abs. 11.3.

96 Vgl. dazu z.B. *A. Plantinga, The Nature of Necessity*, 192; *ders., God, Freedom and Evil*, 58. Auch S.T. Davis schließt sich diesem Gegeneinwand an. Vgl. dazu seinen Beitrag in *ders., Encountering Evil*, 74f.

97 Vgl. dazu *R. Swinburne, Das Problem des Übels*, 117f.: "Plantinga betont zu Recht, daß diese Annahme formal mit der Existenz des natürlichen Übels vereinbar ist und daß daraus folgt, daß die Existenz des natürlichen Übels mit der Existenz Gottes vereinbar ist. Das natürliche Übel wird allerdings direkt durch die Wirkung von Naturgesetzen hervorgebracht. Meines Erachtens macht es die einheitliche Beschaffenheit der Naturgesetze, die das Universum leitet, sehr unwahrscheinlich, daß ein freies Handlungssubjekt oder eine Gruppe von solchen verantwortlich ist für jene Gesetze, die das natürliche Übel erzeugen, und ein anderes Handlungssubjekt oder eine andere Gruppe von solchen für alle anderen Gesetze. Aus diesem Grund ist es sehr unwahrscheinlich, daß böse Engel jene Rolle spielen, wie Plantinga dies behauptet. Folglich dient Plantingas Ausweitung des Arguments der Willensfreiheit nicht dazu, die Behauptung zu entkräften, daß das natürliche Übel die Existenz Gottes unwahrscheinlich mache. Damit soll nicht die Existenz böser Engel geleugnet werden. Möglicherweise spielen sie aber eine etwas andere Rolle." Vgl. ähnlich auch *P. Vardy, The Puzzle of Evil*, 59f. Zur Klärung seiner Position vgl. *A. Plantinga, Self-Profile*, 43. Hier stellt

zeigen, welche Gründe dafür sprechen, daß die natürliche Welt so beschaffen bzw. so leiderzeugend ist, wie sie es faktisch ist. Dies läßt sich allein auf der Basis der *free will defense* nicht erreichen. Zu diesem Zweck muß das Argument der Willensfreiheit zwar nicht durch ein anderes ersetzt, aber doch erweitert und ergänzt werden.

In der Tradition war die Erklärung natürlicher Übel aufgrund des Wirkens satanischer Mächte durchaus plausibel. Ergänzend wurde auf die Erbsündenlehre rekurriert: Aus dem Mißbrauch der Freiheit resultierte nicht nur das sittliche Übel, d.h. Sünde und Schuld, sondern auch die Bestrafung der Sünder durch die natürlichen Übel[98]. Aufgrund der Kritik an diesem Modell erscheint dieser Rückgriff heute als problematisch[99]. Im 12. Kapitel wird deshalb ein Lösungsansatz vorgestellt, der bei der *free will defense* ansetzt, diese aber im Hinblick auf die natürlichen Übel erweitert, ohne dabei auf die traditionelle Formulierung der Erbsündenlehre zurückzugreifen. Das folgende Kapitel befaßt sich mit einigen Problemen der *free will defense*, die aus ihren genuin theistischen Prämissen resultieren. Diese Probleme kreisen um Fragen nach der Vereinbarkeit von menschlicher Willensfreiheit einerseits und göttlicher Allmacht und Allwissenheit andererseits.

Plantinga klar, daß ihm die Satanshypothese keineswegs als unplausibel erscheine. Außerdem spielten Fragen der Plausibilität in einer *defense* ohnehin keine Rolle.

98 Vgl. dazu z.B. *Augustinus, De civitate Dei*, XIII,14.

99 Vgl. dazu nochmals die Ausführungen in Abs. 6.4.

11 Freiheit, Allmacht und Allwissenheit

"Also: Iß freudig dein Brot, und trink vergnügt deinen Wein; denn das, was du tust, hat Gott längst so festgelegt, wie es ihm gefiel." (Koh 9,7)

Einer Reihe von Einwänden gegen das Argument der Willensfreiheit liegt die Überzeugung zugrunde, es sei auf einer theistischen Basis nicht stringent durchführbar, weil sich die Behauptung der Willensfreiheit in Widersprüche zur Behauptung der Allmacht und Allwissenheit Gottes verwickle[1]: Wenn Gott allmächtig ist, dann seien auch alle sogenannten "freien" Entscheidungen letztlich von ihm verursacht[2], und wenn Gott allwissend ist, dann wisse er im voraus, wie sich die Menschen entscheiden. Da Gottes Wissen jedoch unfehlbar ist, stünden alle Entscheidungen bereits im voraus fest und könnten folglich nicht mehr frei sein. Ungeachtet aller anderen Schwierigkeiten scheitere die *free will defense* also schon an den theistischen Prämissen.

11.1 Das Paradox der Allmacht

Grundsätzlich lassen sich menschliche Willensfreiheit und göttliche Allmacht einander auf zweifache Weise zuordnen: Nach der ersten Alternative wird die Willensfreiheit dem Menschen von seiten Gottes in der Weise eingeräumt, daß Gott die freien Entscheidungen des Menschen faktisch nicht bestimmt, obwohl er die menschlichen Ent-

---

[1] Vgl. dazu ausführlicher *D.R. Griffin, God, Power, and Evil.* Griffin kritisiert den traditionellen Theismus aufgrund der Unvereinbarkeit von Allmacht und Allwissenheit einerseits und menschlicher Freiheit andererseits. Wo in der Tradition die Willensfreiheit eingeräumt wurde (wie z.B. bei Augustinus und Thomas von Aquin), sei dies nur auf Kosten der Konsistenz möglich gewesen. Wo die Willensfreiheit mehr oder weniger explizit geleugnet wurde (wie z.B. bei Luther), habe dies verheerende Konsequenzen für die Theodizee gehabt.

[2] Vgl. dazu z.B. *A. Flew, Compatibilism, Free Will and God.* Vgl. ähnlich auch *G. Streminger, Gottes Güte und die Übel der Welt* (1992), 151f.

scheidungen aufgrund seiner Allmacht prinzipiell bestimmen könnte, wenn er dies wollte. Nach der zweiten Alternative kann Gott die freien Entscheidungen nicht bestimmen. Aus dieser zweiten Alternative scheint nun eine Paradoxie zu folgen, denn von einem allmächtigen Wesen wird hier behauptet, es könne Dinge erschaffen, die es nicht mehr kontrollieren kann[3]. Der Widerspruch entsteht, weil ein Wesen nicht gleichzeitig allmächtig und unfähig sein kann, alle Entscheidungen bzw. Ereignisse zu kontrollieren[4]. Formal läßt sich dieses Paradox in etwa folgendermaßen präzisieren:

> [1] Eine Welt mit Wesen, die sich frei entscheiden können, läßt sich widerspruchsfrei beschreiben.
>
> [2] Gott kann die freien Entscheidungen solcher Wesen nicht verursachen.
>
> [3] Gott kann entweder solche Wesen erschaffen, oder er kann solche Wesen nicht erschaffen.
>
> [4] Wenn Gott keine solchen Wesen erschaffen kann, dann folgt aufgrund von [1]: Es gibt eine logisch widerspruchsfrei beschreibbare Welt, die Gott nicht erschaffen kann.
>
> [5] Wenn Gott solche Wesen erschaffen kann, dann folgt aufgrund von [2]: Es gibt Wesen, deren Entscheidungen Gott nicht verursachen kann.
>
> [6] Aufgrund von [4] und [5] folgt: Gott kann nicht allmächtig sein.

Bei etwas genauerem Hinsehen erweist sich diese angebliche Paradoxie jedoch als Scheinproblem[5]. Von einem allmächtigen Wesen muß behauptet werden, daß es die Macht hat, jeden möglichen Zustand, dessen Beschreibung logisch möglich bzw. widerspruchsfrei ist, zu aktualisieren[6]. Daraus folgt, daß Gott, wenn er allmächtig ist,

---

3 Vgl. dazu *J.L. Mackie, Das Wunder des Theismus*, 254.

4 Vgl. dazu auch *A. Kenny, The God of the Philosophers*, 98.

5 Formal ist diese Paradoxie genauso aufgebaut wie das klassische "Paradox of the Stone". Vgl. dazu ausführlicher *C.A. Anderson, Divine Omnipotence and Impossible Tasks*, 109ff. Zum Allmachtsbegriff vgl. vor allem *G. Van den Brink, Almighty God. A Study of the Doctrine of Divine Omnipotence* sowie den ausgezeichneten Sammelband von *L. Urban/D.N. Walton (Hg.)*

6 Für ein Wesen, von dem außer Allmacht auch sittliche Vollkommenheit ausgesagt wird, trifft dies natürlich nicht zu. Der Bereich dessen, was für ein all-

auch die Macht hat, jede beliebige Entscheidung geschaffener Wesen zu verursachen. Der Begriff der Allmacht impliziert jedoch keineswegs, daß ein allmächtiges Wesen auch notwendigerweise von seiner Macht Gebrauch macht[7]. Eine freie Entscheidung ist nun aber definitionsgemäß eine solche, die nicht von einem anderen verursacht werden kann, sondern nur von demjenigen, der die Entscheidung trifft. Aus diesem Grund ist es logisch unmöglich, Wesen zu erschaffen, die sich im genannten Sinn frei entscheiden können, und gleichzeitig deren Entscheidungen durchgängig zu verursachen oder auch nur zu kontrollieren[8]. Auch ein allmächtiges Wesen kann daher keine Wesen erschaffen, deren Entscheidungen gleichzeitig sowohl frei als auch von ihm verursacht sind, denn die Beschreibung solcher Wesen ist widersprüchlich[9].

In diesem Sinn stellt die Willensfreiheit gewissermaßen ein Privileg dar, das zu jedem Zeitpunkt aufgehoben werden könnte, das aber von einem allmächtigen Wesen aus logischen Gründen nur dann verliehen oder gewährt werden kann, wenn es für den relevanten Zeitraum darauf verzichtet, die "freien" Entscheidungen selbst zu verursachen, denn dadurch würde er sie als freie aufheben[10]. Selbstver-

---

mächtiges und sittlich vollkommenes Wesen logisch möglich ist, ist wesentlich eingeschränkter. Göttliche Allmacht muß deshalb so definiert werden, daß sie nur die Aktualisierung jener Zustände impliziert, die nicht jenen anderen Eigenschaften widersprechen, die von Gott auch prädiziert werden, wie z.B. sittliche Vollkommenheit. Vgl. dazu u.a. *A. Kenny, The God of the Philosophers*, 98; *W.S. Anglin, Free Will and Christian Faith*, 64.

7 Diese Annahme scheint dem Allmachtsverständnis von J.R. Ross zugrunde zu liegen. Danach ist ein Wesen S dann und nur dann allmächtig, wenn für jeden logisch kontingenten Sachverhalt p gilt, daß S entscheidet und bewirkt, ob p der Fall ist oder nicht. Vgl. dazu *J.R. Ross, Philosophical Theology*, 211.

8 Inwiefern davon nicht nur die isolierten Entscheidungen freier Subjekte, sondern auch der damit zusammenhängende Schöpfungsplan betroffen ist, erläutert *D. Basinger, Human Freedom and Divine Providence*, 509f. Zu den Konsequenzen der *free will defense* für das Verständnis des Bittgebets vgl. *D. Basinger, Why Petition an Omnipotent, Omniscient, Wholly Good God?*, 25-41.

9 Vgl. dazu *A.D. Steuer, Once More on the Free Will Defence*, 311.

10 Vgl. dagegen *D.J. Hoitenga, Logic and the Problem of Evil*, 118-126. Hointenga plädiert für die Kompatibilität von Freiheit und (göttlicher) Determiniertheit, und zwar allem Anschein nach primär deshalb, um die Allmacht Gottes zu wahren. Sein Einwand gegen die Vertreter der *free will defense* besagt, daß Gott hier nicht mehr die Macht beigemessen werde, freie Wesen zu erschaffen und gleichzeitig die Güte der Welt zu garantieren. Wenn obige Definition des Begriffs der Willensfreiheit stimmig ist, resultiert dies notwendigerweise aus der Erschaffung freier Wesen. Hoitenga kann seine Kompatibilitätsthese nur durchhalten, indem er auf die zugrundeliegende Geheimnishaftigkeit des Verhältnisses

ständlich stehen auch freie Wesen prinzipiell unter der Macht Gottes, aber eben nicht als sich frei entscheidende. Alasdair MacIntyre bringt diesen Gedanken in folgender – völlig unparadoxer – Formulierung zum Ausdruck: "God wills that men should do what they will, even if it is not what God would wish them to do."[11] Die Erschaffung von in diesem Sinn freien Wesen widerspricht nicht dem Begriff göttlicher Allmacht[12]. Im Gegenteil, eher würde die Negation dieser Möglichkeit den Begriff der Allmacht gefährden, denn sie setzt voraus, daß Gott nicht die Macht hat, eine Welt zu erschaffen, deren Ereignisverlauf teilweise autonom verursacht wird. "L'autonomie de la créature est le chef-d'œuvre du Créateur et la plus grande preuve de sa magnificence."[13]

Dieses Freiheitsverständnis widerspricht nun aber offenbar der traditionellen Auffassung, wonach Gott nicht nur die Ursache dafür ist, daß Seiendes zu sein beginnt und im Sein verharrt, sondern darüber hinaus auch für alle Bewegungen und Handlungen des Seienden[14], also auch für die vermeintlich freien Entscheidungen. Diese Behauptung würde die Willensfreiheit unter der Voraussetzung aufheben, daß Gott nicht nur die notwendige Ursache, sondern auch die ausreichende Ursache aller Handlungen ist. Aus der Behauptung, daß Menschen ohne Gott bzw. ohne Gottes Gnade nichts vermögen, folgt jedoch nicht, daß Gott die determinierende bzw. ausreichende Ursache all dessen ist, was Menschen tun. Insbesondere folgt dieser Schluß nicht für all diejenigen, die davon überzeugt sind, daß Gott nicht die ausreichende Ursache der menschlichen Sünden ist: "Sün-

von menschlicher Freiheit und göttlicher Allmacht verweist. Der Hinweis, daß einige Theisten, wie etwa Calvin, eine Vereinbarkeit von Willensfreiheit und Determiniertheit behauptet haben, ist in diesem Kontext jedenfalls ein äußerst dürftiges Argument. Vgl. ebd. 123, Anm. 40.

11 *A. MacIntyre, Difficulties in Christian Belief*, 36.

12 Vgl. dazu auch *B. Reichenbach, Evil and a Good God*, 162-164. Vgl. dagegen die Formulierung von *U. Steinvorth, Zum Problem der Willensfreiheit*, 403: "*Gottes Allmacht* wird eingeschränkt, wenn es im Universum Bewegungen gibt, die von ihm nicht initiiert wurden." Dieser Einwand ist nicht überzeugend. Zum einen identifiziert er Allmacht mit Allwirksamkeit; zum anderen schließt er aus, daß Gott ein Universum mit Bewegungen erschaffen kann, die von ihm nicht initiiert werden, was natürlich seinerseits der Behauptung der Allmacht Gottes widersprechen würde.

13 *A.-D. Sertillanges, Le problème du mal*, Bd. II,103.

14 Vgl. dazu z.B. den Hinweis von *A.Flew, Compatibilism, Free Will and God* (S. 240) auf *Thomas von Aquin, Summa contra gentiles*, III,67.

den sind Handlungen; wenn Gott unsere Sünden nicht verursacht, dann verursacht er auch nicht alle unsere Handlungen."[15]

Nun scheint aus dem Begriff der Allmacht aber zu folgen, daß die Unterscheidung zwischen dem, was ein allmächtiges Wesen zuläßt, und dem, was es bewirkt, hinfällig ist. Denn wenn dieses Wesen die Macht hätte zu verhindern, daß ein Ereignis Y geschieht, dennoch aber zuläßt, daß Y sich ereignet, scheint der Unterschied zwischen Zulassung und Bewirkung zu verschwimmen[16]. Wer es beispielsweise zuläßt, daß ein anderer ertrinkt, obwohl es in seiner Macht stünde, dies zu verhindern, trägt üblicherweise Mitschuld an dessen Tod, d.h. er hat diesen Tod nicht nur zugelassen, sondern dadurch gerade auch mitverursacht. Im Hinblick auf ein allmächtiges Wesen, das jedes Ereignis verhindern könnte, scheint Allmacht daher notwendigerweise auch eine Art von Allwirksamkeit zu implizieren[17]. Im Kontext des Theodizee-Problems würde daraus resultieren, daß Gott das mit dem moralischen Übel verbundene Leid nicht nur zuläßt, sondern auch verursacht.

Auch dieser Einwand beruht im wesentlichen auf trügerischen Schlußfolgerungen. Natürlich könnte der allmächtige Gott auch jenes Leid verhindern, das aus Entscheidungen von ihm geschaffener Wesen resultiert. Er ist also in einem zweifachen Sinn indirekt für dieses Leid verantwortlich: Erstens ist er für die Bedingungen verantwortlich, unter denen freie Entscheidungen möglich wurden, und zweitens könnte er vor allem die leidvollen Entscheidungen verhindern. Die *free will defense* will nun aber gerade einen Wert aufzeigen, dessen Realisierung es aus logischen Gründen unmöglich macht, daß Gott schlechthin alles bestimmt. Aus der Allmacht Gottes könnte natürlich seine Allwirksamkeit folgen, jedoch nicht in einer Welt, von der Gott will, daß in ihr freie Wesen existieren sollen. Deshalb sind Allmacht und Freiheit logisch – wenn auch nicht unbedingt und in jeden Fall theologisch[18] – vereinbar. Die entscheiden-

---

[15] So zutreffend *R.L. Purtill, Flew and the Free Will Defence*, 482. (Übersetzung A.K.) Vgl. auch ebd. 483 die Hinweise auf *Thomas von Aquin, Summa contra gentiles*, III,88f.

[16] Vgl. dazu auch die Hinweise von *K. Rahner, Warum läßt uns Gott leiden?*, 451.

[17] Vgl. dazu auch *J.L. Mackie, Das Wunder des Theismus*, 256f.

[18] Vgl. dazu etwa den Hinweis von *K. Rahner, Warum läßt uns Gott leiden?*, 458. Rahner betont, "daß auch unsere Freiheitsentscheidung als solche nochmals in jeder Hinsicht bis in ihre letzte Faser von Gott abhängig" sei. Aus diesem

de Frage besteht nicht darin, ob beide konsistent miteinander vereinbar sind, sondern darin, ob die Inkaufnahme des Leids durch den Wert der Willensfreiheit gerechtfertigt werden kann.

Ein weiteres Problem ergibt sich aus der Tatsache, daß der Prozeß der Seelenbildung der Erreichung eines Ziels dient, zu dessen Zweck Gott leidverursachende Faktoren, wie z.B. die menschliche Willensfreiheit, braucht. John Stuart Mill hat in einem anderen Zusammenhang die Allmacht Gottes mit dem Argument bestritten, wonach der zweckdienliche Gebrauch von Mitteln notwendigerweise eine "Folge der Begrenztheit der Macht" darstelle.

> "Wer würde daran denken, seine Zuflucht zu Mitteln zu nehmen, wenn zur Erreichung seines Zwecks sein bloßes Wort hinreichend wäre? Der Begriff des Mittels impliziert bereits, daß die Mittel eine Wirksamkeit besitzen, die den unmittelbaren Handlungen des Wesens, das sie anwendet, abgeht."[19]

Insofern widerspreche - so Mill - bereits die Rede von einem Plan Gottes dem Begriff seiner Allmacht. Dieser Einwand, der bereits in einer anderen Fassung begegnete[20], läßt sich auch auf die Theodizee der Seelenbildung anwenden: Wenn Gott allmächtig wäre, könnte er Personen bereits als vollkommene erschaffen, ohne sie zuvor einem leidvollen Entwicklungsprozeß aussetzen zu müssen. Die Entgegnung ist in diesem Fall ebenso naheliegend wie der Einwand selbst: Die als vollkommen erschaffenen Personen wären nicht mit jenen Personen identisch, die den mühevollen Prozeß der personalen Vervollkommnung durchlaufen haben. Aus diesem Grund widerspricht es nicht der Allmacht Gottes, wenn er zur Erreichung eines Zieles zu

---

Grund traut Rahner dem Argument der Willensfreiheit zwar etwas, aber offenbar nicht sehr viel zu. Andererseits betont er jedoch auch, daß wir "die Verantwortung für unsere Freiheitsentscheidungen nicht auf Gott abwälzen" können. Diese paradoxe Struktur zwingt Rahner dazu, seine Zuflucht bei der Undurchschaubarkeit des Verhältnisses zwischen menschlicher Freiheit und ihrer Abhängigkeit von Gott zu nehmen. Zu dieser Undurchschaubarkeit trägt freilich auch die Terminologie Rahners bei. Begriffe wie "Verfügung", "Abhängigkeit", "Umfangenheit" oder "Herkünftigkeit" sind in gleichem Maße erhellend wie verschleiernd.

[19] *J.S. Mill, Drei Essays über Religion*, 148. Vgl. ähnlich *J.L. Mackie, Das Wunder des Theismus*, 243. Vgl. dazu auch nochmals die Ausführungen in Abs. 9.1.

[20] Vgl. dazu nochmals Abs. 10.6.

Mitteln greift, die für die Identität des Ziels konstitutiv sind. Man könnte jetzt einwenden, daß es zu diesem Zweck nicht unbedingt nowendig sei, daß die leidvollen Erfahrungen des Entwicklungsprozesses sich tatsächlich ereignet haben. Unter Umständen würde es ausreichen, daß die betreffenden Personen nur davon überzeugt sind, einen solchen Prozeß durchlaufen zu haben, daß sie sich also nur (irrtümlicherweise) daran erinnern, ohne ihn wirklich erlebt zu haben. Aber erstens würde dies für die Betroffenen auf dasselbe hinauslaufen, und zweitens wäre es moralisch mehr als bedenklich, das Gedächtnis in dieser Weise durch Erinnerungen an Ereignisse zu manipulieren, die sich niemals zugetragen haben.

11.2 Willensfreiheit und Allwissenheit

Anders stellt sich das Problem der Vereinbarkeit von Freiheit und Allmacht dar, wenn das traditionelle Prädikat der göttlichen Allwissenheit mitberücksichtigt und insbesondere wenn die Allwissenheit - wie dies im traditionellen Theismus durchgängig der Fall war[21] bzw. immer noch ist - auf zukünftige kontingente Ereignisse, wie z.B. freie Entscheidungen, ausgedehnt wird[22]. Der Begriff der Allmacht mag vielleicht nicht notwendigerweise Allwirksamkeit implizieren. Aus Allmacht *plus* Allwissenheit scheint aber eine Form des Determinismus zu folgen, und zwar genau dann, wenn die Allwissenheit unter anderem auch das Wissen um den Ausgang zukünftiger freier Entscheidungen umfaßt[23]. Wenn Gott zum Zeitpunkt T_1 weiß, wie sich eine Person P zum Zeitpunkt T_{1+n} entscheiden wird, dann scheint daraus unweigerlich zu folgen, daß bereits zum Zeitpunkt T_1 feststeht, wie sich P entscheiden wird. P hat dann offenbar keine Möglichkeit mehr, sich anders zu entscheiden, so daß seine Ent-

---

21 Vgl. z.B. *Thomas von Aquin, Summa theologica*, I, q.14, a.9. Die Auffassung, daß Gott von zukünftigen kontingenten Ereignissen kein Wissen hat, zählt im übrigen zu den 1277 in Paris verurteilten Sätzen.

22 Vgl. *J.L. Mackie, Das Wunder des Theismus*, 256f.: "Kurz, wenn Allmacht und Allwissenheit zusammenkommen, scheint Allwirksamkeit daraus zu folgen: Gott bewirkt alles."

23 Vgl. z.B. *N. Hoerster, Zur Unlösbarkeit des Theodizee-Problems*, 407f.

scheidung nicht mehr als frei bezeichnet werden kann[24]. Wenn nun Gottes Allwissenheit zu jedem Zeitpunkt ein Wissen davon impliziert, wie sich "freie" Wesen zu allen Zeitpunkten entscheiden werden, so schließt dies freie Entscheidungen grundsätzlich aus[25].

In modallogischer Terminologie zielt die entscheidende Frage auf die Relation zwischen folgenden beiden Formulierungen:

> Formulierung A: "*Notwendigerweise* gilt: Wenn Gott weiß, wie sich P zu einem zukünftigen Zeitpunkt T entscheiden wird, dann wird sich P zum Zeitpunkt T so entscheiden."
>
> Formulierung B: "Wenn Gott weiß, wie sich P zu einem zukünftigen Zeitpunkt T entscheiden wird, dann wird sich P zum Zeitpunkt T *notwendigerweise* so entscheiden."

Wenn A und B entweder synonym wären oder wenn B aus A folgte, würde göttliche Allwissenheit menschliche Freiheit ausschließen. Im folgenden soll zu zeigen versucht werden, daß beide Formulierungen zwar nicht synonym sind[26], daß aber dennoch B in einer Weise aus A folgt, die zumindest den hier vorausgesetzten Freiheitsbegriff aufhebt, und zwar - wie gezeigt werden soll - völlig unabhängig davon, ob das göttliche Wissen einen zeitlichen Index besitzt oder nicht.

Die Diskussion des klassischen Problems der vermeintlichen Unvereinbarkeit von göttlicher Allwissenheit und menschlicher Freiheit[27] läßt sich in Gestalt der Frage nach dem "Vorherwissen" Gottes thematisieren. In diesem Fall wird von einem temporalistischen Verständnis der Ewigkeit Gottes ausgegangen, wonach Gottes Sein eine zeitlich unbegrenzte Extension besitzt. Andernfalls wäre der Begriff des Vorherwissens nicht sinnvoll anwendbar. Im folgenden wird die Gültigkeit dieser Prämisse zunächst vorausgesetzt. Erst im

---

24 Vgl. dazu zutreffend *A. Kenny, The God of the Philosophers*, 52: "On the indeterminist view, any future-tensed proposition about free human action must be contingent: it must be capable of turning out either true or false."

25 Vgl. dazu ausführlicher *J.R. Lucas, The Freedom of the Will*, 14. Kap., sowie den Überblick von *M.D. Robinson, Eternity and Freedom*, 1-25.

26 Darauf läuft die Lösung des Thomas von Aquin hinaus. Vgl. dazu *Summa contra gentiles*, III,94: "Si Deus providit hoc futurum, hoc erit... Sed sic erit sicut Deus providit illud esse futurum. Providit autem illud esse futurum contingenter. Sequitur ergo infallibiliter quod erit contingenter, et non necessario."

27 Zur gegenwärtigen Diskussion der einschlägigen Probleme und Lösungsversuche vgl. den ausgezeichneten einführenden Überblick von *J.M. Fischer, Introduction: God and Freedom*, 1-56.

Anschluß daran soll dann geprüft werden, inwiefern die Annahme einer zeitlosen Ewigkeit Gottes das Probem besser zu lösen vermag.

Gegen die Behauptung einer Unvereinbarkeit zwischen göttlichem Vorherwissen und menschlicher Willensfreiheit läßt sich zunächst einwenden, daß üblicherweise das Wissen über ein zukünftiges Ereignis nicht dessen kausale Verursachung bzw. Determinierung impliziert und insofern der Willensfreiheit nicht widerspricht. Seit Origenes gehört der Hinweis auf die Unterscheidung zwischen *praescientia* und *praedeterminatio* zum Repertoire der theologischen Verteidigung des göttlichen Vorherwissens[28]. Augustinus diskutiert diesen Lösungsansatz in "De libero arbitrio", indem er eine Parallele zwischen menschlichem und göttlichem Vorherwissen konstruiert und einen Schluß zieht[29], der in abgewandelter Form folgendermaßen beschaffen ist: Aus dem Satz

> [1] A weiß heute, wie sich B morgen entscheiden wird.

folgt nicht der Satz

> [2] A's heutiges Wissen verursacht B's morgige Entscheidung.

Wenn aber [2] nicht aus [1] folgt, impliziert das Wissen um zukünftige Entscheidungen nicht deren Bewirkung oder Verursachung. B's Entscheidungen scheinen also weiterhin problemlos als freie bzw. von B selbst verursachte verstanden werden zu können. Boethius hat diesen Ausweg aus dem Dilemma mit guten Gründen als nicht sehr befriedigend zurückgewiesen[30].

---

28 Vgl. *Origenes, Contra Celsum*, II,18f.

29 Zu dieser Lösung vgl. *Augustinus, De libero arbitrio*, III,10: "Wenn mich nicht alles täuscht, zwingst du doch den Betreffenden, von dem du im voraus weißt, daß er sündigen wird, nicht, daß er auf der Stelle sündigt. Ebensowenig zwingt ihn dein Vorwissen zum Sündigen, wenn er auch ohne Zweifel sündigen wird, da du es ja sonst nicht im voraus wissen könntest. Da sich also diese beiden Tatsachen nicht widersprechen: das, was du mit deinem Vorwissen weißt, und das, was der andere mit seinem Willen tun wird, so zwingt auch Gott keinen zum Sündigen, obgleich Er jene im voraus sieht, die mit eigenem Willen sündigen werden."

30 Vgl. dazu *Boethius, De consolatione philosophiae*, V,3.P.: "Auch billige ich nicht den Weg, auf dem einige meinen, den Knoten dieser Frage lösen zu können. Sie sagen nämlich: Nicht deshalb wird etwas geschehen, weil die Vorsehung es als künftig vorausgesehen hat, sondern im Gegenteil vielmehr, weil etwas geschehen wird, kann es der göttlichen Vorsehung nicht verborgen bleiben, und auf die Weise gleitet die Notwendigkeit auf den andern Teil hinüber; nicht ist

Einer der Gründe, warum diese Parallele nicht überzeugt, ist der gravierende Unterschied zwischen menschlichem und göttlichem "Vorherwissen". Das menschliche "Vorherwissen" zukünftiger kontingenter Ereignisse hat üblicherweise den Charakter mehr oder weniger gut begründeter prognostischer Aussagen oder Vermutungen. Es ist fraglich, ob derartige Prognosen gegenwärtig sinnvollerweise als wahr bezeichnet werden können. Versteht man unter "Wissen" *per definitionem* "wahres Wissen", so folgt aus A's Wissen, daß es nur dann wahr sein kann, wenn es mit dem intendierten Sachverhalt, nämlich B's morgiger Entscheidung, übereinstimmt. Auch in dieser Lesart bewirkt oder verursacht A's Wissen nicht B's Entscheidung, aber aus der Möglichkeit eines solchen wahren Wissens folgt, daß der zukünftige Ereignisverlauf gegenwärtig bereits irgendwie feststehen muß, weil er andernfalls gar nicht gewußt werden könnte. Wenn also A's Wissen heute wahr ist, folgt daraus notwendig, daß der Ausgang von B's morgiger Entscheidung bereits heute feststeht.

[1] A weiß heute, wie sich B morgen entscheiden wird.

[3] A's Wissen ist wahr.

[4] ∴ Bereits heute steht fest, wie sich B morgen entscheiden wird.

Aus [4] scheint nun unausweichlich zu folgen, daß B's morgige Entscheidung nicht mehr frei sein kann, da ihr Ausgang heute schon feststeht und folglich gar nicht mehr anders ausfallen kann. An dieser Stelle beginnen nun erst die eigentlichen Probleme.

Die problematische Konklusion [4] läßt sich relativ problemlos vermeiden, wenn man die Möglichkeit eines wahren Wissens über zukünftige kontingente Ereignisse, also die Prämissen [1] und [3], als absurd verwirft. Dafür sprechen gute Gründe: Sofern eine Aussage nur dann wahr ist, wenn sie mit dem von ihr behaupteten Sach-

---

nämlich notwendig, daß geschieht, was vorausgesehen wurde, sondern es ist notwendig, daß das, was zukünftig geschehen wird, vorausgesehen wird; als ob das Problem darin bestünde, welches die Ursache eines Dinges ist, das Vorauswissen die Ursache der Notwendigkeit des Zukünftigen oder die Notwendigkeit die Ursache der Voraussicht des Zukünftigen, und nicht vielmehr, was wir zu beweisen erstreben, daß, was auch immer die Ordnung der Ursachen sei, die vorausgesehenen Dinge mit Notwendigkeit eintreffen müssen, selbst wenn das Vorauswissen keine Notwendigkeit des Eintretens in die zukünftigen Dinge hineinzutragen scheint." (Übersetzung E. Gegenschatz und O. Gigon)

verhalt übereinstimmt, kann keine Aussage über zukünftige kontingente Ereignisse gegenwärtig wahr sein[31], denn der Sachverhalt, auf den sich diese Aussagen beziehen, existiert (noch) nicht[32]. Selbstverständlich kann sich eine solche Aussage in der Zukunft als wahr erweisen oder herausstellen. Solange jedoch die Erfüllung der Wahrheitsbedingungen noch aussteht, hat die Aussage den Status einer prognostischen Vermutung oder einer Erwartung, die weder wahr noch falsch ist. Vermutungen können sich in Zukunft als wahr herausstellen. Für zahllose Erwartungen trifft dies auch zu, selbst für Erwartungen, die sich auf freie Entscheidungen beziehen. Sie können aber zum Zeitpunkt ihrer Feststellung nicht wahr sein, und zwar aus dem einfachen Grund, weil der korrespondierende Sachverhalt - zumindest aus menschlicher Perspektive (und wie noch zu zeigen versucht wird, auch aus göttlicher Perspektive) - nicht existiert[33]. Vermutungen oder Erwartungen legen daher den zukünftigen Ereignisverlauf auch dann nicht fest, wenn sie sich als richtig herausstellen. Die Zeit ist nicht mit einem Buch vergleichbar, bei dessen Lektüre man neugierdehalber beliebig einige Seiten überblättern kann.

---

31 Dies scheint dem normalen Sprachgebrauch völlig zu widersprechen. Üblicherweise bezeichnet man Aussagen, wie z.B. "Morgen ist Freitag" als wahr, wenn sie donnerstags gemacht werden. Nach obigem Vorschlag würde es sich dabei jedoch auch nur um eine Vermutung oder Erwartung handeln, die sich erst am folgenden Tag als wahr erweisen wird. Dies scheint ebenso absurd zu sein wie der zugrundeliegende Vorschlag. - Nun ist zwar mit an Sicherheit grenzender Wahrscheinlichkeit damit zu rechnen, daß auf den heutigen Donnerstag morgen ein Freitag folgt, und jeder ernsthafte Zweifel daran wäre eher besorgniserregend. Aber sicherlich steht heute nicht mit absoluter Sicherheit fest, daß es überhaupt einen morgigen Tag gibt. Mit etwas Phantasie lassen sich zahlreiche Gründe nennen, die dies verhindern könnten. Ungleich mehr Gründe gibt es im Hinblick auf Prognosen über zukünftige Entscheidungen freier Subjekte.

32 Im Rahmen einer kausalen Erkenntnistheorie läßt sich diese Möglichkeit ebenfalls in Frage stellen. Wenn synthetische Erkenntnis einen kausalen Zusammenhang zwischen dem zu erkennenden Sachverhalt einerseits und seiner Erkenntnis voraussetzt, bleibt eine Erkenntnis zukünftiger Sachverhalte ausgeschlossen, weil diese gegenwärtig noch nicht existieren und daher auch nicht kausal auf den Erkennenden einwirken können. Zur kausalen Erkenntnistheorie vgl. *A.I. Goldman, A Causal Theory of Knowing*, 357-372.

33 Dies scheint der geläufigen Annahme zu widersprechen, der Wahrheitswert einer Proposition sei unveränderlich. Diese Annahme läßt sich jedoch auf zweifache Weise reformulieren: (1) Jede wahre Proposition ist zeitlos bzw. immer wahr. (2) Jede wahre Proposition bleibt von dem Zeitpunkt an, von dem sie wahr ist, für immer wahr. Nach der zweiten Version sind Aussagen über zukünftige Ereignisse so lange weder wahr noch falsch, wie das betreffende Ereignis noch aussteht.

Anders formuliert: Zukünftige (freie) Entscheidungen sind gegenwärtig kein möglicher Gegenstand wahren Wissens[34]. Diese radikale Lösung unterscheidet sich von einer moderateren Version darin, daß nach letzterer Aussagen über zukünftige Ereignisse bereits gegenwärtig entweder wahr oder falsch sind, wobei nur ihr Wahrheitswert noch nicht erkennbar bzw. feststellbar ist[35]. Dann stellt sich aber von

---

[34] Vgl. dazu auch *P. Geach, Providence and Evil*, 52f. Geach spricht von einem irreführenden "Bild" der Zukunft, das Menschen gefangenhält, und zwar vom Bild der Zukunft als etwas Vorhandenem, das für uns jedoch in der Regel unsichtbar bleibt. Demgegenüber betont Geach zu Recht, daß die Zukunft nur in bestimmten gegenwärtigen Trends und Tendenzen bestehe. Im weiteren vergleicht Geach die Zeit mit einer unsichtbaren Hand bzw. einem *Moving Finger*: "Was die unsichtbare Hand bereits geschrieben hat, kann nicht mehr ausgelöscht werden: weder durch Tränen der Reue noch durch den menschlichen Verstand, indem er etwa eine Zeitmaschine erfindet, oder durch die höchst zweifelhafte Frömmigkeit, darum zu beten, daß etwas geschehen oder nicht geschehen hätte sollen (...). Ab der Stelle, bis zu der die unsichtbare Hand geschrieben hat, findet sich nur leeres Papier; kein Röntgenblick kann zeigen, was dort stehen wird, genausowenig wie irgendeine wissenschaftliche Untersuchung des Papiers auf meinem Schreibtisch die Worte zeigen kann, die ich darauf schreiben werde." (Übersetzung A.K.) Eine ähnliche Position vertritt auch *R.E. Creel, Divine Impassibility*, 80-112, 206.

[35] R. Swinburne lehnt die radikale Lösung des Allwissenheitsproblems mit dem Hinweis ab, es widerspreche der üblichen Verwendung des Ausdrucks "wahr". Üblicherweise gelten auch Aussagen über zukünftige Ereignisse als (zeitlos) wahr oder falsch, und zwar unabhängig davon, ob ihre Wahrheit oder Falschheit schon erkannt werden kann. Eine solche Behauptung könne daher durchaus wahr sein, obwohl das behauptete Ereignis noch gar nicht stattfand. Vgl. dazu *R. Swinburne, The Coherence of Theism*, 174f.; *ders., The Christian God*, 133. Ähnlich argumentiert auch *B.L. Hebblethwaite, Some Reflections on Predestination, Providence and Divine Foreknowledge*, 439f. Im Hinblick auf Aussagen über zukünftige freie Entscheidungen plädiert Hebblethwaite dafür, sie durchaus als wahr/falsch zu bezeichnen. Aber es sei eben auch für Gott logisch unmöglich, ihren Wahrheitswert bereits im voraus festzustellen. Dies dürfte wohl eher dafür sprechen, daß sie gar keinen haben. Vgl. dazu zutreffend *W. Hasker, Foreknowledge and Necessity*, 224: "The view that there are no truths about future contingent events is traced back to Aristotle; it was adopted (with certain complications) by Thomas Aquinas, and has been revived in our day by A.N. Prior and Peter Geach. It has been my observation that philosophers often react against it with a vehemence that bears little relation to any demonstrated logical inadequacies. It is somehow bizarre, or outrageous, or just downright offensive to suggest that this view might be correct. It seems to me that this is an overreaction. In all likelihood what is at stake here is not a matter of logical correctness or incorrectness, but rather a matter of terminology: just how shall we use the words 'true', 'truth', and so on? And it does not seem to me that our ordinary, pre-philosophical usage of these words clearly settles the matter one way or the other." Zur Kritik an Swinburne vgl. auch *J.L. Kvanvig, The Possibility of an All-Knowing God*, 18.

neuem das Determinismus-Problem: Wenn Aussagen über zukünftige Entscheidungen schon gegenwärtig wahr sein können, dann scheint der Sachverhalt, über den die Aussagen handeln, schon gegenwärtig festzustehen, ob der Wahrheitswert nun *de facto* erkannt werden kann oder nicht. Genau dies würde aber die Möglichkeit freier Entscheidungen ausschließen. In der radikalen Version wird diese Schwierigkeit umgangen[36]. Daher verdient sie den Vorzug.

Die eben skizzierte Lösung ist nun nicht auf Gottes Vorherwissen zukünftiger Ereignisse übertragbar, denn Gottes Allwissenheit besteht nicht in prognostischen Vermutungen oder Erwartungen, die sich möglicherweise als falsch erweisen können[37]. Gottes Allwissenheit umfaßt definitionsgemäß ausschließlich unfehlbares Wissen. Menschliche Prognosen über zukünftige freie Entscheidungen können durch den Ereignisverlauf falsifiziert werden. Für Gottes Vorherwissen trifft dies nicht zu. Wenn Gott heute weiß, wie sich B morgen entscheiden wird, so mag zwar auch sein Wissen B's Entscheidung nicht unbedingt kausal verursachen. Soweit ist die traditionelle Unterscheidung zwischen *praescientia* und *praedeterminatio* durchaus zutreffend. Sie übersieht allerdings folgenden Sachverhalt: Wenn Gott immer schon wußte, wie sich B entscheiden wird, und zwar nicht nur am morgigen Tag, sondern während seines gesamten Daseins, dann folgt daraus, daß es auch immer schon feststand, wie B sich entscheiden wird[38]. Daraus folgt wiederum, daß B im relevanten Zeitraum nicht die Möglichkeit haben wird, sich anders zu entscheiden. Der Verlust dieser Möglichkeit zieht nun aber offenbar den Verlust der Willensfreiheit nach sich[39], und zwar nicht deshalb, weil

---

36 Vgl. dazu z.B. *J. Runzo, Omniscience and Freedom for Evil*, 139f.

37 Eine ausführlichere Darstellung dieses Arguments der Unverträglichkeit von Vorherwissen und Willensfreiheit findet sich in dem wichtigen Aufsatz aus dem Jahre 1965 von *N. Pike, Divine Omniscience and Voluntary Action*, 33f. Einen Überblick über die Diskussion seit der Veröffentlichung gibt *N. Pike, A Latter-Day Look at the Foreknowledge Problem.*

38 Daraus folgt natürlich nicht, daß B's Entscheidung notwendig im Sinne von nicht-kontingent ist, aber es folgt, daß es notwendig wahr ist, daß B sich so und nicht anders entscheiden wird. Vgl. dazu *N. Pike, God and Timelessness*, 62. Dies reicht aber aus, um die Willensfreiheit auszuschließen.

39 Vgl. dazu die klassische Formulierung des Problems bei *Boethius, De consolatione philosophiae*, V,3.P.: "Es scheint mir im höchsten Grade ein Gegensatz und Widerspruch zu sein, daß Gott alles im voraus kenne und zugleich irgendein freier Wille sei; denn wenn Gott alles voraussieht und auf keine Weise irren kann, so muß mit Notwendigkeit eintreffen, was die Vorsehung als künftig vorausgesehen hat. Deshalb, wenn sie von Ewigkeit nicht nur die Taten der Men-

B dazu gezwungen oder irgendwie kausal genötigt wurde, sich so zu entscheiden, sondern deshalb, weil er sich jeweils nicht anders entscheiden konnte[40]. Den eigentlichen Nerv dieser Problematik bildet nicht erst die Frage nach der Verursachung zukünftiger Entscheidungen, sondern schon die Voraussetzung ihrer bloßen Erkennbarkeit[41].

Der springende Punkt ist also nicht die Ursache, warum B sich so und nicht anders entscheiden wird. Natürlich könnte Gott voraussehen, daß B sich so entscheiden wird, weil B sich so entscheiden will. Von diesem Vorauswissen unberührt bliebe allerdings nur die Handlungsfreiheit, nicht aber die Willensfreiheit. Im Sinne der Willensfreiheit ist eine Entscheidung nicht schon dann frei, wenn sie nicht durch vorausgehende Ursachen determiniert ist, sondern erst dann, wenn sie (1) durch den Willen des Handlungssubjekts verursacht wird und wenn (2) das Handlungssubjekt nicht nur die Möglichkeit hat, so handeln zu können, wie es will, sondern auch die Möglichkeit, *ceteris paribus* anders wollen zu können[42]. Genau diese Möglichkeit würde durch ein unfehlbares Vorherwissen ausgeschlossen, weil die Realisierung dieser Möglichkeit das Vorherwissen widerlegen würde. Unfehlbares Wissen ist aber grundsätzlich unwiderlegbar. Das Vorherwissen zerstört also nicht den menschlichen Willen als Grund von Entscheidungen, wohl aber die Möglichkeit, sich

---

schen, sondern auch deren Absichten und Willen voraus weiß, so gibt es keine Freiheit des Willens; denn es kann weder eine Handlung noch irgendein Wille existieren, den die göttliche Vorsehung nicht unfehlbar voraus weiß. Denn wenn sie in anderer Richtung abgebogen werden können als vorausgesehen war, dann wird das Vorauswissen der Zukunft nicht mehr sicher sein, sondern eher eine ungewisse Meinung, was ich von Gott zu glauben für ein Unrecht halte." (Übersetzung E. Gegenschatz und O. Gigon)

40 Vgl. dazu auch *N. Pike, God and Timelessness*, 65: "Wir können über die Ursachen menschlicher Handlungen alles sagen (...), was wir wollen. Wenn Gott (wesensgemäß) allwissend ist und wenn er Überzeugungen über den Ausgang menschlicher Handlungen im voraus besitzt, sind menschliche Handlungen determiniert (d.h. nicht willentlich), was immer auch im Hinblick auf die in dieser Situation involvierten Ursachen (oder deren Fehlen) gilt." (Übersetzung A.K.) Der von Pike verwendete Ausdruck "willentlich" (*voluntary*) entspricht dem hier verwendeten Begriff der Willensfreiheit.

41 Auf einen ähnlichen Punkt scheint auch Alstons Differenzierung zwischen "causally" und "situationally logically necessitated" hinauszulaufen. Letzteres ist dann für ein Ereignis der Fall, "when it is entailed by a previous state of affairs alone" - wie z.B. das Vorherwissen Gottes. Vgl. dazu *W.P. Alston, Divine Foreknowledge and Alternative Conceptions of Human Freedom*, 164f.

42 Vgl. dazu *J. Runzo, Omniscience and Freedom for Evil*, 134.

unter gleichen Bedingungen auch anders entscheiden zu können[43]. Die Tatsache, daß man anders hätte handeln können, wenn man sich dazu entschieden hätte, anders zu handeln, ist für die *free will defense* irrelevant, solange man sich gar nicht dazu hätte entscheiden können, anders zu handeln. Willensfreiheit setzt sowohl voraus, daß man anders gehandelt hätte, wenn man sich anders entschieden hätte, als auch daß es möglich war, sich anders zu entscheiden[44]. Und genau diese zweite Voraussetzung wird durch das göttliche Vorherwissen ausgeschlossen.

Gegen diesen Schluß könnte man nun einwenden, daß Gottes Vorherwissen alle Entscheidungsalternativen von B überblicke, aber eben auch im voraus erkenne, für welche sich B frei entscheiden werde: Angenommen, Gott weiß zum Zeitpunkt T_1, daß B zum Zeitpunkt T_2 lügen wird. Gottes Vorherwissen, wie sich B zum Zeitpunkt T_2 entscheiden wird, schließe deshalb keinesfalls aus, daß B die Wahl haben wird, sich anders zu entscheiden, nämlich die Wahrheit zu sagen. Dennoch wird B lügen, und zwar nicht deshalb, weil Gott dies zum Zeitpunkt T_1 wußte, sondern weil B sich dafür entscheiden wird zu lügen. Genau dies weiß Gott aufgrund seines Vorherwissens. Würde B sich anders entscheiden, so würde Gott dies natürlich auch im voraus wissen[45]. Aus diesem Grund widerspreche das göttliche Vorherwissen nicht der menschlichen Willensfreiheit. Es setzt zwar voraus, daß der zukünftige Ereignisverlauf festgelegt ist, aber er ist eben genau in der Weise festgelegt, in der sich B entscheiden wird, was wiederum nicht ausschließt, daß B sich auch anders entscheiden kann. Würde sich B anders entscheiden, so wüßte

43 Vgl. z.B. *Augustinus, De libero arbitrio*, III,7: "Weil aber Gott auch unsren zukünftigen Willen vorherweiß, folgt daraus trotzdem keineswegs, daß wir nicht mit unsrem Willen etwas wollen ...: ebenso wird auch ein sündiger Wille, wenn er sich einmal in dir äußern sollte, nicht deshalb aufhören, dein Wille zu bleiben, weil Gott auch ihn als künftig bereits vorausweiß."

44 So zutreffend *J. Runzo, Omniscience and Freedom for Evil*, 134.

45 Ein ähnlicher Lösungsvorschlag scheint *A. Plantinga, God, Freedom, and Evil*, 71 vorzuschweben: "It was within Jones' power at T_2 to do something such that if he had done it, then God would not have held a belief that in fact he did hold." Zur Kritik vgl. *W.P. Alston, Divine Foreknowledge and Alternative Conceptions of Human Freedom*, 174-177. Alston zeigt, daß sich dieser Lösungsvorschlag als deterministisch herausstellt. In *On Ockham's Way Out* schlägt Plantinga einen anderen Weg ein, indem er zwischen "hard" und "soft facts" unterscheidet und im Anschluß daran Gottes Vorherwissen nicht zu den "hard facts" rechnet.

dies Gott im voraus. Dieses Gegenargument ist nur vordergründig plausibel.

Das Argument wäre möglicherweise überzeugender, wenn klar wäre, wie ein zukünftiges Ereignis ein gegenwärtiges Wissen dieses Ereignisses ermöglichen kann. Gäbe es dafür eine auch nur annähernd einleuchtende Erklärung, so wäre vielleicht verständlich, wie B's zukünftige Entscheidung der Grund für Gottes Wissen sein kann. Damit wären dann alle die Willensfreiheit betreffenden Einwände ausgeräumt[46]. Wie aber soll ein zukünftiges kontingentes Ereignis, wie etwa B's morgige Entscheidung, heute erkennbar sein, wenn es noch gar nicht existiert? Solange für diese Behauptung keine plausible Erklärung vorliegt, scheint aus dem unfehlbaren Wissen um B's zukünftige Entscheidung zu resultieren, daß B lügen wird, weil er sich nicht anders entscheiden kann, als eben zu lügen. Man kann kaum einwenden: Wenn B sich zum Zeitpunkt T_2 anders entscheiden würde – nämlich dafür, die Wahrheit zu sagen – so würde dies Gott zum Zeitpunkt T_1 auch wissen. Eine der Prämissen, aus denen das Problem entsteht, besagt, daß Gott gegenwärtig weiß, wie sich B zu einem – genauer natürlich: zu jedem – zukünftigen Zeitpunkt entscheiden wird. Damit steht dieses Wissen fest, so daß nicht mehr erwidert werden kann: Würde sich B anders entscheiden, so wüßte dies Gott gegenwärtig. Dieser Lösungsversuch ist zirkulär, denn der Ausgangspunkt des Problems bestand ja in der Annahme, daß Gott zum Zeitpunkt T_1 weiß, wie sich B zum Zeitpunkt T_2 entscheiden wird. Zum Zeitpunkt T_1 zu wissen, daß B entweder lügen oder die Wahrheit sagen wird, konstituiert natürlich kein besonders gehaltvol-

---

[46] Ein Versuch besteht in der Annahme einer "rückwirkenden Verursachung" (*backward causation*), wonach zukünftige Ereignisse ihr Vorherwissen in der Vergangenheit bewirken können. Vgl. dazu im Anschluß an M. Dummett u.a. *W.S. Anglin, Free Will and the Christian Faith*, 80-103. Dieser Lösungsweg widerspricht sowohl dem Axiom, wonach Ursachen ihren Wirkungen immer zeitlich vorangehen, als auch dem Axiom von der Unveränderbarkeit der Vergangenheit. Wenn obige Annahmen zutreffen, kann die Zukunft gegenwärtig deshalb nicht erkannt werden, weil sie noch gar nicht existiert. In diesem Fall kann sie natürlich auch nichts in der Gegenwart bewirken. - Einen ebenso problematischen Lösungsansatz deutet *R. Ackermann, An Alternative Free Will Defense* (370-372) an: Aufgrund der Komplexität der erschaffenen Welt sei es auch für Gott unmöglich, alle zukünftigen Ereignisse voraussehen zu können, und zwar aus logischen Gründen, so daß dadurch die Behauptung der göttlichen Allwissenheit nicht eingeschränkt werde. Ackermann versucht diese These durch eine Analogie aus der Informatik zu erhellen, ohne jedoch näher auf Details einzugehen.

les Vorherwissen. Um ein nicht-analytisches Vorherwissen handelt es sich nur dann, wenn gewußt wird, ob B lügen oder die Wahrheit sagen wird. Wird nun im voraus gewußt (und nicht nur vermutet), daß B lügen wird, so resultiert daraus unweigerlich, daß sich B nicht anders entscheiden kann, als eben zu lügen. Angenommen, Gott weiß, daß B lügen wird, dann könnte B nur dann die Wahrheit sagen, ohne Gottes Vorherwissen zu falsifizieren, wenn er sich dafür entscheidet und wenn seine Entscheidung Gottes Vorherwissen rückwirkend verändern könnte. Diese Vorstellung ist jedoch schlechthin absurd.

Nach wie vor unklar bleibt außerdem, auf welche Weise Gott den zukünftigen Ereignisverlauf im voraus erkennen kann. Die Versuche zur Beantwortung dieser Frage führen in noch ausweglosere Aporien und offenbaren dadurch vollends die Unhaltbarkeit der These von der Vereinbarkeit zwischen Vorherwissen und Willensfreiheit. Grundsätzlich wäre ein Vorherwissen auf zweifache Weise denkbar: zum einen als Ergebnis einer Deduktion zukünftiger Ereignisse aus den gegenwärtigen Ausgangsbedingungen, zum anderen als unmittelbare Intuition bzw. Schau dieser Ereignisse. In beiden Fällen läßt sich die Frage nach der göttlichen Allwissenheit zukünftiger Ereignisse folgendermaßen reformulieren: Kann die Zukunft für Gott ein möglicher Gegenstand wahren Wissens sein? Stellt die Zeit, wenn auch nicht in menschlicher, so doch in göttlicher Perspektive, ein "Buch" dar, dessen Inhalt Gott jederzeit vollständig präsent und bekannt ist? Mit Einschränkungen könnten diese Fragen bejaht werden, wenn Gott im Sinne der Allwirksamkeit die einzige und ausschließliche Ursache aller Ereignisse und somit gewissermaßen der einzige und ausschließliche Autor des "Buches" wäre. Wenn die Zukunft ausschließlich von Gottes Willen verursacht wird und Gott seinen Willen vollständig erkennt, folgt daraus, daß Gott auch die Zukunft gegenwärtig erkennen kann. Wenn Gott jedoch freie Wesen erschafft, muß er aus logischen Gründen darauf verzichten, deren freie Entscheidungen direkt oder vermittels anderer Ursachen kausal zu bewirken. Zukünftige freie Entscheidungen lassen sich offenbar weder aus den gegenwärtigen Ausgangsbedingungen noch aus den Dekreten des göttlichen Willens deduzieren.

Auch Verteidiger der Vereinbarkeit von göttlichem Vorherwissen und menschlicher Freiheit, wie Stephen T. Davis, räumen ein, daß es sich bei diesem Vorherwissen nicht um ein inferentielles bzw.

abgeleitetes Wissen handeln kann, sondern um eine Art von "Zukunftsvision" (*future vision*), in der Gott die Zukunft nicht kausal bewirkt, sondern sie jederzeit in analoger Weise erkennt, wahrnimmt oder sieht, wie Menschen die Gegenwart sehen: intuitiv und unmittelbar[47]. Eine derartige *future vision* kann aber nur möglich sein, wenn bereits gegenwärtig feststeht bzw. wenn es intuitiv erkennbar oder wißbar ist, wie der zukünftige Ereignisverlauf beschaffen sein wird. Um für das göttliche Bewußtsein erkennbar zu sein, muß die Zukunft - zumindest für Gott - schon irgendwie existieren. Ansonsten könnte in der Zukunft nichts gesehen werden, weder inferentiell noch intuitiv. Dies besagt nun aber nichts anderes, als daß der Unterschied zwischen einer unveränderlichen Vergangenheit und einer offenen Zukunft für Gottes Vorherwissen nicht zutrifft, daß Gott - mit anderen Worten - die Zukunft auf die gleiche Weise erkennt wie die Vergangenheit und Gegenwart.

Die Behauptung, daß der Unterschied zwischen Vergangenheit und Zukunft für die Perspektive Gottes nicht zutrifft, läßt sich auf der Basis eines temporalistischen Ewigkeitsverständnisses, das eine unendliche zeitliche Extension impliziert, nicht mehr halten, weil sie genau diese Basis aufhebt. Sinnvollerweise läßt sie sich nur aufrechterhalten, wenn man davon ausgeht, daß Gott außerhalb der Zeit existiert und gleichsam von außerhalb der Zeit her Vergangenheit, Gegenwart und Zukunft unmittelbar erkennt. Anders läßt sich der Behauptung einer intuitiven Erkennbarkeit zukünftiger Ereignisse kaum ein plausibler Sinn abgewinnen. Dies ist natürlich genau der klassische Lösungsansatz des Boethius[48], der sich letztlich als einzige *prima facie* überzeugende Lösung des Problems nahelegt: Gott weiß um den zukünftigen Ereignisverlauf strenggenommen gar nicht im voraus, er erkennt ihn vielmehr unmittelbar aus der Perspektive seiner ewigen Gegenwart. Vom "erhabenen Gipfel der Dinge" tran-

---

47 Vgl. dazu *S.T. Davis, Divine Omniscience and Human Freedom*, 314f. Die Vorstellung von einem unmittelbaren Gewärtigsein aller Ereignisse ist eine Standardformulierung in allen Positionen, die Gottes überzeitliche Ewigkeit behaupten, und vermutlich auch die einzige alternative Lösungsmöglichkeit. Zur Frage des göttlichen Erkennens vgl. vor allem *W.P. Alston, Divine Nature and Human Language*, 178-193.

48 Vgl. dazu auch *R.L. Purtill, Foreknowledge and Fatalism*, 323. Purtill moniert, daß sich die ganze Problematik nicht stelle, wenn Gott außerhalb der Zeit gedacht werde, ohne jedoch eine intelligible Vorstellung zu vermitteln, wie Personalität und Bewußtsein zeitlos gedacht werden können.

szendiert Gottes Wissen jede Bewegung in der Zeit[49]. Nur ein der Zeit enthobener Gott scheint unsere Zukunft intuitiv erkennen zu können[50].

Es ist allerdings fraglich, ob dieser klassische Lösungsvorschlag wirklich den entscheidenden Punkt trifft. Die eigentliche Schwierigkeit bezüglich der Vereinbarkeit von Allwissenheit und Freiheit resultiert nicht nur aus der Aussage:

> [5] Gott weiß gegenwärtig, wie sich B in Zukunft entscheiden wird.

Diese Aussage läßt sich folgendermaßen reformulieren:

> [6] Es ist gegenwärtig wahr, daß Gott weiß, wie sich B in Zukunft entscheiden wird.

In dieser reformulierten Form [6] wird nicht mehr vorausgesetzt, daß Gottes Wissen einen zeitlichen Index besitzt. Und dennoch bleibt das eigentliche Problem virulent. Denn wenn es gegenwärtig wahr ist, daß Gott weiß, wie sich B in jenem Zeitraum entscheiden wird, der für B in der Zukunft liegt, dann scheint dieses Wissen immer noch mit der Willensfreiheit unvereinbar zu sein, auch wenn es sich nicht mehr um ein Vorherwissen im eigentlichen Sinn handelt[51]. Ausschlaggebend ist also nicht allein, ob Gott gegenwärtig weiß, sondern ob es gegenwärtig wahr ist, daß Gott weiß, wie sich B in Zukunft entscheiden wird[52]. Wenn dies gegenwärtig wahr ist, ergeben sich die gleichen formalen Probleme wie im Anschluß an [5].

Aus der Prämisse des eternalistischen Lösungsansatzes ergeben sich indes noch weitere gravierende Konsequenzen für das Verständnis der Zeit. Die Behauptung der Möglichkeit einer unmittelba-

---

[49] Vgl. *Boethius, De consolatione philosophiae*, I,5.C.

[50] Vgl. dazu *G. Ganssle, Atemporality and the Mode of Divine Knowledge*, 176-178.

[51] Vgl. zu diesem Argument *A. Plantinga, On Ockham's Way Out*, 183f. sowie *D.P. Lackey, A New Disproof of the Compatibility of Foreknowledge and Free Choice*, 317.

[52] Eine ganz andere Deutung vertritt *A.W.J. Harper, The Theodicy of Suffering*, 10-16. Aufgrund der – eternalistisch verstandenen – Ewigkeit der Gottheit habe diese mit der Zeit nichts zu schaffen und könne deshalb auch zeitliche Ereignisse nicht beeinflussen. Merkwürdigerweise hält Harper dennoch am Allmachtsprädikat fest. Ähnliche Merkwürdigkeiten durchziehen den gesamten Gedankengang Harpers.

ren göttlichen Erkenntnis dessen, was aus menschlicher Perspektive jeweils als Zukunft erscheint ($=\text{Zukunft}_m$), steht in engem Zusammenhang zu ontologischen Annahmen über die Beschaffenheit von Zeit und Schöpfung.

Eine erste gravierende Konsequenz betrifft die Frage nach der Realität der Zeit[53]. Sofern sich im Hinblick auf die Zeit bzw. die Unterscheidung zwischen Vergangenheit und Zukunft menschliche und göttliche Perspektive radikal unterscheiden, stellt sich die Frage nach der objektiv wahren Perspektive. Entweder besteht ein objektiver und radikaler Unterschied zwischen unveränderlicher Vergangenheit einerseits und offener Zukunft andererseits, oder es besteht kein solcher Unterschied, sondern allenfalls der für die Geschöpfe subjektive Eindruck eines solchen Unterschieds. Diese Frage läßt natürlich nur eine einzige Antwortmöglichkeit zu: Nur Gottes Perspektive kann die objektiv wahre sein. "That God knows things as they are is unnegotiable."[54] Die menschliche Perspektive mit ihrer Unterscheidung zwischen Vergangenheit und Zukunft_m kann demgegenüber allenfalls eine illusionäre sein[55]. Aus menschlicher Perspektive erscheint die Zeit wie ein Film, dessen einzelne Bilder nacheinander zu sehen sind und dessen Ausgang grundsätzlich offen erscheint. Aus göttlicher Perspektive ist die gesamte Bildfolge unmittelbar und vollständig präsent und erkennbar[56]. Es ist klar, daß sich

---

53 Vgl. *J. Polkinghorne, Science and Christian Belief*, 61.

54 *R.E. Creel, Divine Impassibility*, 88.

55 Vgl. dazu *R.E. Creel, Divine Impassibility*, 96: "In brief, either a thing is changing or it is not. If God does not know it as changing but we know it as changing, then one of us is mistaken, and it is surely not God. Therefore if eternalism is true, then experience of change is an illusion." - Eine Bestätigung liefert z.B. *F. Schuon, Den Islam verstehen*, 87. Schuon löst dieses Problem hier konsequent, indem er behauptet, daß "die Zeit nur eine daseinsmäßige Ausdehnungsweise und die erfahrungsmäßige Aufeinanderfolge ihrer Inhalte nur eine Täuschung" sei. Nur unter dieser Voraussetzung hebt die Allwissenheit die geschöpfliche Freiheit nicht auf, wohl aber die Realität der Zeit und damit letzten Endes wohl doch auch die Freiheit.

56 Vgl. z.B. *J. Maritain, Dieu et la permission du mal*, 78: "Ich möchte unsere Überlegungen unter einen Grundsatz von eminenter Wichtigkeit stellen: den Grundsatz der realen Gegenwart aller Momente der Zeit für die göttliche Ewigkeit. Jeder Moment der Zeit ist für die göttliche Ewigkeit gegenwärtig, und zwar nicht nur, insofern er von ihr erkannt wird, sondern 'physisch' ... oder in ihrem Sein selbst... Alle Momente der Zeit sind der göttlichen Ewigkeit gegenwärtig. In ihr gibt es kein Nacheinander. Sie ist ein Augenblick, der ohne Anfang und Ende dauert." (Übersetzung A.K.) Unter Hinweis auf Thomas (I Sent., dist. 38, q. 1, a. 5) fügt Maritain hinzu, daß es für Gott keine Zukunft gebe. Der gesamte

der Eindruck eines Nacheinanders einzelner Szenen nur der Begrenztheit der menschlichen Perspektive verdankt, daß dieser Eindruck aber in Wirklichkeit illusionär ist. Die ewig-gegenwärtige Erkennbarkeit der Zukunft_m hebt somit den objektiven Charakter der Zeit auf[57]. Aus einer deduktiven Erkennbarkeit der Zukunft resultiert der Determinismus; aus einer intuitiven Erkennbarkeit der Zukunft_m resultiert der illusionäre Charakter der Zeit. Das "Buch" der Geschichte des Universums würde nicht jeweils in der Gegenwart fortgeschrieben, sondern wäre von Ewigkeit her festgeschrieben. Die Zukunft_m wäre ebenso unveränderbar wie die Vergangenheit. Die Unterscheidung zwischen beiden verdankte sich nur der subjektiven Begrenztheit jener Wesen, die irrigerweise den Eindruck haben, in der Zeit zu existieren. Außerhalb dieser Begrenztheit bestünde kein Unterschied zwischen einer abgeschlossenen Vergangenheit und einer offenen Zukunft. *De facto* wäre die Zukunft_m genauso unveränderlich wie die Vergangenheit[58]. Mit anderen Worten: Gott kann die Zukunft paradoxerweise nur unter der Bedingung erkennen, daß es

---

Zeitablauf, all seine sukzessiven Momente seien im Augenblick der Unendlichkeit enthalten. Vgl. ebd. 79. Diese Aussagen sind entweder völlig unsinnig oder sie laufen auf eine Negation der Realität der Zeit hinaus.

[57] Vgl. dazu auch die Thomas-Deutung von *M. Liske, Was meint Thomas von Aquin mit "Gott weiß das Künftige als gegenwärtig"?,* 523-525. Im Anschluß an Thomas von Aquin versucht Liske, die "Zeitstufe" als *modus significandi* zu interpretieren, die nicht unbedingt auch auf die *res significata* zutreffe. Was aber soll diese Unterscheidung in diesem Zusammenhang erklären: das überzeitliche Erkennen Gottes oder die Überzeitlichkeit des Erkenntnisgegenstandes? Vermutlich kann man nur beides haben, nicht aber das eine ohne das andere, d.h. wenn Gottes Erkenntnis überzeitlich ist, muß es auch der Erkenntnisgegenstand sein. Zumindest letzteres ist aber offenbar absurd. Das "Sitzen des Sokrates" mag "als die res significata auch für sich begreifbar" sein "ohne Bezug auf eine Zeitstufe" (ebd. 524). Bei der Erkenntnis eines derartigen Sachverhalts geht es allerdings nicht nur um die Bedeutung einer Proposition, sondern um ihre Wahrheit, und diese kann ohne Zeitbezug nicht erkannt werden. Auch Gottes Erkenntnis kann nicht darin bestehen, daß er nur den Sinn von Propositionen versteht, sondern darin, daß er weiß, ob sie wahr oder falsch sind. Dies wiederum kann man nur erkennen, wenn man den Zeitindex des Satzes kennt, wenn man also weiß, von (nicht: zu!) welchem Zeitpunkt das Sitzen von Sokrates ausgesagt wird. Es ist äußerst fraglich, ob sinnvollerweise behauptet werden kann, daß ein außerhalb der Zeit existierendes Wesen derartige Sachverhalte erkennen kann. Vgl. dazu ausführlicher *S.T. Davis, Logic and the Nature of God*, 8-40.

[58] Vgl. dazu auch den guten Einwand von *P. Geach, Providence and Evil*, 57: "Wenn Gott das, was tatsächlich zukünftig ist, nicht als Zukünftiges, sondern als Gegenwärtiges erkennen soll, dann würde dies bedeuten, daß er sich täuscht. Wenn das, was Gott sieht, gleichzeitig sowohl zukünftig als auch gegenwärtig ist, dann bedeutet dies einen glatten Selbstwiderspruch." (Übersetzung A.K.)

eigentlich gar keine Zukunft gibt, oder in Peter Geachs prägnanter Formulierung: "'seeing the future' is a self-contradictory action"[59].

Die zweite gravierende Konsequenz besteht darin, daß aus der intuitiven Erkennbarkeit der Zukunft$_m$ eine im weiteren Sinn deterministische Sicht des Universums folgt[60], insofern die Geschichte des Universums sowohl als deduktiv wie auch als intuitiv erkennbare von Ewigkeit her feststeht[61]. Ihre aus menschlicher Perspektive scheinba-

---

59 *P. Geach, The Future,* 209.

60 Boethius versuchte, die deterministischen Konsequenzen folgendermaßen zu umgehen: "Wenn du hier nun sagen wolltest, es könne nicht sein, daß das, was Gott als zukünftig geschehend erkenne, nicht eintreffen werde, was aber unmöglich nicht geschehen könne, das geschehe notwendig, und wenn du mich auf diesen Begriff der Notwendigkeit festlegen willst, so will ich gestehen, es sei dies als Tatsache eine festbegründete Wahrheit, doch könne an sie nur der heranreichen, der die Gottheit schaut. Ich werde weiterhin antworten, daß ein und dasselbe Zukünftige, wenn es auf die göttliche Erkenntnis bezogen wird, notwendig, wenn es aber nach seiner eigenen Natur gewürdigt wird, völlig frei und unabhängig erscheint. Denn es gibt zweierlei Notwendigkeit; die eine einfach, nach der es etwa notwendig ist, daß alle Menschen sterblich sind; die andere bedingt, wie etwa, wenn du von einem weißt, daß er geht, sein Gehen notwendig ist; denn was ein jeder weiß, das kann nicht anders sein, als wie es gewußt wird. Aber diese Bedingtheit zieht keineswegs jene einfache Notwendigkeit als Folge nach sich; denn zur Notwendigkeit führt nicht ihre eigene Natur, sondern das Hinzutreten der Bedingung; keine Notwendigkeit zwingt den, der nach eigenem Willen daherschreitet, zu gehn (!), obwohl es notwendig ist, daß, wenn er schreitet, er geht. Auf eben dieselbe Weise ist das, was die Vorsehung als gegenwärtig sieht, notwendig, obwohl es keine Notwendigkeit von Natur hat." Vgl. *De consolatione philosophiae*, V,5.C. (Übersetzung E. Gegenschatz und O. Gigon) Die heillose Konfusion dieses Arguments resultiert vermutlich unter anderem aus der Tatsache, daß nun doch wieder von einer göttlichen Erkenntnis des Zukünftigen die Rede ist. Zu weiterer Verwirrung steuert die merkwürdige Verwendung des Begriffs "Notwendigkeit" das Ihrige bei.

61 M.E. gelingt es auch M.T. Liske nicht, diese Konsequenzen in seiner Deutung des thomasischen Lösungsansatzes plausibel abzuwehren. Vgl. dazu *M. Liske, Was meint Thomas von Aquin mit "Gott weiß das Künftige als gegenwärtig"?*, 525-537. Liske räumt einerseits ein, daß "die Dinge und Ereignisse nicht seit aller Ewigkeit existieren". Andererseits aber stelle "Gott sie sich schon immer so vollkommen vor, *als ob* sie *gegenwärtig* Existierende wären" (ebd. 529). Eine derartige Vorwegnahme zukünftiger Ereignisse sei deshalb möglich, weil "Gottes Wissen praktisches Wissen ist, ein Wissen, wie es der Hersteller von seinem geplanten Werk hat, ein Wissen, das schöpferisch und verursachend wirkt" (ebd. 530). Es leuchtet nicht ein, wie angesichts dieses Ausgangspunktes deterministische Konsequenzen vermieden werden können. Liske glaubt, Thomas sei dies durch den Rückgriff auf neuplatonische Vorstellungen gelungen, wonach das Wissen Gottes "als das Wissen eines Handelnden von seiner eigenen Tat zu verstehen" ist. Daraus soll nun folgen: "Gott schaut nicht an sich schon Festgelegtes, sondern Offenes", wobei die Festlegung erst durch den Willen erfolgt (ebd. 530f.). Dieser Zusammenhang bleibt jedoch völlig schleierhaft: Wenn Gott

re Offenheit erweist sich als Illusion, die sich der Begrenztheit des menschlichen Erkenntnisvermögens verdankt. Tatsächlich steht nicht nur immer schon der Ausgang des "Films" fest, sondern jede einzelne Szene - und zwar bis ins kleinste Detail. Die theologische Variante des Determinismus impliziert nicht notwendig einen Determinismus physikalischer Natur, weil sie keinen naturgesetzlich bestimmten Kausalzusammenhang voraussetzen muß[62]. Für den theologischen Determinismus ist es also nicht notwendig, daß die Zukunft aus den gegenwärtigen Ausgangsbedingungen und der Gültigkeit bestimmter Naturgesetze deduziert werden kann. Entscheidend ist nicht einmal, ob Gott die einzige Ursache des Ereignisverlaufs ist, obwohl sich diese Schlußfolgerung kaum vermeiden lassen dürfte[63]. Entscheidend ist allein die Tatsache, daß die Zukunft_m nicht mehr offen ist; nicht mehr offen in dem Sinn, daß ihr Verlauf prinzipiell unerkennbar ist. Die Zukunft kann nur dann als grundsätzlich offene gedacht werden, wenn sie gegenwärtig noch nicht existiert, weder in Gottes Geist noch anderswo, d.h. wenn sie kein möglicher Gegenstand wahrer Erkenntnis ist, weder für Menschen noch für Engel - und auch nicht für Gott[64].

---

noch nicht weiß, wie er sich entscheiden wird, kann er die Zukunft auch nicht erkennen. Wenn er jedoch schon weiß, wie er sich entscheiden wird, kann er zwar die Zukunft erkennen. Diese ist dann jedoch nicht mehr offen. Wenn Gott außerhalb der Zeit existiert, hat er sich offenbar immer schon entschieden, so daß die Offenheit der Zukunft und mit ihr die Willensfreiheit eine Illusion ist.

62 Vgl. zu dieser Unterscheidung auch *K.R. Popper, The Open Universe*, 5-8. Popper vermutet, daß die Idee des Determinismus religiösen Ursprungs ist und mit der Vorstellung der göttlichen Allmacht und Allwissenheit zusammenhängt. Der naturwissenschaftliche Determinismus habe die Idee Gottes durch die Idee der Natur ersetzt und dadurch für den Menschen eine rationale, nicht auf Offenbarung basierende Voraussagbarkeit zukünftiger Ereignisse in Aussicht gestellt.

63 Vgl. dazu *D.P. Lackey, A New Disproof of the Compatibility of Foreknowledge and Free Choice*, 316. Aus den Prämissen der kausalen Erkenntnistheorie folgt: "Wenn Gott einen Sachverhalt erkennt, bestimmt der Sachverhalt entweder Gott, was dem üblichen Gottesbegriff widerspricht, wonach Gott der Verursachende, selbst aber Unverursachte ist; oder Gott bestimmt den Sachverhalt, den er erkennt. Ich sehe keine andere Möglichkeit dafür, daß Gott einen Sachverhalt bestimmt, als daß er ihn hervorbringt. Und daraus folgt, daß Gott die zukünftigen Sachverhalte auch hervorbringt, wenn er sie erkennt... Wenn Gott aber diese zukünftigen Sachverhalte selbst hervorbringt, so folgt daraus, daß sie nicht durch den freien Willen der Menschen hervorgebracht werden können." (Übersetzung A.K.)

64 Vgl. dazu *B.L. Hebblethwaite, Some Reflections on Predestination, Providence and Divine Foreknowledge*, 438; *J. Runzo, Omniscience and Freedom for Evil*, 143.

Dies wiederum setzt voraus, daß die Zeit bzw. die Unterscheidung zwischen Vergangenheit, Gegenwart und Zukunft auch für Gott real ist[65], daß es also keinen Standpunkt außerhalb und über aller Zeit gibt. Denn wie sollte etwas real sein können, wenn es nicht auch für Gott real ist? Die Erschaffung eines Universums mit einer offenen Zukunft impliziert natürlich eine Einschränkung hinsichtlich dessen, was Gottes Allmacht bewirken und seine Allwissenheit erkennen kann. Diese Einschränkung resultiert jedoch mit logischer Unausweichlichkeit aus der Natur des von Gott geschaffenen Universums[66], falls es in der Tat die hier angenommene Beschaffenheit aufweist[67]. Sie ist deshalb keine Einschränkung, die Gott wider seinen Willen auferlegt wurde, sondern eine Einschränkung, die er sich selbst durch die Erschaffung eines offenen Universums auferlegt hat[68].

Dies ist nun der Punkt, an dem sich das Problem der Willensfreiheit erneut aufgreifen läßt, denn nur ein offenes Universum kann ein Ort sein, an dem unter anderem freie Entscheidungen möglich sind. Gott könnte natürlich der alleinige Verfasser des "Buches der Zeit" sein, aber nur unter der Voraussetzung, daß alle Akteure den gleichen Freiheitsspielraum genießen wie die Akteure eines bereits abgedrehten Films, nämlich keinen. Im übrigen bleibt die Zukunft für Gott auch dann zu jedem Zeit kontrollierbar, wenn er darauf verzichtet, sie durch seine Allmacht vollständig zu kontrollieren. Auch hier gilt, daß der Besitz von Allmacht in keiner Weise dazu nötigt oder

---

65 Die Annahme, daß mit der Existenz Gottes auch die Existenz der Zeit gegeben ist, bereitet nicht mehr und nicht weniger Probleme als die Annahme, daß mit der Existenz Gottes auch die Unterscheidung zwischen moralisch gut und schlecht oder die Gültigkeit der Logik gegeben ist.

66 Vgl. dazu *B.L. Hebblethwaite, Some Reflections on Predestination, Providence and Divine Foreknowledge*, 441.

67 Hier wird nicht versucht, einen theologischen, wissenschaftlichen oder metaphysischen Beweis für die Überzeugung zu erbringen, daß Gott ein Universum erschaffen hat, in dem die Zeit real und die Zukunft offen ist. Meines Erachtens läßt sich ein solcher Beweis im engeren Sinn nicht führen, obwohl gute Argumente für diese Überzeugung und gewichtige Gründe gegen die Annahme ihres Gegenteils bestehen. Zu den nicht-theologischen Argumenten vgl. *K.R. Popper, The Open Universe*. Zu den theologischen Argumenten vgl. oben den Beginn von Abs. 11.3.

68 Vgl. ähnlich auch *J. Lucas, The Freedom of the Will*, 75: "Meines Erachtens läßt sich überhaupt nichts dagegen einwenden, daß Gott sein unfehlbares Wissen ebenso wie seine Macht einschränkt, um uns von ihm unabhängig sein zu lassen." (Übersetzung A.K.)

verpflichtet, von der Allmacht auch durchgängig Gebrauch zu machen. Ein derartiger Zwang widerspräche geradezu der Allmacht, ebenso wie im übrigen die Unfähigkeit, ein offenes Universum erschaffen zu können.

Die Negation des göttlichen Vorherwissens zukünftiger freier Entscheidungen hat natürlich weitreichende Konsequenzen. Wenn nämlich diese Entscheidungen nicht Gegenstand göttlichen Wissens sind, trifft gleiches auch für die Auswirkungen dieser Entscheidungen zu. Der Ereignisverlauf in einer Welt mit freien Wesen entzieht sich in dem Maße der göttlichen Allwissenheit, in dem die Entscheidungen dieser Wesen die Gestaltung ihrer Umwelt prägen. Wenn Gott nicht wissen kann, wie sich freie Wesen entscheiden werden, kann er auch nicht wissen, welchen Einfluß deren Entscheidungen auf den Teil der Schöpfung ausüben werden, der innerhalb ihres Einflußbereichs liegt. R.W.K. Paterson folgert daraus, daß Gott in diesem Fall überhaupt kein Vorherwissen hätte, was wiederum dem Begriff der Allwissenheit widerspräche[69]. Nun impliziert Allwissenheit nur das Wissen all dessen, was aus logischen Gründen tatsächlich ein möglicher Gegenstand wahren Wissens sein kann. Dies läßt sich auch so formulieren, daß ein Wesen dann und nur dann allwissend ist, wenn es den Wahrheitswert jeder wahrheitsfähigen Proposition kennt. Nach der radikalen Version besitzen Aussagen über zukünftige Ereignisse gar keinen Wahrheitswert[70]. Daher widerspricht es nicht der Allwissenheit eines Wesens, wenn es den Wahrheitswert solcher Aussagen nicht kennt, und zwar aus dem einfachen Grund, weil sie keinen besitzen[71]. Nach der moderaten Version besitzen Aussagen über zukünftige Ereignisse einen Wahrheitswert, der allerdings nicht erkennbar ist. Diese Version führt eher zu Schwierigkeiten mit dem

---

69 Vgl. dazu *R.W.K. Paterson, Evil, Omniscience, and Omnipotence*, 5f.

70 Diese Position entspricht vermutlich auch der Auffassung des Aristoteles im 9. Kap. von *Peri hermeneias*. Vgl. dazu die Darstellung der diesbezüglichen Diskussion bei *C. Sedmak, Vorherwissen Gottes - Freiheit des Menschen - Kontingenz der Welt*, 67-76. Diese Darstellung schließt ebd. 75f. mit folgendem Urteil: "Wenn es aber 'Wahrheit' in diesem Sinn nicht gibt, kann über künftiges Kontingentes nichts gewußt werden und auch Gott ist damit weder allwissend, noch kann von einer 'providentia Dei' gesprochen werden, Konsequenzen, die es in einem christlichen Kontext selbstredend zu vermeiden gilt." Warum eigentlich?

71 Vgl. zu dieser Lösung ausführlicher *W. Hasker, God, Time and Knowledge*, 10. Kap. Zur Kritik an Hasker vgl. *M.D. Linville, Divine Foreknowledge and the Libertarian Conception of Human Freedom*, 165-185.

Allwissenheitsbegriff. Aber auch diese lassen sich ausräumen, denn auch in diesem Fall ist es aus logischen Gründen unmöglich, zugleich den Wahrheitswert erkennen zu können und freie Wesen zu erschaffen. In diesem Fall wären zukünftige freie Entscheidungen zwar ein möglicher Gegenstand wahren Wissens, aber kein möglicher Gegenstand erkennbaren oder entscheidbaren Wissens[72]. In beiden Fällen wird die Allwissenheit Gottes nicht dadurch eingeschränkt, daß Gott nicht wissen kann oder will, wie diese Entscheidungen ausfallen werden. Er könnte dies wissen, wenn er diese Entscheidungen selbst verursachte[73]. Dadurch würden sie aber aufhören, freie Entscheidungen zu sein. Die Aktualisierung der Willensfreiheit setzt somit voraus, daß Gott darauf verzichtet, die Zukunft durchgängig zu determinieren. Nichts anderes besagt die Erschaffung eines offenen Universums, in dem freie Wesen entstehen und existieren können. Aus dieser Form des Indeterminismus folgt jedoch nicht, "that human freedom presents God with sheer mystery"[74].

11.3 Exkurs (I): Relativistische Zeit und göttliche Ewigkeit

Bei den bisherigen Überlegungen blieben die Relevanz der Relativitätstheorie bzw. die daraus resultierenden Veränderungen des Zeitverständnisses ausgeblendet. Ohne die verwickelte Diskussion um das relativistische Zeitverständnis und seine etwaigen Konsequenzen für eine Philosophie und Theologie der Zeit aufzugreifen[75], soll im

---

[72] Vgl. *G.B. Wall, A New Solution to the Problem of Evil*, 517.

[73] Zu den Schwierigkeiten, die sich aus dem Vorherwissen Gottes hinsichtlich seiner eigenen Handlungen ergeben, vgl. *R. La Croix, Omnipresscience and Divine Determinism*, 372ff.

[74] Vgl. *G.B. Wall, A New Solution to the Problem of Evil*, 515f.: "A number of physicists hold to indeterminism on the sub-atomic level. Some - for example, Alfred Landé - maintain that indeterminism extends to the macroscopic level. Yet none believes that just anything can happen or that rational projections are completely out. For instance, we cannot say when a given radium nucleus will emit an alpha particle, but we can say that it will not emit a butterfly... In the same manner we could argue that God cannot predict free human decisions with certainty, but he can make rational projections of both individual decisions and the general course of human affairs."

[75] Vgl. dazu u.a. *R. Gale (Hg.), The Philosophy of Time*; *R. Flood - M. Lockwood (Hg.), The Nature of Time*; *J. Yates, The Timelessness of God*; *R. Swinburne, Space and Time.*

folgenden angedeutet werden, warum diese Diskussion für die hier verhandelte Thematik weitgehend irrelevant ist.

Die Unterscheidung zwischen geschlossener Vergangenheit und offener Zukunft setzt insofern ein absolutes Zeitverständnis voraus, als ihr eine für Gott und Geschöpfe simultane Gleichzeitigkeit der Gegenwart und eine damit verbundene absolute Unterscheidung zwischen Vergangenheit und Zukunft zugrunde liegt. Für Gott und Geschöpfe existiert zu jedem Zeitpunkt eine jeweils identische Reihe vergangener und daher unveränderlicher Ereignisse und eine aufgrund göttlicher und kreatürlicher Freiheit zumindest noch nicht vollständig feststehende Reihe von zukünftigen kontingenten Ereignissen. Dieser Annahme scheint nun das relativistische Zeitverständnis zu widersprechen[76]. Eine seiner Pointen besteht in der Behauptung der Relativität der Gleichzeitigkeit in Abhängigkeit vom jeweiligen Inertial- bzw. Referenzsystem. Beobachter in verschiedenen Referenzsystemen können danach unter bestimmten Bedingungen zu unterschiedlichen Einschätzungen hinsichtlich der Gleichzeitigkeit von Ereignissen kommen, deren Abfolge nicht referenzunabhängig feststellbar ist, so daß derartige Einschätzungen also stets relativ zum jeweiligen Referenzsystem sind.

Aus dem relativistischen Zeitverständnis läßt sich einerseits eine radikale Kritik an der oben skizzierten Position ableiten. Andererseits trägt es nach Ansicht einiger Autoren zu einer neuen Lösung des alten Problems des Verhältnisses von Zeitlichkeit und Ewigkeit bei. Was zunächst die Kritik betrifft, so konzentriert sie sich auf das Problem, ob die Annahme einer "kosmischen Zeit", d.h. einer zeitlich linearen Ereignisfolge, in der jedes vergangene Ereignis eindeutig in Relation zu allen anderen Ereignissen im Sinne von "früher" oder "später" verortet werden kann, durch das relativistische Zeitverständnis aufgehoben wird. Wäre dies der Fall, dann wäre auch die Annahme einer universalen Gleichzeitigkeit der kosmischen Gegenwart, an der diese gleichsam von der Vergangenheit in die Zukunft voranschreitet, problematisch oder gar hinfällig. Es hätte dann auch keinen Sinn, unabhängig von jedem Referenzsystem zu fragen,

---

[76] Vgl. *M.D. Robinson, Eternity and Freedom*, 74: "Absolute Time implies a singular, absolute simultaneity throughout the universe, regardless of the reference frames of observers. Absolute time also suggests singular, absolute duration between all temporal instances. Neither of these implications of absolute time concurs with Einstein's Special Theory of Relativity."

was sich gegenwärtig an einem beliebigen Ort im Kosmos ereignet, weil "Gegenwart" eben nur relativ zum jeweiligen Referenzsystem definierbar wäre. Wie gleich noch zu zeigen ist, wäre in diesem Fall möglicherweise auch ein göttliches Referenzsystem vorstellbar, aus dessen Perspektive Ereignisse, die für geschöpfliche Beobachter in der Zukunft liegen, bereits vergangen bzw. immer schon gegenwärtig und damit auf jeden Fall erkennbar sind, ohne deshalb unbedingt auf irgendeine Weise determiniert zu sein.

Unter den zahllosen damit zusammenhängenden Detailfragen spielt u.a. folgende im vorliegenden Kontext eine wichtige Rolle: Betrifft die relativistische Kritik die ontologische Voraussetzung einer absoluten Zeitskala oder nur die epistemologisch relevante Möglichkeit, alle Ereignisse in einer solchen Skala auch *de facto* eindeutig und kontextunabhängig verorten zu können? Vertritt man keinen verifikationistischen Standpunkt, dann ist die Frage, welche Ereignisse sich an einem beliebigen Punkt des Universums gegenwärtig abspielen, von der ganz anderen Frage zu unterscheiden, ob man darauf gegenwärtig eine Antwort bekommen kann. Unter der Voraussetzung, daß physikalische Signalübertragungen nicht schneller als mit Lichtgeschwindigkeit übermittelbar sind, kann selbstverständlich zu keinem Zeitpunkt in Erfahrung gebracht werden, was sich gleichzeitig in einer entsprechend entfernten Region des Universums ereignet. Sofern Signalübertragungen auch für relativ kurze Distanzen Zeit benötigen, bleibt eine Erkennbarkeit des Gleichzeitigen im übrigen für alle Erkenntnissubjekte, die auf physikalisch übertragene Information angewiesen sind, ausgeschlossen. Daraus folgt aber weder, daß *a priori* kein Wesen existieren kann, dessen Erkenntnis nicht auf physikalische Informationsübertragungen angewiesen ist, noch folgt daraus, daß der Begriff einer absoluten Gleichzeitigkeit in ontologischer Hinsicht überhaupt sinnlos wird. Die Möglichkeit einer absoluten kosmischen Zeitskala hängt nur dann von der epistemologischen Möglichkeit einer kontextunabhängigen Verortung der Ereignisse ab, wenn man eine verifikationistische Erkenntnistheorie zugrunde legt, wonach ontologische Fragen mit epistemologischen vermengt werden. Einfacher formuliert: Aus der Tatsache, daß man an einem Ort P_1 zu einem Zeitpunkt T_1 nicht feststellen kann, was sich gleichzeitig an einem entfernten Ort P_2 ereignet, folgt nicht, daß es sinnlos ist, davon auszugehen, daß sich zum Zeitpunkt T_1 in P_2 etwas ereignet, auch wenn dies in P_1 , wenn überhaupt, dann erst zu einem späteren Zeitpunkt T_{1+n} erkannt werden kann. Das Postulat einer absoluten kosmischen Zeitskala wird davon jedenfalls nicht tangiert, sondern allenfalls zu einer metaphysischen Hypothese "degradiert".

Eine relativistische Lösung des Verhältnisses von Zeit und Ewigkeit und - im Anschluß daran - von Freiheit und Vorherwissen läßt sich in etwa folgendermaßen herleiten: Nach relativistischer Auffassung ist es möglich, daß ein Ereignis, das für einen Beobachter A noch in der Zukunft liegt, für einen anderen Beobachter B bereits in der Gegenwart oder schon in der Vergangenheit liegt. Wie bereits angedeutet, könnte man sich folglich auch ein göttliches Referenzsystem vorstellen, für das Ereignisse, die für die Menschen oder schlechthin alle Geschöpfe noch in der Zukunft liegen, bereits in der Vergangenheit oder - bei einer eternalistischen Deutung - in der ewigen göttlichen Gegenwart liegen. Ähnlich wie Vorgänge auf der Sonnenoberfläche für einen auf dem Merkur stationierten Beobachter bereits vergangen sein können, während sie für auf der Erde befindliche Beobachter noch in der Zukunft liegen[77], könnten sämtliche für uns gegenwärtig noch zukünftigen Ereignisse für Gott bereits - oder immer schon - geschehen sein. Für Gott könnten alle Ereignisse einschließlich jener, die für uns noch in der Zukunft liegen, ewig aktual sein. Und ähnlich wie sich die Protokolle von Merkur- und Erde-Beobachtern nicht ausschließen, müssen die göttliche und geschöpfliche Perspektive einander nicht unbedingt widersprechen, jedenfalls solange man nicht versucht, die beiden Referenzsysteme auf einer einzigen absoluten Zeitskala zu verorten. Das relativistische Zeitverständnis hat in diesem Kontext die Funktion, genau diese Möglichkeit auszuschließen. Dies geschieht dadurch, daß man für das göttliche Referenzsystem wiederum die klassischen Eigenschaften der Überzeitlichkeit und Unveränderlichkeit postuliert. Auf diesem Wege gelangt man dann zu einer mit Hilfe der Relativitätstheorie modifizierten Neuauflage der traditionellen Unterscheidung zwischen göttlicher Ewigkeit und geschöpflicher Zeit, wie sie etwa Brian Leftow neuerdings vertritt. Nach Leftows Vorschlag ereignen sich alle geschöpflichen Ereignisse in der göttlichen Ewigkeit gleichzeitig. Daraus folge aber nun keineswegs auch ihre Gleichzeitigkeit in der

---

[77] Genaugenommen liegen natürlich nicht die Ereignisse in der Zukunft, sondern der Zeitpunkt ihrer Beobachtbarkeit.

geschöpflichen Zeit. Die in der geschöpflichen Zeit gültige Unterscheidung zwischen vergangenen und zukünftigen Ereignissen sei einerseits zwar real, aber andererseits eben auch "framework-relative", d.h. sie gilt nicht für das göttliche Referenzsystem. Zur Begründung rekurriert Leftow auf die relativistische Kritik einer absoluten Gleichzeitigkeit[78].

An den entscheidenden Punkten bringt dieser Lösungsvorschlag jedoch keine Vorteile bei der Lösung der traditionellen Probleme. Zunächst bleiben die theologischen Aporien eines überzeitlichen Ewigkeitsverständnisses weiterhin bestehen. Des weiteren bleibt die Vermittlung von göttlichem Vorherwissen und menschlicher Freiheit ebenso obskur wie in den klassischen Lösungsversuchen. Die Auskunft, daß es sich dabei um zwei unterschiedliche Perspektiven handle, wobei eben aus der einen Perspektive als offene Zukunft erscheine, was aus der anderen immerwährende Aktualität sei, löst das Problem nicht, sondern reformuliert es nur, ebenso wie die schleierhafte Auskunft, das ewige Wissen Gottes liege für das menschliche Referenzsystem in der Zukunft, so daß unsere gegenwärtigen Entscheidungen durchaus die Ursache für Gottes ewiges Wissen sein könnten, vorausgesetzt, daß ausgeschlossen beibt, unsere Gegenwart mit der göttlichen zu synchronisieren[79]. Wie kann aber ein und dasselbe Ereignis - vom Standpunkt A aus betrachtet - in der geschlossenen Vergangenheit liegen, während es - vom Standpunkt B aus betrachtet - in der noch offenen Zukunft liegt? Die relativistische Begründung, daß es eben keinen absoluten Standpunkt gebe, überzeugt nicht, abgesehen davon, daß gerade fraglich ist, ob darin wirklich die ontologische Konsequenz des relativistischen Zeitverständnisses zum Ausdruck kommt oder nicht einfach nur die verifikationistische Verwechslung eines Ereignisses mit seiner Beobachtung. Der Lösungsvorschlag ist außerdem an einem entscheidenden Punkt inkonsequent: Zum einen setzt er für das göttliche Referenzsystem in etwa ähnliche Bedingungen voraus wie für alle übrigen Systeme auch. Dies geschieht, um eine absolute Gleichzeitigkeit mit

---

[78] Vgl. *B. Leftow, Time and Eternity*, 232-234. Vgl. dazu auch die Darstellung und Kritik bei *M.D. Robinson, Eternity and Freedom*, 128-144.

[79] Es muß also ausgeschlossen bleiben, daß Gott - bezogen auf unser Referenzsystem - gegenwärtig weiß, wie ein freies Wesen sich in Zukunft entscheidet. In unserem Referenzsystem weiß Gott dies gegenwärtig eben nicht. In seinem eigenen Referenzsystem hingegen weiß er es ewig.

Hilfe der Relativitätstheorie ausschließen zu können. Unter dieser Voraussetzung gäbe es tatsächlich keinen absoluten Standpunkt. Würde aber die göttliche Perspektive nur – im relativistischen Sinn – ein Referenzsystem neben anderen darstellen, dann wäre Gott ohnehin nicht allwissend, weil er in diesem Fall nicht einmal wüßte, was sich gegenwärtig im Universum abspielt. Aus diesem Grund muß für Gottes Sein überzeitliche Ewigkeit postuliert werden. Wenn aber für das göttliche Referenzsystem die relativistischen Bedingungen nicht gelten, dann ist sein Standpunkt der absolute bzw. "ontologically basic"[80]. Wie aber neben der zeitlosen Ewigkeit, in der alle Ereignisse immer schon aktual sind, auch eine reale zeitliche Abfolge derselben Ereignisse existieren soll, bleibt weiterhin völlig unklar. Hier scheint es sich nicht um eine *via media* zwischen zwei verschiedenen Zeitdimensionen, sondern einfach um einen eklatanten Widerspruch zwischen zwei Behauptungen zu handeln. Sofern aus göttlicher Perspektive keine reale Zeit existiert, existiert sie überhaupt nicht[81]. Konsequenterweise gilt gleiches für die menschliche Freiheit. An diesem Befund ändert auch die Berücksichtigung des relativistischen Zeitverständnisses nichts.

11.4 EXKURS (II): WILLENSFREIHEIT UND "SCIENTIA MEDIA"

Eine weitere bislang ausgeklammerte Lösung der mit Allwissenheit und Willensfreiheit zusammenhängenden Probleme ist die These von der sogenannten *scientia media* Gottes. Diese im 16. Jahrhundert von dem Jesuiten Luis de Molina entwickelte These stellt den vielleicht bedeutendsten Versuch zur Versöhnung von menschlicher Freiheit und göttlicher Allwissenheit dar. In der gegenwärtigen Debatte wird dieser Lösungsversuch von einigen Autoren erneut aufge-

---

80 Vgl. dazu *L. Zagzebski, The Dilemma of Freedom and Foreknowledge*, 48.

81 Vgl. dagegen *M.D. Robinson, Eternity and Freedom*, 200: "Sicherlich ist Ewigkeit ontologisch grundlegender für Gottes Seinsweise. Aber dies muß nicht für geschöpfliche Ereignisse der Fall sein. Außerdem folgt daraus, daß Gottes Referenzrahmen Vorteile gegenüber dem unseren hat, nicht, daß unser Standpunkt irgendwie unrichtig oder weniger wirklich ist." (Übersetzung A.K.)

griffen und in verschiedenen Kontexten zur Lösung theologischer Probleme bemüht[82].

Die Pointe der *scientia media* besagt, daß kontrafaktische Konditionale einen für Gott erkennbaren Wahrheitswert besitzen. Folglich weiß Gott, wie sich jede mögliche Person unter allen möglichen Umständen entscheiden würde. Gleichzeitig soll nun auch gewährleistet werden, daß die Freiheit dieser Entscheidungen durch das göttliche Wissen nicht aufgehoben wird. Die *scientia media* umfaßt also einerseits das Wissen, wie sich jede Person unter allen möglichen Bedingungen entscheiden würde. Andererseits soll dieses Wissen angeblich nicht die Möglichkeit ausschließen, sich unter den gleichen Bedingungen auch anders zu entscheiden[83].

Hinsichtlich der Freiheitsthematik[84] ist an dieser Lösung so gut wie alles problematisch. Zunächst ist fraglich, ob es überhaupt sinnvoll ist, kontrafaktischen Konditionalen einen Wahrheitswert beizumessen. Dies ist die erste Hürde, die von der These der *scientia media* zu nehmen ist[85]. Man kann sich die überaus verwickelte Diskussion dieser Problematik ersparen und der Einfachheit halber zunächst einräumen, daß dies der Fall ist. Unter dieser Bedingung wäre für Gott erkennbar, wie sich eine Person P in allen möglichen Situationen entscheiden würde. Anders formuliert: Für jede mögliche Situation S würde gelten, daß Gott weiß, wie sich P in dieser Situation entscheiden würde, wenn Gott diese Situation aktualisierte. Wenn

---

82 Vgl. *W.L. Craig, Divine Foreknowledge and Human Freedom*, 13. Kap. Zur Geschichte des Problems vgl. *W.L. Craig, The Problem of Divine Foreknowledge and Future Contingents from Aristotle to Suarez.*

83 Vgl. dazu *A. Kenny, The God of the Philosophers*, 61-65.

84 William L. Craig hat die *scientia media* auch in der Eschatologie herangezogen, um die Möglichkeit einer ewigen Verdammnis zu klären. Vgl. dazu *W.L. Craig, "No Other Name"*, 172-188; *ders., Talbott's Universalism Once More*, 497-518.

85 Zur Kritik an der Wahrheitsfähigkeit kontrafaktischer Konditionale vgl. *R.M. Adams, Middle Knowledge and the Problem of Evil*, 111: "Molina scheint sagen zu wollen, daß dasjenige, was freie Geschöpfe unter verschiedenen möglichen Bedingungen tun würden, nicht in einem objektiven Sinn vorhanden und erkennbar ist, daß Gottes Verstand aber so vollkommen ist, daß er es trotzdem weiß. Aber dies ist unmöglich. Das zu lösende Problem besteht darin, wie die einschlägigen subjunktiven Konditionale wahr sein können. Nichts, was sich über die Vorzüglichkeit der kognitiven Fähigkeiten Gottes sagen läßt, trägt zur Lösung dieses Problems etwas bei." (Übersetzung A.K.) Im übrigen taucht hier auch das Problem der personalen Identität über mehrere mögliche Welten hinweg auf.

nun Gott aus den zahllosen möglichen Biographien von P eine auswählt und aktualisiert, weiß Gott auch, wie sich P in den faktischen Situationen, aus denen die jeweilige Biographie besteht, entscheiden wird. Er weiß beispielsweise, ob P ein bestimmtes Bestechungsangebot annähme, wenn ihm ein solches unterbreitet würde, und er weiß offenbar auch, ob ihm im Laufe seiner Biographie ein solches Angebot tatsächlich gemacht wird.

Hier zeigt sich bereits eine erste Schwachstelle dieses Lösungsversuchs[86]: Falls Gott all dies weiß, stellt sich das Problem der Vereinbarkeit von Allwissenheit und Willensfreiheit in unveränderter Form. Denn wenn Gott dies immer schon weiß, dann taucht erneut die Frage auf, ob P sich in einer realen Situation auch anders entscheiden kann. Weiß Gott nämlich, wie sich P faktisch entscheiden wird, dann hat P offenbar keine Möglichkeit mehr, sich anders zu entscheiden, und P scheint folglich nicht mehr frei zu sein. Es ist beim besten Willen nicht zu erkennen, wie dieses Problem durch die Einführung einer *scientia media* gelöst werden kann[87]. Diesbezüglich ist man trotz *scientia media* genauso klug wie zuvor. Nach wie vor ungelöst bleibt auch die weitere Frage, auf welche Weise Gott all dies erkennen bzw. wissen kann. Blieb schon unbegreiflich, wie die faktische Zukunft gleichzeitig erkennbar und zukünftig sein soll, so wird durch die *scientia media* noch die skurrile Erkennbarkeit von Möglichkeiten postuliert, die niemals real werden. Denn die *scientia media* impliziert definitionsgemäß nicht nur die Erkennbarkeit von Entscheidungen, die noch nicht gefällt wurden, sondern noch dazu von solchen, die niemals gefällt werden. So ausgeklügelt dieser Versuch, die Kompatibilität von Willensfreiheit und Allwissenheit aufzuzeigen, auch erscheinen mag, er erweist sich als wenig stichhaltig[88].

Die These von der *scientia media* trägt aber nicht nur nichts zur Lösung des entscheidenden Problems bei. Sie ist hinsichtlich dieses Problems sogar in höchstem Maße kontraproduktiv[89]. Für den Fall, daß ihre Grundprämissen plausibel wären, würde sie letztlich das

---

[86] Vgl. dazu auch *R.E. Creel, Divine Impassibility*, 90: "The flaw in this theory is its assumption that God can know which possible world is the actual world."

[87] Vgl. zur Kritik *W. Hasker, God, Time and Knowledge*, 19-52.

[88] So das Urteil von *A. Kenny, The God of the Philosophers*, 71. Zu einem ähnlichen Urteil kommt auch *R.E. Creel, Divine Impassibility*, 91f.

[89] Vgl. dazu wesentlich zurückhaltender *W. Hasker, How Good/Bad is Middle Knowledge*, 114-117

Argument der Willensfreiheit unterminieren, und zwar deshalb, weil Mackies Einwand jetzt vollends unabweisbar würde[90]. Aufgrund der *scientia media* könnte Gott nämlich voraussehen, welche Personen sich in welchen Situationen in Freiheit nur für das Gute entscheiden werden[91]. Im Anschluß daran stellt sich die Frage, warum Gott nicht nur jene Situationen aktualisierte bzw. jene Personen erschuf, von denen er im voraus wußte, daß sie sich stets frei nur für das Gute entscheiden würden[92]? In diesem Fall hätte Gott also durchaus die Möglichkeit gehabt, freie Wesen zu erschaffen, von denen er im voraus weiß, daß sie ihre Willensfreiheit nicht mißbrauchen werden, ohne dadurch in ihrer Willensfreiheit im geringsten eingeschränkt zu sein. Normalerweise bringt man Menschen hinter Gitter, nachdem sie einen Mord begangen haben. Würde man über eine *scientia media* verfügen, könnten sie hinter Gitter gebracht werden, bevor sie andere töten, was die Mordrate zweifellos erheblich senken würde[93]. Aufgrund der *scientia media* wüßte man nämlich, wer unter bestimmten Bedingungen zum Mörder wird, und man wüßte ebenfalls, ob diese Bedingungen jemals eintreten werden. Wer ein solches Wissen für prinzipiell möglich erachtet, vertritt – sollte es sich dabei überhaupt um eine konsistente Annahme handeln – eine deterministische Position, auch wenn er sich noch so vehement dagegen verwehren mag. Wenn wenigstens Gott über eine *scientia media* verfügte, drängt sich die weitere Frage auf, warum die Mordrate so hoch ist. Die Verantwortung hierfür fiele eindeutig und ausschließlich auf Gott selbst zurück. Die Auskunft, die Mordrate wäre bei jeder anderen von Gott aktualisierbaren Konstellation noch höher, riecht förmlich nach einer Ausflucht.

Alvin Plantinga hat in diesem Zusammenhang die mehr oder minder originelle These von der "transuniversalen Verderbtheit" zur Diskussion gestellt[94]. Mit ihrer Hilfe soll gezeigt werden, daß Gott nicht alle logisch möglichen Welten erschaffen (*actualize*) kann und

---

[90] Vgl. dazu nochmals Abs. 10.4. Vgl. dazu auch die präzise Darstellung dieses Einwands von *J.E. Tomberlin/F. McGuinness, God, Evil, and the Free Will Defence*, 456-459.

[91] Vgl. *J.L. Mackie, Das Wunder des Theismus*, 260.

[92] Vgl. dazu *R.W.K. Paterson, Evil, Omniscience, and Omnipotence*, 4; vgl. ähnlich auch *B. Reichenbach, Fatalism and Freedom*, 284.

[93] Vgl. zu diesem Beispiel *A. Kenny, The God of the Philosophers*, 64.

[94] Vgl. dazu *A. Plantinga, The Nature of Necessity*, 184-189; *ders., God, Freedom and Evil*, 49-54.

daß zu diesen Welten möglicherweise auch jene gehören, in denen freie Wesen sich immer frei für das Gute entscheiden. Ein Wesen leidet nach Plantingas Definitionsvorschlag dann unter transuniversaler Verderbtheit, wenn es frei ist und sich in jeder möglichen Welt wenigstens einmal in einer moralisch signifikanten Situation falsch entscheidet. Es sei - so Plantinga weiter - logisch möglich, daß jedes geschaffene Wesen an einer solchen Verderbtheit leide. Wenn dies der Fall wäre, stünde es nicht in der Macht Gottes, eine Welt zu aktualisieren, die kein moralisches Übel enthält. Da es nun durchaus möglich ist, daß jedes Wesen an einer transuniversalen Verderbtheit leidet, ist es auch möglich, daß Gott gar keine Welt erschaffen hätte können, in der es nur moralisch Gutes, aber keine moralischen Übel gibt[95]. Plantinga erhebt keinesfalls den Anspruch, die Tatsache einer transuniversalen Verderbtheit argumentativ begründen zu können. Er begnügt sich mit dem Hinweis auf deren logische Möglichkeit. Aus der bloßen Möglichkeit folge, daß der Vorwurf der Inkonsistenz der *free will defense* nicht logisch zwingend sei, zumindest solange die Möglichkeit einer transuniversalen Verderbtheit nicht ausgeschlossen werden könne.

---

[95] Vgl. *A. Plantinga, God, Freedom and Evil*, 53: "Es ist möglich, daß jedes erschaffene Wesen an einer transuniversalen Verderbtheit leidet. Nehmen wir an, dies sei wahr. Gott kann aber eine Welt mit moralisch Gutem nur erschaffen, indem er Personen erschafft, die in einer signifikanten Weise frei sind. Da jede Person die Instantiation eines Wesens (*essence*) ist, kann Gott in einer signifikanten Weise freie Personen nur erschaffen, indem er ein bestimmtes Wesen instantiiert. Wenn aber jedes Wesen an transuniversaler Verderbtheit leidet, würden die erschaffenen Wesen, wenn sie im Hinblick auf moralisch signifikante Handlungen frei wären, immer zumindest einige falsche Handlungen vollziehen, gleichgültig welche Wesen nun Gott instantiiert. Wenn jedes Wesen an transuniversaler Verderbtheit leidet, steht es nicht in Gottes Macht, eine Welt zu erschaffen, die nur moralisch Gutes, aber keine moralischen Übel enthält. Gott wäre vielleicht in der Lage gewesen, eine Welt zu erschaffen, in der das moralische Übel durch das moralisch Gute erheblich aufgewogen wird; aber es steht nicht in seiner Macht, eine Welt zu erschaffen, die moralisch Gutes, aber kein moralisches Übel enthält - trotz der Tatsache, daß er allmächtig ist. Unter diesen Voraussetzungen hätte Gott nur dadurch eine Welt ohne moralische Übel erschaffen können, daß er keine in signifikanter Weise freie Personen erschaffen hätte. Es ist aber möglich, daß jedes Wesen an transuniversaler Verderbtheit leidet; daher ist es möglich, daß Gott keine Welt erschaffen konnte, die moralisch Gutes, aber kein moralisches Übel enthält." (Übersetzung A.K.)

Überraschenderweise hat Plantingas Lösungsvorschlag ein großes Echo gefunden, obwohl er kaum zu überzeugen vermag[96]. Geht man nämlich davon aus, daß die transuniversale Verderbtheit eine mögliche Eigenschaft von freien Wesen ist, so läßt sich dadurch nicht ausschließen, daß Gott durchaus die Macht hätte, nur jene Wesen zu erschaffen, die nicht an dieser Eigenschaft partizipieren, die also nicht transuniversal verderbt sind. Wenn Gott trotzdem Wesen mit transuniversaler Verderbtheit erschaffen hat, obwohl ihm eine andere Alternative offenstand, bleibt Mackies Einwand unbeantwortet[97]. Geht man davon aus, daß transuniversale Verderbtheit eine notwendige Eigenschaft aller freien Wesen ist, so gewinnt das Argument zunächst an Plausibilität. Nun will Plantinga allem Anschein nach diese These unbedingt vermeiden[98], obwohl sie sich kaum vermeiden läßt[99], soll sein Argument überhaupt vom Fleck kommen. Doch auch dies gelingt nicht, denn eine transuniversale Verderbtheit aller freien Wesen kann nicht logisch notwendig sein, solange sich die Negation widerspruchsfrei denken läßt[100] - und genau dies ist der Fall. Geht man mit Plantinga davon aus, daß Gott nicht bewirken kann, wie sich freie Wesen entscheiden, dann ist die naheliegendste Konse-

---

[96] Zur Kritik vgl. z.B. *H. LaFollette, Plantinga on the Free Will Defense*; *N. Pike, Plantinga on Free Will and Evil*; *F.W. Kroon, Plantinga on God, Freedom, and Evil*; *R.M. Adams, Middle Knowledge and the Problem of Evil*, 112ff.; *J.L. Mackie, Das Wunder des Theismus*, 275-278. - Zur Verteidigung vgl. z.B. *J.N. Evans, LaFollette on Platinga's Free Will Defense*; *B.L. Gan, Plantinga's Transworld Depravity: It's Got Possibilities*.

[97] Auf diesen Punkt läuft die Kritik von *N. Pike, Plantinga on Free Will and Evil*, 471f. hinaus.

[98] Dies betont *J.N. Evans, LaFollette on Plantinga's Free Will Defense*, 117f.

[99] Vgl. dazu *H. LaFollette, Plantinga on the Free Will Defense*, 130f.

[100] In einer formaleren Weise läßt sich dieser Einwand folgendermaßen darstellen: Die 1. Alternative lautet: *Es ist logisch möglich, daß es faktisch der Fall ist, daß alle freien Wesen an transuniversaler Verderbtheit leiden.* In diesem Fall wäre es für Gott offenbar auch möglich gewesen, freie Wesen zu erschaffen, die nicht transuniversal verderbt sind, weil das Gegenteil nur möglich, nicht aber notwendig ist. Mackies Einwand wird nicht beantwortet. Die 2. Alternative lautet: *Es ist logisch möglich, daß es logisch notwendig ist, daß alle freien Wesen an transuniversaler Verderbtheit leiden.* In diesem Fall ließe sich Mackies Einwand beantworten, wenn gilt, daß es tatsächlich logisch notwendig ist, daß alle freien Wesen an transuniversaler Verderbtheit leiden. Sofern jedoch freie Wesen logisch möglich sind, die nicht transuniversal verderbt sind, ist diese Aussage offensichtlich falsch. Üblicherweise ist eine Aussage (p) nur dann logisch notwendig wahr, wenn ihre Negation ($\sim$p) einen Widerspruch enthält oder zu einem Widerspruch führt. Dies ist bei der Aussage "Es gibt freie Wesen, die sich immer frei für das Gute entscheiden" jedoch nicht der Fall.

quenz, daß er dies auch nicht voraussehen kann, und zwar aus dem einfachen Grund, weil es in diesem Fall nichts gibt, was im voraus zu erkennen wäre[101].

Nach seiner kritischen Ablehnung von Plantingas Ansatz schlägt Nelson Pike eine alternative Lösung vor. Unter Berufung auf Augustinus[102] räumt Pike ein, daß Gott durchaus die Macht hätte, nur solche Wesen zu erschaffen, von denen er im voraus weiß, daß sie sich stets frei für das Gute entscheiden werden. Wenn Gott dennoch Wesen erschafft, von denen er im voraus weiß, daß sie sündigen werden, so nur deshalb, weil auch deren falsche Handlungen zur Erreichung eines *ultimate good* beitragen[103]. Unter dieser Voraussetzung kann aber nicht nur die Möglichkeit von Sünde und Leid zur Erreichung eines letzten Gutes dienen. Darüber hinaus muß - zumindest aus göttlicher Perspektive - auch die Tatsache von Sünde und Leid zur Erreichung dieses letzten Gutes unerläßlich sein, denn ansonsten bliebe unklar, warum Gott nicht von der Möglichkeit Gebrauch machte, nur freie Wesen zu erschaffen, die sich ausschließlich für das Gute entscheiden. Gott nimmt dann nicht etwa das Risiko leidvoller Situationen in Kauf, sondern plant diese gewissermaßen in seine Vorsehung ein, und zwar in vollem Umfang. In diesem Fall kann man Mackie durchaus zugestehen, daß es in der Macht Gottes stand, nur solche Wesen zu erschaffen, die sich in Freiheit nur für das Gute entscheiden, daß es aber überzeugende Gründe gibt, die Gott dazu veranlaßten, auch solche Wesen zu erschaffen, von denen er im voraus wußte, daß sie ihre Freiheit mißbrauchen werden[104]. Letzten Endes läuft diese These darauf hinaus,

---

101 Vgl. dazu in der Semantik möglicher Welten *A. Kenny, The God of the Philosophers*, 71: "Solange unbestimmt ist, für welche Handlung sich ein Mensch entscheidet, ist auch unbestimmt, welche mögliche Welt die wirkliche Welt ist - und zwar nicht nur in epistemologischer Hinsicht, sondern auch in metaphysischer. Und solange es unbestimmt ist, welche Welt die wirkliche ist, ist auch unbestimmt, welche kontrafaktischen Aussagen über freies menschliches Handeln wahr sind." (Übersetzung A.K.)

102 *Augustinus, Enchiridion*, 96; 100.

103 Vgl. *N. Pike, Plantinga on Free Will and Evil*, 472f. Zur Auseinandersetzung zwischen Plantinga und Pike vgl. auch *P.L. Quinn, Plantinga on Foreknowledge and Freedom*, 271-286.

104 Vgl. dazu auch *R. Burch, The Defense from Plenitude Against the Problem of Evil*, 29-33. Burch rekurriert auf das augustinische Prinzip der Fülle des Seins, wonach eine Welt in dem Maße besser ist, in dem alle "ontologischen Nischen" auch tatsächlich ausgefüllt sind. In diesem Sinn sei eine Welt besser, in der sowohl solche freien Geschöpfe existieren, die ihre Freiheit niemals mißbrauchen,

daß jedes Übel als solches zur Realisierung eines letzten Wertes dient, was wiederum nichts anderes bedeutet, als daß es kein "genuines" Übel gibt, d.h. kein Übel, ohne das die Welt im ganzen besser wäre[105], oder in den Worten von Alexander Pope: "Whatever is, is right."[106] Diese Folgerung ist aber offenkundig falsch, woraus zu schließen ist, daß auch die Prämissen nicht stimmen können.

Gäbe man die Annahme der Möglichkeit eines göttlichen Vorherwissens zukünftiger freier Entscheidungen preis, so würde sich das Problem in einer anderen Perspektive darstellen. Unter dieser Voraussetzung wäre die Erschaffung freier Wesen, von denen garantiert ist, daß sie sich frei ausschließlich für das Gute entscheiden, logisch unmöglich, weil die zukünftigen Entscheidungen dieser Wesen grundsätzlich unvoraussehbar wären. Sofern die Willensfreiheit diesen Wesen nicht nur auf Zeit bzw. sporadisch verliehen ist, sondern ihr Wesen konstituiert, kann sie ihnen zwar von einem allmächtigen Wesen jederzeit wieder entzogen werden, aber nicht, ohne deren Beschaffenheit zu verändern. Die Erschaffung freier Wesen schließt nicht deren Kontrollierbarkeit, wohl aber deren durchgängige Kontrolliertheit, und zwar sowohl durch Vorherwissen als auch

---

als auch solche, die sie mißbrauchen. In einer solchen Welt seien mehrere moralische Tugenden und Güter zu verwirklichen, die in einer Welt ohne Mißbrauch der Willensfreiheit unmöglich wären, wie z.B. der Kampf gegen Ungerechtigkeit. Außerdem - so Burch - wäre eine Welt ohne Bosheit und Sünde langweilig. Diesem Argument liegt weitgehend eine ästhetisierende Betrachtungsweise zugrunde. Gott läßt die Sünde nicht aufgrund der immanenten Werthaftigkeit der Willensfreiheit zu, sondern weil dem von ihm erschaffenen Universum etwas an ontologischer Vielfalt abgehen würde, wenn es keine Sünde gäbe. Aufgrund des Vorherwissens scheint Gott die Sünde nicht einmal nur zuzulassen, sondern sogar zu intendieren, um dem kosmischen Drama einen gewissen Reiz zu verleihen (vgl. ebd. 32).

[105] Zum Begriff des "genuinen" Übels vgl. *D.R. Griffin, God, Power, and Evil*, 22: "Unter 'genuinem Übel' verstehe ich all dasjenige, ohne das das Universum aufs Ganze gesehen besser wäre. Anders formuliert, ein Ereignis ist dann ein genuines Übel, wenn es ein anderes Ereignis verhindert, das das Universum aufs Ganze gesehen besser gemacht hätte. Ein '*prima facie*-Übel' ist alles, das auf den ersten Blick bzw. oberflächlich betrachtet als Übel beurteilt werden kann, d.h. wenn es aus einer eingeschränkten Perspektive und/oder innerhalb eines begrenzten Kontextes betrachtet wird. Einige *prima facie*-Übel können sich bei genauerer Betrachtung als genuine Übel erweisen. Andere *prima facie*-Übel können jedoch als 'nur anscheinende Übel' beurteilt werden. D.h. wenn sie in einem größeren Kontext als ursprünglich betrachtet werden, kann es sich herausstellen, daß sie keine genuinen Übel sind, weil sich zeigt, daß ihre Schlechtheit durch jenes Gut kompensiert wird, zu dem sie beitrugen." (Übersetzung A.K.)

[106] *A. Pope, Essay on Man*, I,294.

durch Allmacht aus. Sie impliziert deshalb ein Risiko, das Gott durch die Erschaffung der Welt eingeht: "This is part of the inherent risk in God's program for man."[107]

11.5 Heilsuniversalismus und Willensfreiheit

Nur in einem Universum, dessen Ereignisverlauf real ist und nicht von Ewigkeit her feststeht, können autonome, freie Wesen existieren und in eine dialogisch-personale Beziehung zueinander und zu Gott treten. In einem solchen Universum sind freilich auch Sünde und Leid als Auswirkungen freier Entscheidungen möglich. Unter diesen Bedingungen widerspricht weder der Glaube an Gottes Allmacht noch der Glaube an seine Allwissenheit der menschlichen Willensfreiheit.

Allerdings ist einzuräumen, daß vor allem die Deutung des Begriffs der Allwissenheit bzw. die Ablehnung des Vorherwissens im Vergleich zur traditionellen Definition als gravierende Einschränkung empfunden werden muß, in den markanten Worten von Augustinus gar als Ausdruck "wahnsinnigster Gottlosigkeit"[108]. Die Motive für das traditionelle Festhalten an Gottes die Zukunft umfassender Allwissenheit sind angesichts der daraus entstandenen gravierenden Aporien nicht leicht auszumachen. Das energische Insistieren läßt sich kaum erklären, wenn man die enormen Schwierigkeiten berücksichtigt, die daraus nicht nur für das Verständnis menschlicher Freiheit resultierten, sondern darüber hinaus auch für das Verständnis göttlicher Gerechtigkeit und spiritueller Vollzüge, wie z.B. des Bittgebets.

Ein zentrales Motiv besteht vermutlich in der Annahme, daß sich die eschatologische Heilszusage Gottes nur dann garantieren läßt, wenn der Ausgang des heilsgeschichtlichen Dramas zwischen Mensch und Gott immer schon unerschütterlich feststeht. Die bedingungslose Hingabe an Gott scheint sich nur dann rechtfertigen zu lassen, wenn in der Tat alles in Gottes Hand liegt, wenn keinerlei Zweifel und Ungewißheiten hinsichtlich des Verlaufs und insbeson-

---

[107] *M. Peterson, Evil and the Christian God*, 104. Vgl. ähnlich auch *W. Hasker, God, Time, and Knowledge,* 204f.
[108] Vgl. *Augustinus, De libero arbitrio*, III,4.

dere des Ausgangs der Heilsgeschichte bestehen. Auch Übel und Leid ließen sich in dieser Perspektive nur verstehen und ertragen, wenn mit Gewißheit feststand, daß Gott sie aufgrund seiner providentiellen Voraussicht zum Guten wenden kann und wird. Angesichts dieser soteriologisch-eschatologisch fundierten Motive, stellt sich natürlich die Frage, ob sie sich auch noch in einem Universum aufrechterhalten lassen, dessen Zukunft als offene gedacht wird. Gibt es in einem solchen Universum noch Garantien, daß die Schöpfungsabsichten Gottes letztendlich auch verwirklicht werden? Oder erscheint jetzt die Schöpfung nicht wie ein ganz und gar waghalsiges Abenteuer, dessen eschatologischer Ausgang völlig offen ist, weil er in die Hände von Wesen gelegt wurde, die damit allem Anschein nach vollständig überfordert sind? Nur wenn der Fortgang und Ausgang der Heilsgeschichte von vornherein feststünde, könnte Gottes Schöpfungs- und Heilsplan in keiner Weise vereitelt werden. Unter diesen Bedingungen kann aber das Privileg kreatürlicher Freiheit in keinem intrinsischen Zusammenhang mehr zum Ziel stehen, und zwar unabhängig davon, ob letztlich nun alle Wesen gerettet werden oder nur ein Teil von ihnen.

Auch uneingeschränkte Verteidiger der Willensfreiheit, wie etwa Brian Hebblethwaite, betonen, daß die von Gott erschaffenen Personen dazu prädestiniert seien, eines Tages in jenen Zustand verwandelt zu werden, der in der christlichen Tradition als Eschaton, Auferweckung oder vollendetes Reich Gottes bezeichnet wird, in dem Gott alles in allem sein wird[109]. Und auch in Hicks Sicht widerspricht die Erwartung eines universalen Heils für alle Menschen weder dem Begriff noch der Signifikanz menschlicher Willensfreiheit[110]. Im Kontext einer Theodizee, die einerseits auf der *free will defense* und andererseits auf einem Heilsuniversalismus basiert, stellt

---

[109] Vgl. *B.L. Hebblethwaite, Some Reflections on Predestination, Providence and Divine Foreknowledge*, 443. Hebblethwaite sympathisiert mit dem soteriologischen Universalismus, schließt aber nicht die Möglichkeit aus, daß diese Sichtweise zu optimistisch sein könnte. Die Möglichkeit einer ewigen Höllenstrafe lehnt er allerdings ab.

[110] Vgl. *J. Hick, An Irenaen Theodicy*, 52. Wenn die Existenz einer auf Gott hin orientierten Neigung nicht der menschlichen Freiheit widerspricht, so folgt daraus die Möglichkeit der Voraussage, "daß wir alle früher oder später, zu unserer eigenen Zeit und auf unsere eigene Weise, frei zu Gott kommen werden; eine universale Rettung kann behauptet werden, nicht als eine logische Notwendigkeit, sondern als das kontingente, aber voraussagbare Ergebnis des theistisch interpretierten Weltprozesses." (Übersetzung A.K.)

sich jedoch unweigerlich das Problem, wie sich das eschatologische Heil für alle mit der grundsätzlichen Offenheit der Zukunft im allgemeinen und der Signifikanz der menschlichen Willensfreiheit im besonderen vereinbaren läßt[111].

Das Argument der Willensfreiheit betont die Werthaftigkeit freier Entscheidungen und deren unersetzbare Relevanz für die personale Entwicklung der Seelenbildung. Der Heilsuniversalismus betont demgegenüber das definitive Feststehen des Ziels dieser Entwicklung, und zwar offenbar unabhängig von den kontingenten Entscheidungen, die freie Subjekte im Verlauf ihrer Entwicklung treffen. Soll dieser Entwicklungsprozeß tatsächlich als freier verstanden werden, so kann nicht gleichzeitig sein Ausgang immer schon feststehen, es sei denn, sein Charakter als freier erweist sich letzten Endes doch nur als bloßer Schein oder als verzichtbares Beiwerk. Die teleologische Unverzichtbarkeit der Willensfreiheit muß sich aber auch im Hinblick auf die eschatologische Erreichung des Ziels auswirken, andernfalls bliebe unverständlich, zu welchem Zweck die Willensfreiheit überhaupt verliehen wurde.

Peter Geach, selbst kein Vertreter eines soteriologischen Universalismus, hat eine Lösung des zugrundeliegenden Problems durch den Vergleich der Beziehung zwischen Gott und menschlicher Freiheit mit einem Schachspiel gegen einen Großmeister anzudeuten versucht. Bei diesem Schachspiel steht der Ausgang von Anfang an fest, und zwar unabhängig davon, welche Züge der unerfahrene Spieler auch immer macht[112]. Der Großmeister wird das Spiel gewinnen!

---

111 Vgl. dazu *J.R. Sachs, Current Eschatology: Universal Salvation and the Problem of Hell*, 246-252. Zur Kritik an Hick vgl. auch *R.E. Creel, Divine Impassibility*, 141-143.

112 Vgl. *P. Geach, Providence and Evil*, 58: "Wenn der Mensch ein Kind Gottes ist, der eine gewisse Macht über seine eigenen Werke hat, dürfen wir die Welt nicht mit 'einem Schachbrett von schwarzen und weißen Feldern vergleichen, auf dem das Schicksal mit Menschen wie mit Figuren spielt'. Gott und Menschen spielen in diesem großen Spiel gleichermaßen. Gott ist jedoch der oberste Großmeister, der alles unter seiner Kontrolle hat. Einige der Spieler unterstützen bewußt seinen Plan, andere versuchen, ihn zu behindern. Was immer die endlichen Spieler unternehmen, Gottes Plan wird durchgeführt werden, auch wenn verschiedene Strategien von Gottes Spiel auf verschiedene Züge der endlichen Spieler antworten werden. Gott kann weder überrascht noch behindert, getäuscht oder enttäuscht werden. Wie ein Schachgroßmeister kann Gott seinen Plan sogar dann durchführen, wenn er ihn vorher bekanntgegeben hat. 'Auf diesem Feld', sagt der Großmeister, 'werde ich meinen Bauern zur Dame promovieren und meinen Gegner mattsetzen' – und genauso ist es. Keine Strategie, die sich ein

Diese Analogie suggeriert, daß der Ausgang des "Spiels" durch Gott garantiert ist, obgleich die "Züge" des Menschen in seinem freien Belieben stehen. Eine bessere Anwendbarkeit der Analogie auf die vorliegende Problemstellung läßt sich dadurch erreichen, daß man für den Spielausgang seitens des Menschen die Möglichkeit eines Siegs oder einer Niederlage annimmt, wobei Sieg ewiges Heil und Niederlage ewiges Unheil oder Tod bedeuten. Die These von der durchgängigen Determiniertheit geht dann davon aus, daß sowohl der Spielverlauf wie auch der Ausgang des Spiels von vornherein feststehen und aus diesem Grund auch von Gott vorausgewußt werden können. Die Lehre von der doppelten Prädestination geht zumindest davon aus, daß über Sieg oder Niederlage von vornherein entschieden ist und daß diese Entscheidung durch den kontingenten Spielverlauf nicht mehr verändert werden kann[113]. Der soteriologische Universalismus geht demgegenüber davon aus, daß der Sieg aller Spieler im voraus feststeht und durch einen kontingenten Spielverlauf höchstens verzögert, aber nicht aufgehalten werden kann[114]. Die einzelnen Varianten unterscheiden sich in dem Maße, in dem sie die Annahme eines freien Spielverlaufs ermöglichen. Entscheidend ist jedoch, daß in all diesen Varianten der Spielausgang von vornherein feststeht, so daß sich nicht mehr die Frage stellt, ob der Spielverlauf in einer der Positionen als freier verstanden werden kann, sondern ob er als freier in einem inneren Zusammenhang zum Spielausgang steht. Und genau dies scheint auf den ersten Blick nicht der Fall zu sein! Nun wird dadurch zwar nicht automatisch die Freiheit des Spielverlaufs negiert, aber sein Ernst und seine Relevanz werden doch empfindlich beeinträchtigt. Gewöhnlich fehlt Spielen, deren Ausgang schon von vornherein feststeht, die Pointe. Wenn man sich dennoch auf solche Spiele einläßt, dann wohl in der Regel deshalb, weil man sich trotz der offenkundigen Aussichtslosigkeit

endlicher Spieler ausdenken kann, kann Gott dazu zwingen, zu improvisieren. Seine Kenntnis des Spiels umfaßt bereits alle möglichen Spielzüge, ihre Kenntnis jedoch nicht." (Übersetzung A.K.)

113 Wird der Begriff der "Prädestination" konsequent auf die Soteriologie bezogen, schließt er nicht unbedingt die These einer durchgängigen Determiniertheit aller Ereignisse ein, während umgekehrt der konsequente Determinismus den Prädestinatianismus impliziert. Vgl. dazu *I. Marcoulesco, Art.: Free Will and Determinism*, 419; *D.D. Wallace, Art.: Free Will and Predestination*, 422.

114 Der soteriologische Universalismus wäre natürlich grundsätzlich auch mit einem Determinismus vereinbar.

eine zumindest winzige Gewinnchance ausrechnet oder durch die Erfahrung der Niederlage die zukünftigen Chancen wachsen sieht.

Daß das menschliche Leben in der Regel kein Spiel ist und daß der Vergleich deshalb hinkt, ändert nichts an der Tatsache, daß auch dessen Signifikanz und Ernsthaftigkeit empfindlich darunter leiden würden, wenn sein eschatologischer "Ausgang" schon im vorhinein feststünde. Soll er als "Ernte" - nicht Belohnung - dessen verstanden werden, was während des Daseins "gesät" wurde und "heranreifte", so kommt keine der genannten Positionen in Frage: auf keinen Fall eine deterministische oder prädestinatianische Position, aber auch keine universalistische. Soll die Freiheit nicht nur ein intermediäres Stadium des personalen Entwicklungsprozesses darstellen, sondern dessen bleibend relevantes Konstitutivum, so kann es keinerlei Garantien geben, die einen wie auch immer gearteten Ausgang dieses Prozesses im voraus garantieren können. Aus diesem Grund muß die *free will defense* mit der Möglichkeit rechnen, daß geschaffene Wesen sich in Freiheit gegen jene Bestimmung entscheiden, die Gott für sie vorgesehen hat[115]. Diese Möglichkeit kann wohl auch nicht allein durch eine beliebige Verlängerung der Zeitspanne ausgeschlossen werden, die für den Entwicklungsprozeß von Gott eingeräumt wird[116]. Der Ausgang dieser individuellen Entscheidung darf freilich unter keinen Umständen von den gravierenden Unterschieden und Ungleichheiten abhängen, mit denen und in die hinein Menschen geboren werden[117], weder von ihren genetischen Anlagen noch von ihrem soziokulturellen Kontext und letztlich wohl auch nicht von ihrer religiösen Tradition.

Die Notwendigkeit, den Ausgang der individuellen Heilsgeschichte aufgrund der Freiheit offenzuhalten, zwingt allerdings nicht un-

---

[115] Vgl. dazu auch die Kritik an Hicks soteriologischem Universalismus bei *J.M. Rist, Coherence and the God of Love*, 99-105. Zum Zusammenhang zwischen Willensfreiheit und Hölle vgl. auch *S.T. Davis*, *Risen Indeed*, 154-159.

[116] Vgl. dazu *Origenes, De principiis*, III 1,13. Unter Hinweis auf die Langmütigkeit Gottes betont Origenes, daß Gott die Seelen nicht nur während der fünfzig Jahre des irdischen Lebens lenke, "sed ad perpetuum et aeternum tempus".

[117] Vgl. dazu auch *P. Geach, Providence and Evil*, 121f. Geach betrachtet es als Teil der christlichen Überzeugung, daß ausnahmslos jeder Mensch eine echte Chance erhält, das Heil zu erreichen, eine Chance, die er nur durch seinen eigenen Willen verwirken kann. Es ist allerdings fraglich, ob diese Überzeugung durchgängig in allen christlichen Traditionen zu finden ist, und noch fraglicher, ob sie überall in einem Kontext vertreten wurde, der sie als kohärente Überzeugung erscheinen ließ.

bedingt zur Annahme einer ewigen Verdammnis als Folge eines frei gewählten Scheiterns. Auch in den sublimeren Versionen stellt die Vorstellung nicht endender Höllenstrafen ein Übel dar, das den Inbegriff dysteleologischen Leids bildet[118]. Als nicht endendes wäre es ein Leid, das keinerlei Gut mehr dienen kann, nicht einmal dem Offenbarwerden der Gerechtigkeit Gottes, denn eine unendliche Strafe für zeitliche Sünden sprengt jeden Gerechtigkeitsbegriff[119]. Die Vorstellung von der Hölle(nstrafe) ist nicht die einzige zur Verfügung stehende Alternative, durch die die Möglichkeit eines in Freiheit vollzogenen Scheiterns der menschlichen Berufung offengehalten werden kann. Eine andere Möglichkeit könnte darin bestehen, daß der Lebensweg ins Nichts bzw. in die Annihilation statt in die beseligende Gemeinschaft mit Gott mündet. Hick wendet auch dagegen ein, daß der ewige Tod einzelner Menschen ein Scheitern Gottes implizieren würde, nämlich sein Scheitern, das endliche personale Dasein der von ihm geschaffenen Menschen zu einem "guten Ende zu führen"[120].

Die *free will defense* geht nicht davon aus, daß das Ziel der Erschaffung freier Wesen ausschließlich in deren Glückseligkeit besteht, sondern eher in dem, was Kant als das *summum bonum,* die Verbindung von Sittlichkeit und Glückseligkeit, bezeichnete[121]. Wenn nun diese Verbindung nur als freie und unerzwungene sinnvoll denkbar ist, dann wäre Gottes Schöpfungsintention nicht unbedingt dadurch zum Scheitern verurteilt, daß sich letzten Endes einige oder mehrere Personen in Freiheit gegen ihre transzendente Bestimmung

---

118 Vgl. dazu *J. Hick, The Problem of Evil in the First and Last Things*, 598: "Ein auf ewig andauerndes Übel würde ein definitives Scheitern seitens des Schöpfers bedeuten." Vgl. dazu auch *T. Talbott, Providence, Freedom, and Human Destiny*, 237-241.

119 Vgl. dazu *R. Swinburne, Responsibility and Atonement*, 181f. Zur weiteren Kritik der Vorstellung von ewigen Höllenstrafen vgl. auch *J.E. Barnhart, Theodicy and the Free Will Defence: Response to Plantinga and Flew*, 441-448; *T. Talbott, Punishment, Forgiveness, and Divine Justice*, 151-168. Zur Kritik vgl. *S.T. Davis, Risen Indeed*, 157f. Davis setzt den traditionellen Gedanken voraus, daß Menschen nicht aufgrund einer göttlichen Bestrafung in die Hölle kommen, sondern weil die Hölle das ist, was sie selbst letztlich in Freiheit wollen.

120 Vgl. dazu *J. Hick, The Problem of Evil in the First and Last Things*, 599: "Dies bedeutet, daß im Falle derjenigen, deren Schicksal die Auslöschung ist, das Übel, das sie zu diesem Ende führte, auf immer unerlöst bleibt, keinem Gut mehr dienen kann, und dadurch eine anhaltende 'Trübung' des Universums bewirkt." (Übersetzung A.K.)

121 Vgl. dazu *I. Kant, Kritik der praktischen Vernunft*, A 193-223.

entscheiden, auch wenn diese Möglichkeit noch so unplausibel erscheinen mag[122]. Die Hoffnung, daß die Zahl derjenigen, die sich letztlich und definitiv gegen Gottes Bestimmung entscheiden, verschwindend gering, vielleicht sogar gleich Null sein wird, widerspricht allerdings nicht dem Argument der Willensfreiheit[123]. Letzteres erschwert nur Garantien jeder Art.

---

[122] Vgl. dazu *T. Talbott, Providence, Freedom, and Human Destiny,* 227ff. Talbott verwirft die These, daß einige Menschen sich frei und unwiderruflich gegen Gott entscheiden und sich selbst für immer von Gott trennen werden. Diese These sei nicht aufrechtzuerhalten, ob man nun ein göttliches Vorherwissen zukünftiger freier Entscheidungen ablehnt oder in irgendeiner Form annimmt.

[123] Hick betrachtet die universalistische Option als Ausdruck einer, wie er meint, begründeten Hoffnung, die zwar nicht logisch, wohl aber praktisch und moralisch gewiß sei, jedoch keine evidente wissenschaftliche Wahrheit darstelle. Vgl. dazu *J. Hick, The Problem of Evil in the First and Last Things*, 600. Zur Kritik an Hicks Universalismus vgl. *I. Trethowan, Dr. Hick and the Problem of Evil,* 414f.

12 Das Problem der natürlichen Übel

> *"Seh' ich den Himmel, das Werk deiner Finger, Mond und Sterne, die du befestigst: Was ist der Mensch, daß du seiner gedenkst, des Menschen Kind, daß du dich seiner annimmst? Du hast ihn nur wenig geringer gemacht als Gott, hast ihn mit Herrlichkeit und Ehre gekrönt."* (Ps 8,4-6)

Die kritische Diskussion der *free will defense* endete mit dem Hinweis auf den Einwand, daß die Existenz natürlicher Übel offenkundig nicht durch den Rekurs auf die menschliche Willensfreiheit erklärt werden kann[1]. Aufgrund der Werthaftigkeit der Willensfreiheit läßt sich einigermaßen plausibel erklären, warum Gott den leidverursachenden Mißbrauch freier Geschöpfe nicht verhindern kann, ohne dadurch gleichzeitig den Wert kreatürlicher Freiheit zu eliminieren. Die Willensfreiheit stellt also zugleich einen leidverursachenden Faktor und einen eminenten Wert dar. Die Realisierung dieses Wertes kann nun aber gerade nicht erklären, warum auch die natürlichen Bedingungen in einer von Gott erschaffenen Welt in einem schier unermeßlichen Ausmaß Leid verursachen. Iwan Karamasows Frage taucht somit im Hinblick auf die natürlichen Übel erneut auf. Jetzt ist sie sogar noch schwieriger zu beantworten als im Hinblick auf das moralische Übel.

> "Wenn du allgütig, allwissend und allmächtig wärst und ein Universum erschaffen wolltest mit empfindungsfähigen Wesen - Wesen, die glücklich und traurig sind, die Freude empfinden, Schmerz fühlen, Liebe, Zorn, Mitgefühl und Haß zum Ausdruck bringen - welche Art von Welt würdest du erschaffen? ... Versuche dir vorzustellen, wie eine solche Welt beschaffen wäre. Wäre sie so beschaffen wie die wirklich existierende Welt, die Welt, in der wir leben? Würdest du eine solche Welt erschaffen, wenn du die Macht und das Wissen hättest, jede logisch mögliche Welt

[1] Vgl. dazu nochmals Abs. 10.7.

> zu erschaffen? Wenn deine Antwort 'nein' lautet, was offenbar der Fall sein muß, solltest du zu verstehen beginnen, warum das Übel von Leid und Schmerz in dieser Welt ein derartiges Problem für jeden darstellt, der glaubt, Gott habe die Welt erschaffen."[2]

Die Tatsache, daß sich jeder auch nur halbwegs phantasievolle Mensch relativ mühelos eine Welt vorstellen kann, die besser - im Sinne von weniger leidvoll - ist als die reale Welt, bildet einen *prima facie* gewaltigen Einwand gegen das theistische Bekenntnis[3]. Zieht man jene Mängel ab, die auf das Konto willentlicher (Fehl-) Entscheidungen freier Handlungssubjekte gehen, so bleibt immer noch eine unübersehbare Fülle von Mängeln, deren Abwesenheit die Welt nach menschlichem Ermessen zu einer insgesamt wesentlich besseren machen würde[4]. Angesichts dieser Unvollkommenheiten fällt es in der Tat oftmals schwer, die Welt als Schöpfung eines vollkommenen Gottes zu betrachten[5].

---

[2] *J. Cornman/K. Lehrer/G.S. Pappas, Philosophical Problems and Arguments*, 260f. (Übersetzung A.K.)

[3] Vgl. z.B. *G. Streminger, Gottes Güte und die Übel der Welt* (1992), 55-63. Stremingers Überlegungen kreisen um die Thesen: "Die Erde könnte besser konstruiert sein" und "Die natürliche Ordnung könnte gerechter sein".

[4] Vgl. dagegen *G. Schlesinger, The Problem of Evil and the Problem of Suffering*, 245-247. Schlesinger versucht die Annahme, daß das Theodizee-Problem sich in einem weniger leidvollen Universum nicht stelle, als irrig nachzuweisen. Es stelle sich sogar in einer leidfreien Welt, z.B. als Frage, warum Gott die Menschen nicht noch glücklicher gemacht habe. Daraus resultiert seines Erachtens, daß das Problem von vornherein falsch gestellt sei. Die Verpflichtung, alles in seinen Kräften Stehende zu tun, um andere glücklich zu machen, treffe vielleicht auf Menschen, nicht jedoch auf ein allmächtiges Wesen zu. - Dagegen ist einzuwenden, daß das Theodizee-Problem sich nicht aus einem "Zuwenig an Gutem", sondern aus einem offenkundigen "Zuviel an Übel" ergibt. Insofern würde sich vielleicht auch in einer leidfreien Welt ein entfernt analoges, aber nicht das gleiche Problem stellen. Im übrigen wäre auch dieses analoge Problem keinesfalls falsch gestellt, denn auch in einer leidfreien Welt würde sich natürlich die Frage stellen, warum Gott den Menschen nicht von Anfang an in seine beseligende Gegenwart hinein erschaffen hat, sondern in eine Welt, in der ein Mehr an Glück denkbar und wünschbar ist. Zu weiterer Kritik vgl. auch *H. Khatchadourian, God, Happiness and Evil*, 109-119.

[5] Vgl. dagegen *D. Allen, Natural Evil and the Love of God*, 439ff. Allen beginnt seine Ausführungen mit einem Vergleich der Weltbetrachtung von Epiktet und Hume. Epiktets Auffassung beruhe auf Demut und Ehrfurcht. Humes Pessimismus basiere auf überzogenen Erwartungen, die man an die Welt herantrage. "Indeed in our humbled and more realistic condition we can see the glory of the entire world-order and be grateful for our capacity to yield ourselves to it courageously and magnanimously even when we are caught in its workings" (ebd.

12.1 NATÜRLICHE ÜBEL UND DIE "BESTE ALLER MÖGLICHEN WELTEN"

Keine Theodizee hat die daraus resultierenden Konsequenzen so massiv in den Mittelpunkt gerückt wie die Leibnizsche. Sie basiert bekanntlich auf der These, daß Gott aufgrund der ihm traditionellerweise beigemessenen Eigenschaften keine andere als die beste aller möglichen Welten erschaffen konnte[6]. Diese These ist kein Ausdruck einer hybriden Restriktion dessen, was Gott im Namen der menschlichen Vernunft machen darf und was nicht. Sie ist eher eine deduktive Schlußfolgerung aus dem Bekenntnis zu Gott als demjenigen Wesen, über das hinaus kein größeres bzw. vollkommeneres gedacht werden kann. Eine Welt aber, deren natürliche Unvollkommenheiten für jedermann offensichtlich und nahezu täglich leidhaft erfahrbar sind, kann offenbar nicht von einem Wesen erschaffen worden sein, auf das diese Beschreibung zutrifft. Vielleicht mag ein Schöpfer dieser Welt existieren, vielleicht mag er sogar mit einigem Recht als "Gott" bezeichnet und verehrt werden, doch ob er wirklich Gott ist, scheint mehr als fraglich zu sein.

Leibniz' Begründung seiner These von der realen als der besten aller möglichen Welten geht zunächst von zwei Prämissen aus:

> Prämisse [1]: Es gibt unendlich viele mögliche Welten.
> Prämisse [2]: In keiner realen Welt ist alles möglich.

Der Prämisse [1] liegt die Vorstellung zugrunde, Gott wähle bei der Erschaffung der Welt eine unter unendlich vielen logisch möglichen Welten aus und verleihe dieser dann Existenz[7]. Wenn Gott unendlich mächtig, gütig und weise ist, kann er dabei nicht eine beliebige Welt auswählen. Er muß notwendigerweise die beste aller möglichen Wel-

---

442). Allen kommt zu diesem optimistischen Urteil allerdings nur, weil er dem Leid einen intrinsischen Wert beimißt. Im Leiden selbst könne man Gottes Liebe finden (ebd. 451). In diesem Argument droht Demut in Masochismus umzuschlagen.

[6] Vgl. *G.W. Leibniz, Theodizee*, I,8.

[7] Vgl. *G.W. Leibniz, Theodizee*, I,8: "Erfüllte man jede Zeit und jeden Ort; es bleibt dennoch wahr, daß man sie auf unendlich viele Arten hätte erfüllen können und daß es unendlich viel mögliche Welten gibt, von denen Gott mit Notwendigkeit die beste erwählt hat, da er nichts ohne höchste Vernunft tut."

ten erschaffen[8], denn "weniger Gutes tun als man kann, heißt gegen die Weisheit oder Güte verstoßen"[9]. Unter anderem impliziert dies, daß jede andere mögliche Welt der realen Welt aufs Ganze gesehen "erheblich nachstehen" würde. Dies läßt sich zwar - wie Leibniz einräumt - nicht im einzelnen begründen, da es sich um eine unendliche Menge von möglichen Welten handelt. Aufgrund der Vollkommenheit Gottes kann unsere Welt jedoch *a priori* nur die beste aller möglichen sein, und zwar aus dem einfachen Grund, weil "Gott unsere Welt so erwählt hat, wie sie ist"[10].

Dagegen scheint zu sprechen, daß man sich mühelos eine Welt vorstellen kann, die besser - im Sinne von weniger leidvoll - ist als die unsere, z.B. eine Welt ohne Schmerzempfindungen, Krankheiten, Erdbeben, Flutwellen usw. Dieser Einwand soll durch die Prämisse [2] ausgeräumt werden. Diese Prämisse setzt genauerhin folgendes voraus: Eine mögliche Welt ist kein Konglomerat einzelner voneinander unabhängiger Teile oder Elemente. Daraus folgt, daß nicht jeder für sich genommen mögliche Teil in jedes Universum integrierbar ist. Eine mögliche Welt muß dem Kriterium der "Kompossibilität" seiner einzelnen Bestandteile genügen[11]. Aufgrund dieses Zusammenhangs hätte jede Veränderung eines Teils Auswirkungen auf andere Teile und somit auch auf das Ganze. Im Hinblick auf die reale Welt bedeutet dies: Wenn man ein Übel aus ihr entfernen würde, wäre sie nicht mehr die bestmögliche Welt[12], sondern auf-

---

8 Vgl. dazu *G.W. Leibniz, Theodizee*, I,8.

9 *G.W. Leibniz, Theodizee*, II,201. Die These von der bestmöglichen Welt ist keineswegs erstmals von Leibniz vertreten worden. Vgl. ähnlich z.B. *Platon, Timaios*, 30a: "Aber dem Besten war es weder noch ist es gestattet, etwas anderes als das Schönste zu tun."; *Plotin, Enneaden*, III,2.3: "... so ist auch diese Welt, eben weil sie so entstanden ist, so schön, daß es keine andere gibt, die schöner wäre als sie."; *Abaelard, Introductio in theologiam*, III: "... ea solummodo Deum posse facere vel dimittere, quae quandoque facit vel dimittit, et eo modo tantum vel eo tempore quo facit, non alio."

10 *G.W. Leibniz, Theodizee*, I,10.

11 Vgl. dazu *A.O. Lovejoy, The Great Chain of Being*, 171: "Leibniz war sehr stolz auf seine Entdeckung des Begriffs der Kompossibilität, der aber keine genaue Bedeutung hat, solange wir nicht wissen, was das Kriterium der Kompossibilität sein soll. Darüber weiß er nur wenig zu sagen; und dieses Wenige ist mitnichten klar." (Übersetzung A.K.)

12 Vgl. *G.W. Leibniz, Theodizee*, I,9.

grund der unausweichlichen Auswirkungen dieser Wegnahme aufs Ganze gesehen eine schlechtere Welt[13].

Aus diesem Argument folgt auch, daß die faktischen Übel dieser Welt notwendigerweise dazu beitragen, sie zur besten aller möglichen Welten zu machen. Im weiteren Verlauf seiner Argumentation versucht Leibniz, diese These angesichts konkreter Übel nachzuweisen. Zu diesem Zweck greift er auf traditionelle Überlegungen zurück, wie die These von der *privatio boni* und den Strafgedanken (Erbsündenlehre). Im Mittelpunkt seines Gedankengangs steht allerdings die Willensfreiheit.

Leibniz' optimistische Position löste eine kritische und polemische Diskussion aus. In "Candide ou l'Optimisme" machte Voltaire die These von der bestmöglichen Welt in satirischer Form lächerlich: "Si c'est le meilleur des mondes possibles, que sont donc les autres?"[14] Whitehead bezeichnete diese These in einer für ihn ganz untypischen Direktheit als "dreisten Schwindel", der nur dazu erdacht sei, "das Gesicht eines Schöpfers zu wahren, den zeitgenössische und vorausgegangene Theologen konstruiert hatten"[15].

Der Begriff der bestmöglichen Welt hat allerdings auch sachlichere Einwände hervorgerufen, die wesentlich älter sind als die Leibniz-

---

13 Daraus scheint die absurde Folgerung zu resultieren, daß auch jede scheinbar schlechte Handlung letzten Endes dazu beiträgt, diese Welt zur besten zu machen, bzw. daß keine andere Handlungsalternative die Welt insgesamt zu einer besseren gemacht hätte. Vgl. dazu *C.M. Myers, Free Will and the Problem of Evil*, 289-294. Myers behauptet, dieser Einwand sei unabhängig davon stichhaltig, ob der Freiheitsbegriff im kompatibilistischen oder libertarianistischen Sinn verwendet werde. In jedem Fall sei davon auszugehen, daß scheinbar böse Entscheidungen in Wirklichkeit zur Erreichung des maximalen Gutes in der Welt beitragen. - Myers' Einwand unterscheidet allerdings nicht zwischen der Werthaftigkeit der Willensfreiheit im allgemeinen und der Werthaftigkeit freier Handlungen im besonderen. Selbst wenn die These von der bestmöglichen Welt stichhaltig wäre, so würde daraus nicht notwendig resultieren, daß auch alle scheinbar bösen Handlungen in Wirklichkeit gut sind. Eine Welt mit Willensfreiheit, aber ohne böse Handlungen wäre sicherlich insgesamt besser als eine Welt, in der die Willensfreiheit mißbraucht wird. Entscheidend ist jedoch, daß die Existenz einer solchen Welt nicht garantiert werden kann, ohne gleichzeitig die Willensfreiheit aufzuheben. Aus der Hypothese, daß die Willensfreiheit als solche die Welt zur bestmöglichen macht, folgt nicht, daß dies auch für jede einzelne freie Entscheidung und Handlung gilt.

14 *Voltaire, Candide ou l'Optimisme*, 4. Kap. - Der Leibnizsche Optimismus wurde entscheidend durch das Erdbeben von Lissabon erschüttert. Zu den zeitgenössischen Reaktionen auf diese Katastrophe vgl. *W. Breidert (Hg.), Die Erschütterung der vollkommenen Welt.*

15 *A.N. Whitehead, Prozeß und Realität*, 104.

sche Theodizee[16]. Ein zentraler Einwand behauptet, der Begriff der bestmöglichen Welt sei logisch genauso unhaltbar bzw. absurd wie etwa der Begriff einer größtmöglichen Geschwindigkeit[17] oder einer größtmöglichen natürlichen Zahl. Die Begründung ist ebenso einfach wie einleuchtend: Wie sich zu jeder gegebenen Geschwindigkeit und Zahl eine größere denken lasse, so lasse sich auch zu jeder Welt eine bessere denken, z.B. eine Welt, in der es mehr freie Wesen gibt als in der realen[18]. Vor allem im Vergleich zur unendlichen Vollkommenheit Gottes sei davon auszugehen, daß zu jeder möglichen Welt immer eine noch bessere gedacht werden kann, da der Abstand zwischen einer unausweichlich endlichen Welt und dem unendlich vollkommenen Gott von keiner wie auch immer beschaffenen endlichen Welt überbrückt werden kann[19]. Aus diesem Grund sei die Rede von einer bestmöglichen Welt sinnlos! Gott hätte zwar durchaus eine bessere Welt erschaffen können[20], nicht aber die bestmögliche, weil es eine solche aus den genannten Gründen nicht geben kann.

Dieser Einwand besagt also, daß Gott nicht die bestmögliche Welt erschaffen konnte, weil der Begriff einer solchen Welt sinnlos ist und weil es folglich keine beste aller möglichen Welten geben kann[21]. Abgesehen von den nicht geringen Schwierigkeiten, die Kriterien für die Gütequalität von Welten festzulegen[22], reicht dieses Argument dazu aus, den Gedanken einer göttlichen Verpflichtung

---

16 In der islamischen Tradition wurde eine ähnliche These von al-Ghasâli vertreten und jahrhundertelang kontrovers diskutiert. Vgl. dazu *E.L. Ormsby, Theodicy in Islamic Thought*, 1. Kap.

17 Vgl. dazu *C. Journet, Vom Geheimnis des Übels*, 132.

18 So z.B. *R. Swinburne, The Christian God*, 135.

19 Vgl. *C. Journet, Vom Geheimnis des Übels*, 125: "Selbst für Gott bleibt es unmöglich, jemals die Fülle des ungeschaffenen Seins im Staub der geschaffenen Wesen auszuschöpfen, jemals das Unendliche im Endlichen einzuschließen. Welche Welt er auch immer erschaffen mag, das, was von seiner unbegrenzten Fülle offenbar wird, vermag niemals dem zu entsprechen, was von ihr offenbar werden kann. Es bleibt immer ein unendlicher Zwischenraum, in dem andere Welten Platz finden könnten." Vgl. ähnlich auch *A.-D. Sertillanges, Le problème du mal*, Bd. II,40.

20 So z.B. *Thomas von Aquin, Summa theologica*, I, q.2, a.6.

21 Vgl. *C. Journet, Vom Geheimnis des Übels,* 133: "Von Gott fordern, die beste der möglichen Welten zu erschaffen, um keinen Vorwürfen ausgesetzt zu sein, heißt von ihm fordern, etwas zu erschaffen, was nicht erschaffbar ist und das Absurde zu verwirklichen."

22 Zum Problem der Kriterien vgl. auch *P.L. Quinn, God, Moral Perfection, and Possible Worlds*, 292-296.

zur Erschaffung der bestmöglichen Welt *ad absurdum* zu führen[23]. Keine Theodizee muß daher von der Prämisse ausgehen, bei der wirklichen Welt handle es sich um die bestmögliche. Damit ist allerdings noch keineswegs die Theodizee-Relevanz aller damit zusammenhängenden Anfragen erledigt[24], insbesondere nicht die nach wie vor virulente Frage, warum Gott, wenn schon nicht die beste, dann wenigstens nicht eine bessere Welt erschaffen hat. Im Gegensatz zur Frage nach der bestmöglichen Welt läßt sich diese zweite Frage keinesfalls kurzerhand als absurd zurückweisen[25]. Wenn es keine bestmögliche Welt gibt, kann Gott selbstverständlich in keiner Weise dazu verpflichtet sein, diese zu erschaffen. Wenn aber eine bessere Welt als die reale möglich ist, läßt sich die Frage nicht mehr vermeiden, warum Gott nicht eine bessere Welt erschaffen hat[26]. Selbstverständlich ließe sich diese Frage in jeder möglichen Welt stellen. Aber auch dieser Umstand nimmt der Frage nicht ihre Brisanz. Unter der Voraussetzung, daß Gott mit der Erschaffung dieser

---

[23] Vgl. dazu ähnlich auch *B. Reichenbach, Evil and a Good God*, 121-129. Unbeeindruckt von diesem Argument ist offenbar *G. Streminger, Gottes Güte und die Übel der Welt* (1992), 50f. Streminger geht nach wie vor davon aus, daß aus den theistischen Prämissen die Annahme folgt, bei der realen Welt handle es sich um die bestmögliche. Da dies offensichtlich nicht der Fall ist, sind die theistischen Prämissen als widerlegt zu betrachten.

[24] Vgl. dazu z.B. *D. Basinger, In What Sense Must God Be Omnibenevolent?*, 3-8. Basinger zeigt, daß es durchaus Verpflichtungen gibt, die für einen allgütigen Schöpfer gelten, auch wenn keine bestmögliche Welt existieren mag, wie z.B. die Verpflichtung, die Lebensqualität der von ihm erschaffenenen Geschöpfe zu maximieren.

[25] C. Journet kritisiert bereits die Vorstellung einer sittlichen Verpflichtung Gottes: Gott sei nicht dazu verpflichtet, überhaupt eine Welt zu erschaffen. Die Verpflichtung, Gutes zu tun, meint die Verpflichtung, besser zu werden. Daher gelte sie nur für Wesen, die besser werden können. Im Hinblick auf Gott ergebe diese Verpflichtung daher keinen Sinn, denn Gott kann definitionsgemäß nicht besser werden. Vgl. dazu *C. Journet, Vom Geheimnis des Übels*, 118-120. Dennoch räumt Journet ein, daß Gott dazu "gezwungen" ist, eine gute Welt zu erschaffen, d.h. eine Welt, "in der das Übel letztlich nicht über das Gute die Oberhand gewinnt" (ebd. 129). Die Frage, warum Gott aber gerade eine Welt wie die unsere erschaffen hat, bleibt unbeantwortet.

[26] Vgl. dazu *R. Elliot, Divine Perfection, Axiology and the No Best World Defence*, 533-542. Vgl. dazu auch *D. Basinger, In What Sense Must God Be Omnibenevolent?*, 3. Basinger begründet hier die These, daß die Behauptung, ein allgütiger Gott sei dazu verpflichtet, die Lebensqualität der von ihm geschaffenen Wesen zu maximieren, auch für den Fall zutrifft, daß keine bestmögliche Welt denkbar ist. Zur kritischen Diskussion dieser These vgl. *W. Hasker, Must God Do His Best?*, 213-223; sowie die Antwort von *D. Basinger, In What Sense Must God Do His Best: A Response to Hasker*, 161-164.

Welt die Realisierung bestimmter Werte, z.B. freier Personen, beabsichtigt, stellt sich die Frage, ob die Realisierung dieser Werte nicht auch in einer Welt möglich gewesen wäre, die weniger Leid und Übel enthält, also weniger Krankheiten, Schmerzen, Naturkatastrophen usw.[27]. Da man sich offenbar problemlos eine Welt W_1 vorstellen kann, die sich in nichts von der realen Welt W unterscheidet, außer daß es in W_1 beispielsweise keine krankheitsbedingten Schmerzen gibt, scheint genau dies der Fall zu sein[28]. Dies legt wiederum den Schluß nahe, daß der Schöpfer der Welt W weder allmächtig noch allwissend[29] sein kann, sondern - gemessen an der Qualität seines Werks - allenfalls ein mit ziemlichen Unvollkommenheiten ausgestatteter Stümper[30].

Dieser Schluß ließe sich dadurch vermeiden, daß man für jedes natürliche Übel in dieser Welt einen überragenden Wert angibt, der ohne die Existenz dieses Übels nicht realisierbar wäre. Im Hinblick auf das Beispiel der krankheitsbedingten Schmerzen könnte man etwa auf entsprechende Werte hinweisen, die durch deren Existenz ermöglicht werden, wie z.B. die Entstehung der medizinischen Forschung oder die Funktion der Schmerzempfindungen als Frühwarnsystem zur Vermeidung eines größeren gesundheitlichen Schadens. Diese Entgegnung überzeugt jedoch aus zwei Gründen nicht: Zum einen stellt die Entwicklung der medizinischen Forschung zwar einen hohen Wert dar. Dennoch wäre es natürlich insgesamt bei

---

27 Vgl. dazu auch *J.S. Mill, Drei Essays über Religion*, 161f.: "Natürlich kann man sagen, daß ihm (d.h. dem Menschen) eben diese Fähigkeit, sich selbst und die Welt zu verbessern, von Gott verliehen wurde, und daß die Veränderung, die er dadurch im menschlichen Dasein schließlich zu bewirken vermag, mit dem Leiden und dem vergeudeten Leben ganzer geologischer Zeitalter nicht zu teuer erkauft wäre. Dem mag so sein. Aber anzunehmen, daß Gott den Menschen diesen Segen um keinen weniger furchtbaren Preis hätte zuteil werden lassen können, heißt, sich eine sehr sonderbare Vorstellung von der Gottheit zu machen... Wir haben sicherlich kein Wissen von den Schranken, die die göttliche Allmacht begrenzen. Aber es heißt, sich seinen sehr eigentümlichen Begriff von diesen Schranken zu machen, wenn man glaubt, daß sie die Gottheit befähigen, einem fast tierischen Geschöpf die Fähigkeit zu verleihen, durch langdauernde Anstrengungen das hervorzubringen, was Gott selbst auf keine andere Weise zu schaffen imstande war."

28 Vgl. z.B. *D. Hume, Dialoge über natürliche Religion*, X,93: "Beachte ferner, sagte Philo, die erstaunlichen Vorkehrungen, welche die Natur ergreift, um jedem lebenden Wesen das Leben zu erschweren."

29 Vgl. dazu auch *J.S. Mill, Drei Essays über Religion*, 151f.

30 Vgl. dazu *J.S. Mill, Drei Essays über Religion,* 152f.; sowie nochmals *D. Hume, Dialoge über natürliche Religion*, X,104f.

weitem besser, wenn es gar keine krankheitsbedingten Schmerzen gäbe[31]. Zum anderen gibt es eine Fülle von krankheitsbedingten Schmerzen, die in keiner Relation zu den durch sie ermöglichten Werten stehen, sei es, daß auch ohne ihre Existenz die Entwicklung der Medizin vorangeschritten wäre, oder sei es, daß sie gar nicht als Warnhinweise funktionieren, weil sie beispielsweise entweder viel zu spät auftreten (wie bei vielen bösartigen Tumoren) oder in gar keinem Zusammenhang mit einer lebensbedrohlichen Erkrankung stehen (wie z.B. die Schmerzen der Trigeminus-Neuralgie)[32]. Angesichts dieser Einwände mag sich vielleicht der Atheist genüßlich über Leibniz' optimistische These von der besten aller möglichen Welten amüsieren. Der Theist dürfte sich daran keinesfalls so unverkrampft erheitern können, denn die Frage, warum Gott keine bessere Welt erschaffen hat, dürfte seine Heiterkeit erheblich dämpfen.

Eine andere, auf den ersten Blick leicht skurril anmutende, Entgegnung hat John D. McHarry angedeutet[33]. Er stellt die Einzigkeit der Welt in Frage und postuliert eine Vielzahl von unterscheidbaren und daher notwendigerweise unterschiedlichen Universen[34], wobei ein solches Universum jeweils aus allen raumzeitlich zusammenhängenden Gegenständen besteht. Aus einer Vielzahl solcher Welten läßt sich dann schließen, daß Gott sehr wohl ohne Werteinbußen bessere,

---

31 C.R. Mesle kritisiert diese Form der teleologischen Rechtfertigung des (moralischen und natürlichen) Übels als *smallpox fallacy*. Vgl. *C.R. Mesle, John Hicks's Theodicy*, 9: "... was wir wirklich wünschen, ist eine Welt ohne Pocken und andere Krankheiten. Zu diesem Zweck erwerben wir medizinisches Wissen und produzieren Impfstoffe. Was wir wirklich wünschen, ist eine Welt ohne Verbrechen und Ungerechtigkeit. Zu diesem Zweck haben wir Polizei und Richter. Was wir wirklich wünschen, ist eine Welt ohne Kindesmißbrauch, Vergewaltigung und andere Gewalttaten. Zu diesem Zweck pflegen wir Tugenden wie Geduld, Sensibilität und Sympathie. Wenn wir überhaupt nicht durch Krankheiten bedroht wären, würden wir gerne auf die Medizin verzichten. Wenn wir nicht durch Verbrechen bedroht wären, würden wir gerne Polizeistationen und Gefängnisse schließen. Wenn es keine Vergewaltigungen gäbe, würde wir gerne auf die Beratungsstellen und auf jene besondere Art der schmerzvollen Erfahrung verzichten, die eine Vergewaltigung bei ihren Opfern bewirken kann. Offensichtlich können wir also die Existenz dieser Übel nicht durch die Lektionen verteidigen, die sie uns lehren." (Übersetzung A.K.)

32 Vgl. dazu *T. Anders, The Evolution of Evil*, 8-10. Vgl. auch *G. Streminger, Gottes Güte und die Übel der Welt* (1992), 35-39.

33 Vgl. *J.D. McHarry, A Theodicy*, 132-134.

34 Zu diesem Zweck rekurriert McHarry auf Leibniz' Identitätsprinzip, wonach zwei unterscheidbare Dinge nicht in schlechthin jeder Hinsicht identisch sein können. Vgl. *J.D. McHarry, A Theodicy*, 133.

womöglich völlig leidfreie Welten erschaffen hat, ja möglicherweise sogar die bestmögliche Welt. Dies schließe nun aber gerade nicht aus, daß Gott auch weitere weniger vollkommene Welten erschuf, zu denen unsere Welt gehört. Sobald man die Möglichkeit einräumt, daß Gott mehrere Welten erschaffen hat, sei klar, daß unsere Welt keineswegs die optimale sein müsse. Wie von einem Künstler nicht erwartet werden könne, daß er nach seinem Meisterwerk keine anderen Werke mehr erschaffe, so könne auch von Gott nicht erwartet werden, daß er nur eine einzige Welt oder möglicherweise nur eine ganze Klasse von vollkommenen Welten erschaffen habe. Die Existenz jeder Welt, in der das Übel das Gut letztlich nicht überrage, sei besser als die Nichtexistenz dieser Welt und ohne Zweifel besser als nichts:

> "Die Erschaffung des Besten schließt nicht die Erschaffung des sehr Guten aus, und die Erschaffung des sehr Guten schließt nicht die Erschaffung desjenigen aus, was aufs Ganze gesehen gut ist."[35]

Im Hintergrund dieser Argumentation steht das klassische Prinzip der ontologischen Fülle[36], das jetzt nicht auf Entitäten innerhalb der einen Welt, sondern auf die Pluralität von Welten angewendet wird. Trotz dieses Rekurses kann dieses Argument nicht überzeugen, und zwar nicht deshalb, weil es mit unausweisbaren oder abwegig erscheinenden Hypothesen arbeitet, sondern weil es eine zentrale Frage gar nicht beantwortet, nämlich die Frage, warum Gott das natürliche Übel in den weniger vollkommenen Welten nicht verhindert. Im Kontext der Theodizee-Problematik ist genau dies die Schlüsselfrage. Aus dem Identitätsprinzip allein läßt sich vielleicht die grundsätzliche Verschiedenheit der einzelnen Universen ableiten, aber nicht die logische Unmöglichkeit, daß Gott das Übel in jeder dieser unterschiedlichen Welten verhindern oder verringern könnte. Dem bloßen Hinweis, daß die Existenz jeder Welt gerechtfertigt sei, in

---

[35] Vgl. dazu *R.W.K. Paterson, Evil, Omniscience and Omnipotence*, 7. (Übersetzung A.K.) Paterson versucht mit Hilfe dieser Maxime, den Einwand Mackies gegen die *free will defense* zurückzuweisen. Wenn Gott Wesen erschafft, die sich frei nur für das Gute entscheiden, so schließe dies nicht aus, auch solche Wesen zu erschaffen, die sich frei für das Schlechte entscheiden.

[36] Vgl. dazu *M.J. Coughlan, In Defence of Free Will Theodicy*, 554.

der aufs Ganze gesehen mehr Gutes als Übel vorhanden ist, ist keine Antwort auf diese Frage zu entnehmen.

Somit bleiben die entscheidenden Fragen nach wie vor virulent. Ihre Diskussion hat folgende Aspekte zu berücksichtigen: zum einen die Klärung der Ursachen des natürlichen Übels, zum anderen die mögliche Wertrelevanz dieser Ursachen und schließlich die eigentliche Frage, ob der entsprechende Wert oder Sinn nicht mit einem geringeren Ausmaß an natürlichen Übeln erreichbar gewesen wäre.

12.2 Naturgesetze als leidverursachende Faktoren

Neben der Willensfreiheit stellt vor allem der naturgesetzlich geregelte Ereignisablauf eine Quelle des Leids dar. "Physical evils arise because of the natural laws inherent in the structure of the universe."[37] Die Einsicht, daß hinter dem menschlichen Schicksal keine übersinnlichen personalen Mächte und Gewalten, sondern weitgehend die ebenso unpersönliche wie unerbittliche Macht kausaler Naturgesetze steht, bildet einen der gewaltigsten Umbrüche im neuzeitlichen Weltverständnis. Dieser Umbruch wurde durch die naturwissenschaftliche Revolution des 16. und 17. Jahrhunderts eingeleitet und durch seine Triumphe inzwischen irreversibel. Nach dem Durchbruch dieser Einsicht kann die Auseinandersetzung zwischen naturwissenschaftlichem und religiösem Weltbild sinnvollerweise nicht mehr um die Frage kreisen, warum Gott dieses oder jenes natürliche Ereignis bewirkt, wie z.B. Krankheiten, Seuchen, Erdbeben, Überschwemmungen usw., sondern nur mehr um die Frage, warum er eine Welt erschaffen hat, in der genau jene Naturgesetze gültig sind, die unter anderem auch derartige leidvolle Ereignisse verursachen[38].

Ein naturgesetzlich geregelter Ereignisverlauf schließt die Möglichkeit eines besonderen Eingreifens Gottes, also die Möglichkeit von Wundern im traditionellen Sinn, keineswegs *a priori* aus. Er legt allerdings die Auffassung nahe, daß Gott, obwohl er nicht die direkte

---

[37] *P. Vardy, The Puzzle of Evil*, 148.

[38] Vgl. dazu *A.R. Peacocke, Science and the Christian Experiment*, 129: "Der Christ, der die immanente schöpferische Aktivität Gottes im Kosmos betont, muß heute anerkennen, daß man davon auszugehen hat, daß Gott durch die 'Gesetze' und durch die Regelmäßigkeiten der Natur wirkt." (Übersetzung A.K.)

Ursache für jedes einzelne Ereignis ist, dennoch für die Existenz jener natürlichen Ursachen verantwortlich ist, die diese Ereignisse ermöglichen und bewirken. Wer im Hinblick darauf trotzdem noch von Gottes providentiellen Absichten sprechen möchte, muß einräumen, daß Gott in der überwiegenden Mehrzahl der Fälle merkwürdigerweise genau das zu intendieren scheint, was im Einklang mit der Wirksamkeit der bekannten Naturgesetze steht.

Eine Konsequenz dieses epochalen Umbruchs besteht darin, daß kein Anlaß mehr dazu besteht, beispielsweise eine Flutkatastrophe als intentionales Handeln Gottes zu erklären, z.B. als göttliche Bestrafung der Opfer. Als Wirkung bestimmter Naturgesetze, die aufgrund der Ausgangsbedingungen unmittelbar zu einer Katastrophe führten, ist diese grundsätzlich restlos erklärbar, auch wenn die betreffenden Ursachen in vielen Fällen noch nicht im Detail bekannt sein mögen. Ebenso ist es überflüssig, die Flugbahn einer Gewehrkugel, die einen Unschuldigen trifft, auf ein direktes planvolles Eingreifen Gottes statt auf die entsprechenden physikalischen Gesetze zurückzuführen. Gleiches gilt im übrigen auch für die Kugel, die einen Schuldigen trifft, denn Naturgesetze nehmen bekanntlich auf das Ansehen oder den sittlichen Charakter der Person keine Rücksicht. Wer ungeschützt in die Flugbahn einer Kugel gerät, wird davon getroffen – es sei denn, ein Wunder geschieht.

Bis in die Gegenwart herein hat sich das religiöse Bewußtsein vielfach gegen die Konsequenz gesträubt, derartige Ereignisse und Schicksalsschläge nicht mehr als Folge eines providentiellen Handelns Gottes, sondern als Folge eines naturgesetzlich geregelten Ereignisverlaufs zu deuten. Angesichts der Vorstellung eines von Gott verlassenen Universums scheint der Glaube an einen Gott, der absichtlich Krankheiten und Naturkatastrophen schickt, für manche die alles in allem erträglichere Alternative darzustellen[39]. Das vielfach beschworene Schreckgespenst des Deismus mit seiner Vorstellung von einer ausschließlich nach immanenten Gesetzmäßigkeiten funktionierenden Welt droht den Schicksalsschlägen auch noch jenen Rest von Sinn zu rauben, den sie in einer von Gottes geheimnisvollen Ab-

---

[39] Vgl. dazu die treffende Charakterisierung dieser Einstellung von *H.M. Schulweis, Evil and the Morality of God*, 135: "Far better to live safe in His redeeming mystery than to live in the presence of unspeakable atrocities over which persons have no control." Schulweis' "Predicate Theodicy" unterscheidet sich allerdings kaum von einer atheistischen Position à la Feuerbach.

sichten regierten Welt besitzen könnten. Gegen die Sprache der Tatsachen fallen indes diese primär emotionalen Widerstände wenig ins Gewicht. Die Tatsachen sprechen zwar nicht für eine von Gott verlassene und restlos sich selbst überlassene Welt. Sie sprechen allerdings gegen Überzeugungen, die natürliche Ereignisse unmittelbar auf eine göttliche Verursachung zurückführen, so als ob Gott die Ursache dafür wäre, daß Körperzellen unkontrolliert zu wuchern beginnen, nicht etwa radioaktive oder chemische Einflüsse; oder die Ursache dafür, daß Flugzeuge vom Kurs abkommen und abstürzen, nicht etwa die mangelnde Konzentration der Piloten; oder die Ursache dafür, daß bestimmte Regionen in regelmäßigen Abständen von Wirbelstürmen heimgesucht werden, nicht etwa geographische Lage und meteorologische Faktoren. Es ist überflüssig, diese Ereignisse darüber hinaus auch noch als direkt oder unmittelbar von Gott intendierte und verursachte zu betrachten: Nicht Gott "schickt" den Menschen Krebserkrankungen, sondern radioaktive Strahlen oder mutagene Substanzen. Nicht Gott "bringt" ein Flugzeug auf den falschen Kurs, sondern der Bordcomputer oder der Pilot. Nicht Gott "schickt" einen Wirbelsturm in eine bestimmte Region, sondern die Dynamik von Lufterhitzung und Druckverteilung. Es ist nicht nur irgendwie problematisch, sondern schlechterdings unbegreiflich, was dadurch erreicht werden soll, daß außer diesen natürlichen Erklärungen auch noch die besonderen Intentionen Gottes ins Spiel gebracht werden. Göttliche Intentionen können die natürlichen Ursachen nicht ergänzen, weil eine vollständige Erklärung nicht ergänzt zu werden braucht. Sie kommen aber auch nicht zur Erklärung der natürlichen Ursachen auf einer höheren Stufe in Frage, denn die radioaktive Strahlung hat wiederum eine andere natürliche Ursache, ebenso wie die Unkonzentriertheit des Piloten oder die unheilvolle Verteilung und Erwärmung von Luftmassen. Selbstverständlich ist Gott nach theistischer Überzeugung für die Existenz jener Naturgesetze verantwortlich, die Ereignisse wie Krebserkrankungen, Flugzeugabstürze und Wirbelstürme möglich machen und verursachen. Er ist auch insofern für deren Existenz verantwortlich, als es in seiner Macht stünde, derartige Ereignisse zu verhindern. Genau auf diese Aspekte hat sich die Diskussion des Problems der natürlichen Übel zu konzentrieren.

Die Frage, ob insgesamt mehr Leid durch den willentlichen Freiheitsmißbrauch oder durch die Geltung der Naturgesetze verursacht wird, läßt sich kaum exakt beantworten. Ein Grund hierfür ist die Schwierigkeit, durch Menschen unbeabsichtigt verursachtes Leid eindeutig einer der beiden Kategorien zuzuordnen. Eine mit der Dämonisierung des Menschen einhergehende Romantisierung der Natur dürfte freilich ebenso einseitig sein wie eine Romantisierung der menschlichen Natur auf Kosten einer Dämonisierung der Natur. John Stuart Mill dürfte mit seiner Beobachtung richtiger liegen, daß nahezu "alles, wofür die Menschen, wenn sie es sich gegenseitig antun, gehängt oder ins Gefängnis geworfen werden, ... die Natur so gut wie alle Tage" tue[40]. Die natürlichen Existenzbedingungen sind keinesfalls optimal auf die Bedürfnisse der meisten Lebewesen abgestimmt[41]. Es bedurfte eines Jahrmilliarden dauernden Entwicklungsprozesses, um Lebewesen hervorzubringen, deren Überleben wenigstens für einige Zeit einigermaßen gewährleistet ist, aber weiterhin gefährdet bleibt. Im Laufe dieses Prozesses wurden "Irrtümer" unerbittlich mit dem Verlust des Lebens von Individuen und Arten "bestraft". Abgesehen von den Veränderungen der natürlichen Existenzbedingungen, die der Mensch mehr oder weniger willentlich und geplant bewirkt, drohen auch unausweichliche Gefahren aufgrund kosmischer Prozesse und in ferner Zukunft das endgültige Aus für den Planeten Erde und seine möglicherweise dann noch existierenden Bewohner. Für den äußerst unwahrscheinlichen Fall, daß alle Menschen ihre negativen Inklinationen überwinden und ihr moralisches, technisches und wissenschaftliches Potential ausschließlich zur Verbesserung der natürlichen Lebensbedingungen einsetzen würden, ließe sich das Ausmaß natürlichen Leids vermutlich drastisch reduzieren, aber kaum gänzlich eliminieren. Es hat in der Tat den Anschein, als liege der natürlichen Umwelt und ihren Entwicklungsgesetzen wenig am allgemeinen Wohlergehen der von ihr hervorgebrachten Lebewesen[42].

Angesichs dieses Befunds, der durch die Ergebnisse moderner Naturwissenschaft zwar nicht definitiv garantiert, aber doch als äußerst wahrscheinlich nahegelegt wird, stellen sich im Kontext der Theodizee-Thematik zwei Fragen: (1) Warum hat Gott eine Welt erschaffen, in der hauptsächlich Naturgesetze den natürlichen Er-

---

40 *J.S. Mill, Drei Essays über Religion*, 30.
41 Vgl. dazu *T. Anders, The Evolution of Evil*, 25-72.
42 Vgl. *T. Anders, The Evolution of Evil*, 64.

eignisablauf kontrollieren, nicht aber sein direkter Wille? (2) Warum gelten in einer von Gott erschaffenen Welt gerade diese leiderzeugenden Naturgesetze und keine anderen - besseren?

12.3 Naturgesetze und die Ermöglichung von Freiheit

Die Menge der möglichen Welten, die ein allmächtiger Gott hätte erschaffen können, läßt sich unter anderem in zwei Klassen einteilen: (1) in jene Welten, deren Ereignisververlauf durchgängig durch göttliche Intervention geregelt wird, und (2) in jene Welten, deren natürlicher Ereignisverlauf entweder teilweise oder vollständig durch Naturgesetze geregelt wird[43]. Die Suche nach den möglichen Gründen für einen naturgesetzlich geregelten Ereignisablauf kann an der *free will defense* anknüpfen, und zwar nicht in der von Alvin Plantinga vorgeschlagenen Weise, wonach auch das natürliche Übel als Folge eines Mißbrauchs der Willensfreiheit durch Satan oder andere gefallene Wesen zu deuten ist[44], sondern in der Weise, daß zunächst die Existenz von Naturgesetzen als Grundvoraussetzung für die Aktualisierung einer ethisch signifikanten Willensfreiheit aufgezeigt wird. Erst in einem zweiten Schritt muß dann gefragt werden, ob nicht andere Naturgesetze vorstellbar sind, die besser im Sinne von weniger leiderzeugend sind.

Sittlich relevante Willensfreiheit ist nur in einer Welt realisierbar, in der die Konsequenzen freier Entscheidungen grundsätzlich erkennbar und absehbar sind. Die Durchführung der Absicht, einem in Not geratenen Menschen helfend beizustehen, kann nur dann gelingen, wenn die dazu erforderlichen Maßnahmen erkennbar sind. Diese Maßnahmen können wiederum nur in einer Welt erkennbar sein, deren natürlicher Ereignisverlauf Regelmäßigkeiten aufweist; d.h. gleiche Maßnahmen müssen unter gleichen Bedingungen in etwa gleiche Resultate hervorbringen. In einer durchweg chaotischen Welt, in der dies nicht der Fall wäre, könnte niemand die Konsequenzen seiner Entscheidungen absehen. In einer solchen Welt gäbe es folglich auch niemanden, der sich in verantwortlicher Weise für

---

[43] Vgl. dazu *B. Reichenbach, Evil and a Good God*, 104-106; sowie *ders., Natural Evils and Natural Laws: A Theodicy for Natural Evils*, 187.

[44] Vgl. dazu nochmals *A. Plantinga, God, Freedom and Evil*, 58; *ders., The Nature of Necessity*, 191ff.

irgend etwas entscheiden könnte. Für Handlungen, deren Konsequenzen unter keinen Umständen absehbar sind, kann niemand verantwortlich gemacht werden. Kein freies Wesen wäre somit in einer solchen Welt für seine Handlungen verantwortlich, was wiederum nichts anderes bedeutet, als daß in dieser Welt ethisch signifikante Handlungen unmöglich wären. Gleiches gilt für eine Welt, deren Ereignisverlauf durchgängig durch ein mirakulöses Eingreifen Gottes bestimmt würde[45]. Ethisch signifikante Handlungen sind nur in einer Welt realisierbar, deren Ereignisverlauf durch Gesetzmäßigkeiten geregelt ist[46]. Moralität setzt Regularität voraus[47]!

Widerspricht nun aber nicht die Betonung des naturgesetzlich geregelten Ereignisverlaufs der Behauptung der Allmacht Gottes? Denn allem Anschein nach wird dadurch die Möglichkeit eines direkten Eingreifens Gottes in den Ereignisverlauf ausgeschlossen und die vorgeschlagene Lösung des Theodizee-Problems scheint letztlich doch darauf hinauszulaufen, die Allmacht Gottes preiszugeben. Wenn es aber logisch unmöglich ist, freie Wesen ohne eine naturgesetzlich strukturierte Umwelt zu denken, stellen Naturgesetze eine logisch notwendige Voraussetzung zur Realisierung der sittlich signifikanten Willensfreiheit dar. Und wenn es logisch unmöglich ist, freie Wesen ohne eine solche Umwelt zu erschaffen, steht diese Alternative auch einem allmächtigen Wesen nicht offen. Insoweit handelt es sich hier nicht um eine Einschränkung oder gar Preisgabe der göttlichen Allmacht.

Ein anderer Punkt betrifft die Frage nach der Möglichkeit eines Eingreifens Gottes, also die traditionelle Wunderthematik. Die Prämissen des bisherigen Arguments schließen die Möglichkeit von Wundern nicht aus. Natürlich hat ein allmächtiges Wesen auch in einer naturgesetzlich strukturierten Welt die Möglichkeit, in diesen

---

45 Vgl. dazu ausführlicher *B. Reichenbach, Natural Evils and Natural Laws: A Theodicy for Natural Evils*, 186-189.

46 Vgl. ähnlich *J. Hick, God, Evil and Mystery*, 541.

47 Vgl. *F.R. Tennant, Philosophical Theology*, Bd.2, 199f.: "Man kann nicht nachhaltig genug betonen, daß eine Welt, die eine moralische Ordnung besitzen soll, auch eine durch Gesetz oder Regelmäßigkeit gekennzeichnete physikalische Ordnung aufweisen muß... Ohne eine solche Regelmäßigkeit könnte es keine Wahrscheinlichkeit geben, die uns leitet: keine Voraussage, keine Klugheit, keine Akkumulation geordneter Erfahrung, kein Verfolgen vorsätzlicher Ziele, keine Bildung von Gewohnheiten, keine Möglichkeit von Charakter oder Kultur." (Übersetzung A.K.)

Ereignisverlauf einzugreifen[48]. Diese Möglichkeit unterminiert weder die sinnvolle Verwendung des Begriffs "Naturgesetz" noch die Verwendung des Begriffs "Willensfreiheit". Beide Begriffe würden freilich problematisch, wenn wunderbare Eingriffe gleichsam die Regel darstellen würden, was aber nicht der Fall sein kann, denn ein Wunder ist definitionsgemäß ein seltenes und niemals zu erwartendes Ereignis[49]. Gegen dieses Argument wendet Gerhard Streminger ein:

> "Aber aus der Tatsache, daß eine Welt, in der Gott permanent eingreift, schlechter als die bestehende wäre, folgt *nicht*, daß diese Welt, in der Gott niemals (oder so selten) eingreift, besser ist als eine solche, in der Gott manchmal eingreift, nämlich dann, wenn das Leid seiner Geschöpfe unerträglich zu werden droht: vor einem Erdbeben beispielsweise oder vor einem Massen- und Völkermord."[50]

Streminger fügt hinzu, daß derartige Eingriffe zur Abwendung (moralischer und) natürlicher Übel nicht einmal als wunderbare erkennbar sein müßten. Gott könnte Wunder durchaus im Verborgenen wirken, so daß eine Durchbrechung von Naturgesetzen gar nicht als solche deutlich und somit die prinzipielle Regularität nicht gefährdet würde. Selbstverständlich läuft dieser Einwand auf die Frage nach der Grenze für dieses Eingreifen hinaus. Auf jeden Fall - so Streminger im Hinblick auf moralische Übel - sollte die Grenze "*diesseits* von Massen- und Völkermord verlaufen"[51].

Atheistische Kritiker betonen häufig das Ausmaß und die Vielzahl der natürlichen Übel. Aufgrund dieser Vielzahl müßte Gott aber entsprechend häufig in den natürlichen Ereignisverlauf eingreifen, was

---

48 Vgl. dazu *R. Swinburne, The Concept of Miracle*, 3. Kap.

49 Zur Kritik vgl. *M. Martin, Reichenbach on Natural Evil*, 91-97. In seiner Kritik an Reichenbach vertritt Martin die These, daß göttliche Interventionen in einem ansonsten naturgesetzlich geregelten Universum rationale sittliche Entscheidungen keineswegs unmöglich machen. Denn Gott könnte z.B. nach regelmäßigen "patterns" oder nach jeweils vorherigen Ankündigungen eingreifen. Im ersten Fall hätte Gottes Intervention jedoch einen quasi-naturgesetzlichen Charakter; im zweiten Fall würde es die Handlungsfreiheit aufheben oder doch zumindest drastisch einschränken. Bedenkenswert ist Martins Frage, warum Gott nicht vor der Entstehung des Menschen eingegriffen habe, um das Leid der Tiere zu verhindern. Dies hätte auf keinen Fall eine Einschränkung des Freiheitsspielraums nach sich gezogen, weil in diesem Zeitraum noch gar keine freien Wesen existierten (vgl. ebd. 94). Zum Problem des Leids der Tiere vgl. Abs. 12.9.

50 *G. Streminger, Gottes Güte und die Übel der Welt* (1992), 71.

51 *G. Streminger, Gottes Güte und die Übel der Welt* (1992), 72.

dessen Regularität doch erheblich bedrohen würde[52]. Der Atheist könne - so Reichenbach - nicht beides haben: Entweder sind die Vorkommnisse natürlicher Übel gering; dann würden diese Übel gar kein Problem darstellen. Oder aber sind diese Vorkommnisse zahlreich; dann würde ein häufiges Eingreifen Gottes vernünftige Prognosen und Handlungen unmöglich machen.

An diesem Punkt entwickelt der Diskurs zwischen Theismus und Atheismus in der Regel eine charakteristische Dynamik: Von theistischer Seite könnte nämlich entgegnet werden, daß Gott sehr wohl eine solche Grenze gesetzt habe, auch wenn sie angesichts der Übel dieser Welt entschieden zu hoch angesetzt erscheinen mag. Aber wie müßte diese Grenze beschaffen sein, um den atheistischen Einwand entkräften zu können? Solange es in einer Welt ein Spektrum von unterschiedlichen Leiderfahrungen gibt, existiert auch ein Maximum dieses Spektrums. Nun könnte man folgern: Wenn Gott existierte, würde er wenigstens dieses Maximum verhindern, entweder von vornherein oder durch wunderbares Eingreifen. Da dies augenscheinlich nicht der Fall ist, kann Gott nicht existieren. Da es aber in jeder Welt, in der es verschiedene Übel gibt, auch ein größtes Übel oder eine Klasse solcher Übel gibt, ließe sich dieser Schluß in jeder Welt ziehen, unabhängig davon, um welche Übel es sich dabei auch immer handeln mag. Offensichtlich ist dieser Einwand tendenziell so beschaffen, daß er letzten Endes nur in einer völlig leidfreien Welt gegenstandslos würde, was nichts anderes bedeutet, als daß Gott eigentlich dazu verpflichtet wäre, jedes drohende Übel abzuwenden[53].

---

52 Vgl. *B. Reichenbach, Evil and a Good God*, 110.

53 Vgl. dazu *J. Hick, An Irenaean Theodicy*, 49f. (Übersetzung A.K.): "Im Hinblick auf die Intensität des natürlichen Übels besteht die Wahrheit vermutlich darin, daß unsere Urteile hinsichtlich der Intensität relativ sind. Wir könnten eine bestimmte Form des natürlichen Übels als schlimmstes vorhandenes Übel identifizieren, z.B. die durch Krebstod verursachte Agonie, und dann behaupten, daß ein liebender Gott es nicht zugelassen hätte, daß dies geschieht. Aber in einer Welt, in der es keinen Krebs gäbe, würde etwas anderes als die schlimmste Form des natürlichen Übels gelten. Wenn wir dies dann eliminieren, würde es etwas anderes sein usw. Dies ginge weiter, bis die Welt von allem natürlichen Übel befreit wäre. Denn jede Form des Übels, die jeweils bestehen bleibt, wäre für die Bewohner dieser Welt unerträglich." Zur Kritik an diesem Argument vgl. *W. Rowe, Paradox and Promise. Hick's Solution to the Problem of Evil*, 120-122. Rowe kritisiert dieses Argument als "Alles-oder-nichts-Argument", das auf der irrigen Voraussetzung beruhe, der Einwand ließe sich so lange vorbringen, bis das Ausmaß des Übels auf den Nullpunkt sinke. Demgegenüber meint Rowe, daß durchaus eine Schwelle des Leidausmaßes denkbar sei, die nicht zu über-

Dies hätte aber eine völlig andere Welt zur Folge oder zumindest eine Welt, deren Ereignisverlauf überhaupt nicht mehr durch Naturgesetze[54], sondern ausschließlich durch ein direktes Eingreifen Gottes geregelt wäre.

Auch unter der Voraussetzung, daß die Realisierung von Willensfreiheit einen geregelten Ereignisablauf notwendig macht, ist im Hinblick auf das Theodizee-Problem allerdings noch wenig erreicht, denn aus der Notwendigkeit eines naturgesetzlich strukturierten Ereignisverlaufs läßt sich schwerlich die Unausweichlichkeit von Erdbeben, Seuchen oder anderen natürlichen Übeln ableiten. Allgemeiner formuliert: Aus der Notwendigkeit von Regelmäßigkeiten im allgemeinen resultiert keinesfalls die Notwendigkeit der in dieser Welt faktisch geltenden Naturgesetze. Nun verursachen aber die im Universum geltenden Naturgesetze für alle bekannten empfindungsfähigen Wesen mehr oder weniger intensive Leiderfahrungen. Der für Menschen überschaubare Ausschnitt des Universums bildet eine Umwelt, die für die bekannten Lebensformen entweder völlig ungeeignet ist oder zumindest für die höherentwickelten Lebewesen erhebliche Risiken und Gefahren bereithält. Völlig zutreffend fragt Streminger:

> "Auch wenn Geordnetheit besser ist als Ungeordnetheit, so bleibt uneinsichtig, weshalb die konkreten Gesetze nicht besser sein könnten"[55].

Das Problem des göttlichen Eingreifens würde sich überhaupt nicht stellen, wenn Gott seine Schöpfung von Anfang an mit besseren Naturgesetzen ausgestattet hätte. Wenn das Glück seiner Geschöpfe überhaupt im Plan des Schöpfers eine Rolle spielte, dann scheint dieser Plan eher mißlungen zu sein[56]. Wie läßt sich dieser Eindruck mit

---

schritten werden braucht, um den Prozeß des *soul-making* noch zu ermöglichen, die aber offensichtlich bei weitem überschritten ist. Hick entgegnet mit dem Hinweis, daß wir nicht in der Lage seien, um feststellen zu können, daß es tatsächlich mehr Übel gebe als für den Prozeß des *soul-making* notwendig sind. Vgl. dazu *J. Hick, Reply*, 135.

54 Naürlich wären hier auch alles in allem bessere Naturgesetze denkbar. Dieses Problem wird weiter unten aufgegriffen. Vgl. dazu Abs. 12.8.

55 *G. Streminger, Gottes Güte und die Übel der Welt* (1992), 54.

56 Vgl. z.B. *J.S. Mill, Drei Essays über Religion*, 161: "Wenn das Motiv der Gottheit bei der Erschaffung der fühlenden Wesen das Glück seiner Geschöpfe war, so muß dieser Zweck zumindest für unseren Winkel des Universums in

dem Glauben an einen allmächtigen und gütigen Schöpfer vereinbaren?

12.4 Natürliche Übel und Freiheit gegenüber Gott

Der Nachweis eines Zusammenhangs zwischen Sittlichkeit und Regularität fällt im Hinblick auf die konkreten Naturgesetze wesentlich schwieriger. Mehrere Theodizee-Ansätze versuchen, nicht nur die bloße Existenz von Naturgesetzen, sondern darüber hinaus auch die Existenz von damit einhergehenden natürlichen Übeln als Voraussetzung für die Aktualisierung sittlich relevanter Freiheit zu deuten.

John Hick hat auch die Leidthematik mehrfach in Zusammenhang mit der Ermöglichung menschlicher Freiheit gebracht, und zwar der Freiheit in der Beziehung zu Gott. Zu diesem Zweck verwendet Hick den Terminus der kognitiven bzw. epistemischen Distanz, die zwischen Mensch und Gott bestehe[57] und eine freie, unerzwungene Bejahung Gottes durch den Menschen ermöglichen soll. Diese kognitive Distanz besteht zunächst zwischen der menschlichen Situation einerseits und der Realität Gottes andererseits. Sie ist kognitiver – im Gegensatz zu räumlicher – Natur, insofern sich die Existenz Gottes dem menschlichen Bewußtsein nicht in der Weise aufdrängt wie etwa die Existenz der Gegenstände der natürlichen Umwelt. Hicks zentrale These besagt, daß sich die menschliche Bejahung Gottes nur dann als freie und unerzwungene denken lasse, wenn eine solche kognitive Distanz zwischen Mensch und Gott bestehe.

Der Zusammenhang zur Leidthematik läßt sich folgendermaßen herstellen: Die kognitive Distanz ist nur in einer Welt möglich, die in religiöser Hinsicht ambivalent ist[58], d.h. in einer Welt, in der die Existenz Gottes nicht unmittelbar und eindeutig erkennbar oder evident ist. Eine Welt, in der sich auch das Theodizee-Problem stellt, ist nun eine solche in religiöser Hinsicht ambivalente Welt, denn die

---

Anbetracht vergangener Zeitalter und aller Länder und Geschlechter als bis jetzt schmählich verfehlt erklärt werden".

[57] Vgl. dazu *J. Hick, Arguments for the Existence of God*, 104-107. Hick interpretiert die "epistemische Distanz" als Wahrheitskern des traditionellen Mythos vom Fall des Menschen. Vgl. dazu z.B. *J. Hick, God, Evil and Mystery*, 540f.; *ders., The Problem of Evil in the First and Last Things*, 596f. Vgl. zustimmend auch *B. Hebblethwaite, Evil, Suffering and Religion*, 74f.

[58] Vgl. dazu *J. Hick, Evil and the God of Love*, 281f.

Erfahrung von Übel und Leid ist unter anderem auch Ausdruck dessen, daß der Mensch nicht in der unmittelbaren Gegenwart Gottes existiert. Insofern trägt die Existenz von Übel und Leid entscheidend dazu bei, die menschliche Freiheit gegenüber Gott und damit auch den Prozeß der Seelenbildung zu ermöglichen, denn die Werthaftigkeit dieses Prozesses liegt in der freien Anerkennung und Bejahung jener göttlichen Bestimmung, nämlich in der rechten Beziehung zu den anderen Mitgeschöpfen und zum Schöpfer. Diese Beziehung läßt sich gegenüber Gott nur dann als freie realisieren, wenn der Mensch nicht in die unmittelbare Gegenwart Gottes hinein erschaffen wird, sondern in eine Welt hinein, in der Gottes Dasein nicht unmittelbar evident ist und in der folglich der freie interpretative Akt des Glaubens möglich ist[59].

Eine Welt, die diese Voraussetzungen erfüllt, kann kaum ein leidfreies Paradies sein: Sie muß erstens naturgesetzlich strukturiert sein und zweitens Herausforderungen, Gefahren und somit auch das Leidproblem beinhalten. Aus der Unausweichlichkeit einer möglicherweise leiderzeugenden natürlichen Umwelt läßt sich zwar nicht die Struktur der faktischen Welt logisch deduzieren. Denn eine Welt mit Gefahren und Herausforderungen muß selbstverständlich nicht notwendigerweise eine Welt mit bösartigen Tumoren oder verheerenden Naturkatastrophen sein. Allenfalls läßt sich folgern, daß eine Welt, die eine freie Bejahung Gottes ermöglichen soll, in etwa so beschaffen sein muß wie unsere Umwelt, d.h. es muß eine Welt mit realen Gefahren und Herausforderungen sein, eine Welt, in der nicht garantiert ist, daß jede Gefahr durch ein übernatürliches Eingreifen Gottes gebannt und nicht jede Herausforderung mit Gottes Beistand überwunden werden wird.

Offenbar besteht nur dann eine kognitive Distanz zwischen Mensch und Gott und somit die Möglichkeit einer freien Bejahung Gottes durch den Menschen, wenn die Existenz Gottes für den Menschen nicht unmittelbar evident ist. Wäre dies der Fall, so hätte der Mensch aufgrund der spezifischen Eigenschaften der Realität Gottes gar keine andere Wahl, als Gott anzuerkennen. Um die Möglichkeit einer genuin freien Wahl zu eröffnen, darf die Welt nach Hicks Auffassung also nicht so beschaffen sein, daß sich der menschlichen Er-

[59] Vgl. dazu ausführlicher *J. Hick, God, Evil and Mystery*, 540. Vgl. ähnlich auch *ders., Coherence and the God of Love Again*, 523.

kenntnis ein eindeutiger Schluß auf die Existenz Gottes gleichsam aufdrängt. Die Welt muß in religiöser Hinsicht ambivalent sein, d.h. sie muß sowohl religiös als auch atheistisch interpretierbar sein. Gerade die Existenz des Übels trägt nun zu dieser religiösen Ambivalenz bei und ermöglicht dadurch die Freiheit der glaubenden Bejahung Gottes.

Gegen diese Argumentation wurde eingewendet, daß die kognitive Distanz die menschliche Freiheitssituation drastisch einschränke, insofern die Alternativen, die zur Wahl stehen, gar nicht deutlich erkennbar seien. Eine wirklich freie und verantwortbare Entscheidung sei aber nur dann möglich, wenn die einschlägigen Alternativen und die entsprechenden Konsequenzen gleichermaßen bekannt sind[60]. Außerdem sei die Anerkennung einer evidenten Wahrheit vielleicht nicht unbedingt ein moralisch wertvoller, aber dennoch ein positiver Sachverhalt, während die Vorstellung eines Gottes, der Leid zuläßt, um damit unsere Liebe zu ihm zu ermöglichen, problematisch sei[61]. Im Anschluß an die These von der kognitiven Distanz stellt sich in der Tat die Frage nach der sittlichen Vollkommenheit einer Gottheit, die eine Welt mit natürlichen Übeln erschafft, nur um dadurch sicherzustellen, daß seine Geschöpfe ihn auch frei bejahen können[62], und die zu diesem Zweck die Welt so erschafft, daß für die Geschöpfe unklar bleibt, ob die Gottheit überhaupt existiert. Hick beantwortet diesen Einwand mit dem Hinweis auf den radikalen Unterschied zwischen der göttlichen Wirklichkeit einerseits und dem Menschsein andererseits: Aufgrund der unendlichen Güte, Liebe, Erkenntnis und Macht Gottes würde ein direktes Gewahrsein der göttlichen Wirklichkeit jede reale Freiheit gegenüber Gott ausschließen[63].

---

[60] Zu dieser Kritik vgl. *K. Ward, Freedom and Irenaean Theodicy*, 252.

[61] Vgl. zu dieser Kritik *C.R. Mesle, John Hick's Theodicy*, 28f.

[62] Diese Anfrage richtet D.R. Griffin an Hicks Theodizee in: *S.T. Davis (Hg.), Encountering Evil*, 54f.: "Ist ein Schöpfer, der die Macht dazu hat, eine völlig andere Art von Welt zu erschaffen, der aber dennoch absichtlich Erdbeben, Tornados und Krebs in die Struktur der Welt einbaut, der uns so erschafft, daß moralisches Übel notwendig ist - ein moralisches Übel, das Auschwitz und Hiroshima hervorbringen kann - ist eine Gottheit, die all dies tun würde, nur um zu erfahren, daß einige seiner Geschöpfe ihren Schöpfer frei lieben werden, 'unendlich gut'?" (Übersetzung A.K.) Griffin schließt die Bemerkung an, daß eine derartige Gottheit sicherlich wissen würde, daß sie die Liebe gar nicht verdient.

[63] Vgl. *J. Hick, Response to Mesle*, 123: "Die Unähnlichkeit zwischen dem an Sein, Gutheit, Liebe, Erkenntnis und Macht unendlichen Gott und uns als endlichen, schwachen und sterblichen Geschöpfen ist derartig, daß wir keine Freiheit

Welche Auswirkungen ein direktes Gewahrsein der göttlichen Realität auf das menschliche Bewußtsein hätte, läßt sich im einzelnen kaum ausmachen. Einiges spricht jedoch in der Tat dafür, daß in dieser Situation eine freie bzw. unerzwungene Bejahung Gottes ausgeschlossen wäre. Ein direktes Gewahrwerden Gottes würde den Menschen vermutlich in einer Weise überwältigen, die die Möglichkeit einer Ablehnung Gottes, wenn überhaupt, dann nur als vollkommen abwegige erscheinen ließe. Dennoch überzeugt die These von der kognitiven Distanz aus einem anderen Grund nicht: Als einzige denkbare Alternative zur Situation eines direkten Gewahrseins Gottes dürfte nämlich nicht nur eine Welt mit natürlichen Übeln in Frage kommen. Es wäre auch eine Welt ohne derartige Übel denkbar, in der sich Gottes Wirklichkeit dem menschlichen Bewußtsein nicht direkt "aufdrängt" und die deshalb einen ausreichenden Freiheitsspielraum *vis-á-vis* Gott eröffnet[64]. Im Sinne Hicks könnte man einwenden, daß Gottes Realität in einer leidfreien Schöpfung vielleicht nicht unmittelbar erfahrbar sein muß, daß sie aber aufgrund der Beschaffenheit dieser Welt zweifelsfrei beweisbar wäre, so daß eine freie Entscheidung doch gefährdet erscheint. Dieser Einwand überzeugt jedoch ebenfalls nicht, und zwar aus zwei Gründen: Erstens ist fraglich, ob sich von der Existenz einer Welt ohne natürliche Übel argumentativ zwingend auf die Existenz Gottes schließen ließe, ob also die Beweiskraft der traditionellen Argumente für die Existenz Gottes in diesem Fall über jeden Zweifel erhaben bzw. absolut stichhaltig wäre. Und selbst wenn dies der Fall sein sollte,

---

angesichts Gottes Gegenwart hätten, wenn wir zu einem direkten und vollen Bewußtsein Gottes genötigt wären. Im direkten Gegenüber zu dem Einen, dem wir unsere Existenz in jedem Augenblick verdanken, der uns vollständig erkennt, dessen absolute Gutheit uns unfehlbar beurteilt und dessen grenzenlose Liebe unsere Vollendung sucht, hätten wir keine personale Unabhängigkeit. Unter dieser Bedingung hätten wir allenfalls eine formale, aber keine reale Freiheit in der Beziehung zu Gott. Wir wären unfähig, moralische und spirituelle Entscheidungen zu treffen, durch die wir in Freiheit in eine liebende Beziehung mit der Ewigen Liebe kommen könnten." (Übersetzung A.K.)

64 Diesen Punkt betont auch *G.S. Kane, The Failure of Soul-Making Theodicy*, 4f. In seiner Entgegnung auf Kanes Kritik räumt Hick ein, daß die Existenz des Übels keine logische Implikation der kognitiven Distanz und somit der menschlichen Freiheit gegenüber Gott ist. Seines Erachtens verstärken moralische und natürliche Übel jedoch diese Distanz, obwohl beide zu diesem Zweck nicht logisch notwendig sind. Im Anschluß daran betont Hick, daß einige Formen des natürlichen Übels für den Prozeß des *soul-making* notwendig sind. Vgl. dazu *J. Hick, Evil and the God of Love*, 379f.

bleibt zweitens fraglich, ob daraus folgt, daß damit jede Freiheit in der Anerkennung Gottes ausgeschlossen wäre. Auch unter optimalen natürlichen Bedingungen hätte der Mensch noch die Wahl, überhaupt erst nach solchen Argumenten Ausschau zu halten, wie auch die Wahl, sein Dasein und sein Verhältnis zu Gott entsprechend seiner Überzeugungen zu gestalten[65]. Daß Menschen keineswegs automatisch nach den Erkenntnissen handeln, von deren Wahrheit bzw. Richtigkeit sie überzeugt sind, mag zwar bedauerlich sein. Es eröffnet aber die Möglichkeit von Freiheit auch für den Fall, daß Gottes Existenz aus der Beschaffenheit der Welt stringent beweisbar wäre[66].

Aus diesen Gründen scheint die These von der "kognitiven Distanz" - unbeschadet ihres sonstigen Erklärungswerts - nicht in der Lage zu sein, die Existenz der natürlichen Übel in einer von Gott erschaffenen Welt überzeugend erklären zu können. Die freie Bejahung Gottes stellt zweifellos einen eminenten Wert dar. Dieser spezifische Wert wäre aber allem Anschein nach auch in einer Welt zu realisieren, in der keine natürlichen Übel existieren[67]. Die religiöse Ambivalenz der Welt erhöht sich zwar durch die Existenz des Übels erheblich. Sie wäre aber auch ohne deren Existenz denkbar, vermutlich sogar in einer fiktiven Welt, aus deren Beschaffenheit zweifelsfrei auf die Existenz Gottes geschlossen werden könnte, um welche Beschaffenheit es sich hier auch immer handeln mag[68].

---

65 Vgl. dazu *R. Swinburne, Faith and Reason*, 86.

66 Eine interessante Kritik trägt T.H. Graves mit der Frage vor, ob die These von der kognitiven Distanz dem Selbstverständnis traditioneller Gesellschaften gerecht wird oder nicht eher ein typischer Reflex der modernen Gesellschaft ist. Vgl. dazu *T.H. Graves, A Critique of John Hick's Theodicy From an African Perspective*, 33f.

67 Eine weitere Schwierigkeit betont *G.S. Kane, The Failure of Soul-Making Theodicy*, 15f. Seines Erachtens führt die These von der kognitiven Distanz zu folgendem Paradox: Wenn Hicks Theodizee gelingt, dann stellt das Übel keinen Einwand mehr gegen den Glauben an Gott dar. Da aber ein Pfeiler dieser Theodizee die kognitive Distanz bzw. die religiöse Ambivalenz des Universums ist, kann diese Theodizee gar nicht gelingen, wenn das Übel keinen Einwand mehr gegen den Glauben an Gott darstellt. Sofern nun das Übel einen Einwand darstellt, ist Hicks Theodizee gescheitert. Sofern es keinen Einwand mehr darstellt, ist Hicks Theodizee ebenfalls gescheitert, weil das Übel jetzt nicht mehr die ihm beigemessene Rolle im Kontext der kognitiven Distanz spielt. Zur Antwort Hicks vgl. nochmals *J. Hick, Evil and the God of Love*, 379f. bzw. Anm. 38.

68 Zur Diskussion möglicher Alternativen für die Begründung von Gottes Verborgenheit vgl. *J.A. Keller, The Hiddenness of God and the Problem of Evil*, 13-24.

12.5 Natürliche Übel als Ermöglichung sittlichen Handelns

Ein weiterer Versuch zur Deutung der natürlichen Übel knüpft an die bereits diskutierte These an, wonach die Annahme einer ethisch signifikanten Willensfreiheit nur unter der Voraussetzung sinnvoll ist, daß die Möglichkeit besteht, anderen Lebewesen Leid zufügen zu können[69]. Mit dem Wegfall dieser Möglichkeit fiele auch die Möglichkeit zur Entwicklung ethisch signifikanter Freiheit weg[70]. Die in diesem Zusammenhang entscheidende These besagt nun, daß ein sittlich relevanter Freiheitsspielraum die Existenz natürlicher Übel voraussetzt. Denn diese Übel eröffnen die Möglichkeit, anderen frei und verantwortlich entweder Leid zufügen oder sie davor bewahren zu können.

In diesem Sinn versucht Richard Swinburne, das Argument der Willensfreiheit auf die natürlichen Übel auszuweiten[71]. Natürliche Übel seien unerläßlich, sollen freie Wesen bedeutsame Entscheidungen treffen können. Dies wiederum sei aber nur möglich, wenn sie ein Wissen darüber erwerben können, auf welche Weise Übel herbeizuführen oder zu verhindern sind. Ethisch relevantes Handeln setzt ein solches Wissen unabdingbar voraus, weil ohne es weder die positiven noch die negativen Konsequenzen von Entscheidungen absehbar und folglich auch nicht in einem sittlich relevanten Sinn zu verantworten wären[72]. Swinburnes Argument basiert zunächst auf der angeblichen Notwendigkeit des natürlichen Übels für den Erwerb

---

69 Vgl. dazu *R. Swinburne, Das Problem des Übels*, 118: "Die Ausweitung des Arguments der Willensfreiheit auf die natürlichen Übel erfolgt somit auf eine indirekte Weise. Sie besagt nicht, daß das natürliche Übel von freien Handlungssubjekten verursacht wird, sondern daß es notwendig ist, damit bestimmte Handlungssubjekte, nämlich Menschen, die Freiheit haben können, Gutes oder Schlechtes hervorzubringen."

70 Vgl. dazu nochmals die Ausführungen in Abs. 9.3 und 10.4.

71 Eine knappe und ausgezeichnete Zusammenfassung der Theodizee Swinburnes bietet *O. Wiertz, Das Problem des Übels in Richard Swinburnes Religionsphilosophie*, 229-244.

72 *R. Swinburne, Die Existenz Gottes*, 277: "Die Existenz vieler natürlicher Übel ... ist logisch notwendig für die Existenz einer Welt des schon charakterisierten Typs. Denn diese Übel sind notwendig, wenn handelnde Wesen *wissen* sollen, wie sie Übel herbeiführen oder auch verhindern können; das aber müssen sie wissen, wenn es wirklich von ihrer Entscheidung abhängen soll, ob sie Übel herbeiführen oder aber Gutes tun wollen." Vgl. dazu auch *R. Swinburne, Knowledge from Experience, and the Problem of Evil*, 152-154.

von Wissen (*need for knowledge*). Wenn sich diese These als plausibel erweisen ließe, so wäre im Hinblick auf die Bewältigung der natürlichen Übel ein entscheidener Fortschritt erzielt, weil dann eben nicht nur verständlich würde, daß Willensfreiheit einen naturgesetzlich geregelten Ereignisverlauf voraussetzt, sondern in einem gewissen Ausmaß auch einen leiderzeugenden Ereignisverlauf.

Diese These geht zunächst davon voraus, daß Erfahrung die wichtigste Quelle des menschlichen Wissenserwerbs darstellt. Um lernen zu können, wie bestimmte Übel zu bewirken oder zu verhindern sind, müssen solche Übel natürlich zuerst einmal existieren. Etwas wird deshalb als natürliches Übel bezeichnet, weil es einem empfindungsfähigen Wesen Leid zufügt. Willentlich oder absichtlich zugefügtes Leid, d.h. moralisches Übel, setzt in diesem Sinn natürliches Übel voraus. Gäbe es nämlich keine natürlichen Übel, so könnten Menschen einander auch bewußt weder Leid zufügen noch vor Leid bewahren. Um dies in Erfahrung bringen zu können, scheint die Existenz natürlicher Übel unerläßlich zu sein. Denn nur aufgrund der Existenz natürlicher Übel können Menschen lernen, anderen bewußt zu schaden oder bewußt zu helfen[73].

Eleonore Stump hat Swinburnes *Need-for-knowledge*-Argument in allen entscheidenden Punkten kritisiert: Zunächst treffe es nicht zu, daß ein Wissen über die Folgen von Handlungen nur durch Induktion auf der Basis vergangener leidvoller Erfahrungen erworben werden könne[74]. Gott könnte dieses Wissen auch auf andere Weise mitteilen und angesichts des Ausmaßes natürlicher Übel wäre er – so die Tendenz dieses Einwands – dazu auch verpflichtet. Swinburne versucht

---

[73] Vgl. *R. Swinburne, Die Existenz Gottes*, 284: "So wissen wir etwa, daß Tollwut zu einem schrecklichen Tod führt. Aufgrund dieses Wissens haben wir die Möglichkeit: einen solchen Tod zu verhindern (...), ihn aufgrund unserer Fahrlässigkeit möglich zu machen oder ihn gar absichtlich durch Tollwutinfektion herbeizuführen. Diese Möglichkeiten haben wir nur, wenn wir die Folgen einer Tollwutinfektion kennen. Doch können wir sie nur kennen, wenn bereits andere an einer (durch Menschen nicht zu verhindernden Tollwutinfektion) gestorben sind und dies auch beobachtet wurde. Das heißt also: Wir haben nur dann die Möglichkeit, drohende Übel von uns selbst oder anderen fernzuhalten, sie durch Fahrlässigkeit zu ermöglichen oder sie gar absichtlich herbeizuführen (...), wenn es natürlicherweise vorkommende Übel gibt. Und wir haben nur dann die Möglichkeit, unheilbare Krankheiten zu verhindern oder sie durch Fahrlässigkeit oder gar absichtlich herbeizuführen, wenn es natürlicherweise vorkommende unheilbare Krankheiten gibt."

[74] Vgl. *E. Stump, Knowledge, Freedom and the Problem of Evil*, 52f.

diesem Einwand folgendermaßen zu entgehen: Falls Gott die Menschen über die Folgen ihrer Handlungen direkt informieren würde, so könnten sie "ihr eigenes Geschick und das der Welt kaum noch selbst bestimmen"[75]. Eine direkte göttliche Mitteilung würde somit die menschliche Freiheit drastisch einschränken[76]. Gott wäre den Menschen gewissermaßen "zu nahe, als daß sie noch in der Lage wären, eigenständig zu entscheiden"[77]. Diese Entgegnung bewegt sich in die gleiche Richtung wie Hicks These der kognitiven Distanz.

Dagegen wendet Stump ein: Gott könnte uns dieses Wissen auf eine Weise mitteilen, die unsere Freiheit durchaus wahrt, z.B. in Träumen. Dieser Einwand ist allerdings problematisch: Denn entweder liefert die göttliche Mitteilung hinreichende Gewißheit, dann muß sie als göttliche identifizierbar sein. In diesem Fall würde sich allerdings unseren Handlungsspielraum einschränken. Oder sie liefert keine hinreichende Gewißheit, dann muß doch wiederum auf Induktion aufgrund vergangener Erfahrungen rekurriert werden. In diesem Fall würde der Einwand gegenstandslos. Stump versucht, auch diesem Aspekt gerecht zu werden: Selbst unter der Voraussetzung, daß eine bloße Warnung hinsichtlich bestimmter leidvoller Handlungsfolgen weniger wirksam wäre als das Wissen aufgrund bereits gemachter Erfahrungen, wäre es angebracht, solche Warnungen auszusprechen:

---

75 *R. Swinburne, Die Existenz Gottes*, 290.

76 Vgl. dazu *R. Swinburne, Das Problem des Übels*, 118: "Wer aber glaubt, daß seine Handlungen bestimmte Auswirkungen haben, weil er davon überzeugt ist, daß Gott ihm dies mitteilte, würde auch davon ausgehen, daß alle seine Handlungen im Angesicht des allwissenden Gottes vollzogen werden. Diese Überzeugung würde seine Wahlfreiheit stark einschränken und es ihm sehr schwer machen, sich für das Schlechte zu entscheiden. Wir haben nämlich eine natürliche Neigung, uns zu wünschen, daß andere Gutes von uns denken - vor allem aber ein vollkommen guter Gott. Diese Neigung ist eine sehr gute Eigenschaft, die uns erst zu Menschen macht. Würde Gott uns dieser Neigung berauben und uns das Wissen über die Folgen unserer Handlungen direkt mitteilen, so würde dies einen hohen Preis verlangen. Wenn wir direkt informiert würden, dann wären wir außerdem der Möglichkeit beraubt zu versuchen, durch Experimente und mühevolle Zusammenarbeit die Folgen unserer Handlungen zu entdecken. Wissen wäre jederzeit zur Hand. Nur aufgrund der natürlichen Prozesse können Menschen die Auswirkungen ihrer Handlungen erlernen, ohne in ihrer Freiheit eingeschränkt zu werden. Und wenn das Schlechte eine Möglichkeit für sie darstellen soll, müssen sie wissen, wie man es verursachen kann." Vgl. dazu auch *R. Swinburne, Die Existenz Gottes*, 289-293.

77 *R. Swinburne, Die Existenz Gottes*, 290.

> "Wenn Menschen leiden, weil sie Gottes Warnung nicht beachtet haben, so ist dies ihre Schuld. Wenn sie jedoch leiden, weil Gott sie nicht gewarnt hat (...), dann ist Gott an ihrem Leid schuld."[78]

Es ist fraglich, ob derartige Warnungen Gottes denkbar sind, ohne die Freiheit menschlicher Entscheidungen zu unterminieren. Aber selbst für den Fall, daß Swinburne bis zu diesem Punkt recht hätte, hält Stump sein gesamtes Argument für zirkulär: Angenommen, die Zulassung natürlicher Übel sei gut, weil dadurch Erkenntnisse erworben werden können, die ihrerseits einen moralisch signifikanten Freiheitsspielraum eröffnen, um solche Übel zu verursachen oder zu verhindern. Das Wissen, wie solche Übel zu verhindern sind, wäre allerdings völlig nutzlos, wenn diese Übel überhaupt nicht existierten. Daher sei es keineswegs moralisch gerechtfertigt, jemandem ein Leid zuzufügen, auch wenn dieses Leid dazu führen mag, daß der Betroffene dadurch nützliche Erkenntnisse gewinnt, die ihm ansonsten verborgen geblieben wären. Die Nützlichkeit des Wissenserwerbs setzt nämlich die Existenz des betreffenden Leids bzw. Übels voraus. Ohne dieses Übel verliert der Wissenserwerb seine Bedeutung.

In dieser Formulierung übersieht der Einwand die Rückbindung des *Need-for-knowledge*-Arguments an die *free will defense*. Nur deshalb ergibt sich der Eindruck der Zirkularität:

> [1] Gott läßt natürliche Übel zu, um dadurch eine bestimmte Art des Wissenserwerbs zu ermöglichen.
>
> [2] Dieses Wissen ist gut bzw. wertvoll, weil es die Vermeidung natürlicher Übel ermöglicht.

Aus diesen beiden Prämissen folgt selbstverständlich:

> [3] Gäbe es überhaupt keine natürlichen Übel, dann wäre auch das Wissen über ihre Vermeidung wertlos.

In diesem Einwand wird aber die Werthaftigkeit der Willensfreiheit unterschlagen, die am Ausgangspunkt des gesamten Arguments steht. Nicht die Möglichkeit des Wissenserwerbs setzt natürliche Übel voraus, sondern die ethisch signifikante Willensfreiheit setzt die

---

[78] *E. Stump, Knowledge, Freedom and the Problem of Evil*, 56.

entsprechenden Übel sowie den Erwerb des Wissens zu ihrer Vermeidung oder Verursachung voraus.

Ein letzter grundlegender Einwand Stumps besagt, daß bedeutsame sittliche Entscheidungen auch in einer Welt denkbar wären, in der es überhaupt keine natürlichen Übel gäbe, sondern nur die Möglichkeit zu einem leiderzeugenden Freiheitsmißbrauch[79]. Die Möglichkeit, einander Leid zuzufügen, wäre in einer leidfreien natürlichen Umwelt sicherlich eingeschränkt. Die Willensfreiheit wäre dadurch aber nicht aufgehoben. Denn Menschen könnten auch ohne das leidvolle Vorbild der Natur in Erfahrung bringen, wie sie einander Schaden zufügen können. Einige natürliche Übel scheinen ohnehin so beschaffen zu sein, daß sie für Menschen auch bei optimalem Erkenntnisstand weder vermeidbar noch verursachbar sind.

Swinburne hält diesen Einwand grundsätzlich für richtig. Er fügt dann aber hinzu, daß Gott das natürliche Übel durch stärkere menschliche Versuchungen zum Bösen ersetzen könnte, was offensichtlich keinesfalls besser wäre[80]. Aus welchem Grund aber sollten die natürlichen Übel, wie z.B. Krankheiten, durch ein höheres angeborenes Verlangen nach dem Bösen ersetzt werden? Swinburnes Beantwortung dieser Frage leitet zu einem ganz anderen Argument über. Dieses Argument rekurriert auf die personalen Werte, die durch die Existenz der Übel ermöglicht werden, also auf Werte wie Mut, Mitgefühl usw. Und diese Werte seien nun auf keinem besseren Weg zu erreichen "als durch die Zulassung des natürlichen Übels"[81]. Diese Behauptung ist allerdings nicht sehr überzeugend, denn – wie Swinburne selbst einräumt – kann man

> "Mut zeigen, ob man durch einen bewaffneten Menschen oder durch Krebs bedroht wird; und man kann jemandem

---

[79] Vgl. *E. Stump, Knowledge, Freedom and the Problem of Evil*, 57: "Belsen war ausschließlich ein Werk von Menschenhand. Übel dieser Größenordnung wären wie die wichtigen Entscheidungsmöglichkeiten, die sie beinhalten, auch möglich, wenn Gott alle Wirbelstürme, Erdbeben, geistigen Behinderungen, Geburtsfehler usw. verhindern würde... Aus diesem Grund ist es nicht notwendig, daß Gott natürliche Übel zuläßt, um den Menschen wichtige Entscheidungsmöglichkeiten zu eröffnen." (Übersetzung A.K.)

[80] Vgl. *R. Swinburne, Das Problem des Übels*, 119f.

[81] Vgl. *R. Swinburne, Das Problem des Übels*, 120: "Das Gut, das in den vielen Gelegenheiten besteht, Geduld, Mitgefühl, Ermutigung und Dankbarkeit verschiedenster Art zu zeigen, kann (logischerweise) nicht auf einem besseren Weg erreicht werden als durch die Zulassung des natürlichen Übels."

> Mitgefühl entgegenbringen, der erschossen zu werden droht, wie auch jemandem, der an Krebs zu sterben droht."[82]

Daraus ist nun zu folgern, daß das *Need-for-knowledge*-Argument nicht plausibel zeigen kann, daß dem natürlichen Übel eine wertrealisierende Funktion zukommt, die allein durch das moralische Übel nicht zu erfüllen wäre. Allenfalls könnte davon ausgegangen werden, daß natürliche Übel in dieser Hinsicht angemessener sind. Allein für sich genommen ist dieses Argument deshalb nicht sehr überzeugend[83].

Ein anderer wertrelevanter Aspekt, der mit dem natürlichen Übel zusammenhängt, blieb bislang ausgeklammert: Die Existenz natürlicher Übel trägt sicherlich nicht dazu bei, eine Erkenntnis der natürlichen Welt zu ermöglichen, denn diese Erkenntnis wäre ohne weiteres auch in einer leidfreien natürlichen Welt realisierbar. Wohl aber tragen die natürlichen Übel dazu bei, diese Erkenntnis zu einer sittlichen Verpflichtung ersten Ranges zu machen. Auch ein leidfreies naturgesetzlich strukturiertes Universum ließe sich erforschen und erkennen, aber zu einer in sittlicher Hinsicht relevanten Verpflichtung wird dessen Erforschung erst in einem Universum, in dem diese Gesetze auch Leid erzeugen können. Als Motive kommen hier nicht nur in ethischer Hinsicht wertneutrale in Frage, wie z.B. die Vermeidung von Langeweile, die Befriedigung von Neugierde oder der intrinsische Wert wahrer Erkenntnis. Erst aufgrund der natürlichen Übel entsteht die sittliche Verpflichtung, die natürlichen Ursachen von Leid zu erforschen, um dadurch Leid reduzieren zu können. Die Erforschung der natürlichen Umwelt stellt somit nur in einer Welt eine sittliche Verpflichtung dar, die auch natürliche Übel enthält. Es ist jedoch fraglich, ob allein auf dieser Basis eine plausible Theodizee der natürlichen Übel möglich ist, denn der Wert dieser Verpflichtung müßte enorm hoch veranschlagt werden, um die Vielzahl dieser Übel rechtfertigen zu können.

---

82 *R. Swinburne, Das Problem des Übels*, 119.

83 Zur Erklärung des natürlichen Übels rekurriert Swinburne nicht ausschließlich auf das *Need-for-knowledge*-Argument. Vgl. dazu *R. Swinburne, Knowledge from Experience, and the Problem of Evil*, 167.

12.6 NATÜRLICHE ÜBEL UND DER PROZESS DER SEELENBILDUNG

Anders als eine vollkommen leidfreie Umwelt ermöglicht eine Welt voller natürlicher Herausforderungen und Gefahren die Entwicklung bestimmter personaler Werte: "The development of human personality - moral, spiritual, and intellectual - is a product of challenge and response."[84] Die natürlichen Übel könnten entweder notwendige Voraussetzungen zur Erreichung höherer Werte oder das zwar nicht direkt gewollte, aber unvermeidbare "Nebenprodukt" eines überragenden Gutes sein[85]. Daß leiderzeugende Naturgesetze vielfach zur Realisierung bestimmter Werte beitragen, ist offensichtlich:

> "Mut entwickelt sich unter Gefahren; Beharrlichkeit in Schwierigkeiten; Anständigkeit, indem man Versuchungen widersteht; Barmherzigkeit in der Konfrontation mit Armut und Not; Selbstaufopferung im Kontext von Anstrengungen; Selbstachtung angesichts von Herausforderungen; Vertrauen im Gegenüber von Ungewißheit; Liebe inmitten von Hindernissen."[86]

Man könnte natürlich hier wiederum entgegnen, daß derartige Herausforderungen auch ausschließlich durch menschlicherseits verursachtes Handeln entstehen könnten, also in einer natürlichen Umwelt, die von sich aus kein zusätzliches Leid erzeugt. Gefahren und Risiken ermöglichen die Entstehung von Mut, ob sie nun von Mitmenschen oder von Naturgesetzen ausgehen, und Notsituationen ermöglichen solidarisches Handeln, ob sie durch Naturkatastrophen oder durch menschliche Bosheit herbeigeführt wurden. Eine leiderzeugende natürliche Umwelt wäre in dieser Hinsicht einer Mitwelt im großen und ganzen funktional äquivalent, die ausschließlich menschlich bzw. willentlich induzierte Gefahren enthielte.

Eine natürliche Welt, die voller Risiken und Gefahren ist, stellt für ihre Bewohner in gewisser Hinsicht eine "unfertige Schöpfung" dar. Sie sind dazu gezwungen, entweder sich selbst an ihre Umwelt anzupassen oder diese Umwelt ihren Bedürfnissen entsprechend um-

---

84 *J. Hick, An Irenaean Theodiy*, 46.

85 Vgl. *D. Basinger, In What Sense Must God be Omnibenevolent?*, 15.

86 *B. Reichenbach, Evil and a Good God*, 97. (Übersetzung A.K.) Vgl. dazu ähnlich *N. Ferré, Evil and the Christian God*, 56f.

zugestalten. Ein solcher Spielraum für freie und verantwortliche Entscheidungen wird zwar nicht erst durch das natürliche Übel eröffnet, er wird dadurch aber beträchtlich erweitert. Die Bewohner einer solchen Welt werden quasi zu "Mitschöpfern" ihrer eigenen Umwelt[87]. Sie haben nicht nur die Möglichkeit, sondern - wie gezeigt - auch die sittliche Verpflichtung, in der Auseinandersetzung mit den natürlichen Herausforderungen ihre Umwelt zu erforschen und verantwortungsbewußt zu gestalten. Nur in einer "unfertigen" Welt sind Wesen möglich, die in Freiheit das Wissen und die Macht erwerben können, ihre Welt und sich selbst zu verbessern, um sich dadurch selbst zu immer vollkommeneren Personen zu entwickeln.

Nun stellen natürliche Übel häufig keinesfalls einen Beitrag zur intellektuellen, moralischen und spirituellen Entwicklung dar. Eher ziehen sie Leiderfahrungen nach sich, an denen die Betroffenen jämmerlich zerbrechen[88]. Dieser Einwand betrifft das Problem der Dysfunktionalität natürlicher Übel, d.h. die Tatsache, daß Leiderfahrungen häufig keinem irgendwie noch erkennbaren positiven Zweck dienen, sondern durchweg destruktiv sind. Generationen von Menschen mußten jämmerlich an Krankheiten zugrunde gehen, ehe es menschlicher Intelligenz gelang, die Ursachen zu erkennen und zu bekämpfen. Und allem Anschein nach wird sich daran auf absehbare Zeit auch wenig ändern. Natürlich verursachtes Leid nimmt häufig ein Ausmaß an, das ausschließlich destruktiv ist[89], das keinem erkennbaren Zweck dient, sondern mit seiner Wucht die Betroffenen weit öfter zerbricht, als sie zu personaler Reifung zu motivieren. Kurz: Natürliche Übel mögen häufig Gelegenheiten zur Realisierung von Werten eröffnen; ebenso häufig resultieren daraus aber noch

---

87 Swinburne bezeichnet die Menschen in diesem Zusammenhang als "mini-creators, who share in God's activity of forming and developing the Universe through their free choice." Vgl. dazu *R. Swinburne, Argumente für die Existenz Gottes*, 42.

88 Vgl. dazu *J. Hick, Evil and the God of Love*, 330. Vgl. dazu kritisch *K. Rahner, Warum läßt uns Gott leiden?*, 460: "Die von Napalmbomben verbrannten Kinder haben dadurch keinen humanen Reifungsprozeß durchgemacht. Auch sonst gibt es in unzähligen Fällen Leid, das bei allem guten Willen, es human und christlich zu bestehen, zerstörerisch wirkt, den Menschen einfach überfordert, seinen Charakter verbiegt und beschädigt, ihn nur noch mit der primitivsten Daseinsnot beschäftigt sein läßt, ihn dumm oder böse macht."

89 Vgl. dazu die Kritik an Hick von F. Sontag, in: *S.T. Davis (Hg.), Encountering Evil*, 57.

größere Übel[90]. Das faktische Ausmaß an Leid erweckt bisweilen eher den Eindruck, die Welt sei, gemessen an dem ihr angeblich inhärenten Telos, eher eine gigantische Fehlkonstruktion denn ein Ort der "Seelenbildung".

Insbesondere zwei Aspekte des natürlichen Übels legen diesen Eindruck nahe: zum einen die Tatsache, daß die natürliche Umwelt in einer völlig willkürlichen bzw. ungerechten Weise Leid verursacht, so daß kein Zusammenhang zum moralischen Charakter der Betroffenen erkennbar wird; zum anderen die Tatsache, daß das natürliche Übel häufig ein dysteleologisches Ausmaß annimmt, das den individuellen Entwicklungspozeß eher zerstört als unterstützt[91].

Hinter dem ersten Aspekt steht in etwa folgende Überzeugung: In einer von Gott erschaffenen Welt müßte garantiert sein, daß das menschliche Schicksal sich als dasjenige erweist, wofür es manche wider allem Anschein tatsächlich halten, nämlich als genau proportionierte bzw. gerechte Strafe für begangene Sünden und Belohnung für richtiges Handeln. Da die natürliche Umwelt nun aber nicht so beschaffen ist, kann Gott diese Welt nicht erschaffen haben. Wäre die Natur so beschaffen, daß sie regelmäßig sittliches Handeln belohnt und unsittliches Handeln bestraft, so würde sittliches Handeln durch den Lohngedanken dominiert. Das ethisch Richtige würde nicht mehr deshalb gewählt, weil es in sich als richtig und erstrebenswert erscheint, und das ethisch Falsche würde nicht mehr deshalb gemieden, weil es in sich falsch und verabscheuungswürdig erscheint. Die "sittliche" Entscheidung würde sich statt dessen an der begründeten Erwartung orientieren, daß die Tugend mit Wohlergehen belohnt und die Sünde mit Übeln bestraft wird. Dadurch würde sie sich als sittliche aufheben[92].

---

90 Vgl. dazu z.B. *A. Farrer, Love Almighty and Ills Unlimited*, 167f. Vgl. auch die Kritik von F. Sontag und J.K. Roth in *S.T. Davis (Hg.), Encountering Evil*, 57, 61.

91 Vgl. z.B. *G. Streminger, Gottes Güte und die Übel der Welt* (1992), 111: "Es gibt also in dieser Welt ein beträchtliches Maß an Leid, das in keinem erkennbaren Zusammenhang zur möglichen Entstehung und Kultivierung moralischer Tugenden steht. Auf eine Vielzahl von Krankheiten, Seuchen oder Naturkatastrophen trifft nämlich gleichzeitig zu, *daß* sie die Betroffenen entweder töten oder zu apathischen Menschen machen, deren moralisches Vermögen zerstört wird; und *daß* sie den Mitmenschen der Betroffenen keinerlei Möglichkeit zu einem helfenden, Solidarität bekundenen Eingreifen geben."

92 Vgl. dazu ausführlicher *J. Hick, Evil and the God of Love*, 335.

Gäbe es eine naturgesetzliche Garantie, daß jedes Leid dem Betroffenen letztlich irgendwie zum Besseren gereicht, z.B. zur Bildung höherwertiger Charaktereigenschaften, so bestünde für andere kein Anlaß, dieses Leid zu bekämpfen. Dadurch würden sich jene wertvollen Haltungen und Einstellungen, die durch die Existenz des natürlichen Übels ermöglicht werden, erübrigen: Beispielsweise wären Mitleid und Mitgefühl ebenso unangebracht wie die selbstlose Hingabe für die Opfer. Denn es bestünde die Gewißheit, daß es sich nicht um ein dysteleologisches Leid handelt, sondern um ein Leid, das dem Betroffenen zum Besseren gereicht[93].

Die Forderung, daß sich jedes konkrete Leid für die Betroffenen wenigstens auf lange Sicht als Gut erweisen müßte, läßt sich nicht aus den Prämissen der Theodizee des *soul-making* ableiten. Aus diesem Grund resultiert aus dem an sich zutreffenden Hinweis, daß dies eben nicht der Fall ist, kein stichhaltiger Einwand gegen diese Theodizee. Erfüllen ließe sich diese Forderung vermutlich ohnehin nur in einer Welt, deren Ereignisverlauf durch ein direktes Eingreifen Gottes geregelt wird. Im Hinblick auf die einschlägigen Werte wäre eine solche Welt aber geradezu kontraproduktiv. Die Existenz dysteleologischer Übel ist letztlich nichts anderes als die Kehrseite der Tatsache, daß der natürliche Ereignisverlauf naturgesetzlich geregelt ist. Dies zu akzeptieren und gleichzeitig zu fordern, daß die dadurch im allgemeinen ermöglichten Werte auch in jedem konkreten Einzelschicksal sichtbar werden müssen, heißt, Unmögliches zu fordern.

Stanley Kane hat die Theodizee der Seelenbildung aufgrund ihrer eschatologischen Orientierung als "pointlessly absurd" zurückgewiesen[94]. Sie gehe nämlich davon aus, daß der leidvolle Reifungsprozeß dem Erwerb genau solcher personaler Eigenschaften dient, deren Besitz überhaupt keinen Sinn mehr ergibt, sobald das Ziel dieses Prozesses erreicht ist. Da das Eschaton ein leidfreier Zustand ohne Herausforderungen und Gefahren ist, lasse sich nicht einsehen, welche Funktion dort dem Besitz von Charaktereigenschaften, wie z.B. Mut, Mitleid, Gerechtigkeit usw., noch zukommen soll. Das Eschaton stelle einen Zustand dar, in dem sich diese Charaktereigenschaf-

---

[93] Vgl. dazu ausführlicher *J. Hick, Evil and the God of Love*, 334f. Vgl. dazu auch *M. Stoeber, Evil and the Mystics' God*, 182f.

[94] Vgl. dazu *G.S. Kane, The Failure of Soul-Making Theodicy*, 8-15.

ten nicht mehr als nützlich, sondern als völlig überflüssig erweisen. Wenn es kein Leid mehr gibt, bestehe auch kein Anlaß mehr, z.B. Mitleid zu zeigen. Der gesamte Prozeß des *soul-making* scheint somit in dem Erwerb von Charaktereigenschaften zu bestehen, die sich letzten Endes als völlig überflüssig erweisen. Welchen Wert sollten aber Charaktereigenschaften besitzen, wenn keine Situationen mehr existieren, in denen sie sich in konkreten Handlungen manifestieren können? Der Himmel scheint ein absurder Ort zu sein, nämlich ein Ort, an dem die Erlösten allenfalls stolz darauf sein können, was sie tun würden und könnten, wenn sie nicht im Himmel wären[95].

Hick mißt diesem Einwand eine Bedeutung bei, die allerdings nicht mit der logischen Inkonsistenz der Annahme einer postmortalen Existenz, sondern mit unserer diesbezüglichen Unkenntnis zusammenhängt[96]. Möglicherweise - so Hick - werden die irdischen Tugenden in analoge himmlische Eigenschaften transformiert, die keine leiderzeugende Umwelt mehr voraussetzen. Dennoch könnte deren Erwerb nur über die entsprechenden irdischen Tugenden ermöglicht werden. Möglicherweise erweisen sich die irdischen Tugenden auch als Formen einer Beziehung zu Gott, die im Eschaton eine andere Gestalt annehmen werden. Schließlich sei auch vorstellbar, daß im Himmel weiterhin Herausforderungen und Aufgaben, ja sogar Probleme und Schmerzen existieren. Denn nach christlicher Überzeugung bestehe der Himmel nicht unbedingt in einem schmerzfreien Paradies, sondern in der vollkommenen Beziehung zu Gott. Eine derartige Beziehung schließe zwar jegliche Form des Unglücklichsein aus, nicht aber die Existenz von Aufgaben und Problemen, deren Lösung Entbehrungen, vielleicht sogar Schmerzen erforderlich machen. Gottes Schöpfung könnte für uns auch im Jenseits endlose Möglichkeiten für weitere Entdeckungen, Erforschungen, Experimente und Erfahrungen bereithalten sowie die Möglichkeit für ein weitergehendes spirituelles Wachstum in der Beziehung zur Unendlichkeit Gottes. Angesichts der Begrenztheit des menschlichen Vorstellungsvermögens stellten all diese unterschiedlichen Erwartungen zwar kaum mehr dar als eine "kindliche Raterei". Desungeachtet könnten sie zumindest zeigen, daß der Einwand nicht die Möglichkeiten einer Theodizee der Seelenbildung zunichte macht.

---

[95] Vgl. *G.S. Kane, The Failure of Soul-Making Theodicy*, 13.
[96] Vgl. zum folgenden *J. Hick, Evil and the God of Love*, 351f.

Eine andere und möglicherweise bessere Entgegnung ließe sich über die Infragestellung der Prämissen des Einwands erreichen: Die zentrale Prämisse besagt, daß dispositionale Eigenschaften unabhängig von entsprechenden Handlungssituationen wertlos seien. Demnach bestünde beispielsweise die Werthaftigkeit der Nächstenliebe nur darin, eine Disposition für mögliche Handlungen darzustellen. Unabhängig von solchen Situationen verlöre diese Disposition an Wert. Diese Prämisse beruht auf einem einseitig funktionalistischen Verständnis der Person, wonach sich der sittliche Charakter einer Person letztlich nur anhand ihrer aktualisierten Handlungen erweisen kann. Unabhängig davon scheint der bloßen Handlungsdisposition als solcher keine Wertrelevanz beigemessen zu werden. Warum aber sollte vollkommene Sittlichkeit nicht ein Gut darstellen, dessen intrinsische Werthaftigkeit davon abhängt, ob sie vom Subjekt in eigener Anstrengung erworben wurde, nicht aber davon, ob weiterhin die Möglichkeit zu ihrer Aktualisierung besteht? Unabhängig von den Spekulationen über das eschatologische Ziel menschlichen Daseins ist es keinesfalls selbstverständlich, daß die im Laufe der spirituellen Entwicklung erworbenen dispositionalen Eigenschaften allesamt sinnlos werden, sobald die irdischen Voraussetzungen für ihren Erwerb und ihre Aktualisierung nicht mehr gegeben sind. Sicherlich wäre es unsinnig, jemandem in einer Welt durch einen mühsamen Lernprozeß etwa das Lesen beizubringen, wenn es in dieser Welt gar nichts zu lesen gibt. Lesenkönnen ist keine intrinsisch wertvolle Fähigkeit, sondern eine Fähigkeit, deren Wert sich nur funktional bestimmen läßt. Sittliche Dispositionen könnten demgegenüber aber durchaus intrinsisch wertvoll sein. Eine Person, die solche Dispositionen erworben hat, wäre dann als solche wertvoll, ob sie nun in einer Umwelt existiert, in der sie entsprechend handeln kann, oder nicht[97]. Die Pointe des Attributs "gut" im Hinblick auf den sittlichen Charakter von Personen könnte genau darin liegen, daß jede weitere Frage nach dem Zweck dieses Gutseins nur verrät, daß der Fragesteller diese Pointe noch nicht verstanden hat. Bei dem Attribut "selig" ist dies offenbar der Fall. Es läßt sich nicht sinnvollerweise fragen, zu welchem Zweck jemand nach Seligkeit strebt, denn es kann keinen anderen Zustand geben, zu dessen Erreichung die Selig-

---

[97] Zur Unterscheidung zwischen "intrinsisch" und "extrinsisch wertvoll" vgl. *T.V. Morris, Our Idea of God*, 35f.

keit dienen soll. Nach traditionellem Verständnis diente das Streben nach sittlicher Güte häufig dem Erlangen der Seligkeit, die gewissermaßen als Belohnung für die Entbehrungen einer sittlichen Lebensführung verstanden wurde. Wenn aber das Gutsein gar kein Mittel zur Erreichung der Seligkeit, sondern bereits ein integraler Bestandteil oder zumindest ein Vorgeschmack derselben ist, wäre nicht die Theodizee der Seelenbildung, sondern die genannte Kritik "pointlessly absurd".

12.7 Die Relevanz von Leiderfahrungen im Prozess der Seelenbildung

Ein immer wiederkehrender Einwand gegenüber Theodizee-Versuchen im allgemeinen besteht in dem Vorwurf, sie führen dazu, die Tatsache des Übels sowie sein Ausmaß letzten Endes doch zu rechtfertigen und somit das Übel samt seinen Ursachen zu legitimieren und folglich jede Beseitigung des Übels zu unterminieren[98]. In der Terminologie David Griffins würde dies die Leugnung der Existenz eines "genuinen" Übels implizieren, also eines Übels, ohne das die Welt aufs Ganze gesehen besser wäre[99]. Dieser Einwand ist keinesfalls aus der Luft gegriffen, denn eine Theodizee soll ja gerade zeigen, daß gute Gründe für die Zulassung des Leids bestehen. Wenn es nun aber solche Gründe gibt, dann scheint daraus zu folgen, daß das Leid selbst eine gute Sache ist, denn ansonsten könnten kaum gute Gründe für seine Zulassung vorliegen. Folglich scheint jede Theodizee unvermeidlich zu einer Rechtfertigung des Leids zu tendieren, was nun aber nicht nur abwegig, sondern in höchstem Maße gefährlich wäre, weil es unter der Hand zu noch mehr Leid führt: Von einer guten Sache kann man bekanntlich kaum genug bekommen.

Zu fragen bleibt also, ob der bislang entwickelten Theodizee tatsächlich diese problematische Logik zugrunde liegt. Zu diesem Zweck ist auch nochmals das Argument der Willensfreiheit auf diesen Punkt hin zu überprüfen. Zusammen mit der bisher entwickelten Erklärung der natürlichen Übel läuft diese Theodizee auf folgende

---

[98] Vgl. zu diesem Einwand z.B. *C.R. Mesle, John Hick's Theodicy*, 5; sowie die Kritik von J.K. Roth in: *S.T. Davis (Hg.), Encountering Evil*, 62.

[99] Vgl. dazu *D.R. Griffin, God, Power, and Evil*, 22; sowie *R. Mesle, The Problem of Genuine Evil: A Critique of John Hick's Theodicy*, 412ff.

allgemeine These hinaus: Die Existenz von Wesen, die sich frei für das Gute entscheiden können, bildet einen Wert, der die daraus unvermeidlich resultierende Möglichkeit der Leidzufügung rechtfertigen kann. Die Willensfreiheit ermöglicht einen intellektuellen, moralischen und spirituellen Reifungsprozeß, der in der Entwicklung wertvoller personaler Eigenschaften besteht, die sich in ihrer Gesamtheit als Ziel des menschlichen Daseins deuten lassen. Zur Erreichung dieses Ziels kann auch eine natürliche Umwelt beitragen, die Gefahren und Risiken enthält. Bislang war somit gar nicht direkt von den Leiderfahrungen die Rede, sondern von den leidverursachenden Faktoren (Willensfreiheit und Naturgesetze). Nicht die Leiderfahrungen selbst, sondern die leidverursachenden Faktoren bilden die unerläßlichen Mittel zur Erreichung der entsprechenden personalen Werte[100].

Einige Theodizee-Ansätze gehen allem Anschein nach davon aus, daß nicht nur die leidverursachenden Faktoren, sondern auch die Leiderfahrungen selbst als Mittel zur Erreichung entsprechender Ziele oder Werte dienen. Leiderfahrungen fungieren hier gleichsam als "Schule des Lebens" zur Prüfung und Reifung des Menschen[101]. In dieser Perspektive ist das Leid tatsächlich nur vordergründig etwas Negatives, in Wirklichkeit aber etwas Gutes und Wertvolles. Nach der hier bislang vertretenen Position trifft dies nur für die leidverursachenden Faktoren zu, nicht jedoch für die Leiderfahrungen. Sie kamen bislang nur als unausweichliches "Nebenprodukt" dieser Faktoren in den Blick.

Nach der ersten Alternative kann und muß Leiderfahrungen als solchen eine im weiteren Sinn heilspädagogische Funktion im Hinblick auf die Realisierung der entsprechenden Werte beigemessen

---

100 Vgl. im Hinblick auf die natürlichen Übel *B. Reichenbach, Evil and a Good God*, 39.

101 Ansätze in diese Richtung finden sich vor allem in eher spirituell orientierten Schriften zur Leidthematik bzw. in der Traktatliteratur. Hier ist häufig von der pädagogischen, läuternden, reinigenden, reifenden oder heiligenden Funktion des Leids die Rede. Vgl. z.B. *O. Brecht, Leiden ist Gnade*, 24; *J. Freudendorfer, Licht im Leid*, 42ff.; *A. Würth, Beata Passio*, 5ff.; *O. Zimmermann, Warum Schuld und Schmerz?*, 42ff.; *J. Weiger, Das wahre Gesicht der menschlichen Leiden*, 9; *C. Carretto, Warum, Herr?*, 93. Ich verdanke diese Hinweise *Steffen Kühn, Das Leiden als Hilfe zur menschlichen Reifung?* (unveröffentlichte Zulassungsarbeit zur theologischen Abschlußprüfung, Mainz 1995). Vgl. dazu auch den Überblick von *J. Brenning/R. Brocks/C. Gremmels/D. Preiss, Leid und Krankheit im Spiegel religiöser Traktatliteratur*, 302-315.

werden[102]. Die hier vertretene Alternative schließt diese Möglichkeit zwar nicht kategorisch aus, betont aber, daß nicht die Leiderfahrungen als solche eine providentielle Funktion besitzen, sondern die leidverursachenden Faktoren. Demnach wäre das konkrete Leid eben ein unausweichliches "Nebenprodukt" der Wertrealisierung, nicht aber direkt instrumentalisierbar. Für diese zweite Alternative sprechen folgende Faktoren:

(1) Im Hinblick auf die Willensfreiheit ist davon auszugehen, daß Gott die Sünde bzw. den Mißbrauch der Willensfreiheit nicht will, sondern allenfalls zuläßt. Zweifel an dieser Prämisse hätten gravierende Auswirkungen auf das Verständnis der sittlichen Vollkommenheit Gottes. Wenn Gott das moralische Übel nicht nur zuläßt, sondern direkt intendiert, um dadurch ein kompensierendes Gut zu ermöglichen, so würde daraus die paradoxe Konklusion folgen, daß er auch die Sünde will, obwohl er sie andererseits verbietet. Ein sittlich vollkommenes Wesen kann aber die Sünde nicht wollen, auch nicht, um dadurch irgendein kompensierendes Gut zu ermöglichen. Die Formulierung, wonach Gott das (moralische) Übel zuläßt, um daraus Gutes zu machen, ist ambivalent. Gott läßt die Sünde, wie z.B. soziale Ungerechtigkeit, nicht deshalb zu, weil er daraus ein Gut erschaffen kann, wie z.B. den Kampf für Gerechtigkeit. Er läßt sie deshalb zu, weil ohne diese Zulassung weder die Willensfreiheit noch die davon abhängigen Werte realisierbar wären. Die *free will defense* ist daher nicht zu der mißverständlichen Behauptung gezwungen, Gottes Intention bestehe darin, aus dem Übel *qua* Leid Gutes zu erschaffen. Ihr liegt eher die Hoffnung zugrunde, daß Gott aus dem Gut der Willensfreiheit ein noch größeres Gut entstehen lassen will[103]. Nur zu diesem Zweck nimmt er das Risiko moralischer Übel in Kauf.

---

[102] In diese Richtung tendiert z.B. *P.J. Kreeft, Making Sense Out of Suffering*, 165: "Ich glaube, daß alles Leid zumindest potentiell gut ist, eine Gelegenheit zum Guten. Es hängt von unserer freien Entscheidung ab, dieses Potential zu verwirklichen. Nicht alle von uns ziehen einen Nutzen aus dem Leiden, lernen daraus, weil dies eben von uns abhängt, von unserem freien Willen." Damit verträgt sich allerdings nicht ohne weiteres folgende Äußerung von Kreeft: "Natürlich sollen wir das Übel bekämpfen, alle Arten von Übel, auch das physische Übel des Leidens" (ebd. 166). (Übersetzung A.K.)

[103] Vgl. dazu *W.S. Anglin, Free Will and Christian Faith*, 120: "Gottes ursprünglicher Plan besteht nicht darin, Gutes aus dem Übel zu erschaffen, sondern ein größeres Gut aus dem Guten. Er will nicht einmal das Risiko des moralischen

(2) Zum anderen legt das Zeugnis menschlicher Erfahrung nahe, daß Leid in all seinen Formen sowohl in sich als auch in seinen Konsequenzen überwiegend negativ ist. Einige Werte oder Tugenden mögen zwar nur in einer Welt denkbar sein, in der es auch Sünde gibt. Nur in den selteneren Fällen ist es jedoch wünschenswert, daß Menschen einander physisches und mentales Leid zufügen, nämlich dann, wenn sie dadurch noch größeres Leid verhindern können. Vielfach jedoch dient das einander zugefügte Leid keinem erkennbaren Zweck, vielfach resultiert daraus kein erstrebenswertes Gut, vielfach ist es zumindest aus der Perspektive der Opfer einfach sinnlos. Insofern hat das Leid selbst nur selten einen instrumentellen Wert hinsichtlich der Erreichung anderer Werte. Es erscheint zumeist und zu Recht als sinn- und wertlos. Nur ein "frommer Schwindel" – so Karl Rahner – könnte diesem Leid "einen solchen humanen Effekt andichten"[104]. Sofern dieser "Schwindel" auch nur unterschwellig eine Glorifizierung des Leids unterstützt, resultiert aus der theoretischen Instrumentalisierung des Leids dessen praktische Legitimation.

(3) Schließlich impliziert die erste Position, sofern sie konsequent durchgehalten wird, die These, daß es kein "genuines Übel" geben kann, d.h. kein Übel, ohne dessen Existenz die Welt alles in allem besser wäre. Diese These ist aber offenkundig falsch. Aus ihr müßte folgen, daß die Welt beispielsweise ohne Konzentrationslager oder den HIV-Virus alles in allem schlechter wäre, was absurd ist. Folglich muß eine Prämisse, aus der diese Konklusion zwangsläufig folgt, ebenfalls falsch sein, was aber nicht ausschließt, daß Leiderfahrungen als solche einen pädagogischen bzw. instrumentellen Wert haben können, wenn sie von den Betroffenen entsprechend verarbeitet werden.

Eine Theodizee muß aber keineswegs auf den instrumentellen Wert aller Leiderfahrungen pochen: Nicht die Leiderfahrungen sind notwendig mit der Realisierung des Wertes der Willensfreiheit verbunden, sondern die Möglichkeit der Leidzufügung. Daß Menschen von dieser Möglichkeit Gebrauch machen können, stellt ein Risiko dar, das durch den Wert personaler Freiheit und Verantwortlichkeit

---

Übels. Er akzeptiert dieses Risiko nur, weil es zur Erreichung eines guten Zieles notwendig ist." (Übersetzung A.K.)

[104] *K. Rahner, Warum läßt uns Gott leiden?*, 460.

gerechtfertigt werden kann. Dennoch ist es wahr, daß es bei weitem besser wäre, wenn die Menschen von dieser Möglichkeit nicht oder wenigstens nicht so häufig Gebrauch gemacht hätten. Es läßt sich nicht leugnen, daß Menschen in schweren Krisen und Notsituationen Erfahrungen machen, die für ihr Leben fruchtbar und wichtig sind, oder daß Krankheiten manchen die Augen über ihr bisheriges Leben öffnen und eine radikale Umkehr ermöglichen. Dennoch ist es weder gut noch wünschenswert oder sinnvoll, Hunger zu leiden, an Krebs zu erkranken, einen geliebten Menschen zu verlieren, von anderen betrogen, vergewaltigt oder gequält zu werden[105]. Richard Swinburne versucht auch solchen Erfahrungen noch dadurch einen Sinn abzugewinnen, daß die Betroffenen - im Falle moralischer Übel - die Aktualisierung der Willensfreiheit anderer ermöglichen oder ihnen - im Falle natürlicher Übel - die Gelegenheit zu heroischen Entscheidungen bieten[106]. Es ist jedoch weder gut noch ein Privileg, in der

---

[105] Einen solchen Standpunkt unterstellt mir *N. Reck, Kann denn wahr sein, was nicht sagbar ist?*, 193: Bei mir habe alles "im Prinzip seine Richtigkeit, wie es ist". Darin "bleibt Kreiners Theologie bürgerlich... Glaube hat hierbei die Aufgabe, Sinn zu spenden, zu trösten und Frieden und Geborgenheit zu schenken." In der Tat halte ich all diese Dinge für keineswegs schlecht, jedenfalls für besser als Unsinn zu verbreiten, Trauer zu schaffen, Unfrieden zu fördern oder Sinnlosigkeit zu unterstützen. Derartige "Funktionalisierungen" - so Reck - erscheinen aber dort eher fremd, "wo Glaube sich jenseits des bürgerlichen Paradigmas ansiedelt". Dort gehe es nicht "um ein argumentativ gut abgesichertes 'Sinnangebot' ..., sondern um tätige Teilhabe am messianischen Prozeß hin zum Reich Gottes". Um letzteres geht es auch mir, auch wenn ich in terminologischer Hinsicht die theologische Prosa der Lyrik vorziehe. Da es nun aber nicht nur völlig schwachsinnige, sondern auch eminent leidbringende Weisen gab und gibt, an diesem messianischen Prozeß teilzuhaben, kann ich niemandem empfehlen, sich ohne "argumentative Absicherung" darauf einzulassen.

[106] Mehrere Äußerungen von Richard Swinburne gehen in diese Richtung. Vgl. z.B. *R. Swinburne, Das Problem des Übels*, 115: "Ebenso wie es ein großes Gut ist, sich frei für das Gute zu entscheiden, so ist es auch ein Gut, von einem anderen für einen wertvollen Zweck gebraucht zu werden. Leiden zu dürfen, um dadurch ein großes Gut zu ermöglichen, ist ein Privileg, selbst wenn uns dieses Privileg aufgezwungen wurde... Aus der Tatsache, daß das Gebrauchtwerden für denjenigen, der gebraucht wird, ein Gewinn ist, folgt, daß jemand, der durch andere leidet und dadurch das Gut ihrer freien und verantwortlichen Entscheidung ermöglicht, in dieser Hinsicht daraus selbst einen Gewinn zieht. Ich kann mich glücklich schätzen, wenn die natürliche Möglichkeit meines Leidens, und falls du dich dazu entschließt, mir zu schaden, auch mein wirkliches Leiden, ein Mittel darstellen, um aus deiner Entscheidung eine wirklich bedeutsame zu machen - im Gegensatz zu einer nur simulierten Entscheidung, die keine Auswirkungen auf die Welt hat." Vgl. auch *R. Swinburne, Theodicy, Our Well-Being, and God's Rights*, 79-83.

Weise anderen von Nutzen zu sein, daß man von ihnen vergewaltigt, gequält oder betrogen wird. Man nützt ihnen mehr, indem man alles daran setzt, daß niemand seine Freiheit zu solchen Untaten mißbraucht. Der eigentliche Impetus von Leiderfahrungen besteht darin, aus ihnen das Beste zu machen, indem man selbst aus ihnen lernt und anderen lehrt, wie sich in Zukunft ähnliche Ereignisse vermeiden lassen.

Die hier vertretene Theodizee behauptet also nicht kategorisch die Werthaftigkeit von Leiderfahrungen, sondern die Unverzichtbarkeit der leidverursachenden Faktoren für die Entstehung personaler Werte. Wenn es widerspruchsfrei denkbar wäre, ethisch relevante Entscheidungen und die garantierte Unmöglichkeit von Leidzufügung zu haben, wäre das Argument der Willensfreiheit zum Scheitern verurteilt. Wenn es widerspruchsfrei denkbar wäre, eine natürliche Umwelt ohne Herausforderungen und Gefahren und die Ermöglichung entsprechender personaler Werte zu haben, dann wäre auch die sich daran anschließende Theodizee der Seelenbildung falsch. Deren zentrale These läuft nicht auf eine Legitimation des Leids hinaus. Der Sinn des Übels liegt nicht primär in den Leiderfahrungen, sondern in jenen Aktivitäten, durch die sie überwunden werden. Das Leid entpuppt sich also im Verlauf dieser Theodizee nicht unter der Hand doch als etwas, dessen Existenz irgendwie wünschenswert ist. Das Leid erscheint vielmehr als etwas, das es mit allen zur Verfügung stehenden Mitteln zu reduzieren gilt[107]. Menschen sollen nicht im Leiden wachsen, sondern im Kampf gegen das Leid – sei es ihr eigenes oder das anderer Lebewesen. Für diesen Zweck wäre ein leidfreies Paradies kein geeigneter Ort. Eher scheint eine Umwelt mit Gefahren und Herausforderungen eine solche Entwicklung zu ermöglichen. Eine derartige Umwelt setzt aber ein gewisses Quantum an Leiderfahrungen voraus.

Kann unter diesen Voraussetzungen noch konsistent behauptet werden, die Überwindung der natürlichen Übel sei prinzipiell wünschenswert? Ihre Überwindung würde doch geradewegs darauf hinauslaufen, die Voraussetzungen zur Realisierung jener personalen Werte abzuschaffen, zu deren Zweck sie angeblich von Gott erschaf-

---

[107] Vgl. *J. Hick, Evil and the God of Love*, 323. Hick spricht an dieser Stelle vom sittlichen Übel der Sünde. Sein Argument gilt aber gleichermaßen auch für die natürlichen Übel. Vgl. dazu auch *J. Hick, Response to Mesle*, 132.

fen wurden und zugelassen werden. Dies klingt paradox: Wie soll man konsequenterweise etwas abschaffen wollen, wenn der Prozeß der Abschaffung selbst in sich wertvoll ist[108]? Nicht der Ideologieverdacht im engeren Sinn erscheint deshalb angebracht, sondern der Verdacht, die teleologische Theodizee basiere im Hinblick auf die natürlichen Übel auf einer unlösbaren Paradoxie[109].

Bei der Diskussion des moralischen Übels wurde versucht, diese Paradoxie zu vermeiden. Sie stellte sich dort in der Form, daß der Mißbrauch der Willensfreiheit bzw. die Sünde einerseits von Gott nicht gewollt sein kann, andererseits aber doch um eines höheren Wertes willen zugelassen werden muß. Der Eindruck der Paradoxalität ließ sich dadurch vermeiden, daß die Möglichkeit der Sünde als unausweichliche Folge bzw. als ungewolltes "Nebenprodukt" der Erschaffung freier Wesen gedeutet wurde. Diese Lösung läßt sich im Hinblick auf die natürlichen Übel nicht wiederholen. Natürliche Übel scheinen in der Tat nur als "Mittel" verstanden werden zu können, die durch den Zweck zu rechtfertigen sind, der ihre Existenz erklärt. Als solche Mittel verstanden, scheint ihr Zweck aber nicht darin bestehen zu können, überwunden zu werden, denn dadurch würde ja der Zweck, dem sie dienen sollen, unterminiert.

Bei der genannten Paradoxie handelt es sich um ein rein spekulatives Problem, das nur in dem Maße akut werden könnte, in dem die endgültige Überwindung der natürlichen Übel bzw. die Verwirklichung einer (hinsichtlich der natürlichen Übel) leidfreien Welt in greifbare Nähe rückt. Die natürlichen Ursachen der leiderzeugenden Übel haben sich jedoch als dermaßen komplex und vielfältig erwiesen, daß alle Befürchtungen wie auch Hoffnungen, sie könnten jemals vollständig durchschaut, beherrscht und eliminiert werden, illusionär sind. Das Ziel einer in ihren kausalen Mechanismen völlig verstandenen und zum Zwecke der Leidvermeidung durchgängig kontrollierbaren natürlichen Umwelt ist allenfalls eine Utopie, deren

---

108 Vgl. dazu auch *P.M. Hare/E.H. Madden, Evil and the Concept of God*, 70: "Wenn Mut, Ausdauer, Nächstenliebe, Sympathie und dergleichen spirituell so bedeutsam sind, dann sollten die üblen Bedingungen, die sie fördern, nicht verbessert werden." (Übersetzung A.K.)

109 Vgl. dazu auch *C.R. Mesle, John Hick's Theodicy*, 59f. Hick räumt den paradoxalen Charakter ein, betont aber, daß daraus nicht folge, daß wir das Übel nicht überwinden sollten: "on the contrary, this is what we are here for". Vgl. *J. Hick, Evil and the God of Love*, 376.

mögliche Realisierung auf unabsehbare Zeit kein Problem für den Prozeß des *soul-making* darstellen dürfte[110].

12.8 Bessere Naturgesetze? – Das Problem der Optimierungsvorschläge

Auch unter der Voraussetzung, daß die natürlichen Übel gerade als "ungerechte" und "dysteleologische" möglicherweise die Voraussetzung für die Realisierung bestimmter Werte darstellen, bleibt immer noch der generelle Einwand unbeantwortet, wonach diese Funktion der natürlichen Übel auch mit einer wesentlich geringeren Intensität an Leiderzeugung zu erreichen wäre[111]. Offensichtlich wäre ohne gravierende Werteinbußen eine "bessere" Welt als die faktisch existierende vorstellbar. Aus dieser Verbesserungsfähigkeit folgt dann, daß Gott nicht der Schöpfer dieser Welt sein kann und daß daher der Glaube an Gott widersprüchlich und irrational ist. Die Kritik, die hinter derartigen "Optimierungsvorschlägen" steht, läßt sich nicht dadurch überzeugend ausräumen, daß man sie einfach als anmaßend und blasphemisch zurückweist, denn auch sie zielt nicht primär auf Gott, sondern auf das Bekenntnis zu Gott. Außerdem läßt sie sich auch argumentativ in Frage stellen, und zwar durch den Versuch, sich jene Welt etwas genauer vorzustellen, die im Sinne dieser "Optimierungsvorschläge" korrigiert wäre, in der es also eine gerechte Verteilung von Leid und kein dysteleologisches Leid gäbe. Was wären die Konsequenzen dieser Verbesserungen?

Alle bisher diskutierten Antwortversuche gingen davon aus, daß Gott aufgrund seiner Allmacht eine "bessere" Welt erschaffen hätte können, die weniger oder gar keine natürlichen Übel enthält[112]. Un-

---

[110] Vgl. *J. Hick, Evil and the God of Love*, 385.

[111] Vgl. z.B. *W.L. Rowe, Evil and Theodicy*, 131: "Hicks Theodizee läßt ein Problem offen: Die Überzeugung scheint vernünftig zu sein, daß einige der Übel, die sich ereignen (...), verhindert hätten werden können, ohne daß dadurch unsere moralische und spirituelle Entwicklung beeinträchtigt würde und ohne daß dadurch unser Vertrauen in die Welt nach natürlichen Gesetzen unterminiert würde." (Übersetzung A.K.) Vgl. dazu auch die Kritik vor allem an Plantingas Version der *free will defense* von *D. O'Connor, A Reformed Problem of Evil and the Free Will Defense*, 33-63.

[112] Vgl. z.B. *G.S. Kane, The Failure of Soul-Making Theodicy*, 6: "Sicherlich scheint eine Welt möglich zu sein, die nach allgemeinen kausalen Regelmäßigkeiten funktioniert, aber ohne größere Naturkatastrophen wie Erdbeben, Tornados,

ter dieser Voraussetzung lassen sich die natürlichen Übel nur teleologisch erklären, also durch den Rekurs auf jene personalen Werte, deren Realisierung durch die natürlichen Übel bzw. durch die Anstrengungen zu deren Überwindung ermöglicht werden soll. Die menschliche Freiheit im Gegenüber zu Gott kommt als solcher Wert nicht in Frage, weil sie als solche keine leiderzeugenden Übel voraussetzt. Eher scheint die sittlich relevante Freiheit eine natürliche Welt vorauszusetzen, deren Ereignisverlauf nicht nur naturgesetzlich, sondern auch leiderzeugend strukturiert sein muß, um einen wirklich bedeutsamen Freiheitsspielraum zu eröffnen. In einer solchen Welt wird die Suche nach Erkenntnis zu einer eminenten sittlichen Verpflichtung. Eine solche Welt ermöglicht auch die Entwicklung intrinsisch wertvoller personaler Eigenschaften, die in der Konfrontation mit leiderzeugenden Übeln und durch die Anstrengungen zu ihrer Überwindung realisierbar sind. Weiterhin unklar ist jedoch, ob all diese Werte nicht ebenso in einer Welt denkbar sind, deren Ausmaß an natürlichen Übeln entschieden geringer ist.

Ein demgegenüber völlig anders ansetzendes Argument blieb bislang unberücksichtigt. Dabei handelt es sich um die These, daß auch ein im traditionellen Sinn allmächtiger Gott keine Welt erschaffen konnte, die "besser" - im Sinne von weniger leiderzeugend - ist als die existierende Welt, gleichzeitig aber keine signifikanten Werteinbußen aufweist. Der Einfachheit halber wird diese Auffassung im folgenden mit dem etwas sperrigen und mißverständlichen Ausdruck *Keine-bessere-Welt-Hypothese* bezeichnet. Die Pointe dieser Hypothese besagt nicht, daß Gott keine andere schlechthin bessere Welt hätte erschaffen können. Sie besagt vielmehr, daß Gott keine Welt hätte erschaffen können, die in wertrelevanter Hinsicht grundsätzlich der unseren ähnlich ist, aber eben entschieden weniger natürliche Übel enthält.

Die Keine-bessere-Welt-Hypothese scheint ganz offenkundig absurd zu sein, und zwar im wesentlichen deshalb, weil die Allmacht

---

Krankheiten usw. Man kann sich auch eine Welt vorstellen, die in mancher Hinsicht wie die unsere ist, eine Welt, in der es z.B. viele gleiche Substanzen gibt wie in der unseren und in der sich diese größtenteils auch so verhalten, wie sie es jetzt tun, in der aber alle problematischen Formen von Schmerz und Leid systematisch abgeschafft wurden." (Übersetzung A.K.) Vgl. ähnlich auch *H.J. McCloskey, God and Evil,* 94f.; *R. Puccetti, The Loving God*, 261f.; *P.H. Hare/ E.H. Madden, Evil and the Concept of God*, 54f.; *Q. Smith, An Atheological Argument from Evil Natural Laws*, 154-174.

Gottes die Behauptung impliziert, Gott könne jede logisch mögliche Welt erschaffen bzw. aktualisieren, also jede Welt, die sich widerspruchsfrei beschreiben läßt. Zu den Welten, die Gott nicht erschaffen kann, gehören alle logisch unmöglichen Welten, also jede Welt, deren Beschreibung Widersprüche enthält. Zu diesen unmöglichen Welten gehört selbstverständlich jede Welt, in der wahr wäre, daß Gott nicht existiert. Vermutlich kann Gott auch keine Welt erschaffen, in der bestimmte abstrakte Entitäten (wie z.B. Zahlen oder mögliche andere Welten) nicht existieren und in der notwendige Wahrheiten nicht gelten (wie z.B. logisch-mathematische oder möglicherweise auch allgemeine sittliche Wahrheiten[113]). Aber das Spektrum logisch möglicher Welten scheint *prima facie* auch solche natürlichen Welten zu beinhalten, die im Vergleich zur realen Welt in etwa gleichermaßen wertproduktiv, aber entschieden weniger leidvoll sind. Eine solche mögliche bessere Welt wäre z.B. eine Welt, die in jeder Hinsicht der realen Welt gleicht – mit der einzigen Ausnahme, daß es in ihr ein bestimmtes natürliches Übel, wie z.B. maligne Tumore, nicht gibt. In einer solchen Welt wären keine signifikanten Werteinbußen zu erwarten, wohl aber eine enorme Leidverringerung. Zahllose vergleichbare Optimierungsvorschläge wären vorstellbar, die allesamt auf der gedanklichen Konstruktion logisch möglicher Welten basieren, die ein allmächtiger Gott hätte erschaffen können und die ein sittlich vollkommener Gott der realen Welt vorgezogen hätte[114]. Da aber unsere natürliche Welt alles in allem nur eine mittelmäßige darstellt, resultiert daraus, daß für die Lösung des Theodizee-Problems bislang recht wenig gewonnen ist.

Der offenkundige Fehler der Keine-bessere-Welt-Hypothese scheint darin zu liegen, daß sie nicht hinreichend zwischen dem "logisch" und "physikalisch" Möglichen bzw. Notwendigen unterscheidet. Nach der Relativitätstheorie ist beispielsweise die Lichtgeschwindigkeit eine der wichtigsten physikalischen Konstanten unse-

---

[113] Vgl. dazu *R. Swinburne, The Coherence of Theism*, 184-216.

[114] Vgl. z.B. *P.H. Hare/E.H. Madden, Evil and the Concept of God*, 54f.: "Gott hätte eine Welt mit etwas anderen als den gegenwärtigen Gesetzen erschaffen können, die größtenteils die gleichen guten Resultate hervorgebracht und viel überflüssiges Übel vermieden hätte. Gott hätte beispielsweise die gleichen Effekte in der biologischen Welt hervorbringen können mit dem gleichen Mechanismus der natürlichen Selektion, aber ohne die ungeheure Verschwendung, die in unserer Welt herrscht. Dies könnte z.B. dadurch erreicht werden, daß er einen höheren Prozentsatz an günstigen Mutationen bewirkt." (Übersetzung A.K.)

res Universums. Sie bildet die obere Grenze für alle Informationsübertragungen, so daß es physikalisch unmöglich ist, Signale schneller als mit Lichtgeschwindigkeit zu übermitteln. Dennoch scheint durchaus auch ein Universum widerspruchsfrei beschreibbar und damit logisch möglich zu sein, in dem die obere Grenze für Signalübertragungen entweder geringer oder höher ist als ca. 300.000 km/s.

Nun sind für sämtliche natürliche Übel die konkreten physikalischen Gesetzmäßigkeiten mitverantwortlich, die in diesem Universum gelten. In logischer Hinsicht sind diese Gesetzmäßigkeiten - sowohl als ganze wie auch als einzelne betrachtet - kontingent, d.h. weder logisch notwendig noch unmöglich. Ein nur durch die Gesetze der Logik "begrenztes" allmächtiges Wesen könnte demzufolge jedes beliebige physikalische Universum erschaffen, also auch ein Universum, in dem etwa die Lichtgeschwindigkeit 400.000 km/s beträgt, oder auch ein Universum, in dem die chemische Verbindung Aspirin die Wirkeigenschaften von Zyankali und Zyankali die Wirkeigenschaften von Aspirin besitzt, oder auch ein Universum, das weniger natürliche Übel enthält, sich ansonsten aber kaum von unserem Universum unterscheidet. Die augenscheinliche Absurdität der Keine-bessere-Welt-Hypothese ließe sich nur in dem Maße reduzieren, in dem es gelänge, die rigorose Trennung von logischer und physikalischer Notwendigkeit aufzuweichen.

Einsteins berühmte Frage nach der Entscheidungsfreiheit Gottes bei der Erschaffung des Universums[115] suggeriert von ihrem Wortlaut her, daß er diese Trennung keineswegs als rigorose verstand. Neuerdings hat Stephen Hawking im Anschluß an Einsteins Fragestellung angedeutet, "Gott"[116] habe bei der Erschaffung des Universums möglicherweise überhaupt keine Freiheit gehabt:

---

[115] Vgl. *A. Einstein, Brief an Ernst Strauss,* in: *B.G. Kuznetsov, Einstein: Leben, Tod, Unsterblichkeit,* (Basel 1977) 285: "Woran ich wirklich interessiert bin, ist die Frage, ob Gott die Welt noch auf eine andere Weise geschaffen haben könnte; das heißt, ob die Notwendigkeit der logischen Einfachheit überhaupt Freiheit zuläßt!"

[116] Weder Einstein noch Hawking vertraten bzw. vertreten eine im traditionellen Sinn theistische Gottesvorstellung. Einsteins Position dürfte am ehesten als Spinozismus, Hawkings Position als Agnostizismus zu charakterisieren sein. Vgl. dazu *K. Ferguson, Gottes Freiheit und die Gesetze der Schöpfung*, 209-215; *dies., Das Universum des Stephen Hawking*.

> "Wenn die Keine-Grenzen-These zutrifft, so bleibt ihm (d.h. Gott) bei der Wahl der Anfangsbedingungen überhaupt keine Freiheit. Natürlich hätte es immer noch in seinem Ermessen gestanden, die Gesetze zu wählen, die das Universum bestimmen. Doch eine echte Entscheidungsfreiheit könnte er bei dieser Wahl auch nicht gehabt haben, denn es ist durchaus möglich, daß es nur sehr wenige vollständige einheitliche Theorien gibt - vielleicht sogar nur eine, zum Beispiel die heterotische Stringtheorie -, die in sich widerspruchsfrei sind und die Existenz von so komplizierten Gebilden wie den Menschen zulassen, die die Gesetze des Universums erforschen und nach dem Wesen Gottes fragen können."[117]

Man könnte dagegen einwenden, daß Hawking – ähnlich wie vor ihm Einstein – der Unterschied zwischen physikalischer und logischer Notwendigkeit entgangen sei. Daß auch herausragenden Physikern vergleichbare philosophische Fehlschlüsse unterlaufen, läßt sich keinesfalls von vornherein ausschließen. Hawkings Vermutung liefe dann vielleicht eher auf die Behauptung hinaus, daß Gott kein anderes Universum erschaffen konnte, wenn er unser Universum erschaffen wollte, was natürlich trivial ist, aber nicht die Frage beantwortet, warum Gott kein besseres Universum erschaffen hat. Wenn sich nun aber plausibel zeigen ließe, daß das Universum nicht nur aufgrund kontingenter physikalischer Gesetze, sondern darüber hinaus auch aufgrund logischer Notwendigkeiten in etwa so beschaffen sein muß, wie es nun einmal beschaffen ist, so würde dies die Freiheit des Schöpfers drastisch einschränken, denn Gott hätte dann nur die Wahl gehabt, entweder dieses Universum oder überhaupt nichts zu erschaffen, was ganz offenkundig der Allmacht Gottes widerspricht. Die theodizee-relevanten Vorteile würden sich dann letzten Endes als gravierende Nachteile für das traditionelle Gottesverständnis erweisen.

Ein möglicher Ausweg aus diesem Dilemma bestünde zunächst in dem Nachweis, daß die physikalischen Merkmale eines Universums aus logischen Gründen nicht beliebig kombinierbar sind. Leibniz hat ähnliches mit dem Hinweis auf das Kriterium der Kompossibilität angedeutet[118]. Wenn beispielsweise physikalische Gesetze beliebig kombinierbar wären, dann wäre auch jede denkbare Welt logisch

---

[117] *S.W. Hawking, Eine kurze Geschichte der Zeit*, 216f.
[118] Vgl. dazu nochmals den Hinweis in Abs. 12.1.

möglich und folglich von einem allmächtigen Wesen aktualisierbar. Der gegenteilige Nachweis könnte - wie gesagt - nur erbracht werden, wenn die rigorose Trennung zwischen physikalisch und logisch Notwendigem aufgeweicht würde. Aber aus welchem Grund sollte die Logik nicht jede beliebige Physik und folglich jede beliebige natürliche Welt zulassen?

Zur Beantwortung diese Frage müßte gezeigt werden, inwiefern die Grenzen zwischen Logik und Physik durchlässig sind. Ein Zusammenhang zwischen kontingenten physikalischen und notwendigen logischen "Gesetzen" ließe sich durch die Annahme herstellen, daß ein naturgesetzlich strukturiertes Universum ein einheitliches mathematisch beschreibbares System darstellen muß. Einheitlichkeit besagt, daß die einzelnen Komponenten kein Konglomerat untereinander unverbundener und beliebig kombinierbarer Einzelbeschreibungen bilden, sondern sich in eine kohärente Theorie integrieren lassen, in der alle wesentlichen Teile in einer logischen Abhängigkeit voneinander stehen. Gegenwärtig existiert noch keine vollständige vereinheitlichte Theorie der Grundkräfte des Universums. Gleichwohl gibt es erfolgversprechende Ansätze, die in diese Richtung weisen[119]. Es läßt sich nicht von vornherein ausschließen, daß es kein Zufall ist, daß ein naturgesetzlich strukturiertes Universum durch eine solche einheitliche mathematische Theorie beschreibbar ist, sondern daß es notwendigerweise durch eine solche Theorie be-

---

[119] Vgl. dazu z.B. *S. Weinberg, Der Traum von der Einheit des Universums*, 13: "Unsere gegenwärtigen Theorien haben nur eine begrenzte Gültigkeit, sind noch immer vorläufig und unvollständig. Hinter ihnen glauben wir jedoch hin und wieder die Umrisse einer endgültigen Theorie zu erkennen, einer Theorie, die von unbegrenzter Gültigkeit und in ihrer Vollständigkeit und Widerspruchsfreiheit vollkommen befriedigend wäre. Wir sind auf der Suche nach universalen Wahrheiten über die Natur, und wenn wir sie finden, versuchen wir sie zu erklären, indem wir zeigen, daß sie aus tieferen Wahrheiten abgeleitet werden können. Stellen Sie sich vor, daß der Raum der wissenschaftlichen Prinzipien ausgefüllt ist mit Pfeilen, die jeweils auf ein Prinzip hinzielen und die von anderen Prinzipien ausgehen, durch welche dieses eine erklärt wird. Inzwischen weisen diese Erklärungspfeile ein erkennbares Muster auf: Sie bilden weder getrennte, unzusammenhängende Haufen, die für die einzelnen Wissenschaften stehen, noch irren sie ziellos umher, sondern sie hängen alle miteinander zusammen, und wenn man sie zurückverfolgt, scheinen sie alle einem gemeinsamen Ausgangspunkt zu entspringen. Dieser Ausgangspunkt, zu dem alle Erklärungen zurückverfolgt werden können, ist das, was ich unter einer endgültigen Theorie verstehe."

schreibbar sein muß. Wenn dies zuträfe, wäre die Zahl der physikalisch möglichen Welten auch in logischer Hinsicht eingeschränkt[120].

Dieses Argument setzt nicht voraus, daß Gott durch irgend etwas dazu gezwungen wurde, eine nicht-chaotische Welt zu erschaffen. Außerdem läßt sich nicht ausschließen, daß das sichtbare Universum nur eine winzige Insel der Ordnung in einem gigantischen Meer von Chaos ist, auch wenn für diese Annahme momentan keine triftigen Indizien sprechen. Wohl aber setzt dieses Argument voraus, daß Gott nur dann ein naturgesetzlich strukturiertes Universum erschaffen kann, wenn dieses Universum durch eine einheitliche Theorie widerspruchsfrei beschreibbar ist, denn beide Ausdrücke könnten im Prinzip dasselbe bedeuten. Und selbst für den Fall, daß diese Vermutung maßlos überzogen ist, könnten entweder ästhetische Gründe oder der Wunsch nach Intelligibilität oder Einfachheit für die Erschaffung eines durch eine einheitliche Theorie beschreibbaren Universums sprechen[121].

Die Theodizee-Relevanz dieses Arguments besagt zunächst, daß es keineswegs selbstverständlich ist, daß jeder "denkbare" Optimierungsvorschlag zur Leidreduktion in einem widerspruchsfrei beschreibbaren physikalischen Universum möglich ist. Oder anders formuliert: Nicht jede "denkbare" physikalische Optimierung könnte sich auch als logisch möglich erweisen. Es könnte zwar relativ mühelos gelingen, sich eine Welt ohne ein bestimmtes natürliches Übel vorzustellen. Gleichzeitig könnte es aber logisch unmöglich sein,

---

120 Vgl. dagegen *R. Swinburne, The Christian God*, 96-116. Swinburne plädiert für eine gemäßigt "nominalistische" Deutung logischer Notwendigkeit. Danach gilt: "... logic puts no limit on nature, only on which descriptions of it make ultimate sense" (ebd. 114). Obigem Argument liegt eine eher "platonische" Deutung zugrunde, wonach die Gesetze bzw. Regeln der Logik bzw. Mathematik nicht nur eine sprachimmanente, sondern auch eine ontologische Relevanz haben. Wenn widersprüchliche Behauptungen unmöglich wahr sein können, dann bedeutet dies, daß der durch die betreffenden Behauptungen beschriebene Sachverhalt realiter nicht erfüllt sein kann. In diesem Kontext dient die Logik nicht nur dazu, unsinnige Behauptungen als solche zu entdecken; sie ist gleichzeitig in ontologischer Hinsicht restriktiv. Zum Zusammenhang zwischen Mathematik und Physik vgl. den äußerst instruktiven Beitrag von *H. Putnam, What is Mathematical Truth?*, 57-61.

121 Vgl. dazu auch die Überlegungen zu Leibniz bei *C.F. von Weizsäcker, Naturgesetz und Theodizee*, 260: "Auch der positivistische Naturforscher wird *Leibnizens* Theodizee in dem Bekenntnis nachvollziehen können, daß es keinem von uns je gelungen ist, sich eine andere mögliche Welt auszudenken, die mit so einfachen Grundgesetzen einen solchen Reichtum der Erscheinungen vereint."

eine solche Welt widerspruchsfrei zu beschreiben und folglich auch, sie zu aktualisieren. Bruce Reichenbach hat in diesem Kontext betont, es genüge keinesfalls, sich nur eine in bestimmten regionalen Merkmalen optimierte Welt vorstellen zu können. Man müßte sich ein "ganzes System von Naturgesetzen und Weltkomponenten" vorstellen, aus denen eine Welt folgen würde, die im Vergleich zur realen überlegen ist. Reichenbach hält diese Forderung für unmöglich erfüllbar[122].

Wenn für die Existenz natürlicher Übel letztlich die faktisch geltenden Naturgesetze verantwortlich sind, dann setzt jeder diesbezügliche Optimierungsvorschlag eine Veränderung bestimmter Naturgesetze voraus. In einem einheitlich beschreibbaren Universum bilden die Naturgesetze nun aber ein Netz eng miteinander verflochtener und genauestens aufeinander abgestimmter Regelmäßigkeiten, in dem jede lokale Veränderung weitreichende Auswirkungen auf das Ganze nach sich zöge[123]. In einem solchen Universum ist es unmöglich, eine physikalische Konstante, wie etwa die Lichtgeschwindigkeit, zu verändern, ohne daß dies andere weitreichende Veränderungen nach sich zöge. Jede mathematische Beschreibung eines Naturgesetzes, in der die Lichtgeschwindigkeit auftaucht, würde sich verändern, so daß andere Werte entsprechend angepaßt werden müßten, um entstandene Widersprüche zu eliminieren. In einem solchen Universum ist es ebenfalls unmöglich, etwa die Wirkeigenschaften von

---

122 Vgl. *B. Reichenbach, Evil and a Good God*, 113-117; vgl. auch *ders., Natural Evils and Natural Laws: A Theodicy for Natural Evils*, 195. Vgl. zustimmend auch *D. Basinger, Divine Power in Process Theism*, 66f. Ähnliche Hinweise finden sich auch bei *B. Hebblethwaite, Evil, Suffering and Religion*, 79f. - Vielleicht weisen die Gottesreden des Ijob-Buchs in eine ähnliche Richtung. Jedenfalls mahnen sie dazu, die menschliche Erkenntnis der Welt und ihrer komplexen Zusammenhänge nicht zu überschätzen. Vgl. dazu auch *W. Morriston, God's Answer to Job*, 356: "In the experience of the Whirlwind, Job is confronted with sheer transcendence; he is reminded of the chasm that lies between Creator and creature, and forced to take into account the infinite difference between God's point of view and ours."

123 Vgl. dazu auch die ähnliche These von *A.-D. Sertillanges, Le problème du mal*, Bd. II,45f.; 97f. Sertillanges behauptet einen universalen kosmischen Zusammenhang: "Un univers est un tissu infrangible, où tout dépend de tout et ne permet pas d'arbitraires prélèvements." (ebd. 46). Er deutet auch an, daß dieser Zusammenhang der göttlichen Allmacht nicht widerspricht, insofern er logisch begründet ist (ebd. 97). Aber Sertillanges klärt nicht, wie dieser Zusammenhang näherhin beschaffen ist. Ähnliches gilt auch für *T.B. Warren, Have Atheists Proved There is No God?*, 50-55.

Zyankali und Aspirin einfach auszutauschen, ansonsten aber alles beim Alten zu belassen[124]. Genaugenommen bestimmt nicht ein von diesen Substanzen abstrahierbares Naturgesetz deren Wirkweisen, sondern die molekularen Eigenschaften dieser Stoffe und ihrer Umgebung. Der Austausch ihrer Wirkweisen setzt deshalb veränderte molekularbiologische Strukturen voraus. Schließlich hängt auch die Entstehungsmöglichkeit maligner Tumore mit den genetischen Mechanismen des Zellteilungsprozesses zusammen. Die kausalen Faktoren, die zu fatalen "Fehlern" bei diesem Prozeß führen können, hängen wiederum mit grundlegenden molekularbiologischen Gesetzmäßigkeiten zusammen, wie z.B. mit den Auswirkungen radioaktiver Strahlung oder mutagener Substanzen auf die DNS. Dieses Beispiel verdeutlicht, daß man sich vielleicht mühelos eine Welt ohne das Übel maligner Tumorerkrankungen vorstellen kann, daß die Realisierung dieser Vorstellung aber konsequenterweise gravierende Veränderungen in der physikalischen, chemischen und biologischen Struktur des Universums voraussetzen würde, denn die gleichen Naturgesetze, die die Entstehung und Weitergabe des Lebens ermöglichen, führen unter bestimmten Bedingungen auch zur Entstehung maligner Tumore. Vermeintliche Optimierungen würden demzufolge nicht zu einem nur leicht veränderten bzw. regional optimierten Universum führen, sondern zu einem Universum mit völlig anderen physikalischen Merkmalen und letztlich wohl auch mit völlig anderen Bewohnern[125].

Die Keine-bessere-Welt-Hypothese impliziert natürlich nicht die völlig unplausible Annahme, daß es nur ein einziges einheitliches und widerspruchsfrei beschreibbares Universum gibt. Auf einem geringen Komplexitätsniveau ist eine Vielzahl solcher Universen möglich. Diese Hypothese impliziert aber die Annahme, daß nicht jedes mit beliebigen Merkmalen beschreibbare Universum logisch möglich ist. Geht man darüber hinaus noch davon aus, daß ein Uni-

---

124 Zu F.R. Tennants vielzitiertem Wasser-Beispiel vgl. *F.R. Tennant, Philosophical Theology,* Bd. 2, 201.

125 Vgl. ähnlich auch *C.T. Hughes, Theism, Natural Evil, and Superior Possible Worlds*, 58: "Wenn die Gesetzmäßigkeiten, welche die Materie und ihre Eigenschaften bestimmen, eine Welt wie die unsere und gleichzeitig auch die Pocken ermöglichen, dann wird es schwierig, den Prozeß, der zu Pocken führt, wegzuwünschen, ohne damit auch all die anderen positiven Dinge wegzuwünschen, die dieser Prozeß bzw. diese Gesetzmäßigkeiten ermöglichen oder zustande bringen." (Übersetzung A.K.)

versum nicht nur im Prinzip, d.h. für einen imaginären Beobachter, einheitlich und widerspruchsfrei beschreibbar sein soll, sondern daß es auch Wesen hervorbringen soll, die unter anderem über die Fähigkeit verfügen sollen, diese Beschreibung auch entdecken zu können, dann hätte man ein konkretes und hinreichend komplexes Merkmal des Universums, das mit einer ganz spezifischen Beschaffenheit physikalischer Gesetze und Parameter unabdingbar einhergehen muß. Die Diskussion des sog. anthropischen Prinzips[126] kreist um die Annahme, daß die Existenz der menschlichen Gattung dieses Merkmal bildet. Im wesentlichen geht es in dieser Diskussion um die zunächst triviale Tatsache, daß die physikalische Beschaffenheit des Universums die Entstehung menschlichen Lebens ermöglichte. Weniger trivial ist hingegen die Entdeckung, daß Biogenese und Anthropogenese nur in einem Universum möglich waren, das exakt bestimmte physikalische Werte aufweist, wie spezifische Ausgangsbedingungen sowie bestimmte Naturgesetze und -konstanten[127]. Minimalste Abweichungen dieser Werte hätten die Entstehung von Leben definitiv vereitelt. *Post factum* erscheint diese physikalische "Feinabstimmung"[128] wie eine Kette extrem unwahrscheinlicher Zufälle, von denen jeder für sich, erst recht aber alle zusammen förmlich nach einer Erklärung schreien. In diesem Kontext erlebt das teleologische Argument gegenwärtig ein – nach der Kritik durch Hume und Darwin – völlig unerwartetes und umso glänzenderes Come-

---

126 Der Terminus wurde 1974 geprägt von *B. Carter, Large Number Coincidences and the Anthropic Principle in Cosmology.* Zu den verschiedenen Formulierungen des anthropischen Prinzips vgl. *J.D. Barrow/F.J. Tipler, The Anthropic Cosmological Principle*, 15-23.

127 Vgl. dazu *B.J Carr/M.J. Rees, The Anthropic Principle and the Structure of the Physical World,* 605-612. Vgl. dazu auch die akribische Auflistung solcher Werte bei *M.A. Corey, God and the New Cosmology*, 42-122.

128 Vgl. dazu *B. Kanitscheider, Die Feinabstimmung des Universums*, 74f.: "Die Durchmusterung unserer Naturgesetze und Naturkonstanten hat ergeben, daß der Spielraum bezüglich beider extrem klein ist, wenn das Universum nicht der Möglichkeit, Leben zu beherbergen, beraubt werden soll. Anders ausgedrückt: Bereits kleinste Änderungen in den Gesetzen und in den Konstanten würden Leben zu irgendeinem Zeitpunkt in der Entwicklung des Universums unmöglich machen. Dabei ist zu betonen, daß Feinabstimmung zunächst ein rein deskriptiver Begriff ist, der nicht von selbst auf einen Feinabstimmer weist. Die teleologische Deutung ist eine mögliche Hypothese, um die Koinzidenzen zu erklären ... Wieviel lokale und globale Feinabstimmung benötigt wird, um Leben zu ermöglichen, kann völlig objektiv durch logische Analyse festgestellt werden."

back[129]. Je unwahrscheinlicher diese Feinabstimmung erscheint, desto wahrscheinlicher wird offenbar die theistische Hypothese.

Im Rahmen des Theodizee-Problems spielt das anthropische Prinzip eine weit weniger ambitionierte Rolle als im Rahmen einer Neuauflage des teleologischen Arguments. Die theistische Erklärung der Feinabstimmung ist eine durchaus mögliche Deutung, aber keineswegs die einzig mögliche[130]. Beim Theodizee-Problem geht es nun nicht darum, die Existenz Gottes argumentativ zu begründen, sondern die Existenz von Übeln – hier: von natürlichen Übeln - angesichts des Glaubens an Gott zu verstehen. In diesem Kontext unterstützt das anthropische Prinzip die Keine-bessere-Welt-Hypothese. Wenn man nämlich davon ausgeht, daß ein Universum erstens einheitlich und widerspruchsfrei beschreibbar sein muß und zweitens menschliches Leben hervorbringen soll, dann läßt sich nicht ausschließen, daß dieses Universum in etwa oder möglicherweise sogar exakt so beschaffen sein muß wie das unsere.

Die theistische Hypothese von einem personalen Schöpfer impliziert die Annahme, daß Gott mit seiner Schöpfung bestimmte Absichten verfolgt, wie z.B. die Erschaffung oder Entstehung bestimmter Lebewesen. Traditionell hat sich der Mensch als dasjenige Lebewesen verstanden, dessen Entstehung die Erschaffung des gesamten sichtbaren Kosmos diente. Nicht erst in der Gegenwart wird diese Überzeugung als Relikt eines völlig überholten und teilweise sogar gefährlichen Anthropozentrismus kritisiert[131]. Die Überzeugung, daß Gott mit der Erschaffung des Kosmos auch die Entstehung des Menschen intendierte, impliziert freilich nicht die wesentlich stärkere Behauptung, daß das gesamte Universum seine Existenz ausschließlich der göttlichen Intention verdankt, die Gattung *homo sapiens* hervorzubringen. In der Tat mag die Überzeugung, beim Menschen handle es sich um ein von Gott intendiertes Wesen, anthropozentrisch klingen und auch sein, aber sie gehört vermutlich zu jenen

---

[129] *M.A. Corey, God and the New Cosmology,* 10-28.

[130] Zu den alternativen Deutungen vgl. *B. Kanitscheider, Die Feinabstimmung des Universums*, 79-83; *J. Leslie, Anthropic Principle, World Ensemble, Design*, 145-148. Zur Kritik des anthropischen Arguments aus religionsphilosophischer Perspektive vgl. auch *J. Hick, An Interpretation of Religion*, 81-94.

[131] Seit der kopernikanischen Wende wurde immer wieder über Bewohner anderer Himmelskörper spekuliert, die den Menschen in moralischer und intellektueller Hinsicht überragen. Vgl. dazu *A.O. Lovejoy, The Great Chain of Being*, 99-143.

Anthropozentrismen, ohne die ein theistisches Bekenntnis zur existentiell belanglosen Farce wird. Angenommen nun, Gott habe unter anderem auch die Entstehung der menschlichen Gattung intendiert, so reduziert sich die Auswahl an logisch-physikalisch möglichen Welten drastisch, möglicherweise so drastisch, daß Hawkings Vermutung, Gott habe überhaupt keine Entscheidungsfreiheit gehabt, gar nicht mehr so absurd wirkt, wie dies auf den ersten Blick der Fall sein mag.

Menschsein bedeutet, ein Mitglied der menschlichen Gattung zu sein. Die Entstehung der menschlichen Gattung ist eine Konsequenz jener physikalischen Ausgangsbedingungen sowie Grundgesetze und -konstanten, die in diesem Universum gelten. In dieser Hinsicht bildet die Anthropologie einen integralen Bestandteil der Kosmologie[132]. Die kosmologische und biologische Evolution hätte unter den gleichen physikalischen Ausgangsbedingungen und unter Geltung der gleichen Naturgesetze offenbar auch ganz andere Wege einschlagen können. Der Weg vom Urknall zur Anthropogenese mag also nur einer unter unzähligen anderen möglichen Wegen gewesen sein. Insofern mag sich die Existenz der Menschheit, rückblickend betrachtet, einem mehr oder minder großen Zufall bzw. einem enorm unwahrscheinlichen Zusammenspiel von Zufall und Notwendigkeit verdanken, in dem Theisten das Werk eines transzendenten Schöpfers erkennen. Selbst wenn diese Deutung nur schwer als einzig plausible oder auch nur als plausibelste zu begründen sein mag, so war die Realisierung dieses "Zufalls" zweifellos nur möglich innerhalb eines in physikalischer Hinsicht exakt abgestimmten Universums. Eine auch nur minimale Abweichung der physikalischen Ausgangsbedingungen hätte ausgereicht, um die Entstehung von Sonnen, Galaxien, Planeten und schließlich auch von Lebewesen zu verhindern. Und eine minimale Abweichung der den Evolutionsprozeß ermöglichen-

---

132 William Hasker hat dieses Argument auf die Identität einzelner Menschen übertragen: Hätten sich wichtige Ereignisse in der Vergangenheit anders oder gar nicht ereignet, dann würden aller Wahrscheinlichkeit nach weder ich selbst noch die von mir geliebten Menschen existieren. Zu diesen Ereignissen zählen natürlich auch die leidvollen Tragödien der Menschheitsgeschichte. Hasker glaubt nicht, daß sich daraus eine "positive" Antwort auf das Theodizee-Problem entwickeln läßt. Vgl. *W. Hasker, On Regretting the Evils of this World*, 153-167. Anders hingegen *R.M. Adams, Existence, Self-Interest, and the Problem of Evil*, 218-221. Vgl. dazu auch *D. McNaughton, The Problem of Evil. A Deontological Perspective*, 343-349.

den Naturgesetze hätte dazu geführt, daß sich andere Wesen entwikkelt hätten. Die Veränderung einer der Fundamentalkonstanten würde unweigerlich dazu führen, daß "etwas schief" geht, d.h. sie würde zu einer Welt führen,

> "die für Leben, wie wir es kennen, ungeeignet ist. Wenn wir eine zweite Konstante so anzupassen versuchen, daß das Problem behoben wäre, erhalten wir damit im allgemeinen für jedes 'gelöste' Problem drei neue. Die Bedingungen in unserem Weltall scheinen wirklich in einzigartiger Weise für Lebensformen wie uns Menschen geeignet zu sein; vielleicht bieten sie sogar für jede komplexe organische Lebensform die bestmöglichen Bedingungen."[133]

Die gleichen Naturgesetze, die - entweder aufgrund von zufälligen Ereignissen oder göttlicher Vorsehung - zur Entstehung des Menschen führten, ermöglichen nun auch die Entstehung der zahllosen natürlichen Übel, die das Leben - nicht nur der menschlichen Gattung - mit Leid erfüllen[134]. Diesbezügliche Optimierungsvorschläge setzen allerdings die Einführung veränderter Naturgesetze voraus. Und der entscheidende theodizee-relevante Punkt dieses Arguments besagt - vorsichtig formuliert -, daß die Auswirkungen dieser Veränderungen insgesamt nicht absehbar sind[135]. Es gibt jedenfalls keine Garantien, daß man sich nach der Durchführung derartiger Optimierungsvorschläge noch im in etwa gleichen Universum

---

133 *J. Gribbin/M. Rees, Ein Universum nach Maß*, 233.

134 Vgl. dazu *B. Hebblethwaite, Evil, Suffering and Religion*, 73. Vgl. auch *G. Greshake, Der Preis der Liebe*, 42. Von einem anderen Ansatzpunkt her kommt Greshake zum gleichen Ergebnis: "Die ganze vormenschliche Entwicklung muß also gedeutet werden als Vorentwurf, als Vorgeschichte des Menschen, als Anheben dessen, was im Menschen dann zur eigentlichen Entfaltung, zur vollendeten Sinngestalt und zur Erfüllung kommt." Greshake führt das natürliche Übel im wesentlichen auf den "Vorentwurf von Freiheitsstrukturen" in der nicht-determinierten evolutiven Welt zurück, die ihrerseits leidvolle Dysfunktionalitäten ermöglichen. M.E. scheinen viele natürliche Übel aber gerade durch Naturgesetze nahezu determiniert zu sein, was einer Erklärung durch freiheitsanaloge "Zufälle" eher entgegensteht.

135 Vgl. dazu auch *C.T. Hughes, Theism, Natural Evil, and Superior Possible Worlds*, 57-59. Hughes betont die Grenzen der menschlichen Erkenntnismöglichkeit hinsichtlich möglicher Veränderungen von Naturgesetzen bzw. alternativen Welten. Skeptiker seien im Hinblick auf die Durchführbarkeit von Optimierungsvorschlägen viel zu zuversichtlich. Es lasse sich nicht ausschließen, daß selbst kleine Veränderungen globale Auswirkungen nach sich ziehen und zu einer Welt führen könnten, die andere Übel enthält, aber im Vergleich zur existierenden Welt kein besseres Verhältnis zwischen Gütern und Übeln.

befände. Es gibt vermutlich nicht einmal Garantien dafür, daß man sich überhaupt noch irgendwo wiederfinden würde. Die Durchführung solcher Veränderungen würde nämlich vermutlich

> "auch eine substantielle Veränderung der Gegenstände nach sich ziehen, die diesen Gesetzen unterliegen... Insbesondere würde die Veränderung von Naturgesetzen, die den Menschen betreffen, um dadurch die häufigen Ereignisse natürlicher Übel zu verhindern, die Veränderung des Menschseins selbst nach sich ziehen." [136]

Brian Hebblethwaite zieht daraus den etwas gewagten Schluß: "To wish away the evils is to wish away the conditions of all life and growth as well."[137] Vorsichtiger und deshalb vielleicht auch zutreffender formuliert, besagt dies: Vorschläge zu einer naturgesetzlichen Optimierung der natürlichen Daseinsbedingungen des Menschen könnten die Entstehung von Wesen mit einer beispielsweise anderen physiologischen Konstitution implizieren. Und dies wiederum bedeutet die Entstehung von Wesen, bei denen es zumindest fraglich ist, ob man sie im eigentlichen Sinn als "menschlich" bezeichnen kann. Wenn die Entstehung der Menschheit untrennbar mit einer ganz bestimmten kosmischen und biologischen "Vorgeschichte" zusammenhängt, dann gehört diese "Vorgeschichte" - samt ihren physikalischen Ausgangsbedingungen, Gesetzen und Konstanten einschließlich der natürlichen Übel - eben zur Definition des Menschseins[138].

In den Kontext der Keine-bessere-Welt-Hypothese gehört auch die Frage, ob die "Vorteile", die mit der Evolution zunehmend komplexer strukturierter Lebewesen einhergehen, ohne die entsprechenden "Nachteile" denkbar sind. Aus naturalistischer Sicht hat Timothy Anders diese Frage entschieden verneint. Jeder sogenannte evolutive "Fortschritt" sei unabdingbar mit bestimmten leiderzeugenden Nachteilen zu bezahlen, so daß die Evolution nicht als ein Prozeß zu verstehen sei, der geradlinig und eindeutig zu einer Maximierung des

---

[136] *B. Reichenbach, Natural Evils and Natural Laws: A Theodicy for Natural Evils*, 191f. (Übersetzung A.K.) Vgl. ähnlich *ders., Evil and a Good God,* 112.
[137] *B. Hebblethwaite, Evil, Suffering and Religion*, 73. Gleichermaßen überzogen ist Hebblethwaites Antwort auf Ivan Karamasow: "To return one's entrance ticket is to opt for no created world at all" (ebd. 81). Es handelt sich eher um die Option für eine andere Welt mit anderen Merkmalen und Bewohnern.
[138] Vgl. dazu ähnlich *B. Grom, Im Leid an Gott glauben?*, 713.

Wohlergehens der von ihm hervorgebrachten Lebewesen führe[139]: Die Entstehung warmblütiger Lebewesen ermöglichte einerseits eine größere adaptive Flexibilität im Hinblick auf unterschiedliche klimatische Verhältnisse, führte aber andererseits zu einem drastisch erhöhten Nahrungsbedarf mit all den damit verbundenen Problemen. – Der menschliche Mangel an instinktgesteuerten Verhaltensweisen eröffnete einerseits einen enormen Freiheitsspielraum, brachte aber andererseits auch eine hohe Anfälligkeit unter anderem für sinnlos destruktives Verhalten mit sich. – Die Entwicklung von Intelligenz erlaubte nicht nur eine aktive Optimierung der natürlichen Lebensbedingungen, sondern auch die zunehmende Perfektionierung von Vernichtungswaffen. – Die Entstehung des Selbstbewußtseins ermöglichte nicht nur die Entwicklung eines moralischen Gewissens, sondern auch schmerzvolle Selbstzweifel, Minderwertigkeitsgefühle und Sinnkrisen. – Die Entstehung der Sozialität ermöglichte einerseits enorme Überlebensvorteile, weil etwa die natürlichen Nahrungsressourcen durch kollektive Anstrengungen optimaler erschlossen werden konnten; sie führte aber andererseits auch zu dem permanent konflikt- und leidvollen Wettbewerb zwischen den Individuen. – Schließlich ermöglichte die Erfahrung von Zeit nicht nur die Erinnerung an angenehme Erlebnisse der Vergangenheit und die Vorfreude auf zukünftige Dinge, sondern auch die Erinnerung an schreckliche Vorfälle und die Angst vor zukünftigem Unheil. Vor allem aber ermöglichte sie das Gewahrwerden der Unausweichlichkeit des eigenen Todes.

Die genannten Beispiele suggerieren folgende Schlußfolgerung: So wie die Sprache es eben nicht nur ermöglicht, die Wahrheit zu sagen, sondern auch zu lügen, könnte zahlreichen anderen Merkmalen und Fähigkeiten eine Ambivalenz inhärieren, die sich nur vermeiden ließe, wenn man das Merkmal bzw. die Fähigkeit überhaupt eliminieren würde. Wenn diese These zutrifft, liefen die theodizeerelevanten Optimierungsvorschläge letztlich nicht darauf hinaus, dic natürliche Umwelt nur marginal zu verbessern, um dadurch ein weniger leidvolles Dasein zu ermöglichen. Sie liefen auf die Forderung nach einer schlechthin anderen Welt hinaus, deren konkrete Beschaf-

---

[139] Vgl. dazu *T. Anders, The Evolution of Evil*, 71. Zu den folgenden und zahlreichen weiteren Beispielen vgl. ebd. 73-202. Eine kurze Zusammenfassung findet sich ebd. 323-325.

fenheit die menschliche Vorstellungskraft übersteigt. Möglicherweise ließen sich die Optimierungvorschläge gar nicht realisieren, ohne gleichzeitig die Existenz jener Gattung zu annullieren, in deren Namen und zu deren Nutzen sie postuliert werden. Derartige Vorschläge könnten also auf die Annullierung des Subjekts selbst hinauslaufen, das sie vorträgt. Im Namen der Menschlichkeit würden dabei die natürlichen Konstituenten des Menschseins in Frage gestellt.

Die genannten Argumente zur Begründung der Keine-bessere-Welt-Hypothese sind selbstverständlich spekulativ. Mit ihrer Hilfe läßt sich nicht stichhaltig begründen, daß ein Universum, das Menschen hervorbringen kann, unweigerlich auch all die Formen des natürlichen Übels enthalten muß, unter denen Menschen zu leiden haben. Immerhin reichen die Argumente aber aus, um die auf den ersten Blick hohe Plausibilität des anti-theistischen Einwands zu erschüttern, wonach ein gütiger und allmächtiger Gott eine weniger leidvolle natürliche Welt erschaffen hätte. In dem Maße, in dem es fraglich wird, ob eine solche Welt und ihre Bewohner noch eine hinreichende Ähnlichkeit mit unserer Welt und vor allem mit uns selbst hätten, schwindet die vormals erdrückende Überzeugungskraft dieses Einwands. Im selben Maße wächst auch die Hoffnung, daß das Theodizee-Problem keinen unüberwindlichen Einwand gegen das Bekenntnis zu einem allmächtigen und gütigen Gott darstellt. Zu diesem Zweck muß von theistischer Seite nicht bewiesen werden, daß keine bessere natürliche Welt – mit in etwa identischen Bewohnern – logisch möglich ist. Es genügt der Nachweis, daß die von atheistischer Seite vertretene Behauptung, eine solche Welt sei problemlos möglich, alles andere als plausibel ist. Die Aufgabe einer Theodizee besteht nämlich nicht darin, die Existenz Gottes argumentativ zu beweisen, sondern darin, die vermeintliche Widersprüchlichkeit des theistischen Bekenntnisses als eben nur scheinbare aufzuzeigen. Für die Keine-bessere-Welt-Hypothese besagt dies, daß nicht ihre Wahrheit zu demonstrieren ist, sondern allenfalls, daß sie nicht offensichtlich falsch ist[140].

---

[140] Vgl. dazu ähnlich auch *P. Vardy, The Puzzle of Evil*, 151: "Es scheint keine Möglichkeit für einen rationalen Beweis zu geben, daß Pocken, Erdbeben, Sturmfluten, Vulkane und ähnliches notwendig sind, um eine Welt zu haben, in der menschliche Freiheit und die Fähigkeit zu lieben maximiert sind. Dies könnte vielleicht notwendig sein, vielleicht aber auch nicht. Wenn das Universum geordnet und durch Naturgesetze geregelt sein soll, dann müssen diese Naturgeset-

12.9 DAS LEID DER TIERE

Im Hinblick auf das Leid der Tiere stellt Terence Penelhum zutreffend fest, daß es zwar praktisch nicht das schlimmste Übel, wohl aber theologischerseits eines der hartnäckigsten Probleme darstelle[141]. Weder das Argument der Willensfreiheit noch die Theodizee der Seelenbildung können das Leid der Tiere auch nur ansatzweise erklären[142]. Denn Tiere besitzen offenbar keine sittlich relevante Willensfreiheit und folglich auch keine personalen Eigenschaften, die im Laufe eines individuellen Entwicklungsprozesses heranreifen können, um dann im Eschaton ihre endgültige Erfüllung zu finden. Der Schmerz der Tiere scheint sich somit den zentralen christlichen Deutungen des Leids beharrlich zu widersetzen[143]. Wenn es ein *prima facie* schlechthin dysfunktionales Übel gibt, dann ist dies allem Anschein nach das Leid der Tiere[144].

Auch die Integration der Reinkarnationslehre in einen theistischen Kontext wirkt trotz einiger auf den ersten Blick plausibler Vorteile letzten Endes wenig überzeugend[145]. Soll Gott für die ausgleichende Gerechtigkeit in diesem Kreislauf verantwortlich sein, dann ist nicht einzusehen, warum ein moralisch nicht zurechnungsfähiges Tier die leidvollen Konsequenzen für das moralisch verwerfliche Handeln eines Menschen zu tragen hat, an das es sich mit an Sicherheit grenzender Wahrscheinlichkeit nicht erinnern kann und das selbst bei einer großzügigen Semantik nicht als sein eigenes Handeln interpretierbar ist.

---

ze wirksam sein können. Es läßt sich durchaus vertreten, daß es einfach keine bessere Möglichkeit gibt, das Universum zu gestalten, und daß jede Alternative andere Probleme nach sich ziehen würde, die wir nicht voraussehen können und die schlimmer wären. Obwohl sich dies durchaus behaupten läßt, sehe ich keine Möglichkeit, es auch zu beweisen. Wir verfügen einfach nicht über die Informationen, um all die verschiedenen Möglichkeiten zu beurteilen, auf die mögliche Universen samt den jeweiligen Konsequenzen konstruiert werden können." (Übersetzung A.K.)

[141] Vgl. *T. Penelhum, Divine Goodness and the Problem of Evil*, 105

[142] Vgl. z.B. *F. Ferré, Theodicy and the Status of Animals*, 253.

[143] Vgl. *C.S. Lewis, Über den Schmerz*, 131. Vgl. ähnlich auch *J. Hick, Evil and the God of Love*, 309.

[144] Vgl. z.B. *A. Flew, God and Philosophy*, 54f.; *W.L. Rowe, The Problem of Evil and Some Varieties of Atheism*, 337; *G. Streminger, Gottes Güte und die Übel der Welt* (1992), 105f.

[145] Vgl. dazu nochmals die Ausführungen in Abs. 6.4.

Eine andere Lösungsmöglichkeit besteht darin, das Ausmaß an Leid im Tierreich drastisch einzuschränken oder herunterzuspielen. Zu diesem Zweck könnte man auf die allgemeine Problematik von Aussagen über Fremdseelisches rekurrieren, die sich im Falle gattungsüberschreitender Aussagen zweifellos verschärft[146]. Schmerzempfindungen anderer Lebewesen lassen sich bekanntlich nicht direkt beobachten, sondern nur aus empirisch zugänglichen Verhaltensäußerungen erschließen. Der Schluß von körperlich manifestem Verhalten auf mentale Zustände ist problematisch[147]. Diese Problematik gilt nun aber gleichermaßen auch für den Schmerz anderer Menschen, so daß sich hier im Prinzip das gleiche Problem stellt. Wer bei Menschen von schmerztypischem Verhalten auf entsprechende Empfindungen schließt, hat keinen ersichtlichen Grund, bei Tieren grundsätzlich anders zu verfahren. Sofern wahrnehmbare Schmerzäußerungen als ausreichendes Indiz für entsprechende Empfindungen gelten, ist davon auszugehen, daß zumindest höherentwikkelte Tiere Schmerzempfindungen haben, auch wenn über deren konkrete Beschaffenheit (Schmerz, Angst, Trauer, Verzweiflung) und Intensitätsgrad nur spekuliert werden kann. Strukturelle Ähnlichkeiten und genetische Abhängigkeiten zwischen den verschiedenen gattungsspezifischen Nervensystemen erhärten diese Vermutung[148]. Der Frage nach dem Sinn dieses Leids läßt sich somit kaum dadurch aus dem Weg gehen, daß man in Zweifel zieht, ob hier überhaupt ein Phänomen vorliegt, nach dessen Sinn sich zu fragen lohnt[149]. Davon unberührt bleibt die Vermutung, daß die Intensität

---

146 Vgl. dazu z.B. *F.J. Fitzpatrick, The Onus of Proof in Arguments About the Problem of Evil*, 33f. Fitzpatrick erwägt die Möglichkeit, daß Gott eingreift, um zumindest den intensiven Schmerz von Tieren zu lindern. Da man aus sichtbarem Schmerzverhalten nicht mit Sicherheit auf Schmerzempfindungen schließen kann, sei diese Möglichkeit nicht zu widerlegen. Der Theist habe keinesfalls die Pflicht zu begründen, daß dies auch tatsächlich der Fall sei. Vielmehr habe der Atheist die Pflicht, das Gegenteil zu beweisen. Zur Kritik an diesem Argument vgl. *D. O'Connor, Theism, Evil and the Onus of Proof*, 246f.

147 Vgl. dazu den Überblick bei *J.R. Searle, The Rediscovery of the Mind*, 27-57. Zur Kritik an Versuchen, mentale Eigenschaften auf dispositionale zu reduzieren vgl. ebd. 65-82.

148 Vgl. dazu auch *J. Hick, Evil and the God of Love*, 310f.

149 Vgl. dazu *C.S. Lewis, Über den Schmerz*, 135. Lewis erwägt die Möglichkeit, daß wir die "leidenden Tiere" vielleicht nur erfunden haben, indem wir in sie ein Selbst hineindeuteten. Er will damit allerdings nicht grundsätzlich Schmerz bei Tieren in Frage stellen, sondern die These, es handle sich dabei um

von Leiderfahrungen mit wachsender Komplexität des zentralen Nervensystems zunimmt und daß insofern *homo sapiens* jene Gattung bildet, deren Spektrum an Leiderfahrungen weit umfassender ist als bei allen anderen bislang bekannten Lebewesen. In diesem Zusammenhang dürfte die menschliche Sprachfähigkeit eine Schlüsselrolle spielen, insofern sie die gattungsspezifischen Erkenntnisfähigkeiten enorm erweitert, dadurch aber auch eine Grauenhaftigkeit von Leiderfahrungen ermöglicht, die man sich nicht einmal bei Primaten vorstellen kann[150]. Tiere zeigen zwar in Gefahrensituationen Angstreaktionen, die eindeutig auf entsprechende emotionale Zustände hindeuten. Von einer "Todesangst" kann vermutlich aber nur in einem metaphorischen Sinn die Rede sein[151]. Das Wissen um zukünftige Gefahren, um die eigene Sterblichkeit oder um die Endgültigkeit des Todes bleibt dem Tier "Mensch" vorbehalten[152]. Trotz dieser Einschränkungen bleibt eine Theodizee zwangsläufig unvollständig, wenn sie den Blick nicht auch auf das Leid der Tiere ausweitet. Aufgrund des bislang eingeschlagenen Weges liegt es nahe, wiederum zunächst beim Argument der Willensfreiheit anzusetzen.

Eine sich in den traditionellen Bahnen der *free will defense* bewegende Deutung des Leids der Tiere hat C.S. Lewis vorgeschlagen. Danach sei dieses Leid eine direkte Folge des Mißbrauchs der Willensfreiheit, und zwar nicht der Willensfreiheit der Tiere selbst, und natürlich auch nicht der menschlichen Willensfreiheit, sondern derjenigen der bösen Engel bzw. Satans. Von den unheilvollen Auswirkungen dieses urgeschichtlichen Mißbrauchs des freien Willens sei die Schöpfungsordnung schon lange vor der Entstehung des Menschen nicht unverschont geblieben. Lewis hält es für möglich, daß dem Menschen ursprünglich die Aufgabe zugedacht war, den zerstörten "Frieden unter den Tieren" wiederherzustellen. Allerdings habe sich der Mensch diesem Auftrag widersetzt und sich statt dessen mit dem "Feind" verbündet[153]. Dieser Lösungsvorschlag modifiziert die Mythen von Engelfall und Ursünde, um sie mit einer ursprünglich noch nicht bekannten Tatsache zu vereinbaren, nämlich

---

irgendwie bewußte Erfahrungen. Lewis' Argumentation basiert aber nicht auf dieser Annahme.

150 Vgl. dazu auch *R. Swinburne, Die Existenz Gottes*, 298.

151 Vgl. dazu *A.-D. Sertillanges, Le problème du mal*, Bd. II,120-123.

152 Vgl. dazu *J. Hick, Evil and the God of Love*, 313.

153 Vgl. *C.S. Lewis, Über den Schmerz*, 135-138.

der Tatsache, daß Tiere zu leiden hatten, lange bevor Menschen existierten. Die Ursache für diesen Teilbereich des natürlichen Übels, die traditionell mit dem Drama der menschlichen Ursünde identifiziert wurde, wird nun gewissermaßen vordatiert und findet bereits im Engelfall ihre Erklärung.

Dieser Lösungsversuch laboriert aber offenkundig an den irreparablen Schwächen der klassischen Erbsündenlehre. Er widerspricht dem paläontologischen Erkenntnisstand, insofern ein ursprünglich idyllischer leidfreier Zustand im Tierreich postuliert wird, und er läßt darüber hinaus auch den Schöpfer in einem bedenklichen Licht erscheinen, insofern jetzt sogar von Natur aus schuldunfähige Lebewesen für die Schuld anderer, nämlich der gefallenen Engel, zu bezahlen haben. Diese gravierenden Mängel werden auch nicht durch Lewis' originelle Hinweise kompensiert, die eine bestimmte Form der Unsterblichkeit für höherentwickelte Tiere nahelegen[154].

Auf den ersten Blick erfolgversprechender dürfte dagegen die grundsätzliche These von Lewis sein, wonach "die Tiere ... nur verstanden werden (können) in ihrer Beziehung zum Menschen"[155]. Dieser allgemeine Grundsatz läßt sich auf verschiedene Weisen konkretisieren. Zunächst vergrößert die Existenz nicht-menschlicher Lebewesen den Spielraum freier und verantwortlicher menschlicher Entscheidungen[156], weil der Mensch dadurch in seinem sittlichen Handeln nicht nur für seinesgleichen verantwortlich ist, sondern – in abgestufter Weise – für alle empfindungsfähigen Lebewesen. Bis zu einem bestimmten Grad stimmt dem auch Peter Geach zu, obwohl er eine übertriebene Sympathie für Haie, Tintenfische oder Heringe eher für töricht und affektiert erachtet[157]. Frank Murphy bestreitet, daß Menschen eine moralische Verpflichtung haben, das Leid "amoralischer" Wesen zu lindern. So bestehe etwa keine allgemein akzep-

---

154 Vgl. *C.S. Lewis, Über den Schmerz*, 138-145.

155 *C.S. Lewis, Über den Schmerz*, 140.

156 Vgl. ähnlich *M.C. Darcy, The Problem of Evil*, 13f.

157 Vgl. *P. Geach, Providence and Evil,* 79f. Geach vertritt die Position, daß es zwar für Menschen tugendhaft sei, mit niedereren Lebewesen in Maßen Mitgefühl zu zeigen, daß dies aber keinesfalls für Gott zutreffe. "Gott ist kein Lebewesen, wie wir Menschen dies sind. Wenn er nicht seine Pläne ändert, um Schmerz und Leid der Tiere zu vermeiden, dann verletzt er keine natürlichen Mitgefühle (*sympathies*)... Nur anthropomorphe Imagination würde es uns erlauben, Gott in diesem Zusammenhang Grausamkeit vorzuwerfen." Vgl. *P. Geach, Providence and Evil*, 80. (Übersetzung A.K.)

tierte Verpflichtung, hungerndes Wild zu füttern oder verletzte Eichhörnchen zu heilen. Insofern dem Leid "amoralischer" Lebewesen kein moralischer Status zukomme, könne der Theist mit Recht behaupten, daß eine indifferente Haltung diesem Leid gegenüber kein moralischer Mangel und eine diesbezügliche Sensibilität kein Zeichen moralischer Vollkommenheit sei[158]. Hinter dieser These verbirgt sich nicht nur eine ziemlich unsensible Einstellung, sondern auch die irrige Auffassung, sittlich relevantes Handeln sei nur vis-à-vis moralisch zurechnungsfähiger Subjekte möglich. Konstitutiv für sittliches Handeln kann aber nicht die Reziprozität sittlicher Zurechnungsfähigkeit sein, ansonsten wären Kleinkinder ebenfalls wie Tiere zu behandeln. Von primärer Relevanz ist die Empfindungs- und Leidensfähigkeit der in einer Handlungssituation involvierten Lebewesen. Tiere können sich Menschen gegenüber aller Wahrscheinlichkeit nach nicht sittlich qualifiziert verhalten. Wohl aber können Menschen Tieren gegenüber in einer sittlich relevanten Weise handeln. Die allgemeine sittliche Verpflichtung zur Leidreduktion erstreckt sich prinzipiell auf das Verhalten gegenüber allen empfindungsfähigen Wesen, wobei es vermutlich nicht falsch sein dürfte, die Frage, ob in bestimmten Grenzfällen überhaupt eine Empfindungsfähigkeit vorliegt, im Zweifelsfall zugunsten des jeweiligen Lebewesens zu entscheiden. Aus diesem Grund erweitert die Existenz der Tiere tatsächlich den sittlich relevanten Entscheidungsspielraum für menschliches Handeln[159].

Bedauerlicherweise läßt sich aber nicht erkennen, wie dadurch die eigentliche theodizee-relevante Herausforderung, die aus dem Leid der Tiere erwächst, zu beantworten ist. Tiere litten bekanntlich, längst bevor aus ihrem Leiden ein Appell an die menschliche Sitt-

---

[158] Vgl. *F.J. Murphy, The Problem of Evil and a Plausible Defense,* 249. Noch eine Spur drastischer erscheinen die Argumente von *T.B. Warren, Have Atheists Proved There is No God?*, 60-66. Unter anderem sieht Warren den providentiellen Sinn der Existenz der Tiere darin, eine Nahrungsquelle für den Menschen und Versuchsobjekte in der medizinischen Forschung zu sein. Weder die Tatsache, daß Menschen Tiere töten, noch die Tatsache, daß Tiere sich gegenseitig töten, stelle ein Übel dar. Ein Atheist, der daraus ein theodizee-relevantes Argument entwickeln möchte, müßte konsequenterweise Vegetarier werden. Dann stelle sich aber die Frage, ob nicht auch die Vernichtung pflanzlichen Lebens ein Übel sei, so daß der Atheist schließlich überhaupt keine Nahrung mehr zu sich nehmen dürfte, was offenbar absurd ist.

[159] Vgl. dazu ausführlicher *F. Ferré, Theodicy and the Status of Animals*, 255-268.

lichkeit erwachsen konnte. Dieses Leid bleibt im Theodizee-Kontext völlig ungeklärt[160]. Außerdem scheinen zahlreiche Strukturen tierischen Verhaltens darauf angelegt zu sein, intra- oder extraspezifisches Leid zu erzeugen. Dieses Leid wäre nur durch eine Eliminierung der betreffenden Tierarten aus der Welt zu schaffen. Die Ausrottung von Tierarten wird man aber schwerlich als verantwortungsvollen Dienst der Menschheit an der Tierwelt deuten können. Auch der Aufruf zu einer globalen Zähmung erscheint in dieser Hinsicht wenig sinnvoll.

Ein weiterer Lösungsversuch zielt auf die intrinsische Werthaftigkeit von Lebewesen, denen in einem artspezifischen Umfang die Möglichkeit positiver Empfindungen offensteht. In diese Richtung zielt auch der Hinweis Swinburnes, wonach es "etwas Gutes" ist,

> "wenn es Bewußtseinswesen gibt, die freudvolle Empfindungen haben können und denen es Freude macht, etwas zu tun, und die Wünsche haben, die sie zu befriedigen vermögen. Auch ist es gut, daß sie lernen können, was ihnen gut tut und was ihnen schadet, daß sie ihr Wissen und ihre Fähigkeiten einsetzen können, um für sich selbst zu sorgen und ihr Leben zu verlängern."[161]

Die "Tatsache, daß Tiere und Menschen sich an der Welt erfreuen, sie erkennen und beherrschen können", könnte ein plausibler Grund für Gott sein, solche Wesen hervorzubringen[162]. Der Hinweis auf den intrinsischen Wert empfindungsfähigen Daseins mag verständlich machen, warum Gott solche Wesen erschaffen hat. Er erklärt aber gerade nicht das Ausmaß an Leid, das damit allem Anschein nach im Tierreich verbunden ist. Wenn Tiere sich nicht frei entscheiden können, wie sie sich ihren Artgenossen oder anderen Tierarten gegenüber verhalten, dann scheint die Möglichkeit der Leidzufügung keinerlei sittliche Relevanz zu besitzen. Und sofern diese Leidzufügung im wesentlichen instinktgesteuert ist, bleibt sie schließlich vollkommen unerklärlich. Der Hinweis auf den Überle-

---

160 Vgl. dazu auch *G. Streminger, Gottes Güte und die Übel der Welt* (1992), 106.

161 *R. Swinburne, Die Existenz Gottes*, 206.

162 *R. Swinburne, Die Existenz Gottes*, 243. Vgl. auch ebd. 267: "Es ist gut, wenn es Lebewesen gibt, die lernen können, was für sie gut und schlecht ist, die selbständig das eine zu erlangen und das andere zu meiden suchen, sich dabei an der Welt erfreuen und lustvolle Empfindungen haben."

bensvorteil aggressiver Verhaltensmuster ist innerhalb eines evolutiven Erklärungsmodells selbstverständlich hinreichend erklärungsfähig. Innerhalb eines Theodizee-Ansatzes erweist sich aber gerade dieses Erklärungsmodell als in höchstem Maße erklärungsbedürftig.

Die Belohnung aggressiven Verhaltens durch einen signifikanten Selektionsvorteil trübt das Bild von einem intrinsisch wertvollen Leben im Tierreich, das im übrigen auch gegenteilige Beispiele interspezifischer Kooperation kennt[163]. Die Gesetzmäßigkeiten der biologischen Evolution belohnen Verhaltensprogramme, die dem Überleben der Spezies förderlich sind, und zwar ohne jede erkennbare Rücksicht auf das Ausmaß an Leid, das aus diesen Programmen für die betroffenen Lebewesen resultiert, sofern nur die Gene erfolgreich bzw. zahlreich an die nächste Generation weitergegeben werden. Die gleichen Gesetzmäßigkeiten bestrafen unnachsichtig alle Verhaltensprogramme, die diesem Ziel nicht dienlich sind. Die Sorge um von Natur aus kranke, schwache oder dumme Artgenossen erweist sich in diesem Kontext üblicherweise als in höchstem Maße kontraproduktiv. Auf Dauer gefährden derartige Verhaltensprogramme eher das Überleben der Individuen und somit auch das Überleben der Spezies. In dieser Perspektive bildet das Leid der Tiere einen gravierenden Aspekt des Theodizee-Problems. Dieser Aspekt läuft auf eine Kritik der Evolution als eines Gottes unwürdigen Werkzeugs zur Erschaffung der Artenvielfalt einschließlich des Menschen hinaus. Die Gesetzmäßigkeiten des biologischen Evolutionsprozesses werden zu einem massiven Einwand gegen die Existenz eines an Macht und Weisheit vollkommenen Gottes.

Peter Vardy versucht diesen Einwand zu parieren, indem er vom Kritiker verlangt, er möge doch eine bessere Strategie aufzeigen, mit deren Hilfe das gleiche Resultat der Artenvielfalt im Pflanzen- und Tierreich zu erreichen gewesen wäre[164]. Dahinter verbirgt sich eine saloppe Variante der Keine-bessere-Welt-Hypothese. Diese These geht davon aus, daß die Entstehung des Menschen eines der Schöpfungsziele Gottes ist und daß daraus dann eine ganz bestimmte Beschaffenheit der natürlichen Welt zwangsläufig folgt. Unter dieser Voraussetzung verwandelt sich die Frage "Warum müssen Tiere lei-

---

[163] Vgl. dazu z.B. *K. Lorenz, Das sogenannte Böse*, 39.
[164] Vgl. *P. Vardy, The Puzzle of Evil*, 145.

den?" in die grundsätzlichere Frage "Warum existieren überhaupt Tiere?"[165]

Die antike Antwort auf diese Frage operierte mit der Vorstellung einer "ontologischen Fülle" bzw. einer "Hierarchie des Seins", der eine Art gestuftes Raster an Seinsordnungen zugrunde lag[166]. In diesem Raster nehmen dann auch die Tiere die ihnen gebührende Stellung ein, so daß ihre anscheinenden Mängel tatsächlich zur Vollkommenheit und Schönheit des Kosmos im ganzen beitragen. Augustinus konnte diese Position relativ mühelos in sein christliches Welt- und Schöpfungsverständnis integrieren[167]. Nach theistischer Deutung füllte Gott das logische bzw. ideelle Raster durch den Schöpfungsakt gleichsam *realiter* auf[168]. So wie die Tiere in der Seinshierarchie zwischen Pflanzen und Menschen eingeordnet sind, so kommt dem Menschen seine Stellung zwischen Tierreich und Engelwelt zu. Die Vollständigkeit des gesamten logisch möglichen Spektrums verlangt die Erschaffung all dieser unterschiedlichen Wesen, auch wenn sie einander aufgrund ihrer jeweiligen Natur Leid zufügen. In dieser Seinshierarchie kommt dem Lamm ebenso wie dem Löwen eine entsprechende Stellung zu. Und zur Natur des Löwen gehört es eben, Lämmer zu jagen und zu fressen. Pflanzenfressende "Löwen" wären in diesem Sinne gar keine Löwen und würden daher eine Lücke bzw. eine Unvollkommenheit in der Seinshierarchie darstellen. Gerade in seiner Vollständigkeit widerspiegelt dieses Spektrum aber die unendliche Vollkommenheit seines schöpferischen

---

165 Vgl. dazu auch *J. Hick, Evil and the God of Love*, 314.

166 Vgl. dazu auch nochmals Abs. 5.1.

167 Zu den theologischen Problemen vgl. *A. Lovejoy, The Great Chain of Being*, 67-89. Ein Problem betrifft die mit dieser Vorstellung nicht ohne weiteres in Einklang zu bringende Lehre von der Freiheit des Schöpfers bzw. der Kontingenz seiner Schöpfung. Ein weiteres Problem betrifft die ebenfalls nur schwer damit zu vereinbarende traditionelle Abwertung der sichtbaren Welt (*contemptus mundi*).

168 Vgl. *Augustinus, De civitate Dei*, XII,4: "Denn diese Geschöpfe haben auf den Wink des Schöpfers die Bestimmung empfangen, kommend und gehend die niedere Schönheit des Weltlaufs darzustellen, wie sie in ihrer Art den Teilen dieser Welt entspricht. Denn das Irdische sollte nicht dem Himmlischen gleichen, durfte aber dem Weltall deswegen nicht fehlen, weil das Himmlische edler ist. Wenn also hienieden, wo sich dergleichen schickt, das eine vergeht, das andere entsteht, das Schwächere dem Stärkeren unterliegt, das Überwundene vom Siegreichen aufgezehrt wird, so ist das nun einmal die Ordnung des Vergänglichen." (Übersetzung W. Thimme) Vgl. ähnlich auch *Augustinus, De libero arbitrio*, III,128.

Grundes. Die anscheinenden Mängel in der Natur und im Dasein der Tiere beruhen deshalb auf einer verengten Perspektive, die nur auf einzelne Aspekte gerichtet ist, das Ganze aber nicht zu fassen vermag. Kritik an der Weisheit des Schöpfers erscheint somit als törichte Anmaßung oder als eigennützige Verblendung, die den Wert eines Lebewesens nur daran bemißt, inwiefern es einem selbst Schaden zufügen kann[169].

Die statische Vorstellung von einem ideellen Raum, der durch die Schöpfung gleichsam mit Dasein und Leben erfüllt wird, widerspricht einem evolutiven Weltbild. Allerdings ist dieser Widerspruch kein totaler. In beiden Denkmodellen geht es zunächst um die Erklärung der kosmischen und vor allem biologischen Vielfalt. Das klassische Modell erklärt diese Vielfalt primär statisch, das evolutive Modell erklärt sie dynamisch[170]. Die Unterschiede zwischen den vielfältigen Formen werden dort durch die metaphysische Konstruktion eines logischen Rasters erklärt, hier hingegen durch entstehungsgeschichtliche Gesetzmäßigkeiten und Abhängigkeiten.

Auch diese Abhängigkeiten unterliegen einer inneren Logik, die zunächst eher metaphysisch und nach Darwin eher biologisch erklärt wurde. Der Neodarwinist Richard Dawkins erläutert diesen Zusammenhang durch die Gesetzmäßigkeiten eines "genetischen Raums", der nur ganz bestimmte Entwicklungsschritte zulasse, andere hingegen ausschließe[171]. Von den möglichen Entwicklungsschritten bzw. Mutationssprüngen innerhalb dieses genetischen Raums blieben viele unrealisiert; die meisten führten zur Entstehung überlebensunfähiger Lebewesen; andere brachten jene Vielfalt realer Lebewesen hervor, zu denen auch die Gattung "Mensch" gehört. Im Rahmen dieses Denkmodells gilt nicht mehr: Tiere müssen existieren, damit der ideelle Raum auch *realiter* vollständig aufgefüllt wird. Vielmehr gilt jetzt: Tiere müssen existieren, soll der Mensch entstehen können! Der Weg vom Einzeller zum *homo sapiens*, den die biologische

---

[169] Vgl. *Augustinus, De civitate Dei*, XII,4.

[170] Arthur Lovejoy spricht deshalb zutreffend von einem allmählichen "temporalizing of the great chain of being". Vgl. *A. Lovejoy, The Great Chain of Being*, 242-287.

[171] Vgl. dazu ausführlicher *R. Dawkins, Der blinde Uhrmacher*, 85-93.

Evolution durch den "genetischen Raum" hindurch zurücklegte, führt zwangsläufig über die Tierwelt[172].

Im Kontext der Theodizee-Thematik drängt sich hier natürlich erneut die Frage auf, ob Gott den Menschen nicht auch auf eine andere Weise hätte erschaffen können. Die Antwort könnte durchaus "Nein" lauten! Sie hat einen trivialen und einen nicht-trivialen Aspekt. Trivialerweise gehört die biologische Entstehung des Menschen zur Definition der menschlichen Natur[173]. Hätte Gott den Menschen anders erschaffen, hätte er etwas anderes als den Menschen erschaffen[174]. Daß die animalischen Ursprünge im Menschen weiterhin existent und virulent sind, ist dagegen weniger trivial. Auch dieses evolutive Erbe gehört jedoch zur Definition des Menschen, mitsamt seinen diversen egozentrischen Verhaltensprogrammen[175]. Möglicherweise bildet aber gerade diese Programmatik einen idealen Ausgangspunkt für das Abenteuer des Menschseins auf seinem Weg aus dem Bereich animalischer Instinkte über das Reich der Sittlichkeit hin zum eschatologischen Reich Gottes. Wie das Reich der Sittlich-

---

172 Vgl. dazu auch die kurzen Hinweise von *B. Hebblethwaite, Evil, Suffering and Religion*, 110. Hebblethwaite verbindet beide Argumentationslinien miteinander: "In seiner unendlichen Weisheit und Geduld läßt Gott jede vorstellbare Lebensform sich entwickeln und ihr eigenes Leben genießen, wie kurz auch immer. Gleichzeitig ist dieses ganze Gewimmel von Lebewesen die Schmiede, in der Gott personale Wesen formt, der Boden, aus dem sie hervorgehen." (Übersetzung A.K.)

173 Vgl. dazu die hellsichtige Kritik Schleiermachers an der traditionellen Erbsündenlehre, die eine Identität der menschlichen Natur vor und nach dem Sündenfall in Frage stellt: "Nehmen wir nun noch dazu, daß, wenn wir das allmähliche Abnehmen der organischen Kräfte, die Möglichkeit, daß der Organismus durch äußere Naturpotenzen gestört werde, und das Verschwinden durch den Tod hinwegdenken, wir nicht mehr Wesen unserer Art gedacht haben, und die eigentliche menschliche Geschichte doch erst da anfangen würde, wo dies alles gesetzt ist". Vgl. *F. Schleiermacher, Der christliche Glaube*, § 59,356.

174 In der Skeptizismus-Diskussion taucht häufig das Argument aus, daß nicht definitiv erkennbar sei, ob unsere Welt nicht erst vor wenigen Augenblicken von Gott erschaffen wurde, und zwar exakt so, wie sie uns gegenwärtig erscheint, d.h. mit all unseren Erinnerungen an eine Vergangenheit, die es tatsächlich niemals gab. Dies läßt sich natürlich nicht definitiv ausschließen. Auf diese Weise hätte Gott sicherlich all das vergangene Leid vermeiden können. Er hätte uns aber über die wahre Beschaffenheit der Vergangenheit getäuscht, indem er absichtlich Indizien erschuf, die uns in die Irre führen.

175 Es wäre völlig überzogen, jede Form des Egoismus als tendenziell verfehlt bzw. sündhaft zu qualifizieren. Problematisch wird das Eigeninteresse erst dann, wenn es entweder ohne Rücksicht auf die Interessen anderer durchgesetzt oder auf eine verkehrte Weise befriedigt wird.

keit nur auf dem Fundament des Bösen errichtet werden kann[176], so kann auch das Reich Gottes nur auf dem Boden des Sittlichen wachsen. Die negativen Inklinationen sind nun aber nichts anderes als das Erbe der animalischen Vorgeschichte. Freilich werden sie erst dort im eigentlich ethischen Sinn "böse"[177], wo die Möglichkeit besteht, ihnen effektiv Widerstand leisten zu können, und wo diese Möglichkeit leichtfertig und schuldhaft vertan wird[178]. In diesem Sinn setzt die Existenz des Guten die Möglichkeit zum Bösen voraus. Vielleicht besteht der "Sinn" der Tiere gerade darin, diese Möglichkeit in die Welt gebracht zu haben, ohne je von ihr Gebrauch machen zu können.

12.10 Resümee: Theodizee und Apologetik

Das Theodizee-Problem besteht in dem offenkundigen Widerspruch zwischen der Erfahrung von Übel und Leid einerseits und dem Bekenntnis zu einem allmächtigen und sittlich vollkommenen Gott andererseits. Aus diesem Widerspruch läßt sich ein entweder deduktiv oder induktiv formulierbarer Einwand gegen das theistische Bekenntnis ableiten[179]. Eine Theodizee versucht demgegenüber zu zeigen, daß es sich bei diesem Widerspruch nur um einen scheinbaren handelt oder – in der Formulierung Keith Yandells – um eine vorei-

---

[176] Vgl. dazu nochmals die Ausführungen in Abs. 9.5.

[177] In einem weiteren Sinn bezeichnet man alles Schreckliche, Furchtbare, Destruktive, Aggressive o.ä. als "böse". Im engeren und eigentlich ethischen Sinn werden als böse nur freie bzw. sündhafte Handlungen bezeichnet, für die der Handelnde verantwortlich ist. Vgl. dazu treffend *I. Kant, Die Religion innerhalb der Grenzen der bloßen Vernunft*, A 22: "Also kann ein Hang zum Bösen nur dem moralischen Vermögen der Willkür ankleben. Nun ist aber nichts sittlich - (d.i. zurechnungsfähig-) böse, als was unsere eigene Tat ist." Zur Terminologie und Phänomenologie des Bösen vgl. u.a. den von C. Colpe und W. Schmidt-Biggemann herausgegebenen Band: *Das Böse. Eine historische Phänomenologie des Unerklärlichen*; sowie *C. Schulte, Radikal Böse. Die Karriere des Bösen von Kant bis Nietzsche*.

[178] Vgl. dazu *H. Mohr, Leiden und Sterben als Faktoren der Evolution*, 24: "Das Böse in der vormenschlichen Evolution ist 'Das sogenannte Böse' (K. Lorenz). 'Das eigentlich Böse' beginnt mit dem Menschen, der in Freiheit und Verantwortung (...) gegen Normen verstoßen kann. Das eigentlich Böse, die Sünde, entsteht aus der Diskrepanz zwischen Sein und Sollen, die es in den vor-freiheitlichen Phasen der Evolution nicht gegeben hat."

[179] Vgl. dazu nochmals Abs. 1.1.

lige Verabschiedung des Theismus[180]. Jede Theodizee dient somit auch einem apologetischen Interesse.

In einem anderen thematischen Zusammenhang unterscheidet Stephen Davis zwischen einer "harten" und "weichen" Apologetik[181]. Seine Unterscheidung läßt sich folgendermaßen auf die Theodizee-Thematik anwenden: Die Aufgabe einer "harten" Apologetik bestünde darin, das theistische Bekenntnis durch rationale Argumente so zu begründen, daß die atheistische Negation dieses Bekenntnisses als irrational erscheint. Dieses Ziel wurde hier weder verfolgt noch erreicht. Die genannten Gründe, die eine Zulassung von Übel und Leid durch Gott erklären sollen, sind keineswegs so eindeutig und evident, daß sie die anfänglich in Frage stehende Existenz Gottes in einer Weise begründen, die die Leugnung Gottes als irrational erscheinen läßt. Eine derartige Begründung liegt nicht einmal in der Absicht einer Theodizee. Die Erwiderung auf einen Einwand gegen eine bestimmte Überzeugung mag auch noch so überzeugend sein, sie kann nicht zum Beweis für diese umfunktioniert werden[182].

Das Ziel einer "weichen" Apologetik besteht im Aufweis der Rationalität des theistischen Bekenntnisses, ohne damit den Anspruch zu erheben, die Irrationalität der gegenteiligen Position aufgezeigt zu haben[183]. Dieser Aufweis erfolgt im wesentlichen dadurch, daß gezeigt wird, warum die Einwände gegen das theistische Bekenntnis nicht stichhaltig sind. Im Theodizee-Kontext ist dieser Aufweis durch die Nennung möglicher Gründe zu erbringen, die Gottes Zulassung von Übel und Leid erklären und rechtfertigen können. Lassen sich solche möglichen Gründe nennen, dann widerlegen Übel und Leid nicht das theistische Bekenntnis, d.h. das anti-theistische Argument

---

180 Vgl. *K.E. Yandell, A Premature Farewell to Theism*, 253.

181 Vgl. dazu *S.T. Davis, Risen Indeed*, 1f.; 168ff.

182 Vgl. dazu zutreffend *G. Streminger, Gottes Güte und die Übel der Welt* (1991), 224: "Aber selbst wenn eine Rechtfertigung gelänge", was Streminger ausschließt, "so wäre nur gezeigt, daß die *Annahme* eines allwissenden, allgütigen und allmächtigen Wesens mit der Existenz von Leid verträglich ist; seine *Existenz* wäre noch lange nicht bewiesen."

183 William Rowe vertritt die entsprechende atheistische Gegenposition. Vgl. dazu *W. L. Rowe, The Problem of Evil and Some Varieties of Atheism*, 335-341; *ders., Philosophy of Religion*, 6. Kap. - Zur Kritik vgl. *S. Andre, The Problem of Evil and the Paradox of Friendly Atheism*, 209ff. Andre hat Schwierigkeiten damit, einen gegenteiligen Standpunkt ebenfalls als rational vertretbar anzuerkennen. Zu Rowes Argument vgl. außerdem *J. Beilby, Does the Empirical Problem of Evil Prove that Theism is Improbable?*, 315-323.

läßt sich nicht als deduktiver Gegenbeweis formulieren. Nach meiner Überzeugung erfüllen die zuletzt diskutierten Gründe diese Bedingung. Daher ist es nicht widersprüchlich, in einer Welt voller Leid an Gott zu glauben.

In dem Maße, in dem diese Gründe nicht nur als möglicherweise wahr, sondern auch als wahrscheinlich erscheinen, verliert das antitheistische Argument auch an induktiver Kraft. Die Einschätzung von Wahrscheinlichkeiten bleibt in Bereichen wie diesem natürlich immer eine prekäre Angelegenheit, vor allem bleibt sie letzten Endes immer individuell gefärbt. Ich halte die hier vorgestellte Theodizee nicht für eine über jeden Zweifel erhabene Wahrheit, sondern für eine konsistente und kohärente theologisch-religionsphilosophische Hypothese, die auf mich eine hohe Überzeugungskraft ausstrahlt. Zu dieser Hypothese sehe ich im wesentlichen zwei Alternativen: zum einen den naturalistischen Atheismus und zum anderen einen Theismus, der entweder den Gottesbegriff adäquater konzipiert oder plausiblere Gründe für die Existenz von Übel/Leid nennt.

Willard V.O. Quine hat in seinem Aufsatz über die "Zwei Dogmen des Empirismus" behauptet, man könne jede beliebige Aussage aufrechterhalten, "was da auch kommen mag", wenn man in seinem System entsprechend drastische Anpassungen vornimmt[184]. Die hier an den theistischen Prämissen vorgenommenen "Anpassungen" mögen vielleicht drastisch erscheinen. Im Hinblick auf die Substanz und Konsistenz des traditionellen Gottesbegriffs und im Vergleich zu dem, was theologisch gang und gäbe ist, halte ich sie jedoch alles im allem für marginal. Natürlich fließen nicht sämtliche Elemente und Intentionen der christlich-theistischen Tradition ein. Dies bleibt allein schon deshalb ausgeschlossen, weil diese Tradition zu vielschichtig und uneinheitlich ist. Ihr zentraler Gehalt oder genauer, was ich dafür halte, bleibt jedoch gewahrt. Jede einzelne Annahme, aus denen sich die vorgestellte Theodizee zusammenfügt, ist für sich genommen umstritten. Aber keine dieser Annahmen erscheint mir unwahrscheinlich, weithergeholt oder *ad hoc* postuliert zu sein. Zusammengenommen bilden sie ein kohärentes Ganzes, in das empirische, theologische und ethische Aussagen einfließen[185]. Aufgrund seiner

---

[184] Vgl. *W.V.O. Quine, Von einem logischen Standpunkt*, 47.

[185] Vgl. dazu den charakteristischen Einwand – in diesem Fall gegen *S. Wykstra, The Humean Obstacle to Evidential Arguments From Suffering* – von *W.L. Rowe, Evil and the Theistic Hypothesis*, 100: "Die entscheidende Frage lautet, ob die

Überzeugungskraft halte ich es zwar nicht für rational verpflichtend, wohl aber für rational gerechtfertigt, in einer Welt voller Leid weiterhin an einen allmächtigen und guten Gott zu glauben.

Tatsache des Leids in unserer Welt der Hypothese widerspricht, daß A (d.h. ein allmächtiges, allwissendes und allgütiges Wesen) existiert. Man kann diese Frage nicht einfach verneinen, indem man zeigt, daß man die Hypothese, daß A existiert, durch andere Propositionen so ergänzen kann, daß das ergänzte Resultat nicht mehr den Tatsachen widerspricht, die dazu dienten, die Hypothese, daß A existiert, zu widerlegen." (Übersetzung A.K.) Entscheidend ist nicht die Tatsache der Ergänzung, sondern der Zusammenhang, in dem die Ergänzungen mit der theistischen Hypothese stehen. Vgl. dazu *B. Russell/S. Wykstra, The "Inductive" Argument From Evil*, 159.

NACHWORT

Nach der langen und teilweise auch ermüdenden Sichtung von Argumenten und Gegenargumenten stellt sich zuletzt die Frage: *Cui bono*? Wozu dies alles? Wozu der ganze theoretische Aufwand der Theodizee? Dient all dies dazu, im konkreten Umgang mit eigenen und fremden Leiderfahrungen besser bestehen zu können? Was nützt das Bemühen um argumentative Schlüssigkeit und rationale Rechtfertigung am Bett todkranker Menschen, in der seelsorglichen Begleitung Trauernder oder in der sprachlosen Verzweiflung angesichts der natürlichen und sittlichen Katastrophen der Menschheitsgeschichte? Sind angesichts konkreter Leiderfahrungen nicht vor allem spirituelle Hilfestellungen nötig und eben keine abstrakten, theoretischen Argumente?

Derartige Anfragen führen zuletzt wiederum auf die Unterscheidung zwischen im weitesten Sinn eher theoretisch-argumentativen und eher praktisch-pastoralen Kriterien zur Beurteilung religiöser bzw. theologischer Auseinandersetzungen mit der Leidthematik. Der praktische Umgang mit Leiderfahrungen wird häufig gewissermaßen zum Testfall erklärt, der über die Brauchbarkeit einer "Theodizee" entscheidet[1]. Nun bestehen ohne Zweifel gravierende Unterschiede zwischen den Anforderungen an eine vorrangig theoretische Theodizee und den Anforderungen an eine pastoral orientierte Auseinandersetzung mit Leiderfahrungen. Trotz dieser Unterschiede wäre es jedoch kurzschlüssig, theoretische und pastorale Belange radikal voneinander abzugrenzen oder gar gegeneinander auszuspielen.

---

1 Vgl. z.B. *D.I. Lloyd, Theodicies: An Aid of the Devil*, 618ff. Lloyd kritisiert, daß Theodizeen dem Leidenden häufig nicht helfen, mit seiner Situation fertig zu werden, weil sie zu intellektuell bzw. theoretisch orientiert seien. Die Frage "Warum passiert mir so etwas?" sei eher rhetorisch als Hilferuf zu deuten, nicht als Forderung nach einer überzeugenden Theodizee. Letztere diene dem Teufel mehr als Gott. Trotz der pauschalen Kritik an aller Theodizee scheint Lloyd selbst bestimmte Antwortmöglichkeiten zu favorisieren, nämlich die von Harold Kushner. Vgl. *H. Kushner, Wenn guten Menschen Böses widerfährt*. Man fragt sich, ob man eine derartig zweispältige Haltung einfach als Indiz für mangelndes Denkvermögen deuten soll oder als Indiz dafür, daß das Theodizee-Problem auch dort noch durchbricht, wo es buchstäblich verteufelt wird.

Unheil kann Menschen häufig wie aus heiterem Himmel treffen. Aber es trifft selten jemanden, der hinsichtlich interpretativer Möglichkeiten, darauf zu reagieren, ein völlig unbeschriebenes Blatt ist. Auch wenn der Deutungsprozeß aufgrund der lähmenden Wucht von Leiderfahrungen bisweilen nur langsam in Gang kommen mag, so bildet die Deutung der betreffenden Leiderfahrung einen wichtigen Beitrag, ihr einen Sinn abzugewinnen und sie zu bestehen. Beispielsweise kann eine plötzliche schwere Erkrankung auf sehr vielfältige Weise gedeutet werden: als Folge einer Bestrafung, die dazu dient, eine vergangene Schuld zu sühnen; als Chance, das bisherige Leben mitsamt seinen Wertprioriäten neu zu überdenken; als Lebensprüfung, aus der man das Beste zu machen hat; oder als Schicksalsschlag, hinter dem nichts anderes als die Willkür des Zufalls steht. Kein Übel hat eine derartig niederschmetternde Wirkung wie das als völlig absurd und sinnlos empfundene Leid. Von der entsprechenden Deutung hängt in der Regel auch der praktische Umgang mit dem jeweiligen Übel ab: Eine als gerecht empfundene Bestrafung muß passiv erduldet, eine Chance aktiv ergriffen, eine Prüfung so gut wie möglich bestanden und ein Schicksalsschlag muß einfach hingenommen werden. Die Relevanz solcher Deutungen gilt für die Leidenden wie auch für die sie spirituell Begleitenden. Auch letztere kommen ohne derartige Deutungen nicht aus, ob sie diese nun anderen mitzuteilen versuchen oder nicht. Entweder bestätigen sie die Deutungen der Betroffenen, oder sie korrigieren sie durch ihre eigene Deutungen. Selbstverständlich gibt es auch leidvolle Situationen, die buchstäblich sprachlos machen; Situationen, in denen ein Deutungsprozeß zunächst überhaupt nicht in Gang kommt und vielleicht auch von niemandem gewünscht wird. Meistens bricht nach einiger Zeit das Urbedürfnis nach Sinn doch wieder durch und verlangt nach Antworten auf die beunruhigenden Fragen und Zweifel[2].

Einiges spricht dafür, daß die meisten Menschen so etwas wie eine "Theodizee" mit sich herumtragen, d.h. ein zumindest rudimentä-

[2] Vgl. dazu auch *B. Grom, Im Leid an Gott glauben?*, 708f. Vgl. dazu auch *T. Pröpper, Fragende und Gefragte zugleich*, 66: "Sicher sind die nächsten Formen gläubiger Reaktion auf das Leiden der Schrecken und Schrei, der abwehrende Protest, die Klage und dann vielleicht das Gebet, das den Leidenden vor dem beziehungslosen Verstummen bewahrt und andere behähigen kann, bei ihm zu bleiben. Aber irgendwann kommen die Fragen und werden sich kaum abdrängen lassen..."

res Repertoire an Deutungsmöglichkeiten für Leidsituationen. In diesem Sinn bilden auch noch Verdrängungsmechanismen und diverse Zynismen eine Art "Theodizee". Wenn dies zutrifft, dann ist es keinesfalls irrelevant, welche "Theodizee" man hat. Theodizee ist zwar im wesentlichen eine theoretisch-argumentative "Schlacht um die Kohärenz" des theistischen Bekenntnisses[3]. Der Glaube an Gott in einer Welt voller Leid basiert aber nicht nur und vermutlich nicht einmal primär auf der rationalen Vereinbarkeit von Gottesbegriff und Leiderfahrung. Dieser Glaube wurzelt in Erfahrungen, Gefühlen und Sehnsüchten. Sie haben die menschliche Imagination und Phantasie immer wieder über das in der Alltagserfahrung unmittelbar Gegebene hinausgeführt und bisweilen sogar zu bizarren Phantastereien verleitet, die unterm Strich alles nur noch schlimmer erscheinen lassen, bisweilen aber auch zu genialen Hypothesen, die Hoffnung schenken, daß zuletzt doch alles gut enden wird. Keine noch so offenkundige Genialität vermag die Wahrheit einer solchen Hypothese zu garantieren. Umgekehrt kann menschliche Hoffnung keinen Irrtum in eine Wahrheit und keine Wahrheit in einen Irrtum verwandeln. Allerdings kann es auch nicht *eo ipso* irrational sein, sich auf jene Hypothesen vertrauend einzulassen, die der eigenen "Psychologie", also den Erfahrungen, Gefühlen und Sehnsüchten entsprechen. Solange man sich überhaupt auf irgendwelche Hypothesen einläßt, gibt es keine definitiven Garantien dafür, auf die richtige gesetzt zu haben. Argumentative Schlüssigkeit und Kohärenz bieten weder eine Gewähr dafür, daß man sich auf dem richtigen Weg befindet, noch dafür, daß einen nichts mehr erschüttern kann – was da auch kommen mag. Aber Unstimmigkeiten und Inkohärenzen innerhalb einer Theodizee sind relativ sichere Indizien dafür, daß etwas nicht stimmen kann. Früher oder später holt die "Logik" die "Psychologie" doch ein, zeigt ihr ihre Grenzen auf und bringt sie dem Boden der Tatsachen mit etwas Glück zumindest ein Stück näher. Die Geschichte des Theodizee-Problems hat unter anderem auch gezeigt: Derartige Mängel führen dazu, daß Deutungen den konkreten Leiderfahrungen auf Dauer nicht standhalten können, und zwar nicht unbedingt deshalb, weil sie zu theoretisch, sondern weil sie voller Widersprü-

---

3 Vgl. dazu nochmals *P. Ricœur, Evil, a Challenge to Philosophy and Theology*, 345.

che und Ungereimtheiten sind[4]. Der Ratschlag, das Grübeln doch zu unterlassen und statt dessen die Antwort Gott selbst zu überlassen[5], mag wohlgemeint sein, letztlich ist er fehlgeleitet. Denn das Grübeln dreht sich ja gerade darum, ob das gegenwärtige Vertrauen auf Gottes zukünftige Antwort etwas anderes ist als eine pathologische Verdrängung der Wirklichkeit.

Die "Logik" dient aber nicht nur dazu, einer weitgehend emotional gesteuerten Imagination die Flügel zu stutzen. Die Beantwortung des Theodizee-Problems entscheidet sich letzten Endes daran, ob man die Welt und die Menschheit in ihr auch mit dem Herzen als Schöpfung eines gütigen und weisen Gottes akzeptieren kann. Sie auch mit der Nüchternheit des Verstandes so betrachten zu können, ist hierfür nur eine notwendige, aber keine hinreichende Voraussetzung. Gefühle und Stimmungen weisen allerdings nicht immer eindeutig nur in eine Richtung. Es ist nicht stets nur der Verstand, der Zweifel produziert und die emotionale Akzeptanz blockiert. Vincent Brümmer betont, daß Argumente wie das der Willensfreiheit in Leidsituationen nur dann Trost spenden können, wenn Menschen sich die moralische Betrachtung des Universums, auf denen diese Argumente beruhen, auch existentiell angeeignet haben[6]. Gerade diese existentielle Aneignung scheitert bisweilen an einer Ambivalenz, die sich bis zu jener emotionalen Paradoxalität steigern kann, die Shakespeare in der Figur des vermeintlich wahnsinnigen Hamlet

---

[4] Vgl. dazu *D. O'Connor, In Defense of Theoretical Theodicy*, 71: "Die Relevanz der theoretischen Theodizee für das existentiell-pastorale Problem des Leids besteht darin, daß in dem Ausmaß, in dem es der theoretischen Theodizee gelingt, eine konzeptuell hinreichend reichhaltige Sprache und eine vernünftige Verteidigung zu bieten, sie es ermöglicht, daß eine philosophisch und wissenschaftlich gebildete Person - ohne Irrationalismus, Antirationalismus, intellektueller Spaltung oder Ad-hoc-Konstruktionen - weiterhin die Welt religiös deuten kann." (Übersetzung A.K.)

[5] Vgl. z.B. *K.-J. Kuschel, Ist Gott verantwortlich für die Übel?*, 251f. Wie viele andere möchte auch Kuschel den Momenten des Protests und der Klage in der Sprache des Glaubens wieder zu ihrem Recht verhelfen. Es sei eine "theologiegeschichtliche Tragik, daß diese Traditionen des Protests gegen Gott atheistisch zugespitzt werden mußten, bevor sie innerkirchlich Gehör fanden" (ebd. 250). – Bei dieser Entwicklung scheint es sich allerdings eher um "Logik" als um "Tragik" zu handeln, denn ein Wesen, gegen das man mit vollem Recht protestiert und das man begründeterweise anklagt, kann *per definitionem* nicht Gott sein, kann nicht das sein, worüberhinaus nichts Größeres gedacht werden kann. Den Protestatheismus theologischerseits zu beerben, läuft darauf hinaus, atheistisch zu argumentieren, aber mit einem Bekenntnis zu Gott zu schließen.

[6] Vgl. *V. Brümmer, Speaking of a Personal God*, 150f.

gleichermaßen treffend wie drastisch zum Ausdruck bringt. Sowohl der Kosmos als auch der Mensch werden von Hamlet mit Worten höchster Bewunderung beschrieben und im gleichen Atemzug mit Gefühlen tiefster Verachtung abgelehnt:

> "It goes so heavily with my disposition that this goodly frame, the earth, seems to me a sterile promontory; this most excellent canopy, the air, look you, this brave o'erhanging firmament, this majestical root fretted with golden fire, why, it appears no other thing to me but a foul and pestilent congregation of vapours. What a piece of work is a man! How noble in reason! how infinite in faculty! in form, in moving, how express and admirable! in action how like an angel! in apprehension how like a god! the beauty of the world! the paragon of animals! And yet, to me, what is this quintessence of dust?"[7]

Wahrscheinlich kann keine theoretische Theodizee das Gemüt permanent vor jenen düsteren Stimmungen bewahren, in denen die existentielle Aneignung einfach nicht glücken will, weil die Welt wie ein "faulender, verpesteter Haufen von Dünsten" und der Mensch wie die "Quintessenz von Staub" erscheint. Aber vielleicht kann eine plausible Theodizee wenigstens einen Beitrag dazu liefern, "die Menschen in Zeiten ihres spirituellen Wohlergehens auf jene schlechten Tage vorzubereiten, die da kommen können"[8]. Wenn dies gelänge, könnte man möglicherweise auch im Leid an Gott glauben, ohne dabei den Zwang zu verspüren, seinen Verstand zu diesem Zweck vorübergehend an den Nagel hängen zu müssen. Wenn dies gelänge, dann wäre es in diesem Fall die "Logik", die der "Psychologie" jenen Halt verliehe, den allem Anschein nach auch Glaubende in ihrem Fühlen und Empfinden zuweilen so schmerzlich vermissen.

---

[7] *Shakespeare, Hamlet*, II,ii.

[8] *V. Brümmer, Speaking of a Personal God*, 151: "... in preparing people in their times of spiritual prosperity for the bad days which may come". (Übersetzung A.K.)

LITERATURVERZEICHNIS

ABE, M.: The Problem of Evil in Christianity and Buddhism, in: P.O. Ingram/F.J. Streng (Hg.), Buddhist-Christian Dialogue, Honolulu 1986, 139-154.

ACKERMANN, R.: An Alternative Free Will Defence, in: Religious Studies 18 (1982) 365-372.

ADAMS, R.M.: Middle Knowledge and the Problem of Evil, in: American Philosophical Quarterly 14 (1977) 109-117.

ADAMS, R.M.: Plantinga on the Problem of Evil, in: J.E. Tomberlin/P. Van Inwagen (Hg.), Alvin Plantinga, Dordrecht-Boston-Lancaster 1985, 225-255.

ADAMS, R.M.: Existence, Self-Interest, and the Problem of Evil, in: A. Loades/L.D. Rue (Hg.), Contemporary Classics in Philosophy of Religion, a.a.O. 217-229.

AHERN, M.B.: The Problem of Evil, New York 1971.

AIKEN, H.D.: God and Evil, in: Ethics 68 (1957/8) 78-92.

ALBERT, H.: Wissenschaftliche Erkenntnis und religiöse Weltauffassung, in: J. Audretsch (Hg.), Die andere Hälfte der Wahrheit. Naturwissenschaft-Philosophie-Religion, München 1992, 113-133.

ALLEN, D.: Natural Evil and the Love of God, in: Religious Studies 16 (1980) 439-456.

ALSTON, W.P.: Divine Foreknowledge and Alternative Conceptions of Human Freedom, in: International Journal for Philosophy of Religion 18 (1985) 19-32; hier zit. nach: W.P. Alston, Divine Nature and Human Language, a.a.O.

ALSTON, W.P.: Divine Nature and Human Language, Ithaca 1989.

ALSTON, W.P.: The Inductive Argument from Evil, in: Philosophical Perspectives 5 (1991) 29-67.

AMMICHT-QUINN, R.: Von Lissabon bis Auschwitz. Zum Paradigmawechsel in der Theodizeefrage, Freiburg 1992.

ANDERS, T.: The Evolution of Evil. An Inquiry into the Ultimate Origins of Human Suffering, Chicago-La Salle 1994.

ANDERSON, C.A.: Divine Omnipotence and Impossible Tasks. An Intentional Analysis, in: International Journal for Philosophy of Religion 15 (1984) 109-124.

ANDRE, S.: The Problem of Evil and the Paradox of Friendly Atheism, in: International Journal for Philosophy of Religion 17 (1985) 209-216.

ANGLIN, W.S./GOETZ, S.: Evil is Privation, in: International Journal for Philosophy of Religion 13 (1982) 3-12.

ANGLIN, W.S.: Free Will and Christian Faith, Oxford 1990.

AUROBINDO, S.: The Life Divine, New York [3]1965.

AYER, A.J.: Freedom and Necessity, in: G. Watson (Hg.), Free Will, a.a.O. 15-23.

BALDWIN, D.D.: Evil and Persuasive Power. A Response to Hare and Madden, in: Process Studies 3 (1973) 259-272.

BALTHASAR, H.U. VON: Gott und das Leid, Freiburg 1984.

BARBOUR, I.: Religion in an Age of Science, London 1990.

BARNHART, J.E.: Persuasive and Coercive Power in Process Metaphysics, in: Process Studies 3 (1973) 153-157.

BARNHART, J.E.: Theodicy and the Free Will Defense. Response to Plantinga and Flew, in: Religious Studies 13 (1977) 439-454.

BARR, J.: Biblical Words for Time, London ^{2}1969.

BARROW, J.D./TIPLER, F.J.: The Anthropic Cosmological Principle, Oxford-New York 1986.

BASINGER, D.: Human Freedom and Divine Providence: Some New Thoughts on an Old Problem, in: Religious Studies 15 (1979) 491-510.

BASINGER, D.: Why Petition an Omnipotent, Omniscient, Wholly Good God?, in: Religious Studies 19 (1983) 25-41.

BASINGER, D.: Divine Persuasion. Could the Process God Do More?, in: Journal of Religion 64 (1984) 332-347.

BASINGER, D.: In What Sense Must God Do His Best: A Response to Hasker, in: International Journal for Philosophy of Religion 18 (1985) 161-164.

BASINGER, D.: Divine Power in Process Theism. A Philosophical Critique, Albany 1988.

BASINGER, D.: Evil as Evidence Against God's Existence, in: W.L. Peterson (Hg.), The Problem of Evil, Notre Dame 1992, 141-152.

BASINGER, D. UND R.: Divine Omnipotence: Plantinga vs. Griffin, in: Process Studies 11 (1981) 11-24.

BASINGER, D. UND R.: The Problem with the "Problem of Evil", in: Religious Studies 30 (1994) 89-97.

BEILBY, J.: Does the Empirical Problem of Evil Prove that Theism is Improbable?, in: Religious Studies 32 (1996) 315-323.

BERDJAJEW, N.: Die Philosophie des freien Geistes. Problematik und Apologie des Christentums, Tübingen 1930.

BERG, W.: Jenseitsvorstellungen im Alten Testament mit Hinweisen auf das frühe Judentum, in: A. Gerhards (Hg.), Die größere Hoffnung der Christen, Freiburg-Basel-Wien 1990, 28-58.

BERGER, K.: Wie kann Gott Leid und Katastrophen zulassen?, Stuttgart 1996.

BERKOVITS, E.: Faith After the Holocaust, New York o.J.

BERNSTEIN, A.E.: The Formation of Hell. Death and Retribution in the Ancient and Early Christian Worlds, London 1993.

BEROFSKY, B. (HG.): Free Will and Determinism, New York 1966.

BERTHOLD, F.: Free Will and Theodicy in Augustine. An Exposition and Critique, in: Religious Studies 17 (1981) 525-535.

BETTY, L.S.: Aurobindo's Concept of Lila and the Problem of Evil, in: International Philosophical Quarterly 16 (1976) 315-329.

BIANCHI, U.: Art.: Dualism, in: The Encyclopedia of Religion, Bd. 4, New York-London 1987, 506-512.

BILLICSICH, F.: Das Problem der Theodizee im philosophischen Denken des Abendlandes, Bd. 1: Von Platon bis Thomas von Aquino, Innsbruck-Wien-Köln 1936.

BILLICSICH, F.: Das Problem des Übels in der Philosophie des Abendlandes, Bd. 2: Von Eckehart bis Hegel, Wien-Köln 1952.

BILLICSICH, F.: Das Problem des Übels in der Philosophie des Abendlandes, Bd. 3: Von Schopenhauer bis zur Gegenwart, Wien 1959.

BISCHOFBERGER, N.: Der Reinkarnationsgedanke in der europäischen Antike und Neuzeit, in: P. Schmidt-Leukel (Hg.), Die Idee der Reinkarnation in Ost und West, München 1996, 76-94.

BOËR, S.: The Irrelevance of the Free Will Defense, in: Analysis 38 (1978) 110-112.

BÖHME, W. (Hg.): Das Übel in der Evolution und die Güte Gottes, Karlsruhe 1983.

BÖTTIGHEIMER, C.: Der Mensch im Spannungsfeld von Sünde und Freiheit. Die ökumenische Relevanz der Erbsündenlehre, St. Ottilien 1994.

BOFF, C.: Theologie und Praxis. Die erkenntnistheoretischen Grundlagen der Theologie und Befreiung, München-Mainz 1983.

BORST, A.: Die Katharer, Freiburg ²1991.

BOWKER, J.: The Problem of Suffering in the Qur'an, in: Religious Studies 4 (1968) 183-202.

BOWKER, J.: Problems of Suffering in Religions of the World, Cambridge 1970.

BRÄNDLE, W.: Hiob - ein tragischer Held? Überlegungen zur Theodizeethematik der Hiobdichtung, in: Kerygma und Dogma 39 (1993) 282-292.

BRANTSCHEN, J.B.: Leiden: V. Theologische Perspektiven, in: Christlicher Glaube in moderner Gesellschaft, Bd. 10, Freiburg-Basel-Wien 1980, 37-47.

BRECHT, O.: Leiden ist Gnade. Gedanken über den Sinn des Leidens, Paderborn ³1934.

BREIDERT, W. (HG.): Die Erschütterung der vollkommenen Welt. Die Wirkung des Erdbebens von Lissabon im Spiegel europäischer Zeitgenossen, Darmstadt 1994.

BRENNING, J./BROCKS, R./GREMMELS, C./PREISS, D.: Leid und Krankheit im Spiegel religiöser Traktatliteratur, in: Theologia Practica 7 (1972) 302-315.

BRIGHTMAN, E.S.: A Philosophy of Religion, Englewood Cliffs 1940.

BRÜMMER, V.: Moral Sensitivity and the Free Will Defence, in: Neue Zeitschrift für systematische Theologie und Religionsphilosophie 29 (1987) 86-100.

BRÜMMER, V.: Speaking of a Personal God. An Essay in Philosophical Theology, Cambridge 1992.

BRUNNER, E.: Dogmatik, Bd.2, Zürich 1950.

BURCH, R.: The Defense from Plenitude Against the Problem of Evil, in: International Journal for Philosophy of Religion 12 (1981) 29-37.

BURKLE, H.R.: God, Suffering, and Evil, Nashville 1977.

BUTTRICK, G.A.: God, Pain and Evil, Nashville 1966.

CAMPBELL, C.A.: Reason and the Problem of Suffering, in: Philosophy 19 (1935) 154-167.

CAPITAN, W.H.: Part X of Hume's Dialogues, in: American Philosophical Quarterly 3 (1966) 82-85.

CARDONNEL, J.: Gott in Zukunft. Aufforderung zu einer menschlichen Welt, München ²1969.

CARR, B.J./REES, M.J.: The Anthropic Principle and the Structure of the Physical World, in: Nature 278 (1979) 605-612.

CARRETTO, C.: Warum, Herr? Erfahrungen der Hoffnung über das Geheimnis des Leids, Freiburg-Basel-Wien 1986.

CARTER, B.: Large Number Coincidences and the Anthropic Principle in Cosmology, in: M.S. Longair (Hg.), Confronation of Cosmological Theories with Observational Data, Dordrecht 1974, 291-298.

CHISHOLM, R.M.: Responsiblity and Avoidability, in: S. Hook (Hg.), Determinism and Freedom in the Age of Modern Science, a.a.O. 145-147.

CHISHOLM, R.M.: Human Freedom and the Self, in: G. Watson (Hg.), Free Will, a.a.O. 24-35.

CHRYSSIDES, G.D.: Evil and the Problem of God, in: Religious Studies 23 (1987) 467-475.

CHRZAN, K.: Linear Programming and Utilitarian Theodicy, in: International Journal for Philosophy of Religion 20 (1986) 147-157.

COBB, J.B.: Spiritual Discernment in a Whiteheadian Perspective, in: H. Cargas/B. Lee (Hg.), Religious Experience and Process Theology, New York 1976, 349-368.

COBB, J.B./GRIFFIN, D.R.: Prozess-Theologie. Eine einführende Darstellung, Göttingen 1979.

CODINA, V.: Theologie und Glaube in Lateinamerika, in: Münchener Theologische Zeitschrift 42 (1991) 121-140.

COLLINS, J.: C.A.Campbell and the Problem of Suffering, in: Religious Studies 16 (1980) 307-316.

COLPE, C./SCHMIDT-BIGGEMANN, W. (HG.): Das Böse. Eine historische Phänomenologie des Unerklärlichen, Frankfurt a.M. 1993.

CONGAR, Y.: Schicksal oder Schuld? Das Problem des Übels und des Bösen, in: J. Hüttenbügel (Hg.), Gott - Mensch - Universum. Der Christ vor den Fragen der Zeit, Graz-Wien-Köln 1974, 653-675.

CONNOR, J.L.: Original Sin. Contemporary Approaches, in: Theological Studies 29 (1968) 215-240.

COOPER, B.Z.: Why, God?, Atlanta 1988.

COREY, M.A.: God and the New Cosmology. The Anthropic Design Argument, Lanham 1993.

CORNMAN, J.W./LEHRER, K./PAPPAS, G.S.: Philosophical Problems and Arguments. An Introduction, Indianapolis-Cambridge ^{4}1992.

COUGHLAN, M.J.: Moral Evil Without Consequences?, in: Analysis 39 (1979) 58-60.

COUGHLAN, M.J.: The Free Will Defence and Natural Evil, in: International Journal for Philosophy of Religion 20 (1986) 93-108.

COUGHLAN, M.J.: In Defence of Free Will Theodicy, in: Religious Studies 23 (1987) 543-554.

COX, H.: Complaining to God. Theodicy and the Critique of Modernity in the Resurgence of Traditional Religion. The Example of Latin American Liberation Theology, in: M.M. Olivetti, Teodicea oggi?, a.a.O. 311-325.

CRAIG, W.L.: The Problem of Divine Foreknowledge and Future Contingents from Aristotle to Suarez, Leiden 1988.

CRAIG, W.L.: Die Existenz Gottes und der Ursprung des Universums, Wuppertal-Zürich 1989.

CRAIG, W.L.: "No Other Name". A Middle Knowledge Perspective on the Exclusivity of Salvation through Christ, in: Faith and Philosophy 6 (1989) 172-188.

CRAIG, W.L.: Divine Foreknowledge and Human Freedom, Leiden 1990.

CRAIG, W.L.: Talbott's Universalism Once More, in: Religious Studies 29 (1993) 497-518.

CREEL, R.E.: Divine Impassibility. An Essay in Philosophical Theology, Cambridge 1986.

DARCY, M.C.: The Problem of Evil, London 1971.

DAVIES, P.: Gott und die moderne Physik, München 1986.

DAVIES, P.: The Mind of God. The Scientific Basis for a Rational World, New York 1992.

DAVIS, S.T. (HG.): Encountering Evil. Live Options in Theodicy, Atlanta 1981.

DAVIS, S.T.: Divine Omniscience and Human Freedom, in: Religious Studies 15 (1979) 303-316.

DAVIS, S.T.: A Defense of the Free Will Defense, in: Religious Studies 18 (1982) 69-83.

DAVIS, S.T.: Risen Indeed. Making Sense of the Resurrection, Grand Rapids 1993.

DAWKINS, R.: Der blinde Uhrmacher. Ein neues Plädoyer für den Darwinismus, München 1990.

DEMBOWSKI, H.: Menschliches Leiden und der Dreieinige Gott, Freiburg-Konstanz 1978.

DILLEY, F.: Is the Free Will Defence Irrelevant?, in: Religious Studies 18 (1982) 355-364.

DORE, C.: Do Theists Need to Solve the Problem of Evil, in: Religious Studies 12 (1976) 383-390.

DORE, C.: God, Suffering and Solipsism, London 1989.

DUCASSE, C.J.: Determinism, Freedom, and Responsibility, in: S. Hook (Hg.), Determinism and Freedom in the Age of Modern Science, a.a.O. 147-157.

DUPRÉ, L.: Theodicy: The Case for a Theologically Inclusive Model of Philosophy, in: E.T. Long (Hg.), Prospects for Natural Theology, Washington 1992, 221-238.

ELLIOT, R.: Divine Perfection, Axiology and the No Best World Defence, in: Religious Studies 29 (1993) 533-542.

ELY, S.: The Religious Availability of Whitehead's God. A Critical Analysis, Madison 1942.

ERLANDSON, D./SAYWARD, C.: Is Heaven a Possible World?, in: International Journal for Philosophy of Religion 12 (1981) 55-58.

EVANS, G.R.: Augustine and Evil, Cambridge 1982.

EVANS, J.N.: Lafollette on Platinga's Free Will Defense, in: International Journal for Philosophy of Religion 14 (1983) 117-121.

FARRER, A.: Love Almighty and Ills Unlimited, Garden City 1961.

FERGUSON, K.: Das Universum des Stephen Hawking, Düsseldorf 1992.

FERGUSON, K.: Gottes Freiheit und die Gesetze der Schöpfung, Düsseldorf 1994.
FERRÉ, F.: Theodicy and the Status of Animals, in: A. Loades/L.D. Rue (Hg.), Contemporary Classics in Philosophy of Religion, a.a.O. 249-270.
FERRÉ, N.F.S.: Evil and the Christian Faith, New York 1947.
FIDDES, P.S.: The Creative Suffering of God, Oxford 1988.
FISCHER, J.M.: Introduction: God and Freedom, in: ders. (Hg.), God, Foreknowledge and Freedom, a.a.O. 1-56.
FISCHER, J.M. (HG.): God, Foreknowledge and Freedom, Stanford 1989.
FISCHER, J.M.: The Metaphysics of Free Will, Oxford-Cambridge 1994.
FITZGERALD, P.: Stump and Kretzmann on Time and Eternity, in: The Journal of Philosophy 82 (1985) 260-268.
FITZPATRICK, F.J.: The Onus of Proof in Arguments about the Problem of Evil, in: Religious Studies 17 (1981) 19-38.
FLASCH, K.: Augustin. Einführung in sein Denken, Stuttgart 1980.
FLEW, A.: Divine Omnipotence and Human Freedom, in: ders./A.C. MacIntyre (Hg.), New Esays in Philosophical Theology, London 1955.
FLEW, A.: God and Philosophy, London 1966.
FLEW, A.: Compatibilism, Free Will and God, in: Philosophy 48 (1973) 231-244.
FLEW, A.: The Presumption of Atheism and Other Philosophical Essays on God, Freedom and Immortality, London 1976.
FLOOD, R./LOCKWOOD, M. (HG.): The Nature of Time, Oxford 1986.
FORD, L.: Divine Persuasion and the Triumph of God, in: M.L. Peterson (Hg.), The Problem of Evil, a.a.O. 247-265.
FORD, L.: The Lure of God, Philadelphia 1978.
FORSYTH, P.T.: The Justification of God. Lectures for War-Time on a Christian Theodicy, London 1916.
FRANKENBERRY, N.: Some Problems in Process Theodicy, in: Religious Studies 18 (1982) 179-197.
FRANKFURT, H.G.: Freedom of the Will and the Concept of a Person, in: G. Watson (Hg.), Free Will, a.a.O. 81-95.
FUCHS, G.: Mythos und Hiobdichtung. Aufnahme und Umdeutung altorientalischer Vorstellungen, Stuttgart-Berlin-Köln 1993.
FUCHS, G. (HG.): Angesichts des Leids an Gott glauben? Zur Theologie der Klage, Frankfurt a.M. 1996.
GALE, R.M. (HG.): The Philosophy of Time, Garden City 1967.
GALE, R.M.: On the Nature and Existence of God, Cambridge 1991.
GALLIGAN, M.: God and Evil, New York 1976.
GAN, B.L.: Plantinga's Transworld Depravity: It's Got Possibilities, in: International Journal for Philosophy of Religion 13 (1982) 169-177.
GANSSLE, G.: Atemporality and the Mode of Divine Knowledge, in: International Journal for Philosophy of Religion 34 (1993) 171-180.
GEACH, P.: The Future, in: New Blackfriars 54 (1973) 208-219.
GEACH, P.: Providence and Evil, Cambridge 1977.
GEYER, C.-F.: Das "Jahrhundert der Theodizee", in: Kant-Studien 73 (1982) 393-405.

GEYER, C.-F.: Das Theodizeeproblem - ein historischer und systematischer Überblick, in: W. Oelmüller (Hg.), Theodizee - Gott vor Gericht?, a.a.O. 9-32.

GEYER, C.-F.: Die Theodizee. Diskurs, Dokumentation, Transformation, Stuttgart 1992.

GILKEY, L.: Theodicy and Plurality, in: M.M. Olivetti (Hg.), Teodicea oggi?, a.a.O. 707-720.

GINTERS, R. (HG.): Freiheit und Verantwortlichkeit, Düsseldorf 1977.

GNOLI, G.: Art.: Manichaeism, in: The Encyclopedia of Religion, Bd. 9, New York-London 1987, 161-170.

GNOLI, G.: Art.: Zoroastrianism, in: The Encyclopedia of Religion, Bd. 15, New York-London 1987, 579-591.

GOETZ, R.: The Suffering God. The Rise of a New Orthodoxy, in: The Christian Century 103 (1986) 385-389.

GOLDMAN, A.I.: A Causal Theory of Knowing, in: Journal of Philosophy 64 (1967) 357-372.

GORDON, D.: Is the Argument From Evil Decisive?, in: Religious Studies 19 (1983) 407-410.

GRAF, G.: Gott dennoch Recht geben. Die Theodizeefrage als ein entscheidendes Problem - besonders bei Luther, Bultmann und Sölle, Frankfurt a.M. - Bern - New York 1983.

GRAVES, T.H.: A Critique of John Hick's Theodicy From an African Perspective, in: Perspectives in Religious Studies 18 (1991) 23-37.

GREEN, R.M.: Art.: Theodicy, in: M. Eliade (Hg.), The Encyclopedia of Religion, Bd. 14, New York-London 1987, 430-441.

GREGORY, P.N.: The Problem of Theodicy in the "Awakening of Faith", in: Religious Studies 22 (1986) 63-78.

GREISCH, J.: Faut-il déconstruire la théodicée, in: M.M. Olivetti (Hg.), Teodicea oggi?, a.a.O. 647-673.

GRESHAKE, G.: Der Preis der Liebe. Besinnung über das Leid, Freiburg-Basel-Wien [7]1988.

GRIBBIN, J./REES, M.: Ein Universum nach Maß. Bedingungen unserer Existenz, Basel-Boston-Berlin 1991.

GRIFFIN, D.R.: God, Power and Evil. A Process Theodicy, Philadelphia 1976.

GRIFFIN, D.R.: Values, Evil, and Liberation Theology, in: J.B. Cobb/W. W. Schroder (Hg.), Process Philosophy and Social Thought, Chicago 1981, 183-196.

GRIFFIN, D.R.: Creation out of Chaos and the Problem of Evil, in: S.T. Davis (Hg.), Encountering Evil, a.a.O. 101-119.

GRIFFIN, D.R.: Griffin's Response to Critiques, in: S.T. Davis (Hg.), Encountering Evil, 128-136.

GRIFFIN, D.R.: Actuality, Possibility, and Theodicy. A Response to Nelson Pike, in: Process Studies 12 (1982) 168-179.

GRIFFIN, D.R.: Creation *ex nihilo*, the Divine *Modus Operandi* and the *Imitatio Dei*, in: G. Nordgulen/G.W. Shields (Hg.), Faith and Creativity. Essays in Honour of Eugene Peters, St. Louis 1988, 95-123.

GRIFFIN, D.R.: God and Religion in the Postmodern World, Albany 1989.

GRIFFIN, D.R.: Evil Revisited: Responses and Reconsiderations, Albany 1991.
GRIFFITHS, P.J.: Notes Towards a Critique of Buddhist Karmic Theory, in: Religious Studies 18 (1982) 277-291.
GROM, B.: Im Leid an Gott glauben? Neuere Überlegungen zu einer alten Frage, in: Stimmen der Zeit 117 (1992) 707-716.
GROSS, W./KUSCHEL, K.-H.: "Ich schaffe Finsternis und Unheil!" Ist Gott verantwortlich für das Übel?, Mainz 1992.
GULESERIAN, T.: God and Possible Worlds. The Modal Problem of Evil, in: Nous 17 (1983) 221-238.GUTIÉRREZ, G.: Theologie der Befreiung, Mainz 1973.GUTIÉRREZ, G.: Von Gott sprechen in Unrecht und Leid - Ijob, München-Mainz 1988.
HAAG, H. U.A.: Teufelsglaube, Tübingen 1974.
HAAG, H.: Vor dem Bösen ratlos?, München ^{2}1989.
HAGEMANN, L.: Leiden im Islam, in: P. Hünermann/A.T. Khoury (Hg.), Warum leiden?, a.a.O. 110-130.
HAGER, F.-P.: Gott und das Böse im antiken Platonismus, Würzburg 1987.
HALL, D.J.: God and Human Suffering. An Exercise in the Theology of the Cross, Minneapolis 1986.
HASKER, W.: Must God Do His Best?, in: International Journal for Philosophy of Religion 16 (1984) 213-223.
HASKER, W.: Foreknowledge and Necessity, in: J.M. Fischer (Hg.), God, Foreknowledge, and Freedom, a.a.O. 216-257.
HASKER, W.: Suffering, Soul-Making, and Salvation, in: International Philosophical Quarterly 28 (1988) 3-19.
HASKER, W.: God, Time, and Knowledge, Ithaca 1989.
HASKER, W.: On Regretting the Evils of This World, in: W.L. Peterson (Hg.), The Problem of Evil, a.a.O. 153-167.
HASKER, W.: How Good/Bad is Middle Knowledge? A Reply to Basinger, in: International Journal for Philosophy of Religion 33 (1993) 111-118.
HARE, P.H./MADDEN, E.H.: Evil and Unlimited Power, in: The Review of Metaphysics 20 (1966) 278-289.
HARE, P.H./MADDEN, E.H.: Evil and the Concept of God, Springfield, Ill. 1968.
HARE, P.H./MADDEN, E.H.: Evil and Persuasive Power, in: M.L. Peterson (Hg.), The Problem of Evil, a.a.O. 267-272.
HARE, P.H./MADDEN, E.H.: Evil and Inconclusiveness, in: Sophia 11 (1972) 10-12.
HÄRING, H.: Die Macht des Bösen. Das Erbe Augustins, Zürich 1979.
HÄRING, H.: Das Problem des Bösen in der Theologie, Darmstadt 1985.
HARNACK, A. VON: Marcion. Das Evangelium vom fremden Gott. Eine Monographie zur Geschichte der Grundlegung der katholischen Kirche, Darmstadt 1960.
HARPER, A.W.J.: The Theodicy of Suffering, San Francisco 1990.
HARTSHORNE, C.: The Divine Relativity. A Social Conception of God, New Haven 1948.

HARTSHORNE, C.: A New Look at the Problem of Evil, in: F.C. Dommeyer (Hg.), Current Philosophical Issues. Essay in Honor of Curt John Ducasse, Springfield 1966, 210-212.

HARTSHORNE, C.: A Natural Theology for Our Time, La Salle 1967.

HARTSHORNE, C.: Das metaphysische System Whiteheads, in: E. Wolf-Gazo (Hg.), Whitehead, Freiburg-München 1980, 28-44.

HARTSHORNE, C.: Omnipotence and Other Theological Mistakes, Albany 1984.

HAWKING, S.W.: Eine kurze Geschichte der Zeit. Die Suche nach der Urkraft des Universums, Reinbek 1988.

HAWKING, S.W.: Ist alles vorherbestimmt? Sechs Essays, Reinbek 1996.

HEBBLETHWAITE, B.: Evil, Suffering and Religion, London-New York 1979.

HEBBLETHWAITE, B.: Some Reflections on Predestination, Providence and Divine Foreknowledge, in: Religious Studies 15 (1979) 433-448.

HEDINGER, U.: Wider die Versöhnung Gottes mit dem Elend. Eine Kritik des christlichen Theismus und A-Theismus, Zürich 1972.

HEMBROW SNYDER, M.: The Ideas of God and Suffering in the Political Theology of Dorothee Soelle, in: P.F. Knitter (Hg.), Pluralism and Oppression. Theology in World Perspective, Lanham 1991, 237-254.

HENRICI, P.: Von der Ungereimtheit, Gott zu rechtfertigen, in: M.M. Olivetti (Hg.), Teodicea oggi?, a.a.O. 675-681.

HERMAN, A.L.: The Problem of Evil and Indian Thought, Delhi 1976.

HESS, W.: Überlegungen zum teleologischen Gottesbeweis, in: Horin 2 (1995) 29-80.

HICK, J.: Philosophy of Religion, Englewood Cliffs 1963 (mehrere veränderte Auflagen).

HICK, J.: Arguments for the Existence of God, London 1970.

HICK, J.: Evil and the God of Love, London (1966) ^{3}1985.

HICK, J.: God, Evil and Mystery, in: Religious Studies 3 (1967) 539-546.

HICK, J.: The Problem of Evil in the First and Last Things, in: Journal of Theologial Studies 19 (1968) 591-602.

HICK, J.: Freedom and Irenaean Theodicy Again, in: Journal of Theologial Studies 21 (1970) 419-422.

HICK, J.: Coherence and the God of Love Again, in: Journal of Theologial Studies 24 (1973) 522-528.

HICK, J.: The Problem of Evil: Remarks, in: S.C. Brown (Hg.), Reason and Religion, Ithaca-London 1977, 122-129.

HICK, J.: An Irenaean Theodicy, in: S.T. Davis (Hg.), Encountering Evil, a.a.O. 39-52.

HICK, J.: An Interpretation of Religion. Human Responses to the Transcendent, London 1989.

HICK, J.: Response to Mesle, in: C.R. Mesle, John Hick's Theodicy. A Process Humanist Critique, London 1991, 115-134.

HICKS, D.C.: Moral Evil as Apparent Disvalue, in: Religious Studies 13 (1977) 1-16.

HOCHSTAFFL, J.: Negative Theologie, München 1976.

HOERSTER, N.: Zur Unlösbarkeit des Theodizee-Problems, in: Theologie und Philosophie 60 (1985) 400-409.

HOITENGA, D.: Logic and the Problem of Evil, in: American Philosophical Quarterly 4 (1967) 114-126.
HONDERICH, T.: A Theory of Determinism. The Mind, Neuroscience, and Life-Hopes, Oxford 1988.
HONDERICH, T.: How Free Are You? The Determinism Problem, Oxford-New York 1993.
HOOK, S. (HG.): Determinism and Freedom in the Age of Modern Science, New York 1958.
HOOKER, R.H.: Themes in Hinduism and Christianity, Frankfurt a.M. 1989.
HORSTMANN, U.: Das Untier. Konturen einer Philosophie der Menschenflucht, Frankfurt a.M. 1985.
HOWARD-SNYDER, D. UND F.: The Christian Theodicist's Appeal to Love, in: Religious Studies 29 (1993) 185-192.
HÜNERMANN, P.: Das Leiden und der christliche Glaube, in: ders./A.T. Khoury (Hg.), Warum Leiden?, a.a.O. 131-158.
HÜNERMANN, P./KHOURY, A.T. (HG.): Warum leiden? Die Antwort der Weltreligionen, Freiburg-Basel-Wien 1987.
HUGHES, C.T.: Theism, Natural Evil, and Superior Possible Worlds, in: International Journal for Philosophy of Religion 31 (1992) 45-61.
IMHOFF, P./BIALLOWONS, H. (HG.): Karl Rahner im Gespräch, Bd. 1: 1964-1977, München 1982.
JANOWSKI, B.: Die Tat kehrt zum Täter zurück. Offene Fragen im Umkreis des "Tun-Ergehen-Zusammenhangs", in: Zeitschrift für Theologie und Kirche 91 (1994) 247-271.
JANSSEN, H.-G.: Das Theodizee-Problem der Neuzeit. Ein Beitrag zur historisch-systematischen Grundlegung politischer Theologie, Frankfurt a.M.-Bern 1982.
JANSSEN, H.-G.: Gott-Freiheit-Leid. Das Theodizeeproblem in der Philosophie der Neuzeit, Darmstadt 1988.
JANSSEN, H.-G.: Leiden - eine theoretische oder praktische Herausforderung für Christen?, in: Religionsunterricht an höheren Schulen 38 (1995) 210-223.
JONAS, H.: Gnosis und spätantiker Geist, Bd. 1: Die mythologische Gnosis, Göttingen 1934.
JONAS, H.: Gnosis und spätantiker Geist, Bd. 2,1: Von der Mythologie zur mystischen Philosophie, Göttingen 1966.
JONAS, H.: Der Gottesbegriff nach Auschwitz. Eine jüdische Stimme, Frankfurt a.M. 1984.
JOURNET, C.: Vom Geheimnis des Übels, Essen 1963. (Original: Le mal, 1961).
JÜNGEL, E.: Gott als Geheimnis der Welt. Zur Begründung der Theologie des Gekreuzigten im Streit zwischen Theismus und Atheismus, Tübingen ^{6}1992.
KANE, G.S.: The Concept of Divine Goodness and the Problem of Evil, in: Religious Studies 11 (1975) 49-71.
KANE, G.S.: The Failure of Soul-Making Theodicy, in: International Journal for Philosophy of Religion 6 (1975) 1-22.
KANE, G.S.: Evil and Privation, in: International Journal for Philosophy of Religion 11 (1980) 43-58.

KANITSCHEIDER, B.: Die Feinabstimmung des Universums, in: E. Dahl (Hg.), Die Lehre des Unheils. Fundamentalkritik am Christentum, Hamburg 1993, 72-83.

KASPER, W.: Das theologisches Problem des Bösen, in: ders./K. Lehmann (Hg.), Teufel - Dämonen - Besessenheit. Zur Wirklichkeit des Bösen, Mainz 1978, 41-69.

KAUFMANN, W.: The Faith of a Heretic, New York 1961.

KEENAN, J.F.: Taking Aim at the Principle of Double Effect: Reply to Khatchadourian, in: International Philosophical Quarterly 28 (1988) 201-205.

KELLER, J.A.: The Hiddenness of God and the Problem of Evil, in: International Journal for Philosophy of Religion 37 (1995) 13-24.

KENNY, A.: Will, Freedom and Power, Oxford 1975.

KENNY, A.: Freewill and Responsibility, London 1978.

KENNY, A.: The God of the Philosophers, Oxford 1979.

KENNY, A.: The Problem of Evil and the Argument From Design, in: M.M. Olivetti (Hg.), Teodicea oggi?, a.a.O. 545-555.

KERN, W.: Art.: Theodizee, in: LThK², Bd. 10, Freiburg 1965, 26.

KERN, W.: Theodizee: Kosmodizee durch Christus, in: ders., Geist und Glaube. Fundamentaltheologische Vermittlungen, Innsbruck-Wien 1992, 109-145.

KERTELGE, K. (HG.): Der Tod Jesu. Deutungen im Neuen Testament, Freiburg-Basel-Wien 1976.

KHATCHADOURIAN, H.: God, Happiness and Evil, in: Religious Studies 2 (1967) 109-119.

KHATCHADOURIAN, H.: Is the Principle of Double Effect Morally Acceptable?, in: International Philosophical Quarterly 28 (1988) 21-30.

KITAMORI, K.: Theologie des Schmerzes Gottes, Göttingen 1972.

KNAUER, P.: Der Glaube kommt vom Hören. Ökumenische Fundamentaltheologie, Frankfurt a.M. ²1982.

KNEALE, W.: Time and Eternity in Theology, in: Proceedings of the Aristotelian Society (1961) 87-108.

KOCH, K.: Gibt es ein Vergeltungsdogma im Alten Testament?, in: Zeitschrift für Theologie und Kirche 52 (1955) 1-42.

KOCH, T.: Das Böse als theologisches Problem, in: Kerygma und Dogma 24 (1978) 285-320.

KOSLOWSKI, P.: Gnosis und Theodizee. Eine Studie über den leidenden Gott des Gnostizismus, Wien 1993.

KRAEMER, D.: Responses to Suffering in Classical Rabbinic Literature, Oxford 1995.

KRAUS, G.: Vorherbestimmung. Traditionelle Prädestinationslehre im Licht gegenwärtiger Theologie, Freiburg-Basel-Wien 1977.

KREEFT, P.J.: Making Sense Out of Suffering, London 1986.

KREINER, A.: Ende der Wahrheit? Zum Wahrheitsverständnis in Philosophie und Theologie, Freiburg-Basel-Wien 1992.

KREINER, A.: Gott und das Leid, Paderborn ³1995.

KREINER, A.: Theodizee und Atheismus, in: P. Schmidt-Leukel (Hg.), Berechtigte Hoffnung. Über die Möglichkeit, vernünftig und zugleich Christ zu sein, Paderborn 1995, 99-110.

KRETZMANN, N.: God Among the Causes of Moral Evil. Hardening of Hearts and Spiritual Blinding, in: Philosophical Topics 16 (1988) 189-214.

KRIELE, M.: Anthroposophie und Kirche. Erfahrungen eines Grenzgängers, Freiburg-Basel-Wien 1996.

KROON, F.: Plantinga on God, Freedom, and Evil, in: International Journal for Philosophy of Religion 12 (1981) 75-96.

KÜNG, H.: Credo, München 1993.

KUSCHEL, K.-J.: Ist Gott verantwortlich für das Übel? Überlegungen zu einer Theologie der Anklage, in: G. Fuchs (Hg.), Angesichts des Leids an Gott glauben? Zur Theologie der Klage, a.a.O. 227-261.

KUSHNER, H.: Wenn guten Menschen Böses widerfährt, München 1983.

KUTSCH, E.: Von Grund und Sinn des Leidens nach dem Alten Testament, in: H. Schulze (Hg.), Der leidende Mensch, Neukirchen 1974, 73-84.

KVANVIG, J.L.: The Possibility of an All-Knowing God, New York 1986.

LA CROIX, R.R.: Omniprescience and Divine Determinism, in: Religious Studies 12 (1976) 365-381.

LACKEY, D.P.: A New Disproof of the Compatibility of Foreknowledge and Free Choice, in: Religious Studies 10 (1974) 313-318.

LAFOLETTE, H.: Plantinga on the Free Will Defense, in: International Journal for Philosophy of Religion 11 (1980) 123-132.

LAMBRECHT, J./COLLINS, R.F. (HG.): God and Human Suffering, Louvain 1989.

LAMBERT, M.: Ketzerei im Mittelalter, Freiburg-Basel-Wien 1991.

LANGTON, D.: The Argument From Evil: Reply to Professor Richman, in: Religious Studies 16 (1980) 103-113.

LANGTRY, B.: Some Internal Theodicies and the Objection from Alternative Goods, in: International Journal for Philosophy of Religion 34 (1993) 29-29.

LEAMAN, O.: Evil and Suffering in Jewish Philosophy, Cambridge 1995.

LEE, J.Y.: God Suffers for Us. A Systematic Inquiry into a Concept of Divine Passibility, The Hague 1974.

LEFTOW, B.: Time and Eternity, Ithaca 1991.

LEHMANN, K.: Der Teufel - ein personales Wesen?, in: W. Kasper/K. Lehmann (Hg.), Teufel - Dämonen - Besessenheit. Zur Wirklichkeit des Bösen, Mainz 1978, 71-98.

LENK, K. (HG.): Ideologie. Ideologiekritik und Wissenssoziologie, Darmstadt-Neuwied [8]1978.

LESLIE, J.: Anthropic Principle, World Ensemble, Design, in: American Philosophical Quarterly 19 (1982) 141-151.

LEWIS, C.S.: Über den Schmerz, Basel 1988.

LIEBER, H.-J. (HG.): Ideologie - Wissenschaft - Gesellschaft. Neuere Beiträge zur Diskussion, Darmstadt 1976.

LING, T.: Buddhism and the Mythology of Evil. A Study in Theravada Buddhism, London 1962.

LINVILLE, M.D.: Divine Foreknowledge and the Libertarian Conception of Human Freedom, in: International Journal for Philosophy of Religion 33 (1993) 165-186.

LISKE, M.: Was meint Thomas von Aquin mit "Gott weiß das Künftige als gegenwärtig?", in: Theologie und Philosophie 60 (1985) 520-537.

LLOYD, D.I.: Theodicies. An Aid of the Devil, in: M.M. Olivetti (Hg.), Teodicea oggi?, a.a.O. 613-621.

LOADES, A./RUE, L.D. (HG.): Contemporary Classics in Philosophy of Religion, La Salle 1991.

LONG, J.B.: Art.: Demons. An Overview, in: M. Eliade (Hg.), Encyclopedia of Religion, Bd. 4, New York-London 1986, 282-288.

LOOMER, B.M.: Ely on Whitehead's God, in: Journal of Religion 24 (1944).

LORENZ, K.: Das sogenannte Böse. Zur Naturgeschichte der Aggression, München [8]1981.

LOVEJOY, A.: The Great Chain of Being, Cambridge-London (1936) 1964.

LUCAS, J.R.: The Freedom of the Will, Oxford 1970.

LÜBBE, H.: Religion nach der Aufklärung, Graz-Wien-Köln 1980.

LÜBBE, H.: Theodizee und Lebenssinn, in: M.M. Olivetti (Hg.), Teodicea oggi?, a.a.O. 407-426.

LUGENBEHL, D.: Can the Argument From Evil Be Decisive After All?, in: Religious Studies 18 (1982) 29-35.

LUYTEN, J.: Perspectives on Human Suffering in the Old Testament, in: J. Lambrecht/R.F. Collins (Hg.), God and Human Suffering, a.a.O. 1-30.

MAAS, W.: Unveränderlichkeit Gottes. Zum Verhältnis von griechisch-philosophischer und christlicher Gotteslehre, Paderborn 1974.

MACGREGOR, G.: Reinkarnation und Karma im Christentum, München 1990.

MACINTOSH, J.J.: Reincarnation and Relativized Identity, in: Religious Studies 25 (1989) 153-165.

MACINTYRE, A.: Difficulties in Christian Belief, London 1959.

MACKIE, J.L.: Evil and Omnipotence, in: Mind 64 (1955) 206-210 [dt. Übersetzung in: N. Hoerster (Hg.), Glaube und Vernunft, München 1979, 104-109].

MACKIE, J.L.: Das Wunder des Theismus, Stuttgart 1985.

MAKER, W.: Augustine on Evil. The Dilemma of the Philosophers, in: International Journal for Philosophy of Religion 15 (1984) 149-160.

MARCOULESCO, I.: Art.: Free Will and Determinism, in: M. Eliade (Hg.), Encyclopedia of Religion, Bd. 5, New York-London 1987, 419-421.

MARITAIN, J.: Dieu et la permission du mal, Paris 1963.

MARQUARD, O.: Schwierigkeiten mit der Geschichtsphilosophie, Frankfurt a.M. 1982.

MARTIN, M.: Is Evil Evidence Against the Existence of God, in: Mind 87 (1978) 429-432.

MARTIN, M.: Reichenbach on Natural Evil, in: Religious Studies 24 (1988) 91-99.

MAVRODES, G.I.: Keith Yandell and the Problem of Evil, in: International Journal for Philosophy of Religion 20 (1986) 45-48.

MCCABE, H.: Evil, in: A. Loades/L.D. Rue (Hg.), Contemporary Classics in Philosophy of Religion, a.a.O. 231-247.

MCCLOSKEY, H.J.: God and Evil, in: The Philosophical Quarterly 10 (1960) 97-114.

MCCLOSKEY, H.J.: God and Evil, The Hague 1974.

McCORD ADAMS, M.: Theodicy Without Blame, in: Philosophical Topics 16 (1988) 215-245.
McCORD ADAMS, M.: Redemptive Suffering: A Christian Solution to the Problem of Evil, in: M.L. Peterson (Hg.), The Problem of Evil, a.a.O. 169-187.
McCORD ADAMS, M./ADAMS, R.M. (HG.): The Problem of Evil, Oxford 1990.
McFAGUE, S.: Metaphorical Theology. Models of God in Religious Language, London 1983.
McGRATH, A.: Iustitia Dei. A History of the Christian Doctrine of Justification, Bd.1, Cambridge 1986.
McHARRY, J.D.: A Theodicy, in: Analysis 38 (1978) 132-134.
McKIM, R.: Worlds Without Evil, in: International Journal for Philosophy of Religion 15 (1984) 161-170.
McNAUGHTON, D.: The Problem of Evil. A Deontological Perspective, in: A.G. Padgett (Hg.), Reason and the Christian Belief. Essays in Honour of Richard Swinburne, Oxford 1994, 329-351.
McWILLIAMS, W.: The Passion of God. Divine Suffering in Contemporary Protestant Theology, Macon 1985.
MEIER, E.: Die Haltung des Buddhismus zur Leidensfrage, in: P. Hünermann/ A.T. Khoury (Hg.), Warum leiden?, a.a.O. 44-73.
MEISIG, K.: Leiden im Hinduismus, in: P. Hünermann/A.T. Khoury (Hg.), Warum leiden?, a.a.O. 9-43.
MESLE, C.R.: The Problem of Genuine Evil. A Critique of John Hick's Theodicy, in: Journal of Religion 66 (1986) 412-430.
MESLE, C.R.: John Hick's Theodicy. A Process Humanist Critique, London 1991.
METZ, J.B.: Glaube in Geschichte und Gesellschaft. Studien zu einer praktischen Fundamentaltheologie, Mainz 1977.
METZ, J.B.: Jenseits bürgerlicher Religion. Reden über die Zukunft des Christentums, Mainz 1980.
METZ, J.B.: Unterwegs zu einer nachidealistischen Theologie, in: J.B. Bauer (Hg.), Entwürfe der Theologie, Graz-Wien-Köln 1985, 209-233.
METZ, J.B.: Theologie als Theodizee?, in: W. Oelmüller (Hg.), Theodizee - Gott vor Gericht?, a.a.O. 103-118.
MICHIELS, R.: Jesus and Suffering - The Suffering of Jesus, in: J. Lambrecht/R.F. Collins (Hg.), a.a.O. 31-45.
MILL, J.S.: Drei Essays über Religion, Stuttgart 1984.
MOHR, H.: Leiden und Sterben als Faktoren der Evolution, in: W. Böhme (Hg.), Das Übel in der Evolution und die Güte Gottes, a.a.O. 9-25.
MOLTMANN, J.: Der gekreuzigte Gott. Das Kreuz Christi als Grund und Kritik christlicher Theologie, München 1972.
MOLTMANN, J.: Antwort auf die Kritik an "Der gekreuzigte Gott", in: M. Welker (Hg.), Diskussion über Jürgen Moltmanns Buch "Der gekreuzigte Gott", München 1979, 165-190.
MOLTMANN, J.: Trinität und Reich Gottes, München 1980.
MORRIS, T.V.: The Logic of God Incarnate, Ithaca-London 1986.
MORRIS, T.V. (HG.): The Concept of God, Oxford 1987.
MORRIS, T.V.: Our Idea of God, Notre Dame-London 1991.

MORRISTON, W.: God's Answer to Job, in: Religious Studies 32 (1996) 339-356.
MORTLEY, R.: From Word to Silence, 2 Bde, Bonn 1986.
MOSTERT, W.: Gott und das Böse. Bemerkungen zu einer vielschichtigen Frage, in: Zeitschrift für Theologie und Kirche 77 (1980) 453-478.
MOZLEY, J.K.: The Impassibility of God. A Survey of Christian Thought, London 1926.
MULERT, H.: Gott im Schicksal?, München 1947.
MÜLLER, H.-P.: Hiob und seine Freunde. Traditionsgeschichtliches zum Verständnis des Hiobbuches, Zürich 1970.
MÜLLER, H.-P.: Theodizee? Anschlußerörterungen zum Buch Hiob, in: Zeitschrift für Theologie und Kirche 89 (1992) 249-279.
MÜLLER, H.-P.: Das Hiobproblem. Seine Stellung und Entstehung im Alten Orient und im Alten Testament, Darmstadt 1978.
MURPHY, F.J.: The Problem of Evil and a Plausible Defence, in: Religious Studies 31 (1995) 234-250.
MYERS, C.M.: Free Will and the Problem of Evil, in: Religious Studies 23 (1987) 289-294.
NAGEL, E.: Some Notes on Determinism, in: S. Hook (Hg.), Determinism and Freedom in the Age of Modern Science, a.a.O. 183-188.
NAYAK, G.C.: Evil, Karma and Reincarnation, Santiniketan 1973.
NELSON, M.T.: Temporal Wholes and the Problem of Evil, in: Religious Studies 29 (1993) 313-324.
NEUHAUS, G.: Theodizee - Abbruch oder Anstoß des Glaubens, Freiburg-Basel-Wien 1993.
NEUHAUS, G.: Menschliche Identität angesichts des Leidens. Wonach fragt die Theodizeefrage?, in: G. Fuchs (Hg.), Angesichts des Leids an Gott glauben? Zur Theologie der Klage, a.a.O. 17-52.
NOONAN, H.W.: The Possibility of Reincarnation, in: Religious Studies 26 (1990) 483-491.
NYGREN, G.: Das Prädestinationsproblem in der Theologie Augustins, Göttingen 1956.
O'CONNOR, D.: Swinburne on Natural Evil, in: Religious Studies 19 (1983) 65-73.
O'CONNOR, D.: Theism, Evil and the Onus of Proof - Reply to F.J. Fitzpatrick, in: Religious Studies 19 (1983) 241-247.
O'CONNOR, D.: In Defense of Theoretical Theodicy, in: Modern Theology 5 (1988) 61-74.
O'CONNOR, D.: A Reformed Problem of Evil and the Free Will Defense, in: International Journal for Philosophy of Religion 39 (1996) 33-63.
OELMÜLLER, W. (HG.): Kolloquium Religion und Philosophie, Bd.3: Leiden, Paderborn 1986.
OELMÜLLER, W. (HG.): Theodizee - Gott vor Gericht?, München 1990.
OELMÜLLER, W. (HG.): Worüber man nicht schweigen kann. Neue Diskussion zur Theodizeefrage, München 1992.
OELMÜLLER, W.: Kant und die nicht erledigte Theodizeefrage, in: Orientierung 58 (1994) 64-68.

O'FLAHERTY, W.D.: The Origins of Evil in Hindu Mythology, Berkeley-Los Angeles 1976.

O'FLAHERTY, W.D. (HG.): Karma and Rebirth in Classical Indian Traditions, Berkeley-Los Angeles 1980.

OLIVETTI, M.M. (HG.): Teodicea oggi? (= Archivio di Filosofia 56), Padua 1988.

ORMSBY, E.L.: Theodicy in Islamic Thought. The Dispute over al-Ghazali's "Best of all Possible Worlds", Princeton 1984.

OSBORN, E.: Anfänge christlichen Denkens, Düsseldorf 1987.

OTT, L.: Grundriß der katholischen Dogmatik, Freiburg-Basel-Wien [10]1981.

OWEN, H.P.: Concepts of Deity, London 1971.

PAILIN, D.A.: God and the Processes of Reality. Foundations of a Credible Theism, London-New York 1989.

PAGELS, E.: Adam, Eva und die Schlange. Die Geschichte der Sünde, Reinbek 1994.

PANNENBERG, W.: Anthropologie in theologischer Perspektive, Göttingen 1983.

PANNENBERG, W.: Systematische Theologie, Göttingen I/1988, II/1991, III/1993.

PARGETTER, R.: Evil as Evidence Against the Existence of God, in: Mind 85 (1976) 242-245.

PATERSON, R.W.K.: Evil, Omniscience and Omnipotence, in: Religious Studies 15 (1979) 1-23.

PAULSEN, D.: Divine Determinateness and the Free Will Defense, in: Analysis 41 (1981) 150-153.

PEACOCKE, A.R.: Science and the Christian Experiment, London 1971.

PENELHUM, T.: Divine Goodness and the Problem of Evil, in: Religious Studies 2 (1967) 95-107.

PETERSON, M.L.: Evil and the Christian God, Grand Rapids 1982.PETERSON, M.L.: Recent Work on the Problem of Evil, in: American Philosophical Quarterly 20 (1983) 321-339.

PETERSON, M.L. (HG.): The Problem of Evil, Notre Dame 1992.

PHILLIPS, D.Z.: The Problem of Evil, in: S.C. Brown (Hg.), Reason and Religion, Ithaca-London 1977, 103-121; 134-139.

PHILLIPS, D.Z.: On Not Understanding God, in: M.M. Olivetti (Hg.), Teodicea oggi?, a.a.O. 597-612.

PIKE, N. (HG.): God and Evil. Readings on the Theological Problem of Evil, Englewood Cliffs 1964.

PIKE, N.: Hume on Evil, in: ders. (Hg.), God and Evil, a.a.O. 85-102.

PIKE, N.: Divine Omniscience and Voluntary Action, in: Philosophical Review 74 (1965) 27-46.

PIKE, N.: Plantinga on Free Will and Evil, in: Religious Studies 15 (1979) 449-473.

PIKE, N.: Process Theodicy and the Concept of Power, in: Process Studies 12 (1982) 148-167.

PIKE, N.: A Latter-Day Look at the Foreknowledge Problem, in: International Journal for Philosophy of Religion 33 (1993) 129-164.

PLANTINGA, A.: The Free Will Defence, in: M. Black (Hg.), Philosophy in America, London 1965, 204-220.
PLANTINGA, A.: God and Other Minds, Ithaca 1967.
PLANTINGA, A.: The Nature of Necessity, Oxford 1974.
PLANTINGA, A.: God, Freedom and Evil, London 1975.
PLANTINGA, A.: The Probabilistic Argument from Evil, in: Philosophical Studies 35 (1979) 1-53.
PLANTINGA, A.: Epistemic Probability and Evil, in: M.M. Olivetti (Hg.), Teodicea oggi?, a.a.O. 557-584.
PLANTINGA, A.: Reply to the Basingers on Divine Omnipotence, in: Process Studies 11 (1981) 25-29.
PLANTINGA, A.: Self-Profile, in: J.E. Tomberlin/P. Van Inwagen (Hg.), Alvin Plantinga, Dordrecht-Boston-Lancaster 1985, 3-97.
PLATINGA, A.: On Ockham's Way Out, in: J.M. Fischer (Hg.), God, Foreknowledge, and Freedom, a.a.O. 178-215.
PLANTINGA, A.: Ad Walls, in: M.L. Peterson (Hg.), The Problem of Evil, a.a.O. 335-338.
POHLE, J./GUMMERSBACH, J.: Lehrbuch der Dogmatik Bd. 1, Paderborn ^{10}1952.
POLKINGHORNE, J.: Science and Christian Belief. Theological Reflections of a Bottom-up Thinker, London 1994.
POPPER, K.R.: The Open Universe. An Argument for Indeterminism, London (1982) 1988.
PREUSS, D.: Die Frage nach dem Leid des Menschen - ein Versuch biblischer Theologie, in: Altes Testament und christliche Verkündigung (= FS für A.H.J. Gunneweg) Stuttgart 1987, 52-80.
PRÖPPER, T.: Fragende und Gefragte zugleich. Notizen zur Theodizee, in: T.R. Peters/T. Pröpper/H. Steinkamp (Hg.), Erinnern und Erkennen. Denkanstöße aus der Theologie von Johann Baptist Metz, Düsseldorf 1993, 61-72.
PUCCETTI, R.: The Loving God - Some Observations on John Hick's "Evil and the God of Love", in: Religious Studies 2 (1967) 255-268.
PURTILL, R.L.: Flew and the Free Will Defence, in: Religious Studies 13 (1977) 477-483.
PUTNAM, H.: What Is Mathematical Truth?, in: T. Tymoczko (Hg.), New Directions in the Philosophy of Mathematics, Boston 1985, 49-65.
QUINE, W.V.O.: Von einem logischen Standpunkt, Frankfurt a.M.-Berlin-Wien 1979.
QUINN, P.L.: Plantinga on Foreknowledge and Freedom, in: J.E. Tomberlin/P. Van Inwagen (Hg.), Alvin Plantinga, Dordrecht-Boston-Lancaster 1985, 271-287.
QUINN, P.L.: "In Adam's Fall, We Sinned All", in: Philosophical Topics 16 (1988) 89-118.
QUINN, P.L.: God, Moral Perfection, and Possible Worlds, in: M.L. Peterson (Hg.), The Problem of Evil, a.a.O. 289-302.
RAD, G. VON: Theologie des Alten Testaments, Bd. 1, München 1978.
RAHNER, K.: Grundkurs des Glaubens. Einführung in den Begriff des Christentums, Freiburg-Basel-Wien 1976.

RAHNER, K.: Warum läßt uns Gott leiden?, in: ders., Schriften zur Theologie, Bd. 14, Zürich-Einsiedeln-Köln 1980, 450-469.
RECK, N.: Kann denn wahr sein, was nicht sagbar ist? Neue Wortmeldungen zur Theodizeefrage nach Auschwitz, in: Orientierung 60 (1996) 191-194.
REICHENBACH, B.: Natural Evils and Natural Laws: A Theodicy for Natural Evils, in: International Philosophical Quarterly 16 (1976) 179-196.
REICHENBACH, B.: The Inductive Argument from Evil, in: American Philosophical Quarterly 17 (1980) 221-227.
REICHENBACH, B.: Evil and a Good God, New York 1982.
REICHENBACH, B.: Fatalism and Freedom, in: International Philosophical Quarterly 28 (1988) 271-285.
RICHMAN, R.: The Argument from Evil, in: Religious Studies 4 (1969) 203-211.
RICOEUR, P.: Evil, a Challenge to Philosophy and Theology, in: H. Deuser (Hg.), Gottes Zukunft - Zukunft der Welt (= FS für Jürgen Moltmann), München 1986, 345-361.
RIST, J.: Coherence and the God of Love, in: Journal of Theological Studies 23 (1972) 95-105.
ROBINSON, M.D.: Eternity and Freedom. A Critical Analysis of Divine Timelessness as a Solution to the Foreknowledge/Free Will Debate, Lanham-New York-London 1995.
ROGERS, K.A.: Eternity Has No Duration, in: Religious Studies 30 (1994) 1-16.
RORTY, R.: Der Spiegel der Natur. Eine Kritik der Philosophie, Frankfurt a.M. 1987.
ROSENAU, H.: Theogonie. Schellings Beitrag zum Theodizeeproblem nach seiner "Freiheitsschrift" von 1809, in: Neue Zeitschrift für systematische Theologie und Religionsphilosophie 24 (1990) 26-52.
ROSS, J.F.: Philosophical Theology, New York 1969.
ROTTENWÖHRER, G.: Unde malum? Herkunft und Gestalt des Bösen nach heterodoxer Lehre von Markion bis zu den Katharern, Bad Honnef 1986.
ROWE, W.L.: Philosophy of Religion, Encino 1978.
ROWE, W.L.: The Problem of Evil and Some Varieties of Atheism, in: American Philosophical Quarterly 16 (1979) 335-341.
ROWE, W.L.: Evil and the Theistic Hypothesis: A Response to Wykstra, in: International Journal for Philosophy of Religion 16 (1984) 95-100.
ROWE, W.L.: Evil and Theodicy, in: Philosophical Topics 16 (1988) 119-132.
ROWE, W.L.: Paradox and Promise. Hick's Solution to the Problem of Evil, in: H. Hewitt (Hg.), Problems in the Philosophy of Religion, London 1991, 111-124.
ROWE, W.L.: William Alston on the Problem of Evil, in: T.D. Senor (Hg.), The Rationality of Belief and the Plurality of Faith, Ithaca-London 1995, 71-93.
RUNZO, J.: Omniscience and Freedom for Evil, in: International Journal for Philosophy of Religion 12 (1981) 131-147.
RUSSELL, B./WYKSTRA, S.: The "Inductive" Argument From Evil. A Dialogue, in: Philosophical Topics 16 (1988) 133-160.
RUSSELL, J.B.: The Devil. Perceptions of Evil from Antiquity to Primitive Christianity, Ithaca 1977.
RUSSELL, J.B.: Satan. The Early Christian Tradition, Ithaca 1981.

RUSSELL, J.B.: Lucifer. The Devil in the Middle Ages, Ithaca 1984.
SACHS, J.R.: Current Eschatology: Universal Salvation and the Problem of Hell, in: Theological Studies 52 (1991) 227-254.
SAINSBURY, R.M.: Paradoxien, Stuttgart 1993.
SAROT, M.: God, Passibility and Corporeality, Kampen 1992.
SCHARBERT, J.: Der Schmerz im Alten Testament, Hanstein 1953.
SCHELL, H.: Katholische Dogmatik, Bd. 2, Paderborn 1890.
SCHIEBELER, W.: Der Mensch und seine Bindung an Gott. Parapsychologie und Religion, Ravensburg 1990.
SCHILLING, S.P.: God and Human Anguish, Nashville 1977.
SCHLESINGER, G.: The Problem of Evil and the Problem of Suffering, in: American Philosophical Quarterly 1 (1964) 244-247.
SCHMAUS, M.: Katholische Dogmatik, Bd. II/1, München ^{5}1954.
SCHMIDT-LEUKEL, P.: Der Reinkarnationsgedanke – Eine Herausforderung an die christliche Theologie, in: ders. (Hg.), Die Idee der Reinkarnation in Ost und West, München 1996, 177-204.
SCHRIJVER, G. DE: Theodicy, Justification, and Justice. A Critique of Leibniz From the Perspective of Latin American Liberation Theology, in: M.M. Olivetti (Hg.), Teodicea oggi?, a.a.O. 291-310.
SCHÜLE, E.U.: Der Ursprung des Bösen bei Marcion, in: Zeitschrift für Religions- und Geistesgeschichte 16 (1964) 23-42.
SCHULTE, C.: Radikal Böse. Die Karriere des Bösen von Kant bis Nietzsche, München 1988.
SCHULWEIS, H.M.: Evil and the Morality of God, Cincinnati 1984.
SCHUMACHER, T.: Theodizee. Bedeutung und Anspruch eines Begriffs, Frankfurt a.M. u.a. 1994.
SCHUON, F.: Den Islam verstehen. Innere Lehre und mystische Erfahrung, Freiburg-Basel-Wien 1993.
SCHWARZWÄLLER, K.: Vom Übel der Rationalisierung der Güte Gottes, in: Theologische Rundschau 58 (1993) 194-202.
SEARLE, J.R.: The Rediscovery of the Mind, Cambridge-London 1994.
SEDMAK, C.: Vorherwissen Gottes - Freiheit des Menschen - Kontingenz der Welt. Beitrag zu einer systematischen Diskussion, Frankfurt a.M. u.a. 1995.
SERTILLANGES, A.-D.: Le problème du mal, 2 Bde, Paris 1948/51.
SETTLE, T.: How Determinism Refutes Compatibilism, in: Religious Studies 29 (1993) 353-362.
SHATZ, D.: Compatibilism, Values, and "Could Have Done Otherwise", in: Philosophical Topics 16 (1988) 151-200.
SMART, N.: Omnipotence, Evil and Supermen, in: N. Pike (Hg.), God and Evil, a.a.O. 103-112.
SMITH, Q.: An Atheological Argument from Evil Natural Laws, in: International Journal for Philosophy of Religion 29 (1991) 154-174.
SOBRINO, J.: The True Church and the Poor, London 1985.
SOBRINO, J.: Theology in a Suffering World, in: P. Knitter (Hg.), Pluralism and Oppression, Lanham 1988, 153-177.
SÖLLE, D.: Gott und das Leiden, in: M. Welker (Hg.), Diskussion über Jürgen Moltmanns Buch "Der gekreuzigte Gott", München 1979, 111-117.

SÖLLE, D.: Leiden, Stuttgart-Berlin [6]1984.

SÖLLE, D.: Gottes Schmerz und unsere Schmerzen, in: M.M. Olivetti (Hg.), Teodicea oggi?, a.a.O. 273-289.

SPARN, W.: Leiden - Erfahrung und Denken. Materialien zum Theodizeeproblem, München 1980.

SPARN, W.: "Mit dem Bösen leben." Zur Aktualität des Theodizeeproblems, in: Neue Zeitschrift für systematische Theologie und Religionsphilosophie 32 (1990) 207-225.

SPLETT, J.: Und zu Lösungsversuchen durch Unterbietung, in: Theologie und Philosophie 60 (1985) 410-417.

SPLETT, J.: Gotteserfahrung im Denken. Zur philosophischen Rechtfertigung des Redens von Gott, Freiburg-München [4]1995.

STEAD, C.: Philosophy in Christian Antiquity, Cambridge 1994.

STEEN, M.: The Theme of the "Suffering" God: An Exploration, in: J. Lambrecht/R.F. Collins (Hg.), God and Human Suffering, a.a.O. 69-93.

STEINVORTH, U.: Zum Problem der Willensfreiheit, in: Zeitschrift für philosophische Forschung 49 (1995) 398-415.

STEUER, A.: Once More on the Free Will Defense, in: Religious Studies 10 (1974) 301-311.

STIETENCRON, H. VON: Mensch und Erlösung in Religionen der Hindus: Hinduistische Perspektiven, in: H. Küng/ders.: Christentum und Weltreligionen: Hinduismus, Gütersloh 1987, 123-139.

STOEBER, M.: Personal Identity and Rebirth, in: Religious Studies 26 (1990) 493-500.

STOEBER, M.: Evil and the Mystics' God, London 1992.

STREMINGER, G.: Gottes Güte und die Übel der Welt. Das Theodizee-Problem, in: A. Bohnen/A. Musgrave (Hg.), Wege der Vernunft (= FS für Hans Albert), Tübingen 1991, 192-224.

STREMINGER, G.: Gottes Güte und die Übel der Welt. Das Theodizeeproblem, Tübingen 1992.

STUMP, E.: Knowledge, Freedom and the Problem of Evil, in: International Journal of the Philosophy of Religion 14 (1983) 49-58.

STUMP, E.: The Problem of Evil, in: Faith and Philosophy 2 (1985) 392-423.STUMP, E.: Die göttliche Vorsehung und das Böse. Überlegungen zur Theodizee im Anschluß an Thomas von Aquin, Frankfurt a.M. 1989.

STUMP, E.: The Mirror of Evil, in: T.V. Morris (Hg.), God and the Philosophers. The Reconciliation of Faith and Reason, Oxford 1994, 235-247.

STUMP, E./KRETZMANN, N.: Eternity, in: T.V. Morris (Hg.), The Concept of God, a.a.O. 219-252.

STUMP, E./KRETZMANN, N.: Atemporal Duration. A Reply to Fitzgerald, in: The Journal of Philosophy 84 (1987) 214-219.

SUCHOCKI, M.H.: The End of Evil. Process Eschatology in Historical Context, Albany 1988.

SURIN, K.: The Impassibility of God and the Problem of Evil, in: Scottish Journal of Theology 35 (1982) 97-115.

SURIN, K.: Theodicy?, in: Harvard Theological Review 76 (1983) 225-247.

SURIN, K.: Theology and the Problem of Evil, Oxford-New York 1986.

SWINBURNE, R.: Space and Time, London 1968.
SWINBURNE, R.: The Concept of Miracle, London 1970.
SWINBURNE, R.: The Problem of Evil, in: S.C. Brown (Hg.), Reason and Religion, Ithaca-London 1977, 81-102; 129-133.
SWINBURNE, R.: The Coherence of Theism, Oxford 1977.
SWINBURNE, R.: Natural Evil, in: American Philosophical Quarterly 15 (1978) 295-301.
SWINBURNE, R.: Faith and Reason, Oxford 1981.
SWINBURNE, R.: A Theodicy of Heaven and Hell, in: A.J. Freddoso (Hg.), The Existence and Nature of God, Notre Dame-London 1983, 37-54.
SWINBURNE, R.: The Evolution of the Soul, Oxford 1986.
SWINBURNE, R.: Die Existenz Gottes, Stuttgart 1987.
SWINBURNE, R.: The Free Will Defence, in: M.M. Olivetti (Hg.), Teodicea oggi?, a.a.O. 585-596.
SWINBURNE, R.: Knowledge from Experience, and the Problem of Evil, in: W.J. Abraham/S.W. Holtzer (Hg.), The Rationality of Religious Belief. Essays in Honour of Basil Mitchell, Oxford 1987, 141-167.
SWINBURNE, R.: Responsibility and Atonement, Oxford 1989.
SWINBURNE, R.: Argumente für die Existenz Gottes, in: Münchener Theologische Zeitschrift 45 (1994) 35-47.
SWINBURNE, R.: Das Problem des Übels, in: P. Schmidt-Leukel (Hg.), Berechtigte Hoffnung. Über die Möglichkeit, vernünftig und zugleich Christ zu sein, Paderborn 1995, 111-121.
SWINBURNE, R.: The Christian God, Oxford 1994.
SWINBURNE, R.: Theodicy, Our Well-Being, and God's Rights, in: International Journal for Philosophy of Religion 38 (1995) 75-91.
TALBOTT, T.: Providence, Freedom and Human Destiny, in: Religious Studies 26 (1990) 227-245.
TALBOTT, T.: Punishment, Forgiveness, and Divine Justice, in: Religious Studies 29 (1993) 151-168.
TENNANT, F.R.: Philosophical Theology, Bd. 2. The World, the Soul, and God, Cambridge (1930) 1956.
THEOBALD, G.: Hiobs Botschaft. Die Ablösung der metaphysischen durch die poietische Theodizee, Gütersloh 1993.
TILLEY, T.W.: The Evils of Theodicy, Washington 1991.
TOMBERLIN, J./MCGUINESS, F.: Good, Evil, and the Free Will Defense, in: Religious Studies 13 (1977) 455-475.
TRETHOWAN, D.I.: Dr. Hick and the Problem of Evil, in: Journal of Theological Studies 18 (1967) 407-416.
URBAN, L./WALTON, D.N. (HG.): The Power of God. Readings on Omnipotence and Evil, New York 1978.
VAN DEN BRINK, G.: Allmacht und Omnipotenz. Einige Bemerkungen über ihr gegenseitiges Verhältnis im Rahmen der christlichen Gotteslehre, in: Kerygma und Dogma 38 (1992) 260-279.
VAN DEN BRINK, G.: Almighty God. A Study of the Doctrine of Divine Omnipotence, Kampen 1993.

VAN DER VEN, J./VOSSEN, E. (HG.): Suffering: Why For God's Sake?, Kampen-Weinheim 1995.

VANHOUTTE, J.: God as Companion and Fellow-Sufferer. An Image Emerging From Process Thought, in: M.M. Olivetti (Hg.), Teodicea oggi?, a.a.O. 191-225.

VAN INWAGEN, P.: The Incompatibility of Free Will and Determinism, in: G. Watson (Hg.), Free Will, a.a.O. 46-58.

VAN INWAGEN, P.: The Magnitude, Duration, and Distribution of Evil. A Theodicy, in: Philosophical Topics 16 (1988) 161-187.

VARDY, P.: The Puzzle of Evil, London 1992.

VARILLON, F.: La souffrance de Dieu, Paris 1975.

VERWEYEN, H.: Kants Gottespostulat und das Problem sinnlosen Leidens, in: Theologie und Philosophie 62 (1987) 580-587.

VITALI, T.: Organicism, Evil and Divine Redemption, in: M.M. Olivetti (Hg.), Teodicea oggi?, a.a.O. 227-244.

VOSSEN, E. /VAN DER VEN, J.: Pastoral Research in Theodicy, in: dies. (Hg.), Suffering: Why For God's Sake?, a.a.O. 13-24.

WAINWRIGHT, W.: The Presence of Evil and the Falsification of Theistic Assertions, in: Religious Studies 4 (1969) 213-216.

WAINWRIGHT, W.: Christian Theism and the Free Will Defense. A Problem, in: International Journal for Philosophy of Religion 6 (1975) 243-250.

WAINWRIGHT, W.: Original Sin, in: T.V. Morris (Hg.), Philosophy and the Christian Faith, Indiana 1988, 31-60.

WALL, G.: A New Solution to an Old Problem, in: Religious Studies 15 (1979) 511-530.

WALLACE, D.D.: Art.: Free Will and Predestination. An Overview, in: M. Eliade (Hg.), Encyclopedia of Religion, Bd. 5, New York-London 1987, 422-426.

WALLS, J.L.: Why Plantinga Must Move from Defense to Theodicy, in: M.L. Peterson (Hg.), The Problem of Evil, a.a.O. 331-334.

WALTON, D.: Modalities in the Free Will Defence, in: Religious Studies 10 (1974) 325-331.

WARD, K.: Freedom and the Irenaean Theodicy, in: Journal of Theological Studies 20 (1969) 249-254.

WARREN T.B.: Have Atheists Proved There is No God? A Critical Study of the Strongest Argument Which Has Been Advanced in Favor of Atheism, Moore ^{6}1994.

WATSON, G. (HG.): Free Will, Oxford 1982.

WEIGER, J.: Das wahre Gesicht der menschlichen Leiden, Würzburg 1939.

WEILAND, J.S.: La theodicée, c'est l'athéisme, in: M.M. Olivetti (Hg.), Teodicea oggi?, a.a.O. 37-50.

WEINBERG, S.: Der Traum von der Einheit des Universums, München ^{2}1993.

WEIZSÄCKER, C.F. VON: Naturgesetz und Theodizee, in: H.-P. Dürr (Hg.), Physik und Transzendenz, München 1990, 250-261.

WETZEL, J.: Can Theodicy be Avoided? The Claim of Unredeemed Evil, in: M.L. Peterson (Hg.), The Problem of Evil, a.a.O. 351-365.

WHITEHEAD, A.N.: Prozeß und Realität, Frankfurt a.M. 1979.

WHITEHEAD, A.N.: Wissenschaft und moderne Welt, Frankfurt a.M. 1988.
WHITEHEAD, A.N.: Wie entsteht Religion?, Frankfurt a.M. 1990.
WHITNEY, B.L.: Evil and the Process God, New York-Toronto 1985.
WHITNEY, B.L.: What Are They Saying about God and Evil?, New York 1989.
WHITNEY, B.L.: Theodicy. An Annotated Bibliography on the Problem of Evil, 1960-1990, New York 1993.
WHITNEY, B.L.: An Aesthetic Solution to the Problem of Evil, in: International Journal for Philosophy of Religion 35 (1994) 21-37.
WIDENGREN, G.: Die Religionen Irans (= Die Religionen der Menschheit, Bd. 14), Stuttgart 1965.
WIDENGREN, G.: Mani und der Manichäismus, Stuttgart 1961.
WIDENGREN, G. (HG.): Der Manichäismus, Darmstadt 1977.
WIEDENHOFER, D.: Hauptformen gegenwärtiger Erbsündentheologie, in: Internationale Katholische Zeitschrift (Communio) 20 (1991) 315-328.
WIERTZ, O.: Das Problem des Übels in Richard Swinburnes Religionsphilosophie. Über Sinn und Grenzen seines theistischen Antwortversuches auf das Problem des Übels und dessen Bedeutung für die Theologie, in: Theologie und Philosophie 71 (1996) 224-256.
WILCKENS, U.: Der Brief an die Römer, 1. Teilband, (= Evangelisch-Katholischer Kommentar zum Neuen Testament) 1978.
WÜRTH, A.: Beata Passio. Gedanken über den Sinn des Leidens, Beuron [3]1957.
WYKSTRA, S.J.: The Humean Obstacle to Evidential Arguments from Suffering: On Avoiding the Evils of "Appearance", in: International Journal for Philosophy of Religion 16 (1984) 73-93.
YANDELL, K.E.: A Premature Farewell to Theism, in: Religious Studies 5 (1969) 251-255.
YANDELL, K.E.: The Problem of Evil and the Content of Morality, in: International Journal for Philosophy of Religion 17 (1985) 139-165.
YANDELL, K.E.: Tragedy and Evil, in: International Journal for Philosophy of Religion 36 (1994) 1-26.
YATES, J.: The Timelessness of God, Lanham 1990.
ZAGZEBSKI, L.: The Dilemma of Freedom and Foreknowledge, New York 1991.
ZAHRNT, H.: Luther deutet Geschichte. Erfolg und Mißerfolg im Licht des Evangeliums, München 1952.
ZENGER, E.: Die Botschaft des Buches Hiob, in: ders./R. Böswald (Hg.), Durchkreuztes Leben. Besinnung auf Hiob, Freiburg 1976, 11-57.
ZENGER, E.: Leiden: IV. Biblische Perspektiven, in: Christlicher Glaube in moderner Gesellschaft, Bd. 10, Freiburg-Basel-Wien 1980, 27-36.
ZIMMERMANN, O.: Warum Schuld und Schmerz?, Freiburg 1918.
ZIRKER, H.: Beschuldigungen Gottes in der Literatur, in: Stimmen der Zeit 203 (1985) 755-766.

Personenregister

QUAESTIONES DISPUTATAE

126 **Metaphorik und Mythos im Neuen Testament.**
U. Busse, O. Fuchs, H. Giesen, K. Kertelge (Hg.), J. Kremer, O. Schwankl, Th. Söding, M. Theobald, P. Trummer 304 Seiten. ISBN 3-451-02126-9

127 **Die größere Hoffnung der Christen.** Eschatologische Vorstellungen im Wandel.
W. Berg, A. Gerhards (Hg.), M. Kehl, H. Kramer, G. Lange, G. B. Langemeyer, H. J. Pottmeyer, A. Sand, R. Schaeffler 184 Seiten. ISBN 3-451-02127-7

128 **Glauben durch Lesen?** Für eine christliche Lesekultur.
R. Lettmann, P. Deselaers, F. Furger, A. Kallis, K. Kertelge, A.-Th. Khoury (Hg.), H. Lichtenberger, L. Muth (Hg.), K. Richter, H. Vorgrimler
152 Seiten. ISBN 3-451-02128-5

129 **Offenbarungsanspruch und fundamentalistische Versuchung.**
I. Broer, Joh. Maier, M. Peek-Horn, H. R. Seliger, J. Werbick (Hg.), H. Zirker
248 Seiten. ISBN 3-451-02129-3

130 **Ingolf U. Dalferth, Kombinatorische Theologie.**
Probleme theologischer Rationalität. 159 Seiten. ISBN 3-451- 02130-7

131 **Glaube als Zustimmung.** Zur Interpretation kirchlicher Rezeptionsvorgänge.
W. Beinert (Hg.), F. Ochmann, H. J. Pottmeyer, K. Schatz
168 Seiten. ISBN 3-451-02131-5

132 **Gemeinsame Liturgie in getrennten Kirchen?**
A. Hänggi, S. Kraft, Th. Müller, K. Schlemmer (Hg.), u. a.
136 Seiten. ISBN 3-451-02132-3

133 **Wie geschieht Tradition?** Überlieferung im Lebensprozeß der Kirche.
D. Wiederkehr (Hg.) 192 Seiten. ISBN 3-451-02133-1

134 **Othmar Kehl / Christoph Ühlinger, Göttinnen, Götter und Gottessymbole.**
Neue Erkenntnisse zur Religionsgeschichte Kanaans und Israels aufgrund bisher unerschlossener ikonographischer Quellen. 528 Seiten. ISBN 3-451-02134-X

135 **Der eine Gott und die Göttin.**
Alttestamentliche Gottesvorstellungen im Horizont feministischer Theologie.
G. Braulik, H.-W. Jüngling, S. Schroer, H. Schüngel-Straumann, G. Vanoni, M.-T. Wakker (Hg.), E. Zenger (Hg.) 192 Seiten. ISBN 3-451-02135-8

136 **Soziales Denken in einer zerrissenen Welt.**
Anstöße der katholischen Soziallehre in Europa.
W. Kerber und J. Müller (Hgg.) 240 Seiten. ISBN 3-451-02136-6

137 **Christoph Dohmen / Manfred Oeming, Biblischer Kanon – warum und wozu?**
144 Seiten. ISBN 3-451-02137-4

138 **Monotheismus und Christologie.**
Die Gottesfrage im hellenistischen Judentum und Urchristentum.
J. Gnilka, P. Hofrichter, R. Hoppe, H.-J. Klauck (Hg.), M. Küchler, K. Löning, G. Sellin, M. Theobald 232 Seiten. ISBN 3-451-02138-2

139 **Edmund Arens, Christopraxis.** Grundzüge theologischer Handlungstheorie.
176 Seiten. ISBN 3-451-02139-0

140 **Neue Formen der Schriftauslegung?**
Ch. Dohmen, Ch. Jacobs, Th. Söding, Th. Sternberg (Hg.)
168 Seiten. ISBN 3-451-02140-4

141 **Karl Gabriel, Christentum zwischen Tradition und Postmoderne.**
224 Seiten. ISBN 3-451-02141-2

142 **Ingolf U. Dalferth, Jenseits von Mythos und Logos**
Die christologische Transformation der Theologie. 318 Seiten. ISBN 3-451-02142-0

143 **Der einzige Weg zum Heil?** Die Herausforderung des christlichen Absolutheitsanspruchs durch pluralistische Religionstheologien.
M. von Brück und J. Werbick (Hgg.) 208 Seiten. ISBN 3-451-02143-9

144 **Das neue Europa.** Herausforderung für die Kirche und Theologie.
P. Hünermann (Hg.) 128 Seiten. ISBN 3-451-02144-7

145 **Hans-Joachim Schulz, Die apostolische Herkunft der Evangelien.**
416 Seiten. ISBN 3-451-02145-5

146 **Der neue Bund im Alten.** Zur Bundestheologie der beiden Testamente.
E. Zenger (Hg.) 216 Seiten. ISBN 3-451-02146-3

147 **Den Glauben denken.** Neue Weg der Fundamentaltheologie.
Heinrich Döring, Armin Kreiner, Perry Schmidt-Leukel
224 Seiten. ISBN 3-451-02147-1

148 **Paul Josef Cordes, Communio, Utopie oder Programm?**
184 Seiten. ISBN 3-451-02148-X

149 **Philipp Schmitz, Wohin treibt die Politik?** Über die Notwendigkeit von Ethik.
280 Seiten. ISBN 3-451-02149-8

150 **Weltgericht und Weltvollendung.** Zukunftsbilder im Neuen Testament.
H.-J. Klauck (Hg.) 268 Seiten. ISBN 3-451-02150-1

151 **Der Glaubenssinn des Gottesvolkes – Konkurrent oder Partner des Lehramts?**
Dietrich Wiederkehr (Hg.) 216 Seiten. ISBN 3-451-02151-X

152 **Anton Vögtle, Die „Gretchenfrage" des Menschensohnproblems.**
Bilanz und Perspektive 148 Seiten. ISBN 3-451-02152-8

153 **Moraltheologie im Abseits? Antwort auf die Enzyklika »Veritatis splendor«.**
Dietmar Mieth (Hg.) 320 Seiten. ISBN 3-451-02153-6

154 **Hans-Joachim Höhn, GegenMythen.**
Religionsproduktive Tendenzen der Gegenwart. 152 Seiten. ISBN 3-451-02154-4

155 **Osterglaube ohne Auferstehung?** Diskussion mit Gerd Lüdemann.
Hansjürgen Verweyen (Hg.) 144 Seiten. ISBN 3-451-02155-2

156 **Anerkennung der Anderen.**
Eine theologische Grunddimension interkultureller Kommunikation.
Edmund Arens (Hg.) 208 Seiten. ISBN 3-451-02156-0

157 **Geschieden – Wiederverheiratet – Abgewiesen?** Antworten der Theologie.
Theodor Schneider (Hg.) 448 Seiten. ISBN 3-451-02157-9

158 **Bertram Stubenrauch, Dialogisches Dogma.** Der christliche Auftrag zur interreligiösen Begegnung. 264 Seiten. ISBN 3-451-02158-7

159 **Christologie der Liturgie**
Der Gottesdienst der Kirche – Christusbekenntnis und Sinaibund.
K. Richter und B. Kranemann (Hgg.) 304 Seiten. ISBN 3-451-02159-5

160 **Christus allein?** Der Streit um die pluralistische Religionstheologie
R. Schwager (Hg.) 208 Seiten. ISBN 3-451-02160-9

161 **Sünde und Erlösung im Neuen Testament.**
H. Frankemölle (Hg.) 224 Seiten. ISBN 3-451-02161-7

162 **Das Kreuz im Widerspruch.** Der Kruzifix-Beschluß des Bundesverfassungsgerichts in der Kontroverse. 160 Seiten. ISBN 3-451-02162-5

163 **Hans-Joachim Schulz, Bekenntnis statt Dogma.** Kriterien der Verbindlichkeit kirchlicher Lehre. 424 Seiten. ISBN 3-451-02163-3

164 **Philipp Schmitz, Fortschritt ohne Grenzen?** Christliche Ethik und technische Allmacht. 256 Seiten. ISBN 3-451-02164-1

165 **Gott – ein Fremder in unserem Haus?** Die Zukunft des Glaubens in Europa
P. Hünermann (Hg.) 224 Seiten. ISBN 3-451-02165-X

166 **Dialog als Selbstvollzug der Kirche.** G. Fürst (Hg.)
344 Seiten. ISBN 3-451-02166-8

167 **Gott – mehr als Ethik?** Der Streit um LER und Religionsunterricht.
A. Biesinger und J. Hänle (Hg.) 188 Seiten. ISBN 3-451-02167-6